あこがれの制服を
着てみよう！

SCHOOL
UNIFORM
PICK UP!

東京

学習院初等科

成蹊小学校

白百合学園小学校

聖心女子学院·初等科

川村小学校

雙葉小学校

東洋英和女学院·小学部

東京

東京

東京女学館小学校

日本女子大学附属豊明小学校

光塩女子学院初等科

慶應義塾幼稚舎

SCHOOL UNIFORM PICK UP!

国立学園小学校

国本小学校

暁星小学校

立教小学校

東京

早稲田大学系属 早稲田実業学校初等部

東京

青山学院初等部

SCHOOL UNIFORM PICK UP!

昭和女子大学附属昭和小学校

桐朋小学校

自由学園初等部

東京

東京都市大学付属小学校

東京

トキワ松学園小学校

宝仙学園小学校

晃華学園小学校

星美学園小学校

SCHOOL UNIFORM PICK UP!

文教大学付属小学校

東星学園小学校

東京

武蔵野東小学校

むさしの学園小学校

東京

東京三育小学校

品川翔英小学校

桐朋学園小学校

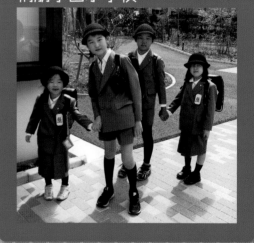

菅生学園初等学校

サレジアン国際学園目黒星美小学校

明星小学校

東京

聖学院小学校

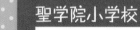

啓明学園初等学校

淑徳小学校

聖ドミニコ学園小学校

東京

玉川学園

聖徳学園小学校

SCHOOL UNIFORM PICK UP!

東京

東京農業大学稲花小学校

東京学芸大学附属大泉小学校

お茶の水女子大学附属小学校

筑波大学附属小学校

東京学芸大学附属小金井小学校

東京学芸大学附属竹早小学校

東京

日本大学藤沢小学校

カリタス小学校

神奈川

清泉小学校

青山学院横浜英和小学校

精華小学校

神奈川

森村学園初等部

聖セシリア小学校

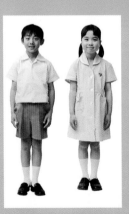

SCHOOL UNIFORM PICK UP!

桐蔭学園小学校

捜真小学校

神奈川

横浜雙葉小学校

神奈川

桐光学園小学校

洗足学園小学校

横浜国立大学教育学部附属横浜小学校

聖ヨゼフ学園小学校

星野学園 小学校

開智小学校（総合部）

浦和ルーテル学院小学校
青山学院大学系属

西武学園・文理小学校

埼玉

さとえ学園小学校

埼玉

日出学園小学校

千葉

国府台女子学院小学部

成田高等学校付属小学校

SCHOOL UNIFORM PICK UP!

千葉日本大学第一小学校

曉星国際小学校

千葉

聖徳大学附属小学校

昭和学院小学校

SCHOOL UNIFORM PICK UP!

茨城

江戸川学園取手小学校

開智望小学校

主体性を培い、
自分リーダーシップ*を
発揮できる子に

SHOWA
WOMEN'S UNIVERSITY
ELEMENTARY SCHOOL

Lead
Yourself

探究コース 2クラス T　　国際コース 1クラス K

学校説明会・各コースの入学試験の詳細はホームページでご確認ください。
帰国子女も受け入れています。ご相談ください。

男女共学
昭和女子大学附属 昭和小学校

〒154-8533 東京都世田谷区太子堂 1-7-57 東急田園都市線「三軒茶屋」駅下車 徒歩7分
03-3411-5114 / e-mail : shotobu@swu.ac.jp

*自分リーダーシップ：何があっても、どんな場面でも、自分のよさや可能性を信じ発揮して、他への影響を与え、ともに高まり合って、自分の生き方をつくっていく力

25人2クラスの少人数学級により、
児童も先生もみんながみんなを知っている
きめ細かな教育を展開しています。
学校の真ん中にある図書館、充実した英語環境、
全てが国際人の礎となります。

BUNKYO

文教大学付属小学校

✏️ 学校説明会

第1回　5月25日（土）　第2回　6月15日（土）
第3回　6月26日（水）　第4回　9月14日（土）
第5回　10月2日（水）[模擬試験（年長対象）]

[説　明　会] 10:00〜
[個別相談会] 説明会後

※後日HPにてお知らせいたします。
※参加ご希望の方は、事前にHPより
お申し込みください。

✏️ 学校見学

学校見学は随時個別にて対応しております。ご希望の方は、HP「お問い合わせ」またはお電話にてご連絡ください。

✏️ 募集要項

募集定員／50名（25名2クラス）
願書受付／第1回　10月7日（月）〜11月2日（土）
　　　　　第2回　11月12日（火）〜11月20日（水）
土日祝日を除く。事前の銀行振り込みが必要です。

入 試 日／1回　11月6日（水）指定した時間より開始
　　　　　2回　11月22日（金）指定した時間より開始
面接／願書提出日翌日より、学校が指定した日15分程度
親子面接（保護者は一名でも可）

所在地:〒145-0065 東京都大田区東雪谷2-3-12　　電話:03-3720-1097
（東急池上線　石川台駅下車2分）

ホームページ https://www.bunkyo.ac.jp/ps/

わくわくがいきいきに変わるとき

探求がはじまる

学校説明会	児童とつくる学校説明会
4月20日（土） ／ 7月6日（土） ※入試結果報告含む	5月11日（土）

その他イベント情報は、自由学園初等部ホームページをご確認ください。

自由学園初等部では、授業が実体験と結びつくから 学びがどんどん深くなる!

JIYU

一生につなぐ毎日がここにある

自由学園 初等部

〒203-8521 東京都東久留米市学園町1-8-15
TEL&FAX 042-422-3116（初等部教師室）

自由学園　検索

https://www.jiyu.ac.jp/

昭和学院小学校
SHOWA GAKUIN ELEMENTARY SCHOOL

人が、子どもが、未来。
今日の学びが未来を創る。

オープンスクール・学校説明会

第1回	5月18日（土）
	9:00 〜 11:00
第2回	6月12日（水）
	9:00 〜 11:00
第3回	7月12日（金）
ナイト学校説明会	18:30 〜 19:30
第4回	9月7日（土）
入試説明会	9:00 〜 11:00

第5回	1月18日（土）
入試報告会	9:00 〜 11:00

公開行事

● 運動会
　5月25日（土）
　※未就学児レースは要予約

● 体験教室
　6月29日（土）
　9:00〜11:00
　※年長児のみ

● 学芸発表会
　10月5日（土）
　9:00〜

入学考査

● 推薦考査
　10月16日（水
　9:00〜12:00
　募集人数
　　　約70名
　（内部進学者を含む

● 一般考査
　11月5日（火
　9:00〜12:00
　募集人数
　　　約35名

http://www.showagakuin.jp/
千葉県市川市東菅野 2-17-1　Tel 047-300-5844

明治・大正期を代表する実業家、森村市左衛門によって1910年に建学された森村学園は創立114年を迎えました。初等部のモットーは「しっかり学び、とことん遊べ」。長い教育実践の中で導き出されたカリキュラムを軸に、どんな変革の時代にも揺らぐことのない「人」としての基礎を築きます。学園の緑のゆりかごの中で、子ども達は心の琴線の感度を高め、たくさんの経験を携えながら成長していきます。教育において不易とされる基礎学力や柔軟な応用力の育成とともに、時代の要請に応じたプログラムも取り入れながら、未来を希求する教育活動を行っています。

2018年度より言語技術プログラム導入
2019年度より5・6年生希望者対象のオーストラリア英語夏期短期研修開始

2025年度新1年生入試日程□

募集人数	男女計約80名の予定
考査日程	10月26日(土)女子／27日(日)男子
	2024年実施の入試よりWeb出願導入予定(詳細は4月)
学校説明会	4月27日(土)／8月31日(土)
授業公開	6月4日(火)／6月6日(木)

〒226-0026　横浜市緑区長津田町2695
Tel (045)984-2509　Fax (045)984-6996
E-Mail:shotobu@morimura.ed.jp
東急田園都市線　つくし野駅より徒歩5分

初等部ホームページ
https://www.morimura.ed.jp
Instagramでも学校生活の様子をご紹介しています。

森村学園初等部

併設
幼稚園
中・高等部

この先伸びる土壌をつくる。

国本小学校 創立70周年 国際コミュニケーション力育成

次代を生きぬく子どもたちに 国際コミュニケーション力をつける！

国際コミュニケーション力育成とは確かな英語力を軸として、アイデンティティの確立、主体性、自己決定行動力、共生力を培うことです。
6年間、全教育活動を通して身につきます。

変わる国本

1クラス20名×3クラスの少数精鋭
（新1年生から）

伝統の情操、心の教育を基盤とした国語、英語教育

アフタースクール開設
（24年9月スタート）

英検、ネイティブ英会話、合気道などニーズに応じた講座

伝統の国本

■難関中学校への進学
麻布・開成・雙葉・桜蔭中学校等への進学実績

■オーストラリア海外英語研修（24年8月 60名参加）
ホームステイ、現地校交流、アクティビティで国際人育成

■英語によるプログラミング授業
AI時代にICT教育は必要不可欠。独自のプログラミング教育

■漢検、数検、英検のトップクラス合格
日本一に輝く、漢検協会賞受賞

■環境教育、SDGs教育
時代の先端。環境省、JICA、民間企業とのコラボ体験授業で受賞

日本一の国本小学校を目指す校長
小林省三

日本一の学校には日本一の子どもがいます。日本一の子どもは日本一の教師で育ちます。国本小学校は志ある教師が子ども一人一人の才能を見つけ育てます。創立以来70年間変わることなく、日本一の学び舎を目指しています。

広島県呉市生。広島県公立・私立中高校英語教師、東京都公立小学校校長、西武学園文理小学校理事長役員室付、江戸川学園取手小学校開設準備室から副校長。淑徳大学教育学部・総合福祉学部講師を経て現職。文科省派遣としてナイジェリア ラゴス日本人学校、オーストラリア クイーンズランド補習校校長を6年間歴任。
専門は国際コミュニケーション論、母語を基調とする小学校英語教育。
著書・論文に「特別支援教育と外国語活動」（教育出版）他多数。

学校説明会
6月29日（土）
9月28日（土）

公開行事
運　動　会： 6月20日（木）
記念祭（学園祭）：10月26日（土）・27日（日）
音楽発表会：12月 7日（土）
学　芸　会： 2月23日（日）

※事前にご連絡をいただければ、学校見学・授業参観・入試説明を個人単位でも受け付けています。

	1 次	2 次
募集人員	男女60名 （3クラス、国本幼稚園からの推薦含）	男女若干名
願書受付	10/4（金）～11/4（月・祝） 11:30まで	10/4（金）～11/15（金） 11:30まで
考査日	11/6（水）	11/18（月）
合格発表	11/7（木）	11/19（火）

国本小学校

〒157-0067 東京都世田谷区喜多見8-15-33
入試広報 TEL.03-3416-4721（小田急線喜多見駅下車徒歩2分）
https://kunimoto.ac.jp/primary/

学校法人国本学園／国本幼稚園（男女共学）／国本小学校（男女共学）／国本女子中学校／国本女子高等学校／KAIS

　帝京大学グループ建学の精神に基づき、最後までやりぬく心と体の強さ、他人を思いやる心の優しさ、正しいことを行い、正しいことに感動できる心の美しさをもつ児童の育成、すなわち「強く、優しく、美しく」を教育目標とし、「知・情・意・体」のバランスのとれた児童の育成を目指しています。また、自分で問題意識をもち、自ら考え、判断し、行動し、その結果に自ら責任をもつ「自分流」を教育の基本方針として掲げています。

　子ども達が「なりたい自分」を目指して学んでいけるよう、キャリア教育に力を入れています。十社以上の企業や団体の協力のもと、様々な仕事体験を通して、仕事の魅力や大変さ、働くことの意味などを学ぶ「キャリアパスポートデー」。実際に資金を調達し、自分たちのビジネスアイデアを商品として販売する「起業家教育」。学校にブックオフをつくり、会社の運営や循環型社会についての理解を深める「学校ブックオフ」。様々な取り組みを通して、子ども達が社会で活躍するために必要な力を育んでいます。

　また、周辺の豊かな自然を生かした環境教育にも力を入れています。学校のすぐ隣にある森林や竹林などを利用した「里山プロジェクト」では、秘密基地づくりや焼き芋パーティー、シイタケ栽培など、全学年が様々な活動を行っています。自然との触れ合いを通して、「人と自然のつながり」を大切にしていける人を育てます。

　さらに1年生から週2時間、ネイティブと日本人教員のティームティーチングによる英語の授業を実施しています。「自分の英語が伝わった!」というたくさんの経験を積ませています。

帝京大学小学校アフタースクール「帝翔塾」
平日 下校後〜19:00／長期休暇・休校日 8:15〜19:00
お盆・年末年始はお休み

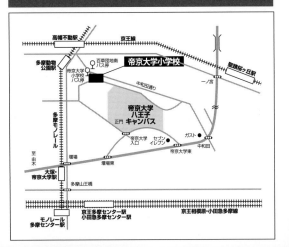

学校説明会（保護者のみ:対面・web）【要予約】
5月18日(土)・6月22日(土)・7月13日(土)
授業見学会（対面）【要予約】
5月8日(水)・5月29日(水)・6月6日(木)・6月21日(金)・7月8日(月)
オープンスクール（児童体験授業あり:対面）【要予約】
7月27日(土)・8月25日(日)・8月28日(水)
入試説明会（web）【要予約】 9月14日(土)

※上記日程以外の学校見学は随時（要予約）

スクールバス案内
- 分倍河原駅(JR 南武線・京王線)25分　　●聖蹟桜ヶ丘駅(京王線)13分
- 高幡不動駅(京王線・多摩モノレール)10分
- 多摩センター駅(京王相模原線・小田急多摩線・多摩モノレール)13分
- 大塚・帝京大学駅(多摩モノレール)10分　　●若葉台駅(京王相模原線)20分
- 新百合ヶ丘駅(小田急線)40分
- 橋本駅(JR 横浜線・JR 相模線・京王相模原線)30分
- 京王堀之内駅(京王相模原線)12分　　●豊田駅(JR 中央線)20分

交通アクセス
- 聖蹟桜ヶ丘駅(京王線):京王バス「帝京大学構内」行「百草団地南」バス停下車
- 高幡不動駅(京王線・多摩モノレール):京王バス「帝京大学構内」行「百草団地南」バス停下車
- 多摩センター駅(京王相模原線・小田急多摩線・多摩モノレール):京王バス「帝京大学構内」行「百草団地南」バス停下車
- ※上記3駅より、登校時に1本、下校時に2本、小学校敷地内バス停に京王バスが発着
- 大塚・帝京大学駅(多摩モノレール)▶徒歩15分

帝京大学小学校
TEIKYO

◎有名小学校別の願書記入例、
　アドバイス付き
◎面接の質問の意図と答え方を
　わかりやすく紹介

**小学校受験に向けた
願書・面接対策に…**

**小学校受験を
決めたら** 三訂版

・定価2,750円（本体2,500円＋税）
・B5判128頁／2色カラー
・ISBN978-4-86203-865-4

　伸芽会は創立以来半世紀を超える歴史の中で、お子さんの大切な幼児期の成長を支えてきました。楽しい体験を積み重ねる授業で力をつけ、名門小学校にたくさんの合格者を輩出しております。小学校受験では、願書の内容や面接時にうかがえる親の姿勢が非常に大切になることは言うまでもありません。

　本書は、お子さんの小学校受験を初めて経験される方々に知っておいていただきたいこと、また不安や疑問を抱きがちな点やヒントになるようなアドバイスを、さまざまな観点からまとめています。お子さんにとって、勉学に励める豊かな児童期を過ごせる学校選び、また志望校への合格を勝ち取る一助になれば幸いです。

伸芽会教育研究所

書籍のお問い合わせは、全国の書店または伸芽会出版販売部まで。

伸芽会　伸芽会出版販売部　TEL.03-6908-0959　https://www.shingakai.co.jp

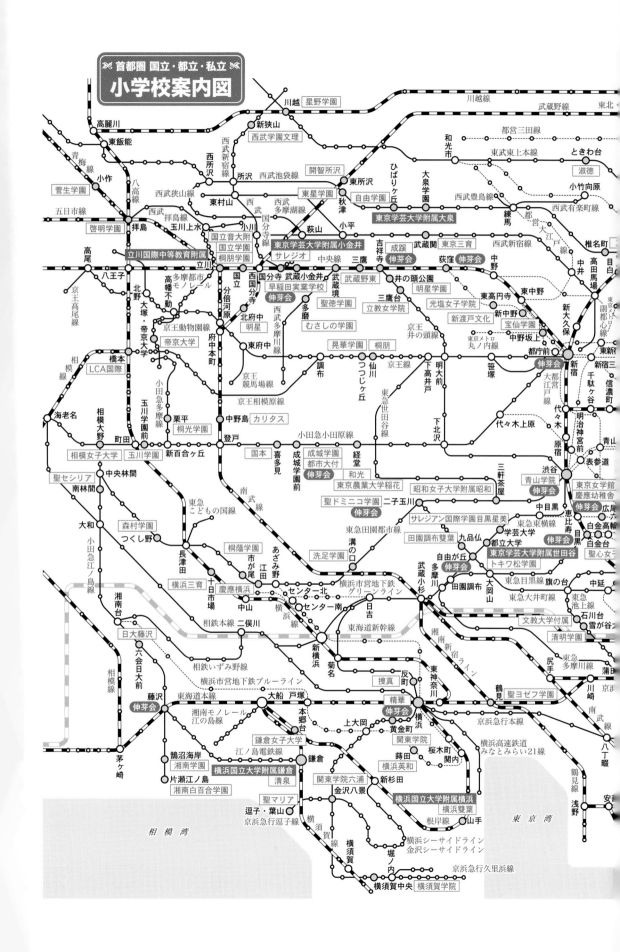

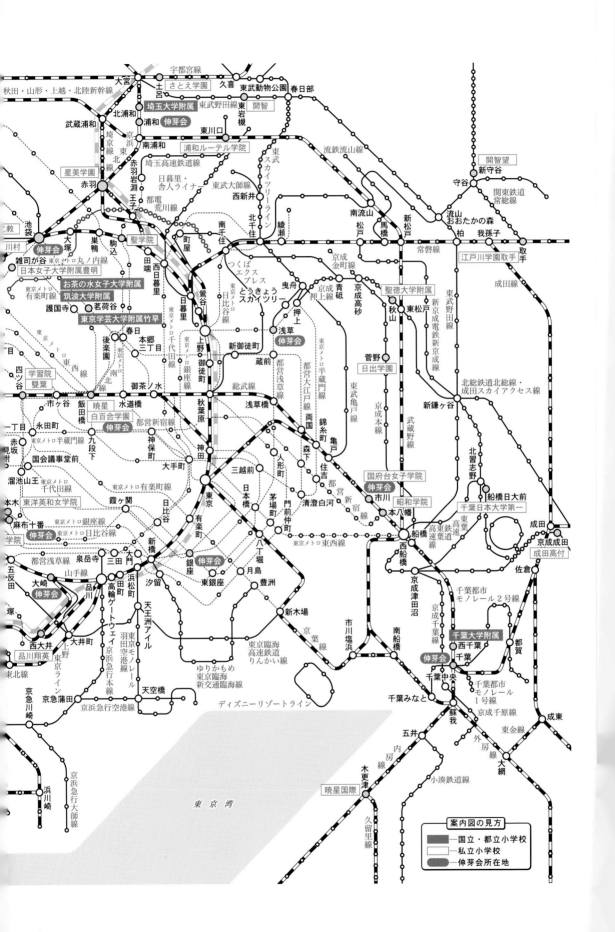

2025年度入試用 **首都圏**

私立国立 小学校 合格マニュアル

入試情報の決定版！志望校合格へ完全対応！

Shinga-kai の合格メッセージを集めたマニュアル BOOK

Shinga-kai

は じ め に

　わが子の就学時期をお迎えのご父母の皆さま方は、どのような進路を選択すべきか迷われることもあるかと思います。特に最近は、よりよい環境を求めて、高校や大学まで一貫教育が受けられる小学校を受験されるご家庭が増えています。小学校受験をされる皆さまの中には情報過多の時代ゆえに不安やいろいろなうわさに対するとまどいを抱かれて、私どもにお問い合わせいただくご父母も多くいらっしゃいます。

　伸芽会は創立以来68年の歴史の中で、お子さんの大切な幼児期の成長を支え、楽しい体験を積み重ねる授業で力をつけて、いわゆる名門小学校にたくさんの合格者を輩出しております。合格されたご父母よりお知らせいただいた確かな情報と正しい準備のための知識をお届けしたいと本書をまとめました。お子さんにとって心豊かに勉学に励める児童期を過ごせるような環境選びに、少しでもお役に立てれば幸いです。

　末筆になりますが、情報をお寄せくださったお子さんとご父母の皆さま、また学校関係の方々の多大なご協力に心より感謝申し上げます。

目次

学校ガイド

私立 東京都

私立 神奈川県

本書の見方

✻ インフォメーション・アイコン

●始業時間 学校が始まる時間を時間帯で表示。	**●ICT教育** ICT機器を導入した授業の有無を濃淡色で表示。
●制服 制服の有無を濃淡色で表示。	**●英語授業** 1年次に実施する1週間の英語授業のコマ数を表示。
●学期制 2学期制、3学期制の2タイプで表示。	**●通学時間制限** 通学範囲や通学時間を制限している場合を濃色で表示。
●土曜登校 土曜登校（隔週含む）の有無を濃淡色で表示。	**●アフタースクール** アフタースクールを実施している場合を濃色で表示。
●クラス替え クラス替えを実施する学年を表示（実施しない場合は淡色で表示）。	**●併設校** 幼稚園、中学、高校、大学の併設の有無を濃淡色で表示。
●昼食 お弁当のみ、給食のみ、両方ありの3タイプで表示。	**●宗教（宗派）** 特定の宗教、宗派の教義に基づく教育の有無を濃淡色で表示。
●アレルギー対応 給食などにおいて、アレルギーに対応している場合を濃色で表示。	

※ 本書に掲載されている入試情報は、2025年度用（2024年夏〜2025年冬実施予定）ですが、一部、2023年夏〜2024年冬に実施されたものを記載しています。行事や考査関連の日程が変更になる可能性もありますので、最新の情報は直接学校窓口にお問い合わせいただくか、各学校のホームページなどでご確認ください。

* * *

 # 入試準備のための自己診断Sheet 30

この『私立・国立小学校合格マニュアル』を読み始める前に、入試についてお父さん、お母さんがどれくらいの情報を知っているかチェックしてみましょう。受験を考えている小学校について以下の質問に答えてください。

- ☐ 受験する学校は男女共学ですか、別学ですか？
- ☐ 宗教系の学校ですか？
- ☐ 大学まで進める学校ですか？

学校選びをするうえで、共学か別学か、上級学校はどこまであるか、宗教色はあるかを知るのはとても大切なことです。附属小学校の場合は、高校や大学まで続く一貫教育のスタートとなるので、よく考えて選びましょう。

- ☐ 学校の教育の特色を知っていますか？

学校選びのポイントとして、各学校の教育内容を知っておくことも大切です。独自にカリキュラムを編成している学校もあります。入学してからどのようなプラス面があるのかも調べておきましょう。

- ☐ 募集定員は何人ですか？
- ☐ 倍率はどのくらいですか？
- ☐ 通学時間はどのくらいですか？
- ☐ 交通機関は何を利用しますか？
- ☐ 学校は通学時間、通学区域を制限していますか？
- ☐ 制服はありますか？
- ☐ 初年度にかかる費用はいくらですか？

実際にお子さんが通学する方法、倍率、初年度に必要な費用などの下調べをしておけば、受験直前にとまどうこともありません。ラッシュ時に子どもの足でどのくらい時間がかかるのかを知っておくことも、受験当日に役に立ちます。通学時間や通学区域の制限がある学校もあるので、事前に確かめておきましょう。また、制服があればどのようなものかもチェックしておきましょう。

＊ ＊ ＊

☐ 学校説明会はいつごろ開かれますか？

学校の沿革や実情などについての話は、学校選びをするうえで非常に役立ちます。説明会に出席した感想をアンケートに記入することもあります。受験を考えている学校の説明会や見学できる行事には、ぜひ出席して雰囲気を知っておくとよいでしょう。

☐ 願書の配付、出願の時期はいつごろですか？

☐ 提出する書類にはどのようなものがありますか？

☐ 願書には写真が必要ですか？

☐ 出願は窓口提出、郵送、Ｗｅｂのどれですか？

願書を軽く考えていると、書類の不備があったり、志望理由などがうまく書けなかったりするものです。願書の受付時間に指定がある場合や、郵送の期日が決まっている場合もあるので、間違えないようにしましょう。願書を早めに取り寄せて準備をすることが大切です。

☐ 面接はありますか？

☐ 面接は考査日前ですか、考査当日ですか？

☐ 面接は親子面接ですか、保護者面接ですか？

☐ 面接ではどのようなことを聞かれますか？

☐ 面接資料を提出する学校ですか？

多くの学校で、親子面接や保護者面接が実施されます。子どものテストではわからない、親の教育観や子育ての姿勢を知ることが目的です。面接で聞かれることの多い項目について、事前にご両親で話し合って意見をまとめておきましょう。また、キリスト教系の学校ではシスターが面接官で、子どもがその姿に驚くこともありますから、前もって慣らしておくなどの配慮が必要です。

＊＊＊

☐ どうしてその学校を志望するのですか？

☐ 学校の教育内容を知っていますか？

☐ 家庭の教育方針を説明できますか？

面接ではご両親が学校についてどれくらい知っているか、お子さんをどのように育てたいのかがよく聞かれます。左の3つの項目はよくある質問です。学校への認識不足や、ご家庭内での教育方針の相違は、面接官の印象を悪くしますから、事前にご両親で話し合ってまとめておきましょう。

☐ 考査は何日間ですか？

☐ 考査はどのような形式で実施されますか？

☐ 受験番号、考査日程はどのように決まりますか？

☐ ペーパーテストはありますか？

☐ 運動テストや制作テストはありますか？

☐ どのような問題が多く出されますか？

子どもの考査にどのような問題が実際に出されるのか、ご両親にとっては一番気になるところでしょう。事前に、入試ガイドブックやインターネット、知人から情報を得るなど、いろいろな方法で調べておきましょう。考査の形式、出題傾向などを正しく把握し、効果的な準備を進めることが肝心です。また、お子さんが万全の体調で臨むためには、考査の日程も軽視できない要素です。

2024 考査別出題傾向分析

2024 考査別出題傾向分析

◆◆ ペーパーテスト重視校編 ◆◆

ペーパー、集団、個別、運動各テスト、面接などの中で、それぞれの小学校で重視するポイントには違いがあります。中でも学力アップを図る有名小学校は、特にペーパーテストを重視しています。公平な選考方法なので、十分に準備しておきましょう。

◆ ペーパーテストが行われる理由

今年度も首都圏有名私立校の多くで、例年通りにペーパーテストが行われました。国立校も含めると、全体の約75％以上がペーパーテストを採用しています。得点という明確な結果が残ることからも、このテストが小学校入試の方法として大きな割合を占めていることは間違いありません。その背景として、中学校・高校を併設する多くの小学校が、入学後に確実に学力をつけていくための基礎力を重要視していることが考えられます。また、昨今の社会情勢を受け、国立・私立を問わず、教育方針や体制の充実度をさまざまな形でアピールしています。たとえば、従来より私立校の教育の長所であった生活態度や心の育成のほか、学習面の向上につながる基本として、きちんと話を聞けること、自分で考えて答えが出せること、集中して課題に取り組めることの大切さが見直されています。その結果として、客観的な評価の出しやすいペーパーテストを採用しているのでしょう。

◆ 家庭で行う対策ポイント

ペーパーテストは、幼児の受験の中で詰め込み教育の最たるものとして批判されることもあります。それは結果を焦るばかりに発達段階を超えた課題を与えたり、考える時間を十分に与えずスピード解答を要求したり、間違えることに不安を覚えるような指導をしたりといった原因によるところが大きく、ペーパーテスト自体はけっして子どもの成長を妨げたり、勉強に対する意欲をそいだりするものではありません。何かにつまずいたときは、原因を確かめ、気持ちの持たせ方や助言の仕方を工夫してみてください。ペーパーテスト重視校の考査には、得点という一定基準で判定される公平感があります。また、準備においても、実力の伸び方が目に見えるため、対策を立てやすいという側面もあります。考査内容の特色を知ることで、各学校の姿勢もわかってくることでしょう。

◆ 今年度のペーパーテストの特徴

今年度の全体的な傾向として、倍率が減少傾向であったといえます。ただ、倍率が下がったからといって、難易度が下がったわけではありません。受験日程をうまく組むことができて、複数校を受験できたご家庭、志望校の受験日が重なってしまいうまく受験できなかったご家庭の差が表れたとお考えください。一方、ここ数年、写真やカラーイラストを使った出題が増えてきており、今年度も同じ傾向が続いています。また、出題の仕方で放送やモニターなど教育機器を使用する学校が増えてきています。問題のカラー化によりイメージがつかみやすくなる場合と、絵が複雑化して不注意を招きやすい場合とがあります。カラーイラストを使用した例では、立教女学院小学校の数量の問題があります。場面の様子が描かれたカラーの問題イラストはきれいなので見入ってしまいがちですが、お話の要素もあるので出題をよく聞いていないと正答できません。一方、慶應義塾横浜初等部や東京女学館小学校のように、解答欄の枠やすぐ横にかかれた丸印の色が解答に使う筆記

2024 考査別出題傾向分析

具の色になることもあるので、指示をより正しくとらえることが重要になる場合もあります。

またパターン化した問題ではなく、柔軟な対応力が求められる問題が増えています。そして毎年のことではありますが、今年度は特に指示をきちんと、正確に聞く力を試される問題が増えました。見る力、聞く力、考える力が総合的に問われる出題に対応できるかどうかがより一層求められたと言えるでしょう。基本的な問題については確実な解答ができること、応用的な問題では指示を確実にとらえられるかどうかがポイントになっています。

◆ 感覚的思考から論理的思考へ

今年度も多くの学校で「数量」の問題が出題されました。わかるだけでなく、解答の仕方なども一度で聞いて理解しなければ正解できませんから、柔軟な対応力、言葉の力も大切になります。日本女子大学附属豊明小学校のお手本と同じ数のものを選ぶ問題は、一見標準的に見えますが、正解がいくつあるとは示されません。1つ見つけたら残りを見落として次の問題に進んでしまわないよう、注意が必要です。聖心女子学院初等科の8個のアメを3つの袋に分ける問題は、2問のうち左側は赤の丸、右側は黒の四角で答えをかくというように、解答の仕方が違いました。このほか数の対応が早稲田実業学校初等部、雙葉小学校、暁星小学校、聖心女子学院初等科、東洋英和女学院小学部、進み方が早稲田実業学校初等部、暁星小学校、聖心女子学院初等科などで出されています。

「言語」も例年よく見られる問題です。横浜雙葉小学校や白百合学園小学校では、名前の中に別の動物や物の名前が含まれているものを探すという、クイズのような楽しい問題がありました。数種類の絵の名前から何番目かの音を取って並び替えると何になるか、という言葉づくり

は、光塩女子学院初等科、立教女学院小学校などで出されました。しりとりは出題が多く、聖心女子学院初等科、青山学院初等部、横浜雙葉小学校などで出されていますが、各校で出題形式が異なっています。どの問題も、まず絵の名前が言えるかどうかがポイントになります。

「常識」もいろいろな学校で出題されています。知識を持っているかというより、ご家庭でどのようなものに興味を持たせているか、いろいろな意味で親子の接し方が表れる課題です。暁星小学校や聖心女子学院初等科では影や風の向き、立教女学院小学校では生き物の足の数や野菜や植物の外見の特徴などが出されました。このほか昔話が雙葉小学校、暁星小学校、仲間分けや仲間探し、季節が青山学院初等部で出題されました。「推理・思考」は一番出題が多い項目で、まず体験してみることが大事な項目です。回転図形や対称図形、重ね図形、重さ比べ、四方図、鏡映図、水の量やひも、変わり方と、今年度も広く出題されています。問題を頭の中で具体的にイメージできないと解答できませんから、理解が進まない場合は具体物を使って確認しましょう。「点図形」「模写」も今年度は多くの学校で出題されました。丁寧にきちんと書けることも大事ですが、お手本をしっかり見る観察力も重要で、これらはその後の書写教育につながっていきます。体験量の差が出やすいものなので、日ごろから丁寧にしっかり取り組みましょう。今年度の頻出項目としては推理・思考が一番多く、話の記憶・理解、数量、常識、言語と続いています。

ペーパーテスト重視校は、小学校入学後の学習につながるものとして、これらの問題を通して子どもの伸びる力を評価していると思われます。5、6歳児は感覚的な思考から論理的な思考へと大きな成長を遂げる時期です。考えるプロセスを大切にしながら、実力をつけていってほしいと思います。

2024 考査別出題傾向分析

◆◆ 個別テスト重視校編 ◆◆

より細かく正確に子どもの姿を知るために、有名小学校では個別テストを行っています。学力テストとは異なり子どもがどう育てられてきたかを見るので、家庭教育が重要になります。子どもを通して親も見られると考えて、対応することが大切です。

◆ 子どもを知るためのテスト

個別テストは、子どもと先生が一対一で課題を行うのが基本ですが、先生が複数いたり、記録係の先生が同席したりする場合もあります。子どもは1、2人ずつ教室に入り、2〜4ヵ所の異なる課題のコーナーを順番に回ることが多いため、子どもにとっては、グループ単位やさらに多い人数で行う集団テストと比べ、緊張感が高いと言えるようです。

考査の中でペーパーテストを実施せず、個別テストを重視する学校としては、学習院初等科、立教小学校、桐朋小学校などが挙げられます。では、そのほかの学校では全く個別テストが行われないかというとそうではなく、ペーパーテストや集団テストと併せて個別テストを行う学校も少なくありません。たとえば早稲田実

業学校初等部や国立学園小学校、精華小学校などのように、ペーパーテスト、個別テスト、集団テスト、運動テスト、親子面接を実施し、いろいろな面から総合的に子どもを見る学校もあります。白百合学園小学校や田園調布雙葉小学校、東京女学館小学校などでも、考査の中に必ず個別テストが含まれています。東洋英和女学院小学部では、例年行っていなかった個別テストを今年度は実施しました。

さて、個別テストが行われる際、学校が子どもたち一人ひとりをしっかりと見極めるためには、それなりの時間や人員が必要となります。新型コロナウイルスの影響下では全体的に考査時間短縮の傾向が見られましたが、個別テストは集団テストよりも手間がかかることは間違いありません。それでも、多くの学校で個別テストが実施されているのは、より細かく正確に子どもの力や内面をとらえることができるからなのです。特に、口頭で答える際の「言語表現力」と「答えに至るまでのプロセス」をよく見ることができるという利点があることが、実施の大きな理由と言えるでしょう。

◆ 一対一で「本当の姿」を知る

集団の中で課題の指示を聞き、解答するペーパーテストでは、たいていが解答用紙に○や×などをつけて答える形式であり、この方法では思考プロセスを見ることは困難です。その点、一対一の個別テストでは直接質問しながら、一人ひとりの考え方の根本をとらえることが可能となります。あるいは、いくつかの選択肢から答えを選ぶといった課題であれば、自信を持っ

2024 考査別出題傾向分析

て答える様子や迷いながら解いている様子、ただ先生の顔を不安そうに見ているだけといった様子などからも、性格や考え方なども含め、その子自身の「本当の姿」というものがより明確に見えてくるのです。

今年度の個別テストでは、大きく３つのポイントがありました。１つ目は言語表現力です。思ったことや感じたことを言葉にして話す力、話す意欲、言葉の使い方や大きな声で話せるかなどですが、普段から拙い言葉でも具体的な内容を交えながら会話しているかどうかが、考査には表れます。２つ目はあきらめずに考えたり工夫したりする姿勢です。実際に具体物を与えられることが多いですが、とにかく取り組んでみる姿勢は大事です。３つ目は個性的な発想力です。遊びのように自発的な態度が入ると展開が生まれ、個性が際立ちます。答えがあるような課題への対応をしすぎると、自由に行うことへの意欲となるきっかけをつかみにくくなることがありますから、注意が必要です。

◆「生活力」と「言語力」に焦点

生活習慣として、早稲田実業学校初等部では

ハンガーにかかったポロシャツを着て、弁当箱とはしを巾着袋に入れ、洋服と靴下、水筒、折りたたみ傘、巾着袋をリュックサックにしまったらポロシャツを脱いでハンガーに戻す課題が出されました。立教女学院小学校では、コップに入ったスーパーボールなどを塗りばしでトレーに移す課題でした。こうした内容から生活習慣の課題では、単に身の回りのことができるかどうかではなく、取り組み方も含めた総合的な生活力を重視していることがうかがえます。一つひとつの生活習慣が身についていても、生活力があるとは言えません。考査では、上手にできることよりも、一連の活動として自発的に手順も考えて行えることが大切です。うまくできなかったときや失敗したときにどうするかという対応そのものが、生活力と言えるでしょう。ほかには言語力を見るものとして、学習院初等科では、公園で遊んでいる動物のお話を聞いた後、後から来たウサギさんが転んで泣いてしまったら、それを見てどうするかなどを聞かれる課題がありました。自分で思ったこと、感じたことを自分の言葉で伝えることは、コミュニケーション力を身につけるためにも大切です。

◆個別テストのさまざまなパターン

例年個別テストでは、絵カード、シール、サイコロ、ひも、クリアファイル、風呂敷、おたまやトング、積み木や粘土など、さまざまな具体物を使った課題が出されます。考査では具体物を使った経験の有無はもとより、いかに工夫して扱うかもポイントです。今年度は、組みひもや綴じひもなどは立教女学院小学校、白百合学園小学校、田園調布雙葉小学校など、おはじきが白百合学園小学校、また学習院初等科では印がかかれた透明な板が使われました。絵を描く、色を塗る、紙を折る、切るといった基本的な課題も多く出されています。

2024 考査別出題傾向分析

青山学院初等部は工夫力の個別テストがなくなりましたが、ペーパーテストでは出題にモニターが多用され、お手本などを注意して見る必要がありました。また集団テストでは制作課題で自分の好きなように作り、その後自己紹介に加え制作で工夫したところを発表するなど、言語表現力を見るような課題が出されました。制作時の用具の使い方、取り組む姿勢なども含めて、個別テストを重視してきた学校ならではの観点があることを意識しておきましょう。一方、成城学園初等学校では今年度、個別テストに加えてペーパーテストが行われました。一斉に行える課題はペーパーテストで、はしの扱いや実物のお金を使用する数量の問題といった家庭での親子のかかわり方が見える課題は例年通り個別テストで行われました。立教小学校では推理・思考の課題として、ウサギがイヌのところまで進めるように2種類の道のカードをマス目に並べていく問題がありました。桐朋学園小学校では筒状にした画用紙を半分くらいの高さまで短冊状に細くちぎり、その後は用意された材料と画用紙の筒を使って好きな世界を作る課題が出題されました。集団の中で取り組む課題でも実質的には個別テストである課題では、周りにまどわされずに自分なりの発想で作業を進め、自信を持って解答することが大切です。

◆ テストの様子から見る家庭教育

小学校受験では、子どもだけでなく、親の在り方も見られているとよく言われます。中でも個別テストでは、言葉遣いや具体物を取り扱う様子などから、礼儀作法やしつけといった家庭教育の程度が垣間見えるものです。たとえばはし使いの課題は、食事の自立度を見るうえでも有意義です。正しく持って使えるか、してはいけないことを知っているかなど、幼児期に家庭で身につけたい事柄が含まれています。今年度

も東洋英和女学院小学部、立教女学院小学校、成城学園初等学校、光塩女子学院初等科で、はしを使ってキューブなどを移す課題が出ています。また白百合学園小学校では、ぞうきんを絞るまねをした後、机を拭く課題がありました。これらを通して家庭での過ごし方や、子どもにさせるべきことをきちんとさせているかがわかります。制作課題でも、材料の扱い方や片づけ方などに、家庭教育の程度が表れます。普段の生活で、年齢相応に自分のことは自分で行い、思ったことや感じたことを素直に表現できること、自分の考えや思いを堂々と伝えながら、相手の言うことも受け止められるようになることが、個別テストの対策です。個別テストは子どもが自身のことを表現し伝える場ですが、同時に、相手である先生のお話や指示をどれだけしっかり受け止められるかといった見極めもされています。家庭では、まず相手の顔を見て話を聞く習慣をつけ、次にお手伝いなどを通していろいろな道具にふれさせましょう。子どもが物に興味を持ち、使いたいと思う気持ちから創造力が生まれます。そして、自分自身の感じ方が個性として伝わる言語力を身につけることが大切です。子どもが自分らしさを出せる環境づくりを心掛けましょう。

2024 考査別出題傾向分析

◆ 表現力テスト重視校編 ◆

一人ひとりの個性を伸ばすことを目標に掲げる学校はたくさんあります。子どもの資質を見るための創作・表現活動はとても有効な選抜方法です。それは詰め込みの知識教育ではおよばない、子どもの個性としての思考力や可能性に迫っているからです。

◆「表現力」から何を見極めるか

「表現力」の出題は、「身体表現力」「絵画・制作表現力」「言語表現力」などに分けられます。これらはペーパーテストや運動テストだけでは評価できない分野に属するものです。学校が目指す子ども像などと照らし合わせながら、求める子どもや家庭であるかを見極めるための出題と言えるでしょう。なお今年度は、座席にパーテーションを設置しモニターを使って指示をするなどの新型コロナウイルス対策を講じない学校もありました。

◆ 両親がともに歌い、踊ることが大切

まず、「身体表現力」のテストでは、先生のナレーションや合図をきっかけに体を動かすごっこ遊びをしたり、曲やリズムに合わせて踊ったりする、音感やリズム感が必要な課題も出されました。演じ方や踊り方は個々が自由に行うという約束の場合もあれば、お手本に従って行うという約束の場合もあります。子どもたちにとっては、自由にやるようにと言われるほうが、難易度が高いと言えるでしょう。こうした課題のとき必要なのは、個々の工夫が感じられる演じ方や動きです。しかし、どうすればよいか思いつかないと先に動き始めた子のまねをし、結果、全員が同じような動きになってしまうことがよくあります。

本来、子どもたちは歌や踊り、演じて遊ぶことが好きです。2、3歳までは音楽をかけただけで笑顔になったり、リズムに合わせて手足を動かしたりします。こうした反応は、両親が日ごろから一緒に歌ったり踊ったりすることで顕著になると言えます。

ところが4歳ごろになると、子どもたちは急に周りの目を気にし始めるようになってきます。これは、親が子どもと一緒に楽しむことよりも、子どもの表現を評価する側に立ち、あれこれ注文をつけるようになることが原因のようです。一般に4〜6歳は、生活体験の幅の広がりとともに、その年齢にふさわしい表現力や工夫力を引き出せる時期にあたります。就学前では、親も子どもたちと一緒に楽しく歌い、踊り、演じて遊ぶことが望ましいでしょう。

ごっこ遊びやリズムなどの課題は女子校に多い傾向がありますが、今年度はピアノ伴奏に合わせて踊る課題が立教小学校で、音楽に合わせて鈴やタンバリンなどを鳴らす課題が青山学院初等部で出されました。テスターの合図に合わせて動物をまねた動きをする課題は聖心女子学院初等科、桐朋学園小学校で行われ、光塩女子

2024 考査別出題傾向分析

学院初等科では写真撮影ごっこが出題されました。これらのことからも、この分野の出題が女子校だけの特徴ではないことがわかります。

自由で柔軟な発想を大切に

次の「絵画・制作表現力」は、筑波大学附属小学校や学習院初等科の巧緻性の課題でよく行われているような、全員がお手本通りに作るといったものではありません。一人ひとりの創意と工夫力が問われる課題と言えます。実例としては、慶應義塾の2校や早稲田実業学校初等部、青山学院初等部、東京女学館小学校などでよく出題されています。今年度の早稲田実業学校初等部では、台紙に描かれた川、公園、海、木などに、モニターに映った三角、半円、長四角、扇形などの形を使って、そこで自分が過ごしている絵を描くといった発想力の豊かさが見られました。そのほかにも、自分とさまざまな場所や人とのつながり、興味・関心のあるものについて表現する絵画の課題が、多くの学校で出されました。

学校によっては、自分の生活体験の範囲を超え、探検の世界や空想の虫、乗り物などを創造

させる出題もあります。このような課題の場合、作品そのものの完成度よりも、「なぜそれを描こう（作ろう）と思ったのか」という思いと、それを何とか伝えようとした努力の経緯や形跡がうかがえる作品であることが大切です。そのうえで受験準備においては、誰が見てもわかるような作品として仕上げるための助言をしたり、素材の生かし方や用具の正しい使い方などを教えたりする必要があります。自己満足に終わらせず、子どもをもう一つ上のステージに導くことが重要です。考査の制作課題では、画用紙や折り紙のほか、紙皿や紙コップ、粘土、空き箱などが材料としてよく用いられます。家庭でも日ごろから子どもの身近に用意しておき、いつでも使って遊べるようにしておくとよいでしょう。なお、2021年度は新型コロナウイルスの影響で、互いの発想力を生かし協力して行う共同絵画や共同制作を控える傾向がありましたが、2022年度より感染対策を講じたうえで、少人数のグループ活動を実施する学校が見られるようになっています。

言葉で的確に表現する力を

最後の「言語表現力」ですが、言葉はコミュニケーションツールとして最も基本的なものであり、表現力テストだけでなく、入試全般にかかわるものです。前述の絵画・制作表現力の課題でも、それぞれの作品について「何を描きましたか（作りましたか）」などと質問されます。たとえ作品そのものが未完成でも、作品への思いを言葉にして伝えることができれば、それも十分な表現力と言えます。そのほかに言語表現力が問われるのは、先生と一対一で課題を行う個別テストや親子面接の場です。ペーパーテストだけでは見えない一人ひとりの内面にふれようと、入試の一部にこうしたテストを含める学校がほとんどです。中には、学習院初等科、お

茶の水女子大学附属小学校などのように、個別テスト主体で入試を行うところもあります。

　個々の言語力に加え、それ以外の力が求められる課題もあります。たとえば、4、5人のグループでお店屋さんに置く品物を作った後、その品物の特徴をお客さんに紹介したり、ウサギさんの誕生日パーティーの飾りつけをしたり、箱を使って自由に遊んだりするような課題では、想像力のほかにお友達などほかの人へのように意見や気持ちを伝えるかというコミュニケーション力が重視されています。家庭では子どもがどんな言葉を使えるのか、どんな話し方ができるのかなどを確認し、成長をほめたり喜んであげたりすることが大切です。豊かな言語表現力を養うためには、親が聞き上手になることです。合否に大きくかかわる面接でも、言語表現力は問われます。親子面接では、頼りにしている両親の傍らで子どもが質問に的確に答えるのは難しいものです。つい両親の顔色をうかがったり、答えに窮して助けを求めたりするようなことも起こりがちです。大切なのは、子ども自身が両親への依存心を断ち切って自力で対応し、両親も子どもの自立を促している姿勢を示すことです。そのためにも、日ごろから場や相手にふさわしい礼儀や正しい言葉遣いなどを

しつけておきましょう。

◆ のびやかな表現は家庭の愛情から

　どのような領域であれ、のびやかな表現をする子どもの心には、しっかりとした自己肯定感が備わっていると感じられるものです。そのような子どもの家庭は、両親とのかかわり方や愛情の示し方、過ちの正し方に、明確な理念と穏やかな寛容さがあり、子どもを愛情深く育ててきたことがうかがえます。つまり、学校は「表現力」の課題を通し、その子どもの成長を育んできた家庭の様子を知ることができるのです。就学前の幼児の自己表現は、その子ども自身の命の息吹と言っても過言ではないでしょう。

　そのため、表現力を重視する学校の入試では、一貫教育の中で児童期から青年期へと成長していく子どもの姿が、校風と合っていることが合格への鍵となります。親は子どもにどのように育ってほしいかしっかりした考えを持ち、家庭で子どもの思いや感じ方を受け止める雰囲気をつくることが大切です。かけがえのない幼児期に、豊かに自己表現できる力をしっかりと育んでいきましょう。

2024 考査別出題傾向分析

◆◆ 行動観察重視校編 ◆◆

ペーパーテストや個別テストが中心の入試では、学習能力はわかっても個々の生活力、心の豊かさや遊び心、コミュニケーション能力の見極めがしにくいものです。個性を大切に伸ばそうとする学校は、入試における行動観察をとても重要視しています。

◆ 集団遊びや指示行動の見直し

近年、どの学校でも重要視されてきているのが行動観察です。一人っ子の多い社会背景や、同年齢の子どもたちとのふれ合いが少なくなりつつある社会環境などの影響も考えられますが、集団生活の中でスムーズにコミュニケーションが取れない子どもが増えていることへの懸念もあるようです。そもそも、行動観察という言葉がクローズアップされたのは、1993年度入試で慶應義塾幼稚舎がペーパーテストの実施をやめ、遊びを主体とした入試を行うようになってからです。それまでは一般的に、知育をメインに据えた受験準備が主流でしたが、十分な学習時間を確保しようとすれば、当然ながら年齢に見合う生活体験に不足が生じ、やがて、

①生活力（しつけ・生活習慣と自立心）
②心の豊かさや遊び心（発想力）
③コミュニケーション能力

などの欠落が指摘されるようになりました。時期を同じくして、いじめによる事件が社会問題化し始め、学校はその原因を探りながら、家庭における教育の在り方に高い関心を持つようになりました。以来、次代を担う子どもたちの教育に何が欠けていて、何が大切なのかを重要視する学校が増え、両親の立場からも、これまでは二次的なものと考えていた集団遊びや指示行動の価値を見直すようになっていきました。そんな折の慶應義塾幼稚舎の試みは、小学校受験というものに対して大きく問題提起をすることになりました。その流れのもとで、試験内容の見直しや改革がそれぞれの学校で行われ、慶應

義塾幼稚舎の姿勢に賛同する学校、ＡＯ入試を取り入れる学校、２日間の試験の様子を総合的に判断して結果を出す学校などが現れました。いずれも子どもたちが課題に取り組む姿勢を通して、先に挙げた①～③を見極める試みであり、"じっくりと子どもの様子を見る"という意味で「行動観察テスト」という言葉が定着しました。遊びの中に表れる工夫力や人とのかかわり方からは、日常の過ごし方だけでなく、その後の生きる力の源ともなるさまざまな可能性が見えてきます。

今年度印象的だった変化として、洗足学園小学校が面接を実施せず、行動観察を２回にわたり行ったことが挙げられます。また慶應義塾横浜初等部の二次試験では、近年は新型コロナウイルス対策のため絵画の課題を中心としていましたが、従来通りに課題遊びや自由遊びが主体となりました。先の見通しが立てにくいこの時代では、広い視野を持った人材、豊かな発想力や想像力で問題解決に挑む人材、アイデアをよ

2024 考査別出題傾向分析

り大きな力にするためにイメージ力やコミュニケーション力に長けた人材が求められます。行動観察での遊びを通した子どもたちの活動の中で、将来そのような人材へと成長できる力があるかどうかが見られています。

◆＜①を重視する学校＞

有名私立女子校のほとんどと学習院初等科や暁星小学校などがこれに該当します。考査の対象となる生活習慣の多くは、両親自身も無意識に行っていることが多いため、子どもの癖や間違いに気づきにくく、十分な対策が講じられていない家庭が多いようです。普段のあいさつや言葉遣い、教具・教材の扱い方や片づけ方などが重要となります。これらはいずれも〝人や物を大切にする気持ちを持った〟生活の中で生まれ、習慣づくものであり、つけ焼き刃では通用しません。わが子が将来社会とうまくかかわるための財産を授けるつもりで、時には厳しくしつける必要もあります。

◆＜①と③を重視する学校＞

この分野の出題校は、聖心女子学院初等科、白百合学園小学校、雙葉小学校、田園調布雙葉小学校などの女子校に加え、お茶の水女子大学附属小学校や成蹊小学校などです。早稲田実業学校初等部も毎年のように日常の片づけや家事の手伝いを想起させる課題を行い、身の回りのことを今までどのくらい自分で行ってきたかを見ています。入学間もない子どもたちに親離れを早々に指示し、一人で通学させている学校ならではの思い入れを感じます。

また、課題解決のための相談と協力の過程を観察するグループ遊びは、子どもたちのコミュニケーション能力を見る場として定着してきました。成蹊小学校では男女を同一のグループで

活動させるという方法を採用しています。男女が性差をあまり意識せず仲よく遊ぶ幼児期とはいえ、遊び方や制作内容の好みには明らかな違いが出てきます。言い換えれば、これはクリアすべきハードルが多いほど、より一層のコミュニケーション能力と社会性・協調性が求められるということを意味しているのです。

◆＜②と③を重視する学校＞

この学校群には、慶應義塾幼稚舎、慶應義塾横浜初等部、青山学院初等部、桐朋学園小学校、立教小学校、東京女学館小学校などが挙げられ、国立校では東京学芸大学附属竹早小学校が該当します。いずれの学校も毎年、楽しい課題を出しています。それらには決まった答えのないものが多く、個々の発想力や表現力の見せどころとなります。しかし、主体性が十分に育っていない幼児は周囲の影響を受けやすく、ほかの子をまねることがあるため、結果が横並びになる傾向があります。まずは人とは違う表現をすることに自信を持ち、個性を発揮することを無邪気に楽しむ素直さを伸ばしておきたいものです。

2024 考査別出題傾向分析

◆◆ 面接・運動テスト重視校編 ◆◆

多くの有名小学校入試では面接が実施され、面接のない学校でも個別の質問を行っています。また、子どもの体力低下を考えて運動テストも重要視しています。ペーパーや行動観察だけでなく面接、運動にも注目し、バランスのよい子に育てましょう。

◆ 受け答え以外に考えや意見も

小学校入試における面接・運動テストの重要度は、対象がまだ低年齢の子どもだけに、とても大きな比率を占めています。面接では、初対面の先生の前でしっかりと受け答えができるかどうかはもちろんのこと、最近では、はっきりと自分の考えや意見を話せるかどうかまで見られるようになっています。ほとんどの学校では、好きなものや好きな遊びなど本人にかかわる質問のほか、幼稚園や保育園に関すること、家族やお友達に関することなどを聞かれます。一部、面接を実施しない学校もありますが、本人には個別テストや絵画の課題などの間に面接と同じような質問をされることもあるので、事前に大人を相手にした受け答えの練習をしておくことが大切です。

◆ 親子で対話する機会が大切

ほとんどの学校では両親同席での面接ですが、本人が同席しない両親のみの面接を実施する学校もあります。本人が同席する場合には、両親が横または後ろにいることで、その目を気にしてしまって緊張し、スムーズに答えられなくなるお子さんもいます。そうならないためには、できるだけ本人の自信や自覚を育てることが大切です。両親が聞かれる項目のほとんどは志望理由、家庭の教育方針、子どもの性格、子どもを取り巻く環境についてなどですから、事前にそれぞれの志望校の過去の質問例を調べ、両親でよく話し合って家庭の考えをしっかりま

とめておくことが必要です。人前で上手に話せない子や緊張しやすい子は、日ごろから人前で話す機会を意識して増やしておくべきですが、まずは「あいさつ」を習慣づけることです。しっかりとあいさつができるように、両親がお手本を示してあげましょう。話しても構わない相手と話してはいけない相手の見分け方や、話してもよい場面と話すべきではない場面の区別の仕方も教えておきましょう。それらを日ごろの声掛けで確認しておかないと、「大人は怖い」とか「知らない人と話してはいけない」といった思い込みが、当日の失敗につながることもあるので気をつけてください。

なお、この数年は新型コロナウイルス対策により、ほとんどの学校でアクリル板が設置されていましたが、今年度は設置をしない学校がほとんどでした。引き続き面接を重視する傾向に変わりはないでしょう。

2024 考査別出題傾向分析

◆ 基本課題ができる体力づくりを

運動テストでは、年齢相応の基礎体力と基本的な身のこなしやリズム感、指示に対しての注意力や反応、機敏性などを備えているかどうかが見られています。志望校でよく出されている課題の傾向を調べて、当日スムーズにできるよう練習しておきましょう。多くの小学校でよく出されるのは、ケンケン、ケンパー、スキップなどのリズム感を要する課題、片足立ち、平均台などのバランス感覚が必要な課題、縄跳び、腕で体を支える、鉄棒にぶら下がる、駆け足などの筋力を要する課題、音などによる約束に合わせて移動する機敏性を見る課題、ボール投げなど瞬発力を要する課題、マット運動など柔軟性や調整力を見る課題などです。

これは近年の幼児・児童の体力低下が背景にあり、やはり年齢相応の体力、加えて公共交通機関を使っての遠距離通学に対応できるだけの体力があるかを見られているのでしょう。日ごろから外出してなるべく歩かせる、公共交通機関を使って出かけ、駅構内の階段を上り下りする機会を増やすなど、体力不足だと思われない程度までは体を鍛えておきましょう。鉄棒や縄跳び、平均台、マットなど、お子さんが今まで体験したことがないものにも積極的に挑戦することが大切です。模倣体操の課題も増えています。先生からの指示に対する注意力、周りとテンポを合わせられるかどうか、最後まであきらめずに挑戦する意欲など、運動のスキル以外の要素も重要になります。子どもらしい反応で一生懸命取り組む姿が、学校側に好印象を与えることでしょう。運動のスキル以外に大切なのは、お子さんの自立度を上げることです。自分のことを自分で行うようにすると、お子さんへの負荷は増えますが、体験の量が増えて忍耐力も自然とついてきます。

◆ 運動対策でほかの力もアップ

運動テスト対策のために練習することは、ペーパーテストや個別テストのスキルアップにもつながります。運動での反応が速くなったことで、ほかの課題も反応が速くなった、忍耐力が身につき課題への集中力が増した、といった例もあります。たかが運動テストと軽視せず、子どもらしい意欲と年齢相応の動きが身につくように、休日は一緒に体を動かすなど、日ごろは忙しいお父さんにも協力してもらいましょう。面接テストや運動テストは子育ての成果がはっきりと形に表れるものです。日常生活の中で自立心を養うなど、家庭でも子どもの成長を図りましょう。また、感染防止の観点から見直された面接形式や運動テストで課される項目などは、従来通りに戻る可能性がありますから、最新情報に留意してください。

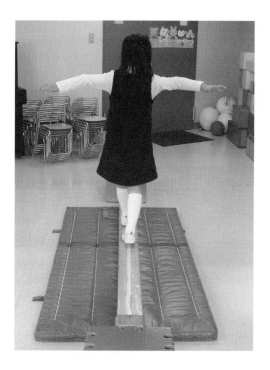

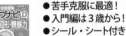

 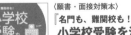

✳ 入学準備ファイル ✳

Chapter 1
受験準備の基礎知識

- ・小学校受験とは？
- ・私立と国立小学校のタイプ
- ・共学・別学と進路パターン
- ・入学テストと考査の種類
- ・小学校はこんな子を求めている
- ・歓迎されない親のタイプって…
- ・入学までのモデルスケジュール

— Chapter 1 —

✳ 受験準備の基礎知識 ✳

Chapter 1-1

小学校受験とは？

就学年齢に達した多くの子どもたちが公立小学校へ入学する中、経済的負担を考えたうえで、よりよい環境での教育を求めるご両親は、私立・国立小学校受験を選択するようです。各ご家庭によって目標は違っても、親子一体となった努力が必要です。

✳ なぜ今、小学校受験をするのか

就学年齢に達した子どもは小学校に進みますが、大半は区市町村が運営する公立小学校に入学します。公立小学校では学区制になっているので、進学するときはこれに従わなければなりません（東京都の場合、地区内で自由選択が可能な区や市も一部あります）。これに対して、居住区域などの制限はあるものの、原則入学先を自由に選べるのが私立と国立の小学校です。ただ、入学試験がありますから簡単に入学することはできません。これらの小学校に合格するには高い能力が要求されますが、伝統と実績に裏づけされた独自の教育方針に基づく一貫教育は大きな魅力でしょう。私立・国立小学校へ入学させたい理由としては、①学校の教育方針、理念に賛同してその学校で人格形成を図りたい、②受験勉強を避けて、一貫教育制度がある小学校に入学させたい、③よい教育環境で勉強させ、有名中学や有名高校、有名大学に合格するチャンスを得たい、④学区内にある公立小学校に不安がある、などがあります。②のように高校や大学までの一貫教育の学校であれば、受験勉強に費やす時間をほかのことに有効利用できると考えてのことでしょう。

✳ 国立は小学校からの受験が有利

国立の小学校は、お茶の水女子大学、筑波大学など国立大学に附設された研究機関として運営され、いずれも人気は高く、競争倍率を見ても高いところでは50倍以上にもなります。人気の高い理由は、所在地、学校施設などの環境

が優れていること、先生・児童の意識が高く、学校生活が充実していることです。外部の小学校から国立大学附属中学校を受験する場合、校内でトップクラスの成績を取るような子どもたちしか合格できないとさえいわれます。そのため、中学校よりも小学校の段階で受験したほうが有利ともされています。ちなみに附属中学校から附属高校へ進学できるのは、全体の約60％といわれ、その後の有名大学への合格率も抜群に高くなっています。しかし、国立のほとんどの小学校では、選考において抽選も実施されます。また、居住地域、通学時間に制限があり、制限区域内に居住していない人が進学したい場合には、転居する必要も出てくるでしょう。

✳ 学費負担や通学時間、環境も考慮

私立小学校には独自の建学の精神や教育方針があるので、学校とご家庭の教育方針が一致していることが何よりも大切です。国立小学校はすべて共学で宗教色もありませんが、私立小学校には男女別学の学校や宗教教育を柱にしている学校もあります。また、私立小学校は学費も高く、ご両親の経済的負担も大きくなります。さらに私立小学校の場合、学区制はありませんが、通学時間を制限している学校もあります。受験をするにあたって大切なことは、子どもにとってふさわしい学校かどうか、その学校へ進むことでご両親が望む人間に成長できるかどうか、その教育環境をよく調べたうえで進学を決めるべきだということです。受験をしなければならないような雰囲気の中で、「有名校」「名門校」と周りが騒ぎ立てる勢いに流されて受験してしまうことだけは、避けるべきです。

※ 受験準備の基礎知識 ※

Chapter 1-2

私立と国立小学校のタイプ

小学校のタイプには、大きく分けて幼・小一貫教育や小・中・高一貫教育などを行う附属の学校、宗教・語学教育などに特色のある学校、教育研究校として独自の教育を行う国立大学附設の学校などがあります。

一貫教育を行う学校

国立学園は幼稚園と小学校だけの一貫教育を行っており、その学校案内を見ると、卒業生の合格した中学校の進学状況が紹介されています。この学校には、幼・小一貫教育から始めて中学校受験を目指すご家庭が多く、最終的なねらいは中・高一貫教育を経た後の有名大学への進学でしょう。また、男子校の御三家と呼ばれる麻布、開成、武蔵、女子校の御三家と呼ばれる桜蔭、女子学院、雙葉のそれぞれが行う中学入試が難しいのは、中・高一貫教育の成果が大学進学実績に反映されているからです。

幼稚園から女子だけの学校

白百合学園小学校と田園調布雙葉小学校は、幼稚園から一貫して女子だけを教育する学校です。特に白百合学園は、幼稚園が３年保育からあり、大学卒業までの合計19年間、女子だけで学ぶことになります。ご自身の学歴に別学の経験がないご両親は、その学校の女子教育の理念や特徴を十分理解し、納得したうえで受験してください。

幼稚園が併設されていない学校

一般に、一貫教育制度を実施している私立小学校には幼稚園も併設されていると思われがちですが、慶應義塾幼稚舎や立教小学校、成蹊小学校、聖心女子学院初等科、東京女学館小学校など、有名小学校と呼ばれる学校にも幼稚園のないところがあります。

宗教・外国語教育のある学校

宗教教育を行っている小学校は、共学ではキリスト教系で青山学院初等部、聖学院小学校など、仏教系で淑徳小学校、宝仙学園小学校などがあります。別学ではキリスト教系で男子の立教小学校、暁星小学校、女子の白百合学園小学校、雙葉小学校など、仏教系では国府台女子学院小学部があります。また、首都圏のほとんどの私立小学校で、英語を主とした外国語教育が１年生から実施されており、外国人講師による会話指導や英語のみの授業、さまざまな国際交流、ホームステイ、短期留学、英検受験など、その学校独自の実践的教育が行われています。

通学時間を制限している学校

制限のある学校の中で、桐朋小学校は通学時間を60分以内とし、利用交通機関は２つまでで、乗り換えは１回だけと指定しています。桐朋学園小学校や聖心女子学院初等科も通学時間は60分程度、雙葉小学校や洗足学園小学校も60分以内と限定しています。

国立大学に附設する学校

国立の小学校はすべて国立大学に附設され、学生の教育実習など大学の教育研究機関としての役割を持っています。学校の立地条件や教育環境に優れ、人気もありますが、入学試験のほかに抽選、通学区域の制限もあり、学校によっては入学後に保護者が参加しなければならない年間行事などが多いところもあります。

✳ 受験準備の基礎知識 ✳

Chapter 1-3

共学・別学と進路パターン

私立学校の多くは一貫教育を行っていますが、それぞれ男女共学・別学の違いがあります。また、小学校・中学校へ進学するときに別学になる学校や、上級学校へ進学するためには試験を受けなければならない学校もあります。

私立小学校の一貫教育

一般に私立小学校は創立者の精神を受け継ぎ、独自の教育理念のもとに人間形成を図ることを目的としています。幼稚園、小学校、中学校、高校まで、あるいは短期大学、大学、大学院といった併設校を持ち、一貫教育を進めている学校が大多数です。原則として一定基準以上の成績を収めていれば、一貫教育制度を行う学校では系列の上級学校まで進学できることになっています。併設する大学に希望学部がない場合は、ほかの大学を受験しなければならないため、併設校にはどのような学校、学部があるかを調べておくことも大切です。では、有名私立小学校から系列上級学校にはすんなり進めるのでしょうか。慶應義塾幼稚舎、学習院初等科、青山学院初等部、成城学園初等学校、成蹊小学校などは、いずれも成績が学校の定めた基準以上で素行に問題がなければ大学まで進めます。同じ大学でも学部によって難易度が異なるので、難しい学部を希望する場合は小・中・高で上位の成績を収めておくことが必要です。

小学校から大学まで男女別学の学校

数多い有名私立小学校の中でも、白百合学園小学校、聖心女子学院初等科、東洋英和女学院小学部、日本女子大学附属豊明小学校、川村小学校などは、質の高い女子教育を受けられる期待から志望者が多い学校です。その中でも、日本女子大学附属豊明のように同大学へ進学する人数が多い学校、または白百合学園のように同大学へ進む人数が少ない学校もあります。

小学校から高校まで別学の学校

雙葉小学校、田園調布雙葉小学校、光塩女子学院初等科などは高校までの女子校であり、男子校の暁星小学校も高校までの学校のため、高校卒業時にはほぼ全員が大学を受験します。高校まで男子校である立教小学校では、一定の成績を収めていればもちろん大学まで進むことができます。雙葉系列が大学を設置しないのは、幼児期にキリスト教信仰の芽を育てることを目的とし、「幼稚園や小学校は親が選んでいても、大学は自分自身で選択しなさい」という自立を促す教育方針を取っているためです。

小学校は共学で中・高は別学の学校

桐朋小学校は幼稚園から小学校までが共学で、同系列の桐朋学園小学校も同じく共学ですが、どちらも男子は桐朋中・高、女子は桐朋女子中・高へ分かれて進学するそれぞれの推薦入学制度があり、ほとんどの児童がこの制度に合わせて進学します。桐朋高等学校は、都内有数の進学校です。昭和女子大学附属昭和小学校、精華小学校、晃華学園小学校などは、中・高は女子校であるため、男子は中学進学時に受験をし、それぞれの学校が独自に行う充実した進路指導のもとで確実に実績を上げています。ちなみに雙葉小学校、日本女子大学附属豊明小学校、東洋英和女学院小学部など、女子校に附属する幼稚園では男子も募集していますし、暁星幼稚園には女子が若干名通ってはいますが、小学校に上がってからはそれぞれ女子のみ、男子のみの別学という形に変わります。

Chapter 1-4

入学テストと考査の種類

私立・国立小学校の多くでは、考査としてペーパーテスト、個別テスト、集団テスト、運動テスト、面接が行われます。学校によって考査項目に違いはあるものの、どれも避けられないテストですので十分に学習しておいてください。

✳ ペーパーテスト

小学校入試のペーパーテストでは、話の記憶、数量、常識、言語、推理・思考、観察力、記憶、構成などが多く出題されます。ペーパーテストといっても、ほとんどの学校では文字や数字を使用しません。録音した音声や口頭での指示を聞き取り、絵を見て解答する形式です。どのような形で出題されても、指示をしっかり聞き取ることが要求されます。つける印や筆記用具の色などの指示にも対応しないといけません。また、出題内容が多岐にわたるため、多くの問題に取り組んでおく必要があります。未体験の領域だと平面上の絵だけではイメージしにくいので、具体物を使ってしっかり体験しておくことが必要です。幼児にとっては短い時間で解答しなければならないため、日常生活の中で時間を意識させていくことも大切です。

✳ 個別テスト

思考や工夫力を見るのが個別テストです。簡単な口頭試問のほか、構成や巧緻性、生活習慣の課題が多く出されています。課題に対する理解度はもちろん、質問に対する反応や会話の滑らかさ、言語表現力など、本人の性格や性質を総合的に見られます。パズルや積み木など、「操作」する力が要求される課題も多いので、巧緻性や発想力を高めておくことも大切です。

✳ 集団テスト

集団での行動観察を実施する学校が多いの

が小学校入試の大きな特色の一つです。グループで絵を描いたり制作をしたりという課題のほか、ゲームやごっこ遊びを実施する学校もあります。これらを通じて、集団の中での協調性やコミュニケーションの取り方を見られています。初対面の子ども同士で課題をこなすのは大変な面もありますが、積極的に自分の意見を相手に伝えられるとよいでしょう。

✳ 運動テスト

小学校入試では、年齢相応の体力・運動能力を見る運動テストも実施されます。基礎体力を見る課題のほか、平均台や跳び箱などの体操器具を使う運動、ボール投げ、玉入れなどのゲームのような課題もあります。機敏性、リズム感なども高めておきたいものです。また、課題の指示に対する注意力、持久力や忍耐力、頑張って取り組もうとする意欲なども見られているので、苦手項目は克服しておきましょう。

✳ 面接テスト

保護者のみの面接、親子での面接など学校によって形式は違いますが、ほとんどの学校で面接テストが実施されます。志望理由やご家庭の教育方針、お子さんの長所・短所、お子さんの将来像などがよく質問されます。それに付随して、願書や面接資料にも志望理由や子育ての方針などを書く欄がありますので、日ごろからご両親でしっかりと話し合い、お子さんの教育について考えを合わせておくことが大切です。お子さん自身の対策としては、しっかりあいさつをすることから始めましょう。

✳ 受験準備の基礎知識 ✳

Chapter 1-5

小学校はこんな子を求めている

有名私立・国立小学校では、就学年齢に見合った能力をバランスよく備えている子どもを求めています。完璧な能力を備えた子はいないとしても、できるだけ小学校が望む子ども像に近づこうとする努力が大切です。

✳ 小学校が求める子とは

多くの私立・国立小学校が求めているのは、知識ばかりを詰め込まれた子どもではなく、見る力、聞く力、話す力、考える力、行動する力をバランスよく備えている発想力豊かな子どもです。特に難関校に合格している子は、受験時期にはすでに児童期への成長を遂げていて、バランスよく力が備わっているようです。子どもがグループになって相談するとき、自分の意見を通すのに夢中なのが幼児期で、そこから成長しリーダーシップを取り始め、発言しないお友達への気配りもできるようになるのが児童期です。学校は知的な発達度だけでなく社会的発達度、身体的発達度などを見ると同時に、きちんとしたしつけを受けて育てられた子どもを求めています。受験ではご両親が担う役割も大きく、面接のほか願書や面接資料などの提出書類も重要であり、テストと併せて総合的に判断されることになります。

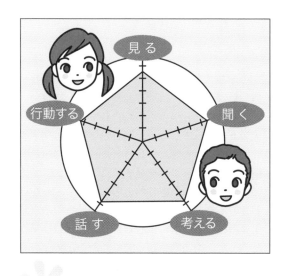

✳ 合格に必要な５つの力

小学校受験で合格するためには、必要とされる５つの力があります。１つ目は「見る力」です。観察力や模写、類似・差異の発見などで必要です。２つ目の「聞く力」は話の聞き取り、指示の理解に欠かせない力です。３つ目の「考える力」は多岐にわたりますが、中でも推理する力が大切です。４つ目の「話す力」は意思の伝達、表現力に重要です。５つ目の「行動する力」は、先の４つの力を基に自分から何かを成し遂げようとする力です。入試の場面では、物事に積極的に取り組む意欲や、状況に応じた的確な行動などが挙げられます。幼児には生まれつき年齢相応に形成されていく感覚と概念があり、さまざまな能力の獲得に最適な時期があると考えられています。幼児の自然な発達の道筋を逃すことなく、合格に必要な５つの力を中心として、時期に合わせ、子どもの力を伸ばす教育を行うことが大切です。

✳ 受験準備の基礎知識 ✳

Chapter 1-6

歓迎されない親のタイプって…

子どもへの接し方は、優し過ぎても厳し過ぎてもいけません。そして、人としてバランスのとれた教育を心掛け、親自身もともに成長していきましょう。下に５つの親のタイプを挙げましたので、ご自身にあてはまるところはないか、普段の言動をふり返ってみてください。

Pattern 01

過保護型

あまりにも世話を焼き過ぎると、引っ込み思案で、依頼心が強く、忍耐力がない子になってしまいます。自分から行おうとする意欲がないと、生活習慣もしっかり身につかず、集団生活への適応力に疑問符をつけられてしまいます。

Pattern 02

知育偏重型

子どもの発育段階を無視して現在の能力以上の高い要求をすると、頭が混乱して自信のない子になってしまいます。極端に失敗を恐れ、自分から積極的に何かに取り組もうとする意欲が表れてきません。

Pattern 03

過干渉型

始終子どもに目を光らせて監視するような、命令・禁止・抑制の多い環境では、自立心や意欲に欠ける子になります。親や他人から指示をされないと、何もしようとしない、何もできない、何をするにも親の顔色をうかがう子になりがちです。

Pattern 04

自己中心型

子どもの目の前でも何かにつけて間違いを他人のせいにし、自分では責任を取ろうとしない親がいます。そのような親の姿を見ていると、社会性・協調性に欠けるようになり、無責任な行動を取って集団から孤立する子になってしまいます。

Pattern 05

溺愛型

親にかわいがられてわがままが通ることが多いため、ほかの人に対してもわがままが出て、子ども同士ではトラブルが起きやすくなります。親の前ではよい子でも、ほかの子となじめなかったり、弱い子をいじめたりする子になってしまいます。

✳ 受験準備の基礎知識 ✳

Chapter 1-7

入学までのモデルスケジュール

小学校受験のためには、ご家庭で細かい年間スケジュールを立てて準備しておく必要があります。月ごとに目標を決め、一つずつクリアしていくことに努めましょう。

月	目標	内容
4〜5月	プリント学習 苦手分野点検	本格的にプリント問題を家庭学習に取り入れることや年始に立てた目標の確認、お手伝いなどを通して責任感を身につけることを話し合う時期です。また、夏からのラストスパートを前に、弱点・苦手分野を総点検しましょう。この時期は集中力・持久力がつくころなので、課題に取り組む時間を少しずつ延ばしていきます。ただし、時間を決めるなどして八分目を心掛け、やらせ過ぎは禁物です。
6月	志望校を固め 父親とも連携	各小学校の説明会には積極的に参加し、疑問や不安は学校の先生や幼児教室の先生に相談するなど、ラストスパートをかけ始める夏に向けて「あこがれ」から現実的な「目標」となる志望校を絞り込みましょう。また、本格的に志望校を選ぶ時期だからこそ、ご両親の間でご家庭の教育方針にずれがないかどうかを話し合うべきです。お互いのことを理解し合い、協力態勢を整えておくことが大切です。
7〜8月	苦手分野克服 野外で遊ぼう	7月は推理・思考力が伸びる幼児期後半の時期なので、プリントと実体験で弱点・苦手分野を克服しましょう。8月は幼児教室のサマー合宿などでご両親以外の大人と信頼関係を築いたり、親子でも海や山で遊んだりすることで、自主性や積極性を育みます。これは個別テストや面接に有効でしょう。そして、願書を仕上げる時期でもあります。下書きで点検し、何度も推敲を重ねてください。
9月	速さを意識し 面接対策も！	試験で重視される巧緻性を向上させるために、作業に丁寧さを加え、速さも意識しましょう。どちらが速く洗濯物をたためるか親子で競争してみるなど、お手伝いの中で楽しみながら練習できると効果的です。学校によっては、9月中旬から面接が始まります。自分では気づかない癖のチェックや熱意の伝え方などをご家庭で確認、または幼児教室のアドバイスを受けて面接対策を進めましょう。
10〜11月	健康管理優先 指示に工夫を	試験期は季節の変わり目にあたり、複数の小学校を受験するのであれば、すべての試験日程を乗り切るための体力も必要になります。この時期は子どもに無理をさせず、生活のリズムを整え体調管理を徹底しましょう。学習面では、問題に慣れ過ぎると指示を最後まで聞かず、思い込みで進めることがあります。きちんと指示を聞いて取り組めるよう、家庭学習での指示の出し方を工夫しましょう。
12〜3月	就学は目の前 学習習慣維持	私立・国立すべての試験終了後から小学校入学まで約4ヵ月。安心した気の緩みから、せっかく身につけた生活習慣や家庭学習がおろそかになってしまうこともあります。学習時間を受験前より短くしたり、内容を小学校向けに変えたりして、これまでの学習習慣を維持していきましょう。小学校入学後も気後れしないよう、幼児教室の就学前準備講習などで十分に準備して送り出しましょう。

✳ 合格準備ファイル ✳

Chapter 2
勝てる親子の準備講座

Chapter 2

勝てる親子の準備講座

Chapter 2-1

合格する６つのポイント

試験に合格するには、日ごろの積み重ねが大切なのはもちろんですが、正しい情報を入手してそれを分析し、順序よく練習していくことが肝心です。まことしやかなうわさ話に振り回されず、親子が一つの方向に向かっていく心構えが大切です。

正しい情報の獲得

　小学校側が、具体的にどのような内容の試験を実施し、どのようなねらいを定めているのかを理解することが基本です。まずは志望する小学校のホームページを見ることから始め、ペーパーテスト、行動観察の重要性の比重を確認します。ペーパーを重視する学校は、中学校受験を意識し、行動観察を重視する学校は、系列・附属に多く、人格のバランスを意識しています。うわさ話も多いため、根拠のない不確かな情報には注意してください。

夏に向けて実力アップ

　今できること、できないことは何かをチェックすることから始めます。①課題テストでの筆記試験や遊具・教具の扱い、長い話を集中して聞けるか、②個別テストでは大人の前で話や作業がきちんとできるか、③行動観察では集団の中でトラブルなく上手に遊べるか、④運動能力や持久力、⑤日常生活での習慣やお手伝い、⑥お絵描きや簡単な手作業など、それぞれの能力を知り、足りないところは根気強く、ほめながら教えていきましょう。

願書・面接対策

　願書は早めに取り寄せ、コピーを取って下書きします。提出用は鉛筆で薄く線を引き、丁寧に読みやすく、指定の筆記具で真っすぐに書きます。説明会には必ず出席し、子どもがいつも通り行儀よく人前で話せるか、両親は互いの教育方針が一致し、子どもの生活や考えを理解しているかなどを確認します。幼児教室が作る子ども用、両親用チェックシートを使うのも有効です。昨年度のテストで何度もシミュレーションしてはいけません。

テストのシミュレーション

初めて受ける試験で、幼児が指示を一度で聞き取るのは困難なことです。聞き取るタイミングがずれると、すべてがわからなくなり命取りとなります。普段から文字を使わないテスト練習をして、聞き取ることに慣れておくことが大切です。また、聞こえていても緊張のために固まってしまい、返事ができなくなることもあります。初めての場所や相手、聞き慣れない言い回しは慣れるほかにないので、子どもを緊張させないよう努めましょう。

モチベーションの持続

テスト会場では、子どもはチェックされている視線を気にして、居心地の悪い気分になります。親子面接以外は他人に囲まれるので、さらに緊張します。そのまま緊張が続くと、何もできなかったり、泣いたりする結果になります。普段からほめる教育を心掛け、自信をつけて積極性を持たせましょう。しかって教えると一時的には伸びても、慣れてくるとやらなくなります。ほめ続ければ、自学自習の姿勢が身についていきます。

当日のコンディション

寸前になって慌てないように、学校から近い駅や公園のトイレの位置は確認しておきましょう。また、当日は、早過ぎる到着に注意しましょう。よかれと思って早く行き、待ちくたびれて騒ぎだす子もいます。集合時刻ギリギリの到着もよくありませんが、早過ぎるのも困りものです。落ち着いた気持ちで待てるような時間に行き、読書や折り紙などをしながら待ちます。爪や鼻水、耳あかをチェックし、子どもにはハンカチとティッシュペーパーを入れたポケットも必ず確認させましょう。

夏休みの有効な使い方

受験前の夏休みは、無駄に過ごすことがあってはいけません。子どもが遊びたくて仕方ない季節にこそ、長期計画を立てていろいろな体験をさせ、自信を持たせる努力をしましょう。親子そろって自然に親しみ、実体験を重ねていくことで、子どもの心に残る家族との思い出がつくられ、日常生活で必要となる習慣も身についてくるのです。夏休み中に弱点補強を完了させれば、秋からの行事に多く参加することができるので、学習スケジュールはきちんと立てておくことが肝心です。早起きで始まるタイムスケジュールに沿って生活リズムを整え、夏休み中にはしっかり自立させることを目指してください。

Chapter 2-2　勝てる親子の準備講座

願書の書き方入門

入学願書を書く前に考えておくことは、志望理由や家庭の教育方針、子どもの性格やどのように育ってほしいか、などです。記入内容がまとまったら実際に書き始めますが、その際に気をつけることがあります。下記の5点を頭に入れておきましょう。

✎ 願書は早めに入手

小学校入試は、まず願書を提出することから始まります。その記入は、小学校を志望する子どもの保護者にとって最初の関門です。中には「願書の記入は簡単」「提出日の前日にでも書けば…」と考えている方もいるようですが、甘く見ると失敗しかねません。同時に提出する書類や写真の手配、記入には、細心の注意が必要です。願書は小学校側が家庭の方針や子どもの状態を知る手掛かりとなり、面接の参考資料にもなります。「たかが願書」と考えず、早めに取り寄せ、万全の準備をしてください。

✎ 記入欄、記入例を確かめる

願書は文字通り「お願いの書」ですから、間違いのないよう丁寧に書く必要があります。そのためには、募集要項と記入の方法をよく確認することです。小学校によっては、欄外あるいは別紙に注意書きをつけて、記入方法についてわかりやすく説明している学校や、記入例を書類として渡す学校もありますので、それを参考にしましょう。願書には志願者の写真のほか、家族の写真や住民票の写しなどの添付を求める学校もあるので、不備がないよう、入念に準備を進めてください。

✎ コピーを取り下書きする

間違えずによい印象を与えるように願書を書くには、記入方法や記入例を確認したうえ、願書を2通求めておくか、コピーを何枚か取っておきましょう。志願者の氏名、生年月日、現住所、電話番号、保護者の氏名、保育歴、家族の氏名と年齢などの欄はほとんどの学校の願書にあり、これらの記入は特に難しくありません。しかし、「志望理由」「志願者の性格」などの記入時に悩んで、書き損じてしまうことがあるため、願書の予備を持っておくと安心です。

✎ 文字や表現に注意

願書にどのように記入するのがよいか、大事なポイントを挙げてみます。

・募集要項、記入方法を再確認し、その指示に従いましょう。
・筆記用具が指定されている場合は、それに従います。指定のない場合は、原則として黒インク、または黒のボールペンで書きます。
・文字は楷書で一点、一画を丁寧に書き、表現にもよく心配りをしましょう。
・誤字、脱字、当て字に注意しましょう。
・文体は「…だ。…である」より、「…です。…ます」と書くほうが望ましいでしょう。

✎ 保存して読み返す

願書はもとより、入試に関連して小学校に提出する書類は、書き終わったら必ず読み返しましょう。父母が別々に読み、間違いのないことを確認してから小学校に提出するようにします。提出書類は、すべてコピーを取っておくことが大切です。面接の際、記入された内容に基づいて小学校側が質問するケースが多いからです。書いた内容と答えに食い違いがあると、疑問に思われることがあります。両親のどちらが質問を受けてもきちんと答えられるように何度も読み返し、内容を確認しておきましょう。

Chapter 2-3　勝てる親子の準備講座

願書の書き方 – 参考例

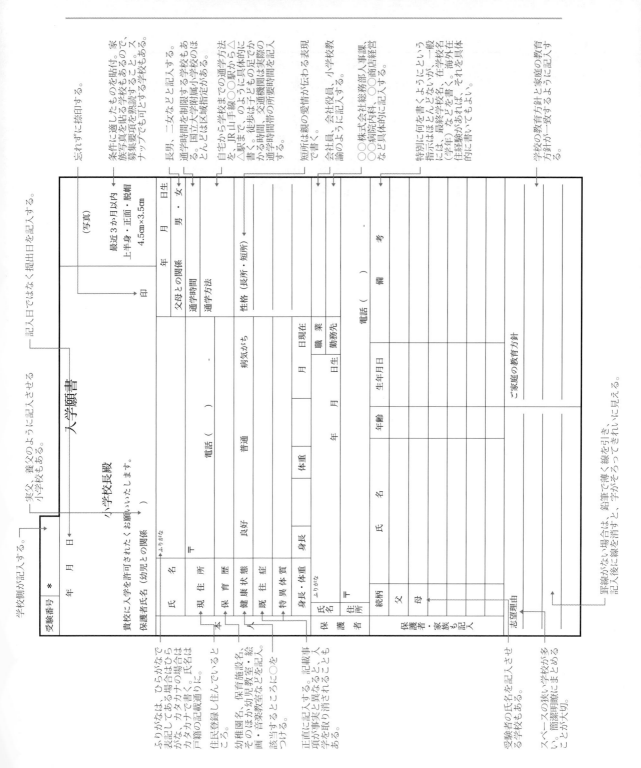

願書の書き方例 – 慶應義塾幼稚舎

御校か貴塾か統一しましょう。

銘

ひらがなで書きましょう。「また」

自由記入欄（本校を志望した理由、志願者の様子、家庭の方針等）

創立160年という伝統と歴史を誇り、社会で活躍する多くの人材を輩出している御校の教育理念に感明いたしました。貴塾の「独立自尊」の精神は、自ら問題を発見し、解決する力や、他者の人格を認め、お互いに高め合う関係を築く力を養う貴重な学びをわが子に与えてくれるものと存じます。又、人間形成にとって大切な時代に、6年間担任教師が同じで、きめ細やかな指導は、一生の恩師、友人との出会いの機会となり、わが子のかけがえのない財産になります。まだ、わが子には幼い面があるので、一貫教育の中での切差拓磨を期待し、入学を志望いたしました。親として本人には、嘘をつかないこと、他人に迷惑をかけないこと、約束を守ること、一度自分で決めたことは最後までやり遂げること、そして人に親切にするなどの大切さを教えてまいりました。先日、母親と出かけたとき、老人に席を譲ったことを家内から聞きましたので、よいことをしたねと褒めたところ、いつもはやんちゃな息子が嬉しそうにうなづくのを見て、ほんの少しですが成長を実感いたしました。そして、どのようなことにも意欲的に取り組み、幼稚園では身のまわりのことは自分でやり、年下のお友達のお世話も進んで行うなど、ルールやマナーを意識した振る舞いができると伺っております。今後わが子には周囲への感謝の心を忘れず、幅広い視野と自分の価値感をしっかりと持ち、社会に貢献できる人間に育って欲しいと願っております。

お子さまを育てるにあたって「福翁自伝」を読んで感じるところをお書きください。

「福翁自伝」を拝見し、全体を貫く「独立自尊」の精神に深く共感致しました。特に「品行家風」の章の「子の活動を妨げず」「家に秘密なし」「体育を先にす」に、我が家の教育方針との一致を覚えました。私共は、子どもを伸び伸びと、多少の粗暴さには目をつむり、逞しく育つことを願っております。そして、子どもの気持ちを尊重しながらも、親としての姿勢や方向性を夫婦で確認し、親子の会話を多く持つことを心がけております。また「獣心を成して後に人心を養う」の言葉のように、身体が健康であれば、人への優しさ、強い精神力も培われ、自分の意思で行動できる子どもに成長するとの思いを強く致しました。そして、福沢諭吉先生が父母の影響を語っているように、私も子どもの手本となる親としての自覚を持って、社会に貢献できる人間として努力していくことを肝に命じたいと存じます。

記入者氏名（自署）（　　　　　　　　　　）

左側の注釈：
- 期
- るものと存じ
- 切磋琢磨
- 家庭の方針として
- バスの中でお年寄りに
- トル
- 将来
- 観
- 読
- 「わ」上記で「わが子」とあるので、表記統一しましょう。
- ネガティブな表現は避けましょう。
- 時代背景を踏まえて、引用する文章を選びましょう。
- 志
- 澤
- 銘

右側の注釈：
- 同じ担任教師による
- 欠点などについて書くときには、断定的な表現にならないようにしましょう。「わが子がなお一層自立していくよう」くらいにしましょう。
- トル
- ず
- 幼稚園の先生方からは、
- 行い
- の評価を頂いて
- 「いた」上記で「いたしました」とあるので、表記統一しましょう。
- 主述など文章の組み立てを確認しましょう。「育てたいと」
- 「身」引用文なので誤字のないよう気をつけましょう。
- 「私共も」上記で同じ表現があるので統一しましょう。

忘れずに記入しましょう。

Chapter 2-5　勝てる親子の準備講座

面接資料の書き方例 – 雙葉小学校

※Ｗｅｂ出願後、印刷できます

参　考　票

ふりがな	しんが　はなこ
志願者氏名	伸芽 花子

〇ご家族全員の写真をおはりください。
〇写真の大きさは、Ｌ版でお願いします。
　多少大きくても、小さくてもかまいません。
〇なるべく最近のもので、顔がはっきり見えるものを
　お願いします。

1. 本校をどのようなことでお知りになりましたか?

　母方の叔母が御校出身で、以前より恵まれた教育環境の中で育まれる先生方との信頼関係や、素晴らしいお友達との学校生活、卒業後も続くあたたかい交流の様子などをうかがっておりました。

2. 本校を志望したのはなぜですか?

　娘には寛容な心と広い視野を持ち、責任ある行動を取れる女性に育ってほしいと考えております。御校の説明会で教育目標の「祈る心のある子ども」「思いやりのある子ども」「実行力のある子ども」についてうかがい、最良の教育であると確信いたしました。両親も「親の祈り」を胸に、娘ともども成長させていただきたいと願い、入学を希望いたします。

右の欄に、上の写真の略図を書き本人との続柄を記入してください。
（例）　父　本人　母

上の写真の略図

3. ご家庭の教育方針をお書きください。

　あいさつや社会のルールを守ること、規則正しい生活とともに、自分でできることは自分で行うという基本的な生活習慣が身につくよう、時には厳しく、時には励ましながら育ててまいりました。また、お友達と仲良くすることや、困っている人を助ける思いやりの心の大切さも、日ごろより言い聞かせております。

4. 志願者本人について、学校が伺っておいた方がよいとお考えの点がありましたら、お書きください。

　健康で明るく、周りの人を気遣うことのできる心の優しい子どもです。また、やり始めたことは最後まで取り組む根気強さもあります。ただし初対面の人に慣れるまでは、少し時間のかかる慎重な面もございます。

5. その他伺っておいた方がよいと思われる点がありましたら、なんでもご記入ください。

　私の親友に、小学校から高等学校まで雙葉学園で学ばれた方がおります。優秀であるだけでなく、豊かな人間性をもって社会で活躍していらっしゃる姿を拝見し、このような女性を育ててくださる学校で、娘もご指導いただければと願っておりました。

◎家族をお書きください。

志願者との続柄	氏　　名	年　齢	備　　考
父	伸芽 太郎	37歳	〇〇大学経済学部経済学科卒業、株式会社〇〇工業 〇〇部
母	伸芽 葉子	33歳	〇〇短期大学文学部英文科卒業
本人	伸芽 花子	5歳	〇〇幼稚園 在園
記入者氏名	伸芽 葉子		受 験 番 号　※

〇 ※印は記入しないでください。
◎ 本参考票は入学試験のみに使用し、他への転用はいたしません。

Chapter 2-6　勝てる親子の準備講座

知ってて安心・当日の心構え

考査が近づいて両親が神経質になってくると、子どもは気持ちが不安定になります。
親の不安感は子どもに伝わりますから、子どもの前では普段と変わらない態度でいる
ことが大切です。落ち着きがあって明るく優しい、頼れる親が理想です。

緊張をほぐし自信を持とう！

　面接時に限らず、考査当日の朝は受験ファッションに身を包んだ親子が大勢集合するために、子どもはいつもと違う雰囲気を感じ取って不安な気持ちになります。親としては、考査が終わるまでその不安を和らげる努力が必要です。幼児教室での模擬試験や模擬面接で今までやってきたことを思い出して、親子で自信を持ちましょう。また、下ろしたての服を当日に初めて着るのではなく、何度か袖を通しておくのもよいと思います。子どもはただでさえ敏感に親の緊張を感じ取るものですから、できるだけ笑顔を見せていつも通り家を出られるようにします。朝、家を出る時間については途中で交通機関のトラブルなどがあっても差し支えないよう余裕を持つようにしてください。どのようなルートをたどっても会場に着けるように、複数のアクセス方法を前もって調べておき、当日になって迷わないよう、試しに一度行ってみるのもよいことです。

テスト当日の心構え

1．募集要項を丁寧に読み返し、持参する書類を再点検しましょう。
2．いつもと変わらない朝を迎えましょう。
3．服装は動きやすく着慣れたものを。
4．遅刻は認められません。
5．小学校に着いたら、所定の手続きを一つひとつ慎重に。
6．テスト前には、必ず用便を済ませておきましょう。
7．「楽しんで受けてらっしゃい」と普段の笑顔でテスト会場へ送り出しましょう。
8．万一の病気に備える配慮も必要です。

テスト当日の持ち物

　学校ごとに持ち物をそろえるだけでなく、どのような状況でも対応できる「受験セット」を事前に準備しておけば、安心感があります。

☑️「当日の持ち物リスト」チェックシート

□	受験票	これがないと受験できません。
□	学校からの指示があるもの	募集要項をくり返し見ておきましょう。
□	ハンカチ・ティッシュペーパー	基本的なエチケットです。
□	着替え（靴下・下着など）	雨天やおもらしなど、いざというときに。
□	ビニール袋	ぬれたものを入れるなど何かと重宝します。
□	雨具（傘・レインコートなど）	傘を入れるビニール袋もあると便利。
□	飲み物	温かいものは緊張をほぐしてくれます。
□	チョコレートなどのお菓子	甘いものを食べると落ち着きます。
□	ばんそうこう	履き慣れない靴で靴ずれすることも。
□	折り紙・あやとり	待ち時間が長いときのために。
□	願書など提出物のコピー	何度も読み直して確認を。
□	上履き	スリッパが用意されていないときのために。
□	安全ピン・ソーイングセット	ボタンが取れることもあります。
□	メモ帳・筆記用具	掲示や校内放送などは必ずメモを。

Chapter 2-7　勝てる親子の準備講座

知ってて安心・面接のマナー

ごく当たり前の質問でも、緊張する面接時には答えるべき大事なことを忘れがちです。焦って頭が真っ白になってからでは、落ち着きを取り戻すのは難しいものです。普段から両親で話し合い、回答に一貫性を持たせましょう。

✳ 面接で注意すること

よく聞かれる質問については、その場で答えに詰まらない程度に準備はしても、あまり冗舌にならないようにしないと好感は持たれません。口数が少なくてもゆっくりと真剣に自分の言葉で話していれば、面接官の印象に残ります。多少緊張感を持ったうえで、自信を持って誠実に受け答えをしましょう。逆に、普段から話し好きな人は要注意です。質問には簡潔に答え、長々と話さないようにすることです。また、自分の質問ばかりに気を取られて、子どもや配偶者への質問を聞き逃さないようにしましょう。急に自分に振られて、冷や汗をかくことになりかねません。願書に記入した内容と質問の答えが矛盾しないように、コピーに目を通して一つひとつ確認しておくことも大切です。

面接の様子で家庭がわかる

親子面接では、父親がドアを軽く3回程度ノックし、応答があったら父親がドアを開けます。「失礼いたします」と言って会釈し、3人とも部屋に入ったら最後に母親がドアを閉めます。部屋の中を面接官の前まで進んで、3人がそれぞれのいすの下座側に立って礼をし、「どうぞ」と言われてから腰を下ろします。面接が終わったら、立ち上がって3人が丁寧に礼をし、父親、子ども、母親の順に外へ出て、母親がドアを閉めます。回答内容だけでなく3人の態度からも家庭環境がわかりますので、学校内では気をつけて行動しましょう。一部の学校ではドアのないところもあります。どちらにしても当日の学校からの指示に注意しましょう。

✳ 言葉遣いは正しく丁寧に

面接での言葉遣いは、とても重要なポイントです。正しく丁寧に話すことは当然ですが、必要以上に丁寧過ぎて不自然な言い方にならないよう注意しましょう。両親は「失礼いたします」「わたくし」「○○でございます」のような言葉の使い方をします。子どもが両親を呼ぶときには「お父さん」「お母さん」の呼び方が一般的です。「こんにちは」「ありがとう」と自然にあいさつができる子は、明るく正しい家庭の雰囲気を伝えることができると覚えておいてください。言葉遣いは、直前になって教えてもよい印象は与えられません。日ごろから丁寧な言葉遣いで話すようにしましょう。言葉遣いは面接時だけに限らず将来も役立つので、この機会に正しておいてください。

Chapter 2-8　勝てる親子の準備講座

知ってて安心・控え室のマナー

面接が始まる前の控え室から、すでに試験は始まっています。皆さんが待っている姿も試験の一部として見られているのです。たとえ自由に動き回る子どもがいたとしても、けっして惑わされることなく、静かに落ち着いた態度で待ちましょう。

控え室も大事な面接の一場面

控え室で待つことも面接の一部です。子どもが静かに待てるように、日ごろからけじめをつける大切さを教えておきましょう。小学校に遊び道具などがあらかじめ用意されていない場合も多いので、待っている間に飽きないよう、子どもの好きな本や折り紙などを用意していく心遣いも必要になります。また、控え室での子どもの態度にも気をつけなければなりません。おとなしく本を読んだり、折り紙をしたりして待てればよいのですが、はしゃぎ始めたほかの子につられて、一緒になって動き回るという例も多くあるようです。そのとき「静かにしなさい」と厳しく注意するより、子どもが心身ともに落ち着ける状態にし、親のほうを向く方法を見つけておくことがポイントです。さらに、よその子に文句を言われたり、手を出されたりしても動じず、毅然とした態度でいられるように練習を重ねておきましょう。控え室で待っている間、その部屋に先生が説明などで来られた場合は、親子ともにいすから立って迎え、その先生に「どうぞ、おかけください」と言われてから、腰を下ろして先生の話を聞くというマナーを覚えておいてください。

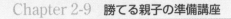

Chapter 2-9　勝てる親子の準備講座

知ってて安心・服装のマナー

面接には気合を入れて臨もうと思っても、派手な服装は禁物です。服装はできるだけ
控えめにし、両親と子どもがアンバランスにならないようにします。落ち着いた服装
は相手に好印象を与え、また、自分自身も引き締まった気持ちになれるのです。

OK 面接に適した服装は

　父親は、紺やグレー系統などの落ち着きのあ
る色で、ごく一般的なデザインのスーツが基本
です。母親は、スーツかワンピースでシックな
色合いのものを選び、まじめなお母さんらしい
雰囲気を出しましょう。子どもは、子どもらし
い印象を与える服装にすることが大切です。運
動テストでの動きやすさも考えて選んでくださ
い。両親が率先して背筋を伸ばし、堂々とした
姿勢で試験に臨むことを心掛けましょう。

⚠ 面接に適さない服装は

　父親は、色合いの違うジャケットとパンツ
や、ノータイなどのラフな服装は避けたほうが
よいでしょう。母親は、黒のスーツやワンピー
スを選ぶのは好ましくありません。アクセサリ
ーも派手にならないようにします。子どもに
は、派手な色やデザインの服は不適切です。ま
た、新品の子ども服を買いそろえ、「今日はお行
儀よくしましょうね」などとプレッシャーを与
えて、緊張させることのないようにしましょう。

父親は紺やグレー系の落ち
着いた色のスーツが基本。
ネクタイは抑えた色目を。

母親はスーツかワンピース
が一般的。装飾品も含めて
華美にならないように。

考査の種類に合わせて動き
やすい服を用意しましょう。

男の子は品よくシンプ
ルなスーツが基本です。

シンプルで清楚な印象の
ものがよいでしょう。女
の子はワンピースかアン
サンブルが基本です。

普段、スーツを着慣
れていない方は要注
意。スーツに白い靴
下は合いません。

スカート丈はひざが出
ない程度のものがよい
でしょう。靴はフォー
マルなタイプが基本。

Chapter 2-10　勝てる親子の準備講座

親子面接20の心得

01
志望理由、家庭の教育方針、子どもの長所・短所など、質問されることの多い事項を両親でよく話し合っておきましょう。

02
丁寧語がよいからと「…です。…ます」と言うように強要しないでください。子どもらしさをなくし、不自然な印象を与えます。

03
持参する書類（受験票、願書など）を確認しましょう。記入事項に漏れがないか、チェックも忘れないようにしましょう。

04
待ち時間を考えて、子どもが飽きないように絵本、折り紙などを用意しましょう。玩具の持ち込みは避けたほうが無難です。

05
小学校側から特別な指示がない場合、指定された時刻より30分くらいの余裕を持って行きます。駆け込みは絶対にやめましょう。

06
交通手段は公共の交通機関を使い、自家用車の利用は避けましょう。駐車場の問題もあり車での来校を断る小学校がほとんどです。

07
遅刻は厳禁です。ほとんどの小学校では、いかなる理由でも受験資格を失います。面接の時刻に合わせて所要時間を調べましょう。

08
上履き持参かどうかを確かめ、持参する場合は靴をしまう袋を用意します。雨の日は、ビニール袋を持っていくと便利です。

09
子どもは初めての場所では緊張から口を閉ざすこともあるため、受験する小学校に事前に連れていき、見せておくとよいでしょう。

10
当日、子どもに着せる洋服は、前もって何度か袖を通しておく配慮も必要。子どもは、初めて着る服に緊張することが多いものです。

11
入退室のときに、子どもが面接官の先生にあいさつをしなかったからといって、頭を押さえるなど、礼儀を強要しないでください。

12
保護者は子どもがきちんと座れたかを確かめてから、面接の先生方に軽く会釈して座る心配りを忘れないでください。

13
質問に気を取られ、子どもへの配慮を忘れてはなりません。子どもが不安な様子をしていたら、笑顔を送る余裕を持ちましょう。

14
子どもが答えに詰まっても、保護者はイライラしないことです。保護者の緊張が顔に出ると、子どもは敏感に反応します。

15
子どもが質問に答えられないからといって、保護者が横から答えを教えるのはよくありません。面接官の次の質問を待ちましょう。

16
子どもが間違った答えを言ったときは、訂正せずに優しく応じてあげましょう。小学校側は保護者の反応にも注目しています。

17
無口な父親が、必ずしも印象が悪いわけではありません。一方、母親が口を出し過ぎると、悪い印象を与えることにもなりかねません。

18
父親が子どもの予防接種の時期などを言い間違えても、母親は不快感を表さないでください。非難より事前の確認が大事です。

19
小学校によっては、質問に答える時間が短い場合もあります。子どものことや教育方針を簡潔明瞭に言えるようにしておきましょう。

20
小学校側は、経済的な基盤が確立し、堅実で明るい家庭の子どもを求めています。これをよく踏まえて面接に臨みましょう。

Chapter 2-11　勝てる親子の準備講座

入試シミュレーション1

小学校入試では、多様な出題傾向に対し、子どもたちの答えにもさまざまなものがあります。ここでは有名小学校で過去に出された問題の類題を例に、その答えをタイプ別に分けました。ご自分のお子さんにあてはめ、今後の対策を練ってください。

お話作り

お子さんに絵を見せて、絵に合うようなお話をさせてください。

類題：日本女子大学附属豊明小学校ほか

 ### 絵の中の物の名前しか言えない子

「ニンジンがあります」「ジャガイモがあります」など、絵に描いてある物の名前しか言えないようでは年長児としては不十分です。この問題は絵に描いてある状況や物の関連を見つけてお話ができるかどうかがねらいです。この子の場合、その点が欠けているようです。対策としては、遊びやお手伝いを通して自分の考えを表現する機会を増やすことです。たとえば親子で買い物に出かけた先で、そのときの状況を子どもと楽しく話し合い、子ども自身に考えを表現する方法を身につけさせます。

 ### お母さんが料理をしていると言う子

この子のほうがだいぶ進んでいますが、もう一歩と言っていいでしょう。このような問題は、親子関係やその子の育った環境がお話に表れます。この場面を見て、自分が経験したことであればお話がよくできるはずです。親子で一緒に絵を描いたり、料理を手伝わせたり、お使いを頼んだりして、実体験を増やすことが大切です。小さなことでも、できたときの喜びを味わわせてあげてください。また、楽しい本を読んだり、家庭で会話をしたりすることも子どもの語彙を増やすには重要です。

Chapter 2-12　勝てる親子の準備講座

入試シミュレーション2

創造力・巧緻性

（風呂敷を見せて、質問される）

1 これは何ですか。どんなときに使いますか。いろいろな使い方を考えてください。これで箱を包んでください。

類題：お茶の水女子大学附属小学校ほか

2 サイコロ形のスポンジをおはしで挟んで、別の器に移す。

類題：学習院初等科ほか

🙋 創造力のない子

　風呂敷を見て、包むことしか頭に浮かばない子は創造力が乏しいと言わざるを得ません。昔の子どもは笹の葉を1枚渡されても舟を作って浮かべたり、笹笛にしたりしました。現代の子ども、特に都会の子どもは遊び道具を豊富に持っていますが、完成品が多く、遊びに工夫が見られなくなっています。創造力は体験を通して養われるものです。風呂敷にはスカーフにしたり、敷物にしたり、ひも代わりにしたりするなど幅広い用途があります。遊びを通して新しいことを体験させる機会を増やしましょう。

🙍 うまくできない子

　日常的に自分の身の回りのことを、どれだけ自力で行っているのかで差がついてきます。い
つも子どもに手を貸し過ぎていませんか。子どもが普段から身につけているものが、着やすい洋服や履きやすい靴ばかりだとなかなか手先は器用になりません。おはしを正しく使う、ひもで結ぶ、風呂敷で何かを包むなど、家庭にあるものにふれさせ、自分で使わせてみることが大切です。試験に出ることを考えて訓練するのではなく、子どもの年齢に合った基本的な生活習慣として身につけておくべきです。

🙋 すぐやめてしまう子

　何事も根気の続かない子は、一つのことをやり遂げたときの喜びの体験、また、行動することそのものの体験が少ないと言えます。ご両親から誘いかけ、親子で空き缶や空き箱、包装紙、瓶などを使って何か作ってみましょう。いくつもの楽しい体験によって、子どもには頑張る意欲が芽生えてくるものです。

1

2

Chapter 2-13　勝てる親子の準備講座

入試シミュレーション3

判断力

まこと君が公園へブランコに乗りに行くと、いつもつよし君が乗っています。あなたがまこと君だったら、どうしますか。
4つの絵の中から選び○をつけましょう。

類題：東京学芸大学附属世田谷小学校ほか

1 砂場で待っている子

このタイプの子どもが「よい子」と思われる方も多いでしょうが、必ずしも大人にとって都合のよい子どもが学校生活におけるよい子というわけではありません。枠にはめられた「子どもらしさのない子」という見方もできます。

2 あきらめて帰る子

消極的な子どもと言えるでしょう。日ごろからお友達と遊ぶことがない子どもだと、コミュニケーションを図るチャンスもないので、自分の意見をうまく表現できなくなりがちです。自宅にお友達を招いて遊んだり、知人の家に遊びに行ったりする機会を増やしましょう。

3 お母さんを呼びに行く子

依頼心の強い子どもです。過保護、過干渉の家庭の子に多く見られるタイプです。実際の試験会場でも、自分で判断ができなくて先生に確認を求めてしまうでしょう。これは子どもの責任ではなく、そのような子どもに育ててきたご両親の責任なのです。

4 自分で「代わって」と言う子

最も好ましいタイプの子どもです。意外かもしれませんが、自分の意見を積極的に言えることは、人の話を理解することにもつながります。けんかになる恐れもありますが、その体験が話し合いにつながってルールを理解することにもなり、思いやり、協調性、社会性に必要な素養が育まれます。

Chapter 2-14　勝てる親子の準備講座

入試シミュレーション4

> ▶ **運動**
>
> 走ってポールを一回りした後、マットが立てかけてあるところまで走っていき、勢いよくぶつかる。ぶつかるのが嫌な人はマットの前で止まってもよい。
>
> 類題：お茶の水女子大学附属小学校ほか

👧 やってみようとしない子

　このテストは、運動能力を測ることそのものよりも子どものやる気を見る課題です。課題を聞いただけで、初めから尻込みするといったケースは、外で遊ぶ経験が不足している過保護、過干渉の子どもに多く見られるようです。ご両親はあまり干渉せず、お友達と遊ぶ経験もさせましょう。

👦 恐る恐るマットにぶつかる子

　このようなテストでは、速い遅いではなく頑張ってやってみようとする積極性が求められます。大人の感覚でよい結果ばかりを気にしていると「もし、駄目だったらどうしよう」「あの子みたいに上手にできないかもしれない」と考え込んだり、自信をなくしたりします。たとえ競争で1等になれなくても、頑張る子を学校側は求めているのです。結果よりも意欲が大切だということを覚えておきましょう。

👧 指示と違うことをしてしまう子

　わがままに育てられている子は、周りの状況に目を向けないで、自分勝手なことをしがちです。こういうわがままを続けていると、学校での集団生活にうまく溶け込めない心配があります。日常生活で、我慢をする機会や相手の話をしっかり聞く環境をつくりましょう。

Chapter 2-15　勝てる親子の準備講座

入試シミュレーション５

面接

保護者

お子さんの名前の由来について、どうしてその名前をつけましたか。お子さんに説明してあげてください。

類題：雙葉小学校ほか

本人

今日、ここへはどのような方法で来ましたか。教えてください。
お母さんが作るお料理で一番好きなものは何ですか。

類題：成城学園初等学校ほか

 保護者面接

　この面接の質問は、わが子の名前の由来を聞いているところにポイントがあります。お子さんが生まれたときは喜んで、一生懸命に考え、将来に夢を託してつけたはずなのに、命名の理由をお子さんに全く説明していないご両親も多くいます。どのご家庭のお子さんでも、ご両親が愛情を込めてつけた名前には何か意味があるはずです。その名前の由来を、お子さんに向かって率直に説明してあげればよいのです。面接会場で「その理由をお子さんに説明してあげてください」と言われ、説明できなかったら学校側はどう見るでしょう。事前にご両親で答えをまとめておいてください。

 本人面接

　名前、年齢、幼稚園、保育園、お友達、家族のこと、好きな遊び、好きな食べ物などについてはよく聞かれます。どんなお父さん、お母さんですか、という質問も多くありました。子どもは正直ですから面接直前に教え込んでも、ぎこちない答えになることがあります。家庭のありのままの姿が出ますから、日常生活を見つめ直しておくことが大切です。家庭でお母さんに聞かれたときには答えられても、初めて会う先生の前では答えられない子もいます。デパートで玩具を買うときに店員と対応させるなどして、人前で話す機会を増やし、自信をつけさせてあげる工夫をしましょう。

お受験Q&A

Q 学校関係者が周りにいないと不利でしょうか？

　このようなうわさが絶えないのが小学校受験の特徴でしょうか。特にお母さん方の間では、いつの時代でもこのタイプのうわさが流れているようです。実際の試験の合否基準には、学校関係者や紹介者の存在は全く関係がないというのが本当のところです。関係者を頼って皆さんが入学できるのであれば、そもそも試験を行う必要がなくなります。公式に児童募集をして実施される入試ですから、当たり前の話ですね。

Q 兄や姉が入学していると弟や妹が
合格しやすいのですか？

　兄や姉が入学していると、同じご両親の子どもである弟や妹が合格する率が高いと言えます。なぜなら、兄や姉のときに行ったご両親の面接の印象は変わりませんし、家庭の教育方針が同じであるのも強みだと言えるからです。ただし、兄や姉が受験したときの合格基準はどうだったかと考えると、それなりの努力は必要ですし、ただきょうだいだから、というだけの理由で合格できるわけではありません。

Q 親が志望校の出身でないと、子どもの
合格は難しいのでしょうか？

　そういうことは全くありません。保護者が志望校のご出身の場合、その学校の教育理念や方針になじみがあるという利点はあっても、人生経験を重ねる中で、考え方や価値観が変わることもありますから、特に有利な条件とはなりません。ご自身の出身校のことは気にせず、堂々と受験に向かっていくべきだと思います。むしろ、わが子を入学させたい一心で、志望校と比較してご自身の出身校を悪く言うようなことがあると、悪い印象を与えかねません。

お受験Q&A

Q 小学校受験でどの学校を受ければよいか、
学校選びのポイントを教えてください。

目安としては「国立・私立」「共学・別学」「宗教色の有無」「附属や系列校がある一貫校・附属や系列校を持たない進学校」などの分け方があります。それぞれ特色があるので、ホームページや情報誌、知り合いからの話などで学校生活を知ることです。しかし、最も大切なのは、自分の目と耳で得たこと、肌で感じた印象です。実際に学校説明会や入試説明会、オープンスクールなどに参加して確認しましょう。

Q 小学校入試では、子どものどんな力が
試されるのでしょうか？

人の話を聞く力や物を見比べる力などの理解力、絵画・制作・身体表現などの表現力、手先の巧緻性、運動能力などに加え、個別テストや面接では発表力など、行動観察では協調性なども見られます。これらのテストの中で、お子さんが年齢相応に成長しているかどうかを総合的に判断されますから、普段から自立心を高め、身の回りにあるあらゆる物事を意識しながら行動できるようにしておきましょう。

Q 面接の模範回答はあるのでしょうか？

このような質問をするお母さん方が、面接の時期には増えてきます。もし模範回答があって、皆さんが同じ答えで応じたら、面接する先生方はさぞ驚かれることと思います。言葉遣いや服装、装飾品、化粧など、表面的なことを気にする方は多くいますが、学校としては普段のご家庭の在り方を知りたいのです。模範回答などはありませんから、お子さんへの接し方や教育方針をもう一度確認してください。

お受験Q&A

Q 両親の姓が違う場合、キリスト教系の学校に入学できないのでしょうか？

A 日本の場合、宗教上の理由だけで入学できないことはなく、ご両親の姓が違うだけの理由で入学を認めないこともありません。合否の判定はやはり考え方や人柄であり、合格した親子にお会いすると、このご家庭なら歓迎してくれるだろうと思える要素を持っていることがはっきりとわかります。それぞれご家庭の事情もあると思いますので、志望する小学校へ早いうちに相談されるとよいでしょう。

Q 家庭学習の時間を十分に取れない共働きの家庭は受験に不利なのでしょうか？

A お子さんの体調が悪いときに迎えに来られるかなどを重要視するところもありますが、「学校行事や方針に協力いたします」とご両親の意志をしっかり伝えれば不利にはなりません。共働きで志望校に合格したご家庭に共通するポイントとして、①中途半端に取り組まない強い覚悟を持っていること、②時間を有効に使うタイムマネジメント力があること、③送迎や家庭学習、家事などを手伝う協力者がいることが挙げられます。

Q 海外生活が長く、日本語でのコミュニケーションに不安があります。

A 日常生活では心配なくても、入試の本番となったときに全く言葉が出てこなくなってしまうようでは困ります。先生の質問に答えられないとすると、多くの子どもたちと一緒に過ごす集団生活に対する適応能力に疑問を持たれることにもなりかねません。対策としては、入試までにご両親と一緒になって、さまざまな体験や挑戦、刺激を増やしていくことで、言語能力をできるだけ高めておきましょう。

お受験Q&A

Q 早生まれの子は不利になりますか？

幼児の成長は、月齢の差によって大きく変わってきますので、ご両親も不安になることでしょう。一部の私立小学校では、早生まれを考慮して、統計的な処理をするところもあります。国立の小学校の一部では、誕生月を4ヵ月ごとに分けて抽選し、成長の差が合否の判定に出ないようにしています。中には月齢に関係なく選考する小学校もありますので、詳しいことは、説明会に参加して確認しておくことが大切です。

Q 初対面の人の前では緊張して話せなくなるので、受験の面接を考えると不安です。

初めて会う人に緊張感を持つお子さんは多いと思います。人見知りは、愛情たっぷりに育ち、親子の絆が強いことの裏返しとも言えますが、もう一度親子のかかわりを見直してみましょう。たとえば、子どもが声をかけられているときはお母さんが先回りして答えないようにするなど、必要以上にお子さんに手出し口出しをしないことが大切です。また、知人を訪ねたり招いたり、買い物などで積極的に人と交流する機会をつくり、お子さんに自信を持たせましょう。

Q 人の話をさえぎる、興味のない話は聞かないなど、息子は聞くことが下手で…。

聞くよりも聞いてもらいたい欲求が強いお子さんに対して、まずはご両親が話をしっかり聞いてあげることが必要です。大切なのは聞く姿勢をご両親が示し、自分の話を聞いてくれて認められていると、子どもが感じることです。欲求が満たされると、次は自分が話を聞く番だという姿勢が自然と身についてくるのです。たとえ要領を得ないような話でも、聞き流すことなく向かい合ってください。

お受験Q&A

Q 受験のストレスで子どもがイライラしています。
どうすればよいでしょうか？

　まず、ストレスの具体的な原因は何か考えましょう。子どもがストレスを感じているとき、お母さんも不安を抱えていることがよくあります。受験まで残り数ヵ月の時期は遊ぶ時間が少なかったり、さらに学習時間を増やしたりするケースが多く見られます。無理な要求で子どもが疲れないよう、お母さん自身が受験に対する不安を解消し、余裕を持つことが大切です。お母さんが変われば、子どもも変わるのです。

Q 受験しても不合格になったら、子どもが
深く傷つくのではないかと心配です。

　まず「いろいろな学校があり、行ける人と行けない人がいる」ことを伝え、「あなたにとって一番よい学校を選ぶからだいじょうぶ」と安心感を与えることです。子どもが傷つくのは不合格より、親の期待に応えられなかったと思うときですが、入試では状況や条件により全力を出せるとは限りません。ご両親はどんな結果でもお子さんの力となり、最良の方向を示し、常に前向きな気持ちを忘れないでください。

Q 一貫教育の学校で上級学校に進学せず、
途中で外部に出ることは可能でしょうか？

　中学校への進学にあたり、通っている一貫校以外の学校を選ぶことは、基本的に問題はありません。しかし、系列上級学校への内部進学の権利を保有しながら他校を受験することは、ほとんどの一貫教育の学校では認められていません。内部進学の権利を放棄したうえで他校を受験するということであれば可能と思われますが、この点については小学校ごとに考え方が違ってきますので、事前に調べておきましょう。

東京都 私立小学校入試情報ガイド

※掲載の入試情報は、2025年度用（2024年秋～2025年冬実施予定）ですが、一部、2024年度用（2023年秋～2024年冬実施済み）のものがあります。新しい情報を掲載していますが、行事や考査関連の日程が変更になる可能性もあります。最新の情報は直接学校窓口にお問い合わせいただくか、各学校のホームページなどでご確認ください。考査ガイドの出題例は、伸芽会発行の『有名小学校入試問題集』などからの抜粋や、類似問題を作成して掲載しています。

青山学院初等部

http://www.age.aoyama.ed.jp

[アクセス]
- ●JR山手線ほか【渋谷】より徒歩12分
- ●東京メトロ銀座線ほか【表参道】より徒歩12分

[所在地]　〒150-8366　東京都渋谷区渋谷4-4-25
　　　　　TEL 03-3409-6897　FAX 03-3409-8706

小学校情報

[校　長]　小澤 淳一
[児童数]　男女計768名

沿　革　明治7年、女子小学校が開かれ、その後海岸女学校、東京英和女学校などの改称を経て、昭和2年、青山学院となる。昭和8年、小学校の開学を発表し、昭和12年、青山学院緑岡小学校が誕生。昭和21年、緑岡小学校を青山学院初等部と改称。昭和25年、制服ができる。平成19年、新校舎が完成。令和4年、初等部創立85周年を迎えた。

教育方針　キリスト教信仰に基づく教育によって、「神の前に真実に生き、真理を謙虚に追求する人間」「愛と奉仕の精神をもってすべての人と社会とに対する責任を進んで果たす人間」を形成する。また、「神から与えられた賜物を活かし、感謝の心をもって祈り、神と人に仕える人間」を育てる。そのため、「親切に・正直に・礼儀正しく・よく考えて・自分のことは自分でする」という「5つのおやくそく」を生活の柱とし、礼拝などを通して他人を思いやる気持ちを育成する。すべて家庭との信頼・協力のもとで行う。

特　色　建学の精神の根幹であるキリスト教教育を、毎朝の礼拝や宗教の授業だけでなく、クリスマス讃美礼拝、イースター礼拝、お母さんへの感謝の集いなどさまざまな宗教行事や学校行事を通して体で享受できるようにしている。児童の誕生日には部長（校長）から一人ひとりに誕生日カードが手渡される。1年生から各学年に宿泊行事があり、人間関係を学び深める機会とし、生きる力を育てている。各教科の学習では、児童の個性・適性に配慮し、個別対応を含め多様な学習を展開している。

◆**課外活動**　2年生以上の希望者。聖歌隊、トランペット鼓隊、ベルクワイア、アマチュア無線、ラグビー、自転車など
◆**英語教育**　全学年、週2時間。初・中・高12年一貫制英語教材「SEED BOOK」を使用するほか、ネイティブを含む専科教員6名による授業を行う。6年生は英語のみで過ごす「グローバルデー」も取り入れている
◆**ICT教育**　3年生から1人1台のタブレット端末を各教科の学習で活用。4年生以上はプログラミング学習も行う
◆**校外学習**　1年生から宿泊行事を行い、6年間で50日近くの集団生活を体験する。6年生は集大成として、日本近海に出航し船上で過ごす8泊9日の洋上小学校を実施

年間行事予定	
月	行　事　名（抜粋）
4	入学式、イースター礼拝
5	遠足、2年農漁村の生活、6年洋上小学校
6	子どもの日花の日礼拝
7	1年なかよしキャンプ、5年海の生活
8	オーストラリア・ホームステイプログラム
9	始業式、運動会
10	遠足、3・4年山の生活
11	創立記念礼拝、クリスマスツリー点火祭
12	クリスマス讃美礼拝
1	始業式
2	3〜6年雪の学校
3	卒業礼拝、卒業式

※濃い色で示したアイコンはこの小学校に該当するものです

 始業 制服 3 学期制 土曜登校 3年クラス替 両方あり アレルギー対応 ICT教育 英語コマ数 2 通学時間制限 アフタースクール 幼稚園 中学・高校 大学 プロテスタント

東京 / 私立 / 共学 / あ / 青山学院初等部

入試データ

下記の資料は**2024年度用（2023年秋実施済み）**です

募集要項　※下記は前年度のデータです

募集人員	男女各44名、計88名		
学校（入試）説明会	５月13日／９月２日		
願書配付期間	９月１日〜10月３日 平日９〜17時（10月３日：〜11時30分）		
出願期間	Ｗｅｂ出願：９月４日（10時）〜10月３日（16時） 郵送出願：10月１〜３日（消印有効）　簡易書留速達で郵送 ※ＨＰの指示に従ってＷｅｂ出願後に郵送出願		
提出書類	・調査書、面接資料 ・入学志願者健康調査票 ・家族写真		
受験票交付	入試日程説明会（10月19日）で手渡し		
受験番号付番	生年月日順	月齢考慮	あり
考査日	考査：11月１〜７日のうち２日 面接：10月中旬から実施（日時は郵送で通知）		
選抜方法注1	ペーパーテスト（適性検査Ａ）、集団テスト・運動テスト（適性検査Ｂ）、保護者面接		
考査料	30,000円（クレジットカード、コンビニまたはペイジー決済）		
合格発表	11月９日　Ｗｅｂ発表		
倍率	——		
入学手続	11月13日		
編入学制度	欠員が生じた場合のみ試験を実施		
復学制度	あり		
公開行事	オープンスクール：６月24日		
備考	——		

学費

……… 入学手続時納付金 ………
入学金	300,000円
施設・設備料	250,000円

………… 年間納付金 …………
授業料・年額	810,000円
保健料、冷暖房料・年額	16,000円
後援会入会金	12,000円
後援会会費・年額	20,000円
旅行積立金・年額	100,000円
給食費・年額	85,000円

※２年次以降の施設・設備料は190,000円（年額）
※万代基金（任意）を別途納付
※上記金額は諸事情等で変更の場合あり

制服

セキュリティ

警備員常駐／防犯カメラ設置／交通指導員配置／登下校確認システム／防犯ブザー携帯／授業中門施錠／インターホン設置／保護者名札着用／避難・防災訓練実施／看護師常駐／学校110番／災害用品備蓄／ＡＥＤ設置

昼食

給食（週４回）、お弁当（週１回）
…木曜日はお弁当持参で、６週に１度、学年ごとの特別給食がある

進学情報

[中学校への進学状況]
【青山学院】原則として推薦により進学
[高等学校への進学状況]
【青山学院】ほぼ全員が推薦により進学
[大学への進学状況]
【青山学院】約85％が内部進学。医学系大学など

[系列校]
青山学院大学・大学院・高等部・中等部・幼稚園

※上記募集要項は小学校公表データです（注１：選抜方法については伸芽会教育研究所調査によるデータです）。詳細は小学校ＨＰまたはお電話でご確認ください

考査ガイド

考査日程	2日
受験番号付番	生年月日順
選抜方法	男女別に指定日時に集合する。子どもは左胸に受験票をピンで留めて待機する。先生の誘導で10～20人単位でペーパーテスト（適性検査A）を行う。別の日に15～20人単位で集団テスト、運動テスト（適性検査B）を行う
考査内容	ペーパーテスト、集団テスト、運動テスト、保護者面接
所要時間	適性検査A：約1時間　適性検査B：約3時間

過去の出題例

ペーパーテスト

1 言　語
・名前の最後に「ン」がつくものに○をつけましょう。

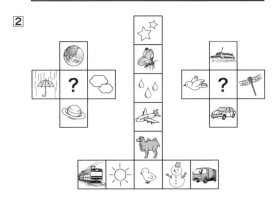

2 常識・推理・思考
・十字に並んだマス目のクエスチョンマークのところには、縦に並ぶものと横に並ぶもの両方の仲間が入ります。入るものを真ん中と下のマス目から探して、クエスチョンマークのマス目と線で結びましょう。

3 位置・記憶
左のお手本を15秒見せた後隠し、右のマス目を見せる。
・今見た絵と同じになるように、形をかきましょう。

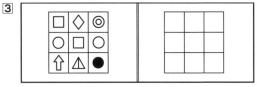

集団テスト

■課題遊び
フルーツバスケットやオニごっこなどを行う。

運動テスト

■ジャンプ・片足バランス
その場で2回ジャンプした後、片足バランスをする。

ここがポイント

適性検査はA・Bともに、工夫力や多様な物の見方、考え方が問われます。それを具体的な言葉や行動で的確に表現することが必要となるため、表現力も普段の生活の中で身につけておくことが大切です。適性検査Bは3時間近くにもおよぶので、集団の中で長時間元気に過ごせるだけの体力、持久力も必要となります。

出題傾向

	ペーパーテスト											個別テスト												集団テスト										運動	面
	話	数量	観察力	言語	推理・思考	構成力	記憶	常識	位置・置換	巧緻性	模写	絵画・表現	系列完成	話	数量	観察力	言語	推理・思考	構成力	記憶	常識	位置・置換	工夫力・巧緻性	絵画・表現	系列完成	制作	生活習慣	話	観察力	言語	常識	巧緻性	絵画・表現	制作	行動観察	課題・自由遊び	運動・ゲーム	生活習慣	運動	接
2024年	○	○		○	○		○	○		○	○																		○						○	○	○		○	○
2023年	○			○	○	○	○	○	○	○																			○						○	○	○		○	○
2022年	○	○		○	○		○	○		○																			○		○				○	○	○		○	○
2021年	○	○		○	○		○	○																					○		○				○	○	○		○	○
2020年															○			○			○			○		○	○		○						○	○	○		○	○

面接ガイド

保護者面接 考査日前から考査期間中にかけての指定日時に面接が行われる
所要時間 10～15分

＜面接資料／アンケート＞
出願時に面接資料を提出する

過去の質問例

父親への質問

・自己紹介をしてください。
・出身校とお仕事についてお聞かせください。
・本校を知ったきっかけと志望理由を教えてください。
・キリスト教教育についてどのようにお考えですか。
・学校説明会に参加した感想を教えてください。
・上のお子さんと違う学校を志望する理由をお聞かせください。
・本校でお子さんに何を学んでほしいですか。
・今の幼稚園（保育園）を選んだ理由を教えてください。
・お子さんはどのような習い事をしていますか。
・普段、お子さんとどのように過ごしていますか。
・（教会に通っている場合）その教会を選んだ理由と通い始めたきっかけを教えてください。
（そのほか面接資料に記入したことから質問される）

母親への質問

・自己紹介をしてください。
・出身校とお仕事について教えてください。
・お子さんはオープンスクールに参加しましたか。どのような様子でしたか。
・幼稚園（保育園）の送り迎えの時間と、どなたが送り迎えをしているのか教えてください。
・幼稚園（保育園）から帰宅後、お子さんはどのように過ごしていますか。
・子育てで心掛けていることは何ですか。
・お子さんは食べ物の好き嫌いがありますか。
・お子さんが入学するまでに、身につけさせておきたいことは何ですか。
・今、お子さんが興味のあることは何ですか。

面接の配置図

・（共働きの場合）緊急時のお迎えなどに対応できますか。
（そのほか面接資料に記入したことから質問される）

※出願時に提出する面接資料には、以下のような記入項目がある。
・本校についてお聞きします
　①本校の教育の様子をどのような形でお知りになりましたか
　②本校の教育のどのような点を評価してお選びになりましたか
・お子さんの日常の生活についてお聞きします
　①ご家庭での普段の生活の中で、どのようなことを心掛けてお育てになっていますか
　②現在、在籍中の園でのお子さんの様子はいかがですか
　③①、②を踏まえて、お子さんの今の様子をどのようにご覧になっていますか

Inside voice

・面接では父親への質問が多かったです。仕事のこと、学校への理解、宗教への関心、家庭の様子、子どもとのかかわり方まで総合的に見られていると感じました。
・考査当日は誘導時間になると、子どもはグループごとに受験番号で呼ばれ、礼拝堂の壇上で整列し試験会場に向かいました。先生が「楽しんできてね」と声をかけて送り出してくださるなど、温かい雰囲気でした。
・子どもの考査中は外出可能でした。1日目は待機時間が1時間ほどでしたので、ほとんどの方が控え室で読書をしながら過ごしていました。2日目は半数以上が外出していました。

学習院初等科
https://www.gakushuin.ac.jp/prim/

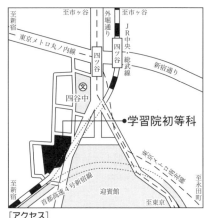

[アクセス]
●JR中央線・総武線・東京メトロ丸ノ内線・南北線【四ツ谷】より徒歩8分

[所在地] 〒160-0011　東京都新宿区若葉1-23-1
TEL 03-3355-2171　FAX 03-3355-2675

小学校情報

[校　長]　梅本　恵美
[児童数]　778名（男子386名、女子392名）

沿　革　弘化4（1847）年、公家の子弟のための教育機関として京都に開講。明治10年、東京の神田錦町に華族学校が開校、明治天皇から学習院の校名が下賜され、現在の学習院の創立となる。明治17年、宮内省立の学校となり、大正8年、初等学科を初等科と改める。昭和15年に本館が建てられ、昭和22年、私立学校となる。令和4年10月、創立145周年を迎えた。

教育方針　「ひろい視野　たくましい創造力　ゆたかな感受性」を持つ優れた人材の育成を目指している。「真実を見分け自分の考えを持つ子ども」の育成を教育目標に掲げ、その目標に向けて確かな学力が身につくように、本当の基礎・基本をしっかり押さえた授業を行う。創立以来、長い歴史の中で培われた伝統ある校風「自重互敬」「質実剛健」の精神を重んじ、心豊かで創造力あふれる全人的な人格の基礎づくりに取り組む。未来を展望し、国際社会においても活躍できるグローバルな人間を育成する。

特　色　「正直と思いやり」を大切にした道徳教育、日常生活のしつけを重視した指導により、けじめある態度、友達を大切にする心、品格を培う教育をする。本質に根ざした基礎学力の徹底を目指し、教科担任制と学級担任制に併せて、各教科バランスのとれた指導を実施している。真の国際化は自分自身の確立からと考え、低学年では外国語より国語をはじめとした各教科で人格教育をし、総合的な学習「さくら」（全学年）では、日本の行事や古典・名作とのふれ合い、体験活動などを通して、わが国の伝統文化を学ぶ。

◆**特別活動**　5年生以上を対象としてクラブ活動と委員会活動がある。クラブ活動は運動系と文化系がそれぞれ7、委員会は11ある。4年生以上の希望者が参加できる特別クラブは、合唱部、剣道部、管弦楽部の3つで、中等科以上の生徒たちとのつながりもある

◆**英語教育**　3年生から始め、3・4年生は週1時間、5・6年生は週2時間実施。4～6年生ではクラスを2つに分け、授業の前半が日本人教師、後半は日本人教師と英語を母語とする教師がチームティーチングで行う

◆**校外学習**　1・2年生は日帰り遠足、3年生は埼玉、4年生は千葉、5年生は福島、6年生は奈良への宿泊を伴う校外学習。5年生は雪の学校、6年生は沼津海浜教育もある

月	行　事　名 (抜粋)
4	入学式、児童海外研修（英国）
5	1・2年遠足、3～5年校外学習、写生会
6	6年校外学習、全校参観日
7	6年沼津海浜教育、芸術鑑賞会
8	イングリッシュセミナー、児童海外研修（豪州）
9	5年理科実験体験（大学）
10	運動会、お話会
11	初等科祭
12	小さな小さな音楽会
1	早朝マラソン、3年礼法体験
2	4～6年邦楽鑑賞会、6年茶道体験
3	卒業式、5年雪の学校

年間行事予定

School Information

※濃い色で示したアイコンはこの小学校に該当するものです

入試データ
下記の資料は**2025年度用（2024年秋実施予定）**です

募集要項

募集人員	男女各約40名、計約80名
学校（入試）説明会	学校説明会：5月11日　初等科にて Ｗｅｂ説明会：9月2〜13日
願書配付期間	9月2〜30日　平日9〜15時（土：休み）
出願期間	Ｗｅｂ出願：9月14〜24日 郵送出願：10月1・2日（必着）簡易書留速達で郵送 ※ＨＰの指示に従ってＷｅｂ出願後に郵送出願
提出書類	・入学願書 ・写真票
受験票交付	Ｗｅｂで通知された出願番号を受験票に記入
受験番号付番	生年月日順（抽選あり）｜月齢考慮｜なし
考査日	考査・面接：11月1〜5日のうち1日
選抜方法	簡単な考査、保護者面接
考査料	30,000円（クレジットカード、コンビニまたはペイジー決済）
合格発表	11月7日　9〜10時　Ｗｅｂ発表 　　　　　　10〜12時　掲示発表および書面交付
倍率（前年度）	非公表
入学手続	11月11日　9〜11時、13〜15時
編入学制度	なし
復学制度	再入学制度あり（計2年間の在籍があれば中等科への進学は可能）
公開行事	学校見学会：9月7日
備考	――――

学費

……… 入学手続時納付金 ………
入学金　　　　　　　　300,000円

……… 年間納付金 ………
維持費・年額　　　　　312,000円
授業料・年額　　　　　774,000円
給食費、教材費、タブレット端末代
など・年額　　　　　約215,000円
教育改革推進資金1口　100,000円
（5口以上、任意）
※学費支弁困難者に対する給付奨学金あり
※上記金額は諸事情等で変更の場合あり

制服

セキュリティ

警備員／防犯カメラ／交通指導員／登下校確認システム／防犯ブザー携帯（任意）／携帯電話所持可／授業中門施錠／インターホン／保護者入構証／避難・防災訓練／看護師／緊急通報・安否確認システム／緊急地震速報装置／学校110番／災害用品備蓄／ＡＥＤ／非常用発電機

昼食

給食（週5回）…低学年は大食堂、3年生以上は学年ごとに食堂。月1回程度、お弁当の日あり

進学情報

［中学校への進学状況］
【学習院、学習院女子】男子は約90％、女子はほぼ全員が内部進学
［高等学校への進学状況］
【学習院、学習院女子】ほぼ全員が内部進学
［大学への進学状況］【学習院、学習院女子】男子は約50％、女子は約55％が内部進学。東京、慶應、早稲田、上智、東京女子医科、北里など

［系列校］
学習院大学・大学院、学習院高等科・中等科・幼稚園、学習院女子大学・大学院、学習院女子中・高等科

※上記募集要項は小学校公表データです。詳細は小学校ＨＰまたはお電話でご確認ください

考査ガイド

考査日程	1日
受験番号付番	男女別の生年月日順で考査日時が指定され、当日の抽選番号順
選抜方法	約24人単位で集合し、受付時に子どもが抽選札を引いて当日の受験番号が決まる。受験番号順に約12人ずつ約30分の時間差で誘導されて、個別テスト、集団テスト、運動テストを行う
考査内容	個別テスト、集団テスト、運動テスト、保護者面接
所要時間	1時間〜1時間30分

過去の出題例

個別テスト

1 生活習慣

B5判の箱の本体とふたに分けて、いろいろなものが用意されている。箱の中には手帳、はさみなどが、ふたの中にはスティックのり、消しゴムなどが入っている。

・（ふたの中のものをさして）ここにあるものを箱にしまいましょう。今、箱に入っているものは動かさないように入れてください。ペンのケースは一番上に入れましょう。全部入れたらふたを閉めてください。

2 系列完成

果物が決まりよく並んでいる台紙、果物のカードが用意されている。

・黒いところに入るカードを選んで、下の枠に入る順番に置きましょう。

集団テスト

玉入れゲーム

4、5人ずつのチームに分かれて行う。床に並んだフープの中を両足跳びで進み、フープの横に置かれた箱の中から玉を1個取る。さらに両足跳びで進んだ後、低い位置のバスケットボールのゴールを目がけて玉を投げる。

運動テスト

模倣体操

太鼓の音に合わせ、テスターのお手本と同じように動く。

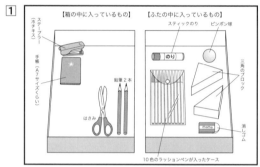

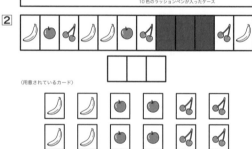

ここがポイント

個別テストでは、話の記憶や言語、お話作り、常識、推理・思考などの問題が出されています。解答も具体物を使ったり口頭で答えたりするので、机上の学習をしているだけでは足りません。日常生活の中の体験などを通して、実際の物の感触や感覚、それを表現するための言語能力を養っていくことが大切です。

出題傾向

	ペーパーテスト												個別テスト												集団テスト										運動	面
	話	数量	観察力	言語	推理・思考	構成力	記憶	常識	位置・置換	模写	巧緻性	絵画・表現	系列完成	話	数量	観察力	言語	推理・思考	構成力	記憶	常識	位置・置換	巧緻性	絵画・表現	系列完成	制作	生活習慣	話	観察力	言語	常識	巧緻性	絵画・表現	制作	行動観察	課題・自由遊び	運動・ゲーム	生活習慣	運動	面接
2024年														○			○						○						○			○			○		○		○	○
2023年														○							○			○					○						○		○		○	○
2022年														○		○	○	○					○						○						○		○		○	○
2021年														○			○												○						○		○		○	○
2020年														○							○								○						○		○		○	○

面接ガイド

保護者面接　受験番号順で偶数と奇数に分かれ、子どもの考査中に面接が2組ずつ行われる
所要時間　5〜10分

＜面接資料／アンケート＞
出願時に面接資料として提出する

過去の質問例

父親への質問

- ・志望理由を教えてください。
- ・本校に期待することは何ですか。
- ・お子さんにどのように育ってほしいですか。
- ・お子さんが興味・関心を持っていることややりたいことを、どのように伸ばしていきたいですか。
- ・普段、お子さんとどのように接していますか。
- ・お子さんとどのような遊びをしていますか。
- ・お子さんから聞いた幼稚園（保育園）での出来事の中で、特に印象に残ったことは何ですか。
- ・学生時代に学んだことや仕事からの経験で、子育てに役立っていることはありますか。
- ・学生時代も含め、これまでの経験でお子さんに誇れることは何ですか。
- ・ご自身がお仕事で大事にしていることは何ですか。
- ・お子さんのしつけをするうえで、父親としての役割は何だと思いますか。
- ・どのようなときにお子さんの成長を感じますか。
- ・父親と母親の役割分担についてどうお考えですか。
- ・子育てでご夫婦で協力していることは何ですか。

母親への質問

- ・ご家庭の教育方針について、ご主人とどのように話し合っていますか。
- ・お子さんは幼稚園（保育園）でお友達とどのように遊んでいますか。
- ・お子さんがお友達とよい関係を築くために、ご家庭ではどのようなことに気をつけていますか。
- ・お子さんの好きな絵本は何ですか。
- ・お子さんが大切にしているものは何ですか。

面接の配置図

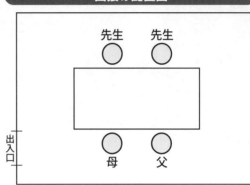

- ・ご家庭でのしつけで大切にしていることは何ですか。
- ・ご家庭でお子さんと決めている約束事はありますか。
- ・お子さんはどのようなお手伝いをしていますか。
- ・最近、どのようなことでお子さんをほめましたか。
- ・最近、お子さんの成長を感じてうれしかったことは何ですか。
- ・子育てをしてきて、楽しかったことと難しいと感じたことをお話しください。
- ・子育てを通して、ご自身が成長したと思うのはどのようなことですか。
- ・お子さんにはどのような大人になってほしいですか。

> ※出願時に提出する面接資料には、以下のような記入項目がある。
> ①受験者氏名、性別、生年月日
> ②志願の理由など

Inside voice

- ・考査当日の抽選の結果によっては誘導までの待ち時間が長いため、子どもを飽きさせないようにする必要があります。わが家は折り紙をしながら待機しました。机がなかったので、持参した下敷きが役に立ちました。
- ・面接での質問数は、わが家は父親2問、母親2問でした。時間が短く、回答に対して深掘りもされないため、家庭の教育方針や子どもとのかかわり方など、伝えたいことを整理して端的に話すよう心掛けました。
- ・考査日は控え室も面接も厳かな雰囲気でした。学習院らしさを理解していないと気後れしてしまうかもしれません。学校説明会や見学会などに出向き、雰囲気を知っておくとよいと思います。

川村小学校

https://www.kawamura.ac.jp/syougaku/

[アクセス]
●JR山手線【目白】より徒歩2分
●東京メトロ副都心線【雑司ガ谷】より徒歩7分

[所在地]　〒171-0031　東京都豊島区目白2-22-3
　　　　　TEL 03-3984-7707（入試）　FAX 03-3984-9132

小学校情報

[校　長]　川村　正澄
[児童数]　女子479名

沿　革　創立者・川村文子は、関東大震災後の荒廃した世相を わが国の「非常」のときととらえ、その解決のために女性の力（活躍） が不可欠であるという強い信念を持って、大正13年に川村女学院を 創設。昭和7年、初等部を開設（昭和22年、初等部を廃止し、26年、 川村小学校を開設）。以来、教育内容や施設の充実に努め、幼稚園 から大学・大学院までの一貫した教育体系を整えている。令和6 年、創立100周年を迎える。

教育方針　「『感謝の心』を大切にして心と体と頭をきたえ、未来 に輝いて生きる女性を育てる」ことを教育方針とし、伸びやかな優 しい心と健やかな体を育て、自ら学び自ら行動する力が生き生きと 芽吹くような土台づくりを教育目標とする。複雑化する現代社会の 中で最も重視すべき「こころ」の教育を行い、すべての事象に感謝 の念を持った生活への心構えを指導している。

特　色　たくさんの生きた経験を通して学力の向上を促すとと もに、情操面・芸術面の発達に重きを置いたカリキュラムを実践。 1年生から始まる週2時間の英語の授業のうち、1時間は外国人教 師と日本人教師のチームティーチングにて英語で行い、多くのやり 取りを楽しむ。3年生以上は週3時間の授業で、語彙を増やし文法 的な力の定着を目指す。水泳教育では週1時間のカリキュラムを組 み、泳力を身につける。情報教育や各教科でのICTの活用、オン ライン授業による学びの保障、学習サポートやアフタースクールと いった放課後活動など、時代や家庭のニーズに柔軟に対応している。

◆クラブ活動　4年生以上。バトン、ブラス バンド、合唱、科学、家庭科、パソコン、バ ドミントン、卓球、華道など
◆奉仕活動　5年生以上。生活指導、新聞、 美化、放送など6つの部会に分かれて行う
◆英語教育　1・2年生は週2時間、3〜6 年生は週3時間。英検受験を奨励し、4年生 以上を対象に英検直前対策講座を開講
◆蓼科学習　蓼科山荘を拠点に、蓼科の四季 を通して自然を学ぶプログラムを実施。ハイ キングや田植え、稲刈り、スキーなどを行 う。自分の目で見て、ふれて、理解を深める 体験学習は、学習活動の充実・発展につなが り、大きな成果を上げている。また、友達へ の思いやりや助け合いの大切さも経験する

年間行事予定	
月	行　事　名（抜粋）
4	入学式、1・2年通学班編成、全校通学班編成
5	3・4・6年春の蓼科学習
6	1・2年校外授業、英語検定
7	1・2年夏の蓼科学習、サマーキャンプ
8	夏休み
9	6年修学旅行、社会科見学、3・5年秋の蓼科学習
10	1・2年校外授業、運動会、英語検定
11	鶴友祭（学園祭）
12	冬至会（芸術鑑賞）、スキースクール
1	書き初め大会、4〜6年冬の蓼科学習、学年発表会
2	豆まき、クラブ見学会、社会科見学、英語検定
3	卒業式

入試データ

下記の資料は**2024年度用（2023年秋実施済み）**です

募集要項 ※下記は前年度のデータです

募集人員	A（自己推薦）：女子約25名 B（一般・前期）：女子約40名　C（一般・後期）：女子約15名
学校（入試）説明会	5月20・21日／6月30日／9月17・24日
願書配付期間	募集要項配付：4月1日～
出願期間	Ｗｅｂ出願：A・B…9月8日～10月27日　C…9月8日～11月4日 書類提出：A・B…10月1～27日（消印有効）　簡易書留で郵送 ※HPの指示に従ってＷｅｂ出願後に書類提出（Cは考査日に持参）
提出書類	・受験票　・受験票（学校控え）　・健康調査票 ・自己推薦書（自己推薦のみ）　・面接資料用紙（一般のみ） ※受験票、面接資料用紙（考査当日に面接の場合）は考査日に持参
受験票交付	自宅やコンビニエンスストアなどで各自印刷
受験番号付番	出願順　｜　月齢考慮　｜　あり
考査日	A：考査…11月1日　面接…10月に実施 B：考査…11月1・2日のうち1日　面接…10月または考査当日 C：考査・面接…11月5日
選抜方法	A：行動観察、運動機能、親子面接 B・C：行動観察、運動機能、保護者面接
考査料	25,000円（クレジットカード、コンビニまたはペイジー決済）
合格発表	いずれも考査当日　Ｗｅｂ発表
倍率	約4.3倍
入学手続	A：11月1日　B：11月5日　C：11月6日　17時締切
編入学制度	要問い合わせ／帰国生はp.403～参照
復学制度	あり
公開行事	オープンスクール：4月1・4日／7月9・15日／8月26・27日 公開授業：6月9・12・13日　プレ入試：9月2日
備考	自己推薦と一般は併願可

セキュリティ

警備員／防犯カメラ／交通指導員／登下校確認システム／携帯電話所持可／授業中門施錠／インターホン／保護者入構証／赤外線センサー／避難・防災訓練／看護師／緊急通報・安否確認システム／緊急地震速報装置／学校110番／災害用品／ＡＥＤ／レスキューポーチ／防災頭巾／通学班下校

学費

……… 入学手続時納付金 ………
入学金　　　　　　　　300,000円

………… 年間納付金 …………
授業料・月額	33,000円
施設費・月額	3,000円
維持費・月額	11,000円
冷暖房費・月額	2,500円
給食費・月額	11,200円
蓼科学習費・月額	2,350円
後援会など諸会費・月額	3,350円
預かり金・ＩＣＴ積立金・月額	2,000円
鶴友会入会金（初年度のみ）	3,000円

※制服代、物品費など別途納付
※上記金額は諸事情等で変更の場合あり

制服

昼食

給食（週5回）

進学情報

[中学校への進学状況]
【川村】約70％が内部進学。東京学芸大附属世田谷、女子学院、慶應中等部など
[高等学校への進学状況]
【川村】約80％が内部進学。お茶の水女子大附属、慶應女子、早稲田佐賀など
[大学への進学状況]【川村学園女子】、慶應、上智、立教、青山学院、中央、学習院、成蹊、成城、津田塾、白百合、順天堂、北里、日本歯科、東京女子医科など

[系列校]
川村学園女子大学・大学院・附属保育園、川村中学校・高等学校、川村幼稚園

※上記募集要項は小学校公表データです。詳細は小学校ＨＰまたはお電話でご確認ください

暁星小学校

http://www.gyosei-e.ed.jp

[所在地]　〒102-0071　東京都千代田区富士見1-1-13
　　　　　TEL 03-3261-1510　FAX 03-3261-1550

[アクセス]
●JR・東京メトロ各線ほか【飯田橋】より徒歩10分
●東京メトロ東西線・半蔵門線・都営新宿線【九段下】より徒歩5分

小学校情報

[校　長]　吉川 直剛
[児童数]　男子720名

沿　革　明治21年、G・J・シャミナード神父によって創立されたカトリック修道会「マリア会」会員5名が来日。小規模な学校を開き、暁星学校と名づける。明治23年、暁星小学校と改称。明治32年に中学校、昭和23年に高等学校、昭和44年には幼稚園の設立が認可され、幼・小・中・高一貫教育体制が整う。平成11年、小学校校舎の新築工事竣工。令和5年、創立135周年を迎えた。

教育方針　『キリスト教の理念に基づく教育によって、人格の完成をめざすとともに、社会の福祉に貢献する人間を育成する』を建学の精神とする。教育理念には『神を大切にする』『自分を大切にする』『他者を大切にする』を掲げる。基本方針を、①全人教育と個性尊重の教育、②宗教教育、③人格教育、④正義と平和の教育、⑤家庭的な校風、とする。教育目標として、才能の伸長、人格の陶冶、社会性の育成、を定めている。どのような状況でもたくましい「心と体」で生きていく力が身につくよう、学校全体で取り組む。

特　色　始業の祈りやチャペルでの祈り、また学年ミサや社会奉仕などを通して、神様を大切にする「こころ」と、人を大切にする「こころ」を育んでいる。団体生活に必要な社会性を培うため、あいさつ、言葉遣いなどの基本的生活習慣の指導を重視。学習指導では、特に5・6年生において全教科専科制をとり、中学進学に備えて学習の充実を図る。校技としてサッカーを取り入れ、全学年で週1回、サッカーの時間を設けている。令和3年度より、タブレット端末を導入し、ICT教育を推進している。

◆**クラブ活動**　5年生以上。フットサル、野球、バスケットボール、ドッジボール、卓球、チェス、写真、図工、生物・科学

◆**特別活動**　4～6年生の希望者が、審査のうえ、選抜サッカー部、聖歌隊、ステラ（フランス語特別活動）に入ることができる。週2～4回の活動と、各種大会、コンクール、他校との交流などに参加。聖歌隊はボランティア活動にも積極的に取り組んでいる

◆**英語教育**　全学年、週2時間。ネイティブの教師による授業もある

◆**校外学習**　2年生から那須の学園宿泊施設で学年合宿を実施。夏期休業中は4年生以上の希望者による那須体験合宿や、3・4年生の希望者によるサッカー合宿がある

年間行事予定

月	行　事　名(抜粋)
4	入学式、校外学習、イースターデー
5	聖母月の集い、2・4・6年那須合宿
6	3・5年那須合宿、参観日
7	サッカー大会、一般サッカー合宿、3～6年水泳教室
8	那須体験合宿、1・2年水泳教室
9	水泳大会、2～4年那須合宿
10	運動会、参観日
11	創立記念日
12	サッカー大会、暁星兄弟活動日、クリスマスの集い
1	シャミナード・デー
2	6年修学旅行、5年スキー教室、1～4年校外学習、参観日
3	サッカー大会、感謝ミサ、卒業式

School Information

※濃い色で示したアイコンはこの小学校に該当するものです

 始業　 制服　 3 学期制　 土曜登校　 3・5年クラス替　 お弁当　 アレルギー対応　 ICT教育　 英語2コマ数　 通学時間制限　 アフタースクール　 幼稚園　 中学・高校　大学　 カトリック

入試データ

下記の資料は**2024年度用（2023年秋実施済み）**です

募集要項　※下記は前年度のデータです

募集人員	男子120名（内部進学者約40名含む）
学校（入試）説明会	Ｗｅｂ説明会：7月9〜16日（要申込） 入試説明会：7月16日（要申込）
願書配付期間	Ｗｅｂ公開のみ
出願期間	Ｗｅｂ出願：10月1日（8時）〜2日（20時） 書類提出：10月13日（必着）　簡易書留で郵送 ※ＨＰの指示に従ってＷｅｂ出願後に書類提出
提出書類	・手書願書用紙 ・テーマ作文記入用紙 ・受験票 ※受験票は考査日に持参
受験票交付	自宅やコンビニエンスストアなどで各自印刷
受験番号付番	生年月日順　　月齢考慮　なし
考査日	第一次：11月2日 第二次：11月4日（第一次合格者が対象）
選抜方法注1	第一次：ペーパーテスト、運動テスト 第二次：集団（生活）テスト、保護者面接
考査料	25,000円（クレジットカード、コンビニまたはペイジー決済）
合格発表	第一次：11月3日　11時〜　Ｗｅｂ発表 第二次：11月5日　11時〜　Ｗｅｂ発表
倍率	約6.3倍
入学手続	11月5〜7日
編入学制度	欠員が生じた学年のみ1月または2月に試験を実施
復学制度	退学後2年以内で5年生の1学期までに限る
公開行事	運動会：10月14日
備考	——

学費

········ 入学手続時納付金 ········
入学金　　　　　　　300,000円

········· 年間納付金 ·········
授業料・年額　　　　約480,000円
維持費・年額　　　　　204,000円
施設費・年額　　　　　125,000円
飲料費・年額　　　　　 22,000円
後援会会費、校友会会費・年額
　　　　　　　　　　約70,000円
学級費・年額　　　　 約65,000円
制服等購入費　　　　約120,000円
※寄付金（任意）を別途納付
※上記金額は諸事情等で変更の場合あり

制服

セキュリティ

警備員常駐／防犯カメラ設置／防犯ブザー携帯／携帯電話所持可／授業中門施錠／インターホン設置／保護者入構証・名札／赤外線センサー設置／避難・防災訓練実施／看護師常駐／緊急通報・安否確認システム／学校110番／災害用品備蓄／ＡＥＤ設置

昼食

お弁当（週5回）…ミルク給食あり。希望者はお弁当の注文可

進学情報

[中学校への進学状況]
非公表
[高等学校への進学状況]
【暁星】ほぼ全員が内部進学
[大学への進学状況]　東京、京都、東京工業、一橋、筑波、千葉、北海道、東北、東京医科歯科、慶應、早稲田、上智、東京慈恵会医科、順天堂など

[系列校]
暁星中学・高等学校、暁星幼稚園

※上記募集要項は小学校公表データです（注1：選抜方法については伸芽会教育研究所調査によるデータです）。詳細は小学校ＨＰまたはお電話でご確認ください

考査ガイド

考査日程	1日（第一次合格者は2日）
受験番号付番	生年月日順（2024年度は4月→7月→11月→3月生まれの順）
選抜方法	第一次：20人ずつのグループでペーパーテスト、運動テストを行い、192人を選出する
	第二次：第一次合格者を対象に、8人単位で集団テストを行う
考査内容	ペーパーテスト、集団テスト、運動テスト、保護者面接
所要時間	第一次：約1時間20分　第二次：約1時間20分

過去の出題例

ペーパーテスト

① 数量（分割）

・左の四角の中のリンゴとミカンを、その隣の子どもたちが同じ数ずつ分けると、残りはどうなりますか。右側から正しいものを選んで、○をつけましょう。

② 常識

・わたしは6本足で羽があり、あごが大きいです。夜になると木の蜜を吸います。わたしを選んで○をつけましょう。

・生き物の子どもと大人の組み合わせが描いてあります。間違っているものに○をつけましょう。

集団テスト

③ 推理・思考

・3枚のピザがあります。左から順番に、4人、3人、5人でちょうど同じ大きさに分けられる線を、青のクーピーペンでピザにかきましょう。

運動テスト

■ ボール投げ上げ

ボールを投げ上げ、3回手をたたいてからキャッチする。

①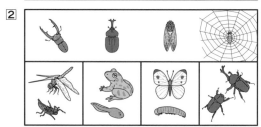

②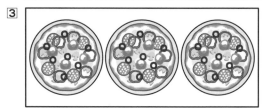

③

ここがポイント

第一次のペーパーテストは短時間で解答しなければならないものも多く、集中力が必要です。「やめ」の合図ですぐに筆記用具を所定の位置に戻すなど、テキパキした態度も求められます。第二次の集団テストは8人1組で行われ、発表力やお友達とのかかわり方などを見られます。指示を理解し、お友達と協力しながら実行に移す力が必要です。

出題傾向

	ペーパーテスト										個別テスト											集団テスト										運動	面接
	話	数量	観察力	言語	推理・思考	構成力	記憶	常識	位置・置換	模写	巧緻性	絵画・表現	系列完成	話	数量	観察力	言語	推理・思考	構成力	記憶	常識	位置・置換	巧緻性	絵画・表現	系列完成	制作	行動観察	話	観察力	言語	常識	巧緻性	絵画・表現	制作	行動観察	課題・自由遊び	運動・ゲーム	生活習慣	運動	面接
2024年	○	○		○	○	○	○	○																			○		○	○	○	○	○	○			○	○	○
2023年	○	○	○	○	○		○	○																			○		○	○	○	○	○	○			○	○	○
2022年	○	○			○	○		○					○														○		○	○	○	○	○	○			○	○	○
2021年	○				○	○		○																			○		○		○		○	○	○		○	○	○
2020年	○	○				○		○																			○		○		○		○	○	○	○		○	○

面接ガイド

保護者面接　第二次試験当日、子どもの考査中に面接が行われる
所要時間　約10分

＜面接資料／アンケート＞
出願後にテーマ作文を提出する

過去の質問例

父親への質問

・志望理由を教えてください。
・カトリック教育についてご理解いただいていますか。
・本校では宗教行事がありますが、参加できますか。
・聖書を読んだり教会へ行ったりすることはありますか。
・12年間男子校で学ぶことについてどうお考えですか。
・ご家庭の教育方針をお聞かせください。
・ご家庭で大切にしていることは何ですか。
・子育てにどのようにかかわっていますか。
・普段、お子さんとどのようにかかわっていますか。
・お子さんとの接し方で気をつけていることは何ですか。
・どのようなときにお子さんをほめたり、しかったりしますか。
・（「歓喜」「癇癪」と書かれたカードを示され）お子さんはどのようなときにこれらの感情を見せますか。具体的なエピソードをお聞かせください。
・（母親が専業主婦の場合）奥さまが仕事を再開することについて、どのようにお考えですか。
・ご家庭で、ボランティア活動やＳＤＧｓの取り組みなどは行っていますか。

母親への質問

・現在、お仕事はされていますか。
・育児や家事について、ご夫婦でどのように役割分担をしていますか。
・専業主婦ということですが、お仕事を再開する可能性はありますか。
・これまでのご自身とキリスト教とのかかわりについてお聞かせください。
・本校の一番の魅力はどこだと思いますか。

面接の配置図

```
┌─────────────────────────┐
│           先生           │
│           ◯            │
│        ┌──────┐         │
│        └──────┘         │
│                         │
│                         │
│      ◯        ◯        │
│      父        母        │
│              ┌────────┐ │
│              │荷物置き場│ │
│              └────────┘ │
│                   出入口 │
└─────────────────────────┘
```

・子育てで大切にしていることは何ですか。
・子育てで苦労していることはありますか。
・夫婦間で教育方針にずれが生じた場合、どのように解決しますか。
・お子さんにはどのようなお手伝いをさせていますか。
・お子さんは、きょうだいげんかはしますか。
・お子さんにはどのように成長してほしいですか。
・本校で、お子さんのどのようなところを伸ばしたいですか。
・（共働きの場合）緊急時のお迎えなどに対応できますか。

※出願後に面接資料として、以下のテーマでＡ４判の用紙に作文（300字程度）を書いて提出する。
・育児・仕事・受験・ご自分の時間のバランスをどのように保っていらっしゃいますか。具体的にお書きください

Inside voice

・面接では、最初に父親と母親のどちらがテーマ作文を書いたかを聞かれ、書いていないほうへの質問から始まりました。質問はどちらが答えてもよいものと、どちらか指定されるものがありました。
・面接では宗教に関する質問が多かったように思います。キリスト教に関する書籍を読んでおいてよかったです。また、質問内容から父親が育児にどのようにかかわっているかを確認されていると感じました。
・考査当日は、在校生が大勢お手伝いをしており、気持ちのよいあいさつやしっかりとした対応をとても頼もしく感じました。彼らの活躍する姿を見て、息子も「格好いい！」とモチベーションを高めていました。

国立音楽大学附属小学校

（くにたち）

https://www.onsho.ed.jp/

[アクセス]
- JR中央線【国立】より徒歩13分
- JR南武線【矢川】よりバス5分【音高】下車徒歩5分

[所在地]　〒186-0005　東京都国立市西1-15-12
　　　　　TEL 042-572-3531　FAX 042-576-5730

小学校情報

[校　長] 松本 絵美子
[児童数] 男女計281名

沿革　大正15年に東京高等音楽学院が新宿区に開校。同年、国立市に移転。昭和22年、国立音楽学校と改称。昭和24年にわが国初の音楽高校である国立音楽高等学校および国立中学校を開設。昭和25年、国立音楽大学が認可、附属幼稚園も開設。昭和28年、大学敷地内に附属小学校を開設。昭和42年、現在地に移転。平成18年、新校舎竣工。令和5年、小学校創立70周年を迎えた。

教育方針　建学の精神である『自由、自主、自律』を柱に、日本で唯一の音楽大学の附属小学校という優れた音楽環境を生かし、創造的な活動を行う。音楽を教育の核とし、豊かな感性・知性を土台とする人間形成を目指す。教育目標は「よく考え、進んで行動する子ども」「思いやりのある、心の温かい子ども」「元気よく遊べる子ども」の育成。さまざまな音楽活動や本物を見聞きする体験を学びのエンジンにし、感動や感性、意欲などの「内なる原動力」「学びに向かう力」を養い、数値などでは表せない非認知能力を育む。

特色　週1時間の音楽の授業に加え、全学年でコーラス、リトミック、高学年ではさらに器楽を週1時間ずつ実施。少人数編成で個に応じたきめ細かい授業を行い、基礎・基本の定着を図る。1人1台タブレット端末を活用するなどICT教育を推進。1年生から宿泊行事を行い、校外学習を多く設けることにより「本物を見、聞かせる」活動を充実させる。放課後は「くにおんアカデミー ジュニアミュージック・アトリエ」を実施。希望者はピアノ、ヴァイオリン、フルート、クラリネットなどのレッスンを受講できる。

◆**クラブ活動**　5年生以上。サッカー、バドミントン、新体操、美術など
◆**英語教育**　1年生は週1時間、2年生以上は週2時間。豊かな言語体験を積むこと、意味のあるやり取りをすること、豊富なインプットをすることを大切にした学習を展開
◆**授業の特色**　全学年1クラス25名前後で一人ひとりの感性、考え、学びを大切にする。理科、音楽、造形、英語、体育は専科制
◆**校外学習**　宿泊行事を全学年で実施。1・6年生は学校で防災泊、2・3年生は森の学校、4・5年生は星の学校、5年生は冬の学校、6年生は夏の学校と山の学校がある。全学年で登山遠足を行うほか、生活科、社会科、理科の学習でも多くの校外学習を行う

年間行事予定	
月	行　事　名（抜粋）
4	入学式、春の遠足
5	健康診断、運動会
6	プール開き
7	6年夏の学校（菅平）、4・5年星の学校（日光）
8	夏休み
9	1・6年防災泊、2・3年森の学校（名栗）
10	6年山の学校（山中湖）、秋の遠足
11	音楽会（大学講堂）
12	マラソン大会、造形作品展
1	集団下校訓練
2	5年冬の学校（菅平）、学内コンサート
3	クラブ作品展、卒業生を送る会、卒業発表会、卒業式

東京　私立　共学

国立音楽大学附属小学校

入試データ
下記の資料は**2024年度用（2023年秋～冬実施済み）**です

募集要項 ※ !2025 は次年度のデータです

募集人員	男女計60名（第1～3回合わせて）
学校（入試）説明会	!2025 6月4日／9月8日 7月21日（プレスクールあり）
願書配付期間	募集要項配付：5月21日～
出願期間	Web出願：第1回：10月4～20日　第2回：10月4日～11月7日 第3回：10月4日～11月27日 書類提出：第1回：10月23日　第2回：11月9日　第3回：11月29日 簡易書留またはレターパックプラスで郵送（必着） ※HPの指示に従ってWeb出願後に書類提出
提出書類	・志願票　・合格通知用封筒（レターパックプラス） ・受験票　※受験票は考査日に持参
受験票交付	自宅やコンビニエンスストアなどで各自印刷
受験番号付番	願書受付順　｜　月齢考慮　なし
考査日	!2025 考査・面接：第1回…11月2日　第2回…11月15日 第3回…12月7日
選抜方法注1	ペーパーテスト、個別テスト、集団テスト、運動テスト、保護者面接
考査料	23,000円（クレジットカード、コンビニまたはペイジー決済）
合格発表	いずれも考査当日に発送　郵送で通知（Web発表もあり）
倍率	非公表
入学手続	第1回：11月16・17日　第2回：11月24日　第3回：12月8日
編入学制度	1～5年生で7・2月に試験を実施／帰国生はp.403～参照
復学制度	――――
公開行事	!2025 音楽・リトミック体験：5月17日／6月20日／9月5・12日 運動会：5月25日 コンサート：8月24日／12月14日／3月20日
備考	――――

学費

…… 入学手続時納付金 ………
入学金　　　　　　　　　210,000円
施設設備費　　　　　　　150,000円
維持運営費（1期分）　　　30,000円
授業料（1期分）　　　　116,250円

………… 年間納付金 …………
授業料（2～4期分）　　　348,750円
維持運営費（2～4期分）　90,000円
学級費・年額　　　　　　105,000円
わかば会会費・年額　　　　6,000円
くにおん寄付基金1口　　　1,000円
（1口以上、任意）

※行事費（2年生以上）は学年ごとに金額が異なる
※アトリエレッスン希望者は、レッスン費を別途納付
※上記金額は諸事情等で変更の場合あり

制服

制服なし
バッジ、制帽あり

セキュリティ

警備員常駐／防犯カメラ設置／登下校確認システム／GPS端末所持可／授業中門施錠／インターホン設置／保護者入構証／避難・防災訓練実施／緊急通報・安否確認システム／緊急地震速報装置／学校110番／災害用品備蓄／AED設置

昼食

お弁当（週5回）…お弁当注文システムあり

進学情報

[中学校への進学状況]
【国立音大附属】約50％が内部進学。東京学芸大附属小金井、桜蔭、雙葉、成蹊、成城、頴明館、大妻中野、カリタス女子など
[高等学校への進学状況]【国立音大附属】約82％が内部進学
[大学への進学状況]【国立音楽】音楽科の約70％が内部進学。早稲田、立教、明治、青山学院、中央、法政、学習院など

[系列校]
国立音楽大学・大学院、国立音楽大学附属高等学校・中学校・幼稚園

※上記募集要項は小学校公表データです（注1：選抜方法については伸芽会教育研究所調査によるデータです）。詳細は小学校HPまたはお電話でご確認ください

国立学園小学校
http://www.kunigaku.ac.jp/

［アクセス］
●JR中央線【国立】より徒歩10分／立川バス【国立学園】下車徒歩2分

［所在地］　〒186-0004　東京都国立市中2-6
　　　　　　TEL 042-575-0010　FAX 042-575-0321

小学校情報

［校　長］　佐藤 純一
［児童数］　562名（男子336名、女子226名）

沿　革　大正15年、国立学園小学校を国立の地に開校。昭和26年、学校法人国立学園として認可される。昭和29年、国立学園附属かたばみ幼稚園を開園。昭和49年、4年生以上で全教科担任制を実施。昭和63年、6年生の算数で教師2名制を開始し、以後、国語および5年生の算数でも実施。平成4年には他校に先駆けて完全学校週5日制を導入。令和8年、学園創立100周年を迎える。

教育方針　「豊かな人間性を培う」ことを教育理念とする。具体的な子ども像を①自ら考えて学習する子ども、②友と助け合って活動する子ども、③心も体も健康な子ども、として掲げ、育成に取り組んでいく。また、子どもたちが、他人の心情をくみ取る力や未知なるものへ向かう勇気を持ち、自分の人生をつくり上げていくことができる教育を目指している。

特　色　自ら学ぼうとする意欲を持った子を育成するため、子どもの側に立った質の高い授業を実施。1〜3年生では、英語、音楽、図工、体育、読書の学習は専任教師が担当し、3年生からは理科も教科担任制となっている。高学年では、生き抜いていく力の基本となる幅広い知識を身につけるとともに、中学校進学に備えるため、一人ひとりの学習状況を正しく把握し指導を行う。4年生からはすべての教科を専任教師が受け持ち、5・6年生の算数と6年生の国語は、2名の専任教師が担当する。6年生の10月までに小学校学習課程を終わらせ、11月からは、習熟度別にクラスを再編成。特別時間割を組んで、中学受験対策の授業を行う。

◆**クラブ活動**　5年生以上、週1時間。ブラスバンド、サッカー、卓球、料理など16のクラブが活動。国立市の大会や東京私立初等学校協会のイベントなど、各種大会に出場して活躍するクラブもある
◆**英語教育**　全学年、週1時間。英語科専任教師が指導する
◆**授業の特色**　全学年、週1時間実施する「しらかばの時間」は、学級会と道徳を合わせたもの。クラスの問題点や困っていること、学校で取り組む目標などを話し合う
◆**校外学習**　宿泊行事として3年生は校内で1泊2日のサマースクール、4・5年生は富士五湖周辺で2泊3日の高原学校、6年生は北陸方面への3泊4日の修学旅行を実施

年間行事予定	
月	行　事　名（抜粋）
4	入学式、1年生を迎える会
5	1・6年合同遠足、2・3年遠足、4・5年高原学校
6	授業参観
7	3年サマースクール、6年修学旅行
8	夏休み
9	3〜6年社会科見学
10	運動会
11	授業参観、1年秋の遠足、2・4年／3・5年合同遠足
12	音楽鑑賞会、焼きいも会
1	もちつき会
2	しらかば祭、駅伝大会
3	卒業遠足、6年生を送る会、卒業式

School Information

※濃い色で示したアイコンはこの小学校に該当するものです。アフタースクールの詳細はp.397～参照

入試データ

下記の資料は**2024年度用（2023年秋実施済み）**です

募集要項　※下記は前年度のデータです

募集人員	Ⅰ日程：男女計100名（内部進学者含む） Ⅱ日程：男女計5名　Ⅲ日程：男女若干名
学校(入試)説明会	プレ学校説明会：4月2日 学校説明会：5月20日／9月16日（体験授業あり）
願書配付期間	Ｗｅｂ公開のみ
出願期間	A（Ⅰ日程）：10月1日（8時）～7日（16時） B（Ⅱ日程）：10月1日（8時）～11月9日（16時） C（Ⅲ日程）：10月1日（8時）～11月23日（16時） ※ＨＰの指示に従ってＷｅｂ出願
提出書類	・受験票　※受験票は考査日に持参
受験票交付	自宅やコンビニエンスストアなどで各自印刷
受験番号付番	願書受付順　　月齢考慮　なし
考査日	A：考査…11月1・2日のうち1日 　　面接…10月12～21日のうち1日 B：考査・面接…11月11日　C：考査・面接…11月25日
選抜方法 注1	A：ペーパー・個別・集団・運動テスト、親子面接 B・C：ペーパー・個別・集団・運動テスト、保護者面接
考査料	25,000円（クレジットカード、コンビニまたはペイジー決済）
合格発表	A：11月2日　B：11月11日　C：11月25日　Ｗｅｂ発表
倍率	約3.0倍
入学手続	A：11月4日　B：11月13日　C：11月27日　16時締切
編入学制度	欠員が生じた学年のみ7・3月に試験を実施／帰国生はp.403～参照
復学制度	あり
公開行事	夏休み学校体験：7月29日　運動会：10月7日 しらかば祭：2月23日
備考	――――

セキュリティ

警備員常駐／防犯カメラ設置／授業中門施錠／インターホン設置／保護者入構証／赤外線センサー設置／避難・防災訓練実施／緊急通報・安否確認システム／緊急地震速報装置／学校110番／災害用品備蓄／ＡＥＤ設置／ＧＰＳ付きタブレット端末所持

学　費

········· 入学手続時納付金 ·········
入学金　　　　　　　　360,000円

········· 年間納付金 ·········
授業料・維持費・年額　　648,000円
※終身同窓会会費、学年費、ICT費、後援会会費など別途納付
※上記金額は諸事情等で変更の場合あり

制　服

昼　食

お弁当（週5回）…お弁当注文システムあり

進学情報

[中学校への進学状況]
男子：筑波大駒場、開成、麻布、駒場東邦、武蔵、聖光、早稲田、桐朋など
女子：桜蔭、豊島岡、女子学院、雙葉、鷗友、吉祥女子、浦和明の星など

[高等学校への進学状況]
――――

[大学への進学状況]　――――

[系列校]
国立学園附属かたばみ幼稚園

※上記募集要項は小学校公表データです（注1：選抜方法については伸芽会教育研究所調査によるデータです）。詳細は小学校ＨＰまたはお電話でご確認ください

考査ガイド

考査日程	1日
受験番号付番	願書受付順
選抜方法	考査は2日間のうち希望する1日で、ペーパーテスト、個別テスト、集団テスト、運動テストを行う
考査内容	ペーパーテスト、個別テスト、集団テスト、運動テスト、親子面接
所要時間	約1時間30分

過去の出題例

ペーパーテスト

①言語（しりとり）

・左から順番にしりとりでつなげるためには、空いている四角に何を入れたらよいですか。ふきだしから1つずつ選んで○をつけましょう。

個別テスト

②観察力・常識

横断歩道のイラスト、シャンプーとリンスの入れ物、通常はがきとくぼみ入りはがきが用意されている。

・点字ブロックは何のためにあるか考えてみてください。目の不自由な人が、つえや足の裏で道がわかるようにするためですね。ここにある入れ物やはがきも、目の不自由な人が使いやすいように工夫されています。どんな工夫がされているか考えて、お話ししましょう。

集団テスト

■行動観察 ※5、6人のグループで行う

用意されたものを使い、お手本の写真と同じものを作る。

運動テスト

■ケンパー

並んだフープの中を、指示通りのケンパーで進んで戻る。

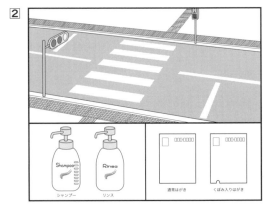

ここがポイント

考査は授業形式をとるテストが必ず含まれることが特徴です。話の記憶はペーパーテストですが、口頭で解答させます。感じたことを適切な言葉で表現するのは難しく、子どもは間違えることが不安でつい黙ってしまうことがあります。子どもの思いや考えを最後まで聞く姿勢を普段から心掛けましょう。

出題傾向

	ペーパーテスト												個別テスト												集団テスト								運動	面接
	話	数量	観察力	言語	推理・思考	構成力	記憶	常識	位置・置換	模写	巧緻性	絵画・表現	系列完成	話	数量	観察力	言語	推理・思考	構成力	記憶	常識	位置・置換	巧緻性	絵画・表現	系列完成	制作	行動観察	話	観察力	言語	常識	巧緻性	絵画・表現	制作	行動観察	課題・自由遊び	運動・ゲーム	生活習慣	運動	面接
2024年			○	○				○								○	○	○									○		○		○				○				○	○
2023年	○	○		○												○		○			○																		○	○
2022年	○	○	○					○							○	○	○	○		○																			○	○
2021年	○	○					○				○										○																		○	○
2020年	○																			○																			○	○

面接ガイド

親子面接	考査日前の指定日時に面接が行われる
所要時間	10〜15分

過去の質問例

本人への質問

・お名前と幼稚園（保育園）の名前を教えてください。
・幼稚園（保育園）では何をして遊びますか。
・好きな遊びは何ですか。
・好きな食べ物は何ですか。
・お母さんが作るお料理で好きなものは何ですか。
・きょうだいげんかはしますか。
・この学校に来たことはありますか。
・この学校のどんなところが気に入っていますか。それはどうしてですか。
・小学校に入ったら何をしたいですか。
・小学校ではどんなことが楽しみですか。
・お手伝いはしますか。どんなお手伝いですか。
・お父さんやお母さんにどんなことでほめられたり、しかられたりしますか。
・お父さん、お母さんはどんなときに笑顔になりますか。
・大きくなったら何になりたいですか。それはどうしてですか。

父親への質問

・志望理由を教えてください。
・お仕事についてお話しください。
・本校のパンフレットやホームページで、印象に残ったことや志望の参考になったことは何ですか。
・本校に期待することは何ですか。
・中学受験についてどのようにお考えですか。
・お子さんの名前の由来について教えてください。
・どのようなときにお子さんをしかりますか。
・どのようなときにお子さんをほめますか。
・ご家庭の教育方針についてお聞かせください。
・ご家庭で大切にしていることは何ですか。
・休日はお子さんとどのように過ごしていますか。

面接の配置図

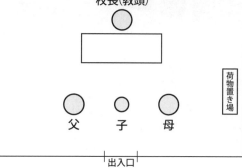

校長(教頭)

父　子　母

荷物置き場

出入口

・お子さんには将来、どのようになってほしいですか。
・最後に何かお聞きになりたいことはありますか。

母親への質問

・本校を知ったきっかけを教えてください。
・本校の印象をお聞かせください。
・本校のどのようなところに魅力を感じますか。
・一言でいうと、どのようなお子さんですか。
・子育てで大切にしていることは何ですか。
・どのようなときにお子さんをしかりますか。
・どのようなときにお子さんをほめますか。
・お子さんには小学校6年間でどのように成長してほしいですか。
・アレルギーなどお子さんの健康面について、学校に伝えておきたいことはありますか。
・お仕事はされていますか。
・（共働きの場合）放課後、お子さんの世話はどなたがされますか。
・通学経路、通学方法を教えてください。

Inside voice

・面接では、出願後に届くメールからダウンロードして印刷した面接要領の案内図に従って控え室へ向かいます。学校見学などで何度か足を運んでいたため、迷ったり慌てたりすることはありませんでした。
・面接は和やかな雰囲気でした。面接官の先生は終始笑顔でうなずきながら話を聞いてくださり、息子も親も緊張することなく、リラックスして答えることができました。
・考査の控え室は体育館で、教頭先生のお話の後に、30分ほど2023年の運動会のビデオ上映が行われました。学校の様子がわかるとてもよい内容で、有意義に過ごすことができました。

国本小学校

https://kunimoto.ac.jp/primary/

[アクセス]
- 小田急小田原線【喜多見】より徒歩2分
- 小田急バス【二の橋】下車徒歩2分

[所在地]　〒157-0067　東京都世田谷区喜多見8-15-33
　　　　　TEL 03-3416-4721　FAX 03-3415-1333

小学校情報

[校 長] 小林 省三
[児童数] 300名（男子155名、女子145名）

沿 革　昭和17年、婦女子の教育に献身した創立者・有木春来によって国本高等女学校が創立、狛江小学校で第1回入学式を挙行。半年後、現在地の喜多見に校舎が完成。昭和22年、国本女子中学校、昭和23年、国本女子高等学校、昭和28年、国本幼稚園が認可された。昭和29年、国本小学校が認可され、校舎を新築。令和4年、学園創立80周年を迎え、令和6年、小学校創立70周年を迎える。

教育方針　建学の精神である『真心の発揮』『自然に対する素直さの涵養』『恩を知り、恩に報ゆる心の育成』に基づき、「明るく元気な子、素直な子、感謝のできる子、思いやりのある子、命の尊厳を知る子」を教育目標とする。6年間の小学校教育の中で、心を育て、基礎学力を身につけ、探究心を養い、自立性と協調性を育み、社会性の素地を培う。少人数制の特色を生かして、一人ひとりの児童の個性を大事にしながら、子どもの持っているよい能力を伸ばして、将来社会に貢献し、人の役に立つ子に教育する。

特 色　1クラス20～25名×3クラスの少人数制教育を実施し、学習面・生活面の両方できめ細かい指導を行っている。「よき授業・面白くて実のある授業」を教師の研究課題とし、基礎学力の徹底と思考力・応用力の育成に取り組む。高学年の算数は習熟度別にクラスを編成。6年生の2学期までに小学校の課程を終わらせ、中学受験に備える。英語教育や習字は1年生から実施。情操教育にも力を入れており、命の尊厳を知るための学習「命のカリキュラム」をできる限り教科や学校生活に取り入れている。

◆クラブ活動　4年生以上、週1時間。吹奏楽、家庭科、卓球など。課外クラブにサッカー、ミニバスケットボールがあり、朝や放課後の練習のほか、夏休みに合宿も実施し、地域や他校のチームと親睦試合などを行う

◆英語教育　低学年は週1時間、中学年は週2時間、高学年は週3時間。1クラスに米国人教員1名と日本人教員2名の計3名がつき、手厚く指導。また、1年生から英語でプログラミング学習を実施。希望者を対象に、夏休みにオーストラリア海外研修を行う

◆校外学習　全学年を縦割り班に編成し、2泊3日で林間学校を実施。上級生が下級生の世話をし、さまざまなフィールドワークに取り組む。隔年で富士山麓と八ヶ岳を利用

年間行事予定	
月	行 事 名(抜粋)
4	入学式、遠足
5	2年田植え
6	運動会
7	七夕集会、林間学校
8	海外英語研修、課外クラブ合宿
9	6年修学旅行、夏休み作品展
10	記念祭、2年稲刈り
11	5年私学音楽会、私学体育発表会
12	マラソン大会、音楽発表会
1	書き初め展
2	節分集会、報本祭、学芸会
3	スキースクール、6年生を送る会、卒業式

School Information

※濃い色で示したアイコンはこの小学校に該当するものです

入試データ

下記の資料は**2025年度用（2024年秋実施予定）**です

募集要項

募集人員	1次：男女計60名（内部進学者含む）　2次：男女若干名
学校（入試）説明会	6月29日／9月28日　①9時30分～　②13時30分～
願書配付期間	募集要項配付：6月29日～
出願期間	1次：10月4日（0時）～11月4日（11時30分） 2次：10月4日（0時）～11月15日（11時30分） ※HPの指示に従ってWeb出願
提出書類	・受験票 ※考査日に持参
受験票交付	自宅やコンビニエンスストアなどで各自印刷
受験番号付番	願書受付順　月齢考慮　なし
考査日	考査：1次…11月6日　2次…11月18日 面接：いずれも考査日前に実施
選抜方法[注1]	ペーパーテスト、集団テスト、運動テスト、親子面接
考査料	20,000円（クレジットカード、コンビニまたはペイジー決済）
合格発表	1次：11月7日　2次：11月19日　Web発表
倍率（前年度）	約1.6倍
入学手続	1次：11月8日　15時30分締切　2次：11月19日　14時30分締切
編入学制度	1～5年生で欠員が生じた学年のみ試験を実施／帰国生はp.403～参照
復学制度	なし
公開行事	公開授業：6月15・27日　運動会：6月20日 記念祭（文化祭）：10月26・27日　音楽発表会：12月7日 学芸会：2月23日 ※学校見学は随時受付（要電話申込）
備考	1次、2次の併願不可 原則、月2回の土曜日は休校　民間学童に優先枠あり 2024年9月より、学校内でアフタースクールを実施予定

学費

……… 入学手続時納付金 ………

入学金	160,000円
施設費	100,000円

………… 年間納付金 …………

授業料・月額	36,000円
維持費・月額	6,000円
教材費・年額	約25,000円

※制服代、物品費など別途納付
※5年生以上を対象に奨学金制度あり
※上記金額は諸事情等で変更の場合あり

制服

セキュリティ

警備員常駐／防犯カメラ設置／交通指導員配置／登下校確認システム／授業中門施錠／インターホン設置／保護者入校証／赤外線センサー設置／避難・防災訓練実施／緊急通報・安否確認システム／緊急地震速報装置／学校110番／災害用品備蓄／AED設置

昼食

給食（週3回）、お弁当（週2回）
…希望者は給食の日もお弁当の持参可

進学情報

［中学校への進学状況］
男子：筑波大駒場、開成、駒場東邦、渋谷幕張、早稲田、渋教渋谷、巣鴨など
女子：【国本女子】、東京学芸大附属世田谷、フェリス、浦和明の星など
［高等学校への進学状況］【国本女子】ほぼ全員が内部進学
［大学への進学状況］
東京藝術、上智、青山学院、日本、東洋、玉川、東京女子、フェリスなど

［系列校］
国本女子高等学校・中学校、国本幼稚園

※上記募集要項は小学校公表データです（注1：選抜方法については伸芽会教育研究所調査によるデータです）。詳細は小学校HPまたはお電話でご確認ください

慶應義塾幼稚舍

http://www.yochisha.keio.ac.jp/

［アクセス］
●東京メトロ日比谷線【広尾】より徒歩5分
●都営バス【天現寺橋】下車徒歩1分

［所在地］　〒150-0013　東京都渋谷区恵比寿2-35-1
　　　　　　TEL 03-3441-7221　FAX 03-3441-7224

小学校情報

［校　長］　杉浦　重成
［児童数］　851名（男子567名、女子284名）

沿　革　明治7年、福澤諭吉の委嘱を受けた門下生・和田義郎が年少者の塾生を集めて行った教育が始まり。明治13年ごろから慶應義塾幼稚舍と称する。明治31年、慶應義塾の16年間の一貫教育が確立。昭和12年、幼稚舍は三田校舍から天現寺へ移転、教員の意見が反映された設計の校舍は現在も使われている。昭和22年、男女共学を実施。令和6年、創立150周年を迎える。

教育方針　『独立自尊』を実践できる人材を育成することを教育理念とする。この理念を「子どもたちそれぞれが自分を磨きながら互いの違いを認め合い、助け合えるようになること」ととらえ、子どもたちが「ともに思いやりの心を持って、自分のできることを一生懸命する」という形で、日常的に実行できるように努める。子どもたちを取り巻く現在の状況と将来の変化を見通しながら、子どもたちに自分の持つさまざまな可能性に気づかせ、「自分のできること」を引き出し、さらなる成長を促す場と機会を提供する。

特　色　6年間クラス替えがなく、同じ担任が持ち上がりとなって児童一人ひとりの成長と発達を見守り、細やかに対応する。一方で教科別専科制を採用し、1年生から音楽、造形、絵画、体育、情報、英語などの授業は、専門の教育を受けた教員が指導にあたっている。各学年4クラス制とし、教科によっては1クラスを分割して少人数で授業を実施。1人1台タブレット端末を所有し、情報教育や授業を充実させるほか、季節に合ったさまざまな体育活動や国際交流プログラムなども展開している。

◆**クラブ活動**　5・6年生、週1回。16の運動系、13の文化系クラブがある
◆**英語教育**　全学年で、英語に興味や関心が持てるような授業を行う。希望者を対象にしたサマースクール（イギリス）、モホーク・デイキャンプ（ニューヨーク）などの国際交流プログラムも実施
◆**体験学習**　BLS（Basic Life Support＝一次救命処置）講習で、5年生が人工呼吸や心臓マッサージなどの救命処置を実習する
◆**校外学習**　1・2・5年生は遠足、3年生は1泊で秩父や山中湖へ、4年生は館山で4泊5日の海浜学校、5・6年生は長野立科で1週間以上の高原学校を実施。6年生は四国や京都・奈良などへの修学旅行もある

年間行事予定	
月	行　事　名（抜粋）
4	入学式、1・2・5年遠足
5	4年海浜学校、3年宿泊遠足
6	6年高原学校、読書祭
7	――
8	6年英国サマースクール（希望者）
9	6年水泳大会、作品展、5年高原学校
10	運動会
11	――
12	36kmチャリティウォーク（希望者）、4～6年音楽会
1	書き初め（希望者）、新年カルタ会（希望者）
2	学習発表会
3	6年修学旅行、卒業式、5年スキー合宿（希望者）

始業　制服　3学期制　土曜登校　クラス替　給食　アレルギー対応　ICT教育　外国語　通学時間制限　アフタースクール　幼稚園　中学・高校　大学

入試データ

下記の資料は**2024年度用（2023年秋実施済み）**です

募集要項 ※下記は前年度のデータです

募集人員	男子96名、女子48名、計144名
学校(入試)説明会	Ｗｅｂ説明会：7月1～7日
願書配付期間	9月7～30日（15～17日：休み） ※大学三田キャンパス正門警備室でも配付
出願期間	Ｗｅｂ登録：9月15～30日 郵送出願：10月2・3日（消印有効）　簡易書留で郵送 ※ＨＰの指示に従ってＷｅｂ登録後に郵送出願
提出書類	・入学志願書 ・受験票 ・通知書 ※受験票、通知書は考査日に持参
受験票交付	自宅やコンビニエンスストアなどで各自印刷
受験番号付番	願書受付順　　月齢考慮　あり
考査日	考査：男子…11月5～8日のうち1日 　　　女子…11月1～3日のうち1日
選抜方法^{注1}	集団テスト、運動テスト
考査料	30,000円（クレジットカード、コンビニまたはペイジー決済）
合格発表	11月15日　11～14時　Ｗｅｂ発表
倍率	男子約9.6倍　女子約12.3倍
入学手続	入学手続書類の配付日：11月17日 入学手続日：12月1日
編入学制度	なし
復学制度	1・6年次を含めて3年以上在籍。5年生までに限る
公開行事	学校見学会：7月8日（要申込）
備考	――――

選抜方法の注記は[注1]。

学費

```
……… 入学手続時納付金 ………
入学金                340,000円
授業料・年額           960,000円
教育充実費・年額        200,000円
文化費・年額            25,000円
給食費・年額           105,000円


……… 年間納付金 ………
教育振興資金1口          30,000円
（2口以上、任意）
慶應義塾債1口           100,000円
（3口以上、任意）
```

※クラス費など諸経費を別途納付
※学校債は大学卒業時、大学院修了時、
　または離籍時に返還
※上記金額は諸事情等で変更の場合あり

制服

セキュリティ

警備員常駐／防犯カメラ設置／登下校確認システム／来客者入校証／避難・防災訓練実施／医師・保健師常駐／緊急地震速報装置／災害用品備蓄／ＡＥＤ設置／教職員不審者対策訓練実施

昼食

給食（週5回）

進学情報

[中学校への進学状況]
【慶應中等部、普通部、湘南藤沢】ほぼ全員が内部進学

[高等学校への進学状況]
【慶應、志木、湘南藤沢、女子】ほぼ全員が内部進学

[大学への進学状況]
【慶應】ほぼ全員が内部進学

[系列校]
慶應義塾大学・大学院、高等学校、志木高等学校、女子高等学校、ニューヨーク学院（高等部）、湘南藤沢高等部・中等部、普通部、中等部、横浜初等部

※上記募集要項は小学校公表データです（注1：選抜方法については伸芽会教育研究所調査によるデータです）。詳細は小学校ＨＰまたはお電話でご確認ください

東京　私立　共学　け　慶應義塾幼稚舎

考査ガイド

考査日程	1日
受験番号付番	願書受付順

選抜方法　女子が先の3日間、1日おいて男子が後の4日間のうち1日を指定される。男女とも生年月日順に年少者から約18人単位で集団テストと運動テストを行う。体操服を着用して来校し、受付を済ませたら控え室の指定された席で子どもと保護者（1人）が待機する。指定の時刻になったら指示に従って子どもは運動靴に履き替え、右手で受験票を持って机の右側に立つ。先生の誘導で廊下に並び、注意事項（受験票を落とさない、おしゃべりをしない、前の人を抜かさない）を聞いて考査会場に向かう（マスクの着用は任意）

考査内容	集団テスト、運動テスト
所要時間	約2時間

過去の出題例

集団テスト

1 絵画・制作

さまざまな秘密基地を紹介する映像を見た後、自分の作りたい秘密基地をB4判の画用紙にポンキーペンシルで描く。その際、パーティションに立てかけて置かれたシールの台紙2枚から、自分の秘密基地に置きたいもののシールを選んで貼る。シールは生き物、家具、食べ物、人など数十種類の絵柄があり、1枚に2つの絵柄が描かれたものは使いたいほうをはさみで切り取って使う。

言　語

絵画・制作の課題中にテスターから質問される。
・何を描いていますか。それはどうしてですか。

運動テスト

2 競　争

青信号マークから後ろ向きの長座姿勢でスタートし、3本のゴム段の間をジグザグに走る。一番奥のコーンを回り、3本のゴム段を跳び越して赤信号マークまで走る。

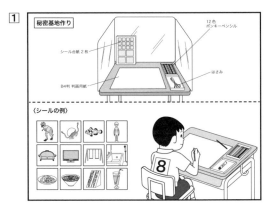

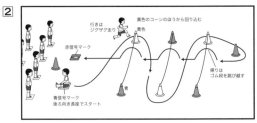

ここがポイント

約18人のグループで教室を移動しながら行動観察、絵画、制作、運動などのテストを受けます。指示行動、ゲームなどを通して、子ども同士のかかわり方や判断力、行動力、表現力などを見られます。絵画や制作は例年出題されていますので、いろいろなテーマで描いたり作ったりという経験をさせましょう。

出題傾向

	ペーパーテスト													個別テスト														集団テスト											運動	面
	話	数量	観察力	言語	推理・思考	構成力	記憶	常識	位置・置換	模写	巧緻性	絵画・表現	系列完成	話	数量	観察力	言語	推理・思考	構成力	記憶	常識	位置・置換	巧緻性	絵画・表現	系列完成	制作	行動観察	話	観察力	言語	常識	巧緻性	絵画・表現	制作	行動観察	課題・自由遊び	運動・ゲーム	生活習慣	動	接
2024年																													○		○		○	○	○		○		○	○
2023年																													○		○		○	○	○		○		○	○
2022年																													○				○	○	○		○		○	○
2021年																													○				○	○	○		○		○	○
2020年																													○				○	○	○		○		○	○

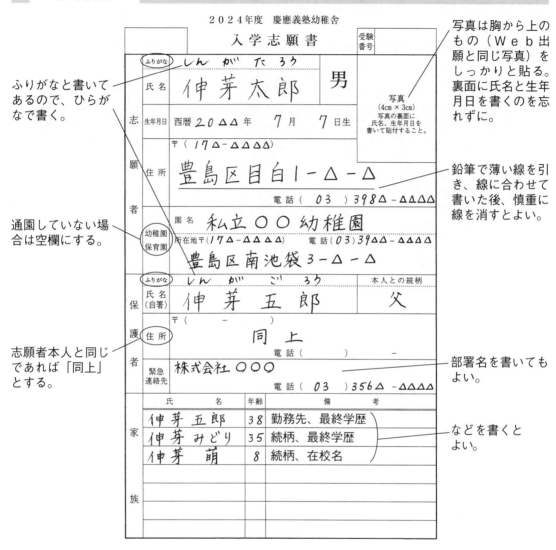

2024年度　慶應義塾幼稚舎

入学志願書

写真は胸から上のもの（Web出願と同じ写真）をしっかりと貼る。裏面に氏名と生年月日を書くのを忘れずに。

ふりがなと書いてあるので、ひらがなで書く。

通園していない場合は空欄にする。

志願者本人と同じであれば「同上」とする。

鉛筆で薄い線を引き、線に合わせて書いた後、慎重に線を消すとよい。

部署名を書いてもよい。

などを書くとよい。

ふりがな	しんがたろう	
氏名	伸芽太郎	男

写真（4cm×3cm）写真の裏面に氏名、生年月日を書いて貼付すること。

志願者		
生年月日	西暦20△△年 7月 7日生	
住所	〒（17△-△△△△）豊島区目白1-△-△ 電話（03）398△-△△△△	
幼稚園保育園	園名 私立○○幼稚園 所在地〒（17△-△△△△）電話（03）39△△-△△△△ 豊島区南池袋3-△-△	

保護者			本人との続柄
ふりがな	しんが ご ろう		
氏名（自署）	伸芽五郎		父
住所	〒（　-　）同上 電話（　）　-		
緊急連絡先	株式会社○○○ 電話（03）356△-△△△△		

家族	氏名	年齢	備考
	伸芽五郎	38	勤務先、最終学歴
	伸芽みどり	35	続柄、最終学歴
	伸芽萌	8	続柄、在校名

※願書の中に、以下のような記入項目がある。
①自由記入欄（志望理由、志願者の様子、家庭の方針　等）
②子どもを育てるにあたって『福翁自伝』を読んで感じるところを書く

Inside voice

・控え室には子ども用の机といす、その横に保護者用のパイプいすがあり、机の上には個包装のマスクが用意されていました。希望者は使うよう指示がありましたが、わが家も含め、着用しているお子さんはいませんでした。
・控え室はとても静かで緊張感がありました。小声でも響くため、なかなか子どもと会話をすることができませんでした。わが家はトイレに行った際に、トイレの前で子どもに最後の声掛けをしました。
・子どもが考査に向かったら親は荷物をすべて持っていったん外出し、約2時間後に戻るよう指示されました。子どもの引き渡し場所は教室でした。皆さん、広尾駅前のお店で時間を過ごされているようでした。

啓明学園初等学校

http://www.keimei.ac.jp/

[アクセス]
●JR中央線・横浜線ほか【八王子】、京王線【京王八王子】、JR五日市線・西武拝島線ほか【拝島】よりスクールバス

[所在地] 〒196-0002　東京都昭島市拝島町5-11-15
TEL 042-541-1003　FAX 042-542-5441

小学校情報

[校 長] 佐川 康博
[児童数] 234名（男子113名、女子121名）

沿 革　昭和15年、海外勤務者の子どもたちのために、三井高維（たかすみ）氏の私邸を校舎として啓明学園小学校を設立。昭和16年、中学部、高等女学部設置。昭和20年、校舎を拝島に移し、帰国した子どもたちと国内で育った子どもたちがともに学ぶユニークな場として拡充。昭和42年、幼稚園設置。昭和47年、初・中・高に国際学級を付設。令和7年、創立85周年を迎える。

教育方針　新約聖書による「正直」「純潔」「無私」「敬愛」を学園の標語として掲げ、キリスト教の教えに基づく人間教育の実践、民族・人種の違いを超えた国際理解と個性の尊重、体験学習による創造力の養成、世界市民としてのマナーと品性の習得を目指す。国際教育、体験学習、宗教教育などを柱とする教育プログラムを通して、広い視野のもと豊かな人間性と独自の見識を持ち、世界を心に入れた人間になれるように育成する。

特 色　建学以来、帰国子女教育を実践。約33%が「国際生（多様な言語経験を持つ子ども）」であり、海外姉妹校との交流などを通して、英語を実際に使う機会も多い。国際理解教育として多彩なゲストを招いたり、クラスメイトの国際生との学び合いなどを通じて、異文化理解の機会をつくっている。7時間授業を取り入れ、音楽、図工、英語、聖書、体育、理科で専科制を採用。1年生からタブレット端末などを活用し、interactive（双方向）のつながりを大切にする学びを展開している。また、約3万坪の敷地内には農園や森があり、五感を使って多くのことを自然から学ぶことができる。

◆**クラブ活動**　4年生以上、週1回。音楽、創作、プログラミング、サッカー、野球など
◆**英語教育**　全学年、週3時間。英語特進コースはαクラスとβクラスの2コース、英語スタンダードコースはSクラスの全3コース編成で授業を行う。英語特進コースはオールイングリッシュでネイティブ教員が指導。英語スタンダードコースは6年間で「聞く・話す・読む・書く」の4技能をバランスよく学習。4年生以上の希望者はブリティッシュヒルズ国内留学体験学習、5・6年生の希望者はオーストラリア国際交流ツアーがある
◆**宿泊行事**　3年生は秩父、4年生は奥多摩、5年生は北陸で宿泊体験学習、6年生は広島・京都・奈良への修学旅行を実施

年間行事予定	
月	行　事　名（抜粋）
4	入学式、イースター礼拝
5	遠足、運動会
6	鑑賞教室、3年秩父宿泊体験学習
7	水泳教室
8	夏休み
9	啓明祭、音楽発表会、5年北陸宿泊体験学習
10	4年奥多摩宿泊体験学習、6年修学旅行
11	マラソン記録会、学習発表会・学芸会（隔年）
12	クリスマス礼拝
1	──
2	クラブ発表会、多言語スピーチコンテスト
3	感謝礼拝、卒業式

東京 / 私立 / 共学 / け / 啓明学園初等学校

入試データ

下記の資料は**2025年度用（2024年秋～2025年冬実施予定）**です

募集要項

募集人員	第1回：男女計約50名（学び創造コース、英語特進コース合わせて） 第2回・第3回：各男女若干名（学び創造コース、英語特進コース 合わせて）
学校（入試）説明会	学校説明会：5月9日／6月25日／9月7日 英語特進コース特化説明会：6月5日／9月27日
願書配付期間	Ｗｅｂ公開のみ
出願期間	A（第1回）：10月2～26日　B（第2回）：11月3～7日 C（第3回）：11月10日～12月5日 ※HPの指示に従ってＷｅｂ出願
提出書類	・面接資料原本　・受験票　※すべて考査日に持参
受験票交付	自宅やコンビニエンスストアなどで各自印刷
受験番号付番	願書受付順　　月齢考慮　　あり
考査日	A：考査…11月1日　面接…10月28～31日のうち1日 B：考査…11月9日　面接…11月8日 C：考査…12月7日　面接…12月6日
選抜方法	学び創造コース：個人作業、集団行動、本人面接、保護者面接 英語特進コース：個人作業、集団行動、英語、本人面接、保護者面接
考査料	25,000円（クレジットカード、コンビニまたはペイジー決済）
合格発表	A：11月2日　B：11月9日　C：12月7日　Ｗｅｂ発表
倍率（前年度）	非公表
入学手続	A：11月2～5日　B：11月9～11日　C：12月7～9日
編入学制度	欠員が生じた場合のみ試験を実施／帰国生はp.403～参照
復学制度	あり（海外移住の場合のみ）
公開行事	運動会：5月25日　啓明祭・音楽発表会：9月21日 学芸会：11月30日　多言語スピーチコンテスト：2月中旬
備考	第4回入試あり（募集：若干名　考査日：1月11日）

学費

……… 入学手続時納付金 ………
入学金　　　　　　　　320,000円

……… 年間納付金 …………
授業料・年額	549,600円
施設費・年額	151,800円
教育充実費・年額	148,200円
冷暖房費・年額	30,000円
児童会会費・年額	6,000円
親の会会費・年額	18,000円

※奨学金制度あり
※国際学級は学級費を別途納付
※上記金額は諸事情等で変更の場合あり

制服

セキュリティ

警備員常駐／防犯カメラ設置／交通指導員配置／登下校確認システム／防犯ブザー携帯／携帯電話所持可／インターホン設置／保護者入構証／避難・防災訓練実施／緊急通報・安否確認システム／緊急地震速報装置／災害用品備蓄／ＡＥＤ設置／大震災マニュアル配付

昼食

お弁当給食（学校指定業者）かお弁当（持参）の選択制（週5回）

進学情報

[中学校への進学状況]
【啓明学園】男子は約83%、女子は約92%が内部進学
[高等学校への進学状況]
【啓明学園】約95%が内部進学
[大学への進学状況]
東京外国語、筑波、東京学芸、岐阜、慶應、早稲田、上智、国際基督教など

[系列校]
啓明学園中学校高等学校、啓明学園幼稚園

※上記募集要項は小学校公表データです。詳細は小学校ＨＰまたはお電話でご確認ください

光塩女子学院初等科

https://shotouka.koen-ejh.ed.jp/

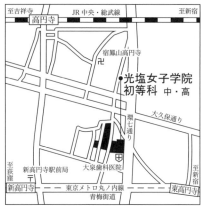

[アクセス]
- ●JR中央線・総武線【高円寺】より徒歩12分
- ●東京メトロ丸ノ内線【東高円寺】より徒歩7分、【新高円寺】より徒歩10分

[所在地]　〒166-0003　東京都杉並区高円寺南2-33-28
TEL 03-3315-1911　FAX 03-5377-1977

小学校情報

[校　長]　影森 一裕
[児童数]　女子485名

沿　革　昭和6年、スペインを発祥とするメルセス宣教修道女会の修道女マドレ・マルガリタにより、光塩高等女学校が開校。昭和22年、学制改革に伴い光塩女子学院と改称し、初等科・中等科・高等科を置く。昭和27年、姉妹校として萩光塩学院を設立。昭和30年、光塩女子学院幼稚園、昭和43年、光塩女子学院日野幼稚園が開園した。令和8年、創立95周年を迎える。

教育方針　「人間は一人ひとりが神に創られ、神から愛されているかけがえのない存在である。ここに学ぶ児童が神から望まれている"自分"に目覚め、その実現に努力していくプロセスに手を差し伸べることに、学院の存在意義がある。人間は惜しみなく自己を他人のために開いて働くことができたときに、本当の自分として成長する」──この真理が校名の由来となっている。ロウソクが自らは燃えて他を照らすように、塩が自らは溶けて味をつけるように、本物の愛に生かされた成熟した女性に育てることを教育理念とする。

特　色　カトリックの価値観による学習指導・生活指導の体制をとり、独自のカリキュラムで基礎学力の充実、応用力の向上を図る。1学年2クラスを3、4名の教師が協力して担当する共同担任制、専門教師による教科専科制を採用。2名の教師によるチームティーチング形式の算数や、少人数制の国語の授業をはじめ、外国文化を学び、コミュニケーション力を伸ばす授業を行うなど、全学年で実施する英語教育にも力を入れる。また、1年生の4月から個人でタブレット端末を所有し、授業や家庭学習などで活用している。

◆**クラブ活動**　5年生以上。スポーツ、ダンス、パソコン、茶道、科学、杉並知るを区ロード、音楽、料理、国際交流メルセスなど
◆**委員会活動**　4年生以上。図書、飼育栽培など9つの委員会があり、学校生活の運営にかかわる意識を持たせる
◆**英語教育**　全学年、週2時間。外国人教師と日本人教師のチームティーチングによる授業でコミュニケーション能力を身につける
◆**授業の特色**　1年生の夏休みから日記を書いて提出する。書く技術の向上だけでなく、教師との交流の場としても活用
◆**校外学習**　4・5年生は長野県四阿（あずまや）高原の光塩山荘で林間学校、6年生は日光への修学旅行を実施

年間行事予定	
月	行　事　名（抜粋）
4	入学式
5	6年修学旅行
6	保護者全体会、全校ミサ、運動会
7	4・5年林間学校（光塩山荘）
8	夏休み
9	感謝の集い
10	遠足
11	1年七五三祝福式、親睦会（バザー）
12	献金・奉仕活動月間、クリスマス会
1	書き初め
2	校外学習
3	卒業感謝ミサ、卒業式

入試データ

下記の資料は**2024年度用（2023年秋実施済み）**です

募集要項　※下記は前年度のデータです

募集人員	女子80名（内部進学者含む）
学校（入試）説明会	6月10日／9月2日 7月22日（オープンスクールあり）
願書配付期間	Ｗｅｂ公開のみ
出願期間	Ｗｅｂ出願：10月1日（9時）〜5日（23時59分） 書類提出：10月7日（必着）　簡易書留速達で郵送 ※ＨＰの指示に従ってＷｅｂ出願後に書類提出
提出書類	・入学願書 ・受験票 ※受験票は考査日に持参
受験票交付	自宅やコンビニエンスストアなどで各自印刷
受験番号付番	Ｗｅｂ出願順　｜　月齢考慮　｜　あり
考査日	考査：11月4日 面接：11月5日
選抜方法注1	ペーパーテスト、個別テスト、集団テスト、運動テスト、親子面接
考査料	25,000円（クレジットカード、コンビニまたはペイジー決済）
合格発表	11月6日　9〜13時　Ｗｅｂ発表
倍率	約4.8倍
入学手続	11月6日　9〜13時
編入学制度	1〜4年生で欠員が生じた場合のみ試験を実施／帰国生はp.403〜参照
復学制度	編入試験の結果と話し合いにより決定
公開行事	校内見学会：4〜6・9月の指定日 親睦会（バザー）：11月19日
備考	原則、月2回の土曜日は家庭学習日として休校

セキュリティ

警備員常駐／防犯カメラ／交通指導員／登下校確認システム／携帯電話所持可／授業中門施錠／インターホン／保護者入構証／避難・防災訓練／看護師常駐／緊急通報・安否確認システム／緊急地震速報装置／学校110番／災害用品備蓄／ＡＥＤ／保護者連絡一斉メールシステム

学費

…… 入学手続時納付金 ……

入学金	300,000円
施設設備資金	60,000円
学校債1口	50,000円

（2口以上、任意。卒業時に返還）

……… 年間納付金 ………

授業料・年額	456,000円
教育充実費・年額	144,000円
積立金など・年額	43,200円
牛乳給食費・年額	16,500円
iPad関連費・年額	28,000円
後援会会費・年額	10,000円
防災用品代など・年額	約25,000円

※iPad本体代、寄付金（任意）は別途納付
※入学辞退者には施設設備資金、学校債を返還
※上記金額は諸事情等で変更の場合あり

制　服

昼　食

お弁当（週5回）…牛乳またはお茶給食あり。希望者はお弁当の注文可

進学情報

[中学校への進学状況]
【光塩女子学院】約87%が内部進学
[高等学校への進学状況]
【光塩女子学院】ほぼ全員が内部進学
[大学への進学状況]　東京、東京工業、一橋、東京外国語、千葉、東京藝術、慶應、早稲田、上智、国際基督教、東京理科、立教、明治、北里など

[系列校]
光塩女子学院高等科・中等科、光塩幼稚園、光塩女子学院日野幼稚園、萩光塩学院高等学校・中学校・幼稚園（認定こども園）、廿日市聖母マリア幼稚園など

※上記募集要項は小学校公表データです（注1：選抜方法については伸芽会教育研究所調査によるデータです）。詳細は小学校ＨＰまたはお電話でご確認ください

考査ガイド

考査日程	2日
受験番号付番	願書受付順
選抜方法	1日目：子どもはビブスをつけ、先生に誘導されて教室に向かい、15〜20人単位でペーパーテスト、個別テスト、集団テスト、運動テストを行う
	2日目：受験番号順に3つのグループに分かれて、順次親子面接を行う
考査内容	ペーパーテスト、個別テスト、集団テスト、運動テスト、親子面接
所要時間	1日目：約2時間30分　2日目：5分〜1時間30分（待ち時間を含む）

過去の出題例

ペーパーテスト

1 数量（マジックボックス）

・上の四角がお約束です。左側にある丸は、動物が魔法をかけると数が増えたり減ったりして、右のようになります。では、下の四角を見てください。左端の丸は、矢印の順番で動物が魔法をかけるといくつになりますか。その数だけ、右側の四角に〇をかきましょう。

2 言語（しりとり）

・左側の3つの絵をしりとりでつながるように並べ替えたとき、次につながるものはどれですか。それぞれの右側から選んで〇をつけましょう。

個別テスト

■ 生活習慣

紙皿にある赤いキューブを別の紙皿に、黄色のキューブを紙コップに、それぞれおはしでつまんで移す。

集団テスト

■ ジャンケンゲーム

立ったままテスターと全員がジャンケンをする。

運動テスト

■ 片足バランス

右足、左足でそれぞれ片足バランスをする。

ここがポイント

ペーパーテストでは、話の記憶や数量の問題、約束によって変化する推理・思考の問題などがよく出されるので、練習しておくとよいでしょう。集団でのゲームや行動観察は、「みんなと仲よく、明るくのびのびと、約束を守る」などがポイントになります。普段のお友達とのかかわりも大切にしてください。

出題傾向

	ペーパーテスト											個別テスト												集団テスト											運動	面接
	話	数量	観察力	言語	推理・思考	構成力	記憶	常識	位置・置換	模写	巧緻性	絵画・表現	系列完成	話	数量	言語	推理・思考	構成力	記憶	常識	位置・置換	巧緻性	絵画・表現	制作	行動観察	生活習慣	話	観察力	言語	常識	巧緻性	絵画・表現	制作	行動観察	課題・自由遊び	運動・ゲーム	生活習慣	運動	面接
2024年	〇	〇		〇	〇							〇										〇				〇								〇				〇	〇
2023年	〇	〇		〇	〇			〇				〇				〇					〇					〇					〇				〇			〇	〇
2022年	〇	〇		〇	〇							〇														〇					〇				〇			〇	〇
2021年	〇	〇										〇																			〇				〇			〇	〇
2020年	〇	〇							〇	〇																〇									〇		〇	〇	〇

面接ガイド

親子面接 考査2日目に受験番号順に3つのグループに分かれて、順次面接が行われる
所要時間 5～10分

＜面接資料／アンケート＞

出願時に、面接資料となる項目に記入して提出する

過去の質問例

本人への質問

・お名前、幼稚園（保育園）の名前を教えてください。
・幼稚園（保育園）の担任の先生の名前を教えてください。どんな先生ですか。
・幼稚園（保育園）では何をして遊びますか。どんな遊びが好きですか。
・仲のよいお友達の名前を教えてください。そのお友達のどんなところが好きですか。
・お友達とけんかをすることはありますか。
・普段、お父さんやお母さんとは何をして遊びますか。
・お父さん、お母さんにどんなときにほめられたり、しかられたりしますか。
・お家ではどんなお手伝いをしますか。そのときにお家の方は何と言いますか。
・大きくなったら何になりたいですか。
・昨日のテストはどうでしたか。よくできましたか。何が難しかったですか。

父親への質問

・志望理由を教えてください。
・女子校についてどのようにお考えですか。
・カトリックの学校についてどのようにお考えですか。
・お仕事についてお聞かせください。
・コロナ禍で働き方は変わりましたか。
・今日のお子さんの様子は普段と比べていかがですか。
・ご家族で大切にしているのはどのような時間ですか。
・休日はお子さんとどのようにかかわっていますか。
・どのようなときにお子さんの成長を感じますか。
・お子さんには本校でどのように成長してほしいですか。
・ご主人から見て奥さまはどのような母親ですか。

面接の配置図

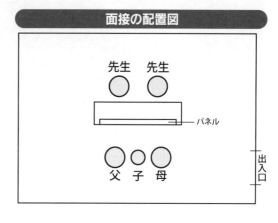

母親への質問

・お子さんの長所と短所を教えてください。
・幼稚園（保育園）では、どのようなお子さんだと言われていますか。
・ご家庭の教育方針を教えてください。
・子育てで大切にしていることは何ですか。
・受験準備で大変だったことは何ですか。
・どのようなときにお子さんの成長を感じますか。
・奥さまから見てご主人はどのような父親ですか。
・（共働きの場合）どのようなお仕事ですか。
・（共働きの場合）学校行事への参加や、緊急時のお迎えはできますか。

※願書の中に、以下のような記入項目がある。
①本人の性格
②出願の理由、その他

Inside voice

・考査では「動きやすい服装」と指定があったので、キュロットスカートのお子さんが多かったです。表情が見えにくく声が聞き取りづらいため、子どもは健康上問題がなければ、マスクを外すよう指示がありました。
・事前の案内では、面接は受験番号順に行いますが、多少ずれる場合があるとのことでした。わが家は予想より早く呼ばれて焦りました。どのような状況でも慌てないように、心の準備をしておいたほうがよいと思います。
・面接では、子どもが前日の考査の感想を聞かれました。過去問にあったので、事前に子どもに確認しておいてよかったです。先生方は回答にうなずいたり相づちを打ったりしてくださり、とても話しやすい雰囲気でした。

晃華学園小学校

https://es.kokagakuen.ac.jp

[所在地] 〒182-8550　東京都調布市佐須町5-28-1
TEL 042-483-4506　FAX 042-485-9937

[アクセス]
●京王線【つつじヶ丘】よりバス【晃華学園】、または JR【三鷹】よりバス【晃華学園東】下車徒歩5分
●京王線【国領】、JR【武蔵境】よりスクールバス

小学校情報

[校　長]　片桐 有志司
[児童数]　478名（男子115名、女子363名）

沿　革　昭和25年、汚れなきマリア修道会を母体として、暁星学園附属マリアの園幼稚園を開園した。昭和32年、暁星学園附属晃華小学校を開校。昭和36年、暁星学園より法人分離、学校法人晃華学園として独立し、晃華学園小学校と改称。昭和38年、晃華学園中学校高等学校を開校し、幼・小・中・高の一貫教育体制が確立。令和4年、小学校創立65周年を迎えた。

教育方針　カトリック学校として、キリストの愛の教えに基づいた豊かな人間教育を行う。あらゆる教育活動を通して、一人ひとりの子どもたちが神から愛されているかけがえのない存在であることを伝え、自分が愛されているように他者をも大切にする心を育てていく。カトリック精神に基づいた知性の開発・心情の深化・自主的態度の育成・体力の向上の4つを調和的に取り扱い、目指す児童像「神さまに心を開き、祈る子ども」「自分を高める子ども」「人と共に人のために生きる子ども」の実現に努める。

特　色　緑に恵まれた自然環境の中で、キリスト教教育を根底に、心の教育を土台とした全人教育に努める。学習では基礎・基本の充実を図り、きめ細かな指導を行い、GIGAスクール構想を踏まえてICTを活用した授業を進めている。また、コミュニケーション能力を養うことを目的に、独自のカリキュラムに沿ってオーラル中心の英語教育を1年生から週3時間実施。さらに、子ども自らが感じ、考えることを重視し、子どもたちの人間関係力、主体性の育成を目指して、体験的な学習を取り入れた教育に力を入れている。

◆**クラブ活動**　4年生以上、週1時間。野球、バスケットボール、テニス、サッカー、ダンス、音楽、家庭科、演劇など14のクラブ。3学期には1年間の成果を発表するクラブ活動発表会がある。そのほか、聖歌隊、手話同好会、ＥＣ（英語同好会）なども活動
◆**委員会活動**　掲示、図書、保健、体育、園芸、放送、広報、集会、環境美化、役員会のいずれかに所属し、活動する
◆**ＩＣＴ教育**　1人1台タブレット端末を所有。全教室に電子黒板を設置し、各教科でメディア教育を推進している
◆**校外学習**　宿泊行事は2学年合同で実施。1・2年生は校内、3〜6年生は自然の中での縦割り活動で責任感や思いやりを育てる

年間行事予定

月	行　事　名（抜粋）
4	イースターパーティー、1年生を迎える会
5	春の遠足、運動会
6	3〜6年水泳教室
7	縦割り活動
8	夏休み
9	1〜4年宿泊活動
10	5・6年宿泊活動、聖母月行事
11	慰霊祭、創立記念日、音楽会（隔年）
12	クリスマス・ミサ
1	帰天記念日、百人一首大会
2	クラブ活動発表会、図工展（隔年）
3	6年卒業旅行、6年生を送る会

■ 入試データ

下記の資料は**2024年度用（2023年秋実施済み）**です

募集要項 ※ ! 2025 は次年度のデータです

募集人員	**! 2025** 第1回：男女計約30名 第2回：男女計約10名
学校（入試）説明会	**! 2025** 5月11日／6月22日／9月7日（要申込）
願書配付期間	Ｗｅｂ公開のみ
出願期間	Ｗｅｂ出願：A（第1回）…10月1日（9時）〜16日（13時） B（第2回）…10月1日（9時）〜19日（13時） C（第3回）…11月5日（9時）〜8日（13時） 書類提出：A…10月17日 B…10月23日 簡易書留で郵送（必着） C…考査日に持参 ※ＨＰの指示に従ってＷｅｂ出願後に書類提出
提出書類	・面接資料票 ・受験票（学校控）・受験票 ※受験票は考査日に持参
受験票交付	自宅やコンビニエンスストアなどで各自印刷
受験番号付番	願書受付順　月齢考慮　なし
考査日	**! 2025** 考査：第1回…11月1日　第2回…11月4日 面接：第1回…日時はＷｅｂで確認 第2回…考査当日に実施
選抜方法 注1	ペーパーテスト、個別テスト、集団テスト、親子面接
考査料	20,000円（クレジットカード、コンビニまたはペイジー決済）
合格発表	A：11月2日　B：11月5日　C：11月11日　Ｗｅｂ発表
倍率	約3.0倍
入学手続	A：11月3日　B：11月6日　C：11月12日
編入学制度	欠員が生じた場合のみ7・2月に試験を実施／帰国生はp.403〜参照
復学制度	退学後1年以内に限る
公開行事	――
備考	通学時間制限：所要時間約60分

学 費

……… 入学手続時納付金 ………

入学金	300,000円

………… 年間納付金 …………

授業料・月額	39,000円
維持費・月額	8,000円
施設費・年額	54,000円
冷暖房費、加算費用・年額	62,000円
愛晃会会費・年額	20,000円
制服など物品費	約160,000円
寄付金1口	100,000円
（1口以上、任意）	

※授業料減免規程あり
※上記金額は諸事情等で変更の場合あり

制 服

セキュリティ

警備員常駐／防犯カメラ設置／交通指導員配置／登下校確認システム／防犯ブザー携帯／携帯電話所持可／インターホン設置／保護者ＩＤカード／避難・防災訓練実施／看護師常駐／緊急通報・安否確認システム／緊急地震速報装置／学校110番／災害用品備蓄／ＡＥＤ設置

昼 食

お弁当（週5回）…希望者はお弁当の注文可

■ 進学情報

［中学校への進学状況］
男子：暁星（推薦制度あり）など
女子：【晃華学園】約70%が内部進学。桜蔭、雙葉、桐朋、吉祥女子、成蹊など
［高等学校への進学状況］【晃華学園】ほぼ全員が内部進学
［大学への進学状況］
東京、一橋、東北、慶應、早稲田、上智、東京理科など

［系列校］
晃華学園中学校高等学校、晃華学園マリアの園幼稚園、晃華学園暁星幼稚園

サレジアン国際学園目黒星美小学校

http://www.meguroseibisho.ed.jp/

[アクセス]
- ●東急東横線【学芸大学】より徒歩15分
- ●東急バス【サレジオ教会】下車徒歩1分、【碑文谷五丁目交番】下車徒歩5分、【平町】下車徒歩7分

[所在地] 〒152-0003 東京都目黒区碑文谷2-17-6
TEL 03-3711-7571　FAX 03-3711-7672

小学校情報

[校 長] 小島 理恵
[児童数] 624名（男子290名、女子334名）

沿 革　明治5年、サレジオ会の創立者、聖ヨハネ・ボスコ（ドン・ボスコ）が学校の設立母体である扶助者聖母会（サレジアン・シスターズ）を創設。昭和29年、目黒区碑文谷に星美学園第二小学校を開校。昭和31年、目黒星美学園小学校と改称。昭和35年に中学校、昭和38年には高等学校を開設。平成28年度より学校法人星美学園と合併。令和5年、サレジアン国際学園目黒星美小学校と改称。令和6年、小学校創立70周年を迎える。

教育方針　一人ひとりをかけがえのない存在として大切にする神の愛に基づいた教育を行い、児童、保護者、学校が一つとなって家庭的な雰囲気の中で教育共同体を築く。創立者である聖ヨハネ・ボスコの「愛情から信頼が生まれ、信頼から教育が生まれる」という言葉を大切に、児童とのかかわりの中で知性を磨き、心を鍛え、正しい判断力と自由な選択能力を養うよう導き、社会と人々に積極的に貢献できる自立した人間の育成を目指す。また、教師は授業だけでなく休み時間も児童とともに過ごすことで信頼関係を築き上げ、神様から与えられた力を他者のために使う素地づくりに努める。

特 色　聖書に基づく心の教育を実践するため、毎日のお祈りと週2時間の宗教の時間のほか、年間を通して宗教教育を行う。宗教、英語、理科、音楽、図画工作、体育などは専科教育を行い、毎朝の英語学習、ホームステイプログラムなど英語教育も充実。令和5年、中・高の共学化に伴い、卒業生は男女ともサレジアン国際学園世田谷中学高等学校へ進学可能。

◆**クラブ活動**　4年生以上。サッカー、バレーボール、卓球などの運動系と、日本文化、科学、手芸などの文科系がある。このほか課外活動として、4年生以上の希望者はオーケストラ、聖歌隊、奉仕活動に参加できる

◆**英語教育**　全学年、週3時間。クラスを半分に分け、日本人とネイティブの教師が交互に授業を行う。毎日、10分間の朝学習も実施

◆**校外学習**　2年生は山中湖、3年生は菅平、4年生は志賀高原、5年生は尾瀬片品、6年生は沖縄で宿泊を伴ったフィールドワークを行う。さらに5年生は夏休み中の合宿として、女子は森の学校、男子はサマースクール、6年生は白樺高原でスキースクールがある。学年ごとに遠足や社会科見学なども実施

年間行事予定	
月	行 事 名（抜粋）
4	入学式
5	聖母祭
6	読書週間、運動会
7	夏の集い
8	5年夏の合宿、オーストラリア・ホームステイ（希望者）
9	6年富士巡礼、遠足
10	ロザリオの月
11	読書週間
12	助け合い運動、クリスマス会
1	ドン・ボスコのお祝い
2	6年スキースクール
3	卒業ミサ、仲よし会、卒業証書授与式

入試データ

下記の資料は**2025年度用（2024年秋実施予定）**です

募集要項

募集人員	男女計102名（A日程、B日程合わせて）
学校（入試）説明会	学校説明会：5月21・24日／6月10・13日（願書配付あり） 入試説明会：9月2日
願書配付期間	A：9月2〜30日 B：9月2〜30日、11月5〜8日 平日9〜12時（土：休み）
出願期間	Ｗｅｂ出願：A…9月21日〜10月6日　B…11月3〜10日 郵送出願：A…10月1〜7日　B…11月5〜11日 　　　　　簡易書留で郵送（消印有効） ※HPの指示に従ってＷｅｂ出願後に郵送出願
提出書類	※Ｗｅｂ出願となるため、詳細はHPを確認
受験票交付	自宅やコンビニエンスストアなどで各自印刷
受験番号付番	生年月日順　　月齢考慮　あり
考査日	考査：A…11月1日　B…11月21日 面接：A…10月19・26日のうち1日 　　　　B…11月16日
選抜方法^{注1}	ペーパーテスト、個別テスト、集団テスト、本人面接、保護者面接
考査料	25,000円（クレジットカード、コンビニまたはペイジー決済）
合格発表	A：11月2日　B：11月22日　Ｗｅｂ発表後、書面交付
倍率（前年度）	非公表
入学手続	指定日
編入学制度	1〜4年生で欠員が生じた場合のみ試験を実施／帰国生はp.403〜参照
復学制度	——
公開行事	運動会：6月21日　入試体験会：7月20日（願書配付あり）
備考	1・2年生を対象に学童保育「ドーポ・スコーラ」を実施

学費

⋯⋯⋯ 入学手続時納付金 ⋯⋯⋯
入学金　　　　　　　　　　250,000円

⋯⋯⋯⋯ 年間納付金 ⋯⋯⋯⋯
施設設備費	150,000円
授業料・月額	42,000円
教育充実費・月額	7,000円
合宿積立金・月額	5,500円
ＩＣＴ関連費・月額（3年間）	
	2,500円
後援会会費・月額	3,500円
預かり金・年額	35,000円

※授業料などの軽減制度あり
※上記金額は諸事情等で変更の場合あり

制服

セキュリティ

警備員常駐／防犯カメラ／交通指導員配置／登下校確認システム／携帯電話所持可／授業中門施錠／インターホン／保護者入構証／避難・防災訓練／看護師常駐／緊急通報・安否確認システム／学校110番／災害用品備蓄／ＡＥＤ／教職員不審者対策訓練／教職員普通救命講習

昼食

お弁当（週5回）…パンの注文可

進学情報

[中学校への進学状況]
【サレジアン国際学園世田谷】男女とも内部進学可能
[高等学校への進学状況]
【サレジアン国際学園世田谷】ほぼ全員が内部進学
[大学への進学状況]
早稲田、上智、東京理科、立教、青山学院、法政など

[系列校]
サレジアン国際学園世田谷中学高等学校

東京

私立　共学　さ

サレジアン国際学園目黒星美小学校

※上記募集要項は小学校公表データです（注1：選抜方法については伸芽会教育研究所調査によるデータです）。詳細は小学校HPまたはお電話でご確認ください

[S] サレジオ小学校

http://www.salesio.ac.jp

[アクセス]
- ●JR中央線【武蔵小金井】【国分寺】、西武新宿線【花小金井】よりバス【情報通信研究機構前】下車
- ●西武新宿線【小平】よりバス【サレジオ通り】下車

[所在地] 〒187-0021 東京都小平市上水南町4-7-1
TEL 042-321-0312 FAX 042-321-0776

小学校情報

[校 長] 北川 純二
[児童数] 132名（男子66名、女子66名）

沿 革 昭和21年、戦災孤児の救済のため、練馬区高松町にサレジオ修道会を母体とする養護施設・東京サレジオ学園を設立。昭和22年、小学校が併設され、小平市上水南町に移転。昭和23年、中学校を併設。昭和26年、学校法人東京サレジオ学園の設置許可。昭和38年、学校法人育英学院と合併、サレジオ小学校と改称。平成5年、新校舎竣工。令和4年、小学校創立75周年を迎えた。

教育方針 創立者、聖ヨハネ・ボスコの教育理念『愛情』『道理』『宗教』の3つを柱とする「予防教育法」を実践する。これは、「愛されているということが子どもに伝わるような愛し方」で子どもに接し、対話を前提として子どもが理解・納得できる「道理」を重んじ、神の前で誠実に生きることを教える「宗教」を大切にするという教育法で、教育者は「アシステンツァ」（ともにいること）を通し、子どもの教育環境を支える。一人ひとりが自己の存在を肯定でき、他者との共存を学び、神から受けた自らの使命を見いだし、社会に貢献できる子どもを育てていく。

特 色 小学校6年間の学習は「学ぶこと」の確かな土台を育むことだと考え、偏差値のために知識を詰め込むものではなく、基礎的な段階を大切にし、基本的なことへの十分な理解を積み重ねる学習を目標とする。1学年1クラス22名という少人数制の特長を生かして個々の理解の程度を把握し、それに配慮しながら指導に取り組む。また、音楽や美術など感性を育む教育を重視し、体育祭や文化祭、音楽会などみんなでつくり上げる行事も大切にしている。

◆**クラブ活動** 4年生以上。運動、理科、パソコン、漫画、将棋、家庭科、音楽
◆**児童会活動** 4～6年生から選挙で選ばれた三役と、4・5年生の児童会委員により構成。各委員会の総括、各月の目標設定などを行い、夏祭りや秋祭りなどの行事を運営
◆**委員会活動** 4年生以上。体育、文化、環境、放送の4つの委員会がある
◆**英語教育** 3・4年生は週1時間、5・6年生は週2時間
◆**校外学習** 生活科、社会科、理科では社会科見学や校外学習を行う。1・2年生はデイキャンプ、3・4年生は学内で1泊2日、5・6年生は学外で2泊3日のキャンプ、6年生は広島へ2泊3日の修学旅行など

年間行事予定	
月	行 事 名（抜粋）
4	入学式、新入生歓迎集会、遠足
5	2年田植え、1年家庭訪問、体育祭
6	プール開き
7	児童会夏祭り、3～6年キャンプ
8	1・2年デイキャンプ
9	4～6年水泳大会、演劇鑑賞教室、6年修学旅行
10	2年稲刈り、文化祭
11	児童会秋祭り、慰霊祭
12	クリスマスの集い・クリスマスお楽しみ会
1	2年もちつき、ドン・ボスコ記念ミサ・祝日
2	音楽発表会・音楽会、4～6年球技大会
3	6年生を送る会、卒業式、卒業遠足

入試データ

下記の資料は**2024年度用（2023年秋実施済み）**です

募集要項　※下記は前年度のデータです

募集人員	1次：男女計約20名　2次：男女若干名
学校（入試）説明会	5月20日／6月21日／7月8日／9月13日
願書配付期間	5月20日〜
出願期間	A（1次）：10月10〜16日（郵送）／10月10・11日（持参） B（2次）：11月8〜14日（郵送）／11月14日（持参） ※郵送（簡易書留速達・消印有効）／持参（9〜16時）
提出書類	・入学志願票、受験票、入学検定料振込済証明書 ・報告書 ・健康診断などの記録 ・返信用封筒（郵送出願の場合は2枚。切手を貼付）
受験票交付	速達で郵送または願書受付時に手渡し
受験番号付番	非公表

月齢考慮	あり

考査日	考査・面接：A…11月4日　B…11月18日
選抜方法	ペーパーテスト、遊びの様子、親子面接
考査料	10,000円
合格発表	A：11月6日　B：11月20日　速達で通知
倍率	非公表
入学手続	A：11月7日　B：11月21日
編入学制度	要問い合わせ／帰国生はp.403〜参照
復学制度	欠員が生じている場合に限る
公開行事	体育祭：5月27日 文化祭：10月28日
備考	学校見学は随時（要電話申込）

学　費

```
……… 入学手続時納付金 ………
入学金            80,000円


……… 年間納付金 ………
授業料・年額       408,000円
施設設備費・年額    180,000円
修学旅行積立金・年額  10,000円
災害共済掛金、用品代など・年額
                  2,060円
```

※学校指定品代、クラブ諸費、行事費など別途納付
※遠足・キャンプなどの経費あり
※上記金額は諸事情等で変更の場合あり

制　服

制服なし

セキュリティ

防犯ブザー携帯（任意）／携帯電話所持可／保護者IDカード／赤外線センサー設置／避難・防災訓練実施／緊急通報・安否確認システム／緊急地震速報装置／学校110番／災害用品備蓄／AED設置

昼　食

お弁当（週5回）

進学情報

［中学校への進学状況］
男子：【サレジオ】約50%が内部進学　女子：全員が外部進学
［高等学校への進学状況］
明大中野、錦城、東亜学園、駿台学園、東星学園など
［大学への進学状況］
——

［系列校］
サレジオ中学校、サレジオ学院高等学校・中学校、大阪星光学院高等学校・中学校、日向学院高等学校・中学校、サレジオ工業高等専門学校など

※上記募集要項は小学校公表データです。詳細は小学校HPまたはお電話でご確認ください

品川翔英小学校

http://shinagawa-shouei.ac.jp/primaryschool/　E-mail prime@shinagawa-shouei.ac.jp

[アクセス]
- ●JR横須賀線ほか【西大井】より徒歩5分
- ●JR京浜東北線ほか【大井町】より徒歩10分
- ●東急バス【大井本通り】下車徒歩5分

[所在地]　〒140-0015　東京都品川区西大井1-6-13
TEL 03-3774-1157　FAX 03-3774-1165

小学校情報

[校 長]　小野 時英
[児童数]　男女計276名

沿 革　昭和7年、京南家政女学校、昭和11年、日本高等洋裁学院、昭和13年、大井高等家政女学校設立。昭和21年、大井高等女学校となる。昭和22年、大井中学校、昭和23年、大井小学校・幼稚園を設立。高等女学校は大井女子高等学校となる。昭和32年、小野学園女子高等学校、同中学校、同小学校、同幼稚園に改称。平成21年に校庭を全面天然芝化。令和2年、品川翔英小学校に改称。令和5年、新中央棟校舎完成。

教育方針　「品川から、世界へ、未来へ、英知が飛翔する」という思いを校名に込め、「自主・創造・貢献」を校訓に掲げて時代に適応した教育を目指す。また、人間にとって最も成長する時期にあたる小学校時代の教えが大事であるとの観点に立ち、「頭・心・体のバランスのとれた教育」を教育方針とする。独自のカリキュラムで世界に通用する知識を磨き、学校生活や行事を通して感性や人としての大切な心を養い、運動を通じて意欲を育み、どのような環境にも適応できる体力を身につけることを基本としている。

特 色　「人間の基礎をつくる大切な児童期に、明るく豊かな人格を形成し、個性を伸長し、知能を開発する」を目標とする。学級担任制と教科担任制の両方の利点を生かした指導システムを採用し、児童の力を引き出すことに努める。中学受験を見据え、算数や理科は、発展学習や複合学習にも対応できるようにプログラムされたオリジナルテキストで学ぶ。自発的かつ継続的な学習習慣と集中力の養成などを目指し、放課後の学習支援も手厚く行っている。

◆**英語教育**　全学年、週2時間。外国人講師と日本人教師が教科担任となり指導にあたる
◆**ICT教育**　全学年、週1時間。1年生から1人1台のタブレット端末を授業で活用
◆**授業の特色**　4年生は週2回、5・6年生は週5回、6時限目終了後の30分を「小野時間」に充て、調べ学習や問題集を使った進学指導、基礎・基本の反復学習などを行う
◆**奉仕活動**　3年生以上は総合学習の一環として、縦割りで奉仕活動を行う。報道、保健、生活、図書の4つの委員会があり、活動を通して児童の自主性を育てる
◆**校外学習**　5月に1〜5年生は3班に分かれ山中湖畔で2泊3日の林間学校、6年生は京都・奈良で2泊3日の修学旅行を実施

年間行事予定	
月	行 事 名（抜粋）
4	入学式、避難訓練
5	新入生歓迎小運動会、林間学校、修学旅行
6	日曜授業参観
7	──
8	夏休み
9	防災訓練、秋季大運動会
10	文化祭、遠足、社会科見学
11	音楽会
12	縄跳び大会
1	避難訓練
2	6年生送別会
3	卒業証書授与式、修了式

入試データ

下記の資料は**2024年度用（2023年秋実施済み）**です

募集要項 ※ !2025 は次年度のデータです

募集人員	A（第1回）：男女計40名　B（第2回）：男女若干名
学校(入試)説明会	!2025 学校説明会：5月30日／6月28日 ナイト学校説明会：6月21日 入試説明会：9月7日
願書配付期間	Ｗｅｂ公開のみ
出願期間	A：10月1日（9時）〜19日（23時59分） B：11月3日（9時）〜23日（23時59分） ※HPの指示に従ってＷｅｂ出願
提出書類	・受験票　・写真票 ・受験番号票 ・面接資料書 ※すべて考査日に持参
受験票交付	自宅やコンビニエンスストアなどで各自印刷
受験番号付番	願書受付順　　月齢考慮　　なし
考査日	A：考査…11月1・2日のうち1日 　　面接…10月16〜20・23〜27日のうち1日 B：考査・面接…11月25日
選抜方法[注1]	ペーパーテスト、行動観察・作業、運動テスト、親子面接
考査料	25,000円（クレジットカード、コンビニまたはペイジー決済）
合格発表	A：11月3日　B：11月25日　18時〜　Ｗｅｂ発表
倍率	男子約1.5倍　女子約1.3倍
入学手続	A：11月6日　B：12月4日　9時〜12時30分
編入学制度	1〜3年生で欠員が生じた場合のみ試験を実施／帰国生はp.403〜参照
復学制度	要相談
公開行事	――――
備考	スクールバスあり

セキュリティ

警備員常駐／防犯カメラ設置／登下校確認システム／携帯電話所持可／保護者ＩＤカード／避難・防災訓練実施／看護師常駐／緊急通報・安否確認システム／緊急地震速報装置／学校110番／災害用品備蓄／ＡＥＤ設置／スクールサポーターと連携

学費

……… 入学手続時納付金 ………	
入学金	250,000円
施設費	200,000円
入学準備金	50,000円

………… 年間納付金 …………	
授業料・月額	45,000円
維持費・月額	15,000円
ＰＴＡ会費・月額	2,000円
後援会会費・月額	1,500円
積立金・月額	4,500円
諸経費・月額	5,000円

※積立金、諸経費は1年次の金額
※上記金額は諸事情等で変更の場合あり

制服

昼食

お弁当給食（外部業者）か、お弁当（持参）の選択制（週5回）

進学情報

[中学校への進学状況]
【品川翔英】、麻布、桜蔭、聖光、慶應普通部、早稲田実業、暁星、白百合など
[高等学校への進学状況]
【品川翔英】約90％が内部進学
[大学への進学状況]
埼玉、東京都立、横浜市立、上智、立教、明治、青山学院、中央、法政など

[系列校]
品川翔英高等学校・中学校・幼稚園

※上記募集要項は小学校公表データです（注1：選抜方法については伸芽会教育研究所調査によるデータです）。詳細は小学校ＨＰまたはお電話でご確認ください

JIYU 自由学園初等部

http://www.jiyu.ac.jp　E-mail info@jiyu.ac.jp

[所在地]　〒203-8521　東京都東久留米市学園町1-8-15
TEL&FAX　042-422-3116

[アクセス]
●西武池袋線【ひばりヶ丘】より徒歩8分
●JR【三鷹】【武蔵境】などよりバス【ひばりヶ丘駅】下車

小学校情報

[校　長]　髙橋　出
[児童数]　198名（男子90名、女子108名）

沿　革　大正10年、羽仁吉一・もと子夫妻によって目白に自由学園創立。昭和2年、小学部設立。昭和5年、現在地に小学部が移転。昭和9年、目白から現在地に学園が移転。昭和10年、男子部創設に伴い、自由学園を女子部に改称。昭和14年、幼児生活団（現・幼稚園）創設。昭和16年、国民学校令により、小学部が初等部となる。昭和24年、最高学部（大学部）開設。平成19年、自由学園幼児生活団幼稚園を開園。令和3年、学園創立100周年を迎えた。令和6年、中等科・高等科を男女共学に移行し、中等部・高等部となる。

教育方針　「よくみる　よくきく　よくする」をモットーに掲げ、自ら学び、考え、行動できる人間の土台をつくる。学びは日々の生活すべての中にあるととらえ、「ものごとをよく見る。人の話やいろいろな音をよく聞く」ことから主体的な学びを目指す。自然に恵まれた環境での本物にふれる体験や友達とのかかわりにより、学びを広げ、深める。キリスト教を土台に、友達のために、学校のために、社会のために役立つ喜びを感じられる人間を育てていく。

特　色　豊かな緑に囲まれたキャンパスで、朝に賛美歌を歌う、勉強する、食事や掃除をする、遊ぶといった毎日の積み重ねを大切にしている。基礎的な学力を身につける教科学習と、恵まれた自然環境を生かした本物から学ぶ教育との相乗効果により、得た知識を体験することでさらに深め、知恵にしていく。放課後も子どもたちが豊かな環境で過ごし、遊びやものづくりを通して新たな発見や学習ができるアフタースクールを開設している。

◆授業の特色　基礎・基本の定着を目指して、本物や自然から学ぶことを重視。野菜やコメの栽培、カイコの飼育など体験を生かした授業を行っている。理科、音楽、体育、美術、家庭科、英語は専科制で、大学部の教授や専門家による特別授業も実施。豊かな感性と健全な心身を育むことに力を注ぐ

◆英語教育　1〜4年生は週1時間、5・6年生は週2時間実施

◆校外学習　1年生は東大演習林、2年生は川の生き物採集、3年生は市内見学や特別支援学校との交流会、4年生は川（多摩川）の勉強、5年生は化石の勉強など。宿泊学習は、3・4年生は清里、5年生は三浦半島、6年生は箱根で実施

年間行事予定

月	行　事　名（抜粋）
4	入学式
5	遠足
6	運動会、5年宿泊学習
7	――
8	夏休み、6年夏の学校
9	1・2年校外学習
10	体操会、3・6年宿泊学習
11	1年校外学習、学びの発表会
12	クリスマス
1	4年宿泊学習、5年校外学習
2	観劇
3	お別れ会、卒業式

入試データ　下記の資料は2025年度用（2024年秋実施予定）です

募集要項

募集人員	第1回：男女計40名　第2回、第3回：各男女若干名
学校（入試）説明会	学校説明会：4月20日／5月11日／7月6日 入試説明会：9月14日
願書配付期間	Ｗｅｂ公開のみ
出願期間	A（第1回）：10月1～25日 B（第2回）：10月1～25日 C（第3回）：10月1日～11月25日 ※HPの指示に従ってWeb出願後に書類提出（期間内必着）
提出書類	・入学願書　・志望動機書 ・健康診断書　・受験票 ※受験票は考査日に持参
受験票交付	自宅やコンビニエンスストアなどで各自印刷
受験番号付番	願書受付順　｜　月齢考慮　｜　あり（参考程度）
考査日	A：考査…11月1日　面接…11月2日 B：考査・面接…11月5日　C：考査・面接…11月30日
選抜方法^{注1}	ペーパー・集団・運動テスト、親子面接、保護者面接
考査料	25,000円（クレジットカード、コンビニまたはペイジー決済）
合格発表	A：11月3日　B：11月6日　C：12月1日　Ｗｅｂ発表
倍率（前年度）	約1.5倍
入学手続	A：11月7日　B：11月7日　C：12月3日
編入学制度	1～5年生で欠員が生じた場合のみ各学期末に試験を実施／帰国生はp.403～参照
復学制度	あり
公開行事	運動会：6月1日　夕涼み会：8月下旬 学びの発表会：11月28日
備考	通学時間制限：所要時間90分以内

セキュリティ

警備員常駐／防犯カメラ設置／登下校確認システム／防犯ブザー携帯／携帯電話所持可／保護者名札着用／避難訓練実施／緊急通報・安否確認システム／緊急地震速報装置／学校110番／災害用品備蓄／ＡＥＤ設置

学　費

……… 入学手続時納付金 ………
入学金	250,000円
施設充実費	100,000円

……… 年間納付金 ………
授業料・月額	48,000円
光熱衛生費・月額	3,000円
維持費・月額	8,000円
食費・月額	9,500円
保護者会会費・月額	1,900円

※副教材費、校外学習費など別途納付
※上記金額は諸事情等で変更の場合あり

制　服

昼　食

給食（週5回）…全校児童が食堂に集まり、縦割りで食事をする

進学情報

[中学校への進学状況]【自由学園】約38％が内部進学。東京学芸大附属国際中等教育、渋教渋谷、成蹊、山脇学園、跡見学園、富士見、洗足など

[高等学校への進学状況]
【自由学園】男子は全員、女子は約90％が内部進学

[大学への進学状況]【自由学園最高学部】、筑波、東京都立、東北、慶應、早稲田、上智、立教、明治、青山学院、中央、法政など

[系列校]
自由学園最高学部・高等部・中等部・幼児生活団幼稚園

※上記募集要項は小学校公表データです（注1：選抜方法については伸芽会教育研究所調査によるデータです）。詳細は小学校ＨＰまたはお電話でご確認ください

淑徳小学校

https://www.es.shukutoku.ac.jp/　E-mail shukusho@daijo.shukutoku.ac.jp

[アクセス]
●東武線【ときわ台】、JR【赤羽】、西武線【練馬高野台】、都営線【志村坂上】【練馬春日町】、東京メトロ【平和台】よりスクールバス

[所在地]　〒174-8588　東京都板橋区前野町5-3-7
TEL 03-5392-8866〜7　FAX 03-5392-8860

小学校情報

[校　長]　松本 太
[児童数]　670名（男子344名、女子326名）

沿革　明治25年、校祖・輪島聞声（もんじょう）が淑徳女学校を創立。昭和21年、淑徳女子農芸専門学校、23年、幼稚園、24年、小学校創立。昭和24年、淑徳と大乗学園が合併し学校法人大乗淑徳学園となる。昭和23年、淑徳女学校は淑徳中学校・高等学校に、昭和25年、淑徳女子農芸専門学校は淑徳短期大学に改組。昭和40年、淑徳大学創立。令和6年、小学校創立75周年を迎える。

教育方針　大乗仏教に基づく「共に生きて、共に生かしあう」という『共生の心』を建学の精神とし、これに基づき「感謝する心」「慈しみの心」「創造する心」の育成に取り組む。「5つのはぐくみ」として、①ゆたかな人間性、②基礎体力、③確かな基礎学力、④情報化社会に対応する力、⑤国際人としての感性を育むことを目標に掲げる。宗教的情操を涵養して、真剣に学び努力する児童を育成するとともに、それぞれの児童の能力を最大限に伸ばすことによって受験に対応できる高度な学力をつけることを目指す。

特色　専科教員の配置、オリジナルテキストの使用など、独自のカリキュラムで充実した授業を展開。漢字や計算の練習などを行う「なでしこタイム」と「読書タイム」を毎日実施する。5・6年生では、中学入試に向けて習熟度別クラス編成にし、細やかに対応。創立当初より1年生から英語の時間を設け、ネイティブの教員も交えた英会話中心の授業から英検合格までの指導を行う。また、アフタースクール「淑徳アルファ」を実施し、17時30分まで子どもたちを預かるほか、多数のオプション講座も設けている。

◆**特別活動**　サッカー、バドミントン、野球など運動系9、生け花、科学、ブラスバンドなど文化系8のクラブがある。また、4年生以上は集会、衛生、聖歌隊、交通、図書、体育などの委員会活動がある
◆**英語教育**　全学年、週2時間。2年生からはクラスを2つに分け少人数制にし、チームティーチングで授業を展開。ネイティブ教員2名と日本人教員2名による指導で「聞く・話す・読む・書く」力をバランスよく伸ばす
◆**校外学習**　宿泊学習として3年生は山中湖、4年生は日光、5年生は浅間温泉での高原学園があり、6年生は京都・奈良へ修学旅行。夏休みには4〜6年生の希望者を対象に、オーストラリアでホームステイを体験

年間行事予定	
月	行　事　名（抜粋）
4	1年生を迎える会、6年修学旅行
5	花まつり、遠足・社会科見学
6	授業参観、3〜5年高原学園
7	七夕集会、み魂まつり、オーストラリア体験旅行
8	夏休み
9	夏休み作品展、運動会
10	チャリティ祭（隔年）、遠足・社会科見学
11	演劇鑑賞会
12	成道会
1	書き初め大会、書き初め展、4年スキー教室
2	涅槃会、5・6年スキー教室、6年増上寺参拝
3	音楽発表会、6年生を送る会、卒業式

School Information

※濃い色で示したアイコンはこの小学校に該当するものです。アフタースクールの詳細はp.397～参照

| 始業 | 制服 | 3学期制 | 土曜登校 | 3・5年クラス替 | 給食 | アレルギー対応 | ICT教育 | 英語コマ数2 | 通学時間制限 | アフタースクール | 幼稚園 | 中学・高校 | 大学 | 仏教 |

入試データ

下記の資料は**2024年度用（2023年秋実施済み）**です

募集要項 ※!2025は次年度のデータです

募集人員	男女計105名（単願、一般合わせて。内部進学者含む）
学校（入試）説明会	!2025 5月18日／6月14日／9月7日
願書配付期間	Ｗｅｂ公開のみ
出願期間	Ｗｅｂ出願：単願…9月1日～10月3日 　　　　　一般…9月1日～10月31日 書類提出：単願…10月3～5日　一般…10月6日～11月2日 　　　　　簡易書留で郵送（必着） ※ＨＰの指示に従ってＷｅｂ出願後に書類提出
提出書類	・入学願書　・受験票　・推薦書（単願のみ） ※受験票は考査日に持参
受験票交付	自宅やコンビニエンスストアなどで各自印刷
受験番号付番	願書受付順　｜　月齢考慮　｜　なし
考査日	単願：考査…11月1日　面接…10月14～19日のうち1日 一般：考査・面接…11月4日
選抜方法	単願：集団行動テスト、集団面接、親子面接 一般：知能テスト、集団行動テスト、親子面接
考査料	25,000円（クレジットカード、コンビニまたはペイジー決済）
合格発表	単願：11月1日　一般：11月4日　速達で通知（Ｗｅｂ発表もあり）
倍率	約2.0倍
入学手続	単願：11月7日　9～12時　一般：11月7日　13～16時
編入学制度	1～4年生で欠員が生じた場合のみ試験を実施／帰国生はp.403～参照
復学制度	なし。退学してから転入試験を受けることは可能
公開行事	!2025 少人数授業見学会：5月24日／6月21日 体験入学会：7月13日　学校見学会：7月27日
備考	2次募集あり（募集：若干名　考査日：11月11日　一般入試に準じる）

学費

……… 入学手続時納付金 ………

入学金	200,000円
施設費	140,000円

………… 年間納付金 …………

授業料・月額	35,000円
維持費・月額	17,000円
給食費・年額	86,000円
教材費・年額	60,000円
ＰＴＡ会費・年額	8,400円
後援会入会金（初年度のみ）	10,000円
後援会会費・年額	6,000円
こども総合保険・6年間	40,000円

※寄付金（任意）は別途納付
※上記金額は諸事情等で変更の場合あり

制服

セキュリティ

警備員／防犯カメラ／交通指導員／登下校確認システム／防犯ブザー携帯／携帯電話所持可／授業中門施錠／インターホン／保護者名札着用／避難・防災訓練／緊急通報・安否確認システム／緊急地震速報装置／学校110番／災害用品備蓄／ＡＥＤ／緊急時一斉メール配信

昼食

給食（週5回）

進学情報

[中学校への進学状況]【淑徳、淑徳巣鴨、淑徳与野】、東京学芸大附属竹早、女子学院、浦和明の星、渋谷幕張、早稲田、早大学院、海城、巣鴨、城北など
[高等学校への進学状況]
【淑徳、淑徳巣鴨、淑徳与野】ほぼ全員が内部進学
[大学への進学状況] 東京、東京外国語、筑波、埼玉、千葉、お茶の水、東京都立、横浜国立、東京学芸、北海道、名古屋、大阪、九州、慶應、早稲田など

[系列校]
淑徳大学・大学院・高等学校・中学校・幼稚園、淑徳巣鴨高等学校・中学校、淑徳与野高等学校・中学校・幼稚園など

東京　私立　共学　し　淑徳小学校

考査ガイド

考査日程	1日
受験番号付番	願書受付順
選抜方法	単願：男女混合の約10人単位で集団テスト、個別テスト、集団面接を行う
	一般：男女混合の約10人単位でペーパーテスト、集団テストを行う
考査内容	単願：個別テスト、集団テスト、集団面接、親子面接　一般：ペーパーテスト、集団テスト、親子面接
所要時間	単願：約2時間30分　一般：約2時間30分（面接の待ち時間を含む）

過去の出題例

ペーパーテスト

①常識（生活）

・上と下で、同じ仕事をするもの同士の点と点を線で結びましょう。

②推理・思考（進み方）

・左下の矢印からスタートして、ジャンケンで勝つ手のほうへ進みます。通るマス目に右下の矢印まで線を引きましょう。ただし、縦、横には進めますが、斜めに進むことはできません。

③模　写

・左のお手本を右のように折りました。マス目の中の印はどのようになるか、同じマス目にかきましょう。

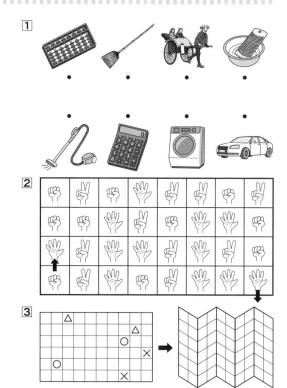

集団テスト

■行動観察（カード遊び）

4人ずつのグループに分かれて行う。マス目に丸、三角、四角、バツなどの印がかいてある台紙と、マス目に置ける絵カード数枚が用意されている。テスターから指示されたマス目に絵カードを置いたり、テスターが出す条件で仲間になる絵カードを選んでマス目に置いたりする。

ここがポイント

ペーパーテストの項目は多岐にわたっていますが、一つひとつの問題はそれほど難しくはありません。受験者の平均得点が高いので、合格するためにはケアレスミスは許されず、確実に正解を出さなくてはならないようです。また、入学後に高いレベルの学力を求められるため、学習のレベルアップは常に必要でしょう。

出題傾向

	ペーパーテスト													個別テスト														集団テスト											運動	面接
	話	数量	観察力	言語	推理・思考	構成力	記憶	常識	位置・置換	模写	巧緻性	絵画・表現	系列完成	話	数量	観察力	言語	推理・思考	構成力	記憶	常識	位置・置換	巧緻性	絵画・表現	系列完成	制作	行動観察	話	観察力	言語	常識	巧緻性	絵画・表現	制作	行動観察	課題・自由遊び	運動・ゲーム	生活習慣	運動	面接
2024年	○	○			○			○	○	○																									○					○
2023年	○	○	○	○	○			○	○	○			○																						○					○
2022年	○	○	○		○			○		○																								○			○			○
2021年	○	○	○		○			○		○																						○		○						○
2020年	○	○	○		○			○		○																						○								○

※一般入試

面接ガイド

親子面接　一般入試は考査当日、単願入試は考査日前の希望日時に面接が行われる
所要時間　10～15分

過去の質問例

本人への質問

・お名前とお誕生日を教えてください。
・幼稚園（保育園）の名前と担任の先生の名前を教えてください。
・幼稚園（保育園）では何をして遊ぶのが好きですか。
・仲のよいお友達の名前を教えてください。
・お友達とけんかをすることはありますか。けんかをしたらどうしますか。
・お休みの日はお家の人と何をして遊びますか。
・今日はここまでどうやって来ましたか。
・電車やバスの中で気をつけることは何ですか。
・好きな食べ物、嫌いな食べ物は何ですか。
・小学校の給食で嫌いな食べ物が出たらどうしますか。
・お家ではどんなお手伝いをしていますか。
・お父さん、お母さんのどんなところが好きですか。
・どんなときにお父さんやお母さんにしかられますか。
・小学校に入ったら何がしたいですか。

父親への質問

・志望理由を教えてください。
・学校説明会にはいらっしゃいましたか。そのときの印象を教えてください。
・本校に期待することは何ですか。
・ご家庭の教育方針についてお話しください。
・普段、お子さんとどのようにかかわっていますか。
・お子さんにはどのような習い事をさせていますか。
・学校でお子さん同士のトラブルが起きたときは、どのように対処しますか。
・お子さんにはどのように成長してほしいですか。
・通学経路と所要時間について教えてください。
・交通機関など公共の場でのマナーについて、お子さんにはどのように教えていますか。

面接の配置図

```
        先生    先生
        ○      ○
      ┌──────────┐
      └──────────┘
        ○   ○   ○
        母   子   父

              ┌──┐ 荷物置き場
              └──┘
 出入口
```

母親への質問

・ご主人の志望理由につけ加えることはありますか。
・本校を知ったきっかけを教えてください。
・授業見学会に参加されましたか。印象に残ったことは何ですか。
・どのようなお子さんですか。
・幼稚園（保育園）では、どのようなお子さんだと言われていますか。
・ご主人は子育てにどのようにかかわっていますか。
・子育てで一番気をつけていることは何ですか。
・お子さんのお手伝いについて決め事はありますか。
・どのようなときにお子さんの成長を感じますか。
・お子さんの苦手なことをどのように克服していきたいですか。
・お子さんの健康面で、食物アレルギーなど留意する点はありますか。
・（共働きの場合）緊急時はお迎えに来られますか。
・学童（淑徳アルファ）を希望されますか。

Inside voice

・一般入試の場合、子どもの考査中は、親は体育館で待機し、考査終了後に面接の控え室に移動して子どもと合流します。面接は受験番号順ですが、わが家は番号が遅く、子どものモチベーションを保つのに苦心しました。
・考査の控え室では、わが家は折り紙やあやとりをしながら待機しました。周りには子ども同士で話をしたり、動き回ったりする子もいたので、息子がつられないように気をつけました。
・面接では説明会や見学会に参加したかどうか、そのときに印象に残ったことは何かという質問がありました。学校のことを十分に理解しているかどうかと、入学への熱意を問われていると感じました。

聖徳学園小学校
しょうとく

https://el.shotoku.ed.jp/　E-mail eoffice@shotoku.com

[アクセス]
●JR中央線・西武多摩川線【武蔵境】より徒歩5分

[所在地]　〒180-8601　東京都武蔵野市境南町2-11-8
TEL 0422-31-3839　FAX 0422-31-0152

小学校情報

[校　長]　和田 知之
[児童数]　379名（男子232名、女子147名）

沿　革　昭和2年、聖徳太子の教えを建学の精神として関東中学校創立。昭和25年、聖徳幼稚園を設立。昭和26年、学校法人聖徳学園に組織変更し、関東小学校を開校。昭和44年、それまでの教育内容を一新し、知能教育を取り入れた英才教育をスタート。同時に校名を聖徳学園小学校と改称。平成28年、『7つの習慣』に基づくリーダーシップ教育を開始。令和3年、小学校創立70周年、令和4年、学園創立95周年を迎え、令和6年、英才教育55周年を迎える。

教育方針　「考える力を一生の財産に、20年後の日本を支える人材に育てる」を目標に教育活動を行う。子どもたちに身につけてもらう力として主に、①人生を切り開いていく「考える力」、②逆境を自分の成長につなげていく「たくましい心」を大切にしている。

特　色　6年後に成果を発揮する英才教育に取り組み、東京大学に多数の合格者を出している。具体的には、①考える力を一生の財産にする知能教育：パズルやゲーム形式などで知能訓練の授業を展開。②個性と能力に応じた英才教育システム：教科担任制、二人指導制、習熟度別クラス編成をとる。③親しむ、楽しむだけではない、本格的な英語教育：1年生から英語教育を行い、少人数制授業、中間・期末テストを実施。④『7つの習慣』に基づくリーダーシップ教育「リーダー・イン・ミー」：各自が自身のリーダーとなり、主体的に行動できるよう成長を促す。⑤アフタースクール・課外教室：19時までの預かりをはじめ各種プログラムを行い、長期休暇中も実施。課外教室は剣道、レゴ、英語、美術がある。

◆**クラブ活動**　4年生以上。サッカー、バスケットボール、野球、バドミントン、パソコン、ゲーム、鉄道研究、工作、器楽など
◆**委員会活動**　4年生以上。児童会、保健、図書、気象観測、放送、飼育、生活、体育、園芸など
◆**英語教育**　1・2年生は週1時間、3・4年生は週2時間、5・6年生は週3時間。約15名の少人数制で行う
◆**校外学習**　3・5・6年生の林間学校や3〜5年生のスキー学校、6年生の修学旅行がある。7月には4年生を対象にした「イングリッシュキャンプ」（必修）と、8月には4年生以上の希望者を対象にしたオーストラリアへの「国際交流の旅」を実施

年間行事予定	
月	行　事　名（抜粋）
4	入学式、新入生を迎える会
5	校外授業、6年修学旅行
6	公開研究発表会、オセロ大会
7	3・5・6年林間学校、4年イングリッシュキャンプ
8	夏休み、国際交流の旅（希望者）
9	自由研究展、校外授業
10	運動会、五目並べ大会
11	聖徳祭
12	―――
1	百人一首大会
2	3〜5年スキー学校
3	卒業生を送る会、卒業式

入試データ

下記の資料は**2025年度用（2024年秋実施予定）**です

東京　私立　共学　し　聖徳学園小学校

募集要項

募集人員	男女計約30名
学校(入試)説明会	5月18日／6月29日　10時～11時30分（体験授業あり。要申込） 9月7日　10時～11時30分（授業見学あり。要申込）
願書配付期間	5月18日～
出願期間	10月1～5日 平日8時30分～11時30分、12時30分～16時　窓口受付
提出書類	・入学願書、受験票 ・面接資料書
受験票交付	願書受付時に手渡し
受験番号付番	願書受付順　　月齢考慮　あり
考査日	考査：11月2～4日のうち希望するいずれか1日 面接：10月14・18・21日のうち1日
選抜方法^{注1}	個別テスト、行動観察、親子面接
考査料	30,000円（出願時に窓口で提出）
合格発表	11月5日　9～13時　書面交付
倍率（前年度）	非公表
入学手続	11月5日　9～13時 11月6日　9～12時
編入学制度	1～4年生で欠員が生じた場合のみ試験を実施／帰国生はp.403～参照
復学制度	あり
公開行事	オープンスクールとミニ説明会：9月30日　10時30分～12時
備考	月1回程度、学校行事や授業参観などで土曜登校あり

学費

…… 入学手続時納付金 ……

入学金	400,000円
設備拡充費	220,000円

……… 年間納付金 ………

授業料・月額	58,700円
教材費・年額	60,500円
冷暖房費・月額	1,300円
校外授業費・年額	7,500円
クラス費・年額	3,000円
知能検査費・年額	10,000円
理数系実験費・月額	2,000円
ICT教育推進費・月額	2,000円
保健衛生費・年額	7,000円
教育充実資金1口	100,000円

（1口以上、任意）

※入学辞退者には設備拡充費を返還
※上記金額は諸事情等で変更の場合あり

制服

セキュリティ

警備員常駐／防犯カメラ設置／登下校確認システム／防犯ブザー携帯（任意）／携帯電話所持可／インターホン設置／保護者名札着用／赤外線センサー設置／避難・防災訓練実施／緊急通報・安否確認システム／緊急地震速報装置／学校110番／災害用品備蓄／AED設置

昼食

お弁当（週5回）…希望者はお弁当、ハンバーガーの注文可

進学情報

[中学校への進学状況]
【聖徳学園】、筑波大駒場、東京学芸大附属小金井、開成、麻布、駒場東邦、武蔵、桜蔭、渋谷幕張、慶應普通部、早稲田、渋教渋谷、海城など
[高等学校への進学状況]【聖徳学園】ほぼ全員が内部進学
[大学への進学状況]京都、一橋、東京外国語、筑波、埼玉、東京都立、横浜国立、東京藝術、北海道、東北、広島、慶應、早稲田、上智、東京理科など

[系列校]
聖徳学園中学・高等学校、聖徳幼稚園

※上記募集要項は小学校公表データです（注1：選抜方法については伸芽会教育研究所調査によるデータです）。詳細は小学校HPまたはお電話でご確認ください

101

昭和女子大学附属昭和小学校

http://es.swu.ac.jp　E-mail shotobu@swu.ac.jp

[所在地]　〒154-8533　東京都世田谷区太子堂1-7-57
　　　　　TEL 03-3411-5114　FAX 03-3411-5356

[アクセス]
●東急田園都市線【三軒茶屋】より徒歩7分
●JR・京王・東京メトロ各線【渋谷】よりバス
【昭和女子大】下車

小学校情報

[校　長]　前田 崇司
[児童数]　643名（男子103名、女子540名）

沿　革　大正9年、人見圓吉・緑夫妻の発意により、日本女子高等学院創立。昭和28年、昭和小学校の設立に伴い、幼稚園から大学までの一貫教育体系が完成した。

教育方針　建学の精神「世の光となろう」のもと、「目あてをさして進む人」「まごころを尽くす人」「からだを丈夫にする人」を目標に掲げる。「Lead yourself～自分リーダーシップの発揮～」を柱とし、主体性を育む5つの資質・能力「自分づくり」「コミュニケーション」「思考力」「表現力」「持続チャレンジ」を重点に置いた学校づくりで、未来を担う、志の高い子どもたちを育てていく。

特　色　令和6年、「探究コース」「国際コース」を新設。探究コースではSTEAMS教育を進め、「言葉と体験」の往還を重視し、探究的な学びで一人ひとりの資質・能力を伸ばす。これからのAI社会に必要な技能を養うべく、体験学習、教科横断型学習、プログラミング学習、外部講師の出前授業など多彩な学習を展開し、日本語での「発表する・書く」技能や英語でのプレゼンテーション能力を磨く。国語、算数、生活・総合学習以外は専科教員が担当して専門性を高め、低学年の音楽、図工、体育は専科教員と英語科教員の2名体制で指導する「e－MAP」を実施。国際コースは学習指導要領に則りながら、国語、道徳、社会は日本語で学び、ほかの教科は多くを英語で学ぶイマージョン教育を進める。ケンブリッジの国際教育プログラム「ケンブリッジ・プライマリー」も導入し、世界に心を開くグローバルマインドと世界標準の力を育成していく。

◆**特別クラブ活動**　4年生以上の希望者。理科、英語、吹奏楽、美術、ダンス、生け花、手芸、のりものなどがある
◆**児童会活動**　5年生以上が対象で、全員が参加する。学級、図書、放送、環境美化、保健、掲示、体育、給食の8つ
◆**英語教育**　探究コースと国際コースの新設に伴い、コースごとに独自のプログラムを実施。5・6年生を対象（探究コースは希望者、国際コースは全員）に、昭和ボストンキャンパス寮でフレンドシップツアーを行う
◆**宿泊行事**　1・2年生は防災訓練も兼ねた校内宿泊、3～6年生は学園の施設である東明学林での田園学寮、5年生は望秀海浜学寮での望秀学寮、6年生は修学旅行がある

年間行事予定	
月	行　事　名（抜粋）
4	入学式、3～6年校外学習、花祭り
5	4・6年田園学寮、運動会、1年校外学習
6	土曜参観、2年校内宿泊
7	6年修学旅行、3・5年田園学寮
8	5・6年ボストン研修（希望者）
9	防災訓練、1年校内宿泊
10	2年校外学習
11	墓前祭、昭和祭
12	音楽会、もちつき
1	席書会、カルタ会、昭和っ子の研究報告会
2	5年望秀学寮
3	6年卒業旅行（望秀学寮）、卒業式

入試データ

下記の資料は**2024年度用（2023年秋実施済み）**です

募集要項 ※ !2025 は次年度のデータです

募集人員	探究コース：男女計60名　国際コース：男女計36名 （内部進学者含む）		
学校（入試）説明会	!2025　4月14日／5月11日／6月15日／9月7日		
願書配付期間	9月1日～10月4日　9～16時		
出願期間	10月1～5日（必着）　簡易書留で郵送		
提出書類	・入試志願書（本人写真、家族写真、検定料収納証明書を貼付） ・受験票郵送用封筒		
受験票交付	速達で郵送		
受験番号付番	生年月日順	月齢考慮	あり
考査日	考査：探究コース…11月1～3日のうち1日 　　　　国際コース…11月1日 面接：いずれも10月14・15・21・22・28・29日のうち1日		
選抜方法 注1	発育調査（ペーパーテスト、集団テスト）、親子面接 ※国際コースは子どもへの英語面接あり		
考査料	30,000円（複数回出願考査料あり）		
合格発表	いずれも考査当日　Web発表		
倍率	非公表		
入学手続	11月4日		
編入学制度	新2～4年生で欠員が生じた学年のみ試験を実施／帰国生はp.403 ～参照		
復学制度	退学後2年以内で欠員が生じている場合に限る		
公開行事	国際コース授業体験会：8月26日		
備考	学校見学は随時（要申込）		

セキュリティ

警備員常駐／防犯カメラ設置／登下校確認システム／授業中門施錠／保護者IDカード／避難・防災訓練実施／緊急通報・安否確認システム／緊急地震速報装置／学校110番／災害用品備蓄／AED設置／方面別下校班編成／災害マニュアル配付

学　費

……… 入学手続時納付金 ………
入学金　　　　　　250,000円

……… 年間納付金 …………
授業料・月額（探究コース）
　　　　　　　　　55,000円
　　　（国際コース）
　　　　　　　　　96,000円
施設設備金・月額　13,000円
教育充実費・月額　13,500円
給食費・月額　　約8,400円
※学校債、寄付金なし
※上記金額は諸事情等で変更の場合あり

制　服

昼　食

給食（週5回）

進学情報

[中学校への進学状況]
男子：開成、芝、世田谷学園、ラ・サールなど
女子：【昭和女子大附属昭和】約75％が内部進学
[高等学校への進学状況]【昭和女子大附属昭和】原則として全員が内部進学可能
[大学への進学状況]
【昭和女子】約35％が内部進学。東京外国語、筑波、慶應、早稲田、上智など

[系列校]
昭和女子大学・大学院、昭和女子大学附属昭和高等学校・昭和中学校・昭和こども園

※上記募集要項は小学校公表データです（注1：選抜方法については伸芽会教育研究所調査によるデータです）。詳細は小学校HPまたはお電話でご確認ください

東京

私立　共学

し

昭和女子大学附属昭和小学校

考査ガイド

考査日程	1日
受験番号付番	生年月日順
選抜方法	国際コースと探究コースがある。国際コースの考査は1日、探究コースの考査は3日間のうち希望する1日で、子どもは受験番号順に名札をつけて、ペーパーテスト、集団テストを行う
考査内容	探究コース・国際コース：ペーパーテスト、集団テスト、親子面接
所要時間	探究コース：約1時間40分　国際コース：約1時間

過去の出題例

ペーパーテスト

1 推理・思考（折り図形）

・折り紙を左端のように折ってから広げると、折り線はどのようについていますか。右から選んで○をつけましょう。

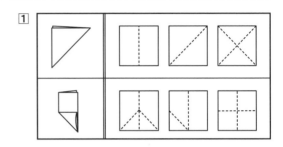

2 数量（マジックボックス）

・左がお約束です。黒い玉がリンゴやバナナのトンネルを通ると、絵のように数が変わります。では、真ん中の2段のように黒い玉がトンネルを通ると、それぞれいくつになりますか。その数だけ、右の四角に○をかきましょう。

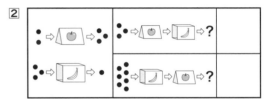

3 模　写

・左のお手本と同じになるように、右のマス目に印をかきましょう。

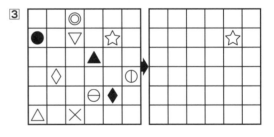

集団テスト

■ リズム・踊り

テレビモニターに映ったお手本を見ながら、「さんぽ」や「小さな世界」などの音楽に合わせて踊る。4、5回練習した後、グループごとに発表する。

ここがポイント

ペーパーテストでは、話の理解や数量、模写などが出題されています。集団テストでは例年、グループでの活動が行われ、コミュニケーション能力や表現力を見られます。集団の中で指示をしっかり理解し、自信を持って行動できることも大切です。国際コースの面接では子どもへ英語での質問があり、英語力も求められます。

出題傾向

	ペーパーテスト											個別テスト												集団テスト											運動	面接
	話	数量	観察力	言語	推理・思考	構成力	記憶	常識	位置・置換	模写	巧緻性	絵画・表現	系列完成	話	数量	観察力	言語	推理・思考	構成力	記憶	常識	位置・置換	巧緻性	絵画・表現	系列完成	制作	行動観察	話	数量	言語	常識	巧緻性	絵画・表現	制作	行動観察	課題・自由遊び	運動・ゲーム	生活習慣	
2024年	○	○			○		○	○	○	○																			○			○							○
2023年	○	○			○				○	○																							○	○	○				○
2022年	○	○			○																																○	○	○
2021年	○	○																	○								○							○				○	○
2020年	○	○			○																	○																○	○

※探究コース

面接ガイド

親子面接 考査日前の指定日時に面接が行われる
所要時間 約15分

＜面接資料／アンケート＞
出願時に、面接資料となる項目に記入して提出する

過去の質問例

本人への質問

・お名前を教えてください。
・幼稚園（保育園）の名前、担任の先生の名前、お友達の名前を教えてください。
・小学校に入ってからの家族の約束事を、ご家族で相談して発表してください。理由も教えてください。
・小学生になったらお家でどんな植物を育てたいですか。ご家族で相談して発表してください。
・小学生になったらやってみたいことを、ご家族で相談して発表してください。

父親への質問

・お子さんの受験番号を教えてください。
・本校が重点を置く5つの資質・能力の中で、今お子さんに身についていると思うこと、これから身につけさせたいことをお話しください。
・宿泊行事でお子さんにはどのように成長してほしいですか。5つの資質・能力と関連づけてお話しください。
・学校からお子さんが時間内に給食を食べられないと連絡がきた場合、どのように対処しますか。ご夫婦で話し合い、ご主人は学校への対応を、奥さまはお子さんへの対応をそれぞれお話しください。
・お子さんが学校で友達に意地悪をされたと言って帰ってきたら、どのように対処しますか。ご夫婦で話し合い、ご主人はお子さんへの対応を、奥さまは学校への対応をお話しください。
・（国際コース）お子さんに「学校の英語がわからない」と相談されたら、どのように対処しますか。ご夫婦で話し合い、ご主人はお子さんへの対応を、奥さまは学校への対応をお聞かせください。

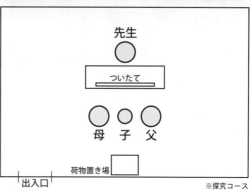

面接の配置図

先生

ついたて

母　子　父

荷物置き場

出入口　　　　　　　　　　※探究コース

・（国際コース）国際コースにおける日本語教育についてどのようにお考えですか。

母親への質問

・普段、お子さんとどのような会話をしていますか。
・今、お子さんが夢中になっていることは何ですか。
・（国際コース）どのようなときにお子さんの成長を感じますか。具体的なエピソードを交えてお話しください。

※願書の中に、以下のような記入項目がある。
①志望理由
②学校と家庭の教育の役割を考えたとき、家庭で大切にしていること（具体的に）
③子どもの性格
④家庭状況や既往症、海外生活歴など、学校に伝えておきたいこと

Inside voice

・2024年度入試の面接は親子面接で、親子や夫婦で相談して答える質問が多かったです。面接官の先生がタイマーで時間を計り、いずれも2分（または1分）で相談して、1分（または2分）で答えるというものでした。
・国際コースでは、親子面接中に子どもは席を移動し、先生と一対一での面接でした。公園に大勢の人がいる写真を見せられて、それぞれ何をしているところか、公園で何をしたいかなど英語で受け答えしたそうです。
・考査当日は子どもの考査中に、校長先生が教育方針などを話される動画を視聴しました。その後、合格発表などについての説明があり、受験票とともに送られてきて署名した同意書を提出するという流れでした。

白百合学園小学校

http://www.shirayuri-e.ed.jp/

［アクセス］
●JR中央・総武・東京メトロ・都営各線【飯田橋】より徒歩10分
●東京メトロ・都営各線【九段下】より徒歩10分

［所在地］　〒102-8185　東京都千代田区九段北2-4-1
TEL 03-3234-6662　FAX 03-3234-0657

小学校情報

［校　長］保倉 啓子
［児童数］女子720名

沿　革　明治14年、シャルトル聖パウロ修道女会の３名のフランス人修道女により神田猿楽町に開学。明治17年、校名を女子仏学校とする。明治26年、附属私立神田女子尋常小学校認可、明治44年、私立仏英和尋常小学校と改称。昭和２年、九段に移転。昭和22年、学制改革により白百合学園小学校・中学校となる。昭和40年、白百合女子大学開学。令和８年、学園創立145周年を迎える。

教育方針　キリスト教的精神に基づいて、神の前に人として誠実に生きることの大切さを教え、思いやりと感謝の心を忘れないよい社会人を育てることを教育目標とする。そのために、①宗教性：かけがえのない尊い生命を与えられたことを感謝し、その生命をよりよく生きる、②校訓：『従順・勤勉・愛徳』を日常生活のモットーとし、教育活動のさまざまな場面で実践していく、③世界性：社会の中で人々とのかかわりや、世界の人々とのかかわり、さらに自然とのかかわりを大切にして生きていく、を重んじた教育を行う。

特　色　授業、行事、日常生活の祈りを通して、神の愛を知り、健全な心と体を育成することを目指す。自ら学ぶ姿勢を重視し、読書や作文指導などにも力を入れている。総合の時間は、学年ごとにテーマを設定して学ぶ「学年総合」、全学年・縦割りで活動を企画・実施する「しらゆりタイム」、パソコンを使っての「情報教育」の３分野で行う。英語は３年生から、また発祥母体であるシャルトル聖パウロ修道女会の本拠地のフランス語は１年生から学習し、リズムや音声に親しみながら学ぶ楽しさを味わう。

◆**クラブ活動**　４年生以上。バレーボール、バスケットボール、ダンス、卓球、鼓笛、合唱、合奏、演劇など14のクラブ
◆**委員会活動**　５年生以上。代表、集会、宗教、落とし物、保健、図書、友愛、美化、放送など15の委員会
◆**外国語教育**　フランス語は全学年、週１時間。英語は３・４年生が週１時間、５・６年生が週２時間。ネイティブと日本人教師の２名体制によるチームティーチングで行う
◆**校外学習**　各学年で社会科見学や遠足を実施するほか、４年生は南房総白浜へ２泊３日の海の学校、５年生は信州湯の丸スキー場へ３泊４日の雪の学校、６年生は奥日光丸沼高原へ３泊４日の高原学校など宿泊学習を行う

年間行事予定	
月	行　事　名(抜粋)
4	入学式、1年生を迎える会
5	体育会、遠足、よろこびのミサ、聖イグナチオ教会ミサ
6	6年高原学校、鑑賞会、学園記念日
7	4年海の学校、3年水泳教室
8	夏休み
9	―
10	運動会、ロザリオの集い
11	社会科見学、音楽会
12	クリスマス会、クリスマスミサ
1	5年雪の学校
2	展覧会、球技大会
3	6年生を送る会、卒業感謝ミサ、卒業式

東京 / 私立 / 女子 / し / 白百合学園小学校

入試データ

下記の資料は**2025年度用（2024年秋実施予定）**です

募集要項

募集人員	女子約60名
学校（入試）説明会	6月29日
願書配付期間	Web公開のみ
出願期間	Web出願：10月1日（10時）〜2日（23時59分） 書類提出：10月1〜3日（消印有効）簡易書留で郵送 ※HPの指示に従ってWeb出願後に書類提出
提出書類	・入学願書 ・受験票 ※受験票は考査日に持参
受験票交付	自宅やコンビニエンスストアなどで各自印刷
受験番号付番	願書受付順 ／ 月齢考慮 あり
考査日	考査：11月1日 面接：10月17〜19日のうち1日
選抜方法^{注1}	ペーパーテスト、個別テスト、集団テスト、親子面接
考査料	30,000円（クレジットカード、コンビニまたはペイジー決済）
合格発表	11月2日　15時〜　Web発表
倍率（前年度）	非公表
入学手続	11月4日　13〜16時
編入学制度	欠員が生じた場合のみ試験を実施／帰国生はp.403〜参照
復学制度	編入試験の結果により決定
公開行事	授業公開：5月18日　学校見学会：9月7日 展覧会：2月8・9日
備考	土曜登校は学期に1回程度

学費

……… 入学手続時納付金 ………
入学金　　　　　　　　400,000円

………… 年間納付金 …………
授業料・年額　　　　　474,000円
施設維持費・年額　　　336,000円
学年費ほか・年額　　約60,000円
※上記金額は諸事情等で変更の場合あり

制服

セキュリティ

警備員常駐／防犯カメラ設置／登下校確認システム／防犯ブザー携帯／携帯電話所持可（届出制）／インターホン設置／保護者入校証／避難・防災訓練実施／看護師常駐／緊急通報・安否確認システム／緊急地震速報装置／学校110番／災害用品備蓄／AED設置

昼食

お弁当（週5回）…お弁当注文システムあり

進学情報

[中学校への進学状況]
【白百合学園】ほぼ全員が内部進学
[高等学校への進学状況]
【白百合学園】ほぼ全員が内部進学
[大学への進学状況]
【白百合女子】、東京、京都、一橋、東京外国語、慶應、早稲田、上智など

[系列校]
白百合女子大学・大学院、白百合学園中学高等学校、白百合学園幼稚園

※上記募集要項は小学校公表データです（注1：選抜方法については伸芽会教育研究所調査によるデータです）。詳細は小学校HPまたはお電話でご確認ください

考査ガイド

考査日程	1日
受験番号付番	願書受付順
選抜方法	指定時間に集合する。子どもはゼッケンをつけ、在校生に誘導されて教室に向かい、約6人単位でペーパーテスト、個別テスト、集団テストを行う
考査内容	ペーパーテスト、個別テスト、集団テスト、親子面接
所要時間	約1時間

過去の出題例

ペーパーテスト

①数 量

・それぞれの段で、左の部屋にあるものと右の部屋にあるものの数はいくつ違いますか。違う数だけ、真ん中のマス目に1つずつ○をかきましょう。

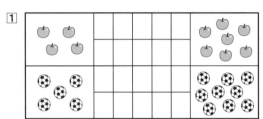

②推理・思考（重ね図形）

・左のお手本は透き通った紙にかいてあります。このお手本を、真ん中の点線のところで矢印の向きにパタンと折って重ねると、どのようになりますか。右から正しいものを選んで○をつけましょう。

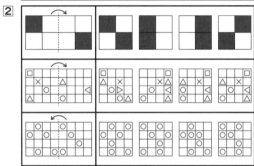

個別テスト

③お話作り

・2枚の絵の間にどのようなことがあったか考えて、左の絵から右の絵になるようにお話を作りましょう。

集団テスト

■ 行動観察・身体表現

音楽に合わせ、モニターに映るテスターの様子をまねて踊る。その後でグループでお手本になる人を相談して決め、お手本の人と同じように体を動かす。

ここがポイント

ペーパーテスト、個別テストを問わず、多様な課題に対応できる力が大切です。口頭あるいはおはじきでの解答や、絵画、体を使っての表現力も見られます。決まったパターンでの練習問題だけでなく、柔軟な思考力とともに、自分で考えたことを自信を持って相手に伝えられる姿勢を養いましょう。

出題傾向

	ペーパーテスト													個別テスト													集団テスト											運動	面接
	話	数量	観察力	言語	推理・思考	構成力	記憶	常識	位置・置換	模写	巧緻性	絵画・表現	系列完成	話	数量	観察力	言語	推理・思考	構成力	記憶	常識	位置・置換	巧緻性	絵画・表現	指示行動	制作	生活習慣	話	観察力	言語	常識	巧緻性	絵画・表現	制作	行動観察	課題・自由遊び	運動・ゲーム	生活習慣		
2024年	○	○		○	○		○									○	○	○		○				○				○							○					○
2023年	○	○		○	○		○	○	○											○		○	○	○				○							○			○		○
2022年	○	○	○	○					○	○										○				○				○							○					○
2021年	○	○		○	○	○			○									○						○				○							○					○
2020年	○	○		○	○				○									○						○				○							○					○

面接ガイド

親子面接 考査日前の指定日時に面接が行われる
所要時間 10〜15分

過去の質問例

本人への質問

・お名前、幼稚園（保育園）の名前を教えてください。
・幼稚園（保育園）のクラスと先生の名前を教えてください。ほかにどんなクラスがありますか。
・幼稚園（保育園）で仲よしのお友達の名前を教えてください。一緒に何をして遊ぶのが好きですか。
・運動会はやりましたか。どんなことをしましたか。
・お家でお父さん、お母さんと何をして遊びますか。
・きょうだいとは何をして遊びますか。
・お父さんやお母さんのすごいところを教えてください。
・お母さんの作るお料理で好きなものは何ですか。
・お家ではどんなお手伝いをしますか。
・好きな本は何ですか。どんな本ですか。
・宝物はありますか。それは何ですか。
・今、頑張っていることは何ですか。
・一番行きたい小学校はどこですか。
・小学校に入学したら何を頑張りたいですか。
・大きくなったら何になりたいですか。

父親への質問

・志望理由をお聞かせください。
・学校見学会や展覧会に参加されて、印象に残っていることは何ですか。
・本校のどこに魅力を感じますか。
・本校に期待することは何ですか。
・宗教教育についてどのようにお考えですか。
・女子だけの一貫教育についてどう思われますか。
・普段、お子さんとどのようにかかわっていますか。
・家族との時間をどのようにつくっていますか。
・子育てや家事の役割分担はどのようにしていますか。
・父親の役割についてお聞かせください。
・どのようなときにお子さんの成長を感じますか。

面接の配置図

```
        先生  先生  先生
        ◯    ◯    ◯
      ┌─────────────┐
      │             │
      └─────────────┘
        ◯    ◯    ◯
        父    子    母
        ┌──────────┐
        │ 荷物置き場 │
        └──────────┘
                    ┌──┐
                    出入口
```

・お子さんのよい点と改善したい点をお話しください。
・今日のお子さんの様子を見てどう思いますか。

母親への質問

・本校を知ったきっかけを教えてください。
・カトリック教育についてどのようにお考えですか。
・ご家庭の教育方針を教えてください。
・いつごろ本校の受験を決め、どのように準備をしてきましたか。
・幼稚園（保育園）ではどのようなお子さんだと言われていますか。
・お子さんとごきょうだいの関係はいかがですか。
・子育てで楽しかったこと、苦労したことは何ですか。
・子育てで気をつけていることはありますか。
・お子さんとご自身が似ているところはどこですか。
・お子さんにはどのように成長してほしいですか。
・お仕事をしていますか。どのような勤務形態ですか。
・（仕事をしている場合）急病など緊急時の対応はできますか。子育てをサポートしてくれる人はいますか。

Inside voice

・面接での質問は子ども→親の順番でしたが、親が答えた後に発展して子どもへ質問されることもあり、最後まで気が抜けませんでした。家族で答える内容が食い違わないようにしておくことも大切だと感じました。
・面接は終始和やかな雰囲気で、先生方は優しい口調でした。子どもへの質問が多く、答えからどんどん話題が発展していきました。質問のテンポも速いため、スピード感に慣れさせる練習も必要だと思います。
・考査当日は受付後、準備ができた子から在校生に誘導されるので、子どもへの声掛けは受付前に済ませたほうがよいと思います。考査終了後は、受験番号で呼ばれて子どもを迎えに行きますが、順不同でした。

菅生学園初等学校

すがお

http://www.sugao.ed.jp

［所在地］　〒197-0801　東京都あきる野市菅生1468
TEL 042-559-9101　FAX 042-559-9120

［アクセス］
●JR【小作】【秋川】よりバス【菅生】下車
●JR【小作】【羽村】【福生】【拝島】【昭島】【秋川】
【八王子】【青梅】【河辺】【高尾】よりスクールバス

小学校情報

［校　長］　布村 浩二
［児童数］　144名（男子60名、女子84名）

沿　革　昭和58年、多摩学院幼稚園を経営する学校法人多摩学院（現・学校法人菅生学園）が学校法人東海大学と提携し、東京菅生高等学校が開校。平成元年、東海大学菅生高等学校に改称。平成7年、附属中学校が開校（現・東海大学菅生高等学校中等部）。平成19年、西多摩の緑豊かな高台に、新しいキャンパスとして菅生学園初等学校が開校した。

教育方針　『自然が、教科書だ。』という建学の精神のもと、『歩き、考え、学ぶ』を基本理念に掲げ、初等教育を実践。自然豊かな環境の中で、心も体もたくましく、社会に有益となる人間の育成が図れるよう、知の習得・心の涵養・体の育成の3つに指導の重点を定めて、その教育の充実を推進していく。

特　色　品格のある、21世紀を担う人づくりを目指す。確かな学力獲得のため、週6日制をとり、1年生でも公立小学校より4時間多い週29時間の授業を行う。まず、言葉の力を重視し、国語では語感を育て、朗読や音読、詩や古文の暗唱などで日本語のよさを体得し、テーマを設定した討論なども行う。また、漢字学習に力を入れ、漢字能力検定にも挑戦している。英語教育では、自己発信できるコミュニケーション力を養う。さらに、「ひらめき」の時間を特設し、思考力や表現力の育成を図る。朝のウォーキングタイムや読書タイム、スキルタイム（読み・書き・計算などの反復・習熟）、アフタースクールなど、本校独自の学習時程の工夫も図り、メリハリのある充実した教育活動を進めている。

◆**英語教育**　1年生からネイティブの講師による授業があり、4年生は横田基地で国際交流、卒業までに英検3級の取得を目指す。5・6年生の希望者を対象にオーストラリアで6泊7日のホームステイを実施
◆**ICT教育**　電子黒板やタブレット端末を積極的に活用。調べ学習やアプリを使用して発表するなど、主体性や協調性も育む
◆**宿泊学習**　3〜5年生はグリーンスクール（嬬恋）とブルースクール（千葉）を隔年で実施。2〜4年生はスノースクール（嬬恋）、6年生は京都・奈良修学旅行がある
◆**校外学習**　「ゆたか」の時間を特設。菅生の自然を生かし、四季折々の自然の変化やさまざまな動植物にふれて探究的学びを進める

月	行　事　名（抜粋）
4	入学式、1年生を迎える会
5	全校遠足、運動会
6	ホタルの夕べ、6年修学旅行
7	グリーンスクール・ブルースクール（隔年）
8	サマースクール
9	菅生祭
10	――
11	4年国際交流
12	マラソン大会、スノースクール
1	もちつき大会
2	劇と音楽の会
3	6年生を送る会、修了式、卒業式

年間行事予定

入試データ　下記の資料は**2024年度用（2023年秋実施済み）**です

募集要項 ※ !2025 は次年度のデータです

募集人員	男女計30名（第1回、第2回合わせて）
学校（入試）説明会	!2025　4月20日
願書配付期間	募集要項配付：4月上旬〜
出願期間	Ｗｅｂ出願：A（第1回）…10月1〜20日　B（第2回）…10月1〜27日　書類提出：A…10月23日　B…10月30日　簡易書留で郵送（必着）　※HPの指示に従ってWeb出願後に書類提出
提出書類	・入学志願票　・受験票　※受験票は考査日に持参
受験票交付	自宅やコンビニエンスストアなどで各自印刷
受験番号付番	願書受付順　　月齢考慮　　あり
考査日	A：考査…11月1日　面接…10月10〜26日のうち1日　B：考査…11月5日　面接…10月23日〜11月2日のうち1日
選抜方法^{注1}	ペーパーテスト、行動観察、親子面接
考査料	25,000円（クレジットカード、コンビニまたはペイジー決済）
合格発表	A：11月1日　B：11月5日　Ｗｅｂ発表
倍率	約1.1倍
入学手続	A：11月1〜6日　B：11月5〜10日
編入学制度	要問い合わせ
復学制度	なし
公開行事	スッガニア：5月13日／6月10日／7月1日　スクールトライアル：7月15日　入試チャレンジ！：9月9日　校長相談会：9月13・20・27日／10月11日　菅生祭：9月30日　オープンスクール＆給食試食会：1月20日　劇と音楽の会：2月16日
備考	特別入試あり

セキュリティ

防犯カメラ設置／交通指導員配置／登下校確認システム／携帯電話所持可（特例のみ）／保護者名札着用／避難・防災訓練実施／緊急通報・安否確認システム／緊急地震速報装置／学校110番／災害用品備蓄／AED設置

学費

……… 入学手続時納付金 ………	
入学金	250,000円
施設費	150,000円

……… 年間納付金 ………	
授業料・年額	492,000円
教育運営費・年額	132,000円
給食費・年額	108,000円
父母の会入会金	3,000円
父母の会会費・年額	12,000円
教材費・年額	97,000円
校外学習費・年額	2,000円
スクールバス費・年額	120,000〜156,000円
寄付金1口	100,000円
（1口以上、任意）	

※免除・奨学金制度あり
※上記金額は諸事情等で変更の場合あり

制服

昼食

給食（週5回）

進学情報

[中学校への進学状況]【東海大菅生】男子は約66％、女子は約50％が内部進学。立川国際中等教育、都立武蔵など

[高等学校への進学状況]【東海大菅生】男子は約57％、女子は約80％が内部進学。明大中野八王子、日大第三、都立西、都立国分寺など

[大学への進学状況]
【東海】約35％が内部進学。横浜国立、上智、明治、青山学院、中央など

[系列校]
東海大学・大学院、東海大学菅生高等学校・菅生高等学校中等部

※上記募集要項は小学校公表データです（注1：選抜方法については伸芽会教育研究所調査によるデータです）。詳細は小学校HPまたはお電話でご確認ください

聖学院小学校

https://primary.seigakuin.ed.jp/　E-mail seisyo@prim.seigakuin.ac.jp

［所在地］　〒114-8574　東京都北区中里3-13-1
　　　　　　TEL 03-3917-1555　FAX 03-3917-5560

［アクセス］
●JR山手線・東京メトロ南北線【駒込】より徒歩6分
●JR京浜東北線【上中里】より徒歩12分

小学校情報

［校　長］　佐藤 慎
［児童数］　425名（男子212名、女子213名）

沿　革　明治16年に来日したアメリカ人宣教師たちにより明治36年、聖学院神学校設立。明治38年、女子聖学院、翌39年、聖学院中学校設立。明治45年、中里幼稚園（現・聖学院幼稚園）設立。昭和35年、小学校として女子聖学院小学部が設立され、6年後の昭和41年、現在の聖学院小学校となる。平成26年12月、全クラスにオープンスペースを取り入れた新校舎が竣工。令和5年、学院創立120周年を迎えた。

教育方針　キリスト教（プロテスタント）に基づく建学の精神『神を仰ぎ 人に仕う』を実践するために、「よく学ぶ よく遊ぶ よく祈る」を教育目標とする。自分が神様から愛されていること、そして同じように誰もが愛されている尊い存在であることを知り、神様からいただいている賜物（たまもの）に感謝し、一人ひとりが生き生きと学び、成長できる学校を目指している。

特　色　学院の創立以来120年間、土台としているキリスト教信仰に基づく教育を行う。毎朝礼拝を捧げ、児童、教職員ともに謙虚な気持ちで一日を始める。平成26年に建てられた校舎は、全クラスの教室がオープンスペースになっており、広々としたエリアをフレキシブルに活用するワークショップ型学習を積極的に取り入れるなど、教室の枠を超えた体験的な授業を展開している。また、全教室にプロジェクターと無線LANを完備。1年生から使用するタブレット端末は、3年生からは個人所有となり、自身の学習道具として主体的に活用を進めている。

◆クラブ活動　4年生以上。剣道、バドミントン、ゴルフ、チアダンス、ラグビー、野球、油絵、劇あそび、iPad、ハンドベル

◆英語教育　全学年、週2時間。1年生から「聞く・話す・読む・書く」の4技能をバランスよく育てるとともに、他教科の内容を英語で学ぶ統合学習「CLIL」も実施

◆宿泊行事　2年生は自然学校（御殿場）、3年生は清里自然学校（清里）、4年生は冬の学校（木島平）、5年生はイングリッシュキャンプ（福島・ブリティッシュヒルズ）、6年生は修学旅行（長崎）へ。また、希望者を対象に海外プログラムとして、ニュージーランド親子ショートステイ、オーストラリアホームステイプログラムも行う

年間行事予定	
月	行　事　名（抜粋）
4	入学式、イースター礼拝、1年生歓迎会
5	運動会、5年イングリッシュキャンプ
6	授業参観、3年清里自然学校
7	海外プログラム（オーストラリア、ニュージーランド）
8	夏休み
9	夏休み作品展、聖学院フェア
10	2年自然学校、校内作品展
11	創立記念礼拝、音楽会、収穫感謝礼拝、点火式
12	クリスマス礼拝
1	4年冬の学校
2	6年修学旅行
3	ハンドベル発表会、学習発表会、卒業式

入試データ

下記の資料は**2024年度用（2023年秋実施済み）**です

募集要項 ※ !2025 は次年度のデータです

募集人員	男女計72名（内部進学者含む）
学校（入試）説明会	!2025 学校説明会：5月10日／6月27日／9月6日 イブニング説明会：6月7日 （いずれも要申込）
願書配付期間	!2025 5月10日〜
出願期間	10月1〜7日（消印有効）簡易書留速達で郵送
提出書類	・入学願書、入学検定料納入書、受験票 ・入学検定料振込証明書 ・受験票返信用封筒
受験票交付	簡易書留速達で郵送
受験番号付番	願書受付順　月齢考慮　あり
考査日	考査：11月4日 面接：10月14日
選抜方法	ペーパーテスト、行動観察、親子面接
考査料	25,000円
合格発表	11月4日　18〜20時　Web発表
倍率	約2.0倍
入学手続	11月5日
編入学制度	欠員が生じた場合のみ試験を実施（登録制）／帰国生はp.403〜参照
復学制度	あり
公開行事	!2025 学校見学会：6月1日／8月24日（要申込） 体験授業：7月13日（要申込） 聖学院フェア：9月21日（要申込）
備考	——

学費

…… 入学手続時納付金 ……

入学金	250,000円
施設拡充費	100,000円

…… 年間納付金 ……

授業料・月額	42,500円
施設費・月額	6,500円
その他・月額	20,000円
ＰＴＡ入会金（初年度のみ）	10,000円
寄付金1口	100,000円
（2口以上、任意）	

※入学辞退者には施設拡充費を返還
※上記金額は諸事情等で変更の場合あり

制服

セキュリティ

警備員常駐／防犯カメラ設置／登下校確認システム／防犯ブザー携帯／携帯電話所持可／インターホン設置／保護者名札着用／避難・防災訓練／看護師常駐／緊急通報・安否確認システム／緊急地震速報装置／学校110番／災害用品備蓄／ＡＥＤ設置／優良防火対象物認定証取得

昼食

給食（週2、3回）、お弁当（週2、3回）…お弁当の日は「お弁当ランチ」の注文可

進学情報

[中学校への進学状況]
【聖学院、女子聖学院】男子は約35％、女子は約53％が内部進学。武蔵、慶應普通部、本郷、城北、淑徳与野、中央大附属、学習院女子、立教新座、高輪など
[高等学校への進学状況]【聖学院、女子聖学院】ほぼ全員が内部進学
[大学への進学状況]
【聖学院】、慶應、早稲田、上智、国際基督教、東京理科、立教、明治など

[系列校]
聖学院大学・大学院、聖学院中学校・高等学校、女子聖学院中学校・高等学校、聖学院幼稚園、聖学院みどり幼稚園

東京

私立　共学

せ

聖学院小学校

※上記募集要項は小学校公表データです。詳細は小学校ＨＰまたはお電話でご確認ください

成蹊小学校

https://elementary.seikei.ac.jp/　E-mail shougaku@jim.seikei.ac.jp

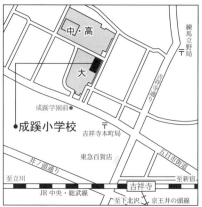

[アクセス]
●JR中央線・総武線・京王井の頭線【吉祥寺】より徒歩15分／関東バス5分【成蹊学園前】下車

[所在地]　〒180-8633　東京都武蔵野市吉祥寺北町3-3-1
TEL 0422-37-3839　FAX 0422-37-3861

小学校情報

[校 長]　跡部 清
[児童数]　697名（男子342名、女子355名）

沿 革　明治39年、本郷西片町に学生塾を開設し、翌年、「成蹊園」と命名。明治45年、池袋に成蹊実務学校、大正4年、成蹊小学校を開設。大正13年、吉祥寺に移転。平成20年、新校舎が完成。全学年が少人数教育（1学級：低学年28名、高学年32名）に移行。平成30年、成蹊学園サステナビリティ教育研究センターが設置され、令和元年、成蹊学園がユネスコスクールに認定された。令和7年、小学校創立110周年を迎える。

教育方針　「私の考え」を持ち表現できる子ども（自立）、集団の中で自分を生かすことのできる子ども（連帯）、生活の中で創意工夫できる子ども（創造）を目標に、ゆとりある学校生活の中で個性的な子どもを育てる。①集団と個の関係を深く考える、②自主的に学習に取り組み、生活を高める意欲、③価値あるものに接する機会を多くし、感性と豊かな心を育む創作活動、④意志と体を鍛え、たくましく実践する力、⑤生きた現実や実物から学ぶ意欲、などを重視した教育を行う。

特 色　精神統一して黙想する「凝念（ぎょうねん）」を開校時から人格教育の一環として取り入れている。教科の領域を超え、幅広い見地から学習する「こみち」の授業があり、中学年からは「人のつながり」「自然」「社会」「人間」「学び方」の枠組みの中で、体験を重視した教育活動を展開。少人数制のもと、日記指導、国際交流学習、1年生からネイティブ教師による英語の授業、専科制、5・6年生は学年内完全教科担任制を実施している。

◆**クラブ活動**　5年生以上、週1時間。硬式テニス、サッカー、水泳運動、卓球、ラグビー、野球、バドミントン、ドッチビー、バスケットボール、バレーボール、家庭、太鼓、美術、ブラスバンド、科学など
◆**自治活動**　児童が自主的に学校生活の問題解決に取り組む自治組織「桃の会」がある。5・6年生が12の委員会に分かれて活動する「学校桃の会」、各学年がクラスで話し合いや係活動を行う「学級桃の会」で構成される
◆**英語教育**　1～4年生は週1時間、5・6年生は週2時間実施
◆**授業の特色**　全学年で毎日日記を書き、先生が返事を書く「日記指導」がある。日記を通じて子どもたちとの絆を深める

月	行　事　名（抜粋）
4	入学式、新入生を迎える会、春の遠足
5	運動会
6	2・4年夏の学校、観劇会（音楽鑑賞会）
7	1・3・5・6年夏の学校、七夕集会
8	夏の合宿教室、オーストラリア体験学習（夏）
9	水泳大会、桃リンピック
10	文化祭、秋の遠足
11	英語参観週間
12	全校音楽会、焼きいも大会
1	正月集会、マラソン大会
2	ドッジボール大会、スポーツ大会
3	6年生を送る会、卒業式、オーストラリア体験学習（春）

年間行事予定

School Information

※濃い色で示したアイコンはこの小学校に該当するものです

入試データ

下記の資料は**2024年度用（2023年秋実施済み）**です

募集要項 ※下記は前年度のデータです

募集人員	男女各56名、計112名
学校（入試）説明会	6月3日／9月2日　成蹊学園内にて
願書配付期間	Ｗｅｂ公開のみ
出願期間	Ｗｅｂ出願：9月28日（10時）〜10月1日（15時） 書類提出：10月6〜8日（消印有効）簡易書留速達で郵送 ※ＨＰの指示に従ってＷｅｂ出願後に書類提出
提出書類	・家庭調査書、家族写真台帳 ・受験票 ※受験票は考査日に持参
受験票交付	自宅やコンビニエンスストアなどで各自印刷
受験番号付番	男女別、原則として出願順　　月齢考慮　　　────
考査日	考査：11月1日と、11月2〜4日のうち1日 面接：11月2〜4日のうち1日（日時はメールで通知）
選抜方法	素質検査、保護者面接
考査料	30,000円（クレジットカードまたはコンビニ決済）
合格発表	11月5日　Ｗｅｂ発表
倍率	男子約5.1倍　女子約4.2倍
入学手続	11月7日
編入学制度	欠員が生じた場合のみ試験を実施／帰国生はp.403〜参照
復学制度	再受入制度あり
公開行事	運動会：5月21日　オープンスクール：6月15日 文化祭：10月7・8日
備考	────

学費

⋯⋯⋯ 入学手続時納付金 ⋯⋯⋯

入学金	300,000円

⋯⋯⋯⋯ 年間納付金 ⋯⋯⋯⋯

授業料・年額	730,000円
施設費・年額	240,000円
給食費・年額（1年生）	136,000円
ＰＴＡ会費・年額	5,400円
ＩＣタグ利用料・年額	4,440円
成蹊学園教育充実資金1口	100,000円
（5口以上、任意）	

※上記年間納付金の半額を入学手続時に納付（残金は9月下旬までに納付）
※入学辞退者には入学金をのぞく納付金を返還
※上記金額は諸事情等で変更の場合あり

制服

セキュリティ

警備員常駐／防犯カメラ設置／交通指導員配置／登下校確認システム／保護者名札着用／避難・防災訓練実施／看護師常駐／緊急通報・安否確認システム／緊急地震速報装置／学校110番／災害用品備蓄／ＡＥＤ設置

昼食

給食（週5回）

進学情報

［中学校への進学状況］
【成蹊】男子は約86％、女子は約91％が内部進学

［高等学校への進学状況］
【成蹊】男子は約87％、女子は約96％が内部進学

［大学への進学状況］
【成蹊】、東京、京都、東京工業、一橋、東京外国語、慶應、早稲田、上智など

［系列校］
成蹊大学・大学院、成蹊中学・高等学校

※上記募集要項は小学校公表データです。詳細は小学校ＨＰまたはお電話でご確認ください

考査ガイド

考査日程	2日
受験番号付番	男女別、原則として受付順
選抜方法	1日目：午前に男子、午後に女子の考査が行われる。指定時間に集合し、受付で受験番号シールを2枚もらい、子どもの左胸、背中に貼る。グループごとに決められたエリアに座って待機し、子どもは先生に誘導されて教室に向かう。男女それぞれAとBの2グループに分かれ、10〜15人単位でペーパーテスト、集団テストを行う 2日目：男女混合のグループに分かれ、14〜20人単位で集団テスト、運動テストを行う
考査内容	ペーパーテスト、集団テスト、運動テスト、保護者面接
所要時間	1日目：約1時間30分　2日目：約2時間

過去の出題例

ペーパーテスト

1 構　成

A 右側にある形を組み合わせて、左端の形を作ります。右の形のうち、使わないものを真ん中の星の数だけ選んで、○をつけましょう。右側の形は向きを変えたり、裏返したりしてはいけません。

B 左端の形を点線で切るとどのようになりますか。右側から選んで○をつけましょう。右側の形は、向きが変わっているものもあります。

集団テスト

■ 集団ゲーム（ジャンケンゲーム）

4人1組のチーム対抗でジャンケンを行う。チーム内でどの手を出すか相談して決め、全員で同じ手を出す。

運動テスト

■ ボール投げ

5〜7m離れた場所にいるテスターに向かってボールをできるだけ遠くに投げて、距離を測る。

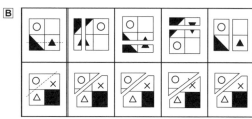

ここがポイント

ペーパーテストでは、話の記憶が毎年出題されています。また、推理・思考の問題は「条件」をきちんと把握しないと正解できないものや観察力が必要なものが多く、根気よく考える力が要求されます。集団テストでは、制作や集団ゲームなどの課題を通して協調性とともに集中力や落ち着きなども見られます。

出題傾向

	ペーパーテスト 話	数量	観察力	言語	推理・思考	構成力	記憶	常識	位置・置換	模写	巧緻性	絵画・表現	系列完成	個別テスト 話	数量	観察力	言語	推理・思考	構成力	記憶	常識	位置・置換	巧緻性	絵画・表現	系列完成	制作	行動観察	集団テスト 話	観察力	言語	常識	巧緻性	絵画・表現	制作	行動観察	課題・自由遊び	運動・ゲーム	生活習慣	運動	面接
2024年	○				○					○																			○				○	○	○		○		○	○
2023年	○					○																							○				○	○	○		○		○	○
2022年	○				○	○																							○				○	○	○		○		○	○
2021年	○																												○				○	○	○		○		○	○
2020年	○		○		○																								○				○	○	○		○		○	○

面接ガイド

保護者面接 2日目の考査と並行して面接が行われる
所要時間 5〜10分

＜面接資料／アンケート＞

出願時に家庭調査書（面接資料）を提出する

過去の質問例

父親への質問

・志望理由を教えてください。
・本校の教育理念のどのようなところに共感されますか。
・本校の公開行事に参加した感想をお聞かせください。
・学校と家庭の役割について考えをお話しください。
・本校は個性を大切にしていますが、そのことについてどのようにお考えですか。
・お子さんの個性を伸ばすために、ご家庭でどのようなことに取り組んでいますか。
・本校でお子さんのどのような点を伸ばしたいですか。
・社会のルールについてお子さんにはどのように教えていますか。そのときのお子さんの様子はいかがですか。
・ご家庭で大切にしている行事は何ですか。
・休日はお子さんとどのように過ごしていますか。
・どのようなときにお子さんをほめたり、しかったりしますか。
・今、お子さんが興味のあることは何ですか。
・小学校生活に向けて、ご家庭で取り組んでいることはありますか。

母親への質問

・オープンスクールには参加されましたか。印象に残っているものは何ですか。
・本校の児童の印象をお聞かせください。
・本校の教育に期待することは何ですか。
・お子さんに本校でどのように成長してほしいですか。
・ご家庭でのしつけで大切にしていることは何ですか。
・お子さんには、お友達とのかかわりについてどのように伝えていますか。
・お子さんはどのような遊びが好きですか。

面接の配置図

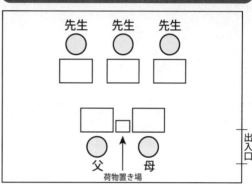

・最近、お子さんが頑張っていることは何ですか。
・お子さんはお手伝いをしていますか。その際、意欲を高めるような声掛けをしていますか。
・お子さんは食べ物の好き嫌いはありますか。
・お子さんがお友達とトラブルになったときは、どのように対処しますか。
・共働きですが、学校行事には参加できますか。

※出願時に提出する面接資料には、以下のような記入項目がある。
①志願者氏名、生年月日、性別
②保護者氏名、志願者との続柄
③現住所、自宅電話、携帯電話
④志願者の保育歴および性格や特質
⑤志願の理由
⑥通学経路と所要時間

Inside voice

・考査1日目の控え室は体育館で、換気をしているため足元が冷えました。ひざ掛けを持参してよかったです。わが家も含め、ほとんどの方が考査2日目の面接に向けて学校案内などの資料を読んでおり、とても静かでした。
・考査2日目は、面接のため保護者が先に誘導されました。控え室に子どもだけが残るため、驚いているお子さんもいました。不安にならないよう、先に言い聞かせておくとよいと思います。
・面接の時間が短いため、先生方は面接資料をしっかりと読み込んでいらっしゃるようでした。テンポよく質問されるため、記入したことを再確認し、想定される質問の答えを準備しておくとよいと思いました。

東京

私立 共学 せ 成蹊小学校

成城学園初等学校

http://www.seijogakuen.ed.jp/shoto/

[アクセス]
●小田急小田原線【成城学園前】より徒歩10分

［所在地］　〒157-8522　東京都世田谷区祖師谷3-52-38
　　　　　　TEL 03-3482-2106　FAX 03-3482-4300

小学校情報

［校　長］　渡辺 共成
［児童数］　645名（男子322名、女子323名）

沿　革　大正6年、澤柳政太郎博士によって東京市牛込区に成城小学校創設。大正11年、成城第二中学校開設。大正14年、学園を府下砧村（現・成城）に移転。大正15年、成城高等学校、昭和2年、成城高等女学校開設。昭和16年、成城小学校を成城初等学校に改称。昭和22年、成城学園中学校を開設し、成城初等学校を成城学園初等学校に改称する。令和4年、学園創立105周年を迎えた。

教育方針　創立者・澤柳政太郎が掲げた4つの教育理念「①個性尊重の教育・能率の高い教育、②自然と親しむ教育・剛健不撓の意志の教育、③心情の教育・鑑賞の教育、④科学的研究を基とする教育」のもと、創立以来一貫して、「子どもを中心に考えた学校づくり」を目指す。さらに第2世紀を迎え、国際教育、理数系教育、情操・教養教育の充実を図っている。

特　色　教育理念に基づき多彩な学習活動を展開する。国語は一人ひとりの学びを尊重し、少人数での指導に力を入れている。算数は「数学」と呼び、数学的な考え方を身につけることを重視する。英語は1年生から導入。教師が一方的に教えるだけでなく、子どもたちの自由な発想での表現活動を大切にしている。子どもたちの学びを豊かにするために、文学、劇、映像、遊び、散歩など独自のカリキュラムも用意。映像ではＩＣＴ機器を活用して画像の編集を子どもが自ら行い、作品を完成させる課題もある。劇ではさまざまな劇活動を通して人間関係を深め、創造力や鑑賞力を高めていく。どの教科も教師の専門性を生かし、専科制を敷いている。

◆**特別研究**　5・6年生が選択授業として週1時間実施。体操、サッカー、バスケットボール、バレーボールなどのスポーツ部、書道、太鼓、まんがアニメ、サイエンス、演劇、ユーチュー部などの文化部がある
◆**課外クラブ**　4年生以上。合唱、ブラスバンド、ライフセービングがあり、週1～3回、朝の始業前や放課後に活動する
◆**授業の特色**　一人ひとりの能力を伸ばし、チームの一員として、協調性と創造性を持った人間を育てるためのカリキュラムを設定。「城の時間」（「クラスの時間」と「総合活動の時間」）では総合的な活動を行い、「つながりの時間」では異学年や同学年との人間関係を築き、より深める活動を行う

年間行事予定	
月	行 事 名（抜粋）
4	入学式
5	3年春の学校、合同体育、グループハイキング
6	音楽の会、クラスデー
7	劇の会、4～6年夏の学校
8	5・6年オーストラリア・ホームステイ（希望者）
9	――
10	秋の運動会、クラスデー
11	文化祭、教育改造研究会
12	器楽合奏の会
1	ノーチャイムウィーク
2	4～6年スキー学校、クラスデー、3年劇発表の会
3	劇の会、卒業式

入試データ

下記の資料は**2024年度用（2023年秋実施済み）**です

募集要項 ※下記は前年度のデータです

募集人員	男女各約34名、計約68名
学校（入試）説明会	学校説明会：5月27日（オープンスクールあり） 入試説明会：9月16日
願書配付期間	募集要項配付：5月27日～
出願期間	Ｗｅｂ出願：9月11日（10時）～10月5日（16時） 書類提出：10月2～5日（消印有効） 簡易書留で郵送 ※ＨＰの指示に従ってＷｅｂ出願後に書類提出
提出書類	・志望理由書 ・受験児健康調査書 ・受験票 ※受験票は考査日に持参
受験票交付	自宅やコンビニエンスストアなどで各自印刷
受験番号付番	願書受付順　　月齢考慮　なし
考査日	考査：男子…11月7・9日の両日　女子…11月8・10日の両日 面接：男子…11月7日　女子…11月8日
選抜方法注1	ペーパーテスト、個別テスト、集団テスト、運動テスト、親子面接
考査料	30,000円（クレジットカード、コンビニまたはペイジー決済）
合格発表	11月12日　8時～　Ｗｅｂ発表（合格者には書類を郵送）
倍率	男子約5.7倍　女子約5.4倍
入学手続	11月13～15日
編入学制度	欠員が生じた場合のみ4・9月に試験を実施／帰国生はp.403～参照
復学制度	特別退学制度あり。退学後3年以内に限る
公開行事	授業見学：6月5～30日／9月12～28日 文化祭：11月3日
備考	――――

セキュリティ

警備員常駐／防犯カメラ／交通指導員配置／防犯ブザー携帯（任意）／携帯電話所持可（届出制）／授業中施錠／インターホン／保護者ＩＤカード／避難・防災訓練実施／看護師常駐／緊急通報・安否確認システム／緊急地震速報装置／学校110番／災害用品備蓄／ＡＥＤ

学費

………… 入学手続時納付金 …………

入学金	300,000円
授業料・年額（分納可）	730,000円
施設維持費・年額	250,000円
空調費・年額	10,000円
父母の会会費・年額	6,000円

………… 年間納付金 …………

教材費・年額	30,000円
クラス費・年額	10,000円
寄付金1口	500,000円
（1口以上、任意）	

※入学辞退者には入学金以外を返還
※授業料などの特別減免制度あり
※2年次以降も施設維持費を納付
※上記金額は諸事情等で変更の場合あり

制服

制服なし

昼食

お弁当（週5回）…お弁当注文システムあり

進学情報

［中学校への進学状況］
【成城学園】男子は約93％、女子は約94％が内部進学
［高等学校への進学状況］
【成城学園】ほぼ全員が内部進学
［大学への進学状況］
【成城】約55％が内部進学。横浜国立、慶應、早稲田、上智、国際基督教など

［系列校］
成城大学・大学院、成城学園中学校
高等学校、成城幼稚園

東京　私立　共学　せ　成城学園初等学校

考査ガイド

考査日程	2日
受験番号付番	願書受付順
選抜方法	1日目に親子面接、運動テスト、集団テスト、2日目にペーパーテスト、個別テスト、集団テストを行う。指定時刻に集合し、受付で受験番号札と「通過カード」が渡される。子どもはビブスをつけ、通過カードを持って、先生と在校生の誘導で教室に向かう
考査内容	ペーパーテスト、個別テスト、集団テスト、運動テスト、親子面接
所要時間	1日目：2〜3時間（面接の待ち時間を含む）　2日目：約1時間40分

過去の出題例

個別テスト

1 常識（なぞなぞ）

動物の顔が描かれた解答用紙、赤いペンが置いてある。

・冷蔵庫の中に入っている動物は何ですか。○をつけましょう。

2 数量

ドングリとマツボックリが描かれた台紙、赤いペンが置いてある。

・どちらの数が多いですか。お話ししてください。

・ドングリは何個ありますか。赤いペンで印をつけてもよいですし、指で数えてもよいですよ。

3 構成

丸がかかれたお手本と、解答用紙が示される。

・お手本の形を作るときに、使わないものはどれですか。指でさしましょう。

集団テスト

自由遊び ※約10人のグループに分かれて行う

ソフト積み木や絵本など、用意されたもので遊ぶ。

運動テスト

模倣体操

テスターのお手本を見ながら、ひざの屈伸、伸脚運動、その場でジャンプなどを行う。

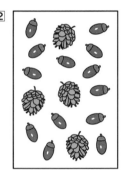
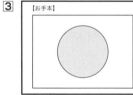

ここがポイント

考査では①記憶、②生活（正しく安全な生活ができるためのルール、生活技術力）、③運動能力、④言語（日常でのしっかりした会話力）、⑤数量（物の多少や大小、広さ長さの比較、量の保存を考える力）、⑥絵の解釈（絵を見てお話を作る力）、⑦図形、の7項目を重視しています。2024年度はペーパーテストが実施されました。

出題傾向

	ペーパーテスト													個別テスト														集団テスト										運動	面接
	話	数量	観察力	言語	推理・思考	構成力	記憶	常識	位置・置換	巧緻性	模写	絵画・表現	系列完成	話	数量	観察力	言語	推理・思考	構成力	記憶	常識	位置・置換	巧緻性	絵画・表現	系列完成	行動観察	生活習慣	話	観察力	言語	常識	巧緻性	絵画・表現	制作	行動観察	課題・自由遊び	運動・ゲーム	生活習慣	運動	面接
2024年		○	○				○	○			○				○		○				○					○			○						○	○			○	○
2023年															○	○	○		○	○					○														○	○
2022年															○	○	○		○				○	○															○	○
2021年															○	○	○									○													○	○
2020年															○								○																○	○

面接ガイド

親子面接　考査1日目に面接が行われる
所要時間　約15分

＜面接資料／アンケート＞

出願時に志望理由書（面接資料）を提出する

過去の質問例

本人への質問

・お名前とお誕生日を教えてください。
・幼稚園（保育園）で何をして遊ぶのが好きですか。
・外と中ではどちらで遊ぶのが好きですか。
・お友達とけんかをしたらどうしますか。
・お父さんやお母さんと何をして遊びますか。
・得意なことは何ですか。
・今、一番好きなことは何ですか。
・きょうだいとは何をして遊びますか。
・お母さんの作るお料理で好きなものは何ですか。
・嫌いな食べ物がごはんに出てきたらどうしますか。
・お家でどんなお手伝いをしていますか。
・お父さんやお母さんにどんなときにほめられますか。
・小学校に入ったら何を頑張りたいですか。
・お父さん、お母さんと相談して、夏休みに楽しかった
　ことを教えてください（誰が答えてもよい）。
・お父さん、お母さんと相談して、冬休みにやりたいこ
　とを教えてください（誰が答えてもよい）。

父親への質問

・志望理由を教えてください。
・お仕事について簡単にお聞かせください。
・授業見学や公開行事に参加して、印象に残ったエピソ
　ードを教えてください。
・本校に期待することは何ですか。
・ご家庭の教育方針を教えてください。
・普段、お子さんとどのようにかかわっていますか。
・お子さんにはどのように成長してほしいですか。
・お子さんがお友達に意地悪をしたり、けがをさせたり
　したら、どのように対処しますか。

面接の配置図

母親への質問

・本校に来校されたときの印象をお話しください。
・子育てをするうえで大切にしていることは何ですか。
・ご家庭でのしつけで気をつけていることは何ですか。
・公共交通機関のマナーについて、お子さんにどのよう
　に教えていますか。
・本校は木登りを禁止していません。けがをすることも
　ありますが、それについてどのようにお考えですか。

※出願時に提出する面接資料には、以下のような記
　入項目がある。本人写真を貼付する。
①受験児の氏名、性別、生年月日、在園名
②保護者の氏名、受験児との続柄、年齢、現住所、
　電話番号、携帯番号
③本校志望の主な理由

Inside voice

・面接では、子どもよりも親への質問が多かったように感じました。来校回数もチェックされているようでしたの
　で、授業見学や公開行事などにはできるだけ多く参加することをお勧めします。
・面接での質問には、父親は創立者の名前を、母親は、学校が継承している教育の4つの『希望理想』をすべて答
　えるというものがありました。これらは必ず覚えておいたほうがよいと思います。
・考査2日目は待機中に、スマートフォンやタブレット端末でQRコードを読み取り、入学試験についてのアンケ
　ート5項目程度に回答しました。広報活動の参考にするもので、合否とは一切関係ないとのことでした。

聖心女子学院初等科

https://www.tky-sacred-heart.ed.jp

[アクセス]
●東京メトロ南北線・都営三田線【白金台】より徒歩10分
●都営バス（田87系統）【北里研究所前】下車徒歩3分

[所在地]　〒108-0072　東京都港区白金4-11-1
　　　　　TEL 03-3444-7671　FAX 03-3444-0094

小学校情報

[校　長]　大山 江理子
[児童数]　女子627名

沿　革　明治41年、聖心会修道女により語学校開校。明治43年、高等女学校、小学校開校。昭和22年、中等科、昭和23年、高等科設置。昭和49年、週5日制実施。平成20年、初等科から高等科までの12年間を4年ごとに区切るステージ制を導入。令和5年度より5年生を1クラス30名4学級とし、1～4年生同様、少人数制となる。

教育方針　創立者、聖マグダレナ・ソフィア・バラは、学業と生活全般を通してしっかりした知性、堅実な実行力、謙遜の心を育て、これが神への深い信仰に根を下ろし、隣人愛に開花することを教育の目的とした。この理念により、「一人ひとりが神の愛を受けたかけがえのない存在であることを知り、世界の一員としての連帯感と使命感を持って、より良い社会を築くことに貢献する賢明な女性の育成」を目指す。「魂を育てる」「知性を磨く」「実行力を養う」を教育の方針に掲げる。

特　色　祈りや宗教科の授業、さまざまな宗教行事などを通してキリスト教の心を学ぶ。12年間の一貫教育を4年ごとに区切るステージ制では、発達段階を踏まえた独自のカリキュラムを編成。少人数制をとり、1～4年生は基礎・基本の徹底と自ら考え表現する力の育成に努め、5・6年生は7・8年生と同じ校舎で学び、学習の定着と習熟、伸長を図る。「総合的な学習」では、ボランティア、環境、国際理解を大きな柱に据え、問題意識を持ち、解決する力を育てる。1年生より週2時間英語を学び、ネイティブスピーカーと日本人教師の連携により美しい発音を身につける。

◆**クラブ活動**　4年生以上、年15回。コンピュータ、演劇、美術、手話、科学、バドミントン、ダンス、ボードゲームなど
◆**英語教育**　全学年、週2時間。ネイティブと日本人の教師によるすべて英語の授業
◆**特別活動**　児童会が中心となり、年3回実施される「ハイチデー」では、お弁当はおにぎりだけ。おかず代を食べたつもりとして「つもり貯金」を行う。集まったお金は、ハイチをはじめ、ケニア、インドネシア、フィリピンなどの国に送り、現地の子どもたちの生活のために役立てられている
◆**校外学習**　全学年の春の遠足、1～3年生の秋の遠足のほか、4年生は裾野・御殿場、5・6年生は清里での宿泊学習がある

年間行事予定	
月	行　事　名（抜粋）
4	入学式、春の遠足
5	運動会、聖母戴冠式
6	5年校外学習、みこころの祝日、一日学校参観日
7	ハイチデー、水泳教室、4年校外学習
8	夏休み
9	6年校外学習、1～3年秋の遠足
10	感ずべき御母の祝日、English Day
11	作文発表会、一日学校参観日、講演会
12	ゆりの行列、クリスマス・ウィッシング
1	新年の祈り
2	学習発表会、学年参観日
3	ハイチデー、感謝のミサ、修了式、卒業式

始業／制服／2学期制／土曜登校／毎年クラス替／お弁当／アレルギー対応／ICT教育／英語コマ数2／通学時間制限／アフタースクール／幼稚園／中学・高校／大学／カトリック

入試データ

下記の資料は**2024年度用（2023年秋実施済み）**です

募集要項 ※ 2025 は次年度のデータです

募集人員	女子96名
学校(入試)説明会	2025 6月8日／9月7日
願書配付期間	Ｗｅｂ公開のみ
出願期間	Ｗｅｂ出願：9月1日（9時）〜10月3日（18時） 書類提出：10月1〜3日（消印有効）　簡易書留速達で郵送 ※ＨＰの指示に従ってＷｅｂ出願後に書類提出
提出書類	・入学願書 ・健康診断書 ・受験票 ※受験票は考査日に持参
受験票交付	自宅やコンビニエンスストアなどで各自印刷
受験番号付番	出願登録順　　月齢考慮　なし
考査日	考査：11月1日 面接：10月14・21日のうち1日
選抜方法[注1]	ペーパーテスト、個別テスト、集団テスト、親子面接
考査料	30,000円（クレジットカード、コンビニまたはペイジー決済）
合格発表	11月3日　Ｗｅｂ発表
倍率	約4.4倍
入学手続	11月6日　10〜12時
編入学制度	2〜4年生で欠員が生じた学年のみ試験を実施。新5年生（女子約24名募集）は1月に試験を実施／帰国生はp.403〜参照
復学制度	一旦退学、復学希望者には試験を実施
公開行事	授業公開：4月24日／5月19日／9月15日 オープンスクール：8月24・25日 みこころ祭：10月7日
備考	通学時間制限：所要時間60分程度

セキュリティ

警備員常駐／防犯カメラ設置／交通指導員配置／登下校確認システム／防犯ブザー携帯／携帯電話所持可／保護者ＩＤカード／避難・防災訓練実施／緊急通報・安否確認システム／緊急地震速報装置／学校110番／災害用品備蓄／ＡＥＤ設置／グループ下校集会実施

学費

……… 入学手続時納付金 ………

入学金	300,000円
学校設備費	160,000円

……… 年間納付金 ………

授業料・年額	576,000円
維持費・年額	82,000円
教材費・年額	50,000円
保護者後援会費・年額	50,000円
ＩＣＴ機器購入費	約80,000円
寄付金1口	100,000円

（5口以上、任意）

※制服代、物品費など別途納付
※上記金額は諸事情等で変更の場合あり

制服

昼食

お弁当（週5回）…希望者は週2回
お弁当の注文可

進学情報

[中学校への進学状況]【聖心女子学院】ほぼ全員が内部進学
[高等学校への進学状況]【聖心女子学院】約90％が内部進学
[大学への進学状況]
【聖心女子】約27％が内部進学。東京、京都、東京都立、東京医科歯科、慶應、早稲田、上智、国際基督教、東京理科、立教、明治、青山学院、多摩美術、東京慈恵会医科、東京女子医科、海外の大学など

[系列校]
聖心女子大学・大学院、聖心女子学院（高・中）、札幌聖心女子学院（高・中）、不二聖心女子学院（高・中）、小林聖心女子学院（高・中・小）、聖心インターナショナルスクールなど

考査ガイド

考査日程	1日
受験番号付番	出願登録順
選抜方法	受付後、子どもはゼッケンをつけて上履きに履き替え、準備ができた順に保護者とは別々の場所に誘導される。20～25人単位でペーパーテスト、個別テスト、集団テストを行う
考査内容	ペーパーテスト、個別テスト、集団テスト、親子面接
所要時間	2時間30分～3時間

過去の出題例

ペーパーテスト

①常　識

・左の丸の中の動物のしっぽと足跡を、それぞれ真ん中と右の丸から選んで、点と点を線で結びましょう。

②推理・思考

・左端のマス目の中に丸があります。この丸を矢印の数だけ下に動かすと、どこに来ますか。隣の青い枠のマス目に○をかきましょう。

・今かいた青い枠のマス目を、今度はコトンと矢印のほうに倒します。中の丸はどのようになりますか。隣の赤い枠のマス目に○をかきましょう。

集団テスト

■共同制作・行動観察　※2、3人のグループで行う

用意された紙コップ（大、小）と厚紙（大、小）を使い、お友達と協力して、できるだけ高くタワーを作る。

個別テスト

■言　語　※共同制作の間に1人ずつ呼ばれて質問される

・どのようなところを工夫しましたか。

・タワーを倒さないためには、どうしたらよいですか。

ここがポイント

ペーパーテストでは、話の記憶や数量、推理・思考、常識など幅広い項目から出題されます。わかりにくい課題は具体物を示して説明してくれることもありますので、しっかりと集中して指示を聞き、落ち着いて取り組む姿勢を養っておきましょう。集団テストでの指示行動では、複数の指示に対しても機敏に動けるようにしましょう。

出題傾向

	ペーパーテスト												個別テスト											集団テスト											運動	面接
	話	数量	観察力	言語	推理・思考	構成力	記憶	常識	位置・置換	模写	巧緻性	絵画・表現	系列完成	話	数量	観察力	言語	推理・思考	構成力	記憶	常識	位置・置換	巧緻性	絵画・表現	系列完成	制作	行動観察	話	観察力	言語	常識	巧緻性	絵画・表現	制作	行動観察	課題・自由遊び	運動・ゲーム	生活習慣	運動	面接
2024年	○	○		○		○		○		○							○																		○					○
2023年	○	○					○	○									○															○	○							○
2022年	○	○	○				○		○								○																				○			○
2021年	○	○				○		○							○								○																	○
2020年	○					○		○	○																				○			○			○					○

面接ガイド

親子面接　考査日前の指定日時に面接が行われる
所要時間　10〜15分

＜面接資料／アンケート＞

出願時に、面接資料となる項目に記入して提出する

過去の質問例

本人への質問

・お名前と幼稚園（保育園）の名前を教えてください。
・幼稚園（保育園）の担任の先生の名前は何ですか。
・幼稚園（保育園）では何をして遊びますか。
・幼稚園（保育園）で頑張っていることは何ですか。
・幼稚園（保育園）でできるようになったことを教えて
　ください。
・お家でする遊びで好きなことは何ですか。
・好きな食べ物と嫌いな食べ物を教えてください。
・嫌いな食べ物が出てきたらどうしますか。
・お家ではどんなお手伝いをしていますか。
・家族でお出かけして楽しかったことを教えてください。
・3人でそれぞれの好きなところを話し合って、一人ず
　つ発表してください（子どもは母親、父親は子ども、
　母親は父親の好きなところを約1分間相談する）。

父親への質問

・志望動機をお聞かせください。
・本校のどのようなところがお子さんに合っていると思
　いますか。
・本校の教育とご家庭での教育において意見が異なる場
　合、どうしますか。
・学院が指標とする、12年後の姿「18歳のプロファイ
　ル」について、特に大切だと思うことは何ですか。
・お子さんとは普段どのようにかかわっていますか。
・子育てや家事など、夫婦間で役割分担はありますか。
・子育てにおいて大切にしていることは何ですか。

母親への質問

・本校に期待することは何ですか。

面接の配置図

```
┌─────────────────────────────┐
│        先生    先生          │
│        ○      ○            │
│      ┌────┬────┐           │
│      │    │    │           │
│      └────┴────┘           │
│                             │
│      ○    ○    ○          │
│      父    子    母          │
│                    ┌──────┐ │
│                    │出入口│ │
└────────────────────┴──────┘
```

・受験に向けて、ご家庭でどのように話し合いましたか。
・受験を通して成長したことを教えてください。
・ジェンダーの観点を踏まえ、女子校で学ぶことについ
　てどのようにお考えですか。
・どのようなときにお子さんをほめたり、しかったりし
　ますか。
・お子さんの主体性を伸ばすために取り組んでいること
　を具体的にお話しください。
・お仕事をされていますが、学校行事や急な呼び出しが
　あった場合、対応できますか。

※願書の中に、以下のような記入項目がある。
①本校志望の動機
②性質・健康状態
③家庭で大切にしていること（エピソードを交える）
④通学所要時間

Inside voice

・面接では例年、知性を問われるような質問があると聞いていましたが、2024年度は比較的一般的な質問でした。
　ただ、質問数も少なかったので、学校への思いやアピールしたいことを絞って伝える難しさを感じました。
・考査当日は受付後、準備が終わるとすぐに子どもが誘導され、保護者はホールへ移動します。受付前にトイレを
　済ませるよう指示がありますが、そのときに声掛けをし、身だしなみを整えておくことをお勧めします。
・考査中の控え室のホールは、換気のため窓は開放していましたが、暖房が効いていて比較的暖かかったです。た
　だ、足元が冷えたので、ひざ掛けなどを持参しておくとよいと思います。

聖ドミニコ学園小学校

https://www.dominic.ed.jp　E-mail shogakko@dominic.ed.jp

［所在地］　〒157-0076　東京都世田谷区岡本1-10-1
　　　　　TEL 03-3700-0017　FAX 03-3707-9298

［アクセス］
●東急田園都市線【用賀】、東急田園都市線・大井町線【二子玉川】より徒歩20分
●小田急線【成城学園前】などよりスクールバス

小学校情報

［校　長］　山下 浩一郎
［児童数］　486名（男子83名、女子403名）

沿　革　昭和6年、フランスのドミニコ女子修道会の5名の修道女が来日し、仙台に修道院を設立。昭和25年、目黒区駒場に修道院設立。昭和29年、学校法人聖ドミニコ学園設置認可。同年、小学校を開校した。昭和37年、世田谷区の現在地に、全学園・修道院を移転。平成6年、聖堂・カタリナ棟の竣工。平成12年、新校舎の竣工。令和6年、創立70周年を迎える。

教育方針　聖ドミニコ学園の建学の精神は『真理を求め、自由に生きる』。カトリックの世界観を基礎にして、幼稚園から高等学校まで、年代に応じた学び合いの中から、真理を探究する姿勢を大切にしている。小学校では、神様の愛に応えて、正しい価値基準やよりよく生きる力を身につけられるように、相手を大切にする心で対話する姿勢を貫いた聖ドミニコに倣って学び合っている。

特　色　宗教教育や宗教行事を通して、感謝する心や他者を思いやる心を育む。日々の生活や学習の基礎・基本を大切にし、授業では算数や漢字学習でチームティーチング制を取り入れるなど、きめ細かな指導を行う。1年生から7教科の専科授業があり、担任とともに、多くの教師が見守る中で個性や能力を伸ばしていく。また、英語とフランス語を1年生から学び、国際人として必要な、異文化や他者を受け入れる素地をつくっている。食育指導にも力を入れており、月・水・金曜日は校内の厨房で調理した、旬の材料や素材本来の味、郷土色・国際色豊かな給食を提供。また、1年生の保護者を対象にした給食勉強会も実施している。

◆**クラブ活動**　5年生以上、週1時間。バスケットボール、バドミントン、科学、家庭科など、運動系と文化系のクラブがある
◆**男児親睦ラグビー**　全学年の男子が月1回活動。夏は菅平合宿、秋は交流試合を実施
◆**奉仕活動**　5年生以上、週1時間。他者のために自分たちができることを考え、縦割りで活動する。毎年、救命講習を受講
◆**外国語教育**　英語は、1〜4年生は週2時間、5・6年生は週3時間。フランス語は全学年、週1時間。3年生以上の英語では年に数回、外国の方を招いて英語だけで交流を図る授業「インターナショナルアワー」がある
◆**校外学習**　4年生は水上、5年生は蓼科で林間学校、6年生は奈良への修学旅行

年間行事予定	
月	行　事　名（抜粋）
4	入学式、対面式、プレイデー
5	4年水上林間学校、5年蓼科林間学校
6	6年奈良修学旅行
7	信者合宿、ラグビー合宿
8	夏休み
9	始業式、学園祭、遠足
10	運動会、親睦の集い
11	ラグビー対抗試合、2・3・5年学習発表会
12	老人ホーム訪問、クリスマス会
1	始業式
2	クラブ発表会、ラグビー卒業記念試合
3	6年生を送る会、卒業式

入試データ

下記の資料は**2024年度用（2023年秋実施済み）**です

募集要項　※下記は前年度のデータです

募集人員	A日程：男女計30名　B日程：男女計30名　C日程：男女若干名
学校(入試)説明会	学校説明会：5月13日（授業体験あり） 入試説明会：9月2日（入試体験あり）
願書配付期間	募集要項配付：5月13日～
出願期間	A・B：10月1～13日　C：10月1日～11月15日 ※HPの指示に従ってWeb出願
提出書類	・受験票 ・写真票 ※すべて考査日に持参
受験票交付	自宅やコンビニエンスストアなどで各自印刷
受験番号付番	願書受付順　｜　月齢考慮　｜　なし
考査日	考査：A…11月1日　B…11月3・4日のうち1日 　　　C…11月18日 面接：A・B…10月26・27日のうち1日 　　　C…11月6～16日のうち1日
選抜方法^{注1}	ペーパーテスト、集団テスト、運動テスト、親子面接
考査料	25,000円（クレジットカード、コンビニまたはペイジー決済）
合格発表	A：11月2日　B：11月5日　C：11月19日　10時～　Web発表
倍率	A：約1.6倍　B：約2.7倍　C：約9.3倍
入学手続	A：11月2日　B：11月5日　C：11月19日　10～16時
編入学制度	欠員が生じた場合、学期ごとに試験を実施／帰国生はp.403～参照
復学制度	退学後2年以内に限る
公開行事	公開授業：5月18日／9月7日　オープンスクール：6月10日 男児親睦ラグビー：6月24日　学園祭：9月16・17日 運動会：10月14日　親睦の集い：10月29日
備考	――――

学費

……… 入学手続時納付金 ………	
入学金	250,000円
施設拡充費	150,000円

………… 年間納付金 …………	
授業料・月額	38,000円
維持費、設備費・月額	9,000円
給食費・月額	5,700円
後援会入会金（初回のみ）	30,000円
後援会会費・月額	5,000円
特別災害費・年額	3,000円
スクールバス維持費・年額 （利用者のみ）	60,000円

※入学辞退者には施設拡充費を返還
※奨学金制度あり
※上記金額は諸事情等で変更の場合あり

制服

セキュリティ

警備員常駐／防犯カメラ設置／交通指導員配置／登下校確認システム／防犯ブザー携帯／携帯電話所持可／授業中門施錠／インターホン設置／保護者IDカード／避難・防災訓練実施／緊急通報・安否確認システム／緊急地震速報装置／学校110番／災害用品備蓄／AED設置

昼食

給食（週3回）、お弁当（週2回）

進学情報

[中学校への進学状況]
男子：麻布、桐朋、立教池袋、法政大二など
女子：【聖ドミニコ】約78％が内部進学。お茶の水女子大附属、慶應湘南藤沢など
[高等学校への進学状況]【聖ドミニコ】約77％が内部進学
[大学への進学状況]奈良女子、慶應、早稲田、上智、東京理科、立教、明治、青山学院、中央、法政、学習院、成蹊、成城、聖マリアンナ医科など

[系列校]
聖ドミニコ学園中学高等学校、聖ドミニコ学園幼稚園

東京　私立　共学　せ　聖ドミニコ学園小学校

※上記募集要項は小学校公表データです（注1：選抜方法については伸芽会教育研究所調査によるデータです）。詳細は小学校HPまたはお電話でご確認ください

星美学園小学校

https://www.el.seibi.ac.jp

[アクセス]
●JR京浜東北線・埼京線ほか【赤羽】より徒歩10分
●東京メトロ南北線ほか【赤羽岩淵】より徒歩8分

[所在地] 〒115-8524　東京都北区赤羽台4-2-14
TEL 03-3906-0053　FAX 03-3906-7305

小学校情報

[校　長] 星野 和江
[児童数] 582名（男子:257名、女子:325名）

沿　革　昭和4年、イタリアよりシスターレティツィア・ベリアッティを頭にサレジアン・シスターズの6名の宣教女が来日。昭和6年に宮崎、昭和10年に大分で愛児園を設立後、昭和15年、東京三河島に星美学園を創設。昭和22年、星美学園小学校、中学校を開設。現在、短大1、中学・高等学校4、小学校4、幼稚園5の教育事業を行っている。令和4年10月、小学校創立75周年を迎えた。

教育方針　カトリックミッションスクールとして、キリスト教的な人間観・世界観により、理性・宗教・慈愛に基づく『予防教育法による全人間教育』を行うことを建学の精神とし、良心的な人間、誠実なよき社会人となる基礎を育む。『清い心、たゆまぬ努力』を校訓に、『かしこい子』――「か:神様と人の前に正直な子」「し:親切なやさしい子」「こ:心をこめて祈る子」「い:いつも明るく努力する子」「子:根気よく最後まで取り組む子」を目指す児童像として育成に取り組む。

特　色　誠実な心、人のために奉仕する心を育むため、週2時間の宗教の授業のほか、毎日の祈りと聖歌、宗教朝会や宗教行事を行う。教科学習では、多くの教科を専科教員が指導して教育レベルの向上に努めている。創立者、聖ヨハネ・ボスコの精神「いつも子どもとともに」を実践し、子どもに寄り添いかかわりを大事にしながら全人間教育を行う。また、自然や人とのかかわりと実体験を通して「心」と「生きる力」を学ぶことを重視し、総合的な学習として国際理解教育、バリアフリー教育、宿泊体験などを実施している。

◆**クラブ活動**　4年生以上、月1〜2時間。サッカー、野球、手芸、造形など12のクラブ。3年生以上の希望者が参加する特別音楽クラブに聖歌隊（NHK全国学校音楽コンクール金賞2回）、金管バンドがあり、奉仕活動や演奏会、コンクールへの参加などを行う

◆**英語教育**　全学年、週2時間。4年生は学年全員で英語劇を発表する。5年生はオーストラリアの小学生とオンライン交流会を行う。4〜6年生の希望者を対象にオーストラリア・ホームステイも実施

◆**校外学習**　遠足や社会科見学のほか、宿泊体験として3年生は富士林間学校、4年生は群馬方面での高原学校、5年生は尾瀬で雪の学校、6年生は広島平和学習がある

年間行事予定	
月	行 事 名（抜粋）
4	入学式、1年生を迎える会、イースター集会
5	聖母祭、運動会
6	4年高原学校、6年広島平和学習
7	七夕集会
8	夏休み
9	防災引き取り訓練、3年林間学校、学習発表会
10	秋の遠足、星美祭、縄跳び集会
11	レクイエムミサ、私学体育発表会
12	無原罪の聖母の祝日、クリスマス会
1	5年雪の学校、聖ドン・ボスコの祝日
2	マラソン大会、3年カトリック音楽会
3	仲よし会、6年卒業遠足、卒業式、ホームステイ

入試データ　下記の資料は**2025年度用**（**2024年秋〜冬実施予定**）です

募集要項

募集人員	1次A：男女計105名（内部進学者含む）　1次B・2次：各男女若干名
学校（入試）説明会	4月13日／6月1日／9月7日／11月15日／12月10日
願書配付期間	1次A・B：4月13日〜　2次：11月25日〜
出願期間	1次A：10月1〜5日（郵送）　1次B：11月11〜15日（郵送） 2次：12月2〜13日（持参） ※郵送（消印有効） 　持参（平日：9〜15時。土：〜14時。12月13日：〜12時）
提出書類	・入学願書　・出願時添付書類　・受験票、面接票 ・入学考査料振込通知書（郵送出願の場合のみ） ・レターパックライト2通（持参の場合は1通） ・住民票（外国籍の場合のみ）
受験票交付	1次A・B：郵送　2次：願書受付時に手渡し
受験番号付番	願書受付順　　月齢考慮　　なし
考査日	考査：1次A…11月1日　1次B…11月22日　2次…12月14日 面接：1次A…10月8〜15日のうち1日 　　　1次B…11月18〜21日のうち1日　2次：考査当日に実施
選抜方法	ペーパーテスト、社会性テスト、親子面接
考査料	25,000円
合格発表	1次A：11月2日　1次B：11月23日　2次：12月15日 9時〜　いずれもWeb発表（合格者には書類を郵送）
倍率（前年度）	男子約2.6倍　女子約1.6倍
入学手続	1次A：11月6日　1次B：11月26・27日　2次：12月17・18日
編入学制度	1〜4年生で欠員が生じた場合のみ試験を実施／帰国生はp.403〜参照
復学制度	あり
公開行事	運動会：5月18日　学校見学会：6月11・12日　七夕集会：7月6日
備考	原則、月2回の土曜日は休校

学費

入学手続時納付金	
入学金	250,000円

年間納付金	
授業料・月額	35,000円
教育充実費・月額	8,000円
施設設備費	80,000円
父母の会入会金	5,000円
諸経費・年額	44,000円

※副教材費、ICT積立金、遠足費、給食費など別途納付
※上記金額は諸事情等で変更の場合あり

制服

セキュリティ

警備員常駐／防犯カメラ設置／交通指導員配置／登下校確認システム／防犯ブザー携帯／携帯電話所持可（届出制）／インターホン設置／保護者名札着用／避難・防災訓練実施／緊急通報・安否確認システム／学校110番／災害用品備蓄／AED設置

昼食

給食（週2回）、お弁当（週3回）…希望者は週3回パン給食あり。給食は成分表の開示あり

進学情報

[中学校への進学状況]
【サレジアン国際学園】男子は約42％、女子は約44％が内部進学。開成、麻布、桜蔭、雙葉、早稲田、巣鴨、城北、白百合、光塩、大妻、立教新座、栄東など
[高等学校への進学状況]【サレジアン国際学園】ほぼ全員が内部進学
[大学への進学状況]
東京外国語、早稲田、上智、東京理科、立教、明治、青山学院、中央など

[系列校]
星美学園短期大学、サレジアン国際学園中学校高等学校、星美学園幼稚園、サレジアン国際学園世田谷中学高等学校、サレジアン国際学園目黒星美小学校など

※上記募集要項は小学校公表データです。詳細は小学校HPまたはお電話でご確認ください

清明学園初等学校

http://www.seimei-gakuen.ed.jp　E-mail info@seimei-gakuen.ed.jp

[アクセス]
- ●東急池上線【雪ガ谷大塚】より徒歩7分
- ●東急バス【清明学園下】下車

[所在地]　〒145-0066　東京都大田区南雪谷3-12-26
　　　　　TEL 03-3726-7138　FAX 03-3720-5589

小学校情報

[校　長]　横山 豊治
[児童数]　男女計366名

沿　革　昭和5年、濱野重郎が義務教育の改善を目指して本学園を開校。昭和8年、清明幼稚園開園。昭和16年、清明学園初等学校と改称。昭和25年、学校法人清明学園設立認可。昭和26年、清明学園中学校が開校、昭和32年、初等部・中等部一貫の9年制教育を完全実施。令和7年、学園創立95周年を迎える。

教育方針　創立者の言葉である「子どもと共に生き　子どもを生かし　子どもを通して生きる」を教育信条とする。創立以来、子どもが自分は大切にされていると感じながら、一人ひとりが生き生きと学び、生活してほしいという理念がある。子ども一人ひとりの個性を認め、それを伸ばす教育では、子どものよいところを探し、ほめて認めること、「子ども」という大人の目線で見るのではなく、一人の人格を持った人間としてとらえることが大事であると考えている。子どもに正面から向き合い、教えることができるよう、教師も常に研鑽を積み、毎日の実践に取り組む。

特　色　創立者の志である「義務教育の改善」を念頭に置き、9ヵ年の一貫教育を実施。9年を3つの教育期に分け、幼稚園と初等部2年生（小2）までの第1教育期は「体験を通して感性を磨く」、初等部3年生（小3）から中等部7年生（中1）までの第2教育期は「基礎学力の充実」、中等部8年生（中2）から中等部9年生（中3）までの第3教育期は「個に応じた受験指導の徹底」を目標とする。自分のペースで学べるよう個別学習を行い、歌や劇を通した表現学習や日記指導、読書指導にも力を入れている。

◆**クラブ活動**　4・5年生。音楽、美術、料理、科学、囲碁将棋、演劇、サッカー、卓球、野球、バドミントン、陸上など
◆**英語教育**　授業時間を1年生は15分を週3日、2年生は5分、3年生は10分を週5日、4・5年生は20分を週4日と小分けにして、英語にふれる頻度を増やしている
◆**総合学習**　1・2年生は、生活経験を充実させるために手作り、散歩、文学、映画、自由遊びの時間がある。週1.5〜2時間の「そうごう」の時間では、「木工」「表現」「実験」「土」「音」のコーナーを選び、活動を楽しむ
◆**校外学習**　1〜5年生でこどもの国へ、3・5年生は軽井沢浅間寮で山の学校、4年生は海の学校、5年生は修学旅行がある

年間行事予定	
月	行　事　名 (抜粋)
4	入学式
5	5年修学旅行、1・2年たんけんごっこ、スポーツ大会
6	――――
7	夏まつり、3・5年山の学校、4年海の学校
8	夏休み
9	清明祭
10	運動会、1・2年たんけんごっこ
11	濱野重郎先生を偲ぶ会
12	舞台発表会
1	音楽・演劇鑑賞会
2	――――
3	全校校外学習、あすなろの集い

入試データ

下記の資料は**2024年度用（2023年秋～冬実施済み）**です

募集要項 ※下記は前年度のデータです

募集人員	男女計80名（第1回、第2回合わせて。内部進学者含む）
学校（入試）説明会	学校説明会：5月13日 6月17日／9月16日（公開授業あり） Ｗｅｂ説明会：11月18日
願書配付期間	Ｗｅｂ公開のみ
出願期間	A（第1回）：10月2日～11月2日 B（第2回）：11月17～30日 ※ＨＰの指示に従ってＷｅｂ出願
提出書類	・受験票 ※考査日に持参
受験票交付	自宅やコンビニエンスストアなどで各自印刷
受験番号付番	願書受付順　　月齢考慮　　あり
考査日	考査・面接：A…11月4・5日のうち1日 B…12月2日
選抜方法	知能テスト、運動テスト、面接
考査料	20,000円（クレジットカード、コンビニまたはペイジー決済）
合格発表	A：11月6日　B：12月2日　Ｗｅｂ発表
倍率	非公表
入学手続	A：11月11日　B：12月6日
編入学制度	欠員が生じた場合、随時試験を実施（登録制）／帰国生はp.403～参照
復学制度	欠員が生じた場合に限る。あらかじめ願書を提出
公開行事	夏まつり：7月7日 オープンスクール：8月26・27日（年長児のみ。要申込） 清明祭：9月30日（要申込）　運動会：10月7日
備考	土曜登校は隔週

セキュリティ

警備員常駐／防犯カメラ設置／交通指導員配置／防犯ブザー携帯／携帯電話所持可／授業中門施錠／インターホン設置／保護者ＩＤカード／避難・防災訓練実施／緊急通報・安否確認システム／緊急地震速報装置／学校110番／災害用品備蓄／ＡＥＤ設置

学費

.... 入学手続時納付金 ....

入学金	200,000円
施設費	70,000円
後援会入会金	10,000円
寄付金1口	100,000円
（1口以上、任意）	

.... 年間納付金 ....

授業料・年額	420,000円
設備費・年額	180,000円
冷暖房費・年額	10,000円
後援会会費・年額	24,000円

※上記金額は諸事情等で変更の場合あり

制服

昼食

お弁当（週5回）

進学情報

[中学校への進学状況]
【清明学園】全員が内部進学
[高等学校への進学状況]
筑波大駒場、東京学芸大附属、慶應、慶應志木、慶應女子、早大学院、早大本庄、青山学院、明大明治、日本女子大附属、渋谷幕張、市川、東邦大東邦など
[大学への進学状況]──

[系列校]
清明学園中学校、清明幼稚園

※上記募集要項は小学校公表データです。詳細は小学校ＨＰまたはお電話でご確認ください

玉川学園

https://www.tamagawa.jp/academy/elementary_d/　　E-mail k12admit@tamagawa.ed.jp

[アクセス]
- ●小田急小田原線【玉川学園前】より徒歩10分
- ●東急田園都市線【青葉台】より東急バス17分【奈良北団地】下車徒歩10分

［所在地］　〒194-8610　東京都町田市玉川学園6-1-1
　　　　　　TEL 042-739-8931（入試）　FAX 042-739-8929

小学校情報

［校　長］　小原 芳明
［児童数］　792名（男子381名、女子411名）

沿　革　昭和4年、玉川学園（幼稚園・小学部・中学部・塾生）開校、小田急線玉川学園前駅設置。昭和5年、玉川高等女学校設置認可。昭和22年、学制改革により玉川学園小学部・中学部、玉川大学設置認可。昭和23年、新制高等学校令により高等部設置認可。昭和25年、玉川学園幼稚部設置認可。平成18年より小・中・高の一貫教育を行っている。

教育方針　人間形成には「真・善・美・聖・健・富」の6つの価値を調和的に創造することが理想とする教育。その理想を実現するため、12の教育信条（①全人教育、②個性尊重、③自学自律、④能率高き教育、⑤学的根拠に立てる教育、⑥自然の尊重、⑦師弟間の温情、⑧労作教育、⑨反対の合一、⑩第二里行者と人生の開拓者、⑪24時間の教育、⑫国際教育）を掲げる。「きれいな心」「よい頭」「つよい体」を目標に置き、教育の新しいかたちをグローバルな視野でとらえ、よりよい教育環境の構築を目指す。

特　色　幼稚部から大学院までを擁する総合学園としての特性を生かし、一貫教育を展開。1～5年生は知識だけでなく、体験を通して五感を働かせた学習によって得られる基礎学力を身につける。6年生は中学生と同じ生活エリアで「自学自律」の精神を培いながら、意志と体力の発達を重視した教育プログラムの中で力を伸ばす。また、日本語が主体のJP（Japanese Predominant）クラス、英語が主体のEP（English Predominant）クラスを設置。全クラスでバイリンガル教育を実践し、国際社会が求める資質を育てる。

◆**課外活動**　6年生の希望者。バドミントン、吹奏楽、美術、サイエンスなど。平日の朝、土曜日、長期休暇中に活動
◆**英語教育**　全学年、週5時間。JPクラスは日本人教員とELF教員（英語圏の小学校教育免許取得者など）が連携して授業を行う
◆**国際教育**　海外交流校との相互訪問、オンラインでの交流、留学生受け入れなどを行う。希望する5年生はオーストラリアのロックハンプトングラマー校、6年生はアメリカのハーカー校での研修を実施
◆**ICT教育**　全学年でプログラミング教育を実施。1・2年生は初歩的なプログラミングを体験。3年生以上は週2時間の授業で課題に取り組み、論理的な思考を育む

年間行事予定	
月	行　事　名（抜粋）
4	入学式、運動会
5	遠足
6	2年総合科見学
7	サマープログラム、林間学校、4・5年ESサマーキャンプ（希望者）
8	
9	防災訓練
10	体育祭、ロックハンプトングラマー校研修
11	大根などの収穫、音楽祭、交流校ハーカー校来園
12	クリスマス礼拝
1	5年ハンネス・シュナイダースキー学校
2	玉川学園展
3	小学校課程修了式

入試データ

下記の資料は**2024年度用（2023年秋実施済み）**です

募集要項 ※下記は前年度のデータです

募集人員	男女計140名（ＪＰクラス、ＥＰクラス合わせて。内部進学者含む）
学校（入試）説明会	Ｗｅｂ説明会：5月6日／6月10日／9月15日
願書配付期間	4月17日〜
出願期間	9月29日〜10月16日（郵送）／10月19日（持参） ※郵送（簡易書留・消印有効）／持参（10〜14時）
提出書類	・入学志願書・面接資料 ・受験票、入学検定料振込金通知書（Ａ票） ・受験票返送用封筒（切手を貼付）
受験票交付	速達で郵送
受験番号付番	願書受付順　月齢考慮　あり
考査日	考査・面接：11月1〜3日のうち1日
選抜方法	行動観察・運動、言語・数量（受験生面接）、保護者同伴による面接
考査料	30,000円
合格発表	11月4日　17〜24時　Ｗｅｂ発表 11月5日　10〜12時　書面交付
倍率	男子約1.4倍　女子約1.3倍
入学手続	11月5〜8日　郵送（消印有効）
編入学制度	欠員が生じた場合のみ試験を実施／帰国生はp.403〜参照
復学制度	再入学試験の結果により決定
公開行事	K-12経塚校舎見学会：8月4〜7日 玉川学園体育祭：10月14日 ※学校見学は5〜7月、9・10月の指定日に実施
備考	——

学費

········ 入学手続時納付金 ········
入学金（ＪＰクラス）　220,000円
入学手続金（ＥＰクラス）355,250円

········· 年間納付金 ·········
授業料・年額（ＪＰクラス）815,000円
　　　　（ＥＰクラス）1,065,750円
教育諸料・年額（ＪＰクラス）141,500円
　　　　（ＥＰクラス）151,500円
教育情報料・年額　　　24,000円
施設整備金・年額　　　160,000円
父母会会費・年額　　　7,200円
教育充実資金1口　　　100,000円
（2口以上、任意）
※上記金額は諸事情等で変更の場合あり

制服

制服なし（女子）
1・2年生は制帽あり

セキュリティ

警備員／防犯カメラ／交通指導員／登下校確認システム／防犯ブザー（任意）／携帯電話所持可（許可制）／授業中門施錠／インターホン／保護者ＩＤカード／赤外線センサー／避難・防災訓練／緊急通報・安否確認システム／緊急地震速報装置／学校110番／災害用品／ＡＥＤ／防犯・防災専門部署／診療所

昼食

お弁当（週5回）

進学情報

[中学校への進学状況]
【玉川】約90％が内部進学。慶應中等部、東京都市大付属など

[高等学校への進学状況]
【玉川】約90％が内部進学。慶應女子、法政大二など

[大学への進学状況]
【玉川】約30％が内部進学。早稲田、上智、立教、青山学院、中央、法政など

[系列校]
玉川大学・大学院、玉川学園（高等部・中学部・幼稚部）

※上記募集要項は小学校公表データです。詳細は小学校ＨＰまたはお電話でご確認ください

考査ガイド

考査日程	1日
受験番号付番	願書受付順
選抜方法	考査は3日間のうち希望する1日で、個別テスト、集団テスト、運動テスト、親子面接を行う。面接が先か、子どもの考査が先かは受験番号によって異なる
考査内容	個別テスト、集団テスト、運動テスト、親子面接
所要時間	約1時間30分（待ち時間を含む）

過去の出題例

個別テスト

1 模 写
・上のお手本と同じになるように、下にかきましょう。

2 言語（しりとり）
・左上の二重丸から右下の四角まで、しりとりでなるべく長くつながるように、絵を線でつなぎましょう。

3 数 量
・四角はいくつありますか。その数を下から選んで、指でさしてください。

集団テスト

課題遊び・自由遊び ※グループに分かれて行う
ボウリング、フープ、輪投げ、的当てが用意されている。ルールやお約束を聞いた後、最初は指示された遊びを行い、どうしたらうまくいくかグループで相談する。その後、個々で自由に遊ぶ。

運動テスト

ひざの屈伸
合図に合わせて、ひざの曲げ伸ばしをする。

ここがポイント

個別テストでは、話の記憶、言語などの問題が出されています。言語では、ひらがなをなぞったり、ひらがなで書かれた言葉を選んだりする文字の問題が出されることもありますので、ひらがなは読めるようにしておきましょう。生活習慣を見る課題を出されることもあるため、日ごろから片づけなどを自分で行えるようにしましょう。

出題傾向

	ペーパーテスト													個別テスト															集団テスト												運動	面接
	話	数量	観察力	言語	推理・思考	構成力	記憶	常識	位置・置換	模写	巧緻性	絵画・表現	系列完成	話	数量	観察力	言語	推理・思考	構成力	記憶	常識	位置・置換	巧緻性	絵画・表現	系列完成	制作	生活習慣	話	観察力	言語	常識	巧緻性	絵画・表現	制作	行動観察	課題・自由遊び	運動・ゲーム	生活習慣	運動	面接
2024年														○	○	○		○		○			○						○							○	○		○	○
2023年															○	○	○	○		○												○							○	○
2022年															○	○	○	○			○					○			○										○	○
2021年															○	○		○			○																○		○	○
2020年															○	○	○	○			○						○												○	○

面接ガイド

親子面接 考査当日に面接が行われる
所要時間 10〜15分

＜面接資料／アンケート＞
出願時に面接資料を提出する

過去の質問例

本人への質問

・お名前、幼稚園（保育園）の名前を教えてください。
・幼稚園（保育園）の担任の先生の名前は何ですか。
・幼稚園（保育園）では何をして遊びますか。
・お友達の名前を教えてください。
・きょうだいはいますか。名前を教えてください。
・きょうだいと何をして遊びますか。
・お母さんの作るお料理で好きなものは何ですか。
・今日、朝ごはんは何を食べましたか。
・お父さんとお母さんのどんなところが好きですか。
・どんなときにお父さんやお母さんにほめられますか。
　また、しかられますか。
・習い事はしていますか。どんなところが好きですか。
・好きな絵本は何ですか。どんなお話ですか。
・小学生になったらどんなことをしたいですか。
・大きくなったら何になりたいですか。

父親への質問

・志望理由を教えてください。
・本校を知ったきっかけをお聞かせください。
・学校見学やオンライン説明会に参加されましたか。印
　象に残ったことは何ですか。
・どのようなときにお子さんの成長を感じましたか。
・お子さんは今、何に興味を持っていますか。
・お子さんにはどのような大人になってほしいですか。
・休日はお子さんとどのように過ごしていますか。
・お子さんと接する際に大切にしていることは何ですか。

母親への質問

・お子さんのことを紹介してください。

面接の配置図

・本日のお子さんの様子は普段と比べていかがですか。
・お子さんのすてきなところをたくさん教えてください。
・本校で、お子さんのどのようなところを伸ばしたいで
　すか。
・お子さんのしつけで大切にしていることは何ですか。
・最近、どのようなことでお子さんをほめましたか。ま
　た、しかりましたか。
・遠方からの通学になりますが大丈夫ですか。

※出願時に提出する面接資料には、以下のような記
　入項目がある。本人写真と家族写真を貼付する。
①玉川学園を志望した理由
②家庭教育での留意点
③お子さまの性格について（長所・短所）
④備考（学習言語について配慮する必要があれば記
　入する）

Inside voice

・子どもの考査は第1・第2面接、親子面接は第3面接という名称でした。第3面接では入室時に自己紹介などはせずに、子どもを真ん中にしてすぐ着席するよう指示がありました。
・第3面接では両親とも、学校見学やオンライン説明会に参加したかどうかを聞かれ、感想を求められました。公開行事にはできるだけ参加し、印象などを整理しておくとよいと思います。
・控え室は教室でしたが、教材や展示物などはすべて布や紙で覆われ、見えないようにしてありました。息子が気にして落ち着かないのではと心配していたので、安心しました。

帝京大学小学校

TEIKYO　https://www.teikyo-sho.ed.jp　E-mail toiawase@teikyo-sho.ed.jp

[所在地]　〒206-8561　東京都多摩市和田1254-6
TEL 042-357-5577　FAX 042-357-5727

[アクセス]
●京王線【聖蹟桜ヶ丘】【高幡不動】、京王相模原線・小田急多摩線【多摩センター】よりバス約10分
●多摩モノレール【大塚・帝京大学】より徒歩15分

■ 小学校情報

[校　長]　石井 卓之
[児童数]　275名（男子180名、女子95名）

沿　革　平成17年、帝京大学八王子キャンパス内に開校。平成24年4月、国立競技場を手掛けた隈研吾氏が設計した新校舎が完成。平成27年3月より海外語学研修を開始し、同年4月、アフタースクール「帝翔塾」を開設。

教育方針　建学の精神として、『努力をすべての基とし偏見を排し、幅広い知識を身につけ、国際的視野に立って判断ができ、実学を通して創造力および人間味豊かな、専門性ある人材の養成を目的とする』を掲げる。教育目標を、「強く—よく考え、最後までやり抜く強い子」「優しく—慈しみ、思いやりのある優しい子」「美しく—正しく行動し、感動できる美しい子」とし、「知・情・意・体」のバランスのとれた児童の育成を目指す。情報収集・処理力と国際感覚の向上、強い意志と行動力、豊かな人間性の育成に努める。

特　色　子どもたちが「なりたい自分」を目指して学んでいけるよう、キャリア教育に力を入れる。全学年を対象に「キャリアパスポートデー」を実施。10社以上の企業や団体の協力のもと、仕事の魅力や大変さ、働くことの意味などを学ぶ。また、学校の敷地内にある里山を利用した「里山プロジェクト」では、秘密基地作りや焼きいもパーティー、シイタケ栽培など、さまざまな活動を企業の人たちと一緒に行い、自然とのふれ合いを通して、「人と自然のつながり」を大切にしていける力を育む。全クラスに設置された電子黒板や個人所有のタブレット端末を活用した授業も積極的に取り入れ、子どもたちの学びを充実させている。

◆**英語教育**　1年生から週2時間、ネイティブと日本人教員のチームティーチングによる授業。5・6年生はさらに週1時間、日本人教員が基礎的な文法や英検対策の授業を行う。5年生は帝京大学留学生との交流、6年生はオーストラリア現地校との交流学習を実施

◆**授業の特色**　国語は1年生から辞書引き学習法を導入。理科は最先端の設備を備えた理科室やプラネタリウムなどで本物の体験を通して学習。日本文化体験として1年生はおはやし、2年生は和太鼓、3年生はお琴、4年生は三味線の授業がある

◆**校外学習**　3年生から宿泊学習を行う。3・4年生は八ヶ岳にて縦割りで実施。5年生は日光、6年生は修学旅行で沖縄を訪問する

年間行事予定

月	行　事　名（抜粋）
4	入学式、1年生を迎える会、全校遠足
5	5年セカンドスクール（宿泊学習）
6	3・4年セカンドスクール（宿泊学習）
7	帝小祭
8	夏休み
9	1年引き渡し訓練
10	運動会
11	学芸会・展覧会（隔年）
12	もちつき大会
1	4年引き渡し訓練、4年1/2成人式
2	6年修学旅行
3	卒業式、修了式

入試データ

下記の資料は**2025年度用（2024年秋実施予定）**です

募集要項

募集人員	男女計約80名（I〜IV期合わせて。内部進学者含む）
学校（入試）説明会	学校説明会：5月18日／6月22日／7月13日 Ｗｅｂ説明会：9月14日
願書配付期間	Ｗｅｂ公開のみ
出願期間	I期：10月1〜7日　II期：10月21日〜11月6日 III期：11月9〜13日　IV期：11月18〜27日 ※ＨＰの指示に従ってＷｅｂ出願
提出書類	・入学願書　・面接票 ・健康調査票　・受験票　※すべて考査日に持参
受験票交付	自宅やコンビニエンスストアなどで各自印刷
受験番号付番	願書受付順　　月齢考慮　　あり
考査日	考査：I期…11月1日　II期…11月9日 　　　III期…11月16日　IV期…11月30日 面接：I〜III期…考査日前に実施　IV期…考査当日に実施
選抜方法^{注1}	ペーパーテスト、集団テスト、親子面接
考査料	30,000円（クレジットカードまたはコンビニ決済）
合格発表	I期：11月2日　II期：11月10日 III期：11月17日　IV期：12月1日　Ｗｅｂ発表
倍率（前年度）	約1.4倍
入学手続	I期：11月5〜7日　II期：11月11〜13日 III期：11月18〜20日　IV期：12月2〜4日
編入学制度	1〜3年生で欠員が生じた学年のみ試験を実施／帰国生はp.403〜参照
復学制度	なし
公開行事	授業見学会：5月8・29日／6月6・21日／7月8日 オープンスクール：7月27日／8月25・28日　運動会：10月19日
備考	スクールバスあり　土曜登校は月1回程度

セキュリティ

警備員常駐／防犯カメラ設置／登下校確認システム／携帯電話所持可／授業中門施錠／インターホン設置／保護者入構証／避難・防災訓練実施／緊急通報・安否確認システム／緊急地震速報装置／災害用品備蓄／ＡＥＤ設置

学費

……… 入学手続時納付金 ………

入学金	200,000円
施設拡充費	230,000円

………… 年間納付金 …………

授業料・年額	624,000円
保険料、学級費・年額	99,000円
後援会入会金（初年度のみ）	5,000円
後援会会費・年額	24,000円
給食費・年額	約70,000円
修学旅行積立金・年額	20,000円
登下校システム利用料・年額	5,232円
スクールバス利用料・月額 （利用者のみ）	3,500〜5,500円
寄付金1口 （2口以上、任意）	100,000円

※入学辞退者には施設拡充費を返還
※上記金額は諸事情等で変更の場合あり

制服

昼食

給食（週5回）

進学情報

[中学校への進学状況]【帝京大学、帝京八王子、帝京】約45％がグループ校に進学。渋谷幕張、海城、洗足、明大明治、東京都市大等々力、法政大など
[高等学校への進学状況]
【帝京大学、帝京八王子、帝京】ほぼ全員がグループ校に進学
[大学への進学状況]
【帝京】、京都、東京工業、一橋、東京外国語、筑波、大阪、慶應、早稲田など

[系列校]
帝京大学・大学院・短期大学、帝京大学中学校・高等学校、帝京大学幼稚園、帝京中学校・高等学校、帝京幼稚園、帝京八王子中学校・高等学校、帝京平成大学、帝京科学大学など

※上記募集要項は小学校公表データです（注1：選抜方法については伸芽会教育研究所調査によるデータです）。詳細は小学校ＨＰまたはお電話でご確認ください

考査ガイド

考査日程	1日
受験番号付番	願書受付順
選抜方法	受験番号順に教室に向かい、ペーパーテスト、集団テストを行う
考査内容	ペーパーテスト、集団テスト、親子面接
所要時間	約1時間

過去の出題例

ペーパーテスト

1 言 語

・カエルから時計まで、矢印の順番にしりとりをします。空いている丸、三角、四角、バツに入るものを右端の四角から選んで、それぞれの印をつけましょう。

2 数 量

・サルのところです。リンゴの数だけ丸を塗りましょう。
・クマのところです。ミカンの数だけ丸を塗りましょう。
・クマとネコのところにあるリンゴの数はいくつ違いますか。その数だけネコのところの丸を塗りましょう。
・サルとクマとネコの中で、リンゴとミカンの数の違いが一番少ない動物に○をつけましょう。

3 記 憶

・(印のかかれた左のマス目を10秒間見せた後、右のマス目を見せる)今覚えたマス目の順番で、空いているところに入る印をかきましょう。

集団テスト

■行動観察 ※3人1組で行う

プラスチック製ブロック玩具を使い、グループで協力しながら、指示されたもの(乗り物など)を作る。

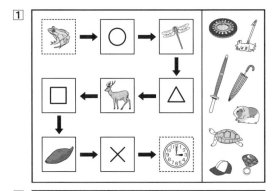
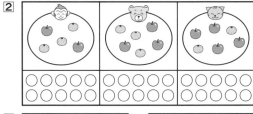
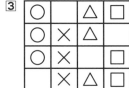
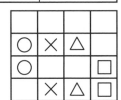

ここがポイント

ペーパーテストは、常識、言語、数量、推理・思考など、幅広く出題されます。行動観察はグループで課題に取り組みますが、完成させることが重要なのではなく、お友達と協力できるか、自分の意見が言えるか、制作の途中でもテスターの指示通りやめることができるか、テスターの説明中の態度、片づけ方などが見られます。

出題傾向

	ペーパーテスト										個別テスト											集団テスト									運動	面接
	話	数量	観察力	言語	推理・思考	構成力	記憶	常識	位置・置換	巧緻性	絵画・表現	系列完成	話	数量	観察力	言語	推理・思考	構成力	記憶	常識	位置・置換	巧緻性	絵画・表現	系列完成	制作	行動観察	話	観察力	言語	常識	巧緻性	絵画・表現	制作	行動観察	課題・自由遊び	運動・ゲーム	生活習慣	運動	面接
2024年	○	○		○	○		○	○	○			○																						○					○
2023年	○	○		○	○		○	○	○	○		○																						○					○
2022年	○	○		○	○		○	○	○			○																						○					○
2021年	○	○		○	○		○	○	○			○																						○					○
2020年	○	○		○	○		○	○	○			○																						○					○

面接ガイド

親子面接 考査日前の指定日時に面接が行われる
所要時間 約15分

＜面接資料／アンケート＞
面接当日に面接票を提出する

過去の質問例

本人への質問

・お名前と生年月日を教えてください。
・幼稚園（保育園）の名前と担任の先生の名前を教えてください。
・幼稚園（保育園）ではどんな遊びが好きですか。
・仲のよいお友達の名前を1人教えてください。そのお友達のどんなところが好きですか。
・お父さんがお休みの日は何をして遊びますか。
・お家ではお手伝いをしますか。どんなお手伝いですか。
・お母さんの作るお料理で何が好きですか。
・好きな食べ物、嫌いな食べ物は何ですか。
・（オープンスクールの参加者の場合）オープンスクールで面白かったことを教えてください。
・この学校に入学したら、何を頑張りたいですか。
・大きくなったら何になりたいですか。

父親への質問

・志望理由をお聞かせください。
・一貫教育についてどのようにお考えですか。
・学校説明会や授業見学会に参加されましたか。そのとき、どのような印象を持ちましたか。
・ご家庭のしつけで大切にされていることは何ですか。
・ご家庭における教育の中で、父親の役割をどのようにお考えですか。
・休日はお子さんとどのように過ごしていますか。
・お子さんが大人になり社会へ出るころには、どのような能力が必要だとお考えですか。

母親への質問

・本校にはどのような教育を期待しますか。

面接の配置図

```
              先生
              ◯
           ┌──────┐
           │      │
           └──────┘

      ◯    ◯    ◯
      父    子    母
                      出入口
```

・お子さんの長所と短所を教えてください。
・お子さんは幼稚園（保育園）ではどのような様子ですか。ご家庭ではいかがですか。
・最近、お子さんが成長したと思うのはどのようなところですか。
・お子さんにはどのようなお手伝いをさせていますか。
・通学経路と所要時間を教えてください。
・お子さんの進学にあたり、不安なことはありますか。
・お子さんにはアレルギーがありますか。

※面接当日に提出する面接票には、以下のような記入項目がある。
①志願者の氏名、生年月日、性別、保護者との続柄、これまでの教育歴
②保護者の氏名、現住所、電話番号
③志願理由

Inside voice

・学校説明会や授業見学会、面接、考査を通して、先生方や事務の方が笑顔で優しく対応してくださり、親子ともども緊張することなく入試に臨むことができました。
・面接では面接官の先生がテンポよく質問され、親子とも答えに対して深掘りされるものもありました。親の考え方を理解し、学校とのマッチングを確認しようとされているのを感じました。
・考査の控え室は教室で、少し寒く感じました。ストールやひざ掛けなどを持参しておくと安心だと思います。ほとんどの方が読書をして過ごしていました。

田園調布雙葉小学校

https://www.denenchofufutaba.ed.jp/elementary/index.html

[アクセス]
- ●東急大井町線【九品仏】より徒歩10分
- ●東急東横線・目黒線【田園調布】より徒歩15分

[所在地] 〒158-8511　東京都世田谷区玉川田園調布1-20-9
TEL 03-3721-3994／03-3722-5258　FAX 03-3721-7080

小学校情報

[校 長] 筒井 三都子
[児童数] 女子736名

沿 革
昭和16年、財団法人私立新栄女子学院雙葉第二初等学校認可。昭和22年、雙葉第二小学校と改称。昭和24年、雙葉第二中学校、雙葉第二小学校附属幼稚園を設立。昭和26年、財団法人私立新栄女子学院が学校法人雙葉学園へ組織変更。昭和31年、雙葉学園から独立し、学校法人雙葉第二学園新設、昭和39年、学校法人田園調布雙葉学園と名称変更。令和8年、学園創立85周年を迎える。

教育方針
キリスト教の教育理念に基づき、①神に生かされている人間の神秘に気づくように、②イエス・キリストの似姿として成長していけるように、③地球社会の一員であることを自覚して生きることができるように、という姉妹校共通の教育目標に従って、児童・生徒の人間としての成長を助ける。校訓は『徳においては純真に　義務においては堅実に』とする。恵まれた自然の中で、先生や友達、家族とのかかわりを大切にしながら、同じ教育方針、校訓で貫かれた高校までの一貫体制のもとで時間をかけた教育を行う。

特 色
基礎学力を高めるとともに、少しずつ周囲に目を開き、よりよい世界を築くために働きたいと願う子どもに成長していくよう導く。教育課程には通常の各教科のほかに宗教、英語、図書館の時間を置く。宗教では、キリスト教の教えを通して生きる意味に目覚めるため、英語では、異文化の世界と親しむため、図書館では、読書を通してたくさんの人に出会うための教育を実践する。また、全学年に設けられている総合学習の「ふたばタイム」では、日常の活動を通して、目指す人間像に近づけるように努めている。

◆**クラブ活動** 5年生以上、週1時間。卓球、バレーボール、一輪車＆ダブルダッチ、器械体操、ダンス、バトン、和太鼓、実験、プログラミング、アニメーションなど。そのほか、4年生以上の希望者が参加する聖歌隊がある

◆**児童会活動** 4〜6年生の代表委員会、計画委員会があるほか、4年生は美化、飼育栽培、体育、5年生は掲示、図書、保健衛生、6年生は奉仕、宗教、報道を担当する

◆**英語教育** 全学年、週2時間。子どもの特性である鋭い聴覚、記憶力、模倣能力を生かして音声中心に指導する

◆**宿泊行事** 4年生の林間学校は河口湖、5年生の林間学校は白樺湖で実施。6年生は広島でのふたばスクールがある

年間行事予定	
月	行 事 名 (抜粋)
4	入学式、ご復活の集い、春の遠足
5	運動会
6	プール開き
7	4年林間学校、宗教合宿
8	夏休み、5年林間学校
9	6年ふたばスクール、4・5年社会科見学
10	バレ神父様の集い、マーガレット遠足、2年郵便局見学
11	開校記念日、発表会
12	学園感謝ミサ、クリスマスの集い
1	3年社会科見学
2	6年社会科見学、クラブ発表
3	6年卒業感謝ミサ、卒業式

始業／制服／3学期制／土曜登校／毎年クラス替／お弁当／アレルギー対応／ICT教育／英語コマ数2／通学時間制限／アフタースクール／幼稚園／中学・高校／大学／カトリック

入試データ　下記の資料は**2025年度用（2024年秋実施予定）**です

募集要項

募集人員	女子約65名
学校(入試)説明会	6月1日／9月14日（要申込）
願書配付期間	Ｗｅｂ公開のみ
出願期間	Ｗｅｂ出願：9月1日〜10月2日 書類提出：10月1・2日（消印有効）　簡易書留速達で郵送 ※ＨＰの指示に従ってＷｅｂ出願後に書類提出
提出書類	・入学願書 ・「本校志望にあたって」 ・受験票 ※受験票は考査日に持参
受験票交付	自宅やコンビニエンスストアなどで各自印刷
受験番号付番	生年月日順　　月齢考慮　あり
考査日	考査：11月1日 面接：10月16〜20日のうち1日
選抜方法^{注1}※	ペーパーテスト、個別テスト、集団テスト、親子面接
考査料	30,000円（クレジットカード、コンビニまたはペイジー決済）
合格発表	11月3日　9時　Ｗｅｂ発表
倍率（前年度）	非公表
入学手続	11月6日　10〜13時
編入学制度	欠員が生じた場合のみ試験を実施／帰国生はp.403〜参照
復学制度	あり
公開行事	ふれあい見学会：6月29日
備考	通学時間制限：所要時間60分程度 年9回、土曜登校あり（1年生は年6回）

セキュリティ

警備員常駐／防犯カメラ／交通指導員／登下校確認システム／防犯ブザー（任意）／携帯電話所持可（許可制）／オートドアロック／インターホン／保護者入構証／赤外線センサー／避難・防災訓練／看護師常駐／緊急通報・安否確認システム／緊急地震速報装置／学校110番／災害用品／ＡＥＤ

学費

……… 入学手続時納付金 ………
入学金	250,000円
施設拡充費	150,000円

……… 年間納付金 ………
授業料・年額	516,000円
施設拡充費・年額	165,000円
冷暖房費・年額	8,500円
後援会会費・年額	7,500円
寄付金1口	100,000円

（4口以上、任意）
※上記金額は諸事情等で変更の場合あり

制服

昼食

お弁当（週5回）

進学情報

[中学校への進学状況]
【田園調布雙葉】ほぼ全員が内部進学
[高等学校への進学状況]
【田園調布雙葉】ほぼ全員が内部進学
[大学への進学状況] 東京、筑波、東京医科歯科、東京藝術、慶應、早稲田、上智、国際基督教、東京理科、白百合、聖心など

[系列校]
田園調布雙葉中学高等学校、田園調布雙葉小学校附属幼稚園など

東京　私立　女子　て　田園調布雙葉小学校

考査ガイド

考査日程	1日
受験番号付番	生年月日順（年少者より）
選抜方法	生年月日の年少者から決められた受験番号順に行われる。控え室でビブスをつけ、約5人単位で誘導され、ペーパーテスト、集団テストを行い、1人ずつ個別テストを行う
考査内容	ペーパーテスト、個別テスト、集団テスト、親子面接
所要時間	約2時間30分

過去の出題例

ペーパーテスト

1 数　量

・子どもたちがパーティーをしています。全員に帽子をあげるには、あといくつあるとよいですか。その数だけ、帽子の横の四角に○をかきましょう。

・お皿とフォークを全員に配るには、あといくつあるとよいですか。お皿とフォークの横の四角に、それぞれ足りない数だけ○をかきましょう。

2 推理・思考（折り図形）

・左端のように折り紙を折って開くと、どのような折り目がつきますか。右から選んで○をつけましょう。

個別テスト

言語・常識

鍋を見せられる。

・これを使うときに気をつけることは何ですか。

集団テスト

制　作

お手本通りに折り紙でチューリップを折り、画用紙にのりで貼って、周りにクーピーペンで好きな絵を描く。

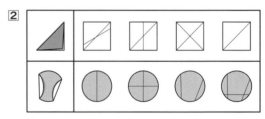

ここがポイント

考査では、時間をかけて一人ひとりをじっくり見られます。特にペーパーテスト、個別・集団テストを含めたトータルバランスでの発達度を見ているようです。過去に行われていた実際にお弁当を食べる課題はなくなりましたが、しつけを家庭教育の要と考えている学校側の姿勢に変わりはないので、日ごろの生活習慣を大切にしましょう。

出題傾向

	ペーパーテスト													個別テスト														集団テスト											運動	面接
	話	数量	観察力	言語	推理・思考	構成力	記憶	常識	位置・置換	模写	巧緻性	絵画・表現	系列完成	話	数量	観察力	言語	推理・思考	構成力	記憶	常識	位置・置換	巧緻性	絵画・表現	制作	生活習慣	行動観察	話	観察力	言語	常識	巧緻性	絵画・表現	制作	行動観察	課題・自由遊び	運動・ゲーム	生活習慣	運動	面接
2024年					○	○	○						○			○					○					○	○		○	○						○				○
2023年	○	○						○				○	○			○					○		○			○							○	○						○
2022年	○	○			○			○				○				○																		○	○					○
2021年					○		○	○				○	○								○	○										○		○	○					○
2020年	○				○	○	○					○											○														○			○

面接ガイド

親子面接　考査日前の指定日時に面接が行われる。校長や副校長による第一面接と、教師による第二面接がある
所要時間　第一面接と第二面接を合わせて10～15分

＜面接資料／アンケート＞
出願時に本校志望にあたって（面接資料）を提出する

過去の質問例

本人への質問

・お名前を教えてください。
・この学校の名前を知っていますか。
・幼稚園（保育園）では何をして遊びますか。
・外遊び（室内遊び）では何が好きですか。
・幼稚園（保育園）から帰ったら何をして遊びますか。
・お家での約束事はありますか。
・お手伝いはしていますか。
・どんなときにお父さんやお母さんにほめられたり、しかられたりしますか。
・好きなおやつ（飲み物、果物、絵本）は何ですか。
・お父さん、お母さんのどんなところが好きですか。
・大きくなったら何になりたいですか。

父親への質問

・数ある小学校の中で、本校を選んだ理由をお聞かせください。
・本校の教育活動で最も共感したことは何ですか。
・女子校の教育についてどのようにお考えですか。
・カトリック教育について考えをお聞かせください。
・お仕事のやりがいについてお聞かせください。
・どのようなときにお子さんをほめたり、しかったりしますか。
・どのようなときにお子さんの成長を感じますか。
・奥さまのことをどのようにお子さんに話していますか。

母親への質問

・学生時代に打ち込んだことは何ですか。現在も続けていますか。その経験を子育てに生かしていますか。
・子育てで難しいと感じることを教えてください。

面接の配置図

第二面接
教頭　先生
父　子　母
出入口

第一面接
校長　副校長
父　子　母
出入口

・母親としてお子さんに誇れることは何ですか。
・ご自身と友人とのかかわりで大切にしていることは何ですか。
・子育てを通して学んだことは何ですか。
・家庭における母親の役割をどのようにお考えですか。
・ご主人のことをどのようにお子さんに話していますか。

※出願時に提出する面接資料には、以下のような記入項目がある。
①氏名、生年月日、現住所、電話番号、保育歴、現在在園の住所と電話番号
②保護者氏名、連絡先
③家族構成
④通学経路
⑤受験に際し、学校側に知らせておきたいこと

Inside voice

・第一面接では、毎年学校名を聞かれるというので、事前に覚えさせました。第二面接では、子どもへの質問は答えを受けて発展していく形式で、答えの内容ではなく、会話力を見られていると感じました。
・第二面接では親が質問に答えた後、先生が子どもに「そうなの？」と声をかけました。子どもにも親の話をしっかりと聞いておくように、事前に念押ししておいたほうがよいと思います。
・考査日は気温が高かったため、子どもは半袖で考査に向かわせました。寒さが心配な場合は、ビブスの上に上着を羽織り、番号札を上着に留めるよう指示がありました。

東京三育小学校

https://www.tokyosaniku.ed.jp/

[所在地]　〒177-0053　東京都練馬区関町南2-8-4
TEL 03-3920-2450　FAX 03-3928-2909

[アクセス]
●JRほか【吉祥寺】、西武線【武蔵関】【大泉学園】よりバス【東京三育小学校入口】下車徒歩5分
●JRほか【荻窪】よりバス【水道端】下車徒歩5分

小学校情報

[校　長]　平田　理
[児童数]　男女計138名

沿革　明治31年、アメリカに本部を置くセブンスデー・アドベンチスト教会の宣教師であるグレンジャー博士により、東京・芝に芝和英聖書学校を開設。大正8年、キリスト教精神に基づく一貫教育の必要性に注目し、東京・天沼に天沼学院を開校し、小学部、中学部、高等部を併設。昭和24年、天沼教会小学校となる。昭和31年、現在地に移転し、東京三育小学校に改称した。

教育方針　校名が表す3つの育——徳育・知育・体育の調和のとれた教育を行う。キリスト教精神に基づき、将来社会に役立つ人物を育成するため、評価に駆り立てられ競争に勝ち残ることを主たる目的とした教育ではなく、お互いの長所を認め合いながら自分らしさを発揮できる度量を育て、お互いに愛し合い、人々の必要に応えることをいとわない全人教育を目指す。

特色　聖書の教えに基づく「心の教育」を教育活動の中心とし、毎週月曜日に児童礼拝、全学年で毎日聖書の授業を行っている。1学年1クラス、定員25名の少人数制で、クラス内はもとより、学年を超えた交わりを通して幅広い人間関係を形成する。他者への理解を深め、コミュニケーション力を向上させるため、全学年で毎日20分の英語の授業を行い、自然に英語に慣れることを目指す。また、CLIL（Content and Language Integrated Learning）アプローチを取り入れ、英語で他教科の知識を学ぶ。水泳は全学年を対象に、近隣のスポーツクラブで一年を通じて専任コーチによる指導を受けている。

◆**英語教育**　全学年で実施。20分の授業を週5回（1年生は8回）、ネイティブスピーカーとバイリンガル教師により行う。低学年はオーラルコミュニケーションに重点を置いて聞く力・話す力を身につけ、高学年からはフォニックスを用いて読み書きの基本を習得

◆**ICT教育**　各教室に無線LANの設備を整え、必要に応じてノートパソコンを使用することで、深く掘り下げた授業を展開

◆**特別活動**　聖書が人生の礎となるように、毎週土曜日にセブンスデー・アドベンチスト教会に出席することを奨励している

◆**奉仕活動**　児童会によるエコキャップ運動、系列病院や施設へクリスマスカードなどを作って贈るといった取り組みを行っている

年間行事予定

月	行　事　名(抜粋)
4	入学式、新入生歓迎礼拝、授業参観、個人面談
5	遠足、運動会、系列中学校見学会
6	祈祷週、6年修学旅行（沖縄）
7	個人面談
8	夏休み
9	防災訓練、4・5年移動教室
10	バザー、社会科見学、遠足、授業参観
11	祈祷週、水泳大会
12	クリスマス礼拝、個人面談
1	スケート教室
2	学習発表会、卒業祈祷週、芸術鑑賞会
3	卒業生を送る会、卒業式

入試データ　下記の資料は**2025年度用（2024年秋〜冬実施予定）**です

募集要項

募集人員	男女計25名（AO入試、第1期、第2期合わせて）
学校（入試）説明会	学校説明会：5月6日 入試説明会：9月1日（願書配付あり）
願書配付期間	9月2日〜
出願期間	A（AO入試）：10月1〜31日 B（第1期）：10月1日〜11月7日 C（第2期）：11月11日〜12月5日 平日9〜16時（金：〜14時。土：休み）　窓口受付 ※郵送可
提出書類	・入学願書　・出願時添付書類　・健康診断書 ・合格通知用封筒　・推薦状（AO入試のみ） ・受付票・領収書送付用封筒（郵送出願の場合のみ。切手を貼付）
受験票交付	簡易書留速達で郵送または願書受付時に手渡し
受験番号付番	願書受付順　　月齢考慮　　あり
考査日	考査・面接：A…11月3日　B…11月10日　C…12月8日
選抜方法	知能検査、集団行動観察、運動機能検査、親子面接
考査料	20,000円
合格発表	A：11月4日　B：11月11日　C：12月9日　速達で通知
倍率（前年度）	非公表
入学手続	A：11月7日　B：11月14日　C：12月12日　13〜14時
編入学制度	欠員が生じた場合のみ試験を実施／帰国生はp.403〜参照
復学制度	あり
公開行事	運動会：5月26日　バザー：10月13日　クリスマス礼拝：12月1日 ※学校見学は随時（要申込）
備考	AO入試は当校第一志望者のみ

学費

………　入学手続時納付金　………
入学金　　　　　　　　100,000円
施設拡充費　　　　　　 50,000円
寄付金1口　　　　　　 50,000円
（2口以上、任意）

………　年間納付金　………
授業料・月額　　　　　 32,000円
施設設備費・月額　　　　7,000円
学習費　　　　　　　　　　実費
修学旅行積立金・月額　　1,500円
卒業アルバム積立金・月額　500円
保護者会会費・月額　1,500円以上
※上記金額は諸事情等で変更の場合あり

制服

セキュリティ

防犯カメラ設置／交通指導員配置／登下校確認システム／防犯ブザー携帯／携帯電話所持可／授業中門施錠／インターホン設置／避難・防災訓練／看護師常駐／緊急通報・安否確認システム／緊急地震速報装置／学校110番／災害用品備蓄／AED設置／防犯訓練／さすまた常備

昼食

お弁当（週5回）…希望者はサンドイッチ（週2回）、おにぎり弁当（週1回）の注文可

進学情報

[中学校への進学状況]【三育学院中等教育、広島三育学院、沖縄三育】、駒場東邦、浦和明の星、青山学院、三田国際学園、高輪、成城など
[高等学校への進学状況]
【三育学院中等教育、広島三育学院】ほぼ全員が内部進学
[大学への進学状況]【三育学院】、広島、慶應、国際基督教、青山学院、日本、東京女子、玉川、聖マリアンナ医科、Southern Adventist Universityなど

[系列校]
三育学院大学・大学院、広島三育学院高等学校・中学校・小学校・大和小学校・幼稚園、三育学院中等教育学校、沖縄三育中学校、横浜三育小学校・幼稚園、海外の大学など

※上記募集要項は小学校公表データです。詳細は小学校HPまたはお電話でご確認ください

東京

私立　共学　と　東京三育小学校

東京女学館小学校

https://www.tjk.jp/p/

[アクセス]
- ●東京メトロ日比谷線【広尾】より徒歩12分
- ●都営バス【東京女学館前】下車／港区コミュニティバス「ちいばす」【日赤医療センター前】下車

[所在地] 〒150-0012 東京都渋谷区広尾3-7-16
TEL 03-3400-0987 FAX 03-3400-1018

小学校情報

[校 長] 盛永 裕一
[児童数] 女子466名

沿 革 明治21年、東京女学館創立、昭和4年4月、東京女学館小学科を開設。昭和5年、東京女学館小学部、昭和11年、東京女学館初等科、昭和22年、東京女学館小学部、昭和23年、東京女学館小学校と改称する。昭和28年、2学級制となる。平成10年、渋谷校舎新築落成。令和元年、校庭を全面人工芝化。令和5年、東京女学館創立135周年、小学校創立95周年を迎えた。

教育方針 小学校から高校までの一貫教育校としての教育目標に「高い品性を備え、人と社会に貢献する女性の育成」を掲げる。また、グローバル化と日本のアイデンティティー、リーダーシップ、バイリンガルな人材の育成などを、21世紀に目指すべき教育ミッションとして定めている。これらを踏まえ、①丈夫で明るくねばり強い子、②よく考えて行動し責任を果たす子、③心豊かな優しい子、を小学校段階における教育目標とする。全教職員が「教育は人なり」の意識を共有しながら、目標の実現を目指す。

特 色 国際社会で活躍する女性リーダーの育成を目指し、①華道、茶道、邦楽をはじめとする日本の文化や伝統を楽しく学びながら日本人女性としての資質を高める「すずかけ」、②体験活動と情報教育で構成され、自ら考え学ぶ力を身につける「つばさ」、③豊かな国際性・語学力を養う「とびら」の3つの授業を柱とした特色あるカリキュラムを導入。質の高い内容を楽しく学ぶことを目標に、学習した内容を習得し、それを活用・探究していく能力をいかに育てるかに主眼を置いた教育活動を推進している。

◆**クラブ活動** 4年生以上、週1時間。手芸・料理、音楽、科学、プログラミングなど文化系7、バドミントン、卓球、バトンなど運動系8のクラブがある。夏休みには軽井沢の学習寮で合宿を実施し、対外試合を行う
◆**委員会活動** 児童、安全、放送、整美、新聞など12の委員会がある。児童委員会は3年生から、そのほかは5年生から参加する
◆**英語教育** 全学年を通してくり返し少しずつ高度になっていく「スパイラル方式」の英語教育を実践。2年生はブリティッシュ・スクールとの交流、4年生は近隣のチェコ大使館訪問がある。また、3泊4日のFUJIイングリッシュキャンプ、オーストラリア・タスマニアへの海外研修も実施

年間行事予定	
月	行 事 名（抜粋）
4	入学式
5	運動会、1・2年遠足、4・5年校外学習
6	6年建長寺修行
7	七夕祭り、5・6年英語研修
8	軽井沢夏季クラブ合宿
9	3年校外学習、白菊会バザー
10	全校一日授業参観、6年修学旅行
11	テーブルマナー講習
12	もちつき大会
1	5・6年スキー教室、書き初め大会
2	展覧会・学芸会（隔年）
3	1・2年ひな祭り会、送別ドッジボール大会、卒業式

School Information

※濃い色で示したアイコンはこの小学校に該当するものです

入試データ

下記の資料は**2025年度用（2024年秋実施予定）**です

募集要項

募集人員	一般：女子約30名　ＡＯ型：女子約40名（国際枠約３名含む）
学校（入試）説明会	学校説明会：７月６日 入試説明会：９月１日
願書配付期間	Ｗｅｂ公開のみ
出願期間	Ｗｅｂ出願：９月２日（０時）～30日（23時59分） 書類提出（ＡＯ型のみ）：10月２日（必着）　簡易書留で郵送 ※ＨＰの指示に従ってＷｅｂ出願。ＡＯ型は書類提出あり
提出書類	・推薦書２通（ＡＯ型のみ） ・海外在留証明書（ＡＯ型・国際枠のみ） ・受験票　・面接票　※受験票、面接票は考査日に持参
受験票交付	自宅やコンビニエンスストアなどで各自印刷
受験番号付番	──　　月齢考慮　　あり
考査日	考査：一般…11月２・３日のうち１日　ＡＯ型…11月１日 面接：いずれも10月中に実施（日時はメールで通知）
選抜方法	一般：ペーパー・集団（親子課題、運動、表現）テスト、保護者面接 ＡＯ型：個別（本人面接）・集団（運動、遊び）テスト、保護者面接
考査料	30,000円（クレジットカード、コンビニまたはペイジー決済）
合格発表	一般：11月３日　Ｗｅｂ発表 ＡＯ型：11月１日　掲示発表および書面交付
倍率（前年度）	約5.9倍
入学手続	一般：11月４日　10時締切　ＡＯ型：11月２日　13時締切
編入学制度	新３・５年生で欠員が生じた学年のみ３月に試験を実施
復学制度	あり
公開行事	運動会：５月18日　白菊会バザー：９月29日 中高記念祭：11月９・10日　展覧会：２月16日
備考	一般入試とＡＯ型入試は併願可

学費

```
……… 入学手続時納付金 ………
入学金　　　　　　　　290,000円


………… 年間納付金 …………
施設費　　　　　　　　160,000円
授業料・年額　　　　　618,000円
給食費・年額　　　　　131,000円
施設運営費・年額　　　 96,000円
教材費・年額　　　　　 70,000円
宿泊旅行積立金・年額　 60,000円
そのほかの費用・年額　 36,000円
寄付金１口　　　　　　250,000円
（１口以上、任意）
※上記金額は諸事情等で変更の場合あり
```

制服

セキュリティ

警備員常駐／防犯カメラ設置／防犯ブザー携帯／位置情報端末所持可／授業中門施錠／インターホン設置／保護者証着用／避難・防災訓練実施／看護師常駐／緊急通報・安否確認システム／緊急地震速報装置／学校110番／災害用品備蓄／ＡＥＤ設置

昼食

給食（週５回）…校内の給食室で調理した給食を提供

進学情報

［中学校への進学状況］
【東京女学館】約92％が内部進学
［高等学校への進学状況］
【東京女学館】約93％が内部進学
［大学への進学状況］
東京、東京外国語、東北、慶應、早稲田、上智など

［系列校］
東京女学館中学校・高等学校

※上記募集要項は小学校公表データです。詳細は小学校ＨＰまたはお電話でご確認ください

考査ガイド

考査日程	1日
受験番号付番	願書受付順で考査日時が指定され、その日の中では生年月日順
選抜方法	ＡＯ型：考査日前に保護者面接があり、考査日に個別テスト（本人面接）、集団テスト、運動テストを行う 一般：2日間の考査期間中に日時を指定される。子どもはゼッケンをつけて教室に誘導され、10〜20人単位でペーパーテスト、集団テスト、個別テスト、運動テストを行う
考査内容	ＡＯ型：個別テスト（本人面接）、集団テスト、運動テスト、保護者面接 一般：ペーパーテスト、個別テスト、集団テスト、運動テスト、保護者面接
所要時間	ＡＯ型：約1時間30分　一般：約2時間30分

過去の出題例

ペーパーテスト

① 数量

・ハートの段です。赤と緑の部屋では、ドーナツの数はいくつ違いますか。その数だけ○をかきましょう。

集団テスト

絵画（想像画）

画用紙に大きなオレンジ色の卵の絵が描かれている。

・この卵から、オレンジ色の魚が産まれました。その魚と一緒に海の中で遊んでいる絵を描きましょう。

個別テスト

言語

集団テストの絵画の最中に、テスターから質問される。

・何を描いていますか。

・どこで遊んでいますか。

運動テスト

ボールつきリレー

ドリブルで進み、帰りはボールを持ち走って戻る。

ここがポイント

集団テストでは親子課題があり、手遊びやジェスチャークイズなどの表現遊びが行われます。会話や表情を通して普段の親子のかかわり方がそのまま表れます。日ごろから気持ちの通じ合う会話や、一緒に手仕事や歌遊びを楽しむことを心掛けましょう。ペーパーテストは幅広い領域から出題されるので、基本的な課題をしっかりこなすことが大切です。

出題傾向

	ペーパーテスト													個別テスト														集団テスト											運動	面接
	話	数量	観察力	言語	推理・思考	構成力	記憶	常識	位置・置換	模写	巧緻性	絵画・表現	系列完成	話	数量	観察力	言語	推理・思考	構成力	記憶	常識	位置・置換	巧緻性	絵画・表現	生活習慣	制作	行動観察	話	観察力	言語	常識	巧緻性	絵画・表現	制作	行動観察	課題・自由遊び	運動・ゲーム	生活習慣	運動	面接
2024年	○	○			○												○												○	○		○					○	○	○	○
2023年	○	○							○			○					○	○											○									○	○	○
2022年		○	○		○	○										○						○							○									○	○	○
2021年	○	○																						○		○									○		○	○	○	○
2020年	○	○	○														○	○											○	○								○	○	○

面接ガイド

保護者面接	考査日前の指定日時に面接が行われる
所要時間	10〜25分

過去の質問例

父親への質問

・志望理由をお聞かせください。
・数ある私立小学校の中でなぜ本校を選んだのですか。
・本校のことを知ったのはいつですか。
・本校にいらっしゃったことはありますか。そのときの印象をお聞かせください。
・本校にはなくて他校にあるもの、本校にあって他校にはないものは何だと思いますか。
・本校のよい点はどこだと思いますか。
・本校に求めることは何ですか。
・お子さんは、幼稚園（保育園）ではどのような様子か、お聞かせください。
・普段、お子さんとの時間をどの程度とっていますか。
・お子さんが熱心に取り組んでいることは何ですか。
・お子さんにはどのように成長してほしいですか。
・お子さんとごきょうだいの性格の違いについてお聞かせください。
・ご家庭で、子育てや家事の分担はどのようにされていますか。
・お仕事の内容、場所、通勤時間を教えてください。
・ご自身の趣味は何ですか。何かスポーツはされていますか。
・ご自身が10年後、20年後にチャレンジしたいことはありますか。
・最近、気になっているニュースはありますか。
・オンライン会議のよい点、悪い点をお話しください。

母親への質問

・本校を知ったきっかけをお聞かせください。
・女子校を選んだ理由をお聞かせください。
・受験を決めたのはいつですか。
・お子さんはどのような性格ですか。

面接の配置図

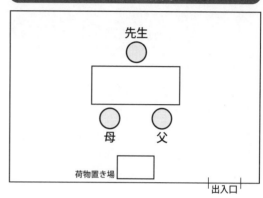

・お子さんの宝物は何ですか。
・お子さんのどのようなところが本校の教育と合っていると感じますか。
・お子さんは幼稚園（保育園）では何が一番楽しいと言っていますか。
・お子さんが今、頑張っていることはありますか。
・どのようなときにお子さんの成長を感じますか。
・お子さんは普段どのようなお手伝いをしていますか。
・子育てで悩むことはありますか。
・どのような瞬間にお子さんをかわいいと思いますか。
・お子さんとごきょうだいの関係はいかがですか。
・ご自身の子どものころと今のお子さんの環境を比べて、どのように思いますか。
・ご自身の10年後、20年後をどのようにお考えですか。
・ご自身の小学校時代で、印象に残っている先生とのエピソードをお聞かせください。
・在宅勤務についてどのようにお考えですか。
・（共働きの場合）緊急時はお迎えに来られますか。育児をサポートしてくれる方はいらっしゃいますか。

Inside voice

・Ｗｅｂ出願には、志望動機などを入力する項目はありませんでした。面接でも質問数が少ないので、うまく志望理由や家庭の教育方針、子どものアピールなどにつなげて話す必要があると思いました。
・面接では「全然関係のない質問になりますが」と前置きされるくらい質問内容がガラリと変わりました。答えからも発展していき雑談のような雰囲気でしたが、その分、親の考え方を見られていると感じました。
・校門から受付までは距離があり、誘導のテープはあるものの係の方がいるわけではありませんでした。初めて訪れると迷ったり、不安になったりしますから、説明会や公開行事などに参加しておくとよいと感じました。

東京都市大学付属小学校

http://www.tcu-elementary.ed.jp

[アクセス]
- ●小田急小田原線【成城学園前】よりバス５分
- ●小田急・東急バス【東京都市大付属小学校前】下車
- ●【二子玉川】よりスクールバス（１年生最優先）

[所在地] 〒157-0066　東京都世田谷区成城1-12-1
TEL 03-3417-0104　FAX 03-3417-1332

小学校情報

[校　長] 松木　尚
[児童数] 467名（男子255名、女子212名）

沿　革　昭和31年、東横学園小学校が世田谷区用賀に開校。昭和38年、新校舎が落成し、用賀から成城へ移転。昭和63年、算数習熟度別学習を開始（５・６年生）。平成９年、隔週学校５日制を実施。平成21年、学校法人五島育英会を母体とし、幼・小・中・高・大までを擁する東京都市大学グループの誕生に伴い、東京都市大学付属小学校と校名を変更。令和８年、創立70周年を迎える。

教育方針　建学の精神『すこやかに　かしこく　りりしく　凛として　世界にはばたく　気高きこどもたち』のもと、「高い学力」と「豊かな心」を教育の２本柱に据え、明るく楽しい学校づくりを目指す。教育目標として、①自主的な態度を培い、進んで問題を解決する強い意志を育む、②集団生活を通して思いやりや協調心を養い、自ら正しく考え行動する心豊かな児童を育む、③豊かな情操を養いながら、創造力と表現力を培い感性豊かな児童を育む、④基本的な学習姿勢を養いながら、高い学力を定着させる、の４つを掲げる。

特　色　６年間の一貫した効果的な学習プログラムに沿って教育を行う。低学年では「からだ全体で学ぶ」、中学年では「ともに学ぶ」、高学年では「自ら学ぶ」ことをコンセプトに日々の教育を実践。５・６年生の算数科では習熟度別にグループを分け、きめ細かに指導する。英語学習は、全学年でネイティブ講師を含むチームティーチングを展開。また令和４年度より、児童１人１台タブレット端末を貸与し、メディアリテラシー教育を行う。ホームページには「先生ブログ」を設け、学校生活の様子を公開している。

◆**クラブ活動**　４年生以上、週１時間。ドッジボール、バスケットボール、フットサル、フリスビー、テニボン、美術、サイエンス、パソコン、マンガ研究、吹奏楽などがある

◆**英語教育**　全学年、週２時間。３年生以上は２グループに分かれ、少人数制の授業を実施。３～５年生の希望者を対象に、国際交流プログラムやイングリッシュキャンプを行う

◆**校外学習**　宿泊学習として１～５年生で夏季学校を実施。１・２年生は箱根、３年生は八ヶ岳、４年生はブリティッシュヒルズで異文化体験学習、５年生は西湖へ。６年生は奈良・京都への修学旅行や北海道への卒業記念旅行

◆**体験学習**　絞り染め、田植え・稲刈り、もちつきパーティー、いも・大根掘りなど

年間行事予定	
月	行　事　名（抜粋）
4	入学式、6年修学旅行、1～5年遠足
5	1年生を迎える会、運動会
6	創立記念日
7	水泳教室、1～5年夏季学校、個人面談
8	夏休み
9	夏休み生活展、4～6年水泳大会、クラブ発表会①
10	音楽発表会、漢字書き取り大会①、計算力大会①
11	感謝の集い
12	セーフティー教室、個人面談
1	競書会・新春書道展、漢字検定
2	6年卒業旅行、漢字書き取り大会②、計算力大会②
3	大縄大会、クラブ発表会②、卒業式

入試データ

下記の資料は**2024年度用（2023年秋実施済み）**です

募集要項　※下記は前年度のデータです

募集人員	男女計76名（内部進学者約10名含む）
学校（入試）説明会	学校説明会：6月10日 Ｗｅｂ説明会：8月28日 （いずれも要申込）
願書配付期間	募集要項配付：5月8日～10月4日
出願期間	10月1日（6時）～4日（23時59分） ※ＨＰの指示に従ってＷｅｂ出願
提出書類	・受験票 ※考査日に持参
受験票交付	自宅やコンビニエンスストアなどで各自印刷
受験番号付番	願書受付順　　月齢考慮　　若干あり
考査日	考査・面接：11月2～4日のうち希望するいずれか1日
選抜方法注1	ペーパーテスト、集団テスト、運動テスト、保護者面接
考査料	25,000円（クレジットカード、コンビニまたはペイジー決済）
合格発表	11月5日　掲示およびＷｅｂ発表
倍率	男子約6.4倍　女子約2.7倍
入学手続	11月6日締切
編入学制度	2～5年生で欠員が生じた場合のみ7・12・3月に試験を実施／帰国生はp.403～参照
復学制度	欠員が生じている場合のみ可能
公開行事	運動会：5月27日　進学相談会：7月21・22日 学校公開：9月9日　音楽発表会：10月14日
備考	土曜登校は隔週

学費

……… 入学手続時納付金 ………

入学金	300,000円

………… 年間納付金 …………

授業料・年額	576,000円
維持料・年額	200,000円
施設設備料・年額	170,000円
給食費預かり金・年額	93,000円
父母の会入会金	5,000円
父母の会会費預かり金・年額	12,000円
学級費預かり金・年額	50,000円
ＩＣＴ教育費預かり金・年額	40,000円
校外活動費預かり金・年額	30,000円

※上記金額は諸事情等で変更の場合あり

制服

セキュリティ

警備員常駐／防犯カメラ設置／交通指導員配置／登下校確認システム／携帯電話所持可／授業中門施錠／インターホン設置／保護者入構証／避難・防災訓練実施／緊急通報・安否確認システム／緊急地震速報装置／災害用品備蓄／ＡＥＤ設置

昼食

給食（週4回）、お弁当（週1回、木曜日）

進学情報

［中学校への進学状況］【東京都市大付属、等々力】、筑波大駒場、筑波大附属、開成、駒場東邦、桜蔭、女子学院、早稲田、海城など

［高等学校への進学状況］

【東京都市大付属、等々力】全員が内部進学

［大学への進学状況］

【東京都市】、東京、京都、東京工業、一橋、東京外国語、大阪、慶應など

［系列校］

東京都市大学・大学院、東京都市大学付属中学校・高等学校、東京都市大学等々力中学校・高等学校、東京都市大学塩尻高等学校、東京都市大学二子幼稚園

※上記募集要項は小学校公表データです（注1：選抜方法については伸芽会教育研究所調査によるデータです）。詳細は小学校ＨＰまたはお電話でご確認ください

東京

私立　共学　と　東京都市大学付属小学校

考査ガイド

考査日程	1日
受験番号付番	願書受付順
選抜方法	3日間のうち希望日を1日選択し、10～20人単位でペーパーテスト、集団テスト、運動テストを行う
考査内容	ペーパーテスト、集団テスト、運動テスト、保護者面接
所要時間	約1時間30分

過去の出題例

ペーパーテスト

1 数 量
・上の段です。白と黒のマス目の数が同じものに○をつけましょう。
・下の段です。白いマス目より黒いマス目が多いものに○をつけましょう。

2 推理・思考（回転図形）
・左上の絵が回って星印が右下の星印のところへ移ると、中の線はどのようになりますか。右下にかきましょう。

3 巧緻性
・点から点まで、壁にぶつからないように道の真ん中を通る線を引きましょう。

集団テスト

絵 画
白画用紙にクーピーペンで、「今の季節（秋）と関係のあるもの」「今日のお昼ごはんに食べたいもの」などを描く。

運動テスト

模倣体操
テスターのお手本を見ながら、ひざの屈伸などを行う。

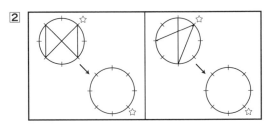

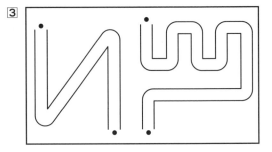

ここがポイント

ペーパーテストは基礎レベル→応用レベル→難問と段階別に設定されていることが特色です。同類の問題をくり返し解いて理解を深めることが、大きな自信につながります。行事や日常生活の中での体験を通して常識を学ばせることも必要です。また、はかりなどを使った実体験を要する遊びを多く取り入れましょう。

出題傾向

	ペーパーテスト										個別テスト											集団テスト									運動	面接
	話	数量	観察力	言語	推理・思考	構成力	記憶	常識	位置・置換	巧緻性	模写	絵画・表現	系列完成	話	数量	観察力	言語	推理・思考	構成力	記憶	常識	位置・置換	巧緻性	絵画・表現	系列完成	制作	行動観察	話	観察力	言語	常識	巧緻性	絵画・表現	制作	行動観察	課題・自由遊び	運動・ゲーム	生活習慣	運動	面接
2024年	○	○			○			○		○	○																	○		○		○						○	○
2023年	○	○		○	○			○	○	○	○																	○		○		○						○	○
2022年	○	○	○		○			○	○	○	○																	○		○		○						○	○
2021年	○	○			○			○	○	○	○																	○		○		○						○	○
2020年	○	○			○			○		○																		○		○		○						○	○

面接ガイド

保護者面接	考査当日、子どもの考査中に面接が行われる
所要時間	5〜10分

過去の質問例

父親への質問

・本校を志望する決め手となったものを、一つだけお聞かせください。
・本校を知ったきっかけは何ですか。
・本校には何回お越しになりましたか。
・本校にどのような印象を持っていますか。
・家族構成を教えてください。
・お子さんが熱中しているものは何ですか。
・お子さんは習い事をしていますか。それは何ですか。
・お子さんが苦手なことは何ですか。
・ご家庭で大切にしていることは何ですか。その結果、お子さんはどのように育っていますか。
・普段、お子さんとどのように接していますか。
・休日はお子さんとどのように過ごされますか。
・子育てをしていてよかったと思うことは何ですか。
・どのようなときにお子さんの成長を感じましたか。
・小学校受験を通して、お子さんが成長したと思うことは何ですか。
・お子さんが学校で何かトラブルに遭ったときは、どのように対処しますか。
・中学受験についてどのようにお考えですか。
・通学経路と所要時間を教えてください。
・公共交通機関のマナーについて、お子さんにはどのように教えていますか。

母親への質問

・ご主人の志望理由につけ加えることはありますか。
・母親の視点で考える志望理由をお聞かせください。
・学校説明会や公開行事などに参加して、どのような印象を持ちましたか。
・本校のどのようなところがお子さんに合っていると思いますか。

面接の配置図

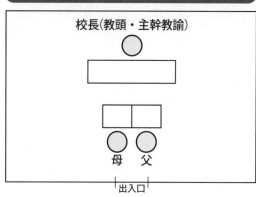

校長(教頭・主幹教諭)

母　父

出入口

・本校でお子さんにどのような経験をさせたいですか。
・お子さんは幼稚園（保育園）でどのような様子か、お聞かせください。
・お子さんの長所を教えてください。具体的なエピソードはありますか。
・お子さんの、ここは直してほしいと思っているところはどこですか。
・ご家庭の教育方針についてお話しください。
・子育てで気をつけていることは何ですか。
・お子さんが今、一番頑張っていることは何ですか。
・お子さんが将来なりたいものは何ですか。
・お子さんにはどのように成長してほしいですか。
・ごきょうだいはいますか。お子さんとごきょうだいの性格の違いを教えてください。
・どのようなときにお子さんをほめますか。また、どのようなときにしかりますか。
・お子さんの起床時間と就寝時間を教えてください。
・小学校受験が終わったら、ご家族でやりたいことはありますか。それは何ですか。

Inside voice

・考査当日の控え室は理科室や教室で、受験番号で振り分けられていました。子どもが考査に誘導された後、保護者が面接に案内され、面接が終わると控え室に戻って子どもを待つという流れでした。
・面接では最初に受験番号を聞かれるため、父親も覚えておく必要があります。また、時間が短いので簡潔に答えるよう指示されました。一番伝えておきたいことやインパクトがあることのみを話すよう心掛けました。
・面接官の先生は、父親が答えた後に母親へ補足がないか聞いたり、母親の答えを受けて父親にコメントを求めたりと、次々に質問を展開していきました。両親とも臨機応変に対応する必要があると感じました。

農大 東京農業大学稲花小学校

https://www.nodaitoka.ed.jp　E-mail toka@nodai.ed.jp

[所在地]　〒156-0053　東京都世田谷区桜3-33-1
　　　　　TEL 03-5477-4115　FAX 03-5477-4125

[アクセス]
●小田急小田原線【経堂】より徒歩15分
●東急世田谷線【上町】より徒歩15分

小学校情報

[校　長]　夏秋 啓子
[児童数]　359名（男子179名、女子180名）※開校5年目のため1～5学年のみ

沿　革　明治24年、榎本武揚により、東京農業大学の前身である徳川育英会育英黌農業科が創立される。明治26年、育英黌より独立し東京農学校設立。大正14年、東京農業大学、昭和24年、東京農業大学附属第一高等学校、昭和25年、東京農業大学短期大学を設立。昭和37年、東京農業大学附属第一高等学校を東京農業大学第一高等学校に改称、東京農業大学第二高等学校設立。昭和60年、東京農業大学第三高等学校設立。平成17年、東京農業大学第一高等学校中等部開校。平成21年、東京農業大学第三高等学校附属中学校開校。平成31年、東京農業大学稲花小学校開校。

教育方針　榎本武揚の言葉「冒険は最良の師である」にちなみ、「冒険心の育成」を教育理念とする。理念を具現化するために、①豊かな「感性」、②深く考える「探究心」、③継続する「向上心」、④広く柔軟な「コミュニケーション力」、⑤運動や生活をし、困難を乗り越えていく「体力」、という「3つの心と2つの力」の育成に力を入れていく。

特　色　カリキュラムにおいては教育方針を基に、①興味・関心、②創造力、③問題解決力、④習得力、⑤主体性、⑥目標設定力、⑦発信力、⑧傾聴力、⑨持続力、⑩自律力という「10の能力」を指標とする。東京農業大学の施設・設備を活用し、生き物、食、環境などの領域で多様な体験型学習を行う。子どもたちが主体的にかかわることで、考える力と学びの基礎力を向上させる。1日の授業時数を最大7時間とし、豊富なカリキュラムを丁寧に進めていく。

◆**授業の特色**　体験型学習の時間「稲花タイム」を設け、食と農、科学技術、日本文化、野外・宿泊、言語などの学習に取り組む。また1年生から理科の授業を行い、稲花タイムとの連携を図る。身近な事象について学習内容と生活を結びつけて考える学びを重視し、家庭科も1年生から実施する
◆**ICT教育**　全教室に電子黒板と短焦点プロジェクターを設置。児童用タブレット端末も導入し、校外学習などで活用する
◆**英語教育**　1年生から毎日1時間。自然に英語力を身につけられるカリキュラムを採用。ネイティブ講師が英語のみの授業を行う。国語の時間とともに、言語能力の獲得と実用的な知識の定着を目指す

年間行事予定

月	行 事 名（抜粋）
4	入学式、1年大学探検（世田谷）
5	1年田植え、授業参観
6	2年水田観察、4年宿泊学習（小菅村）
7	個人面談
8	――――
9	5年宿泊学習（北海道キャンパス）、3年富士農場訪問
10	2年伊勢原農場訪問、1年厚木キャンパス訪問
11	スポーツデー、個人面談
12	――――
1	授業参観
2	学習発表会
3	4年短期留学（オーストラリア）

東京／私立／共学／と／東京農業大学稲花小学校

入試データ

下記の資料は**2024年度用（2023年秋実施済み）**です

募集要項 ※下記は前年度のデータです

募集人員	男女各36名、計72名
学校(入試)説明会	Ｗｅｂ説明会：5月12・13日／9月15・16日
願書配付期間	Ｗｅｂ公開のみ
出願期間	Ｗｅｂ出願：10月2日（10時）〜3日（13時） 書類提出：10月3日（消印有効） 簡易書留で郵送 ※ＨＰの指示に従ってＷｅｂ出願後に書類提出
提出書類	・事前面接用質問票 ・申込内容確認書 ・受験票 ※受験票は考査日に持参
受験票交付	自宅やコンビニエンスストアなどで各自印刷
受験番号付番	生年月日順　月齢考慮　なし
考査日	考査：11月1〜4日のうち1日 面接：10月10〜30日のうち1日
選抜方法注1	ペーパーテスト、行動観察、親子面接
考査料	25,000円（クレジットカード、コンビニまたはペイジー決済）
合格発表	11月7日　10時〜　Ｗｅｂ発表
倍率	男子約13.4倍　女子約11.1倍
入学手続	11月9日（消印有効） 簡易書留で郵送
編入学制度	欠員が生じた場合のみ試験を実施
復学制度	なし
公開行事	校内見学会：5月20・21日
備考	——

学費

……… 入学手続時納付金 ………

入学金	250,000円

……… 年間納付金 ………

授業料・年額	600,000円
施設設備費・年額	100,000円
教育充実費・年額	200,000円
給食費・年額	約130,000円
英語教材費・年額	84,000円
学外活動等積立金・年額	約50,000円
寄付金1口	100,000円

（3口以上、任意）

※制服代、教材費、通学メールシステム利用料など別途納付
※上記金額は諸事情等で変更の場合あり

制服

セキュリティ

警備員常駐／防犯カメラ設置／登下校確認システム／携帯電話所持可／授業中門施錠／インターホン設置／保護者入構証／避難・防災訓練実施／緊急地震速報装置／災害用品備蓄／ＡＥＤ設置

昼食

給食（週5回）…自校方式の手作り給食を提供

進学情報

［中学校への進学状況］
【東京農大第一】内部進学制度を検討中
［高等学校への進学状況］
【東京農大第一】原則として内部進学
［大学への進学状況］
【東京農業】、東京、東京工業、一橋、東京外国語、筑波、慶應、早稲田など

［系列校］
東京農業大学・大学院、東京情報大学・大学院、東京農業大学第一高等学校・中等部、東京農業大学第二高等学校・中等部、東京農業大学第三高等学校・附属中学校

※上記募集要項は小学校公表データです（注1：選抜方法については伸芽会教育研究所調査によるデータです）。詳細は小学校ＨＰまたはお電話でご確認ください

考査ガイド

考査日程	1日
受験番号付番	生年月日順
選抜方法	考査は4日間のうち希望日を申請し、学校が1日を指定する。受付後、子どもは番号札を首から下げ、約20人単位でペーパーテスト、集団テストを行う
考査内容	ペーパーテスト、集団テスト、親子面接
所要時間	1時間30分～2時間

過去の出題例

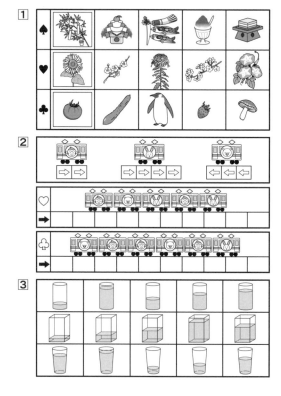

ペーパーテスト

1 常識（仲間探し）

・左端の絵と仲よしのものを選んで○をつけましょう。

2 数量（進み方）

・上の四角がお約束です。サルの電車は矢印の方向にマス目を2つ進み、ウサギの電車は4つ進みます。ブタの電車は3つ戻ります。では、下を見てください。それぞれの段では、右端の車両を先頭として、矢印の向きに左端のマス目からお約束通りに進みます。最後に着くマス目に○をかきましょう。

3 推理・思考（水の量）

・水の量が3番目に多いものを選んで○をつけましょう。

集団テスト

■ 行動観察（お店屋さんごっこ）

4、5人ずつのグループで、お店屋さんごっこを行う。

運動テスト

■ 片足バランス

ひざを高く上げ、左右とも8秒ずつ片足バランスをする。

ここがポイント

ペーパーテストは幅広い分野から出題され、やり方や解答の印など、指示をしっかり聞く力も見られます。集中して取り組む姿勢と実践力を養うことが大切です。農業大学の附属校のためか、動植物の成育・生育に関する常識課題もありますので、自然分野の知識も整理しておきましょう。2023・2024年度入試では運動テストが行われませんでした。

出題傾向

	ペーパーテスト												個別テスト												集団テスト								運動	面接
	話	数量	観察力	言語	推理・思考	構成力	記憶	常識	位置・置換	巧緻性	模写	絵画・表現	系列完成	話	数量	観察力	言語	推理・思考	構成力	記憶	常識	生活習慣	巧緻性	絵画・表現	系列完成	制作	行動観察	話	観察力	言語	常識	巧緻性	絵画・表現	制作	行動観察	課題・自由遊び	運動・ゲーム	生活習慣	運動	面接
2024年		○			○	○		○																																○
2023年	○	○			○	○		○																					○		○		○							○
2022年	○	○		○	○			○		○	○																		○								○		○	○
2021年	○	○			○			○		○																			○										○	○
2020年	○							○		○																									○				○	○

面接ガイド

親子面接　考査日前の指定日時にオンラインで面接が行われる
所要時間　約10分

＜面接資料／アンケート＞
出願時に事前面接用質問票（面接資料）を提出する

過去の質問例

本人への質問

・お名前、年齢、幼稚園（保育園）の名前を教えてください。
・幼稚園（保育園）では何をして遊びますか。何人で遊びますか。一番好きな遊びは何ですか。
・（男子に）女の子と遊びますか。（女子に）男の子と遊びますか。
・外遊びと中遊びではどちらが好きですか。
・幼稚園（保育園）には誰とどうやって通っていますか。
・幼稚園（保育園）は給食ですか、お弁当ですか。
・お休みの日はお家で何をして遊びますか。
・きょうだいと何をして遊びますか。
・きょうだいとけんかはしますか。けんかをしたらどうしますか。
・どんなお手伝いをしていますか。これからやってみたいお手伝いはありますか。
・夏休みで一番楽しかった思い出を教えてください。
・大きくなったら何になりたいですか。それはどうしてですか。
・この小学校に入ったら何がしたいですか。
・（絵本を親子で読むよう促され、読んだ後で）この絵本は誰が選びましたか。どうしてこの本を選びましたか。どんなところが面白いですか。

父親への質問

・数ある私立小学校の中で、本校を志望する決め手となったものをお聞かせください。
・最近、お子さんに「持続力」があると思ったことをお聞かせください。
・ＩＣＴ教育についてどのようにお考えですか。

・お子さんが生まれる前に想像していた子育てと実際の子育てで違うと感じたことは何ですか。
・お子さんとお友達とのかかわり方を親としてどのようにサポートしていますか。

母親への質問

・子育てで気をつけていることは何ですか。
・これまでのご自身の子育てに点数をつけるとしたら、何点ですか。
・お子さんにはどのようなお手伝いをさせていますか。
・お子さんが今、熱中していることは何ですか。
・どのようなときにお子さんの成長を感じましたか。
・お子さんの優れている点と課題点を教えてください。課題点は小学校でどのように改善したいですか。

※出願時に提出する面接資料には、以下のような記入項目がある。
①志願者の兄弟姉妹構成
②これまでの子育てにおいて、大切にしてきたこと
③本校の教育指標「10の能力」の1つ「持続力」について、子育てにおいて取り組んでいること
④志願者とインターネットやデジタル機器とのかかわりについて留意していること
⑤保護者の職業観について。職業人としてどのような使命感を持っているか
⑥本校を知ったきっかけや受験を決意した理由など
⑦志願者が社会人になるころ、社会はどのような認知能力および非認知能力を求めるようになっていると思うか。それを踏まえ志願者をどのように育てたいか

Inside voice

・オンライン面接に向け、夜に画面の見え方を確認していたので、当日に逆光で真っ暗になることがわかり焦りました。必ず日中に確認しておくことをお勧めします。音量の設定やインターホンを切るなどの注意も必要です。
・面接はほとんどが子どもへの質問で、答えから発展していく形式でした。両親への質問はどちらが答えるかの指示はないため、あらかじめ大まかな分担を決めておいたほうがよいと思います。
・わが家の考査日はちょうど東京農業大学の収穫祭（学園祭）と重なり、周辺がとても混雑していました。日程を確認し、収穫祭の日は特に時間に余裕を持って移動する必要があると思いました。

東星学園小学校

http://www.tosei.ed.jp　E-mail tosei-sho@tosei.ed.jp

［アクセス］
●西武池袋線【秋津】より徒歩10分
●JR武蔵野線【新秋津】より徒歩15分

［所在地］　〒204-0024　東京都清瀬市梅園3-14-47
　　　　　　TEL 042-493-3205　FAX 042-633-9872

小学校情報

［校　長］　大矢 正則
［児童数］　男女計130名

沿　革　昭和5年、創立者ヨゼフ・フロジャク神父が中野に結核患者収容施設「ベタニア（慈しみ）の家」を建設したのが始まり。昭和9年、清瀬に養護施設東星学園（現・ベトレヘム学園）建設。昭和11年、東星尋常小学校設立。昭和15年、東星幼稚園設立。昭和22年、東星尋常小学校を東星学園小学校に改称、同中学校設立。昭和40年、高等学校開校。令和7年、学園創立90周年を迎える。

教育方針　『キリストの愛の精神であり、人間の価値とその使命を尊ぶこと』という建学の精神のもと、教職員は一人ひとりの子どもを神様がつくった最高傑作として大切に育て、「君は大切な人」ということを子どもたちに伝えることに力を注いでいる。学校は、子どもたちが真の自分と出会う場、すなわち、神様から大切にされている存在としての自分と出会う場であり、こうした自分との出会いによって本物の喜びに生きる人を育てたいと考えている。

特　色　教職員は子どもの個性に応じて一人ひとりと深くかかわり、子どもたちが自分の持つ力や可能性を信じて、「できるまで、わかるまで」じっくりと学べるよう、そして、人を思いやる心、自分を表現する力、コミュニケーション力が養われるよう指導を行う。創立時より英語教育を重視し、週2時間授業を実施。国語では音読と書くことに力を入れ、1～4年生では週1時間を読書に充てる。学校行事などでは子どもたちに役割を持たせるなど、主体性が身につくような取り組みも行う。校内には聖書の言葉、十字架や聖像を配置し、日々の祈りを通して感謝の心も育んでいる。

◆**クラブ活動**　4年生以上、週1時間。野球、アート、音楽、手芸など6のクラブがある。このほか課外活動として、サッカー同好会、小・中・高の希望者で構成された「東星少年少女合唱団」がある
◆**英語教育**　専任教員とネイティブ教員の指導のもと、低学年から「聞く・話す・書く」を中心に学習する
◆**授業の特色**　学年の特性に応じて専科制を導入している。図工や音楽、体育、書道など、高い専門技術を身につけた教員が、きめ細かで質の高い授業を行う
◆**校外学習**　学年別の遠足や希望者参加のスキー教室などを実施。4・5年生は合同で夏期学校、6年生は修学旅行がある

年間行事予定	
月	行　事　名（抜粋）
4	入学式
5	運動会、春の遠足
6	鑑賞会、ひこうき大会
7	6年修学旅行、音楽会（隔年）
8	夏休み、4・5年夏期学校
9	1～3年秋の遠足
10	体育祭、東星バザー
11	展示会（隔年）
12	クリスマス会、3～6年スキー教室（希望者）
1	朗読大会
2	遊びバイキング、社会科見学
3	6年生を送る会、卒業式

入試データ

下記の資料は**2024年度用（2023年秋～2024年冬実施済み）**です

募集要項 ※!2025 は次年度のデータです

募集人員	男女計48名（第1～4回合わせて）
学校(入試)説明会	!2025 学校説明会：5月25日／6月22日 8月3日（夏イベントあり） 入試説明会：9月7日
願書配付期間	募集要項配付：4月上旬～
出願期間	A（第1回）：10月1日（10時）～30日（17時） B（第2回）：10月1日（10時）～11月16日（17時） C（第3回）：11月20日（10時）～12月15日（17時） D（第4回）：12月18日（10時）～1月11日（17時） ※HPの指示に従ってWeb出願
提出書類	・受験票　・受験票（学校控）　※すべて考査日に持参
受験票交付	自宅やコンビニエンスストアなどで各自印刷
受験番号付番	願書受付順　　月齢考慮　　なし
考査日	考査・面接：A…11月1・2日のうち1日　B…11月18日 C…12月17日　D…1月13日
選抜方法	行動テスト、集団・個別特性テスト、親子面接
考査料	20,000円（クレジットカード、コンビニまたはペイジー決済）
合格発表	A：11月2日　B～D：考査当日　Web発表
倍率	非公表
入学手続	A：11月8・9日　B：11月27・28日　C・D：1月22・23日
編入学制度	要問い合わせ／帰国生はp.403～参照
復学制度	要問い合わせ
公開行事	!2025 運動会：5月18日　ひこうき大会：6月12日 音楽会：7月10日　体育祭：10月12日 東星バザー：10月27日　クリスマス会：12月19日
備考	――

セキュリティ

警備員常駐／防犯カメラ設置／防犯ブザー携帯／携帯電話所持可／保護者IDカード／避難・防災訓練実施／看護師常駐／緊急通報・安否確認システム／緊急地震速報装置／学校110番／災害用品備蓄／AED設置／救命技能認定証取得

学費

…… 入学手続時納付金 ……

入学金　　　　　　　　　200,000円

……… 年間納付金 ………

授業料・年額　　　　　　420,000円
設備費・年額　　　　　　120,000円
施設冷暖房費、検診検査費・年額　　　　　　　　　　　　16,700円
学習費・年額　　　　　　62,000円
給食費、食器費・年額　約176,000円
学級費・年額　　　　　　　2,400円
児童会会費・年額　　　　　1,800円
卒業記念積立・年額　　　　　600円
※上記金額は諸事情等で変更の場合あり

制服

昼食

給食（週5回）

進学情報

[中学校への進学状況]【東星学園】男子は約44％、女子は約69％が内部進学。中央大附属、大妻、明治学院など
[高等学校への進学状況]
【東星学園】約96％が内部進学
[大学への進学状況]
上智、青山学院、桜美林、跡見学園女子など

[系列校]
東星学園高等学校・中学校・幼稚園

※上記募集要項は小学校公表データです。詳細は小学校HPまたはお電話でご確認ください

桐朋小学校

https://www.shogakko.toho.ac.jp

[所在地]　〒182-8510　東京都調布市若葉町1-41-1
　　　　　TEL 03-3300-2111　FAX 03-3300-4377

[アクセス]
● 京王線【仙川】下車
● JRほか【三鷹】【吉祥寺】よりバス【仙川】下車
● 【成城学園前】【狛江】【調布】よりバス【仙川駅入口】下車

小学校情報

[校　長]　中村 博
[児童数]　男女計432名

沿　革　昭和15年、財団法人山水育英会設立、翌年、軍人の子女教育を目的として山水高等女学校、第一山水中学校を開設。昭和22年、山水育英会は東京教育大学に移管、財団法人桐朋学園が誕生。昭和30年、幼・小・中・高一貫教育体制を目指し桐朋幼稚園、桐朋小学校を設置。平成21年、少人数クラス編成が完成。

教育方針　「子どもを原点とした教育の実現」「社会の主人公となりゆくための根っこを育てること」を教育目標とする。教育の柱として、教科教育・総合活動・自治活動の３つの領域を定め、また、「子どもの発達に合わせた教育」「本物にふれ、感動を伴った学習」「系統的な学習を大切に」「子どもの主体性を育てる」という４つの原則に基づき、子どもたちが充実した現在（いま）をその子らしく生きることを大切にしながら、教育活動に取り組む。

特　色　低学年は24名３クラス、中・高学年は36名２クラスの少人数制で学習補助員がつくなど、きめ細かい教育を行う。３つの領域のうち、教科教育は担任教員と専科教員の連携で進める。自治活動は、クラスはもちろん児童会活動や運動会、合宿などを通して仲間と協力し合うことを学ぶ。教科の枠を超えて50年以上続く総合活動では、教員の創意によって、「遊び」「表現活動」「現代的な課題に迫る学び」「食育」などを子どもたちの課題ととらえて展開。また、学びを単に知識や技術の獲得だけでなく、人生においての見方や考え方をつくっていくものと考え、外国語活動（英語）・社会・総合を包括的に扱う「地球市民の時間」を設けている。

◆**英語教育**　３年生以上、週１時間。令和２年開設「地球市民の時間」の外国語活動として、専科教員や外国人講師が授業を行う
◆**授業の特色**　国語、社会、算数、理科、音楽、美術、体育の７科目を担任教員と専科教員が連携して行う
◆**体験学習**　遊びや体験活動を通して学べる場として、「しぜんひろば」を設置。また畑では学級単位で栽培活動を行い、労働と収穫の喜びを体験する。収穫の後、みんなで料理をして食べ、食物の大切さを学ぶ
◆**校外学習**　八ヶ岳高原寮を拠点に、４〜６年生が数日間の合宿を実施。早朝散歩、ハイキング、森の間伐体験、野外炊事、キャンプファイヤーなど多くの活動を行う

年間行事予定	
月	行　事　名（抜粋）
4	入学式、春の遠足
5	6年八ヶ岳合宿
6	6年桐朋学園小学校との交流会
7	4年八ヶ岳合宿
8	夏休み
9	5年八ヶ岳合宿
10	運動会、秋の遠足、6年修学旅行
11	
12	音楽会（隔年）
1	
2	美術展（隔年）
3	6年生を送る会、卒業式

入試データ
下記の資料は**2024年度用（2023年秋実施済み）**です

募集要項 ※下記は前年度のデータです

募集人員	男女計72名（内部進学者約26名含む）
学校（入試）説明会	学校説明会：5月13・27日／6月17日／9月2日 Ｗｅｂ説明会：8月26日
願書配付期間	募集要項配付：5月15日～
出願期間	Ｗｅｂ出願：10月1日（0時）～3日（23時59分） 書類提出：10月13日（必着）簡易書留で郵送 ※ＨＰの指示に従ってＷｅｂ出願後に書類提出
提出書類	・志望動機書 ・写真票 ・受考票 ※受考票は考査日に持参
受験票交付	自宅やコンビニエンスストアなどで各自印刷
受験番号付番	順不同　月齢考慮　あり
考査日	考査：11月4～7日のうち1日
選抜方法[注1]	個別テスト、集団テスト
考査料	25,000円（クレジットカード、コンビニまたはペイジー決済）
合格発表	11月9日　簡易書留で通知
倍率	非公表
入学手続	11月10日　9～12時
編入学制度	1～4年生で欠員が生じた場合のみ試験を実施／帰国生はp.403～参照
復学制度	あり
公開行事	学校体験会：9月2日
備考	通学時間制限：所要時間60分以内、乗り換え1回まで 通学区域制限あり（指定通学区域内に在住）

学費

……… 入学手続時納付金 ………	
入学金	300,000円
施設拡充費	100,000円

……… 年間納付金 ………	
授業料・月額	50,600円
施設維持費・月額	11,500円
教育充実費・月額	2,000円
児童諸料・年額	24,400円
旅行積立金・月額	3,000円
予納金・年額	16,000円
ＰＴＡ入会金	2,000円
ＰＴＡ会費など・年額	4,800円
寄付金1口	100,000円
（2口以上、任意）	

※入学辞退者には施設拡充費を返還
※就学金支援制度あり
※上記金額は諸事情等で変更の場合あり

制服

男女とも長ズボンあり

セキュリティ

警備員常駐／防犯カメラ設置／交通指導員配置／防犯ブザー携帯／携帯電話所持可／保護者名札着用／避難・防災訓練実施／緊急通報・安否確認システム／災害用品備蓄／ＡＥＤ設置／全教室にインターホン設置

昼食

お弁当（週5回）…パン、おにぎりの校内販売あり

進学情報

[中学校への進学状況]
【桐朋、桐朋女子】ほぼ全員が内部進学
[高等学校への進学状況]
【桐朋、桐朋女子】ほぼ全員が内部進学
[大学への進学状況]
【桐朋学園】、東京、京都、東京工業、一橋、慶應、早稲田、上智など

[系列校]
桐朋学園大学・大学院大学、桐朋中学校・高等学校、桐朋学園小学校、桐朋学園芸術短期大学、桐朋女子中学校・高等学校、桐朋幼稚園など

※上記募集要項は小学校公表データです（注1：選抜方法については伸芽会教育研究所調査によるデータです）。詳細は小学校ＨＰまたはお電話でご確認ください

東京　私立　共学　と　桐朋小学校

■ 考査ガイド

考査日程	1日
受験番号付番	順不同
選抜方法	受付で受験票を示して、「胸票」を受け取り、子どもの左胸につけて待機する。受験番号順に12〜15人単位で誘導されて個別テストと集団テストを行う
考査内容	個別テスト、集団テスト
所要時間	約2時間

■ 過去の出題例

個別テスト

①位　置 ※テスターと1対1で立ったまま行う

並んだ四角の中に3種類の形のカード（三角、長四角、丸）が数枚置かれたお手本、お手本と同じように並んだ四角がかかれた台紙、3種類の形のカード（三角、長四角、丸）各2枚が用意されている。

・お手本と同じところに同じ形のカードを置きましょう。

■ 言　語 ※テスターと1対1で立ったまま行う

・お名前を教えてください。

・あなたのお家はどのようなお家ですか。お家でよく遊ぶ場所の様子を教えてください。

集団テスト

②制作・巧緻性（魔法のじゅうたんに乗った人形作り）

用意されたものを使って指示通りに人形を作る。じゅうたんの模様が描かれた台紙、洗濯ばさみが配られ、指示通りに人形をじゅうたんに乗せて洗濯ばさみで留める。

③制作・行動観察（紙玉作り・玉入れ）

新聞紙を丸めてセロハンテープで留め、紙玉にする。作った紙玉を使って、玉入れをする。

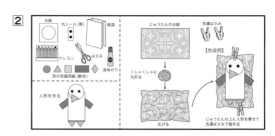

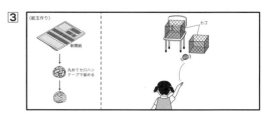

● ここがポイント

個別テストでは、具体物を使った数量や比較、推理・思考などの課題が出されます。面接のない学校ですが、個別テストでは対話力や言語表現力を問われますので、自分の言葉で答えられるようにしておきましょう。集団テストでは、制作や行動観察など指示をよく聞き的確に反応する力が必要です。

■ 出題傾向

	ペーパーテスト													個別テスト															集団テスト											運動	面接
---	話	数量	観察力	言語	推理・思考	構成力	記憶	常識	位置・置換	模写	巧緻性	絵画・表現	系列完成	話	数量	観察力	言語	推理・思考	構成力	記憶	常識	位置・置換	巧緻性	絵画・表現	生活習慣	制作	行動観察	話	観察力	言語	常識	巧緻性	絵画・表現	制作	行動観察	課題・自由遊び	運動・ゲーム	生活習慣	運動	面接
2024年																	○				○											○	○	○	○					
2023年																○	○						○									○	○	○		○				
2022年																○	○				○																			
2021年																	○									○	○							○	○					
2020年		○	○														○					○																	○	

2024 年度入学考査 志望動機書 1

| 受験番号 | ふりがな | | | 女・男 |
| | 志願者氏名 | | | |

| 保護者名 | | 印 |

	続柄	氏　名	年齢	通園・通学先学校名・学年	※志願者の保育歴その他
家族・同居人の状況	志願者				
	父				
	母				

※ 志願者及び、同居している兄弟姉妹の現在の通園・通学先と学年を記入してください。
※ 志願者の保育歴欄は幼稚園その他への入園歴、教育期間等を記入してください。

ご住所　　　　　　　　　　連絡先
〒（　　－　　）　　（　　）－（　　）－（　　）
都・県

※アパート・マンション名ももれなくご記入ください。

・通学方法（ 1. 下記の通り　　2. 転居予定 ）
（1. と答えた方）

通学時間（乗り換え時間も含む）―――――約（　　）分

・公共機関使用　　　　　　最寄駅・バス停
自宅 ―――□□□□□□□□―――

・徒歩のみ

2024 年度入学考査 志望動機書 2

| 受験番号 |
| |

この学校を受験させようと思った理由をお子さんのエピソードも交えてお書きください。

桐朋小学校

※いずれも出願サイトからダウンロードする

┌─────────────────────────────┐
※学校のホームページより「子育てに関するアンケート」（A4判）をダウンロードして記入し、考査日に提出する。
・具体的なエピソード（最近の出来事）を基に、「子育てについてご家族で大切にしていること」と、「桐朋小学校の教育において大切にされていること」とのつながりについて、教えてください
└─────────────────────────────┘

東京　私立　共学　と　桐朋小学校

Inside voice

・「子育てに関するアンケート」はかなり記入スペースがありました。日々の出来事を通して、わが子らしさや家庭の教育方針、桐朋小学校への理解を伝えられるよう苦心しました。
・学園の正門から小学校まで少し距離があるので、その分の移動時間も考慮して来校したほうがよいと思います。受付時間までは外で待機することになります。雨や寒さへの対策も必要です。
・考査当日は校舎の扉や窓が開いていて寒かったです。換気で室内が寒く感じる可能性があるため、防寒着を準備しておくよう、事前に案内がありました。カーディガンなどを持参するとよいと思います。

桐朋学園小学校

https://www.tohogakuen-e.ed.jp　E-mail shou@toho.ed.jp

［所在地］　〒186-0004　東京都国立市中3-1-10
　　　　　TEL 042-575-2231　FAX 042-577-9805

［アクセス］
●JR中央線【国立】より徒歩15分
●JR南武線【谷保】より徒歩15分

小学校情報

［校　長］　原口 大助
［児童数］　427名（男子214名、女子213名）

沿　革　昭和15年、財団法人山水育英会が設立され、翌年、第一山水中学校、山水高等女学校を設立。昭和22年、山水育英会を解散し、東京教育大学に深い関係を持つ財団法人桐朋学園を組織。昭和23年、新学制により桐朋中学校、高等学校に改編。昭和26年、学校法人桐朋学園となる。昭和33年、小学校を併設し翌年開校。平成28年、新本館竣工。令和5年、小学校創立65周年を迎えた。

教育方針　「一人ひとりの子どもの、心のすみずみにまで行きわたる教育を」という言葉に小学校教育の本質があると確信し、創立以来大切にしている。成長段階に合わせたきめ細かな指導を心掛け、豊かな緑に恵まれた教育環境を生かして、子ども本来の感受性や人間性を大事にしながら、心豊かに、賢くたくましく成長させることを一貫して追求している。

特　色　国語、社会、算数、理科などの基本的な教科の知識や技能を身につけることをおろそかにせず、問題解決の能力を育成することに力を注ぐ。思考力、想像力を養うもととなる意欲を大切にし、観察力、表現力、構成力を必要とする日記の指導を行う。また、心身を鍛えるため毎朝の体操やランニング、歩きが中心の遠足、林間学校の登山、臨海学校の遠泳も実施している。キャンパスでは、雑木林に囲まれた緑の環境の中、遊びながら自然とふれ合い、子どもの情操を培う。具体的な体験を通して生きる力、考える力を育てる「生活科」を設け、1年生から6年生まで一貫したカリキュラムのもとで授業を進めている。

◆**クラブ活動**　5年生以上。サッカー、バスケットボール、野球、テニス、ダンス、バドミントン、かるた、サイエンスなど
◆**児童会活動**　5年生以上。学級、放送、図書、保健、体育、美化、生きもの委員会があり、毎週金曜日に朝礼で報告や連絡をする
◆**授業の特色**　「生活科」では学年ごとにさまざまな体験学習を実施する。アサガオの土作り、クッキー作り、大学通りの桜を守る活動、羊毛の糸紡ぎ、土器作り、野焼き、ミシン実習などの直接体験を通して学ぶ
◆**校外学習**　各学年で遠足があるほか、宿泊学習として、3年生は御岳で林間学校、4年生は西湖で湖畔学校、5年生は奥蓼科で林間学校、6年生は千葉岩井で臨海学校を行う

月	行　事　名（抜粋）
年間行事予定	
4	入学式、1・5年遠足
5	3年林間学校、4年湖畔学校、遠足
6	5年美術館見学
7	6年臨海学校、5年林間学校
8	夏休み
9	5年自動車工場見学
10	運動会、6年修学旅行、3・4年遠足
11	5年土器作り、3・4年写生会
12	2・4・6年音楽会
1	国際理解教室
2	1・3・5年発表会
3	5年都内見学、6年卒業遠足、卒業式

入試データ

下記の資料は**2025年度用（2024年秋実施予定）**です

募集要項

募集人員	男女計72名
学校（入試）説明会	4月20日／5月18日　①10時～　②14時～ 9月5日　10時30分～
願書配付期間	募集要項配付：4月下旬～
出願期間	Ｗｅｂ出願：10月1～3日 書類提出：10月18日（必着）簡易書留で郵送 ※ＨＰの指示に従ってＷｅｂ出願後に書類提出
提出書類	・志望動機書 ・受験票（学校提出用） ・受験票 ※受験票は考査日に持参
受験票交付	自宅やコンビニエンスストアなどで各自印刷
受験番号付番	生年月日順　　　　月齢考慮　なし
考査日	考査：11月5～8日のうち1日（日時はメールで通知）
選抜方法^{注1}	集団テスト
考査料	25,000円（クレジットカード、コンビニまたはペイジー決済）
合格発表	11月10日　Ｗｅｂ発表
倍率（前年度）	約8.0倍
入学手続	11月12日
編入学制度	1～4年生で欠員が生じた学年のみ年度末に試験を実施／帰国生はp.403～参照
復学制度	退学後3年以内に限る
公開行事	校舎見学会：6月15日
備考	通学時間制限：所要時間60分程度 通学区域制限あり（指定通学区域内に在住）

学費

……… 入学手続時納付金 ………
入学金　300,000円

……… 年間納付金 ……………
授業料・月額	41,200円
施設拡充費・月額	10,000円
児童諸費・月額	2,500円
教材費・年額	35,000円
ＰＴＡ入会金	2,000円
ＰＴＡ会費・月額	900円
学園債1口	100,000円
（1口以上、任意）	

※学園債は卒業時に返還
※上記金額は諸事情等で変更の場合あり

制服

セキュリティ

警備員常駐／防犯カメラ設置／保護者ＩＤカード／避難・防災訓練実施／緊急通報・安否確認システム／緊急地震速報装置／学校110番／災害用品備蓄／ＡＥＤ設置

昼食

お弁当（週5回）…昼食注文システムあり。4年生以上は食堂を利用（週1回）

進学情報

[中学校への進学状況]
【桐朋、桐朋女子】男子はほぼ全員、女子は約80％が内部進学
[高等学校への進学状況]
【桐朋、桐朋女子】原則として内部進学
[大学への進学状況]
【桐朋学園】、東京、京都、東京工業、一橋、慶應、早稲田、上智など

[系列校]
桐朋学園大学・大学院大学、桐朋中学校・高等学校、桐朋学園芸術短期大学、桐朋女子中学校・高等学校、桐朋小学校・幼稚園など

東京

私立　共学　と　桐朋学園小学校

※上記募集要項は小学校公表データです（注1：選抜方法については伸芽会教育研究所調査によるデータです）。詳細は小学校ＨＰまたはお電話でご確認ください

考査ガイド

考査日程	1日
受験番号付番	生年月日順
選抜方法	受験番号順に約35人ずつ集合時間が指定される。受付後、子どもは上履きに履き替えゼッケンをつける。在校生の誘導で教室に向かい、15～18人単位で集団テストを行う
考査内容	集団テスト
所要時間	約1時間30分

過去の出題例

集団テスト

[1] 制作・発想力

机に生花用吸水スポンジ、セロハンテープ、はさみ、教室の後ろにモール、S字フック、太いストロー、細くて曲がるストロー、お花紙が置いてある。

・机の上のスポンジと後ろの材料を使って、海にいるものか海にあるもの（山または空にいるものかあるもの、回るものか動くもの、飛ぶもの、走るものなど）を作りましょう。スポンジを切ってはいけませんが、ほかの材料は切って使ってもよいですよ。スポンジにはモールやストロー、フックを刺してつけることができます。

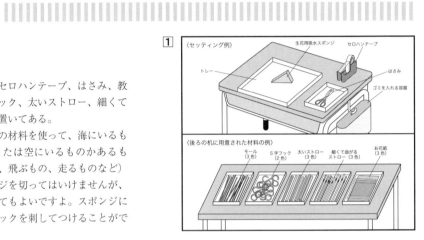

[2] 行動観察（村作り）

3～5人のチームに分かれて行う。教室の床の白い枠の中に村を作るための紫の枠が示してある。教室の隅にはさまざまな形の大きなソフト積み木、コーンが置いてある。

・ニコニコ山には人が住んでいますが、村がなくて困っています。チームで力を合わせて村を作ってあげましょう（チームごとに指定された紫の枠の中に作る、縦に置いたとき一番背の高い積み木よりも高くなるものは作っていけないというお約束がある）。

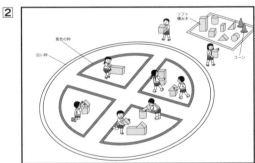

ここがポイント

例年ペーパーテストはなく、集団テストでは制作・行動観察に加え、観察力や思考力などの課題も行われます。グループ遊びを通して、創造力やお友達とのかかわり方、自己表現力などが見られます。保護者、子どもに対しての面接もなく、行動観察のみで親の育児姿勢、家庭教育などすべてを判断しているようです。

出題傾向

	ペーパーテスト														個別テスト														集団テスト											運動	面接
	話	数量	観察力	言語	推理・思考	構成力	記憶	常識	位置・置換	模写	巧緻性	絵画・表現	系列完成		話	数量	観察力	言語	推理・思考	構成力	記憶	常識	位置・置換	巧緻性	絵画・表現	系列完成	制作	行動観察	構成力	観察力	思考力	注意力	巧緻性	絵画・表現	制作	行動観察	課題・自由遊び	運動・ゲーム	生活習慣	運動	面接
2024年																													○		○				○	○	○				
2023年																														○	○				○	○	○				
2022年																														○	○				○	○					
2021年																														○	○				○	○					
2020年																													○	○					○	○					

記入日：　　年　月　日

桐朋学園小学校　志望動機書

受験番号

※ご記入ください

フリガナ	
受験者氏名	

男・女

本校志望の理由

家庭の状況

続柄	氏　　名	年齢		続柄	氏　　名	年齢
本人						

※出願サイトからダウンロードする

Inside voice

・考査当日は、受付開始時間より早く着いてしまいました。わが家のほかにも何組かいましたが、校庭で遊んでしまうお子さんもいました。ある程度の緊張感を保つためにも、到着は早すぎないほうがよいと思いました。

・受付後、子どもは控え室に入ることなく、すぐに考査室へ誘導されました。トイレはもちろんのこと、身だしなみの確認や子どもへの声掛けも受付前に済ませておいたほうがよいと思います。

・考査では、在校生がしっかりと案内や誘導を行っていたのが印象的でした。先生方も優しく丁寧に対応してくださり、すてきな学校だと思いました。息子も在校生に刺激を受け意欲が高まった様子でした。

東洋英和女学院小学部

http://www.toyoeiwa.ac.jp　E-mail prim@toyoeiwa.ac.jp

[所在地]　〒106-0032　東京都港区六本木5-6-14
　　　　　TEL 03-5411-1322　FAX 03-5411-1323

[アクセス]
●東京メトロ日比谷線【六本木】、都営大江戸線
【六本木】【麻布十番】より徒歩7分
●東京メトロ南北線【麻布十番】より徒歩13分

小学校情報

[校 長]　吉田 太郎
[児童数]　女子473名

沿 革　明治17年、カナダ・メソジスト婦人ミッションが東洋英和女学校を開校。明治21年、小学部の前身となる幼稚科を設置。明治42年、幼稚科と予科を改め、6年制の小学科となる。昭和22年、東洋英和女学院小学部となる。昭和29年、現在地に移転。平成元年、東洋英和女学院大学、平成5年には大学院を開学。平成12年、小学部新校舎竣工。令和6年、学院創立140周年を迎える。

教育方針　キリスト教による人間形成を重んずる教育を行う。教育の画一化を排し、教師とのふれ合いを重んじ、幼児期より青年期に至る各成長段階において一人ひとりを大切にし、人格の目覚めと自立を促し、豊かな人間性を育てるとともに国際性を養い、敬神と奉仕の精神を培う。学院標語に『敬神奉仕』を掲げ、教育目標に「造り主である神様を覚えて、神様と人のために生活をする子ども」「隣人を愛し、進んで奉仕の生活をする子ども」「英和の子どもとして、礼儀正しく責任ある生活をする子ども」の育成を定める。

特 色　創立以来の週5日制により、土曜日は授業を行わず、日曜日は自宅近隣の教会学校に出席する。朝の礼拝から一日がスタートするなど、キリスト教教育を大切にしている。自ら考える力を育てるとともに基礎学力の徹底を目指し、1年生から音楽、図工、体育、英語、聖書などで教科担任制をとる。また、協力教授組織による授業や少人数制授業を行い、専門性を高めている。国際化・情報化社会に対応し英語教育に力を入れているほか、教科の枠にとらわれない「メープル」の時間を設けている。

◆クラブ活動　4年生は希望者、5年生以上は全員参加する。手芸、料理、サッカー、テニスなど13のクラブがある。2月にはクラブ発表会もある

◆特別活動　4年生以上の希望者で聖歌隊、5年生以上の希望者でハンドベルグループを組織。特別礼拝やキリスト教行事、コンサートなどで演奏を行う。希望者を対象にピアノ科とオルガン科がある。ピアノ科は創立以来の伝統があり、小学部生の3割が在籍

◆英語教育　1・2年生は週1時間、3～6年生は週2時間の授業

◆校外学習　全学年、軽井沢追分寮に宿泊する夏期学校があり、2・6年生は一緒に宿泊学習をする。6年生は修学旅行で関西を訪問

年間行事予定

月	行 事 名(抜粋)
4	入学式、健康診断、コース別集会
5	運動会、遠足、授業参観、5年田植え（茨城）
6	鑑賞の日
7	夏期学校（軽井沢追分寮）
8	夏休み、6年オーストラリア短期留学（希望者）
9	6年修学旅行、遠足、5年稲刈り（茨城）
10	球技会
11	創立記念日礼拝、学芸会
12	クリスマス礼拝
1	マグノリアコンサート
2	美術展、6年親子討論会、クラブ発表会
3	チャリティオルガンコンサート、卒業式

入試データ

下記の資料は**2024年度用（2023年秋実施済み）**です

募集要項　※下記は前年度のデータです

募集人員	女子80名（内部進学者30名含む）
学校（入試）説明会	学校説明会：5月13日／6月15日 入試説明会：9月7日
願書配付期間	6月26日〜9月30日 9〜16時（6月26日：10時〜、9月30日：〜12時） 小学部事務室にて　※土日祝、8月5〜20日は小学部警備員室にて
出願期間	Ｗｅｂ出願：9月5日〜10月1日 郵送出願：10月1日（消印有効）　簡易書留速達で郵送 ※ＨＰの指示に従ってＷｅｂ出願後に郵送出願
提出書類	・入学願書　・考査票　・健康調査票　・受付票 ・考査出校時刻連絡はがき（切手を貼付） ・返信用封筒（切手を貼付）
受験票交付	速達で郵送
受験番号付番	生年月日順　　月齢考慮　あり
考査日	考査：11月2日（時間は「考査出校時刻連絡はがき」で通知） 面接：考査日前に実施（日時は受験票返送時に通知）
選抜方法注1	ペーパーテスト、個別テスト、集団テスト、運動テスト、親子面接
考査料	30,000円（クレジットカード、コンビニまたはペイジー決済）
合格発表	11月3日　18〜20時　Ｗｅｂ発表
倍率	約11.7倍
入学手続	11月4日
編入学制度	新2〜5年生で欠員が生じた場合のみ試験を実施
復学制度	退学後3年以内に限る（1年生の7月までと6年生の7月からは在籍すること）
公開行事	美術展：2月10日
備考	通学時間：所要時間60分以内が望ましい

学費

```
……… 入学手続時納付金 ………
入学金              330,000円

………… 年間納付金 …………
授業料・年額         550,000円
教育充実費・年額     150,000円
施設設備資金・年額   240,000円
給食費・年額         130,000円
学習費・年額          10,000円
母の会入会金（初年度のみ）
                      5,000円
後援会会費など・年額  50,000円
寄付金1口           100,000円
（3口以上、任意）
```
※教材費など別途納付
※上記金額は諸事情等で変更の場合あり

制服

セキュリティ

警備員／防犯カメラ／交通指導員／登下校確認システム／防犯ブザー（任意）／携帯電話所持可（届出制）／インターホン／保護者名札着用／赤外線センサー／避難・防災訓練／看護師／緊急通報・安否確認システム／緊急地震速報装置／学校110番／災害用品／ＡＥＤ／防犯訓練

昼食

給食（週5回）…全校児童、全教員が一堂に会して昼食をとる。高学年が低学年の子どもたちの給仕をする

進学情報

[中学校への進学状況]
【東洋英和女学院】約96％が内部進学
[高等学校への進学状況]
【東洋英和女学院】約98％が内部進学
[大学への進学状況]**【東洋英和女学院】**、東京、東京工業、東京外国語、千葉、お茶の水、横浜国立、東京藝術、慶應、早稲田、上智、北里、東京女子医科など

[系列校]
東洋英和女学院大学・大学院、東洋英和女学院中学部・高等部、東洋英和幼稚園、東洋英和女学院大学付属かえで幼稚園

※上記募集要項は小学校公表データです（注1：選抜方法については伸芽会教育研究所調査によるデータです）。詳細は小学校ＨＰまたはお電話でご確認ください

東京　私立　女子　と　東洋英和女学院小学部

考査ガイド

考査日程	1日
受験番号付番	生年月日順
選抜方法	月齢で分けられたグループごとに指定時刻に集合し、ゼッケンをつけて講堂で待機する。子どもは在校生の誘導で教室に向かい、20~30人単位でペーパーテスト、個別テスト、集団テスト、運動テストを行う
考査内容	ペーパーテスト、個別テスト、集団テスト、運動テスト、親子面接
所要時間	約2時間

過去の出題例

ペーパーテスト

①推理・思考（回転図形）

・左のマス目を矢印の向きに2回倒すと、印はどのようになりますか。右のマス目にかきましょう。

②言語（しりとり）

・絵がしりとりで全部つながるときは○、つながらないときは×を、下の四角にかきましょう。

集団テスト

■行動観察（ごっこ遊び）

5人1組で行う。グループごとに、男の子、女の子、おじいさん、おばあさん、お父さん、お母さんの顔が描かれたペープサートが用意される。ペープサートを使って、誰がどの役をするか、家族みんなでどこに出かけるかを相談して、楽しく遊ぶ。

運動テスト

■ボールリレー

ドッジボールを持ってコーンまで走り、5回ボールをついたらボールを持ってスキップで戻る。次の人にボールを渡して列の後ろに並ぶ。

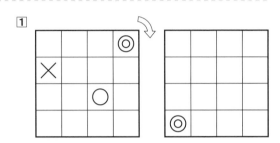

ここがポイント

ペーパーテストでは開始の合図を守ること、自由遊びでは全員で片づけることを約束させられます。ペーパーテストの話の理解、数量、推理・思考、常識などでは、特にしっかり話を聞いて何をどこに解答するかをきちんと聞き取ることが大切です。集団テストでは生活習慣やお友達との接し方も見られます。2024年度は個別テストが行われました。

出題傾向

	ペーパーテスト												個別テスト													集団テスト											運動	面接
	話	数量	観察力	言語	推理・思考	構成力	記憶	常識	位置・置換	模写	巧緻性	絵画・表現	系列完成	話	数量	観察力	言語	推理・思考	構成力	記憶	常識	位置・置換	巧緻性	絵画・表現	系列完成	制作	行動観察	話	観察力	言語	常識	巧緻性	絵画・表現	制作	行動観察	課題・自由遊び	運動・ゲーム	生活習慣	運動	面接
2024年		○			○	○		○							○			○			○		○				○												○	○
2023年		○		○	○				○			○																	○				○	○	○				○	○
2022年	○	○		○	○				○		○	○																			○			○					○	○
2021年	○	○		○	○					○		○																											○	○
2020年	○	○		○	○							○	○																○							○			○	○

面接ガイド

親子面接　考査日前の指定日時に生年月日順に面接が行われる。当日、アンケートの記入がある
所要時間　約10分

<面接資料／アンケート>
面接当日の受付で配付される父母別々のアンケート用紙に記入して提出する

過去の質問例

本人への質問

・お名前、幼稚園（保育園）の名前を教えてください。
・幼稚園（保育園）で好きな遊びは何ですか。その遊びは何人でやりますか。
・お家では誰と何をして遊びますか。
・お手伝いはしますか。どんなことをしていますか。
・好きな食べ物、嫌いな食べ物を教えてください。
・今日の朝ごはん（昼ごはん）は何を食べましたか。
・宝物は何か教えてください。
・今、一番欲しいものは何ですか。
・小学生になったら何を頑張りたいですか。

父親への質問

・数ある小学校の中で、本校を選んだのはなぜですか。
・受験にあたり、何校を見学していますか。
・女子校の教育についてどのようにお考えですか。
・上のお子さんと違う学校を志望するのはなぜですか。
・お仕事についてお聞かせください。
・お子さんの名前の由来を教えてください。
・お子さんとの時間をつくるために、どのような工夫をしていますか。
・お子さんと過ごしてきた中で、最も印象に残っているエピソードをお聞かせください。
・幼稚園（保育園）の送迎や行事の参加、緊急時の対応など、ご夫婦でどのように分担されていますか。

母親への質問

・お仕事の経験から得たことで、お子さんに伝えたいことは何ですか。
・今の幼稚園（保育園）を選んだ理由は何ですか。

面接の配置図

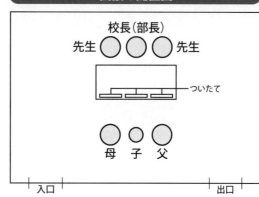

・お子さんはお母さまと何をして過ごすのが楽しいと感じていると思いますか。
・お子さんとごきょうだいの関係はいかがですか。
・ご自身の小学校時代の思い出をお聞かせください。
・帰ったら、お子さんに何をしてあげたいですか。
・（共働きの場合）本校に入学後、しばらくは送迎が必要ですが、どのように対応しますか。

※面接当日に配付されるアンケート用紙には、以下のような記入項目がある。
（父親・母親とも同じテーマ）
・平日、お子さんと一緒に過ごす時間はどれくらいですか。また、何をしていますか
ほかに、両親ともに願書に書ききれなかったことで伝えたいこと、出身校、特技、職業、ボランティア活動などを自由に記入する。

Inside voice

・考査当日の控え室は食堂で、待ち時間はテーブルで子どもと折り紙をしました。グループによっては講堂が控え室で、その場合折り紙をするのは難しいかもしれません。トイレはどこも混んでいました。
・面接前は、両親のアンケート記入、考査日の持ち物の見本を確認、子どものトイレを済ませるなど、やることが多いと感じました。わが家は受付開始時間に行きましたが、時間配分が必要だと思います。
・考査当日の誘導係は在校生でした。考査のゼッケンの着脱も手伝ってくれたようで、娘はお姉さんにお世話していただいたことがうれしかったらしく、「あのお姉さんのようになりたい！」と話していました。

トキワ松学園小学校

http://www.tokiwamatsu.ed.jp

[アクセス]
- ●東急東横線【都立大学】より徒歩8分
- ●東急バス【碑文谷警察署】下車徒歩1分

[所在地] 〒152-0003 東京都目黒区碑文谷4-17-16
TEL 03-3713-8161 FAX 03-3713-8400

小学校情報

[校 長] 百合岡 依子
[児童数] 281名（男子170名、女子111名）

沿革 大正5年、常磐松女学校を渋谷の常磐松御料地の隣地に創設。昭和26年、トキワ松学園小学校設立。昭和30年、鉄筋コンクリート校舎落成。昭和41年、トキワ松学園女子短期大学美術科（現・横浜美術大学）設立。平成12年、新校舎目黒キャンパス完成。平成20年、新体育館とプールが完成。平成26年、アフタースクール開設。令和8年、学園創立110周年、小学校創立75周年を迎える。

教育方針 『鋼鉄（はがね）に一輪のすみれの花を添えて（芯の強さと優しさを併せ持つ、バランスのとれた人間の成長）』が創立者の教育理念である。「心豊かな子どもの育成と円満な人間形成」の理念のもと、「健康」「感謝」「親切」「努力」の教育目標を掲げ、子どもの心を深く育み、体を鍛え、知性と感性のバランスのとれた心身の育成に努める。将来の夢の実現のため、また、世界的な視野に立って生きてほしいという願いの中で、子どもたち一人ひとりの自分らしさ、よさを大切にし、個性尊重を重視して教育にあたる。

特色 「何事にも意欲を持って取り組むことのできる子どもに」「ほかの人に思いやりの心を持つことのできる子どもに」を大切にし、教育活動や生活の場で教師が細やかに優しく指導している。1～4年生は1クラス約23名、5・6年生も多くの教科で23名編成をとるなど、一人ひとりの個性を伸ばす授業を行う。生活時程では、15分を1単位（モジュール）として、その組み合わせで時間割をつくる「モジュール制」を導入。これにより、学年、教科、学習内容に合わせて柔軟に時間を配分し、高い学習効果を上げている。

◆**英語教育** 全学年、週2時間。日本人と外国人教員のチームティーチングにより、低学年は「聞く」「話す」に特化した授業で英語の地頭をつくる。高学年は日本人教員による「読む」「書く」に力を入れた授業も行う

◆**授業の特色** さまざまな教科で体験学習を取り入れ、地域内外への校外学習も多数実施。高学年では専科制となり、教科担任による指導で専門性と密度の高い授業を展開。中学受験を意識した応用的な内容も扱う

◆**体験学習** 2年生は学校宿泊、3年生は南房総で海の教室、4・5年生は箱根や奥日光で山の教室、6年生は裏磐梯での自然体験教室や修学旅行がある。3～5年生は志賀でスキー教室と併せておやき作りなども体験する

\multicolumn{2}{c}{年間行事予定}	
月	行 事 名（抜粋）
4	入学式
5	親子読書週間、海の教室
6	自然体験教室、山の教室、6年歌舞伎教室、授業参観
7	学園会バザー、2年学校宿泊
8	夏休み、5・6年教科指導、水泳講習会
9	授業参観
10	親子運動会、全校遠足、親子読書週間
11	創立記念日、親子演劇教室、算数検定
12	もちつき
1	3～5年スキー教室（志賀）
2	6年修学旅行、音楽発表会
3	卒業式、さつき会スキークラブ

入試データ

下記の資料は**2025年度用（2024年秋実施予定）**です

募集要項

募集人員	男女計約40名
学校（入試）説明会	6月15日／9月14日（施設見学あり）
願書配付期間	Ｗｅｂ公開のみ
出願期間	Ｗｅｂ出願：10月1日（8時）～28日（23時59分） 書類提出：面接希望日の3日前（必着）簡易書留で郵送 ※ＨＰの指示に従ってＷｅｂ出願後に書類提出
提出書類	・入学試験面接資料 ・写真票 ・受験票 ※受験票は考査日に持参
受験票交付	自宅やコンビニエンスストアなどで各自印刷
受験番号付番	願書受付順　月齢考慮　なし
考査日	考査：11月1・2日のうち1日 面接：10月19・26日のうち1日
選抜方法^{注1}	ペーパーテスト、集団テスト、保護者面接
考査料	25,000円（クレジットカード、コンビニまたはペイジー決済）
合格発表	11月2日　19時　Ｗｅｂ発表
倍率（前年度）	非公表
入学手続	11月2・3日
編入学制度	1～5年生で欠員が生じた場合のみ7・2月に試験を実施／帰国生はp.403～参照
復学制度	あり
公開行事	学校公開：6月25日　学園会バザー：7月14日　入試体験：7月19日 親子運動会：10月5日　音楽発表会：2月12日 ※学校見学は火・木・金曜日（10時30分～、約1時間。要電話申込）
備考	土曜登校あり（年約4回）

セキュリティ

警備員常駐／防犯カメラ設置／登下校確認システム／防犯ブザー携帯／携帯電話所持可／保護者名札着用／避難・防災訓練実施／緊急通報・安否確認システム／緊急地震速報装置／学校110番／災害用品備蓄／ＡＥＤ設置／防犯訓練実施

学費

……… 入学手続時納付金 ………
入学金	250,000円
施設設備費	180,000円

……… 年間納付金 ………
授業料・月額	43,000円
施設設備費・月額	11,300円
学園会入会金（初年度のみ）	10,000円
学園会会費・月額	1,300円
学級費・月額	5,000円
積立金・月額	5,000円
保護者の会会費・月額	800円
寄付金1口	100,000円

（2口以上、任意）

※入学辞退者には施設設備費を返還
※上記金額は諸事情等で変更の場合あり

制服

昼食

お弁当（週5回）…お弁当、パン、おにぎり、飲み物の校内販売あり

進学情報

［中学校への進学状況］
男子：筑波大附属、駒場東邦、早稲田、渋教渋谷、攻玉社、暁星など
女子：【トキワ松学園】約40％が内部進学。慶應湘南藤沢、鷗友など
［高等学校への進学状況］【トキワ松学園】原則として内部進学
［大学への進学状況］
【横浜美術】、東京藝術、慶應、立教、明治、青山学院、中央、法政など

［系列校］
トキワ松学園中学校高等学校、横浜美術大学

※上記募集要項は小学校公表データです（注1：選抜方法については伸芽会教育研究所調査によるデータです）。詳細は小学校ＨＰまたはお電話でご確認ください

新渡戸文化小学校

https://www.el.nitobebunka.ac.jp　E-mail bunsho@nitobebunka.ac.jp

[所在地]　〒164-8638　東京都中野区本町6-38-1
　　　　　TEL 03-3381-0124　FAX 03-3381-0125

[アクセス]
●東京メトロ丸ノ内線【東高円寺】より徒歩5分
●JR中央線ほか【中野】より徒歩15分
●バス【中野天神前】下車徒歩3分

小学校情報

[校　長]　杉本 竜之
[児童数]　360名（男子180名、女子180名）

沿　革　日本の女性文化の向上を願い、「文化生活」運動を提唱した森本厚吉博士が創立し、新渡戸稲造博士が初代校長を務めた女子経済専門学校が母体。昭和23年、東京経専小学校として開校し、その後、東京文化小学校と改称。昭和54年、杉並区和田の新校舎に移転。平成22年、2クラス化実現のため、中野区本町に再移転。校名を新渡戸文化小学校に改称。平成23年、他校に先立ち、東京23区内の私立学校で初めてアフタースクールを開設した。

教育方針　新渡戸稲造博士の言葉である、「世に生まれ出でたる大きな目的は、人のために尽くすことにある」を基に、教育の最上位目標として「Happiness Creator（しあわせをつくる人）」になることを掲げ、温かく明るい雰囲気の中で豊かな人間性と未来を担う力を育む。すべてにおいて「子どもが主語」の待つ教育を実践し、自己肯定感の高い子どもが育つ学校を目指す。

特　色　自ら学ぶ「自律型学習者」を目指し学校改革を推進。「確かな基礎学力」「教科を超えた学び」「社会とつながるプロジェクト型学習」を柱とし、これからの社会を生きる力を培う。さまざまなテーマを扱う「プロジェクト科」では、答えのない問いに対し、対話を重ねてチームで探究。学んだ事柄を創造的にアウトプットする。宿泊行事の「スタディツアー」は、問いを持って選択するというコンセプトで実施。学校のルールや仕組みを作ったり変更したりすることができる「全校ミーティング」では、全校で話し合うことで「未来は自分たちでつくることができる」という信念を育む。

◆**クラブ活動**　4年生以上、週1回。サッカー、剣道、チアリーディング、ダンス、バスケットボール、卓球、アート、プログラミング、将棋、音楽、造形・デザイン、写真があり、専門指導者が担当する
◆**委員会活動**　月1回。図書、放送、情報、飼育栽培、集会、保健体育、生活向上
◆**英語教育**　1～4年生は週1時間、5・6年生は週2時間。ネイティブと日本人の教員が実践的な英語力を育てる授業を展開する
◆**校外学習**　3年生はあきのキャンプ、4年生は冬の教室（スキー）、5・6年生はプロジェクト型学習の一環として、現地の大人たちと協働し、さまざまな体験を通して探究を行うスタディツアーを実施

年間行事予定	
月	行　事　名（抜粋）
4	入学式、遠足
5	スポーツデイ
6	6年スタディツアー
7	―
8	3年あきのキャンプ
9	新渡戸祭
10	5年スタディツアー
11	―
12	―
1	4年冬の教室
2	―
3	スタディフェスタ、6年生を送る会、卒業式

入試データ　下記の資料は**2024年度用（2023年秋〜冬実施済み）**です

募集要項　※ !2025 は次年度のデータです

募集人員	男女計約60名（第1〜3回合わせて。内部進学者、帰国生枠含む）
学校（入試）説明会	!2025 Ｗｅｂ説明会：4月12日 学校説明会：5月9日／6月15・20日／7月3日／ 9月14日／11月23日
願書配付期間	募集要項配付：6月上旬〜
出願期間	Ｗｅｂ出願：A（第1回）…10月1〜27日 　　　　　　B（第2回）…10月1日〜11月7日 　　　　　　C（第3回）…10月1日〜12月5日 書類提出：面接希望日の前日までに郵送（簡易書留・必着） 　　　　　または持参（平日9〜16時。10月28日：休み） ※ＨＰの指示に従ってＷｅｂ出願後に書類提出
提出書類	・申込内容確認書　・写真票　・入学健康診断票 ・志望動機記述用紙　・受験票　※受験票は考査日に持参
受験票交付	自宅やコンビニエンスストアなどで各自印刷
受験番号付番	願書受付順　　月齢考慮　　あり
考査日	考査：A…11月3日　B…11月11日　C…12月9日 面接：いずれも考査日前に実施（日時はメールで通知）
選抜方法^{注1}	集団テスト、親子面接
考査料	20,000円（クレジットカード、コンビニまたはペイジー決済）
合格発表	A：11月4日　B：11月11日　C：12月9日　Ｗｅｂ発表
倍率	約4.2倍
入学手続	A：11月7日　B：11月14日　C：12月12日　16時締切
編入学制度	欠員が生じた場合のみ試験を実施／帰国生はp.403〜参照
復学制度	あり
公開行事	新渡戸祭：9月30日
備考	全児童アフタースクールに入会

セキュリティ

警備員常駐／防犯カメラ設置／登下校確認システム／防犯ブザー携帯（任意）／携帯電話所持可／インターホン設置／保護者ＩＤカード・名札／避難・防災訓練実施／看護師常駐／緊急通報・安否確認システム／学校110番／災害用品備蓄／ＡＥＤ設置

学費

```
…… 入学手続時納付金 ……
入学金　　　　　　　300,000円
…… 年間納付金 ……
授業料・月額　　　　 50,000円
教育充実費・月額　　 13,000円
施設費・月額　　　　 10,000円
アフタースクール入会金 100,000円
教育活動費・年額（1年生） 84,000円
```
※保護者・兄弟姉妹・祖父母が本学園の卒業生、在校生、在園生である場合は入学金を軽減
※帰国生は、帰国生特別費納付の場合あり（51,500円）
※教育活動費は学年ごとに金額が異なる
※上記金額は諸事情等で変更の場合あり

制服

昼食

給食（週5回）…自校方式の手作り給食を提供

進学情報

[中学校への進学状況]
【新渡戸文化】学習院女子、法政大、成城、日大第二、日大第一、大妻中野、立教新座、法政大二など
[高等学校への進学状況]【新渡戸文化】約65%が内部進学
[大学への進学状況]
【新渡戸文化短期】、防衛、国際基督教、立教、法政、國學院、多摩美術など

[系列校]
新渡戸文化短期大学、新渡戸文化中学・高等学校、新渡戸文化子ども園

東京　私立　共学　に　新渡戸文化小学校

※上記募集要項は小学校公表データです（注1：選抜方法については伸芽会教育研究所調査によるデータです）。詳細は小学校ＨＰまたはお電話でご確認ください

175

日本女子大学附属豊明小学校

http://www.jwu.ac.jp/elm/

[アクセス]
- ●JR山手線【目白】より徒歩15分／学バス5分
- ●東京メトロ副都心線【雑司ガ谷】より徒歩8分
- ●東京メトロ有楽町線【護国寺】より徒歩10分

[所在地] 〒112-8681　東京都文京区目白台1-16-7
　　　　　TEL 03-5981-3855（入試事務室）　FAX 03-5981-3831

小学校情報

[校　長] 川合 洋子
[児童数] 女子684名

沿　革　明治34年、日本女子大学校、附属高等女学校が開校。明治39年、附属豊明小学校・幼稚園が開校。昭和22年、附属高等女学校を母体に附属中学校が、翌年に高等学校が開校された。昭和24年、週5日制授業開始。昭和26年、財団法人日本女子大学校を学校法人日本女子大学に改組。昭和51年、全校5日制授業開始。令和8年、豊明小学校・幼稚園が創立120周年を迎える。

教育方針　『信念徹底』『自発創生』『共同奉仕』の三綱領を建学の精神とし、「一生懸命がんばる子」「自分から進んで行動する子」「みんなと力を合わせ協力する子」の3つを目標の児童像としている。幼稚園から大学、大学院に至る一貫教育を通して、「歴史と伝統に守られながら、新しい時代を見つめる目」「人として、女性として、やさしく、うつくしく、ゆたかな心」「バランスのとれた成長」を育む。子ども・教職員・保護者のつながりを大事にしながら、一人ひとりの初めの一歩を温かく見守る。

特　色　「自学自動・実物教育の実践」を掲げ、児童の興味・関心に応じ、自ら課題を見つけて主体的に判断し、解決できるような学習方法を設定している。国語では創立以来続いている日記指導、社会では見学などを中心に、調べ、考え、まとめ、発表する学習を実施。理科、音楽、図工、体育、家庭科など専科制を充実させている。英語教育と情報教育は、全学年で系統的に独自のカリキュラムで進める。総合的学習では、国際理解、環境、人間、平和の4つのテーマを通じて主体的な取り組みを促している。

◆**クラブ活動**　5年生以上。バスケットボール、テニス、陸上、サイエンス、美術、クッキング、演劇、器楽など18のクラブ
◆**奉仕部活動**　4年生以上。美化、図書、科学、運動、保健、家庭、視聴覚の7つに分かれ、当番活動や月1回の部会で活動する
◆**英語教育**　全学年。日本女子大学文学部英文学科との連携による授業を実施している。また、6年生の希望者には、オーストラリアでホームステイをして、姉妹校で海外の学校生活を体験する機会を設けている
◆**校外学習**　2～5年生は、西生田の校地でいも掘りや田植えなどを行う。5年生は菅平、6年生は軽井沢の三泉寮で3泊4日の共同生活や修学旅行を実施。10月には全学年縦割りグループによる豊明なかよしDAYがある

年間行事予定	
月	行　事　名（抜粋）
4	入学式、1・6年歓迎遠足、春の遠足、写生会
5	写生会作品展、2・3年校外学習
6	3～5年校外学習、5年菅平スコーレ
7	4年学級宿泊体験、6年軽井沢夏の学校
8	夏休み
9	豊明秋の運動会、4年校外学習
10	1～3・5・6年校外学習、豊明なかよしDAY
11	2～5年校外学習
12	6年修学旅行
1	3～6年書き初め大会、音楽会
2	2年校外学習
3	送別会、卒業式

School Information

※濃い色で示したアイコンはこの小学校に該当するものです。アフタースクールの詳細はp.397〜参照

 始業　 制服　 3学期制　 土曜登校　 3・5年クラス替 両方あり　 アレルギー対応　 ICT教育　 英語コマ数2　 通学時間制限　 アフタースクール　 幼稚園　 中学・高校　 大学　

入試データ

下記の資料は**2025年度用（2024年秋実施予定）**です

募集要項

募集人員	女子約54名
学校（入試）説明会	学校説明会：5月11日 Ｗｅｂ説明会：8月26日〜9月6日
願書配付期間	Ｗｅｂ公開のみ
出願期間	Ｗｅｂ出願：9月9日〜10月3日 書類提出：10月1〜3日（必着）　簡易書留で郵送 ※ＨＰの指示に従ってＷｅｂ出願後に書類提出
提出書類	・入学願書　・面接資料 ・受験票 ※受験票は考査日に持参
受験票交付	自宅やコンビニエンスストアなどで各自印刷
受験番号付番	生年月日順　　月齢考慮　あり
考査日	考査：11月1日 面接：10月12・13日のうち1日
選抜方法^{注1}	ペーパーテスト、集団テスト、親子面接
考査料	25,000円（クレジットカード、コンビニまたはペイジー決済）
合格発表	11月3日　13時〜15時30分　Ｗｅｂ発表
倍率（前年度）	約6.1倍
入学手続	11月4日
編入学制度	欠員が生じた場合のみ試験を実施／帰国生はp.403〜参照
復学制度	あり
公開行事	オープンスクール：5月25日（写生会作品展あり） 　　　　　　　　　7月20日 授業見学会：6月19日　個別相談会：9月7日 豊明秋の運動会：9月28日
備考	目白駅よりスクールバス（都営バス・学05）あり

セキュリティ

警備員常駐／防犯カメラ／交通指導員配置／登下校確認システム／携帯電話所持可／授業中門施錠／インターホン／保護者入構証／避難・防災訓練／看護師常駐／緊急通報・安否確認システム／緊急地震速報装置／学校110番／災害用品備蓄／ＡＥＤ／災害時学校宿泊訓練

学費

……… 入学手続時納付金 ………

入学金	250,000円
施設設備費（1期分）	160,000円

………… 年間納付金 …………

授業料・年額	440,000円
施設設備費（2・3期分）	320,000円
豊明会入会金	5,000円
豊明会会費・月額	1,000円
給食費・年額	79,600円
予納金・年額	32,000円

※入学辞退者には施設設備費を返還
※寄付金（任意）、教材費、制服代、物品費など別途納付
※上記金額は諸事情等で変更の場合あり

制服

昼食

給食（週3回）、お弁当（週2回）
…セレクトバイキング給食あり

進学情報

［中学校への進学状況］
【日本女子大附属】約90％が内部進学
［高等学校への進学状況］
【日本女子大附属】約95％が内部進学
［大学への進学状況］
【日本女子】約74％が内部進学。東京外国語、お茶の水、慶應、早稲田など

［系列校］
日本女子大学・大学院、日本女子大学附属高等学校・附属中学校・附属豊明幼稚園

※上記募集要項は小学校公表データです（注1：選抜方法については伸芽会教育研究所調査によるデータです）。詳細は小学校ＨＰまたはお電話でご確認ください

日本女子大学附属豊明小学校

考査ガイド

考査日程	1日
受験番号付番	生年月日順（年少者から）
選抜方法	子どもは考査票を左胸につけ、前後に番号のついている紅白の帽子をかぶる。先生と在校生に誘導されて教室に向かい、約20人単位でペーパーテスト、集団テストを行う
考査内容	ペーパーテスト、集団テスト、親子面接
所要時間	約2時間

過去の出題例

ペーパーテスト

①話の理解　※絵を見ながらお話を聞く

・丸の上に四角がかいてあり、丸の下には三角がかいてある絵に○をつけましょう。

・片方の耳と鼻が黒くて、両手にニンジンを持っているウサギに○をつけましょう。

②言語（しりとり）

・赤い枠から始めて青い枠まで、マス目のものをしりとりでつないで線を引きましょう。マス目は縦と横には進めますが、斜めには進めません。

③推理・思考（回転図形）

・矢印の左側のマス目がお手本です。矢印の右側ではお手本が回って、黒丸のある角が変わっています。このとき、マス目の中の印はどのようになりますか。矢印の右側のマス目にかきましょう。

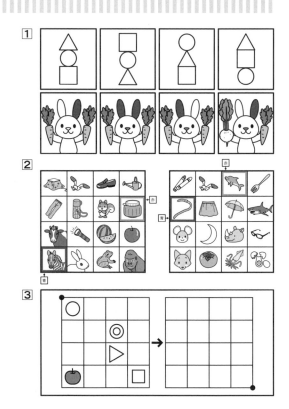

集団テスト

■行動観察（ウサギのお家作り）　※グループに分かれて行う

グループで相談し、お皿や紙コップなど用意された材料を使って、指示通りにウサギのお家を作る。

ここがポイント

特徴的な課題に、巧緻性の濃淡の塗り分けがあります。普段から筆記具の持ち方や力加減を意識しながら練習しておきましょう。話の記憶や数量も頻出課題です。また、個別テストや運動テストが出題されない分、より集団テストでのお友達とのかかわりが重要といえます。お約束を守り、楽しみながら、積極的に協力して活動できるかがポイントです。

出題傾向

	ペーパーテスト												個別テスト												集団テスト											運動	面接
	話	数量	観察力	言語	推理・思考	構成力	記憶	常識	位置・置換	模写	巧緻性	絵画・表現	系列完成	話	数量	観察力	言語	推理・思考	構成力	記憶	常識	位置・置換	巧緻性	絵画・表現	系列完成	制作	行動観察	話	観察力	言語	常識	巧緻性	絵画・表現	制作	行動観察	課題・自由遊び	運動・ゲーム	生活習慣	運動	面接
2024年	○	○	○		○	○					○	○																						○	○	○				○
2023年	○	○		○	○							○	○																					○	○					○
2022年	○	○			○						○	○	○																					○	○					○
2021年	○	○		○	○																													○	○					○
2020年	○	○		○	○																													○	○					○

178

面接ガイド

親子面接	考査日前の2日間のうち、希望日時に面接が行われる
所要時間	10〜15分

＜面接資料／アンケート＞

出願時に面接資料を提出する

過去の質問例

本人への質問

・お名前を教えてください。何歳ですか。
・幼稚園（保育園）の名前を教えてください。
・幼稚園（保育園）では何をして遊びますか（誰と遊ぶか、どんなところが楽しいかなど質問が発展する）。
・お手伝いをしていますか（どんなお手伝いか、お手伝いのとき気をつけることは何かなど質問が発展する）。
・好きな食べ物は何ですか（その料理には何が入っているか、誰がどうやって作るかなど質問が発展する）。
・好きなお花は何ですか（どこに咲いているか、水をあげるかなど質問が発展する）。
・大きくなったら何になりたいですか。それはどうしてですか。

父親への質問

・志望理由を教えてください。
・本校の印象と、本校に期待することをお話しください。
・お仕事で大切にしていることは何ですか。
・ご家庭の教育方針をお聞かせください。
・学校生活において大切なことは何だと思いますか。
・普段、お子さんとどのように接していますか。
・お子さんが夢中になっていることに、どのようにかかわっていますか。
・どのようなときにお子さんの成長を感じますか。
・お子さんには本校でどのように成長してほしいですか。
・育児や家事の役割分担はどのようにされていますか。
・通学時の安全面についてどのようにお考えですか。

母親への質問

・普段、お子さんをどのように見守っていますか。

面接の配置図

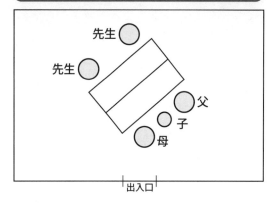

・子育てで気をつけていることは何ですか。
・幼稚園（保育園）の先生からお子さんの様子について言われたことで、印象に残っているものはありますか。
・最近、どのようなことでお子さんをほめましたか。
・お子さんの長所をどのように伸ばしていきたいですか。
・お子さんとごきょうだいの関係はいかがですか。
・ご家族の明るい話題を教えてください。
・（共働きの場合）送迎や緊急時のお迎え、学校行事への参加は大丈夫ですか。

> ※出願時に提出する面接資料には、以下のような記入項目がある。志願者写真を貼付する。
> ①志願者氏名、生年月日、保護者氏名、志願者との続柄、住所、電話番号、保育歴、通学経路
> ②本人について（行動の傾向など）、本校志望の理由、家族紹介（記入は自由）

Inside voice

・面接室の教室は廊下側が大きなガラス窓のある開き戸で、中の様子がよく見えます。同時に、面接室に入る前から自分も見られていることになります。落ち着かない気分になりますが、知っておくと動揺はしないと思います。
・面接は出願時に提出した面接資料からの質問が多く、とても丁寧に見てくださっていると感じました。1人の先生が質問をし、もう1人はメモを取りながら、子どもや親の様子をチェックしていらっしゃるようでした。
・考査のときは受験番号のついた帽子をかぶります。ポニーテールだとかぶりにくいため、三つ編みをしているお子さんが多かったです。考査は楽しかったようで、子どもたちは笑顔で戻ってきました。

雙葉小学校

http://www.futabagakuen-jh.ed.jp/

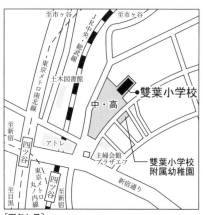

[アクセス]
●JR中央線・総武線・東京メトロ丸ノ内線・南北線【四ツ谷】より徒歩5分

[所在地] 〒102-0085 東京都千代田区六番町14-1
TEL 03-3263-0822 FAX 03-3265-3924

小学校情報

[校 長] 渡部 祐子
[児童数] 女子489名

沿 革 明治5年、フランス・パリの「幼きイエス会」の修道女たちが横浜に来日。明治8年、築地に修道院を開き、教育事業を始める。明治42年、現在地に校舎を建造し、雙葉高等女学校を設立。明治43年、雙葉女子尋常小学校と附属幼稚園を設立する。昭和22・23年、学制改革により新制雙葉中学校・高等学校として発足、小学校も雙葉小学校となる。令和6年、学園創立115周年を迎える。

教育方針 カトリックの精神に基づき、女子教育を行う。校訓に『徳においては純真に 義務においては堅実に（神に対しても、人に対しても、自分に対しても誠実に。自分のすることには、努力と責任をもって、最後までやり遂げるように）』を掲げる。教育目標を「祈る心のある子ども」「思いやりのある子ども」「実行力のある子ども」とし、感謝と礼儀を忘れず、自分の過ちを認めて人を許せる子、周りの人・物・自然を大切にし、人の役に立てる子、勇気と責任を持ち、目標に向かって努力する子の育成を目指す。

特 色 教育課程内に設置した「宗教」の時間、季節ごとの宗教行事や祈りを通して日常生活のよき習慣を身につけ、健全な人格の育成を図る。創立以来、国際社会の一員として活躍できる人材を育てるための外国語教育に力を入れており、言語とともに他国の文化や習慣なども学び、高いコミュニケーション能力を養う。また、情報教育として、1年生からパソコンやタブレット端末を使って技術を習得し、情報モラルについても同時に学ぶ。日光霧降高原にある学園の山荘では、季節ごとに全学年宿泊行事を実施している。

◆**クラブ活動** 5年生以上、週1時間。ダンス、陸上、卓球、ショートテニス、一輪車、手芸、合奏、科学、ロボットなど
◆**英語教育** 全学年、週2時間。外国人教師と日本人教師の2名体制による指導を行う。教科書は「Smile」を使用。学んだことを活用する場として、発表活動にも力を入れる
◆**授業の特色** 社会、理科、音楽、図工、家庭、英語、体育などで教科担任制を実施。総合的学習には高原学校の時間などを充てる
◆**校外学習** 霧降高原荘を利用し、学年に応じて1～3泊の高原学校を実施。低学年は日光宿泊、中・高学年は奥日光ハイキングや、スキー教室などを行う。6年生は京都・奈良への修学旅行がある

年間行事予定	
月	行 事 名（抜粋）
4	入学式、新入生歓迎会
5	聖母月の祈り、遠足
6	聖心の月の祈り、2年高原学校
7	1年高原学校、3・4年水泳教室
8	夏休み
9	4・6年高原学校、作品展、運動会
10	ロザリオの月の祈り、3年高原学校
11	校外学習
12	学園感謝の日、クリスマスを迎える会
1	5年高原学校
2	音楽会、6年修学旅行、6年生を送る会
3	一日入学、卒業式

非公表始業　制服　3学期制　土曜登校　毎年クラス替　給食　アレルギー対応　ICT教育　英語コマ数2　通学時間制限　アフタースクール　幼稚園　中学・高校　大学　カトリック

入試データ

下記の資料は**2024年度用（2023年秋実施済み）**です

募集要項　※下記は前年度のデータです

募集人員	女子約40名
学校（入試）説明会	学校説明会：7月21・23日 Ｗｅｂ説明会：7月24〜30日
願書配付期間	Ｗｅｂ公開のみ
出願期間	Ｗｅｂ出願：9月8日（10時）〜10月2日（17時） 書類提出：10月1・2日（消印有効）　書留速達で郵送 ※ＨＰの指示に従ってＷｅｂ出願後に書類提出
提出書類	・入学願書 ・参考票 ・受験票 ※受験票は考査日に持参
受験票交付	自宅やコンビニエンスストアなどで各自印刷
受験番号付番	五十音順　月齢考慮　なし
考査日	考査・面接：11月1〜3日のうち2日
選抜方法^{注1}	ペーパーテスト、集団テスト、親子面接
考査料	25,000円（クレジットカード、コンビニまたはペイジー決済）
合格発表	11月4日　Ｗｅｂ発表
倍率	非公表
入学手続	11月5日　9〜12時
編入学制度	なし
復学制度	あり
公開行事	なし
備考	通学時間制限：所要時間60分以内

学費

⋯⋯入学手続時納付金⋯⋯
入学金　　　　　　　270,000円

⋯⋯年間納付金⋯⋯
授業料・年額　　　　496,800円
施設維持費・年額　　232,800円
後援会会費・年額　　 72,000円
学園債1口　　　　　 50,000円
（3口以上、任意）
※上記金額は諸事情等で変更の場合あり

制服

セキュリティ

警備員常駐／防犯カメラ設置／交通指導員配置／登下校確認システム／防犯ブザー携帯／授業中門施錠／インターホン設置／保護者入校証／避難・防災訓練実施／看護師常駐／緊急通報・安否確認システム／緊急地震速報装置／学校110番／災害用品備蓄／ＡＥＤ設置

昼食

給食（週5回）

進学情報

[中学校への進学状況]
【雙葉】ほぼ全員が内部進学
[高等学校への進学状況]
【雙葉】ほぼ全員が内部進学
[大学への進学状況]
東京、京都、東京工業、一橋、東京外国語、お茶の水、慶應、早稲田など

[系列校]
雙葉中学校・高等学校、雙葉小学校附属幼稚園、田園調布雙葉、横浜雙葉、静岡雙葉、福岡雙葉など

※上記募集要項は小学校公表データです（注1：選抜方法については伸芽会教育研究所調査によるデータです）。詳細は小学校ＨＰまたはお電話でご確認ください

東京　私立　女子　ふ　雙葉小学校

■ 考査ガイド

考査日程	2日
受験番号付番	五十音順
選抜方法	1日目：子どもはゼッケンをつけ、約25人単位で先生に誘導されて教室に向かい、ペーパーテストと巧緻性の課題を行う。保護者は番号札を左胸につけ、控え室である教室で待機する
	2日目：10～20人単位で教室に向かい、集団テストを行う
考査内容	ペーパーテスト、集団テスト、親子面接
所要時間	1日目：40～50分　2日目：約1時間30分（考査は約1時間）

■ 過去の出題例

● ペーパーテスト

①構成

・左端の形を線の通りに切ったとき、できる形が正しくかいてある四角を右から選んで○をつけましょう。

②言語（しりとり）

・それぞれの段の絵を、全部しりとりでつなげます。最後は「ン」で終わるようにつなぐと、最初になるものはどれですか。選んで○をつけましょう。

● 集団テスト

■ 集団ゲーム（ジャンケン列車）

「かもつれっしゃ」の歌に合わせてジャンケンし、負けた人は勝った人の後ろにつながる。これをくり返し、1本の列車になるまで続ける。

■ 行動観察（キャンプごっこ）

テント作り、魚釣り、紙コップタワー作りの3つのコーナーを、5、6人のグループごとに回って遊ぶ。太鼓が1回鳴ったら遊び始め、2回鳴ったら別のコーナーに移動し、3回鳴ったら遊びをやめて集まる。

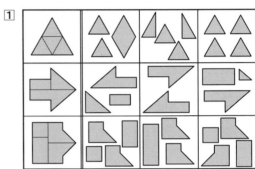

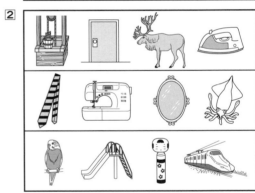

● ここがポイント

ペーパーテストは難易度が高く、話の記憶や数量、推理・思考、巧緻性など、幅広い項目が出題されます。長い話を注意深く聞くのはもちろんのこと、集団テストで行われる行動観察では、楽しみながらも細かい指示を聞き逃さないことが大事です。面接では親子のかかわり方を見られますので、日ごろから気持ちの通じる対話を心掛けましょう。

■ 出題傾向

	ペーパーテスト													個別テスト														集団テスト										運動	面接
	話	数量	観察力	言語	推理・思考	構成力	記憶	常識	位置・置換	巧緻性	模写	絵画・表現	系列完成	話	数量	観察力	言語	推理・思考	構成力	記憶	常識	位置・置換	巧緻性	絵画・表現	系列完成	制作	行動観察	話	観察力	言語	常識	巧緻性	絵画・表現	制作	行動・自由遊び	課題・ゲーム	運動・ゲーム	運動	面接
2024年	○	○	○			○			○				○																						○				○
2023年	○	○	○	○		○							○																						○				○
2022年	○	○	○			○							○																							○	○		○
2021年	○	○	○			○							○																							○	○		○
2020年	○	○	○	○		○			○				○																						○	○	○		○

面接ガイド

親子面接　考査2日目に面接が行われる
所要時間　5～10分

＜面接資料／アンケート＞
出願時に参考票（面接資料）を提出する

過去の質問例

本人への質問

・お名前を教えてください。
・幼稚園（保育園）の名前を教えてください。
・このお部屋に来る前に何をしましたか。何が一番楽しかったですか。
・（トレーの上のものを示されて）これはどんなときに使いますか。
・あなたのお誕生日はどのように過ごしましたか。
・お誕生日プレゼントには何をもらいましたか。
・（父親への誕生日の質問の後に）お父さんに、ほかに聞いてみたいことはありますか。お母さんと相談してもよいですよ。
・これから誰のお誕生日をどのようにお祝いしたいか、3人で相談して教えてください。
・いつもお父さん（お母さん、きょうだい、祖父母）と何をして遊びますか。
・この後お家に帰ったら、お父さんやお母さんと何をしたいですか。

父親への質問

・本校を知ったきっかけを教えてください。
・カトリック教育についてどのように思われますか。
・ご自身の誕生日の思い出をお子さんにお話しください。
・どのようなときにお子さんの成長を感じますか。
・奥さまはどのような方ですか。
・ご自身とお子さんが似ているところはありますか。
・家族で出かけるときに気をつけていることは何ですか。

母親への質問

・女子校の教育についてどのようにお考えですか。

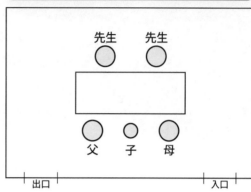

面接の配置図

先生　先生

父　子　母

出口　入口

・（父親への誕生日の質問の後に）今のお話を聞いてどのように思いましたか。
・ご主人はどのような方ですか。
・お子さんとご主人はどのようにかかわっていますか。

※出願時に提出する面接資料には、以下のような記入項目がある。家族写真を貼付する。
①本校をどのようなことでお知りになりましたか
②本校を志望したのはなぜですか
③ご家庭の教育方針をお書きください
④志願者本人について、学校がうかがっておいたほうがよいとお考えの点がありましたら、お書きください
⑤その他うかがっておいたほうがよいと思われる点がありましたら、何でもご記入ください
⑥家族構成と志願者との続柄

Inside voice

・考査の控え室では、静かに待つことができず、大きな声で話すお子さんが何人かいて、少しざわついていました。保護者も子どもにつられて声が大きくなるため、注意が必要だと思いました。
・面接ではチャイムが鳴ると1組ずつ面接室の前に移動し、再度チャイムが鳴ると入室します。娘はいつもと違う雰囲気に緊張してしまい、思うように答えられませんでした。このようなケースも練習しておくべきでした。
・2024年度入試の面接では、机にパーティークラッカー、玩具のケーキ、誕生日カードなどの入ったトレーが用意されていました。質問は親子とも誕生日のお祝いに関するもので、ほかの質問はほとんどありませんでした。

文教大学付属小学校

https://www.bunkyo.ac.jp/ps/

●文教大学付属小学校

[アクセス]
●東急池上線【石川台】より徒歩2分

[所在地] 〒145-0065 東京都大田区東雪谷2-3-12
TEL 03-3720-1097 FAX 03-3720-1117

小学校情報

[校 長] 島野 歩
[児童数] 330名（男子152名、女子178名）

沿 革 昭和2年、女子教育の先覚者であった馬田行啓、小野光洋により、立正幼稚園、立正裁縫女学校を開設。昭和26年、立正学園小学校を開設。昭和28年、女子短期大学を開設。昭和41年、女子大学を開設。昭和51年、立正女子大学が文教大学に校名変更するのに伴い、文教大学付属立正小学校に改称。昭和60年、文教大学付属小学校と改称。令和8年、小学校創立75周年を迎える。

教育方針 文教大学学園の建学の精神『人間愛』を礎に、「ふるさと文教大学付属小学校」として「自立」「協働」「創造」をビジョンに掲げ、児童一人ひとりの可能性を最大限に引き出し、「豊かな心」と「確かな学び」を育む。また、グローバルな視点に立った人材育成を目指して、従来型の「教えられる学校」から脱却し、児童自らが進んで学ぶ力（学びの自立）を育む「学びを創る学校」として教育を追求する。

特 色 児童の探究心や自主性を伸ばすために、「全館図書館構想」として、校舎中央にある地下1階から3階までの吹き抜けを取り囲むように図書スペースを配置。各学年の学習内容に応じた本のほか、学習以外の興味・関心を高める本なども数多く取りそろえ、児童が日常的に本とふれ合い、活用できる環境を整えている。また、少人数教育のよさを生かし、異学年とかかわる機会を多く持たせることにより、日ごろから上級生が下級生を手助けする姿が見られるなど、人とのかかわりを通して他者を思いやる優しい心が育まれ、心豊かな人間形成につながっている。

◆**クラブ活動** 4年生以上。バトン、サッカー、ダブルダッチ、サイエンス、造形、アンサンブル、英会話、演劇、和太鼓など
◆**英語教育** 1・2年生は週3時間、3～6年生は週2時間。専任講師とネイティブ講師のチームティーチングで授業を行う
◆**授業の特色** 4年生からは中学校進学のための補習授業がある。4年生は国語と算数、5・6年生は国語、社会、算数、理科をそれぞれ週4日、終礼後の時間を利用して実施。夏期・冬期休暇中も1週間程度行う
◆**校外教育** 3・4年生は八ヶ岳、5年生は北アルプスで自然教室を行う。2月には5・6年生のスキー教室がある。全学年で富士、尾瀬、富浦での自然学校も実施

年間行事予定

月	行 事 名（抜粋）
4	入学式、春の遠足
5	3・4年八ヶ岳自然教室、5年北アルプス自然教室
6	水泳教室、運動会
7	文教まつり、オーストラリア留学体験
8	夏休み
9	夏の作品展、自然学校、校内弁論大会
10	バザー
11	伝統芸能鑑賞会
12	しめ縄作り
1	書き初め大会
2	持久走週間、5・6年スキー教室
3	6年生を送る会、卒業式

入試データ

下記の資料は**2025年度用（2024年秋実施予定）**です

募集要項

募集人員	第1回：男女計50名（内部進学者含む） 第2回：男女若干名
学校（入試）説明会	5月25日／6月15・26日／9月14日（個別相談会あり） 10月2日（個別相談会、年長児対象の模擬試験あり）
願書配付期間	4月中旬〜
出願期間	A（第1回）：10月7〜25日（郵送）／10月29〜11月2日（持参） B（第2回）：11月12〜20日（持参） ※郵送（簡易書留・必着）／持参（平日9〜12時、13〜15時。 　11月2日：〜12時。11月16日：休み）
提出書類	・入学願書 ・考査票、面接票 ・考査料振込受付証明書 ・返信用封筒（郵送出願の場合のみ。切手を貼付）
受験票交付	郵送または願書受付時に手渡し
受験番号付番	願書受付順　｜月齢考慮｜なし
考査日	A：考査…11月6日　面接…10月15日〜11月5日のうち1日 B：考査…11月22日　面接…11月15〜21日のうち1日
選抜方法^{注1}	ペーパーテスト、個別テスト、親子面接
考査料	20,000円
合格発表	A：11月7日発送　B：11月23日発送　簡易書留速達で通知
倍率（前年度）	約3.2倍
入学手続	A：11月8・11日　B：11月25・26日
編入学制度	欠員が生じた場合のみ試験を実施／帰国生はp.403〜参照
復学制度	なし
公開行事	———
備考	土曜登校は第1・3・5土曜日

選抜方法^{注1}

セキュリティ

防犯カメラ設置／登下校確認システム／携帯電話所持可／授業中門施錠／インターホン設置／保護者名札着用／赤外線センサー設置／避難・防災訓練実施／緊急通報・安否確認システム／緊急地震速報装置／学校110番／災害用品備蓄／AED設置

学費

……… 入学手続時納付金 ………
入学金　　　　　　　　200,000円

……… 年間納付金 …………
維持費・年額　　　　　140,000円
授業料・月額　　　　　 44,000円
教材費・年額　　　　　 20,000円
父母の会会費・年額　　 18,000円
※学園債、寄付金なし
※校外学習などの費用を別途納付
※上記金額は諸事情等で変更の場合あり

制服

昼食

お弁当（週5回）…月・火・金曜日はお弁当給食の注文可

進学情報

[中学校への進学状況]【文教大付属】男子は約26％、女子は約29％が内部進学。
麻布、桜蔭、女子学院、海城、攻玉社、本郷、青山学院、法政大、洗足など
[高等学校への進学状況]
【文教大付属】男子は約92％、女子は約97％が内部進学
[大学への進学状況]
【文教】、東京外国語、千葉、東京学芸、慶應、早稲田、上智、国際基督教など

[系列校]
文教大学・大学院、文教大学付属高等学校・中学校・幼稚園

※上記募集要項は小学校公表データです（注1：選抜方法については伸芽会教育研究所調査によるデータです）。詳細は小学校ＨＰまたはお電話でご確認ください

考査ガイド

考査日程	1日
受験番号付番	願書受付順
選抜方法	子どもは左肩に番号札をつけ、ペーパーテスト、個別テストを行う
考査内容	ペーパーテスト、個別テスト、親子面接
所要時間	約2時間

過去の出題例

ペーパーテスト

①構 成

・上のお手本を作るのに使わない形を、それぞれの下から選んで○をつけましょう。

②常識（季節）

・上の絵と同じ季節のものを下の絵から探して、点と点を線で結びましょう。

個別テスト

③記 憶

左のお手本のマス目が、教室の前にあるプロジェクターに約10秒間映し出される。マス目がかかれた解答用の台紙、7種類の形のカードが配られる。

・お手本で見た通りに、マス目にカードを並べましょう。

■指示行動

前方の机に、小さい絵本、ティッシュペーパー、ハンカチ、赤白帽、折り紙、時計の入ったカゴが置かれている。後方にロッカーと机があり、机には袋が置かれている。

・後ろの机の上に絵本を置き、ロッカーの中に帽子とハンカチを入れましょう。残ったものは袋に入れて、カゴの中に入れてください。

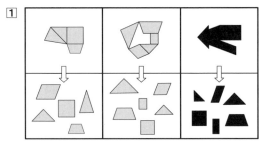

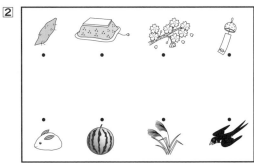

ここがポイント

毎年の入試で、ペーパーテスト、記憶を基にした行動観察、親子面接が行われています。特色としては、何にも増して、学習の基本となる「話を聞く力」を第一に考えた入試といえます。また、面接の質問には、父母間や親子間の豊かなコミュニケーションを素地とするものが多いため、その点を準備の要に据えましょう。

出題傾向

	ペーパーテスト											個別テスト											集団テスト								運動	面接
	話	数量	観察力	言語	推理・思考	構成力	記憶	常識	位置・置換	模写	巧緻性	絵画・表現	系列完成	話	数量	観察力	言語	推理・思考	構成力	記憶	常識	位置・置換	巧緻性	絵画・表現	生活習慣	制作	行動観察	話	観察力	言語	常識	巧緻性	絵画・表現	行動観察	制作	課題・自由遊び	運動・ゲーム	生活習慣		
2024年	○	○		○		○		○												○					○		○													○
2023年	○	○		○		○		○												○					○		○													○
2022年	○	○		○		○		○												○					○		○													○
2021年	○	○		○		○		○												○					○		○													○
2020年	○	○		○		○		○												○					○		○													○

面接ガイド

親子面接	考査日前の指定日時に面接が行われる
所要時間	10〜15分

過去の質問例

本人への質問

・お名前、年齢、お誕生日、幼稚園（保育園）の名前を教えてください。
・この学校の名前を知っていますか。
・幼稚園（保育園）では何をして遊ぶのが好きですか。
・幼稚園（保育園）で仲よしのお友達の名前を教えてください。
・お父さんやお母さんとは何をして遊びますか。
・宝物は何ですか。
・お父さんやお母さんにプレゼントしたいものはありますか。それは何ですか。
・お父さん（お母さん）のどんなところが好きですか。
・お家でどんなお手伝いをしていますか。
・お母さんが作るお料理では何が好きですか。
・好きな食べ物は何ですか。それはどうしてですか。
・どんなときにお父さんやお母さんにほめられますか。また、しかられますか。
・最近、頑張ってできるようになったことはありますか。どんなふうに頑張りましたか。
・この学校に入ったら何がしたいですか。
・大きくなったら何になりたいですか。そのためには何をしたらよいと思いますか。

保護者への質問

・志望理由をお聞かせください。
・本校を知ったきっかけは何ですか。
・学校説明会や学校行事では、どのようなことが印象に残りましたか。
・本校にどのようなことを期待していますか。
・学校とご家庭の教育方針が違っていると思った場合はどうしますか。
・お子さんの長所と短所を教えてください。

面接の配置図

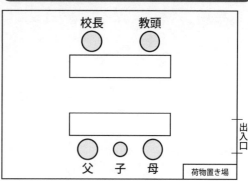

・お子さんの名前の由来を教えてください。
・子育てで大切にしていることを教えてください。
・どのようなことに気をつけて子育てをしていますか。
・子育てにおいて親の役割は何だと思いますか。
・子育てから学んだことはありますか。
・子育てをしてきてうれしかったことは何ですか。
・学校教育と家庭教育の関係は、どうあるべきだと思いますか。
・どのようなときにお子さんの成長を感じますか。
・お子さんにどのような人になってほしいですか。
・普段、お子さんとどのようにかかわっていますか。
・お子さんの健康面で気をつけていることは何ですか。
・今、お子さんが熱中していることは何ですか。
・どのようなときにお子さんをほめますか。また、しかりますか。
・お子さんの幼稚園（保育園）生活で、最も印象に残っていることは何ですか。
・礼儀についてお子さんにどのように教えていますか。
・公共のマナーについてどのように教えていますか。
・入学にあたって、何か心配なことはありませんか。

Inside voice

・面接日時は学校から指定されますが、出願時に幼稚園（保育園）の行事などで都合の悪い日は除外してもらえるよう希望を出せました。ただ日時は出願順に決まるので、早めに出願したほうがよいと思います。
・面接室は校長室で、先生方との距離が近く感じました。また、校長室には息子が興味を持ちそうなものがたくさんあり、ソワソワしてしまいました。初めての場所でも集中できるよう、練習をしておけばよかったです。
・面接官は校長先生と教頭先生でしたが、質問は校長先生からのみでした。お二人とも終始笑顔で、娘の回答に対して優しくコメントしてくださいました。おかげで、娘も安心して答えることができたようです。

宝仙学園小学校

http://www.hosen.jp/

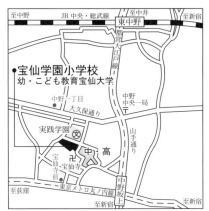

［アクセス］
●東京メトロ丸ノ内線・都営大江戸線【中野坂上】より徒歩7分
●JRほか【中野】よりバス【中野一丁目】下車

［所在地］　〒164-8631　東京都中野区中央2-33-26
TEL　03-3371-9284（職員室）/03-3365-0231（事務室）
FAX　03-3365-0390

小学校情報

［校　長］　西島 勇
［児童数］　449名（男子224名、女子225名）

沿　革　真言宗豊山派宝仙寺の50世住職・冨田斅純大僧正により、昭和2年、感応幼稚園創立。昭和3年、中野高等女学校設立。昭和23年、財団法人宝仙学園設立。昭和26年、宝仙学園短期大学開学、財団法人から学校法人に改組。昭和28年、宝仙学園小学校を設立し、幼稚園から短大までの一貫教育体制が確立。平成19年、中学校に、22年には高等学校に共学部「理数インター」を新設。平成21年、こども教育宝仙大学開学。令和4年、小学校創立70周年を迎えた。

教育方針　知・情・意・体のバランスのとれた人間形成を目指し、①心優しく、豊かな情操を持つ子、②進んで学び、高い学力を身につける子、③よく考え、最後までやりぬく子、④体を鍛え、きびきびと行動する子、の育成を教育目標とする。仏教精神を基調に、建学の精神である『慈悲の心』を教育の根幹に置いて、思いやりの心、報恩感謝の心、奉仕の心を育むよう「心の教育」に努める。仏教を押しつけるのではなく、宗教的環境の中で学園生活を送ることにより、情操豊かな人格を形成する。

特　色　「品格と知性」という学園ポリシーのもと、一人ひとりの個性を大切にし、伸ばしていく教育を目指す。基礎・基本を定着させて高い学力を身につけられるよう独自の教育課程を設定し、ICT機器を利用して、協働的学習やアクティブラーニングを進めている。授業時数を十分確保するとともに教科担任制を敷き、6年生の1学期には小学校の全課程を修了させ、2学期から国立・私立の中学校への進学に向けた指導を行う。

◆**クラブ活動**　5年生以上、週1時間。ソフトボール、家庭科、アート、アウトドア、百人一首などがある。4年生以上の希望者はサッカーなどの朝クラブでも活動

◆**英語教育**　1〜4年生は週1時間、5・6年生は週2時間。英会話を中心とした授業を展開。8月には3〜6年生の希望者がEnglish Campに参加し、英語漬けの2泊3日を過ごす

◆**授業の特色**　研究・プロジェクト型学習を展開。6年生は集大成として卒業研究を行う

◆**校外学習**　2〜5年生は2泊3日で夏季学校を実施。集団生活や自然の中での体験により多くを学ぶ。このほか、6年生の修学旅行、学年ごとの進級遠足などがある。また希望者は志賀高原でのスキースクールに参加できる

年間行事予定	
月	行　事　名（抜粋）
4	入学式、花祭り、進級遠足
5	写生会、父母授業参観
6	弘法・興教大師降誕会、6年修学旅行
7	みたま祭り、2〜5年夏季学校
8	3〜6年English Camp
9	交通安全集会、運動会
10	宝仙祭（学園祭）
11	読書月間、父母授業参観
12	親子鑑賞会、けん玉大会
1	―
2	6年生を送る会、父母授業参観
3	卒業研究発表会、卒業式

入試データ

下記の資料は**2025年度用（2024年秋実施予定）**です

募集要項

募集人員	男女計70名（推薦、一般合わせて。内部進学者約25名含む）
学校（入試）説明会	6月4・6日／9月6・10日
願書配付期間	Ｗｅｂ公開のみ
出願期間	Ｗｅｂ出願：推薦…10月2日（0時）〜4日（12時） 　　　　　　一般…10月15日（0時）〜11月9日（12時） 書類提出：推薦…10月2〜4日（消印有効） 　　　　　　一般…10月15日〜11月9日（消印有効） 　　　　　　簡易書留で郵送 ※ＨＰの指示に従ってＷｅｂ出願後に書類提出
提出書類	・家庭調査書　・面接資料　・知能検査結果票（推薦のみ） ・誓約書（推薦のみ）　・推薦書（推薦のみ） ・受験票　※受験票は考査日に持参
受験票交付	自宅やコンビニエンスストアなどで各自印刷
受験番号付番	願書受付順　　月齢考慮　なし
考査日	推薦：考査・面接…11月1日 一般：考査・面接…11月16日
選抜方法	素質検査、行動観察、本人面接、保護者面接
考査料	20,000円（クレジットカード、コンビニまたはペイジー決済）
合格発表	推薦：11月2日発送　一般：11月17日発送　郵送で通知
倍率（前年度）	推薦：約1.3倍　一般：約2.4倍
入学手続	推薦：11月8日　一般：11月22日
編入学制度	1〜5年生で欠員が生じた場合のみ試験を実施／帰国生はp.403〜参照
復学制度	編入試験の結果により決定。6年次途中での復学は不可
公開行事	みたま祭り：7月10日　運動会：9月24日 宝仙祭：10月19・20日（子どもの発表会：20日）
備考	――――

セキュリティ

警備員常駐／防犯カメラ設置／登下校確認システム／防犯ブザー携帯／授業中門施錠／インターホン設置／保護者名札着用／避難・防災訓練実施／緊急通報・安否確認システム／緊急地震速報装置／学校110番／災害用品備蓄／ＡＥＤ設置

学費

……… 入学手続時納付金 ………
入学金	250,000円
施設費	150,000円

………… 年間納付金 …………
授業料・月額	55,000円
施設維持費・月額	10,000円
給食費・月額	8,000円
補助活動費（ICT）・月額	1,000円
行事費・年額	15,750円
父母会会費・月額	1,000円
冷暖房費・年額	7,000円
文集費・年額	3,150円

※寄付金（任意）、教材費など別途納付
※入学辞退者には施設費を返還
※入学金優遇制度あり
※上記金額は諸事情等で変更の場合あり

制　服

昼　食

給食（週5回）

進学情報

[中学校への進学状況]【宝仙理数インター】筑波大附属、麻布、駒場東邦、武蔵、桜蔭、豊島岡、女子学院、浦和明の星、渋谷幕張、慶應湘南藤沢など
[高等学校への進学状況]
【宝仙理数インター】約98％が内部進学
[大学への進学状況]
東京、京都、東京工業、東京外国語、東京都立、慶應、早稲田、上智　など

[系列校]
こども教育宝仙大学、宝仙学園中学・高等学校共学部 理数インター、宝仙学園高等学校女子部、宝仙学園幼稚園

東京　私立　共学　ほ　宝仙学園小学校

※上記募集要項は小学校公表データです。詳細は小学校ＨＰまたはお電話でご確認ください

考査ガイド

考査日程	2日（一般入試）
受験番号付番	願書受付順
選抜方法	1日目：子どもはゼッケンをつけ、5〜10人単位で誘導されペーパーテストを行う
	2日目：5〜10人単位で個別テスト、集団テスト、運動テストを行う
考査内容	ペーパーテスト、個別テスト、集団テスト、運動テスト、保護者面接
所要時間	1・2日目とも約1時間

過去の出題例

ペーパーテスト

①推理・思考
・コアラさんがみんなの真ん中に立って、周りに丸く並んでいるお友達の写真を撮りました。左側に、その写真の様子が描いてあります。では、右下の絵の丸と三角のところにいるのはどの動物ですか。それぞれの印を右上の四角の動物につけましょう。

②言語・常識
・自分で問題を読んでやりましょう。

個別テスト

言　語
・今日は誰と来ましたか。
・お母さんの作るお料理で一番好きなものは何ですか。
・小学校に入ったら何をしたいですか。

集団テスト

行動観察　※約5人のグループで行う
積み木で作ったお城の形が影になった写真が掲示され、積み木が用意されている。グループで相談して、写真のお手本と同じになるように積み木でお城を作る。

運動テスト

リズム
太鼓の音に合わせて、歩いたり、走ったりする。

①

②

ここがポイント

ペーパーテストの出題項目は位置、推理・思考、常識、数量などですが、指示を落ち着いて聞く集中力が必要です。この学校の入試には、ひらがなの文章を黙読して質問に答える「読み」という問題が毎年あります。普段から文字に興味を持って、絵本などを手にし、短いひらがな文が読める子どもが望ましいというのが学校側の考えです。

出題傾向

	ペーパーテスト													個別テスト														集団テスト											運動	面接
	話	数量	観察力	言語	推理・思考	構成力	記憶	常識	位置・置換	模写	巧緻性	絵画・表現	系列完成	話	数量	観察力	言語	推理・思考	構成力	記憶	常識	位置・置換	巧緻性	絵画・表現	系列完成	制作	行動観察	話	観察力	言語	常識	巧緻性	絵画・表現	制作	行動観察	課題・自由遊び	運動・ゲーム	生活習慣		
2024年		○	○		○	○		○	○	○			○				○				○								○						○				○	○
2023年		○	○		○	○			○	○			○				○				○								○						○				○	○
2022年		○	○		○	○			○	○							○				○								○						○				○	○
2021年		○	○		○	○			○								○				○								○						○				○	○
2020年		○	○		○	○			○								○					○							○						○				○	○

面接ガイド

保護者面接　考査当日、子どもの考査中に面接が行われる
所要時間　約10分

＜面接資料／アンケート＞
出願時に面接資料を提出する

過去の質問例

父親への質問

・志望理由を教えてください。
・本校を知ったきっかけを教えてください。
・本校の学校説明会に参加しましたか。どのようなこと
　が印象に残りましたか。
・今日のお子さんの様子はいかがですか。
・本校では仏教教育を行っており、学校生活や行事など
　で合掌をしますが、抵抗はありませんか。
・本校にどのようなことを望みますか。
・普段、お子さんとどのようにかかわっていますか。
・学校とご家庭の教育方針がずれたらどうしますか。
・子育てで大事にしていることを教えてください。
・本校のアドミッションポリシーについて、ご家庭では
　どのように取り組まれていますか。
・昨今の中学受験についてどのようにお考えですか。
・通学時間が長いですが、心配はありませんか。

母親への質問

・お子さんの長所と短所を教えてください。
・本校では毎日合掌をしますが抵抗はありませんか。
・授業ではノートの取り方や学習の進め方などを細かく
　指導しますが、学校の方針とお母さまの考えが違った
　場合、どうしますか。
・お子さんについて、よく成長したと思うこと、もう少
　し成長してほしいと思うことは何ですか。
・お子さんが学校でトラブルに遭った場合、どのように
　対処しますか。
・子育てで大変だったことを教えてください。
・お子さんはどのようなお手伝いをしていますか。
・お子さんの健康状態で心配なことはありますか。

面接の配置図

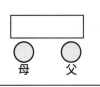

・お子さんは食べ物の好き嫌いはありますか。
・お子さんに食物アレルギーはありますか。
・お仕事は何かされていますか。
・（共働きの場合）父母会や行事には参加できますか。
・（共働きの場合）仕事と子育ての両立のために工夫し
　た点を、具体的なエピソードを交えてお話しください。

※出願時に提出する面接資料には、以下のような記
　入項目がある。
①志願者氏名、在籍園（所）名、保育歴、記入者
②志願者の性格や特質、志望動機、通学経路、所要
　時間
③本校を知ったきっかけ（選択式）
④参加した行事（選択式）
⑤受験に備えて心掛けたり準備したこと（選択式）
⑥本校を志望した主な理由（選択式）

Inside voice

・考査当日の案内には、控え室は4室で色分けされていました。考査後はその色の部屋に戻るよう子どもに伝え
　る、ゼッケンはシール式で子どもの胸と背中に貼り考査後は捨てる、などの注意点がありました。
・考査の控え室は、家族単位で机を囲んで座れるよう、いすが3脚ずつセットされていました。ほとんどのお子さ
　んが折り紙や読書をして過ごしていました。
・面接では、父親が答えた後に、母親に補足はないかと聞かれたり、またその逆もあったりしました。同じ質問に
　対し、それぞれがどう答えるか話し合っておいたほうがよいと思います。

明星学園小学校
（みょうじょう）

http://www.myojogakuen.ed.jp/

[アクセス]
- ●京王井の頭線【井の頭公園】より徒歩10分
- ●JR中央線ほか【吉祥寺】より小田急バス【明星学園前】下車

[所在地] 〒181-0001　東京都三鷹市井の頭5-7-7
TEL 0422-43-2197　FAX 0422-47-6905

小学校情報

[校　長]　照井 伸也
[児童数]　409名（男子184名、女子225名）

沿　革　大正13年、大正自由教育運動の中、4名の創立同人が明星学園小学校を設立。昭和3年、小学校第1期生の卒業に合わせて中学部と女学部を開設。昭和22年、学制改革により男女共学の中学校、高等学校に改編。小・中・高12年間の一貫教育の体制を築く。令和6年、小学校創立100周年を迎える。

教育方針　幸せとは「自分らしい」生き方をすることであり、学校は「自分らしさ」を形づくるために体験を重ねる場と位置づけ、毎日の教育を実践する。『個性尊重』『自主自立』『自由平等』の理念のもと、子どもたちが生まれながらに持っている「知りたがり」「やりたがり」「話したがり」「つながりたがり」の感覚を大切にし、"自ら考える子ども"に育てていく。

特　色　100年におよぶ実践研究に基づいた独自の教科カリキュラムと教科書などを使用し、本質を追究する教育を行う。木の香りと温もりに包まれ、陽の光が入るジグザグ構造の教室、司書教諭が厳選した約4万冊の本を有する図書室などを備え、井の頭公園でのスケッチ、玉川上水散歩、井の頭自然文化園での学習、ジブリ美術館訪問など、周辺の豊かな環境とのコラボレーションも充実させる。1～4年生の「図書の時間」では月1回、プロによるストーリーテリングも実施。12日間のオーストラリア短期留学、イングリッシュ・キャンプ、姉妹校からの留学生受け入れなど、国際交流にも力を入れる。放課後は、保護者とOB・OG教員に支えられた手作りの学童クラブ「すずかけの木」を運営している。

◆**クラブ活動**　4年生以上の希望者が週1時間、放課後に活動。野球、サッカー、音楽、美術・工作、日本の芸能、ものつくりなど

◆**英語教育**　全学年、週2時間。高校の留学生と交流する授業のほか、4～6年生の希望者によるイングリッシュ・キャンプ、4・5年生の希望者によるオーストラリア短期留学、台湾短期留学、姉妹校との交流も実施

◆**授業の特色**　すべての教科で「本物」の学びを追求。染色、豆腐作り、ナイフ作り、ポシェット編み、金属工作、木工作などを実施

◆**校外学習**　春と秋の遠足のほか、宿泊学習として、5年生の大島見学旅行、4～6年生の千倉での夏季生活、6年生の奈良への修学旅行がある

年間行事予定	
月	行　事　名（抜粋）
4	入学式、新入生歓迎会
5	5年大島見学旅行、1～4・6年遠足
6	日曜参観日
7	4～6年夏季生活（千倉）
8	4～6年イングリッシュ・キャンプ
9	夏休み自由研究作品展、運動会
10	6年修学旅行、1～5年遠足、留学生受け入れ
11	鑑賞教室
12	音楽会、台湾短期留学
1	
2	学習発表会
3	4・5年駅伝大会、卒業式、オーストラリア短期留学

School Information

※濃い色で示したアイコンはこの小学校に該当するものです。アフタースクールの詳細はp.397〜参照

東京　私立　共学　み　明星学園小学校

入試データ

下記の資料は**2024年度用（2023年秋実施済み）**です

募集要項 ※下記は前年度のデータです

募集人員	男女計72名（A入試、B入試合わせて）
学校（入試）説明会	学校説明会：4月23日／5月21日／9月17日 参観説明会：6月15日／10月13日
願書配付期間	募集要項配付：4月上旬〜
出願期間	Ｗｅｂ出願：A入試（第一志望）…10月1〜26日 　　　　　　B入試（一般）…10月1〜11月8日 書類提出（A入試のみ）：10月26日　15時締切　郵送または持参 ※ＨＰの指示に従ってＷｅｂ出願。A入試は書類提出あり
提出書類	・報告書（厳封したもの。A入試のみ） ・受験票　・入学志願票 ※受験票、入学志願票は考査日に持参
受験票交付	自宅やコンビニエンスストアなどで各自印刷
受験番号付番	願書受付順　　月齢考慮　あり
考査日	考査・面接：A…11月1・2日のうち1日 　　　　　　B…11月12日
選抜方法 注1	集団テスト、運動テスト、親子面接
考査料	21,000円（クレジットカードまたはコンビニ決済）
合格発表	A：11月3日発送　B：11月13日発送　速達で通知
倍率	非公表
入学手続	A：11月7日　B：11月16日　11〜12時
編入学制度	1〜5年生で欠員が生じた場合のみ実施／帰国生はp.403〜参照
復学制度	話し合いにより決定
公開行事	わくわく体験ひろば：5月14・27日／6月17日／7月1・2日／ 　　　　　　　　　　8月26日／9月9・23日／10月15日 小学校校舎見学会：8月20日　運動会：9月30日
備考	――――

学費

········ 入学手続時納付金 ········

入学金　　　　　　　　250,000円

········· 年間納付金 ··········

授業料・年額	492,000円
維持管理費・年額	114,000円
施設負担金・年額	60,000円
クラス費、ＰＴＡ会費・年額	43,500円
寄付金1口	50,000円

（1口以上、任意）

※兄弟・姉妹が在籍あるいは同時に2人以上の入学者がいる家庭は第2子以降の納付金を減免
※2年次以降も施設負担金を納付
※上記金額は諸事情等で変更の場合あり

制　服

制服なし

セキュリティ

警備員常駐／交通指導員配置／防犯ブザー携帯／携帯電話所持可／授業中門施錠／保護者ＩＤカード／赤外線センサー設置／避難・防災訓練実施／看護師常駐／緊急通報・安否確認システム／緊急地震速報装置／学校110番／災害用品備蓄／ＡＥＤ設置／井戸設置

昼　食

お弁当（週5回）…パン、おにぎりの校内販売あり

進学情報

[中学校への進学状況]
【明星学園】約93％が内部進学
[高等学校への進学状況]
【明星学園】約88％が内部進学
[大学への進学状況]
筑波、東京都立、早稲田、上智、国際基督教、東京理科、立教、明治など

[系列校]
明星学園高等学校・中学校

※上記募集要項は小学校公表データです（注1：選抜方法については伸芽会教育研究所調査によるデータです）。詳細は小学校ＨＰまたはお電話でご確認ください

むさしの学園小学校

http://www.musashino-gakuen.com

[所在地] 〒183-0002　東京都府中市多磨町1-19-1
TEL 042-361-9655　FAX 042-361-7288

[アクセス]
●西武多摩川線【多磨】より徒歩3分
●京王線【飛田給】より京王バス【多磨駅】下車徒歩3分

小学校情報

[校　長] 青木 洋介
[児童数] 148名（男子89名、女子59名）

沿革　大正13年、1学年1学級・個別指導の寺子屋式人格教育主義を掲げ、現在の武蔵野市に開校。昭和26年、学校法人武蔵野学園が認可され、むさしの学園小学校となる。昭和38年、府中市多磨町に移転。昭和43年、ひまわり幼稚園開園。平成23年度より1学年2学級制を導入。令和6年、創立100周年を迎える。

教育方針　「人もし汝に一里行くことを強いなば、共に二里行け」というマタイによる福音書の言葉に沿った『聖書の教えを大切にする教育』、武蔵野の自然に親しみ、自然の中から自ら学びとる『田園の教育』、学園での生活を通して「自分は大切にされた」という気持ちで巣立ってほしいとの願いを込め、学び舎が『魂の故郷』となることを建学の精神とする。教育目標として、「やわらかな情緒の育成」「基礎学力の定着」を掲げる。教師は、子ども自身が自分の長所を伸ばす手助けをし、子どもたちの困ったこと、話したいことを受け止めることができるように努める。

特色　すべての学習の基礎となる国語と算数は、一人ひとりの進度の差を受け止めながら、基礎の上に応用力をつけることを目指す。また、各学級で畑を持ち、植物を育てる「園芸」、キリスト教に基づいて週に1時間行う「聖書の時間」、音楽を生きたものとして感覚的にとらえる「リトミック」などのカリキュラムを設ける。国際理解のための英語、コンピュータを使った学習にも注力している。毎週水曜日はお弁当を持って都立野川公園に出かけ、学年の枠にとらわれず遊ぶ「野川の時間」がある。

◆**英語教育**　3年生以上。一部の学年ではアメリカンスクールとの交流授業も行うなど、楽しみながら学習する
◆**ICT教育**　3年生以上はタブレット端末を活用した学習を行う
◆**授業の特色**　1～3年生では文章の書き写しや音読を行う国語個別学習「読み書き」、2～4年生では計算力を身につける算数学習「素過程」を実施。5・6年生では受験用問題集を用い、応用力をつける
◆**校外学習**　2～5年生（6年生は自由参加）は千葉県岩井海岸で臨海学校、6年生は長野県菅平高原への修学旅行（高原学校）を実施。武蔵野の自然を学ぶ小遠足「むさしのめぐり」では近場の公園や博物館に行く

年間行事予定

月	行　事　名（抜粋）
4	入学式、1年生歓迎音楽会
5	6年球技大会、むさしのめぐり、6年修学旅行
6	むさしのめぐり
7	2～5年臨海学校
8	夏休み
9	運動会
10	むさしのめぐり、ひかり祭
11	むさしのめぐり
12	クリスマス礼拝、4・5年スキー学校（希望者）
1	———
2	———
3	むさしのめぐり、卒業式

入試データ

下記の資料は**2024年度用（2023年秋～冬実施済み）**です

募集要項 ※下記は前年度のデータです

募集人員	1次：男女計40名　2次、3次：各男女若干名
学校（入試）説明会	学校説明会：5月11日 入試説明会：9月21日
願書配付期間	9月8日～
出願期間	1次：10月1～30日　2次：10月1日～11月16日 3次：11月20日～12月7日　郵送（必着）
提出書類	・入学願書
受験票交付	郵送
受験番号付番	願書受付順　　月齢考慮　なし
考査日	考査・面接：1次…11月1日　2次…11月18日　3次…12月9日
選抜方法注1	ペーパーテスト、集団テスト、保護者面接
考査料	20,000円
合格発表	1次：11月1日発送　2次：11月18日発送　3次：12月9日発送 速達で通知
倍率	非公表
入学手続	1次：11月2・6日（10日まで延長手続可） 2次：11月20・21日　3次：12月11・12日
編入学制度	欠員が生じた学年のみ試験を実施／帰国生はp.403～参照
復学制度	なし
公開行事	授業体験会：6月10日／7月1・29日／8月26日 少人数見学会：9月11・26日／10月13日 運動会：9月30日 ※学校見学は随時（要申込） 　校長面談は月・火・木・金曜日（10時30分～11時。要申込）
備考	──────

セキュリティ

防犯カメラ設置／交通指導員配置／登下校確認システム／携帯電話所持可／授業中門施錠／インターホン設置／保護者IDカード・入構証／避難・防災訓練実施／緊急通報・安否確認システム／緊急地震速報装置／学校110番／災害用品備蓄／AED設置

学費

········ 入学手続時納付金 ········
入学金　　　　　　　330,000円

········· 年間納付金 ·········
授業料・年額　　　　492,000円
施設設備費・年額　　 12,000円
けやき会会費・年額　　5,000円
卒業積立金・月額　　　1,000円
※臨海学校積立金、修学旅行積立金など
　別途納付
※上記金額は諸事情等で変更の場合あり

制服

昼食

お弁当（週5回）…お弁当、おにぎり、飲み物の注文可

進学情報

[中学校への進学状況]
男子：筑波大附属、武蔵、早稲田実業、渋教渋谷、芝、攻玉社など
女子：桜蔭、女子学院、浦和明の星、渋谷幕張、鴎友、頌栄など
[高等学校への進学状況]
──────

[大学への進学状況] ───

[系列校]
ひまわり幼稚園

※上記募集要項は小学校公表データです（注1：選抜方法については伸芽会教育研究所調査によるデータです）。詳細は小学校HPまたはお電話でご確認ください

武蔵野東小学校

https://www.musashino-higashi.org/es/

[アクセス]

●JR中央線・総武線【三鷹】、JR中央線ほか【吉祥寺】、西武新宿線【西武柳沢】より関東バス【武蔵野住宅】下車徒歩1分

[所在地]　〒180-0012　東京都武蔵野市緑町2-1-10
TEL 0422-53-6211　FAX 0422-53-9526

小学校情報

[校　長]　石橋 恵二
[児童数]　男女計573名

沿　革　昭和39年、北原勝平・キヨ夫妻により学校法人武蔵野東幼稚園（現・武蔵野東第一幼稚園）創立、翌年開園。昭和51年、学校法人武蔵野東学園に改称。昭和52年、武蔵野東小学校開校。昭和58年、武蔵野東中学校開校。昭和61年、武蔵野東技能高等専修学校（現・武蔵野東高等専修学校）開校。昭和62年、姉妹校としてボストン東スクール開校。令和6年、学園創立60周年を迎える。

教育方針　「わが子の幸せを願う親の心」を教育の原点とする。『正しく（正しい知識と正しい行動）　強く（強い体と根気のよい心）　美しく（まことの友愛）』を校訓と定め、体力づくりと体験学習を基盤にした知・徳・体の三位一体の学習を図り、豊かな感性とたくましい生活力を持つ児童を育成することに努める。小学校時代を「人間としての土台をつくるとき」ととらえ、多くの体験をさせ、いろいろな角度からの働きかけをすることによって、子どもの成長を促す。常に新しい教育を探求し続け、指導を展開していく。

特　色　健常児と自閉症児が同じ校舎で学ぶ「混合教育（インクルーシブ教育）」を行う。健常児は友愛や福祉の心、多様性を受け入れる心を育む。1〜4年生の国語、算数、生活科（1・2年生）は担任が、そのほかは専科教員が担当。5年生からは全教科専科制になる。教科指導はノート指導に重点を置き、基礎・基本の定着を図っている。音楽では3年生からバイオリンを始め、6年生でオーケストラを編成し発表会で演奏。また、全学年で男子は剣道、女子はダンスの授業があり、5年生以上はどちらかを選択できる。

◆部活動　3年生以上の希望者。吹奏楽、サッカー、器械体操、ダンス、剣道
◆課外教室　ピアノ、ダンス、英語、サッカーの4つ。放課後に学校の施設で実施
◆英語教育　1・2年生は週1時間、3〜6年生は週2時間。日本人教師と外国人講師によるチームティーチングを行う。個別学習や個別テスト、オリジナル英単語検定も実施
◆ICT教育　1年生からタブレット端末を使用し、3年生以上は週1回、専科授業を行う。文書作成、画像の加工、プレゼンテーション、デジタルシティズンシップなども学習
◆行事の特色　盆踊りは学園の系列校・園の児童・生徒が参加。体育祭は健常児と自閉症児が協力。学園祭では学習の成果を展示する

年間行事予定	
月	行　事　名（抜粋）
4	入学式、新入生歓迎会
5	1・2年校外学習、3・4年宿泊学習
6	授業参観、5年宿泊学習
7	6年沖縄学習、盆踊り
8	夏休み
9	―
10	体育祭
11	学園祭、音楽鑑賞会
12	1・2年スケート教室、授業参観
1	書き初め大会
2	発表会
3	卒業式

入試データ

下記の資料は**2024年度用（2023年秋実施済み）**です

募集要項 ※ !2025 は次年度のデータです

募集人員	男女計66名（第1回、第2回合わせて）
学校（入試）説明会	!2025 学校説明会：6月4・13日／7月12日 入試説明会：9月6・21日／10月10日
願書配付期間	募集要項配付：9月3日〜
出願期間	A（第1回）：9月21日〜10月25日 B（第2回）：11月2〜15日 ※ＨＰの指示に従ってＷｅｂ出願
提出書類	・受験票 ※考査日に持参
受験票交付	自宅やコンビニエンスストアなどで各自印刷
受験番号付番	出願順　　月齢考慮　　なし
考査日	考査・面接：A…11月2・3日のうち1日 　　　　　　B…11月18日
選抜方法	ペーパーテスト、遊び、親子面接
考査料	20,000円（クレジットカード、コンビニまたはペイジー決済）
合格発表	A：11月3日　B：11月18日　Ｗｅｂ発表
倍率	約1.1倍
入学手続	A：11月3〜7日　B：11月18〜21日
編入学制度	欠員が生じた場合のみ試験を実施／帰国生はp.403〜参照
復学制度	あり
公開行事	!2025 土曜親子見学会：6月22日／9月28日 年長児対象体験授業：6月29日／10月5日 盆踊り：7月20日 夏休み親子見学会：7月25・31日／8月9・20日 体育祭：10月12日　学園祭：11月10日
備考	自閉症児の募集の詳細は要問い合わせ

学　費

……… 入学手続時納付金 ………
入学金	180,000円
施設設備費	200,000円

………… 年間納付金 …………
授業料・月額	32,000円
教材費・月額	3,000円
冷暖房費・年額	17,000円
給食費・月額	7,500円
後援会会費・月額	1,000円

※個人教材費、校外学習費など別途納付
※入学辞退者には施設設備費を返還
※上記金額は諸事情等で変更の場合あり

制　服

セキュリティ

防犯カメラ設置／交通指導員配置／防犯ブザー携帯／携帯電話所持可／授業中門施錠／インターホン設置／保護者ＩＤカード／避難・防災訓練実施／学校110番／災害用品備蓄／ＡＥＤ設置／さすまた、ネットランチャー常備

昼　食

給食（週5回）

進学情報

［中学校への進学状況］【武蔵野東】男子は約30％、女子は約50％が内部進学。
筑波大駒場、渋教渋谷、学習院女子、都立武蔵高附属、都立三鷹中等教育など
［高等学校への進学状況］筑波大駒場、お茶の水女子大附属、慶應女子、早大学院、都立西、都立国立、都立日比谷、都立立川など
［大学への進学状況］

［系列校］
武蔵野東中学校・第一幼稚園・第二幼稚園、武蔵野東高等専修学校

※上記募集要項は小学校公表データです。詳細は小学校ＨＰまたはお電話でご確認ください

111 明星小学校
めいせい MEISEI

https://www.meisei.ac.jp/es/　E-mail info_e@es.meisei.ac.jp

[アクセス]
- ●JR武蔵野線【北府中】より徒歩15分
- ●JR中央線・西武線【国分寺】、京王線【府中】より京王バス【明星学苑】下車

[所在地]　〒183-8531　東京都府中市栄町1-1
TEL 042-368-5119　FAX 042-364-6801

小学校情報

[校　長]　細水 保宏
[児童数]　634名（男子329名、女子305名）

沿　革　大正12年、明星実務学校設立、昭和2年、明星中学校に改組。昭和23年、明星高等学校開校、24年、明星幼稚園開園、25年、明星小学校開校。昭和26年、学校法人明星学苑に組織変更。平成14年、新校舎竣工。令和5年、学苑創立100周年を迎えた。

教育方針　『和の精神のもと、世界に貢献する人を育成する』という建学の精神を礎に、「賢さ」と「豊かさ」を兼ね備えた、輝きを持った子どもの育成を教育目標とする。①人格接触による手塩にかける教育、②凝念（ぎょうねん）を通じて心の力を鍛える教育、③実践躬行の体験教育の3つを教育方針に掲げ、その具体化のため、「五正道」（正しく視る・聴く・考える・言う・行う）を日々の教育活動の根本に据えて実践している。

特　色　これからの時代には問題を発見したり、解決した後に新しい問題を見つけたりすることが重要であると考え、算数を通して、問題発見・問題解決・問題追究という探究的な学びのスタイルの実現に全校で取り組んでいる。授業の中では、論理的思考力や表現力を伸ばすとともに、子どもたちが主体的に問題にかかわり、友達と一緒に問題を解決していくことに大きな価値を置く。子どもたちの学びをよりよいものにするには教師の指導力が必要となるため、日ごろから研修・研鑽を積み、授業を改善。算数の授業で培った探究的な学びのスタイルを各教科や各行事にも広げていく。また、体験を通した学習を重要視し、子どもたちが五感を使って活動することで、さらに学びを深めている。

◆**クラブ活動**　4年生以上、隔週1時間。和太鼓、ティーボール、一輪車、ミニバスケットボール、プログラミング、造形など
◆**委員会活動**　5年生以上、隔週1時間。運営、集会、生活、美化、保健体育、飼育栽培、図書、放送がある
◆**英語教育**　全学年。外国人講師と日本人教師によるチームティーチングで授業を行う
◆**ICT教育**　パソコンやタブレット端末を活用し、プログラミング教育に力を入れる
◆**校外学習**　宿泊行事として、1年生はきよさとの教室、2年生は八ヶ岳で緑の教室、3年生は鴨川で海辺の教室、4年生は河口湖で秋の学校、5年生は八ヶ岳で山の学校、6年生は京都・奈良への修学旅行を実施する

年間行事予定	
月	行　事　名（抜粋）
4	入学式、1年生歓迎会
5	運動会、創立記念日
6	3年宿泊行事、東初協陸上記録会
7	1・2年宿泊行事、イングリッシュキャンプ
8	夏休み
9	明星祭、東初協水泳記録会、4年宿泊行事
10	5年宿泊行事、6年修学旅行
11	東初協音楽祭、東初協体育発表会
12	音楽会
1	書き初め会
2	ハート・グローバル
3	6年生を送る会、卒業式、修了式

School Information

※濃い色で示したアイコンはこの小学校に該当するものです。アフタースクールの詳細はp.397〜参照

入試データ

下記の資料は**2025年度用（2024年秋実施予定）**です

募集要項

募集人員	男女計105名（特別入試、一般入試合わせて）
学校（入試）説明会	4月20日／9月11日（学習公開あり） 7月26日
願書配付期間	募集要項配付：4月19日〜
出願期間	Ｗｅｂ出願：9月11日〜10月11日 書類提出：10月11日（消印有効）　簡易書留速達で郵送 ※ＨＰの指示に従ってＷｅｂ出願後に書類提出
提出書類	・受験票 ・受験票（学校提出用） ※受験票は考査日に持参 ※特別入試の提出書類は募集要項を確認
受験票交付	自宅やコンビニエンスストアなどで各自印刷
受験番号付番	願書受付順　　月齢考慮　　あり
考査日	考査・面接：Ａ（特別）…11月1日 　　　　　　Ｂ（一般）…11月2〜4日のうち1日
選抜方法^{注1}	ペーパーテスト、個別テスト、集団テスト、運動テスト、親子面接
考査料	25,000円（クレジットカード、コンビニまたはペイジー決済）
合格発表	Ａ：11月1日　Ｂ：11月4日　17時〜　Ｗｅｂ発表
倍率（前年度）	非公表
入学手続	Ａ：11月2日　Ｂ：11月5日　9時締切
編入学制度	新2〜5年生で欠員が生じた場合のみ試験を実施／帰国生はp.403〜参照
復学制度	欠員時のみ。退学後1年以内で5年生までに限る
公開行事	体験パーク：5月18日／8月31日 明星祭：9月15日
備考	——

セキュリティ

警備員常駐／防犯カメラ設置／交通指導員配置／登下校確認システム／携帯電話所持可／保護者入構証／赤外線センサー設置／避難・防災訓練実施／看護師常駐／緊急通報・安否確認システム／緊急地震速報装置／学校110番／災害用品備蓄／ＡＥＤ設置

学費

```
……… 入学手続時納付金 ………
入学金                  250,000円


……… 年間納付金 …………
授業料・年額            470,000円
施設維持費・年額        100,000円
教育充実費・年額         70,000円
ＰＴＡ会費・年額          6,000円
```
※校外学習費、行事費など別途納付
※上記金額は諸事情等で変更の場合あり

制服

昼食

お弁当給食（学校指定業者）かお弁当（持参）の選択制（週5回）

進学情報

[中学校への進学状況]
【明星】約70％が内部進学
[高等学校への進学状況]
【明星】原則として内部進学
[大学への進学状況]
【明星】、一橋、東京都立、東京学芸、慶應、早稲田、上智など

[系列校]
明星大学・大学院、明星中学校・高等学校、明星幼稚園

※上記募集要項は小学校公表データです（注1：選抜方法については伸芽会教育研究所調査によるデータです）。詳細は小学校ＨＰまたはお電話でご確認ください

東京
私立　共学
め
明星小学校

立教小学校

http://prim.rikkyo.ac.jp/

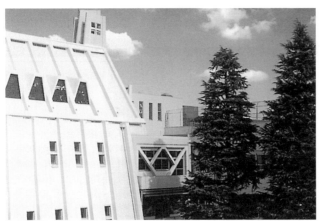

[アクセス]
●西武池袋線【椎名町】より徒歩3分
●JR山手線ほか【池袋】より国際興業バス【椎名町駅南口】下車徒歩3分

[所在地] 〒171-0031　東京都豊島区目白5-24-12（代替校舎）
TEL 03-3985-2728　FAX 03-3590-9085

小学校情報

[校　長] 田代 正行
[児童数] 男子720名

沿　革　明治7年、築地にウィリアムズ主教が私塾を開校。明治23年、立教学校と改称。明治29年、立教専修学校と立教尋常中学校の2校を開設。明治32年、立教尋常中学校を立教中学校と改称。明治40年、立教大学が発足し、大正7年、池袋に移転。昭和23年、新制小学校・中学校・高等学校を開設。昭和26年、学校法人立教学院に組織変更。令和5年、小学校設立75周年を迎えた。

教育方針　キリスト教信仰に基づく愛の教育を通して、神様に喜ばれる子どもを育てる。具体的な目標として、①友達のよいところがわかる子ども、②自分のよいところを表現できる子ども、③広い視野でものを見られる子ども、④すべてに感謝できる子ども、の育成を掲げる。人・もの・事柄との出会いを丁寧に、一人ひとりの考えや思いの交流を通した学び合いを大切に、真正な学びがあふれる学び舎を目指す。

特　色　一貫連携教育の目標である、テーマを持った人間を育てる教育の基礎として「自分が夢中になれるもの」を見つけるカリキュラムを実践している。1年生からの専科として、情報、聖書、英語（ETM＝Education Through Music）、水泳などの授業を行う。5年生から国語、算数、社会にも教科担任制を導入し、専門性の高い「熱い授業」を展開。社会科見学などの校外学習では、情報収集や話し合いを通して考察力を深めていく。豊かな感性を育てるため、縦割り編成でキャンプなどを行い、自然とのふれ合いや地球の素晴らしさを知るプログラムを実施している。

◆**クラブ活動**　5年生以上、週1〜2時間。サッカー、テニス、野球、卓球など運動系10、鉄道研究、囲碁・将棋、演劇、科学など文化系10のクラブがある
◆**授業の特色**　立教大学運動部の学生たちから協力を得て、スナッグゴルフやフラッグフットボールを体育の授業に取り入れている
◆**ICT教育**　コンピュータ室や無線LANを完備。情報科の授業では専科教員の指導のもと、プログラミング教育などを行う
◆**校外学習**　1年生、2〜4年生（縦割り編成）は中軽井沢で、6年生は西湖でキャンプを行う。5年生はグローバルエクスカーション（各自がコースを選ぶ総合体験学習）、6年生は関西方面でフィールドワークを行う

年間行事予定	
月	行　事　名（抜粋）
4	入学礼拝、鯉のぼりをあげる式、遠足
5	合同プレーデー
6	5・6年バスケットボール大会
7	キャンプ、5年グローバルエクスカーション
8	夏休み
9	1・2年遠足、6年フィールドワーク
10	運動会
11	学習発表会・展覧会、収穫感謝礼拝
12	クリスマス礼拝・祝会
1	書き初め展、耐寒マラソン
2	お別れ会、4・5年フラッグ・フットボール大会
3	5・6年サッカー大会、卒業礼拝

始業／制服／3学期制／土曜登校／2・3・5年クラス替／給食／アレルギー対応／ICT教育／英語コマ数1.5／通学時間制限／アフタースクール／幼稚園／中学・高校／大学／聖公会

入試データ

下記の資料は**2024年度用（2023年秋実施済み）**です

募集要項 ※下記は前年度のデータです

募集人員	男子120名		
学校（入試）説明会	6月8日／7月1日／9月9日		
願書配付期間	Web公開のみ		
出願期間	10月1日（9時）〜3日（16時） ※HPの指示に従ってWeb出願		
提出書類	・面談資料 ・受験票 ※すべて考査日に持参		
受験票交付	自宅やコンビニエンスストアなどで各自印刷		
受験番号付番	生年月日順	月齢考慮	―
考査日	考査：11月1・2日の両日 面接：10月12日から受験番号順に実施（日時はメールで通知）		
選抜方法注1	個別テスト、集団テスト、運動テスト、保護者面接		
考査料	30,000円（クレジットカード、コンビニまたはペイジー決済）		
合格発表	11月4・5日　Web発表		
倍率	非公表		
入学手続	入学手続①：11月8日　入学手続②：12月4日		
編入学制度	欠員が生じた場合のみ試験を実施。募集時にHPで要項を公示		
復学制度	退学後1年以内で5年生までに限る		
公開行事	運動会：10月7日		
備考	2024年4月より一時移転。新校舎は2027年竣工予定		

学費

…… 入学手続時納付金 ………
入学金　　　　　　　　 300,000円

……… 年間納付金 …………
授業料・年額　　　　　 660,000円
維持資金・年額　　　　 282,000円
健康管理費・年額　　　　 36,000円
教材費、冷暖房費・年額　 36,000円
校外行事等費用・年額（1年生）
　　　　　　　　　　　　 90,000円
PTA会費・年額　　　　　 4,800円
給食費・年額　　　　約110,000円
教育環境改善資金1口　 100,000円
（複数口、任意）
※上記金額は諸事情等で変更の場合あり

制服

セキュリティ

警備員常駐／防犯カメラ設置／交通指導員配置／登下校確認システム／携帯電話所持可（届出制）／授業中門施錠／インターホン設置／保護者名札着用／避難・防災訓練実施／緊急通報・安否確認システム／緊急地震速報装置／学校110番／災害用品備蓄／AED設置

昼食

給食（週5回）

進学情報

[中学校への進学状況]
【立教池袋、立教新座、立教英国学院】約90％が内部進学
[高等学校への進学状況]
【立教池袋、立教新座】約90％が内部進学
[大学への進学状況]
【立教】約85％が内部進学。東京、東京工業、一橋、慶應、早稲田、上智など

[系列校]
立教大学・大学院、立教池袋中学校・高等学校、立教新座中学校・高等学校、立教英国学院中学部・高等部など

※上記募集要項は小学校公表データです（注1：選抜方法については伸芽会教育研究所調査によるデータです）。詳細は小学校HPまたはお電話でご確認ください

▨ 考査ガイド

考査日程	2日
受験番号付番	生年月日順（年長者より）
選抜方法	受付後、講堂で受験番号がかかれたゼッケンが置かれた席に座って待機する。子どもはゼッケンをつける。1日目は2人1組の個別テスト、別室に移動して集団テスト、2日目は2、3人1組の個別テスト、約30人で集団テスト、運動テストを行う
考査内容	個別テスト、集団テスト、運動テスト、保護者面接
所要時間	1日目：約1時間40分　2日目：約1時間10分

▨▨▨ 過去の出題例

〔個別テスト〕

1 推理・思考

マス目がかかれたプリントと、チップ6枚が用意されている。チップは表裏で色が違う6種類で、黒を上にしたチップ3枚をマス目に置いて、残りをお皿に入れた状態から始める。解くごとにチップを追加していく。

A マス目に置いてあるチップ3枚を使って、お手本と同じになるように置きましょう。

B お皿のチップ1枚を、赤を上にして星印に置く。

・星印に置いたチップも合わせて4枚を使って、お手本と同じになるように置きましょう。

C お皿のチップ1枚を、黄色を上にして星印に置く。

・星印に置いたチップも合わせて5枚を使って、お手本と同じになるように置きましょう。

D お皿のチップ1枚を、赤を上にして星印に置く。

・全部のチップを使って、お手本と同じになるように置きましょう。

〔集団テスト〕

▨ 模倣体操・ダンス

「線路は続くよどこまでも」の曲に合わせて踊る。

〔運動テスト〕

▨ かけっこ

4人のグループでかけっこをする。

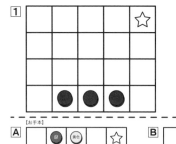

用意されたチップ

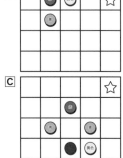

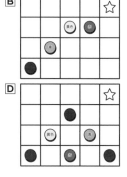

▨ ここがポイント

絵本の読み聞かせの後で別室に誘導されての話の記憶、そのほか数量、推理・思考などを問われる課題が多く出されています。男子校らしく運動テストにも力を入れているため、体力をつけておくことも大切です。考査日前の保護者面接では、両親のプロフィールや家庭での教育などを細かく聞かれるので、十分な準備が必要でしょう。

▨▨▨ 出題傾向

	ペーパーテスト												個別テスト													集団テスト											運動	面接
	話	数量	観察力	言語	推理・思考	構成力	記憶	常識	位置・置換	模写	巧緻性	絵画・表現	系列完成	話	数量	観察力	言語	推理・思考	構成力	記憶	常識	位置・置換	巧緻性	絵画・表現	系列完成	制作	行動観察	話	観察力	言語	常識	巧緻性	絵画・表現	制作	行動観察	課題・自由遊び	運動・ゲーム	生活習慣	運動	面接
2024年														○	○		○	○											○								○		○	○
2023年														○	○			○											○								○		○	○
2022年														○	○														○								○		○	○
2021年														○	○														○								○		○	○
2020年														○	○														○								○		○	○

面接ガイド

保護者面接 考査日前の指定日時に面接が行われる
所要時間 約10分

＜面接資料／アンケート＞
出願後にメールで送付される面談資料に記入し、当日持参する

過去の質問例

父親への質問

・志望理由を教えてください。
・自己紹介をお願いします。
・出身地、出身校、大学で何をしたか教えてください。
・お仕事について（会社名、仕事の内容、所在地、従業員数など）、具体的に教えてください。
・本校を知ったきっかけを教えてください。
・本校の説明会や公開行事には参加されましたか。
・本校のご出身ではありませんが、どこに魅力を感じられましたか。
・男子校についてどのようにお考えですか。
・キリスト教教育についてご理解いただいていますか。
・校舎の建て替えについてご理解をいただいていますか。
・いつごろから小学校受験を考え始めましたか。
・幼児教室に通っていますか。どちらの教室ですか。
・お子さんの名前の由来を教えてください。
・休日にはお子さんとどのように過ごしていますか。
・考査ではお子さんのどこを見てほしいですか。
・最後に何か伝えたいことはありますか。

母親への質問

・出身地、出身校、お仕事について教えてください。
・本校に期待することは何ですか。
・男子校に抵抗はありませんか。
・本校のどのような点がお子さんに合うと思いますか。
・公開行事などで本校の児童をご覧になりましたか。
・お子さんについて入試当日や入学後に本校が留意すべきことはありますか。
・最近どのようなときにお子さんの成長を感じましたか。
・受験にあたりどのような準備をしましたか。

面接の配置図

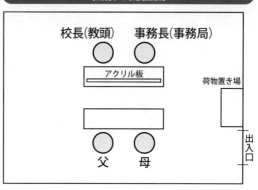

・お子さんは習い事をしていますか。
・ご家庭の教育方針を教えてください。
・お子さんには決まったお手伝いや当番はありますか。
・受験に向けて、お子さんにどのようなお料理を作ってあげたいですか。
・（共働きの場合）ゴールデンウイークまではお子さんの送迎が必要となりますが、問題ありませんか。

※面接当日に持参する面談資料には、以下のような記入項目がある。
①児童名、生年月日、住所、幼稚園（保育園）名、所要時間
②保護者について（父、母それぞれの欄がある）
③保護者を除く同居家族状況
④立教小学校に魅力を感じる点
⑤家庭での育児で特に気をつけているところ
⑥本人のことで学校が留意すべき点

Inside voice

・面接の受付時にネームプレートを渡され、受験票を入れるよう指示がありました。受験票のサイズが指定通りになっているか、確認しておいたほうがよいと思います。
・校長（教頭）先生は学校説明会のアンケートをしっかりと読まれており、面接では、その内容や面接資料を確認しながら質問されている印象でした。アンケートには必ず回答をしたほうがよいと思います。
・考査では「体調に合わせて寒くない服装で」とのことでしたが、わが家も含め、大半が半袖・半ズボンのお子さんでした。子どもたちは考査中に何度もトイレに行ったようで、服装には十分注意が必要だと思いました。

立教女学院小学校

https://es.rikkyojogakuin.ac.jp/　E-mail jogakuin-sho@rikkyojogakuin.ac.jp

［所在地］　〒168-8616　東京都杉並区久我山4-29-60
　　　　　　TEL 03-3334-5102　FAX 03-3334-5279

［アクセス］
●京王井の頭線【三鷹台】より徒歩3分
●JR中央線【西荻窪】より関東バス【立教女学院】下車

小学校情報

［校　長］　児玉　純
［児童数］　女子432名

沿　革　明治10年、文京区湯島で立教女学校創立。明治41年、立教高等女学校となる。大正13年、杉並区久我山に移転し、昭和6年、附属尋常小学校を設立。昭和22年、学制改革により立教女学院を設立し、小学校、中学校を併設。昭和23年、高等学校を設立。令和4年、学院創立145周年を迎えた。

教育方針　「キリスト教の信仰に基づき、人類の福祉と世界の平和に貢献する女性の人格の基礎をつくること」を建学の精神とする。教育目標は①健康で明るい子、②進んで行動する子、③まわりの人を大切にする子。創り主である神様の愛を知り、自分を愛するように隣人を愛し、他者に共感できる心を育てるとともに、神様から与えられたそれぞれの賜物を生かして豊かに成長できるよう導く。また、幼いうちからキリスト教を価値の主軸としたよい習慣を体得させることで、品格の下地を形成する。

特　色　創立以来毎朝、全校児童と教職員が礼拝堂に集まり礼拝を捧げるほか、全学年で週1時間聖書の授業がある。人とのかかわり合いを通した成長を大切にしており、1・2年生は友達と遊ぶ「なかよし」の時間を週1時間設置。給食は全校児童が食堂でとり、各学期末には縦割りのお楽しみ給食を実施する。自然とのふれ合いを大切にするGreen Lab.、ICT環境への導入となるBlue Lab.、総合学習をブラッシュアップしたLink、ネイティブスピーカーによるGlobal Educationを4本の柱とする独自の「Well Learning Project」を実践。伝統を継承しながら時代に即した教育活動を行う。

◆**クラブ活動**　4年生以上、週1時間。器楽、美術、ミュージカル、サイエンス、手芸・料理、ESSなど13のクラブがある
◆**委員会活動**　代表委員会は4年生以上、そのほかは5年生以上。8つの委員会がある
◆**英語教育**　1・2年生は週1時間、3～6年生は週2時間。表現やコミュニケーションの楽しさを体験する
◆**ICT教育**　3年生以上は1人1台タブレット端末を所有し、授業でも活用。「Active Learning Room」にて、調べ学習、プレゼンテーション、ものづくりなどにも取り組む
◆**校外学習**　3年生以上は軽井沢キャンプを実施。4・5年生は茨城県で、6年生は宮城県でスタディツアーを行う

年間行事予定	
月	行　事　名（抜粋）
4	入学式、イースター礼拝
5	合同プレーデー、昇天日礼拝
6	──
7	3～6年軽井沢キャンプ
8	聖歌隊合宿、オーストラリア国際交流プログラム
9	芸術鑑賞会、5・6年スタディツアー
10	運動会
11	遠足、4年スタディツアー
12	クリスマス礼拝・祝会
1	小さなコンサート
2	ドッジボール大会
3	6年生を送る会、卒業式

入試データ

下記の資料は**2024年度用**（**2023年秋実施済み**）です

募集要項　※下記は前年度のデータです

募集人員	女子72名
学校（入試）説明会	入試説明会：5月13日 学校説明会：6月16日
願書配付期間	Ｗｅｂ公開のみ
出願期間	Ｗｅｂ出願：9月4日（12時）～10月3日（23時59分） 書類提出：10月2～4日（消印有効）　簡易書留で郵送 ※ＨＰの指示に従ってＷｅｂ出願後に書類提出
提出書類	・入学願書 ・受験票 ※受験票は考査日に持参
受験票交付	自宅やコンビニエンスストアなどで各自印刷
受験番号付番	非公表 / 月齢考慮 あり
考査日	考査：11月3日 面接：10月16～21日のうち1日
選抜方法^{注1}	ペーパーテスト、個別テスト、集団テスト、運動テスト、親子面接
考査料	30,000円（クレジットカード、コンビニまたはペイジー決済）
合格発表	11月4日　Ｗｅｂ発表
倍率	非公表
入学手続	11月6日　14～15時
編入学制度	2～5年生で欠員が生じた場合のみ7・3月に試験を実施／帰国生はp.403～参照
復学制度	退学後2年以内に限る
公開行事	校舎見学会：9月9日
備考	通学時間制限：所要時間60分以内

学費

……… 入学手続時納付金 ………
入学金　　　　　　　300,000円

………… 年間納付金 …………
授業料・月額　　　　　54,000円
教育充実費・月額　　　15,000円
藤の会入会金（初年度のみ）
　　　　　　　　　　10,000円
藤の会会費・月額　　　 1,500円
給食費・月額　　　　　10,100円
※上記金額は諸事情等で変更の場合あり

制服

制服なし

セキュリティ

警備員常駐／防犯カメラ設置／交通指導員配置／登下校確認システム／保護者ＩＤカード／避難・防災訓練実施／看護師常駐／緊急通報・安否確認システム／緊急地震速報装置／学校110番／災害用品備蓄／ＡＥＤ設置

昼食

給食（週5回）…全学年が食堂に会して食事をする

進学情報

[中学校への進学状況]
【立教女学院】原則として全員が内部進学
[高等学校への進学状況]
【立教女学院】原則として全員が内部進学
[大学への進学状況]
【立教】約66％が内部進学。東京工業、お茶の水、東北、慶應、早稲田など

[系列校]
立教大学・大学院、立教池袋中学校・高等学校、立教新座中学校・高等学校、立教小学校、立教女学院中学校・高等学校

東京　私立　女子　り　立教女学院小学校

考査ガイド

考査日程	1日
受験番号付番	非公表
選抜方法	受験番号順に集合時間が指定される。子どもはゼッケンをつけ、約20人単位でペーパーテスト、個別テスト、集団テスト、運動テストを行う
考査内容	ペーパーテスト、個別テスト、集団テスト、運動テスト、親子面接
所要時間	約2時間10分

過去の出題例

ペーパーテスト

1 数量（マジックボックス）

・上の長四角がお約束です。左のリンゴがハート、ダイヤ、クローバー、スペードの箱を通るとそれぞれ右の数になって出てきます。このお約束のとき、下の四角のようにリンゴが箱を通るといくつになりますか。その数だけ、下のマス目に1つずつ○をかきましょう。

2 言 語

・1段目を見ましょう。イチゴのように「ゴ」で終わるものには○、ネコのように「コ」で終わるものには△、ゴリラのように「ラ」で終わるものには×を、絵のすぐ下の四角にかきましょう。

個別テスト

生活習慣

・おはしを持ち、食べ物をつまむように動かしましょう。

集団テスト

指示行動

テスターがマラカスを鳴らすと腕を振る、タンバリンを振ると回るなどのお約束で、楽器の音に合わせて動く。

運動テスト

玉入れ

グループごとに列に並び、1人ずつ床の線に立って、向こう側にあるカゴを目がけてゴムボールを2回投げる。

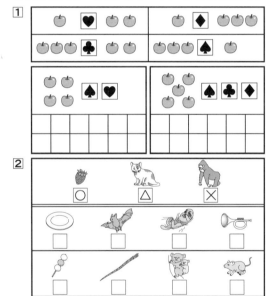

ここがポイント

ペーパーテストの項目は広範囲にわたり、話の記憶、数量、言語、推理・思考、常識の問題は毎年のように出題されています。問題数が多いので、指示をよく聞き、テキパキと処理することが重要です。親子面接で両親には、学校のどこが子どもに合っているかなどの質問もあることから、しっかりとした信念を持って試験に臨むことが大切です。

出題傾向

	ペーパーテスト												個別テスト												集団テスト										運動	面
	話	数量	観察力	言語	推理・思考	構成力	記憶	常識	位置・置換	模写	巧緻性	絵画・表現	系列完成	話	数量	観察力	言語	推理・思考	構成力	記憶	常識	位置・置換	巧緻性	絵画・表現	系列完成	制作	生活習慣	話	観察力	言語	常識	巧緻性	絵画・表現	制作	行動観察	課題・自由遊び	運動・ゲーム	生活習慣	運動	接
2024年	○	○		○				○	○	○													○			○	○		○			○					○		○	○
2023年	○	○		○				○															○			○	○		○						○				○	○
2022年	○	○		○				○															○			○	○		○			○							○	○
2021年	○	○		○				○															○				○		○										○	○
2020年	○	○		○				○															○				○		○										○	○

面接ガイド

親子面接 考査日前の指定日時に面接が行われる。当日、面接資料の記入がある
所要時間 10〜15分

＜面接資料／アンケート＞
面接当日に面接資料に記入して提出する

過去の質問例

本人への質問

・お名前、幼稚園（保育園）名を教えてください。
・幼稚園（保育園）で好きな遊びは何ですか。
・お友達の名前を3人教えてください。
・幼稚園（保育園）はお弁当ですか、給食ですか。
・給食で嫌いな食べ物が出たらどうしますか。
・お休みの日は誰と何をして遊びますか。
・妹（弟）の名前は何ですか。何歳ですか。
・どんなお手伝いをしていますか。
・好きな絵本は何ですか。それはどうしてですか。
・運動会はありましたか。何が楽しかったですか。
・（動物たちが部屋の中でパーティーをしている絵を見せられて）どんな絵だと思いますか。（誕生日のパーティーだと答えると）誰の誕生日だと思いますか。あなたなら何をプレゼントしますか。お家でパーティーをしたことはありますか。どんなパーティーでしたか。

父親への質問

・数ある小学校の中で本校を選んだ理由は何ですか。
・お仕事の内容をお聞かせください。
・本校に来たことはありますか。そのときの印象をお聞かせください。
・キリスト教教育についてどのようにお考えですか。
・お父さまから見てどのようなお子さんですか。
・お子さんは最近、何に興味を持っていますか。
・お子さんと接する時間をどのようにつくっていますか。
・どのようなときにお子さんの成長を感じましたか。

母親への質問

・女子校についてどのようにお考えですか。

面接の配置図

・本校のどのような点がお子さんに合うと思いますか。
・幼稚園（保育園）の先生からはどのようなお子さんだと聞いていますか。
・子育てで大切にしていることは何ですか。
・お子さんにはどのようなお手伝いをさせていますか。
・お仕事をしていますか。どのようなお仕事ですか。
・学童の利用はお考えですか。
・（共働きの場合）学校行事には参加できますか。

※面接当日に記入する面接資料には、以下のような項目がある（本人写真【4×3cm】とL判の家族写真を持参して貼付）。
①本人氏名、生年月日、家族構成
②仕事や家庭での生活について伝えたいこと
③通学経路、所要時間、本人の就寝時間と起床時間、食物アレルギーの有無

Inside voice

・面接の待ち時間は約1時間と長く、持参した折り紙や絵本が役に立ちました。各机には面接資料記入用にボールペンや修正テープなどが用意されていましたが、わが家は書き慣れているボールペンを持参しました。
・前年同様、2024年度入試でも面接の途中、子どもが先生方の前に移動して座り、絵を見ながら質問されました。先生方は終始穏やかで、子どもが答えられないときは優しくフォローしてくださいました。
・考査で子どもが着用するゼッケンのひもは、ほどけないようにしっかりと結ぶよう指示がありましたが、肩ひもがずれて下がっているお子さんが何人かいました。わが家は持参していた安全ピンで肩を留めました。

和光小学校

https://wakoe.wako.ed.jp/　E-mail wakosyo@wako.ed.jp

[所在地]　〒156-0053　東京都世田谷区桜2-18-18
TEL 03-3420-4353　FAX 03-3420-4354

[アクセス]
●小田急小田原線【経堂】より徒歩12分
●東急世田谷線【宮の坂】より徒歩15分

小学校情報

[校　長]　帯刀 彩子
[児童数]　413名（男子201名、女子212名）

沿　革　昭和8年、成城学園を母体として世田谷区に新学園を創立。昭和9年、和光小学校として正式に開校。昭和22年、中学校、昭和25年、高等学校、昭和28年、幼稚園を開設。昭和41年、和光大学を開設し、幼稚園から大学までの一貫教育が確立。昭和44年、和光鶴川幼稚園、平成4年、和光鶴川小学校を開設。平成8年、完全学校週5日制開始。令和5年11月、小学校創立90周年を迎えた。

教育方針　「学ぶ力を生きる力に」「実体験を重視した学習」「子どもが主人公」「ともに生きる」を目標に、知識の量だけでない本物の知性の育成、子どもの個性と発達に即した教育、仲間との共同の学び合いを通じて個人の尊厳を認め、共生や平和を求める子どもを育てることを目指している。少数者・弱者の立場に立って考えられる力をつけることが人間としての発達に大きな意味があると考え、各学級にハンディキャップのある子どもを受け入れる「共同教育」を実践している。

特　色　子どもの発達に合わせた教育を行うために、教育課程、カリキュラム、教材を独自につくり上げる「手作り教育」を進めている。教育課程は、「教科教育」「生活勉強・総合学習」「行事や自治文化活動」の3領域で編成。1・2年生の「生活べんきょう」、3年生からの「総合学習」では、教科の枠を超えて総合的・今日的な問題を対象とする。テーマに「身の回りのヒト・モノ・コトを対象とした学習」「からだ・こころ・いのちの学習」などを据え、カイコの飼育から沖縄学習旅行までさまざまな体験ができる。

◆**児童会活動**　4年生以上で直接選挙により児童会執行委員を選出する。学級代表、図書、保健委員は各学級で選出

◆**国際交流**　異文化・国際理解教育の一環として、姉妹校関係にある韓国・中国の小学校と3ヵ国交流を行っている。また、国内のインターナショナルスクールや横浜山手中華学校、東京韓国学校などとも交流している

◆**校外学習**　7月に行われる林間合宿では、1・2年生は中伊豆、3年生は秩父三峰、4年生は奥多摩、5・6年生はみずがき山でキャンプを行う。6年生は沖縄学習旅行で沖縄の歴史、文化、自然を学び、三線にもチャレンジする。沖縄学習旅行の後は、体験したことを1冊の本にまとめ、5年生に伝える

年間行事予定

月	行 事 名（抜粋）
4	入学式、新入生歓迎会
5	運動会
6	プール開き
7	林間合宿
8	夏休み
9	夏休み発表会
10	6年沖縄学習旅行、いちょうまつり
11	公開研究会
12	2年劇の会、うたの会
1	多摩川を伝える会、沖縄を伝える会
2	4・6年劇の会、美・技術展
3	卒業生を送る会、卒業式

School Information

※濃い色で示したアイコンはこの小学校に該当するものです。アフタースクールの詳細はp.397～参照

 始業
 制服
 3学期制
 土曜登校
 3年クラス替
 お弁当
 アレルギー対応
 ICT教育
 英語コマ数
 通学時間制限
 アフタースクール
 幼稚園
 中学・高校
大学

入試データ

下記の資料は**2025年度用（2024年秋実施予定）**です

募集要項

募集人員	男女計70名（第1回、第2回合わせて。内部進学者含む）
学校（入試）説明会	学校説明会：5月14日（授業参観あり） 6月29日（授業参観、体験講座あり） 入試説明会：9月18日／10月16日（授業参観あり）
願書配付期間	9月1日～
出願期間	A（第1回）：10月15～23日 B（第2回）：11月11日 平日9～15時（土：休み）窓口受付 ※Aは郵送可（必着）
提出書類	・入学願書 ・選考結果郵送用封筒（切手を貼付） ・送付票（郵送出願の場合のみ。入学検定料振込明細書を貼付）
受験票交付	簡易書留で郵送または願書受付時に手渡し
受験番号付番	願書受付順　月齢考慮　なし
考査日	考査・面接：A…11月4日　B…11月13日
選抜方法注1	個別テスト、集団テスト、運動テスト、保護者面接
考査料	20,000円
合格発表	A：11月4日　B：11月13日　速達で通知
倍率（前年度）	約1.9倍
入学手続	A：11月8日　9～15時 B：11月19日　10～15時
編入学制度	1～5年生で欠員が生じた場合のみ試験を実施／帰国生はp.403～参照
復学制度	あり
公開行事	運動会：5月25日　親子体験講座：9月1日 夏休み研究公開：9月7日　いちょうまつり：10月6日
備考	――――

セキュリティ

防犯カメラ設置／携帯電話所持可（届出制）／授業中門施錠／インターホン設置／保護者入構証／避難・防災訓練実施／緊急通報・安否確認システム／緊急地震速報装置／学校110番／災害用品備蓄／AED設置／暗証番号式自動ドア

学費

```
……… 入学手続時納付金 ………
入学金                      200,000円
施設設備資金                100,000円
親和会（ＰＴＡ）入会金        2,000円

………… 年間納付金 …………
授業料・月額                 39,880円
教育充実費・月額              6,300円
積立金、学級費・月額          4,750円
親和会（ＰＴＡ）会費・月額      800円
```
※2・3年次の施設設備資金は150,000円（年額）
※学校債・寄付金（任意）あり
※奨学金制度あり
※上記金額は諸事情等で変更の場合あり

制服

制服なし
バッジ、制帽あり

昼食

お弁当（週5回）

進学情報

[中学校への進学状況]
【和光】男子は約55%、女子は約63%が内部進学
[高等学校への進学状況]
【和光】約80%が内部進学
[大学への進学状況]
【和光】、東京都立、慶應、上智、立教、明治、青山学院、中央、法政など

[系列校]
和光大学・大学院・高等学校・中学校・幼稚園、和光鶴川小学校・幼稚園

※上記募集要項は小学校公表データです（注1：選抜方法については伸芽会教育研究所調査によるデータです）。詳細は小学校ＨＰまたはお電話でご確認ください

早稲田大学系属 早稲田実業学校初等部

https://www.wasedajg.ed.jp/　E-mail webmaster@wasedajg.ed.jp

[所在地]　〒185-8506　東京都国分寺市本町1-2-1
TEL 042-300-2171　FAX 042-300-2175

[アクセス]
●JR中央線・西武多摩湖線・西武国分寺線【国分寺】より徒歩10分

小学校情報

[校 長]　星 直樹
[児童数]　647名（男子412名、女子235名）

沿 革　明治34年、早稲田実業中学を開校。翌年、早稲田実業学校と改称する。大正15年、早稲田商科学校を併設。昭和19年、早実工業学校を設置し、早稲田商科学校を廃止。昭和20年、早実工業学校を廃止し、昭和23年、新制中学部・高等部が発足。平成13年、国分寺へ移転。翌年、男女共学を実施し、初等部を開校。早稲田大学系列で初めて小・中・高・大一貫教育を実現した。

教育方針　①男女共学により、両性の相互理解に基づく人間性豊かな児童を育成する、②一人ひとりの児童を尊重し、それぞれが持っている個性の芽を伸ばす、③身体を鍛え、豊かな心を養い、確かな学力を身につける、④自ら学び、自ら考え、自ら創り出し、自ら表現する力を育てる、⑤国際社会に生きる人間としての資質・能力の基礎をつくる、の5つを方針とする。「教育は、人間としての全面的な成長・発達を促し援助していく営みである」と考え、子どもたちが協同して学び合い、ともに成長していく教育を創造する。

特 色　国語と算数を、自分の頭で考える力を養うために大切な基礎学習と位置づけている。「一人ひとりが持っている能力を引き出すこと」を教育の基本とし、教えるだけでなく、自分で課題をねばり強く追究させていく。また、国際社会で通用する人材を育成するため、日本文化を理解し大切にできる心を養い、母国の文化を発信できる力を身につけていく。手を使って物を作ること、詩や作文、美術・音楽などの芸術的な表現活動、自然の中で五感を使って自然科学の基礎的な理論の理解を深めることにも力を入れている。

◆**クラブ活動**　陸上、ベースボール、フットボール、バスケットボール、バドミントン、テニス、家庭科、ダンス、パソコンなど
◆**ＩＣＴ教育**　低学年はパソコンにふれて遊び、高学年は日々の学習や宿泊学習のまとめにタブレット端末や電子黒板なども活用。情報モラルに関する学習にも力を入れている
◆**授業の特色**　チャイムなどの合図は必要最低限にとどめて、低学年から時間を管理する習慣を養う。また、授業時間を画一的にこま切れにせず、教科や学習内容に応じてさまざまな時間設定をして効果的な教育を実施
◆**校外学習**　遠足や稲作体験のほか、3年生は高尾の森、4年生は秩父、5年生は志賀高原、6年生は滋賀・京都で宿泊体験学習

年間行事予定	
月	行 事 名(抜粋)
4	入学式、1年生を迎える会
5	春の遠足、5・6年春の早慶戦応援
6	水泳指導
7	4・5年宿泊体験学習、海外研修（希望者）
8	海外研修（希望者）、国内研修（希望者）
9	運動会
10	3年宿泊体験学習、文化祭
11	6年宿泊体験学習、海外研修（希望者）
12	縄跳び集会
1	────
2	学習発表会
3	6年生を送る会、卒業式

入試データ　　下記の資料は**2024年度用（2023年秋実施済み）**です

募集要項　※ ! 2025 は次年度のデータです

募集人員	男子72名、女子36名、計108名
学校（入試）説明会	! 2025　6月9日
願書配付期間	Ｗｅｂ公開：9月1日〜（要申込）
出願期間	Ｗｅｂ出願：9月1〜27日 書類提出：10月1・2日（必着）　簡易書留で郵送 ※ＨＰの指示に従ってＷｅｂ出願後に書類提出
提出書類	・入学志願書 ・受験票、保護者入校票 ※受験票、保護者入校票は考査日に持参
受験票交付	自宅やコンビニエンスストアなどで各自印刷
受験番号付番	生年月日順　　月齢考慮　あり
考査日	第一次：11月1〜5日のうち1日 第二次：11月8〜10日のうち1日（第一次合格者が対象）
選抜方法 注1	第一次：ペーパーテスト、個別テスト、集団テスト、運動テスト 第二次：親子面接
考査料	30,000円（クレジットカード、コンビニまたはペイジー決済）
合格発表	第一次：11月7日　8時　Ｗｅｂ発表 第二次：11月12日　8時　Ｗｅｂ発表
倍率	非公表
入学手続	11月13日
編入学制度	なし
復学制度	2〜4年生の間で最長3年間の海外転出を認める
公開行事	! 2025　学校見学会・相談会：7月20日
備考	――――

学費

……… 入学手続時納付金 ………
入学金　　　　　　　　　350,000円
施設設備資金　　　　　　300,000円

………… 年間納付金 …………
授業料・年額　　　　　　756,000円
父母の会入会金（入学時のみ）
　　　　　　　　　　　　　2,000円
父母の会会費・年額　　　12,000円
教育振興資金1口　　　　100,000円
　（5口以上、任意）

※入学辞退者には施設設備資金を返還
※登下校メール費、給食費、遠足費など別途納付
※2年次以降も施設設備資金を納付
※上記金額は諸事情等で変更の場合あり

制服

セキュリティ

警備員常駐／防犯カメラ設置／交通指導員配置／登下校確認システム／授業中門施錠／インターホン設置／保護者入校証／避難・防災訓練実施／看護師常駐／緊急通報・安否確認システム／緊急地震速報装置／災害用品備蓄／ＡＥＤ設置

昼食

給食（週5回）…食物アレルギーがある場合は、給食に準じた代替食を持参

進学情報

[中学校への進学状況]
【早稲田実業学校】ほぼ全員が内部進学
[高等学校への進学状況]
【早稲田実業学校】ほぼ全員が内部進学
[大学への進学状況]
【早稲田】ほぼ全員が推薦入学

[系列校]
早稲田大学・大学院、早稲田実業学校高等部・中等部など

※上記募集要項は小学校公表データです（注1：選抜方法については伸芽会教育研究所調査によるデータです）。詳細は小学校ＨＰまたはお電話でご確認ください

考査ガイド

考査日程	1日（第一次合格者は2日）
受験番号付番	生年月日順（男子は年長者、女子は年少者から）
選抜方法	第一次：受験番号順に約15人ずつに分かれて入室する。ペーパーテスト、個別テスト、集団テスト、運動テストを行い、男女合わせて約200人を選出する
	第二次：第一次合格者を対象に受験番号順で、2会場に分けて親子面接を行う
考査内容	ペーパーテスト、個別テスト、集団テスト、運動テスト、親子面接
所要時間	第一次：約1時間　第二次：10〜15分

過去の出題例

ペーパーテスト

1 数量（対応）

・大きな四角にある材料を使って、下の左端のハンバーガーを作ります。ハンバーガーはいくつできますか。その数だけ、マス目の中に1つずつ○をかきましょう。

2 推理・思考（重ね図形）

・上の2つの形をそのまま横にずらして重ねると、どのようになりますか。正しいものを下から選んで○をつけましょう。

個別テスト

絵画（条件画）

・（モニターに風鈴とほうきが映る）今見たものと、自分が出てくる絵を描きましょう。

集団テスト

行動観察

「お祭りごっことして、スーパーボールすくいか輪投げを行う」など2種類のごっこ遊びが提示され、どちらにするかグループで相談して決めて遊ぶ。

運動テスト

連続運動

スキップで進む→階段3段を上って壁にタッチ、など。

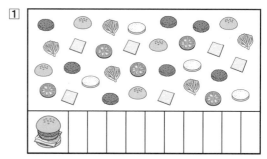

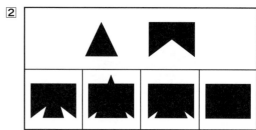

ここがポイント

第一次のペーパーテスト、個別テスト、集団テストはバランスよく得点できることが必要です。また、特徴的なのは机の上で解く問題よりも日常生活を見る課題です。例年、机ふき、おはしでのビーズや豆つまみ、Yシャツたたみ、風呂敷包み、タオルのゆすぎと絞り、水注ぎなどを通して、日常の生活習慣における自立の度合いを見られます。

出題傾向

	ペーパーテスト											個別テスト												集団テスト										運動	面接
	話	数量	観察力	言語	推理・思考	構成力	記憶	常識	位置・置換	模写	巧緻性	絵画・表現	系列完成	話	数量	言語	観察力	推理・思考	構成力	記憶	常識	位置・置換	巧緻性	絵画・表現	系列完成	制作	生活習慣	話	観察力	言語	常識	巧緻性	絵画・表現	制作	行動観察	課題・自由遊び	運動・ゲーム	生活習慣	運動	面接
2024年	○	○	○		○					○						○							○	○		○	○					○			○				○	○
2023年	○	○	○		○											○							○	○		○	○					○			○				○	○
2022年	○	○	○		○				○			○				○							○	○		○	○					○			○				○	○
2021年	○	○	○		○											○							○	○		○	○					○			○				○	○
2020年	○	○	○		○											○							○	○		○	○					○			○				○	○

面接ガイド

親子面接　第一次合格者を対象に受験番号順で、2会場に分けて面接が行われる
所要時間　10〜15分

＜面接資料／アンケート＞
出願時に、面接資料となる項目に記入して提出する

過去の質問例

本人への質問

・お名前、受験番号、お誕生日、住所、幼稚園（保育園）の名前、クラスの名前を教えてください。
・幼稚園（保育園）では何をするのが楽しいですか。
・仲よしのお友達の名前を3人教えてください。
・お友達とは何をして遊びますか。
・お友達とけんかをしたことはありますか。どうしてですか。どうやって仲直りしましたか。
・お家ではどんなお手伝いをしますか。
・お父さんとお母さんはどんな人ですか。
・お父さんやお母さんのどんなところが好きですか。
・どんなときにお父さんやお母さんにほめられたり、しかられたりしますか。
・好きな食べ物、嫌いな食べ物は何ですか。
・給食で嫌いな食べ物が出てきたらどうしますか。
・好きな生き物は何ですか。それはどうしてですか。
・小学生になったら何をしたいですか。

父親への質問

・志望理由を教えてください。
・本校の校是や校訓についてどのようにお考えですか。
・本校とご家庭の教育方針で一致していると思うところはどこですか。
・お子さんがこれから社会人になるまでに、身につけさせたいことは何ですか。
・お子さんには本校でどのように成長してほしいですか。
・子育てで大切にしていることは何ですか。
・どのようなときにお子さんをほめたり、しかったりしますか。
・子育てにおいて父親の役割は何だとお考えですか。

面接の配置図

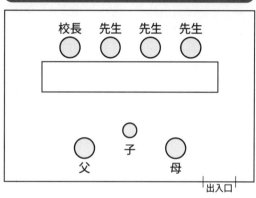

母親への質問

・学校教育と家庭教育の役割をどのようにお考えですか。
・お子さんの長所と短所をお話しください。
・子育てで困ったことや苦労したことは何ですか。
・お子さんが学校でけんかをして帰ってきたら、どのように対応しますか。
・通学時のマナーについて、お子さんにどのように教えていますか。
・（共働きの場合）緊急時のお迎えや学校行事への参加はできますか。

※願書の中に、以下のような記入項目がある。
①本校を志望した理由、志願者の様子等
②一次入学試験を受ける際に志願者の身体および健康状態について特に留意してほしい点

Inside voice

・第一次考査中に先生が控え室にいらして、試験なので合否を出さなければならないが、この経験が人生の糧になるよう願っている。子どもを笑顔で迎え頑張ったことをほめてあげてほしい、と話され感動しました。
・第一次考査の誘導係は初等部出身の早稲田大学の学生さんでした。皆さんのキビキビした様子に、わが子もこのように育ってほしいと強く思いました。
・面接は先生が4名いらっしゃるので、子どもは最初緊張したようです。でも、先生方が皆さん笑顔で終始和やかな雰囲気でしたので、落ち着いて質問に答えることができ、ホッとしました。

『福翁自伝』を読み解く①

慶應義塾幼稚舎の入学願書では、福澤諭吉の自伝『福翁自伝』の感想を求められます。合格に近づくには同書をどう読み解き、願書にどのように書けばよいのか。ポイントを探ります。

✳ 親がアピールできるのは願書だけ

慶應義塾幼稚舎の入試では保護者面接は行われないため、親が学校に熱意を伝えアピールできるのは願書のみと言えます。しかも、出願倍率は10倍以上におよぶ超難関校。仮に倍率が10倍の年は、先生方は1440通もの願書に目を通さなければなりません。おのずと願書でいかにインパクトを与えられるかが、合格への第一歩となります。

幼稚舎の入学願書には、志願者の氏名や住所、家族などの記入欄のほか、志望理由などと『福翁自伝』の感想を書く欄があります。『福翁自伝』は、同校を志望する保護者必読の書というわけです。同書は、福澤諭吉が明治30～31年に口述、訂正・加筆をしてまとめた作品です。福澤諭吉が創刊した日刊新聞「時事新報」に67回にわたり掲載された後、明治32年に発行されました。

✳ まずは家庭の教育方針を固める

願書には、『福翁自伝』を読んで感じることを書くようにとの指定がありますが、単なる読書感想文やレポートでは意味がありません。もちろん、学術的な分析を求められているわけでもありません。慶應義塾で160年以上脈々と受け継がれている福澤諭吉の精神を感じ取り、共感したことや自分たちの教育方針との合致点などを、自分たちの言葉で表現する必要があります。

このような話を聞くと、本の中から有名な言葉やよい言葉を探し出し、ご家庭の教育方針をそれに合わせてしまう保護者が多いのですが、それでは1500通近くの願書の中から浮かび上がらせることはできません。先生方の目を引く願書にするためには、『福翁自伝』を読み始める前に、ご両親がご家庭の教育方針についてよく話し合い、考えを固めておくことが大切です。そのうえで、「自分たちの教育方針はこうであり、慶應義塾の理念や『福翁自伝』の精神のこの部分とこうマッチする」などといったように具体的に関連づけられれば、アピール度が高まります。

✳ 時代背景を踏まえて読む

『福翁自伝』を読むにあたっては、気をつけておきたいことがあります。それは福澤諭吉が生きたのは、今から100年以上前の江戸～明治時代ということです。たとえば同書では、子どもの教育法について「まず獣身を成してのちに人心を養う」という言葉が有名です。当時は衛生状態や栄養状態が悪く、乳幼児の死亡率が高い時代だったため、子どもをたくましく育てるという目標は、今よりもはるかに切実でした。それを考慮せず、文字通り「たくましい体をつくり、そのうえで教養を身につける」ことが一番と受け取り、手放しで共感や賞賛をしてしまうと現代にはそぐわない内容になってしまいます。

また「門閥制度は親のかたき」という言葉もよく引用されますが、これも平等主義の表れと一律にとらえてしまうのは問題があります。『福翁自伝』をよく読むと、福澤諭吉にも士農工商の身分制度や階級についてのこだわりがあったことがうかがえます。本人の資質というより、封建的な時代の影響と取れますが、時代背景を踏まえておかないと論点がずれる可能性があります。

✳ 慶應義塾に息づく福澤諭吉の精神

慶應義塾の教育に、福澤諭吉の考えがどのように具現化されているかも押さえておきたいものです。幼稚舎ではさまざまな行事を用意しています。その中で一つでも得意なものを見つけ、積極的に取り組む姿勢を身につけてほしいという願いが込められています。そこには実学を唱えてきた福澤諭吉の精神が息づいています。『福翁自伝』の有名な言葉に引きずられるのではなく、多角的に読み込み、ご家庭の方針との合致点を見つけましょう。

神奈川県 私立小学校入試情報ガイド

青山学院横浜英和小学校
LCA国際小学校
鎌倉女子大学初等部
カリタス小学校
関東学院小学校
関東学院六浦小学校
慶應義塾横浜初等部
相模女子大学小学部
湘南学園小学校
湘南白百合学園小学校
精華小学校
聖セシリア小学校
清泉小学校
聖マリア小学校
聖ヨゼフ学園小学校
洗足学園小学校
捜真小学校
桐蔭学園小学校
桐光学園小学校
日本大学藤沢小学校
森村学園初等部
横須賀学院小学校
横浜三育小学校
横浜雙葉小学校

※掲載の入試情報は、2025年度用（2024年秋〜冬実施予定）ですが、一部、2024年度用（2023年夏〜2024年冬実施済み）のものがあります。新しい情報を掲載していますが、行事や考査関連の日程が変更になる可能性もあります。最新の情報は直接学校窓口にお問い合わせいただくか、各学校のホームページなどでご確認ください。考査ガイドの出題例は、伸芽会発行の『有名小学校入試問題集』などからの抜粋や、類似問題を作成して掲載しています。

青山学院横浜英和小学校

https://www.yokohama-eiwa.ac.jp/shougakkou/

[アクセス]
- ●横浜市営地下鉄ブルーライン【蒔田】より徒歩8分
- ●京急本線【井土ヶ谷】より徒歩18分

[所在地] 〒232-8580　神奈川県横浜市南区蒔田町124
TEL 045-731-2863　FAX 045-743-3353

小学校情報

[校 長]　中村 貞雄
[児童数]　391名（男子118名、女子273名）

沿 革　明治13年、H・G・ブリテンがブリテン女学校を創立。明治19年、横浜英和女学校に改称。明治33年、附属年少学校（小学校）を設置。大正5年、横浜英和女学校を、大正12年、小学校・幼稚園を現在地に移転。昭和14年、成美学園と改称し、昭和22年に女子中学校、翌年、女子高等学校を設立。平成8年、横浜英和学院と改称。平成28年、中学高等学校が青山学院大学と系属校関係となり、令和2年、小学校も系属校化、青山学院横浜英和小学校と改称。令和7年、学院創立145周年を迎える。

教育方針　聖書の言葉に基づく「心を清め　人に仕えよ」をスクールモットーとする。聖書の言葉は、永遠の真理であり、生命の言葉である。この言葉が、子どもたちの人生の道しるべとなることを信じて、子どもたちの心と体の健やかな成長を見守り、支えていくことを目標に掲げる。スクールモットーを基にして、4つの教育目標――「神を畏れる子ども」「人間を大切にする子ども」「考える子ども」「やりぬく子ども」を定め、日々の教育を実践。確かな学力と豊かな情操を身につけた知性豊かな子どもの育成に取り組む。

特 色　キリスト教の精神に基づいた教育を行っている。月1回、給食をパンと牛乳のみにし、おかず代を里子（フィリピンやカンボジアなど発展途上国の子どもたち）の援助に役立てる活動を通して、「もう一人の友達」のために世界に目を向ける心を育む。また、全学年で日記指導を行い、表現力を高めると同時に、児童一人ひとりの思いを知り、適切な助言を与えるよう努めている。

◆**クラブ活動**　4年生以上。ハンドベル、理科、パソコン、工芸、卓球、サッカー、バスケットボールなど11のクラブ
◆**英語教育**　1・2年生は週1時間、3年生以上は週2時間。日本人教師とネイティブスピーカーとのチームティーチングで行う。英語の授業を通して、オーストラリアやアメリカの姉妹校との交流もある
◆**ICT教育**　1年生から実施。担任と専科講師のチームティーチングによる授業
◆**校外学習**　全学年で自然学校を行う。6年生は卒業記念として思い出旅行がある
◆**異学年活動**　1年生と6年生の交流、2年生が1年生を案内する学校探検、1～3年生が縦割り班で活動する「あそびクラブ」など

年間行事予定	
月	行 事 名（抜粋）
4	入学式、1年生を迎える会、ブレーデー
5	2・3・6年自然学校
6	花の日・子どもの日礼拝
7	水泳教室、4・5年自然学校
8	夏休み
9	芸術鑑賞会、1年自然学校
10	5年聖坂養護学校との交流会
11	フェスティバル、6年思い出旅行、球技大会
12	クリスマス賛美礼拝
1	子どもオリンピック
2	児童向け講演会
3	6年生を送る会、卒業式

入試データ

下記の資料は**2024年度用（2023年秋実施済み）**です

募集要項 ※下記は前年度のデータです

募集人員	男女計66名（内部進学者含む）		
学校(入試)説明会	学校説明会：6月10日 入試説明会：9月2日		
願書配付期間	募集要項配付：6月10日～		
出願期間	9月1日（7時）～6日（17時） ※HPの指示に従ってWeb出願		
提出書類	・受験票 ※考査日に持参		
受験票交付	自宅やコンビニエンスストアなどで各自印刷		
受験番号付番	生年月日順	月齢考慮	あり
考査日	考査：10月17日 面接：9月27～29日のうち1日		
選抜方法^{注1}	ペーパーテスト、個別テスト、集団テスト、親子面接		
考査料	20,000円（クレジットカード、コンビニまたはペイジー決済）		
合格発表	10月18日　15～19時　Web発表		
倍率	約3.0倍		
入学手続	10月20日　12時締切		
編入学制度	1～4年生で欠員が生じた学年のみ試験を実施／帰国生はp.403～参照		
復学制度	あり		
公開行事	——		
備考	通学時間：所要時間60分以内が望ましい		

学　費

……… 入学手続時納付金 ………
入学金	280,000円
施設費	120,000円

……… 年間納付金 …………
授業料・月額	42,000円
施設費・月額	5,000円
教育充実費・月額	5,500円
安全管理費、ＰＴＡ会費など・月額	1,300円
旅行積立金・月額	2,000円

※給食費、学級費など別途納付
※上記金額は諸事情等で変更の場合あり

制　服

セキュリティ

警備員常駐／防犯カメラ設置／交通指導員配置／登下校確認システム／防犯ブザー携帯／携帯電話所持可／授業中門施錠／インターホン設置／保護者ＩＤカード／避難・防災訓練実施／緊急通報・安否確認システム／災害用品備蓄／ＡＥＤ設置

昼　食

給食（週4回）、お弁当（週1回、水曜日）

進学情報

[中学校への進学状況]
【青山学院横浜英和】男子は約77％、女子は約85％が内部進学
[高等学校への進学状況]
【青山学院横浜英和】原則として内部進学
[大学への進学状況] 約60％が青山学院に進学。慶應、早稲田、上智、国際基督教、立教、明治、法政、東京農業、医学系大学など

[系列校]
青山学院横浜英和中学高等学校、横浜英和幼稚園

神奈川　私立　共学　あ　青山学院横浜英和小学校

※上記募集要項は小学校公表データです（注1：選抜方法については伸芽会教育研究所調査によるデータです）。詳細は小学校ＨＰまたはお電話でご確認ください

ＬＣＡ国際小学校

https://elementary.lca.ed.jp

［アクセス］
●JR横浜線・京王相模原線【橋本】より車で約10分（駐車場あり）／神奈中バス【北の丘センター】下車
●【調布】【相模大野】などよりスクールバス

［所在地］　〒252-0132　神奈川県相模原市緑区橋本台3-7-1
TEL 042-771-6131　FAX 042-771-6132

小学校情報

［校　長］　山口 紀生
［児童数］　287名（男子147名、女子140名）

沿　革　昭和60年、元小学校教員であった山口紀生が勉強と遊びを教える私塾ＬＣＡを設立。以来、ＬＣＡ英会話スクール、幼児教室を段階的に開設し、平成12年に英語で指導する幼稚園のＬＣＡインターナショナルプリスクールを開園、平成17年に国語以外の全教科を英語で指導するＬＣＡインターナショナルスクール小学部を設立。平成20年、文部科学省から認可を受け、日本初の株式会社立小学校であるＬＣＡ国際小学校が誕生した。

教育方針　①将来、社会の一員として、自分の個性を生かし社会に貢献できる人間、②日本語と英語を自由に使いこなし、良好なコミュニケーションをとりながら世界を舞台に活躍できる人間、③生きることの素晴らしさを知った人間、を育成することを教育理念とする。文部科学省の認可を受けた一条校であり、日本の学習指導要領にのっとり外国人が英語で授業を行う形式をとる。

特　色　世界で通用するバイリンガルを育てるために、豊かな英語環境を用意している。多くの授業を英語で行うイマージョン教育を、日本人に適した形に変えた「アクティブイマージョン教育」を開発。担任は外国人で、ホームルームや給食も英語で行い、日本人の副担任と連携しながら、学習面だけでなく、生活面でも子どもたちの成長を見守る。1クラス約20名の少人数制で、きめ細かな指導を展開。一人ひとりの自発性や能動性を大切にし、思いや個性に寄り添いながら、否定することの少ない環境の中で生き生きとした子どもたちを育てている。

◆**英語教育**　科目としての英語は、1年生は週5時間、2年生以上は週4時間。独自のカリキュラムに基づき、読解、文法、スペリングなどを学ぶ。スピーチコンテスト、TOEFL（Junior、Primary）もカリキュラムに組み込んでいる

◆**行事の特色**　スポーツデーは外国人教師のアイデアを加えた運動会。スタディキャンプは4泊5日で山梨にて実施。サマーキャンプ、リモートスタディなどは八ヶ岳のセミナーハウスを拠点とする

◆**短期留学**　4年生以上の希望者が姉妹校であるオーストラリアのHills学園にて通常授業を体験できる。ホームステイ先も学園の生徒たちの家庭が選ばれる

年間行事予定	
月	**行　事　名**(抜粋)
4	入学式
5	──
6	授業参観、スポーツデー
7	6年スタディキャンプ
8	夏期講習
9	1年リモートスタディ、3〜5年サマーキャンプ
10	2年リモートキャンプ
11	パフォーマンスデー、全校遠足
12	授業参観
1	3〜5年スキートリップ
2	6年グランドツアー、タレントショー
3	スピーチコンテスト、卒業式

入試データ　下記の資料は**2024年度用（2023年夏～2024年冬実施済み）**です

募集要項　※下記は前年度のデータです

募集人員	男女計約60名（内部進学者含む）
学校（入試）説明会	Ｗｅｂ説明会：4月12日／5月10・21日／6月1・10日／8月2日／9月13・30日／10月8日／11月7日／12月6・20日
願書配付期間	4月1日～
出願期間	A（第1回）：6月26～30日 B（第2回）：11月9～15日 C（第3回）：1月10～12日 郵送（必着）、または持参（10～17時。日：休み）
提出書類	・入学願書 ・受験票 ・受験料振込控えのコピー
受験票交付	郵送または願書受付時に手渡し
受験番号付番	願書受付順　　月齢考慮　なし
考査日	考査：A…7月23日　B…11月26日　C…1月21日 面接：いずれも考査日前に実施
選抜方法	模擬授業等（日本語・英語）、保護者面接
考査料	30,000円
合格発表	いずれも考査後3日以内に郵送で通知
倍率	非公表
入学手続	A：8月2日締切　B：12月6日締切　C：1月31日締切
編入学制度	1～5年生で欠員が生じた場合、随時試験を実施／帰国生はp.403～参照
復学制度	なし
公開行事	少人数見学会：4～6月、9～12月の指定日 （Ｗｅｂ説明会の参加者対象）
備考	――

学費

…… 入学手続時納付金 ……

入学金	1,000,000円
保証金	300,000円

…… 年間納付金 ……

授業料・年額	1,440,000円
諸経費・年額	128,700円
施設協力費・年額	140,400円
ＩＣＴ教育費・月額	5,300円
給食費・月額	10,500円
寄付金1口（任意）	100,000円

※兄姉が在学する場合は2人目以降の入学金を20%免除
※スクールバス利用費など別途納付
※上記金額は諸事情等で変更の場合あり

制服

制服なし

セキュリティ

防犯カメラ設置／登下校確認システム（希望者）／携帯電話所持可／授業中門施錠／インターホン設置／保護者入構証／避難・防災訓練実施／災害用品備蓄／ＡＥＤ設置／守衛常駐

昼食

給食（週5回）…食物アレルギーがある場合はお弁当持参

進学情報

[中学校への進学状況]
東京学芸大附属国際中等教育、聖光、栄光、慶應湘南藤沢、渋教渋谷、立教池袋、桐蔭学園中等教育、公文国際、広尾学園、明大明治、三田国際、開智日本橋、広尾学園小石川、日大、工学院大附属、茗溪学園など

[高等学校への進学状況]――

[大学への進学状況]――

[系列校]
ＬＣＡ国際プリスクール

神奈川 | 私立 | 共学 | え | ＬＣＡ国際小学校

※上記募集要項は小学校公表データです。詳細は小学校ＨＰまたはお電話でご確認ください

鎌倉女子大学初等部

http://www.kamakura-u.ac.jp/elementary/

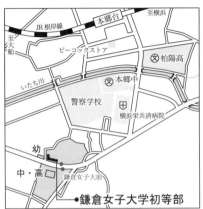

［アクセス］
- ●JR根岸線ほか【本郷台】より徒歩15分
- ●JR東海道本線ほか【大船】より神奈中バス【鎌倉女子大前】下車

［所在地］　〒247-8511　神奈川県鎌倉市岩瀬1420
TEL 0467-44-2112　FAX 0467-44-2396

小学校情報

［校　長］　勝木 茂
［児童数］　481名（男子259名、女子222名）

沿　革　昭和18年、京浜女子家政理学専門学校設立。昭和23年、附属中学校設置。昭和25年、専門学校を短期大学に移行、中学校は京浜女子短期大学附属中学校に改称。同年、附属高等学校、附属幼稚園設置。昭和26年、京浜女子短期大学附属小学校設置。昭和34年、京浜女子大学設立。平成元年、校名を鎌倉女子大学に、小学校は同初等部に変更。令和5年、学園創立80周年を迎えた。

教育方針　建学の精神である『感謝と奉仕に生きる人づくり』を基盤とし、「豊かなこころ」「確かな学力」「健やかなからだ」を身につけた「品位ある初等部生」の育成を目指す。特に「感謝と奉仕のこころ」「ぞうきんと辞書をもつこころ」「人・物・時を大切にするこころ」を目標に掲げている。「こころの教育」を根底に「学ぶ力」の育成や「基礎体力」の充実を図り、精神面、学力面、体力面のバランスがとれた児童を育てるよう努める。そのため、全職員が一人ひとりに愛情を注ぎ、個々の成長に合わせて手厚く指導する。

特　色　1クラス上限30名、1学年3クラスの少人数制で、知識と創造力を伸ばす教育プログラムを組んでいる。1年生は、すべての教科を2名の教員が担当するダブル担任制をとる。英語教育、パソコンの授業は全学年で実施。放課後は「木もれびの部屋」として図書館が開放され、3年生の希望者は英語教室、4年生以上の希望者は学力向上のための講習に参加することができる。また、漢字、英語、数学、パソコン、泳力などのスキルアップにチャレンジすることで、高い目標を目指す意志を育んでいる。

◆**クラブ活動**　4年生以上。家庭科、自然科学、美術・工作、ダンスなど11のクラブがある。ほかに、希望者が始業前や放課後を利用して活動する課外クラブは、ミニバスケットボール、サッカー、なぎなた、器楽など

◆**委員会活動**　4年生以上が全員参加。体育、図書、放送、ボランティアなど10の委員会

◆**ＩＣＴ教育**　1年生から1人1台のパソコンを使用。親しむことから始めて表現力を高め、プレゼンテーションの操作まで学ぶ

◆**校外学習**　4・5年生は宿泊体験学習、6年生は修学旅行を行う

◆**修養日誌**　3年生以上は学校から帰宅後、心の成長の記録として「修養日誌」を書く。自らをふり返り感性を育み、人格の礎を築く

年間行事予定

月	行　事　名（抜粋）
4	入学式、春の遠足
5	運動会
6	6年修学旅行
7	水泳指導
8	夏休み
9	4～6年校内水泳記録会、5年宿泊体験学習
10	1・2年秋の遠足、4年宿泊体験学習
11	みどり祭（学園祭）、学習発表会
12	6年卒業研修
1	書き初め大会
2	6年卒業記念講演
3	卒業式

入試データ 　下記の資料は**2025年度用（2024年秋実施予定）**です

募集要項

募集人員	第Ⅰ期：男女計80名（内部進学者含む） 第Ⅱ期：男女計10名
学校（入試）説明会	5月25日／9月7日（授業公開・個別相談あり）
願書配付期間	5月6日〜
出願期間	A（第Ⅰ期）：9月2〜13日（郵送）／9月2〜17日（持参） B（第Ⅱ期）：10月24日〜11月13日（郵送） 　　　　　　10月24日〜11月14日（持参） ※郵送（必着）／持参（平日9〜15時。11月11・12日、土：休み）
提出書類	・入学願書、受験票 ・検定料振込通知書 ・受験票返信用封筒（郵送出願の場合のみ。切手を貼付）
受験票交付	郵送または願書受付時に手渡し
受験番号付番	願書受付順　　月齢考慮　　なし
考査日	A：考査…10月22日　面接…9月20・21日のうち1日 B：考査・面接…11月19日
選抜方法 注1	ペーパーテスト、行動テスト、運動テスト、本人面接、親子面接
考査料	20,000円
合格発表	A：10月22日　B：11月19日　Web発表
倍率（前年度）	約1.3倍
入学手続	A：10月23・24日　B：11月20・21日
編入学制度	1月に試験を実施（要問い合わせ）／帰国生はp.403〜参照
復学制度	あり
公開行事	運動会：5月18日　オープンスクール：6月15日／7月20日 みどり祭（学園祭）：11月9・10日　学習発表会：11月30日
備考	スクールバスあり（1・2年生の希望者。登校時のみ）

学費

┈┈┈┈ 入学手続時納付金 ┈┈┈┈
入学金　　　　　　　　300,000円

┈┈┈┈ 年間納付金 ┈┈┈┈
授業料・月額　　　　　30,000円
教育環境充実費・月額　30,000円
※遠足・集団宿泊的行事（修学旅行含む）などの費用を別途納付
※卒業時に同窓会終身会費6,000円を納付
※学債、寄付金等の徴収なし
※上記金額は諸事情等で変更の場合あり

制服

セキュリティ

警備員常駐／防犯カメラ設置／交通指導員配置／登下校確認システム／防犯ブザー携帯／携帯電話所持可（届出制）／保護者入校証／避難・防災訓練実施／緊急通報・安否確認システム／災害用品備蓄／AED設置

昼食

お弁当（週5回）…お弁当（注文制）、パン、飲み物などの校内販売あり

進学情報

[中学校への進学状況]
男子：開成、麻布、聖光、栄光、浅野、鎌倉学園、山手学院、逗子開成など
女子：【鎌倉女子】、フェリス、横浜共立、湘南白百合など
[高等学校への進学状況]【鎌倉女子】約90％が内部進学
[大学への進学状況]
【鎌倉女子】、横浜市立、慶應、東京理科、立教、明治、中央、法政など

[系列校]
鎌倉女子大学・大学院・短期大学部・高等部・中等部・幼稚部

※上記募集要項は小学校公表データです（注1：選抜方法については伸芽会教育研究所調査によるデータです）。詳細は小学校ＨＰまたはお電話でご確認ください

カリタス小学校

http://www.caritas.or.jp/es/

[アクセス]
- ●JR南武線【中野島】より徒歩10分
- ●JR南武線・小田急小田原線【登戸】、小田急小田原線【向ヶ丘遊園】よりスクールバス

[所在地]　〒214-0012　神奈川県川崎市多摩区中野島4-6-1
　　　　　TEL 044-922-8822　FAX 044-922-8752

■ 小学校情報

[校　長]　小野 拓士
[児童数]　男女計648名

沿　革　昭和28年、ケベック・カリタス修道女会の３名のシスターが来日し、昭和35年に学校法人カリタス学園を設立。昭和36年、カリタス女子中学高等学校、昭和37年、カリタス幼稚園を開設。昭和38年、カリタス小学校が開設され、幼稚園から高校までの一貫教育が完成。令和７年、学園創立65周年を迎える。

教育方針　校訓を『愛』とし、教育目標を「神を信じ、人と生き物をいつくしむ」「互いに磨き合って深く考え、創り出していく」「良心の声にしたがって判断し、実行する」とする。神への信頼と感謝のうちに世界や人生の意味を理解すること、一人ひとりが神から与えられたそれぞれの才能を十分に伸ばし、社会に貢献できる自律した人間となること、身近な人々だけでなく、民族や国籍、宗教や文化を超えてすべての人々を愛すること、人のため、特に恵まれない人々のために奉仕できる人間へと育つこと、を目指す。

特　色　①カトリック教育の理念に基づき、神に心を開き信頼する人間を育てる、②基礎学力の重視によって考える力をつける、③総合教育活動で「本物の学力」を身につける、④楽しみながら外国語の基礎力をつける、の４つを柱とした教育を行う。特に総合教育活動では、体験を通して五感を磨き、豊かな感性を育成するとともに、「発意・構想・構築・遂行・省察」というサイクルをくり返すことで考える力をより一層伸ばす。外国語教育に関しては、英語とフランス語の複言語教育を少人数制で行い、体験的に使用する機会を設け、国際理解においても多角的な視点を育てている。

◆**課外活動**　バスケットボール、陸上、相撲、水泳、聖歌隊。月に数回、男子児童全員でのサッカーの練習があり、交流試合も行う

◆**児童会活動**　コパン活動といい、全児童で構成される。４年生以上の児童代表の集まり「Les copains de Caritas」が中心になって、日々の祈りのほか、学校行事や奉仕活動、集会活動などを企画・提案しながら活動

◆**外国語教育**　１・２年生は英語とフランス語を合わせて週１時間、３年生は週１時間ずつ、４年生以上は英語を週２時間、フランス語を週１時間。英検Jr.や仏検にも挑戦する

◆**校外活動**　２年生から宿泊活動がある。２年生は学校、３年生は山中湖、４・５年生は黒姫、６年生は岩手へ行き、自然体験を行う

年間行事予定	
月	行　事　名（抜粋）
4	入学式、移動動物園、防災引取訓練
5	マリア祭
6	６年宿泊活動、２年宿泊活動
7	――――
8	夏休み
9	３年宿泊活動、１年秋祭り
10	創立記念の集い、４・５年宿泊活動
11	アスレチックフェスティバル、点灯式
12	待降節の集い、クリスマスミサ
1	４年宿泊活動
2	学習発表会
3	６年生を送る会、感謝ミサ、卒業式

始業／制服／3学期制／土曜登校／隔年クラス替／お弁当／アレルギー対応／ICT教育／英語コマ数0.5／通学時間制限／アフタースクール／幼稚園／中学・高校／大学／カトリック

入試データ　下記の資料は2024年度用（2023年秋実施済み）です

募集要項　※下記は前年度のデータです

募集人員	男女計108名（内部進学者含む）
学校（入試）説明会	6月10日／9月9日
願書配付期間	Ｗｅｂ公開のみ
出願期間	Ｗｅｂ出願：9月1日（9時）〜25日（16時） 書類提出：9月28日（必着）　簡易書留で郵送 ※ＨＰの指示に従ってＷｅｂ出願後に書類提出
提出書類	・入学志願書 ・受験票 ※受験票は考査日に持参
受験票交付	自宅やコンビニエンスストアなどで各自印刷
受験番号付番	出願順　　月齢考慮　あり
考査日	考査：10月20日 面接：10月13・14日のうち1日
選抜方法注1	ペーパーテスト、個別テスト、集団テスト、親子面接
考査料	25,000円（クレジットカード、コンビニまたはペイジー決済）
合格発表	10月21日　17時〜　Ｗｅｂ発表
倍率	約3.0倍
入学手続	10月27日　9時30分〜11時30分
編入学制度	欠員が生じた場合のみ7・12・3月に試験を実施／帰国生はp.403〜参照
復学制度	試験の結果により決定。5年生の3学期までに限る
公開行事	外国語授業体験Day：6月13・20日 カリタス総合Day：6月28日　学習発表会：2月17・18日
備考	――――

学費

――― 入学手続時納付金 ―――
入学金	200,000円
施設拡充費	200,000円

――― 年間納付金 ―――
授業料・年額	432,000円
維持費・年額	120,000円
学習費・年額	72,000円
積立金・年額	90,000円
後援会入会金	1,000円
後援会会費・年額	30,000円
寄付金1口	50,000円
（3口以上、任意）	

※入学辞退者には施設拡充費を返還
※上記金額は諸事情等で変更の場合あり

制服

セキュリティ

警備員常駐／防犯カメラ設置／交通指導員配置／携帯電話所持可／授業中門施錠／インターホン設置／保護者名札着用／避難・防災訓練実施／看護師常駐／緊急通報・安否確認システム／緊急地震速報装置／学校110番／災害用品備蓄／ＡＥＤ設置

昼食

お弁当（週5回）…2024年秋より自校調理の給食を実施予定

進学情報

[中学校への進学状況]
男子：栄光、法政大二、桐蔭学園中等教育など
女子：【カリタス女子】約70％が内部進学
[高等学校への進学状況]【カリタス女子】ほぼ全員が内部進学
[大学への進学状況]
東京、一橋、東京外国語、お茶の水、東京都立、横浜国立、慶應、早稲田など

[系列校]
カリタス女子中学高等学校、カリタス幼稚園

神奈川　私立　共学　か　カリタス小学校

※上記募集要項は小学校公表データです（注1：選抜方法については伸芽会教育研究所調査によるデータです）。詳細は小学校ＨＰまたはお電話でご確認ください

■ 考査ガイド

考査日程	1日
受験番号付番	願書受付順
選抜方法	受付後、子どもはビブスをつける。在校生に誘導されて教室に向かい、ペーパーテスト、個別テスト、集団テストを行う
考査内容	ペーパーテスト、個別テスト、集団テスト、親子面接
所要時間	2時間～2時間30分

■ 過去の出題例

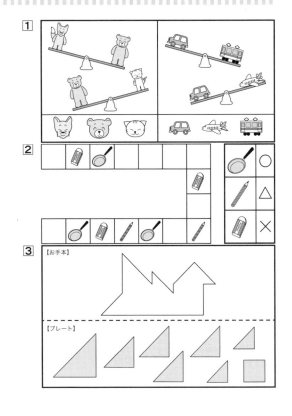

ペーパーテスト

① 推理・思考（重さ比べ）

・シーソーで重さ比べをしました。一番重いものを下の四角の中から選んで○をつけましょう。

② 系列完成・置換

・いろいろな絵が決まりよく並んでいます。空いている四角に入る絵を右から選んで、フライパンは○、鉛筆は△、消しゴムは×の印をかきましょう。

個別テスト

③ 構成

お手本の台紙、ビニール袋に入ったプラスチックのプレートが用意されている。

・プレートを袋から出してお手本の台紙に置きましょう。

集団テスト

■ 制作（魚と釣りざお作り）・集団ゲーム

台紙に描かれた魚をはさみで切り取って、口の先に輪ゴムをセロハンテープで留める。新聞紙を棒状に丸めセロハンテープで留め、先端にクリップのついたひもを結んで釣りざおにする。これらを使って魚釣りゲームをする。

● ここがポイント

ペーパーテストでは基本的な問題が広い範囲から出題されています。ひらがなの短文を音読する課題も特徴の一つです。また、話の記憶では少し長い話を聞き取る力が問われます。集団テストでも落ち着いて話を聞き行動することが求められます。生活習慣が身につき、子どもらしく興味を持って活動しているかもポイントです。

■ 出題傾向

	ペーパーテスト										個別テスト											集団テスト										運動	面接
	話	数量	観察力	言語	推理・思考	構成力	記憶	常識	位置・置換	模写	巧緻性	絵画・表現	系列完成	話	数量	観察力	言語	推理・思考	構成力	記憶	常識	位置・置換	巧緻性	絵画・表現	指示行動	制作	生活習慣	話	観察力	言語	常識	巧緻性	絵画・表現	制作	行動観察	課題・自由遊び	運動・ゲーム	生活習慣	運動	面接
2024年	○	○	○		○			○	○				○						○							○								○	○					○
2023年	○	○	○	○	○			○	○				○						○							○								○	○					○
2022年	○		○		○				○										○							○								○	○					○
2021年	○		○		○				○										○										○			○		○	○					○
2020年	○	○	○		○				○										○										○			○		○	○					○

面接ガイド

親子面接	考査日前の指定日時に面接が行われる
所要時間	15〜20分

過去の質問例

本人への質問

・お名前とお誕生日を教えてください。
・幼稚園（保育園）の名前を教えてください。
・幼稚園（保育園）の担任の先生の名前を教えてください。どんな先生ですか。どうしてそう思いますか。
・幼稚園（保育園）では、誰とどんな遊びをしますか。
・仲よしのお友達の名前を教えてください。
・今日はここまでどのようにして来ましたか。
・ここに来る途中で、何か発見したものはありますか。
・幼稚園（保育園）は給食ですか。お弁当ですか。
・給食で苦手な食べ物が出たらどうしますか。
・お家でお父さんやお母さんと何をして遊びますか。
・いつもお父さんやお母さんとどんなお話をしますか。
・朝は何時に起きますか。夜は何時に寝ますか。
・朝、起きたら何をしますか。夜は、寝る前に何をしますか。
・何をしているときが楽しいですか。
・夏休みの思い出は何ですか。
・小学校に入ったら何がしたいですか。
・（動物たちが何かをしている様子が描かれた4枚の絵を見せられる。1枚目は先生がお話を聞かせる）この先はどうなったか、後の3枚の絵を見て、動物たちの気持ちがわかるようにお話を作って教えてください。

父親への質問

・自己紹介をしてください。
・ご趣味は何ですか。
・お仕事の内容についてお聞かせください。
・本校を志望された決め手を教えてください。
・本校の学校説明会には参加されましたか。どのような印象を持ちましたか。
・休日はお子さんとどのように過ごしますか。

面接の配置図

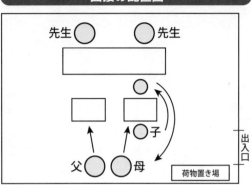

・現在の社会情勢を踏まえて、お子さんにはどのように成長してほしいですか。そのために、子育ての中で実践していることは何ですか。
・差し支えなければ、上のお子さんが通う学校の名前を教えてください。

母親への質問

・自己紹介をしてください。
・ご趣味は何ですか。
・本校を知ったきっかけを教えてください。
・本校に期待することは何ですか。
・キリスト教教育についてどのようにお考えですか。
・子育てをしてきてうれしかったことは何ですか。
・お子さんが幼稚園（保育園）で嫌なことや困ったことがあったと言ってきたことはありますか。そのときに、どのような話をしましたか。
・お子さんが小学校でお友達とトラブルがあった場合、どのように対処しますか。
・通学距離が長いですが、大丈夫ですか。

Inside voice

・面接では受付後、在校生が誘導してくれました。娘は憧れの姿に目を輝かせ、高いモチベーションで面接に臨めました。終了後も同じ在校生が玄関まで見送ってくれ、しっかりとお辞儀をしている姿に感動しました。
・面接は終始和やかな雰囲気で、子どもがお話作りに時間がかかっても、先生方は笑顔で最後まで聞いてくださいました。両親とも説明会や見学会の感想を聞かれましたので、参加は必須だと思います。
・考査当日は受付後、子どもはすぐに在校生に誘導されます。受付自体もかなり混雑しているため、身だしなみのチェックや声掛けなどは受付前に済ませておいたほうがよいと思います。

関東学院小学校

http://es.kanto-gakuin.ac.jp/

［アクセス］
●京急本線【黄金町】より徒歩5分
●横浜市営地下鉄ブルーライン【阪東橋】より徒歩10分

［所在地］　〒232-0002　神奈川県横浜市南区三春台4
　　　　　　TEL 045-241-2634　FAX 045-243-3545

■ 小学校情報

［校　長］　岡崎　一実
［児童数］　426名（男子217名、女子209名）

沿　革　明治17年、横浜山手にバプテスト神学校創立。大正8年、中学関東学院（現・関東学院中学校高等学校）設立。昭和23年、教会幼稚園（現・関東学院六浦こども園）設置。昭和24年、関東学院大学、関東学院小学校設置。昭和28年、関東学院六浦中学校・高等学校設置。同年、関東学院小学校を関東学院六浦小学校に改称し、三春台に関東学院小学校を新設。昭和51年、野庭幼稚園（現・のびのびのば園）設置。令和4年、小学校創立70周年を迎えた。

教育方針　キリスト教教育を土台とした「夢を育む学校」として、神と人と社会とに仕える人間を育てることを理念に掲げる。具体的な教育目標「『人になれ　奉仕せよ』を体現する子」「『夢を実現する学力』を身につけた子」「自分で考え、判断し、行動しようとする子」の実現に向けて、日々取り組んでいる。

特　色　基礎学力の向上から応用まで、自ら取り組む意欲を育むため、独自のカリキュラムを作成。読書が好きになり心が豊かになるよう「ほんの学校プロジェクト」を行い、朝の読書、作家を招いた講演会、こども読書週間、ブックフェアなどを実施。また、校外学習を通して夢を見つける機会を設ける「夢たまご」プログラムでは、音楽家を招いた演奏会、東京グローバルゲートウェイ（TGG）での英語学習、イングリッシュキャンプなどを行う。英語教育は、文字と発音のルールを学ぶことで、単語や文章を正しく発音できる教育法「フォニックス」を取り入れている。4〜6年生は哲学の授業があり、思考力、語る力、人間関係の絆を育む。

◆クラブ活動　4年生以上、週1時間。ブラスバンド、野外スポーツ、インドアスポーツ、陸上、卓球、トーンチャイム、室内ゲームなど約10のクラブがあり、「ぶどうの木子供会」と呼ばれている

◆英語教育　1〜4年生は週1時間、5・6年生は週2時間。外国人教員と日本人教員のチームで授業を行う。高学年はベルリッツ・メソッドによる少人数の英会話授業も実施

◆ICT教育　全教室に電子黒板を設置。1人1台のタブレット端末を授業などで活用

◆校外学習　春の遠足のほか、みどりの学校として宿泊学習を行う。1年生は上郷、2年生は三浦、3年生は御殿場、4年生は西湖、5年生は朝霧高原、6年生は清里へ

年間行事予定	
月	行　事　名(抜粋)
4	入学式、春の遠足
5	―
6	春のなかよし会、花の日礼拝
7	みどりの学校（自然教室）※6・7月に実施
8	夏休み
9	夏休み作品展
10	オリブ祭
11	秋のなかよし会、収穫感謝礼拝、アドベント礼拝
12	クリスマス礼拝
1	―
2	1〜4年学習発表会
3	卒業礼拝、卒業式

入試データ

下記の資料は**2024年度用（2023年秋実施済み）**です

募集要項 ※!2025は次年度のデータです

募集人員	男女計72名（A入試、B入試合わせて。内部進学者含む）
学校（入試）説明会	!2025 学校説明会：5月22日／6月28日／10月25日 （授業見学あり） イブニング説明会：7月26日
願書配付期間	5月11日〜　窓口にて（郵送可）
出願期間	A：8月28〜30日 B：8月28〜30日、10月31日・11月1日 簡易書留で郵送（必着）
提出書類	・志願票、受験票 ・個人票 ・試験結果通知用宛名シール ・受験票送付用封筒（切手を貼付）
受験票交付	簡易書留で郵送
受験番号付番	願書受付順　　月齢考慮　なし
考査日	A：考査…10月17日　面接…9月8日〜10月6日のうち1日 B：考査…11月18日　面接…11月9〜13日のうち1日
選抜方法	適性検査、親子面接
考査料	22,000円
合格発表	A：10月18日　B：11月20日　簡易書留速達で通知
倍率	A：約1.2倍　B：約3.6倍
入学手続	A：10月19日　B：11月21日　15時締切
編入学制度	1〜4年生で欠員が生じた場合のみ試験を実施／帰国生はp.403〜参照
復学制度	一定条件のもとで可能
公開行事	!2025 小学校体験：6月8日
備考	関東学院小学校用横浜中央YMCAアフタースクールに送迎あり

セキュリティ

警備員常駐／防犯カメラ設置／交通指導員配置／登下校確認システム／防犯ブザー携帯／携帯電話所持可／授業中門施錠／保護者IDカード／避難・防災訓練実施／緊急通報・安否確認システム／緊急地震速報装置／学校110番／災害用品備蓄／AED設置／自家発電設備

学費

········ 入学手続時納付金 ········
入学金	250,000円
特別施設費	200,000円

··········· 年間納付金 ···········
授業料・年額	360,000円
施設費・年額	128,400円
校費・年額	96,000円
オリブの会（父母の会）会費・年額	24,000円
たんぽぽの会（同窓会）基本会費・年額	2,400円

※教材費を別途納付
※上記金額は諸事情等で変更の場合あり

制服

制服なし
制帽あり

昼食

お弁当（週3回）、給食（週2回。希望者はほかの日も給食）

進学情報

[中学校への進学状況]
【関東学院、関東学院六浦】男子は約60％、女子は約70％が内部進学。駒場東邦、栄光、フェリス、浅野、横浜雙葉など
[高等学校への進学状況]【関東学院、関東学院六浦】約95％が内部進学
[大学への進学状況]
【関東学院】、東京、千葉、東京都立、横浜国立、横浜市立、慶應、早稲田など

[系列校]
関東学院大学・大学院、関東学院中学校高等学校、関東学院のびのびのば園、関東学院六浦中学校・高等学校、関東学院六浦小学校、関東学院六浦こども園

※上記募集要項は小学校公表データです。詳細は小学校HPまたはお電話でご確認ください

神奈川　私立　共学　か　関東学院小学校

KANTO 関東学院六浦小学校

https://www.kgm-es.jp/　E-mail kan6shou@kanto-gakuin.ac.jp（入試関連）

[所在地]　〒236-0037　神奈川県横浜市金沢区六浦東1-50-1
TEL 045-701-8285　FAX 045-783-5342

[アクセス]
●京急本線・逗子線・金沢シーサイドライン【金沢八景】より徒歩15分
●関東学院循環バス【関東学院東】下車徒歩2分

小学校情報

[校　長]　黒畑　勝男
[児童数]　241名（男子139名、女子102名）

沿 革　明治17年、横浜山手に横浜バプテスト神学校創設。明治28年、築地に東京中学院設立（のちに東京学院と改称し、中学関東学院と合併）。大正8年、三春台に中学関東学院開校（現・関東学院中学校高等学校）。昭和24年、横浜六浦に関東学院小学校設立。昭和28年、関東学院六浦小学校に改称。平成31年、「六浦小モデル19-23プラン」開始。令和6年、小学校創立75周年を迎える。

教育方針　『人になれ　奉仕せよ』を校訓に掲げる。イエス・キリストによる神の愛の深さを学び、自分がかけがえのない存在であることを知り、奉仕と博愛の精神に立って、社会に貢献できる人間を育む。「喜びを分かち合う」教育から、知性を備え、自ら考え学ぶ姿勢を養う。また、自然環境を生かした体験を通し、仲間と協力することで社会性を培う。神を仰ぎ、自分を鍛え、隣人に奉仕する知恵と力と豊かな心を持つ子どもの育成を目指す。

特 色　①「私のパレット（学習の個性化）」：少人数クラスをさらに分割して自分が選んだ方法による学習（方法別、テーマ別、習熟度別）、②「私のポケット（自己表現の個性化）」：一人ひとりがテーマを設定して調査・探究・発表する「個人総合学習」、③「私のドア（学校生活の個性化）」：楽しく学べる環境づくり（さらに、ICTを活用して世界とつながっていく）、を3つの柱とし、一人ひとりの個性を伸ばす「『のびる』を伸ばす」小学校を実現。同じキャンパスにある中・高・大と連携し、授業補助、読み聞かせ、マラソン指導、陶芸、命の授業なども行う。

◆**課外活動**　3年生以上の希望者は、特別クラブ（トランペット鼓隊、合唱団、サッカークラブ）のメンバーとして活躍
◆**英語教育**　全学年、週2時間。外国人と日本人専科教師によるチームティーチングを実施。3年生以上の希望者は「English Day Camp」に参加。英検Jr.、英検も受験する
◆**国際理解**　希望者が保護者、教師とともにタイを訪れ、山岳民族のカレン族と交流する「タイ訪問団」を夏休みに実施
◆**校外学習**　全学年、宿泊行事「自然学校」を実施し、豊かな人間関係を育てる。1・2年生は御殿場、3年生は伊豆、4年生は軽井沢、6年生は清里へ。5年生は妙高高原でのスキー教室がある

年間行事予定	
月	行　事　名（抜粋）
4	入学式、1年生歓迎遠足
5	運動会
6	花の日礼拝、英検Jr.、英検、学力テスト
7	夏の夕べ
8	夏休み、タイ訪問団、English Day Camp
9	1～4・6年自然学校
10	創立記念礼拝
11	バザー、マラソン大会
12	クリスマス礼拝、English Day Camp
1	5年スキー教室、漢検、学力テスト、英検
2	音楽発表会、英検Jr.
3	6年生を送る会、卒業式

入試データ

下記の資料は**2025年度用（2024年秋～冬実施予定）**です

募集要項

募集人員	男女計68名（A～C日程合わせて。内部進学者含む）
学校（入試）説明会	お仕事帰りの説明会：4月26日 学校説明会：8月24日
願書配付期間	Ｗｅｂ公開のみ
出願期間	A：8月19日～9月16日 B：8月19日～10月22日 C：8月19日～12月4日 ※ＨＰの指示に従ってＷｅｂ出願
提出書類	・受験票 ※考査日に持参
受験票交付	自宅やコンビニエンスストアなどで各自印刷
受験番号付番	願書受付順　　月齢考慮　　なし
考査日	考査：A…10月22日　B…10月25日　C…12月7日 面接：A…9月27・28日のうち1日　B・C…考査当日に実施
選抜方法	適性検査、親子面接
考査料	22,000円（クレジットカード、コンビニまたはペイジー決済）
合格発表	いずれも考査当日　Ｗｅｂ発表
倍率（前年度）	約1.5倍
入学手続	A：10月24日締切　B：10月29日締切　C：12月10日締切
編入学制度	7月または8月と、1月に試験を実施（ほかの時期も応相談）／帰国生はp.403～参照
復学制度	なし
公開行事	オープンスクール：4～7月、9～12月の指定日 運動会：5月25日　体験入学：6月22日 夏の夕べ：7月20日　バザー：11月2日
備考	送迎ロータリーあり（自家用車での送迎可）

セキュリティ

警備員常駐／登下校確認システム／携帯電話所持可／インターホン設置／保護者入構証・名札／避難・防災訓練実施／緊急通報・安否確認システム／災害用品備蓄／ＡＥＤ設置

学費

········· 入学手続時納付金 ·········
入学金　　　　　　　250,000円
特別施設費　　　　　200,000円

·········· 年間納付金 ··········
授業料・月額　　　　 33,000円
施設費・月額　　　　 11,700円
校費・月額　　　　　　6,000円
ＰＴＡ会費、同窓会会費など・月額
　　　　　　　　　　　2,230円
※上記金額は諸事情等で変更の場合あり

制服

昼食

お弁当（週5回）…希望者は週3回または週5回、お弁当の注文可

進学情報

[中学校への進学状況]
【関東学院六浦、関東学院】男子は約79％、女子は約83％が内部進学。サレジオ学院、横浜共立、逗子開成、湘南白百合、日大藤沢など
[高等学校への進学状況]【関東学院六浦、関東学院】ほぼ全員が内部進学
[大学への進学状況]
【関東学院】、東京、千葉、東京都立、横浜国立、横浜市立、慶應、早稲田など

[系列校]
関東学院大学・大学院、関東学院六浦中学校・高等学校、関東学院六浦こども園、関東学院中学校高等学校、関東学院小学校、関東学院のびのび園

※上記募集要項は小学校公表データです。詳細は小学校ＨＰまたはお電話でご確認ください

慶應義塾横浜初等部

http://www.yokohama-e.keio.ac.jp/

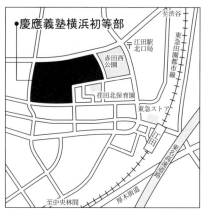

●慶應義塾横浜初等部

[アクセス]
●東急田園都市線【江田】より徒歩10分

[所在地]　〒225-0012　神奈川県横浜市青葉区あざみ野南3-1-3
TEL 045-507-8441

小学校情報

[校　長]　馬場 国博
[児童数]　628名（男子384名、女子244名）

沿　革　安政5年、福澤諭吉が蘭学塾を創始。慶応4年、慶應義塾と命名。明治7年、幼稚舎発足。明治23年、大学部発足。明治31年、16年間の一貫教育制度確立。昭和22年、中等部開校、一貫教育での男女共学開始。昭和23年、高等学校発足。昭和25年、女子高等学校開校。平成2年、湘南藤沢キャンパス開設。平成4年、湘南藤沢中等部・高等部開校。平成25年、横浜初等部開校。令和5年、慶應義塾創立165年を迎えた。

教育方針　日々の教育は、基礎学力の重視はもとより、以下の3つの柱を軸として展開。①具体的な観察・体験を大切にすることにより、物事の本質をつかむ洞察力を培う「体験教育」。②得意・不得意を問わず、積極的かつねばり強く物事に取り組み、解決する力を養う「自己挑戦教育」。③読書や自分の考えを言葉で表現する訓練などを通じて、思考の基盤となる読む力、書く力、聞く力、話す力を養う「言葉の力の教育」。

特　色　幼稚舎と並び、満6歳から大学・大学院までの慶應義塾の一貫教育の源流となる学校として、独立自尊の精神を体現した将来の社会の先導者を育てるために、今の子どもたちを取り巻く環境と、子どもたちが社会に出て活躍する時代をともに見据えながら、新たな教育を創り出していく。同時に、人間としての基本的な資質を育む年代である以上、新しさをことさらにてらうことなく普遍的な教育を大切にしており、入学間もない時期には、健康な身体とともに「律儀・正直・親切」な性質を養うことに力を注いでいる。

◆**英語教育**　低学年では聞く姿勢を身につけることを重視、高学年では低学年で親しんだ英語の表現を文字で確認し始める。国際交流として行う英国交換留学プログラムでは、4月に初等部生が渡英しホームステイをしながら通学、10月にイギリスの生徒が来日する

◆**授業の特色**　週6日制導入により、十分な授業時間数を確保。詰め込みや前倒しではない真のゆとりある教育を通して、確かな学力の定着を目指す

◆**校外学習**　2年生は箱根、3年生は三浦、4年生は立科、5年生は奥能登で宿泊遠足を、6年生は北九州方面への修学旅行を実施。観察・体験の蓄積を図るとともに、強い精神力や思いやりの気持ちを養う

年間行事予定	
学期	行　事　名（抜粋）
1	入学式　開校記念日　1年交通安全指導 一斉健康診断　遠足　春の早慶戦 避難訓練　芸術鑑賞会
2	自由創作展　避難訓練　運動会 秋の早慶戦　音楽会
3	福澤先生御誕生日　避難訓練 福澤先生御命日墓参　学芸会　卒業式

入試データ　下記の資料は**2024年度用（2023年秋実施済み）**です

募集要項　※下記は前年度のデータです

募集人員	男子66名、女子42名、計108名
学校（入試）説明会	Ｗｅｂ説明会：7月15〜21日
願書配付期間	9月1〜7日　平日9〜11時、13〜15時　事務室にて 9月8〜29日　大学三田キャンパス警備室にて
出願期間	Ｗｅｂ登録：9月1日（9時）〜29日（23時59分） 郵送出願：9月28・29日（消印有効）　簡易書留で郵送 ※ＨＰの指示に従ってＷｅｂ登録後に郵送出願
提出書類	・入学志願書 ・健康調査書 ・幼児調査書
受験票交付	速達で郵送
受験番号付番	────　　月齢考慮　あり
考査日	第一次：11月11日 第二次：11月22〜25日のうち1日（第一次合格者が対象）
選抜方法注1	ペーパーテスト、集団テスト、運動テスト
考査料	30,000円（クレジットカード、コンビニまたはペイジー決済）
合格発表	第一次：11月17日　12〜16時　Ｗｅｂ発表 第二次：11月29日　10〜14時　Ｗｅｂ発表
倍率	男子約12.2倍　女子約14.9倍
入学手続	入学手続書類の配付日：11月30日 入学手続日：12月4日
編入学制度	なし
復学制度	あり
公開行事	学校見学：7月22日（要申込）
備考	────

学費

```
……… 入学手続時納付金 ………
入学金              340,000円
授業料・年額          960,000円
教育充実費・年額       470,000円
給食費・年額          120,000円

……… 年間納付金 ………
教育振興資金1口         30,000円
（2口以上、任意）
慶應義塾債1口         100,000円
（3口以上、任意）
```
※教材購入などの預り金を別途納付
※学校債は大学卒業時、大学院修了時または離籍時に返還
※上記金額は諸事情等で変更の場合あり

制服

セキュリティ

警備員常駐／避難・防災訓練実施／小児科医常駐／一斉メール配信システム／災害用品備蓄

昼食

給食（週5回）

進学情報

［中学校への進学状況］
【湘南藤沢】推薦により進学
［高等学校への進学状況］
【湘南藤沢】ほぼ全員が内部進学
［大学への進学状況］
【慶應】ほぼ全員が内部進学

［系列校］
慶應義塾大学・大学院、高等学校、志木高等学校、女子高等学校、ニューヨーク学院（高等部）、湘南藤沢高等部・中等部、普通部、中等部、幼稚舎

神奈川　私立　共学　け　慶應義塾横浜初等部

※上記募集要項は小学校公表データです（注1：選抜方法については伸芽会教育研究所調査によるデータです）。詳細は小学校ＨＰまたはお電話でご確認ください

相模女子大学小学部

https://www.sagami-wu.ac.jp/sho　E-mail sho@mail2.sagami-wu.ac.jp

［アクセス］
●小田急小田原線・江ノ島線【相模大野】より徒歩10分

［所在地］　〒252-0383　神奈川県相模原市南区文京2-1-1
　　　　　TEL 042-742-1444　FAX 042-742-1429

小学校情報

［校　長］　小泉 清裕
［児童数］　458名（男子192名、女子266名）

沿　革　明治33年、西澤之助により日本女学校設立。明治42年、帝国女子専門学校を開設し、日本高等女学校付設。大正4年、静修実科女学校を併設。昭和23年、静修女子高等学校を開設し、翌年中学校を併設。昭和24年、相模女子大学開設。昭和25年、相模女子大学高等学校・中学校に改称し、幼稚園を開設。昭和26年、高等部、中学部、幼稚部と改称し、小学部開設。昭和31年、英語教育開始。令和8年、小学部創立75周年を迎える。

教育方針　『高潔善美（こうけつぜんび）』の建学の精神のもと、目標を高く何事にも挑戦する意欲を持ち、他者の気持ちを大切にする児童を育成する。子どもたちに寄り添いながら、豊かな心の育成と確かな学力の向上を目指して日々の教育活動に取り組む。「素直で賢い子」「思いやりのある優しい子」「ねばりのある強い子」「明るくのびのび元気な子」を教育目標に掲げている。

特　色　1クラス28名程度の少人数制。専科教員を理科、社会、音楽、体育、図工、英語、家庭科、プログラミングに配置する。英語はネイティブと日本人教員の4名体制で指導し、海外の姉妹校との交流や国内留学など、国際理解教育にも力を入れる。また、日本の伝統文化体験や食育、コミュニケーション能力育成を目的とした「つなぐ手」の時間、独自のテキストによるプログラミング教育や防災安全教室、漢字力と計算力を鍛える1日20分間の「ベルトタイム」など、多彩な教育活動を展開。児童一人ひとりが興味・関心を持ったテーマに取り組む「探究の時間」も設けている。

◆**クラブ活動**　4年生以上、週1回。体操、サッカー、硬式テニス、ドッジボール、バトン、野球など11の運動クラブがある
◆**英語教育**　全学年、週2時間。生きた英語で、言葉の学びの土台となる受信力を高める。夏休みには、5年生以上の希望者によるオーストラリアでのホームステイを実施
◆**特別活動**　全学年を30班に分けた縦割り班で毎日の清掃や年数回の児童集会を行う
◆**校外学習**　4年生は1泊2日の三浦体験学校とEnglish Camp、5年生は2泊3日の臨海学校とスキー学校、6年生は2泊3日の富士山自然体験学校と修学旅行を実施。4年生以上の希望者には、2泊3日で「まめ記者講習会」を行う

年間行事予定

月	行　事　名（抜粋）
4	入学式
5	春の遠足、運動会
6	4年三浦体験学校、交換留学受け入れ
7	6年富士山自然体験学校、5年臨海学校
8	まめ記者講習会、オーストラリア・インドネシア姉妹校訪問
9	5・6年水泳記録会
10	創立記念日、稲刈り
11	相生祭
12	鑑賞教室
1	5年スキー学校、4年English Camp
2	造形展、6年修学旅行、6年生を送る会
3	持久走大会、卒業式

入試データ

下記の資料は**2024年度用（2023年秋実施済み）**です

募集要項 ※下記は前年度のデータです

募集人員	第1回：男女計60名（内部進学者含む） 第2回：男女計10名　第3回：男女若干名
学校（入試）説明会	学校説明会：5月10日／6月18日／9月1・17日 ナイト説明会：7月28日
願書配付期間	募集要項配付：6月18日〜
出願期間	A（第1回）：9月20日（9時）〜10月10日（16時） B（第2回）：9月20日（9時）〜10月18日（9時） C（第3回）：11月1日（9時）〜21日（16時） ※HPの指示に従ってWeb出願
提出書類	・受験票　・家族写真 ※すべて考査日に持参
受験票交付	自宅やコンビニエンスストアなどで各自印刷
受験番号付番	願書受付順　　月齢考慮　　あり
考査日	考査・面接：A…10月17日　B…10月18日　C…11月22日
選抜方法注1	ペーパーテスト、個別テスト、集団テスト、親子面接、集団校長面接
考査料	20,000円（クレジットカードまたはペイジー決済）
合格発表	A：10月17日　B：10月18日　C：11月22日　Web発表
倍率	約1.8倍
入学手続	A・B：10月19日　C：11月24日
編入学制度	欠員が生じた場合のみ試験を実施（登録制）／帰国生はp.403〜参照
復学制度	あり
公開行事	プログラミング体験教室：4月22日／6月3日／7月2日 運動会：5月20日　子ども造形教室：6月18日 オープンスクール：7月23日／8月19日 相生祭：11月3・4日　造形展：2月10日
備考	――――

学費

……… 入学手続時納付金 ………

入学金	220,000円
施設費	160,000円

……… 年間納付金 ………

授業料・月額	40,000円
設備費・月額	9,000円
給食費・月額	約3,000円
校外学習積立金・月額	4,700円
PTA入会金	2,000円
PTA会費、教材費など・月額	2,000円
寄付金1口（任意）	50,000円

※上記金額は諸事情等で変更の場合あり

制服

セキュリティ

警備員常駐／防犯カメラ設置／交通指導員配置／登下校確認システム／携帯電話所持可／保護者入構証／避難・防災訓練実施／緊急通報・安否確認システム／緊急地震速報装置／災害用品備蓄／AED設置／防災ハンドブック携帯

昼食

給食（週2回。希望者は週5回）、お弁当（週3回）

進学情報

[中学校への進学状況]
男子：非公表
女子：【相模女子】約58%が内部進学
[高等学校への進学状況]【相模女子】ほぼ全員が内部進学
[大学への進学状況]
【相模女子、相模女子短期】約21%が内部進学

[系列校]
相模女子大学・大学院・短期大学部・高等部・中学部・幼稚部（認定こども園）

※上記募集要項は小学校公表データです（注1：選抜方法については伸芽会教育研究所調査によるデータです）。詳細は小学校HPまたはお電話でご確認ください

湘南学園小学校

https://www.shogak.ac.jp　E-mail prim@shogak.ac.jp

[アクセス]
- ●小田急江ノ島線【鵠沼海岸】より徒歩8分
- ●江ノ島電鉄線【鵠沼】より徒歩8分

[所在地]　〒251-8505　神奈川県藤沢市鵠沼松が岡4-1-32
TEL 0466-23-6611　FAX 0466-23-6670

■ 小学校情報

[校　長]　林田 英一郎
[児童数]　576名（男子312名、女子264名）

沿　革　昭和8年、「子どもたちに優れた教育を」という保護者の願いに応え、湘南鵠沼の地に保護者と教師が共同で運営する学校として湘南学園（幼稚園・小学校）創立。昭和22年、湘南学園中学校、昭和25年、湘南学園高等学校開設。昭和26年、学校法人湘南学園となる。平成24年、小学校新校舎竣工。令和5年、創立90周年を迎えた。

教育方針　『個性豊かにして身体健全　気品高く社会の進歩に貢献できる　明朗有為な実力のある人間の育成』を建学の精神として掲げ、豊かな学力と人間性の追求を目指す。それを実現するために、子どもたちが子どもらしく生活する時間と空間を保障すること、本物にふれる体験やさまざまな人との出会いを通して学ぶ意欲を高めること、互いを尊重し個性を認め合いながら成長していくことを大切にしている。

特　色　問題解決型の学力を形成するために、「教科の本質と学び合いを大切にした授業」と「探究的な学びで問題解決能力を育む総合学習」に力を入れ、教科の学習と体験を結びつけることを重視。1年生から6年生までの縦割り班活動や、全校児童でつくり上げる学校行事、クラブ活動などを通して、コミュニケーション力を育てる指導を行う。また、子どもたちが主体的に環境について学び行動するエコスクール・プログラムに全校を挙げて取り組み、平成24年度にグリーンフラッグ校として認定されるなど、国際水準の学力形成を目指している。

◆**クラブ活動**　4年生以上。野球、バドミントン、サッカー、ラグビー、スポーツチャンバラ、クッキング、理科、マンガ・工作、消しゴムはんこなど16のクラブがある
◆**英語教育**　1年生から外国人講師と日本人教員のチームティーチングで授業を行う
◆**メディア**　読書指導、情報学習などを中心に、メディアリテラシーの育成を図る
◆**総合学習**　3年生：海がテーマの総合学習と「海の学校」（真鶴・1泊2日）、4年生：水と資源がテーマの総合学習と「山の学校」（富士周辺・2泊3日）、5年生：食がテーマの総合学習と「雪の学校」（十日町市・3泊4日）、6年生：歴史がテーマの総合学習と「修学旅行」（奈良、京都・3泊4日）

月	行　事　名（抜粋）
4	入学式、交歓会
5	4年山の学校
6	6年修学旅行、3年海の学校
7	鑑賞教室
8	夏休み
9	PTAバザー
10	たいいく表現まつり
11	音楽会
12	鑑賞教室
1	5年雪の学校
2	制作展
3	修卒業式

年間行事予定

入試データ

下記の資料は**2024年度用（2023年秋実施済み）**です

募集要項　※下記は前年度のデータです

募集人員	男女計約100名（A～C日程合わせて。内部進学者含む）
学校（入試）説明会	学校説明会：4月22日／6月24日　9時30分～ 入試説明会：8月26日　10時20分～
願書配付期間	Ｗｅｂ公開のみ
出願期間	A：8月28日～9月1日　B：8月28日～9月28日 C：10月2～26日 ※HPの指示に従ってWeb出願
提出書類	・受験票　・面接票　・親子面接資料 ※すべて考査日に持参
受験票交付	自宅やコンビニエンスストアなどで各自印刷
受験番号付番	願書受付順　　月齢考慮　なし
考査日	考査：A…10月17日　B…10月18日　C…10月28日 面接：A・B…9月11日～10月13日のうち1日 C…10月16～27日のうち1日
選抜方法^{注1}	ペーパーテスト、個別テスト、集団テスト、運動テスト、親子面接
考査料	20,000円（クレジットカード、コンビニまたはペイジー決済）
合格発表	A：10月17日　B：10月18日　C：10月28日　Ｗｅｂ発表
倍率	約1.2倍
入学手続	A：10月17～20日　B：10月18～20日　C：10月28日～11月1日
編入学制度	1～5年生で欠員が生じた場合のみ6・2月に試験を実施／帰国生はp.403～参照
復学制度	あり
公開行事	体験授業：5月13日／7月29日 たいいく表現まつり：10月7日 音楽会：11月10日　制作展：2月10・11日
備考	――

学費

……… 入学手続時納付金 ………

入学金	230,000円
施設費	190,000円

………… 年間納付金 …………

授業料・月額	35,000円
学習費・月額	8,000円
施設維持費・月額	9,000円
ＰＴＡ会費・月額	600円
食育推進費・月額	500円
児童積立金・月額	6,000円
スクールメールシステム費・年額	3,168円
寄付金1口	50,000円

（2口以上、任意）

※入学辞退者には施設費を返還
※物品費など別途納付
※児童積立金は学年により異なる
※上記金額は諸事情等で変更の場合あり

制服

制服なし

セキュリティ

警備員常駐／防犯カメラ設置／交通指導員／登下校確認システム／防犯ブザー携帯／携帯電話所持可／授業中門施錠／インターホン設置／保護者名札着用／赤外線センサー設置／避難・防災訓練／緊急通報・安否確認システム／緊急地震速報装置／災害用品備蓄／ＡＥＤ設置

昼食

お弁当（週5回）…希望者はお弁当（スクールランチ）の注文可。月1回程度、給食あり

進学情報

[中学校への進学状況]
【湘南学園】約80％が内部進学。聖光、栄光、フェリス、慶應普通部、浅野など
[高等学校への進学状況]
【湘南学園】約95％が内部進学
[大学への進学状況] 横浜国立、横浜市立、慶應、早稲田、上智、東京理科、立教、明治、青山学院、中央、法政、学習院など

[系列校]
湘南学園中学校高等学校、湘南学園幼稚園

※上記募集要項は小学校公表データです（注1：選抜方法については伸芽会教育研究所調査によるデータです）。詳細は小学校ＨＰまたはお電話でご確認ください

神奈川

私立　共学

し

湘南学園小学校

湘南白百合学園小学校

https://www.shonan-shirayuri.ac.jp/syougakkou/

［所在地］　〒251-0035　神奈川県藤沢市片瀬海岸2-2-30
　　　　　　TEL　0466-22-0200

［アクセス］
●小田急江ノ島線【片瀬江ノ島】より徒歩5分
●江ノ島電鉄線【江ノ島】より徒歩10分
●湘南モノレール【湘南江の島】より徒歩10分

小学校情報

［校　長］　木暮 温
［児童数］　女子・617名

沿　革　　明治11年に来日したフランスのシャルトル聖パウロ修道女会を母体とする。昭和11年、片瀬乃木幼稚園創立。昭和12年、片瀬乃木小学校、昭和13年、乃木高等女学校設置。昭和22年、全系列校名を湘南白百合学園に変更、学制改革により中学校を、翌年高等学校を設置。令和8年、学園創立90周年を迎える。

教育方針　　建学の精神を具現化した『従順・勤勉・愛徳』を校訓に、「キリスト教の精神に根ざした価値観を養い、神と人の前に誠実に歩み、愛の心をもって社会に奉仕できる女性を育成すること」を教育目標に掲げる。キリスト教の教えに基づき、子どもたち一人ひとりをかけがえのない存在として受け止め、個を大切にした教育を実践。女子の特性を生かした学習法により、個々の能力を引き出して自立を促すとともに、あいさつや生活習慣の指導にも力を入れる。

特　色　　カトリックの学校として祈る心を大切にしており、毎日の朝の会と帰りの会、行事などで祈りを捧げる。宗教の授業も設置し、神様について知り、よりよい生き方を考える時間としている。国語は「読む・聞く・書く・話す」の4領域を授業に取り入れ、6年間で論理的思考力が身につくよう指導。算数は内容の定着を図るために全学年、思考のあとが見える式と丁寧で確実な計算に重点を置く。理科と社会では体験活動を大切にし、主体性や問題解決力を育む。また、変化の激しいこれからの時代を生き抜くために「探究学習」に力を入れ、児童の好奇心をかき立てるような活動を通して、物事を多角的に見る力を養う。

◆クラブ活動　体操、テニス、バスケットボール、陸上、バドミントン、フラワー、演劇、科学、器楽、声楽、手芸、パソコンなど
◆英語教育　低学年は発音練習を重点的に行う。学年が上がることにスピーチ、グループワークなどを増やし表現力を育む
◆ICT教育　3年生以上は1人1台タブレット端末を所有。一人ひとりの考え方を共有するツールとして授業などで活用する
◆校外学習　1年生は新江ノ島水族館、2年生は校区探検、3年生は片瀬漁港見学、4年生はグループで課題に挑戦するプロジェクトアドベンチャーの手法を使った体験教室、5年生は清里野外学習、6年生は松本・上高地への修学旅行を実施

年間行事予定	
月	行　事　名（抜粋）
4	入学式
5	聖母行列、運動会
6	6年修学旅行、学園記念ミサ
7	鑑賞会
8	夏休み
9	4・5年校外学習
10	ロザリオの祈り、遠足
11	勤労感謝の活動
12	音楽会、クリスマスミサ
1	学習発表会
2	English Week
3	卒業式

入試データ　下記の資料は**2025年度用**（**2024年秋実施予定**）です

募集要項

募集人員	A日程：女子約60名　B日程：女子約10名
学校（入試）説明会	5月11日
願書配付期間	Ｗｅｂ公開のみ
出願期間	Ｗｅｂ出願：9月2日（9時）～9日（17時） 書類提出：9月の指定日（必着）簡易書留で郵送 ※ＨＰの指示に従ってＷｅｂ出願後に書類提出
提出書類	・入学試験調査票 ・面接票　・受験票 ※面接票、受験票は考査日に持参
受験票交付	自宅やコンビニエンスストアなどで各自印刷
受験番号付番	願書受付順　　月齢考慮　なし
考査日	A：考査…10月22日　面接…9月の指定日 B：考査…10月23日　面接…9月の指定日
選抜方法^{注1}	ペーパーテスト、個別テスト、集団テスト、運動テスト、親子面接
考査料	25,000円（クレジットカード、コンビニまたはペイジー決済）
合格発表	A：10月22日　B：10月23日　Ｗｅｂ発表
倍率（前年度）	――――
入学手続	A：10月24日　B：10月25日
編入学制度	1～4年生で欠員が生じた場合のみ試験を実施／帰国生はp.403～参照
復学制度	あり
公開行事	運動会総練習：5月22日　学校公開：6月11日 オープンスクール：7月6日　少人数見学会：7・8月の指定日 子ども音楽会：11月下旬　学習発表会：1月25日 ※個別施設見学会は随時
備考	C日程入試あり（募集：若干名　考査日：11月）

セキュリティ

警備員常駐／防犯カメラ設置／交通指導員／登下校確認システム／防犯ブザー携帯／携帯電話所持可／インターホン設置／保護者名札着用／赤外線センサー設置／避難・防災訓練／看護師常駐／緊急通報・安否確認システム／緊急地震速報装置／災害用品備蓄／ＡＥＤ設置

学費

```
……… 入学手続時納付金 ………
入学金               300,000円
入学時施設備費        200,000円


……… 年間納付金 …………
授業料・月額           40,500円
施設設備費・月額        12,000円
寄付金1口             100,000円
（3口以上、任意）
```
※制服などの物品費を別途納付
※入学辞退者には入学時施設設備費を返還
※上記金額は諸事情等で変更の場合あり

制服

昼食

お弁当（週5回）…希望者はパン、牛乳、お弁当の注文可

進学情報

[中学校への進学状況]
【湘南白百合学園】約90％が内部進学
[高等学校への進学状況]
【湘南白百合学園】ほぼ全員が内部進学
[大学への進学状況]
【白百合女子】、東京、筑波、お茶の水、東北、東京医科歯科、慶應など

[系列校]
白百合女子大学・大学院、湘南白百合学園中学・高等学校、湘南白百合学園幼稚園など

神奈川　私立　女子　し　湘南白百合学園小学校

※上記募集要項は小学校公表データです（注1：選抜方法については伸芽会教育研究所調査によるデータです）。詳細は小学校ＨＰまたはお電話でご確認ください

考査ガイド

考査日程	1日
受験番号付番	願書受付順
選抜方法	受験番号順にペーパーテスト（個別形式）、個別テスト、16人単位で集団テスト、運動テストを行う
考査内容	ペーパーテスト、個別テスト、集団テスト、運動テスト、親子面接
所要時間	約1時間30分

過去の出題例

ペーパーテスト

①数　量

・積み木はいくつありますか。その数だけ、四角に○を
かきましょう。

②推理・思考（重さ比べ）

・上の段がお約束です。カボチャ1個とトマト2個、カ
ボチャ1個とナス3本がシーソーでつり合っていま
す。では、下の段を見ましょう。それぞれ、シーソー
の右にトマトを何個載せるとシーソーはつり合います
か。その数だけ、四角の中に○をかきましょう。

③言語（同頭語）

・名前が違う音から始まるものに○をつけましょう。

個別テスト

■課題画

画用紙にクーピーペン（12色）で、お花畑でお友達と遊
んでいるところを描く。

集団テスト

■リズム

曲に合わせて、テスターをまねしながらダンスをする。

運動テスト

■縄跳び

指定された枠の中で、「やめ」の合図まで縄跳びをする。

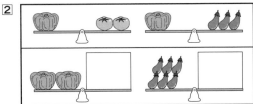

ここがポイント

ペーパーテストはテスターと対面して行う個別形式で、解答方法は筆記や口頭など多岐にわたり、テスターとのコミュ
ニケーション力が重要となります。女子の一貫校らしくあいさつやマナーも重視されるため、礼儀や言葉遣いにも注意
しましょう。集団テストの中で約束の守り方やお友達とのかかわり方も見られます。

出題傾向

	ペーパーテスト													個別テスト														集団テスト											運動	面接
	話	数量	観察力	言語	推理・思考	構成力	記憶	常識	位置・置換	模写	巧緻性	絵画・表現	系列完成	話	数量	観察力	言語	推理・思考	構成力	記憶	常識	位置・置換	巧緻性	絵画・表現	制作	生活習慣	行動観察	話	観察力	言語	常識	巧緻性	絵画・表現	制作	行動観察	課題・自由遊び	運動・ゲーム	生活習慣	運動	面接
2024年	○	○	○	○	○				○														○										○						○	○
2023年	○	○			○			○																	○								○	○			○		○	○
2022年	○	○		○				○															○	○									○				○		○	○
2021年	○	○	○					○															○	○									○						○	○
2020年	○	○	○						○	○			○														○						○	○	○		○		○	○

親子面接	考査日前の指定日時に面接が行われる
所要時間	10〜15分

過去の質問例

本人への質問

・お名前とお誕生日を教えてください。
・仲よしのお友達の名前を2人教えてください。
・幼稚園（保育園）ではどんな遊びが好きですか。
・お友達と遊ぶのと一人で遊ぶのでは、どちらが好きですか。それはどうしてですか。
・あなたはすべり台で遊びたいのに、お友達が「遊びたくない」と言ったらどうしますか。
・お友達が積み木で遊んでいて、あなたが「貸して」と言っても貸してくれません。あなたはどうしますか。
・どんなときに「ありがとう」と言いますか。
・どんなときに「ごめんなさい」と言いますか。
・今日はここまでどうやって来ましたか。
・お母さんが作るお料理で何が好きですか。
・お家ではどんなお手伝いをしていますか。
・家族で何をして過ごすのが一番楽しいですか。
・お休みの日はお父さんやお母さんと何をしますか。
・好きな絵本は何ですか。どんなお話ですか。
・小学校に入ったら、何をしたいですか。

父親への質問

・志望理由を教えてください。
・キリスト教の女子校を志望する理由をお話しください。
・本校の行事に参加されましたか。
・お仕事についてお聞かせください。
・ご家庭の教育方針をお聞かせください。
・休日はお子さんとどのように過ごしていますか。
・お子さんと接していてうれしかったことは何ですか。
・この1年でお子さんの成長を感じたことは何ですか。エピソードを交えて教えてください。
・どのようなときにお子さんをしかったり、ほめたりしますか。

面接の配置図

先生　先生　先生
◯　◯　◯

◯　◯　◯
父　子　母

出口　　　　入口

・お子さんが6年生になったとき、どのように成長していてほしいですか。

母親への質問

・カトリックの女子校をどのように思われますか。
・本校に期待することは何ですか。
・本校の印象についてお聞かせください。
・お子さんの長所について、具体的なエピソードを交えて教えてください。
・子育てにおいて、ご夫婦で意見が異なる場合はどうしていますか。
・お子さんのしつけで心掛けていることはありますか。
・お子さんの成長のために、あえて干渉を控えていることはありますか。
・お子さんから幼稚園（保育園）での話を聞くとき、どのようなことに気をつけていますか。
・お子さんが学校から泣いて帰ってきたら、どのように対応しますか。
・入学したらどのようなお子さんに育ってほしいですか。

Inside voice

・面接では、控え室で約30分待ちました。待機時間が長いので、子どもが飽きないように工夫が必要だと思います。わが家は折り紙を持参しました。
・面接では、母親がカードに書かれたなぞなぞを出し、子どもと父親が相談して答えるというものがありました。想定外でしたが、普段通りに対応できました。日ごろの家族のかかわり方を見られていると感じました。
・考査当日、娘は緊張のあまり手が冷たくなってしまったので、学校へ向かう間、使い捨てカイロを握らせました。声掛けなどはもちろんですが、身体的なケアも大切だと思いました。

精華小学校

http://www.seika-net.ed.jp/

[アクセス]

●JR横須賀線・京浜東北線・東海道本線ほか【横浜】より徒歩13分

[所在地]　〒221-0844　神奈川県横浜市神奈川区沢渡18
TEL 045-311-2963　FAX 045-311-2964

小学校情報

[校　長] 臼井 公明
[児童数] 男女計480名

沿　革　教育者である佐藤善治郎が、大正3年、横浜実科女学校（現・神奈川学園）を開校。大正11年、精華小学校を創立し、徹底した個性尊重と人格主義の高い教育理念を掲げた。平成29年1月、神奈川学園創立100周年記念ホールが完成。平成30年度、ウルトラワイド超短焦点プロジェクターを全教室に設置。令和4年、小学校創立100周年を迎えた。

教育方針　校訓として『人のおせわにならぬよう　人のおせわのできるよう』を掲げ、自主自律の心を持つたくましい子、愛他・相扶の情を備えた優しい子を育成。①形式的・画一的教育を避けて、自由個別的教育をなす、②規律習慣をもって、個性を抑圧することを避け、自主自発的な教育をなす、③知識偏重を避け、情意の修練を重んず、④体育を重んじ、自由運動・作業を奨励する、⑤自主教材を重んじ、見学体験を重視する、を教育の5原則としている。

特　色　体力と精神力を養うため始業前に校庭をランニングする「西グラウンド3周運動」と、知識と感性を磨き上げることをねらいとして特に読んでもらいたい本を推奨した「100冊の本運動」を進めている。各教科ともそれぞれ専科教員を充てて、専門性の高い指導に努めている。年間行事として、高名な作家や科学者と語る会を開催。本物や一流に出会い、ふれることを大切にしている。また、体験学習を重視し、作文指導も含めて系統的に行う。1学年2クラスを2名で受け持つ独自の学年担任制を採用。さらに各学年に専科教員を副担任に置き、複眼的に児童の成長を見守っている。

◆**クラブ活動**　4年生以上、隔週。造形、音楽、パズル、サッカー、バドミントンなど
◆**英語教育**　授業はクラスを半分にし、20名のグループにネイティブと日本人の教員がつく。楽しく英語に親しみながら、会話力を高める。教科連携「英語で理科実験」やオーストラリア海外英語研修、ブリティッシュヒルズ国内英語研修も行う
◆**ICT教育**　各教室に超短焦点プロジェクターとApple TVを設置。タブレット端末の活用や、プログラミングの授業も実施
◆**校外学習**　1年生は動物園見学、2年生は稲作体験、3年生は市内見学、4年生は県内教育旅行、5年生は東海教育旅行と関西旅行、6年生は卒業旅行を行う

年間行事予定	
月	行　事　名（抜粋）
4	入学式、遠足
5	運動会、青少年赤十字入団式
6	お話を聞く会
7	七夕学芸会、3～6年夏季教室、科学者と語る会
8	夏休み
9	4・5年教育旅行
10	文化祭
11	演劇鑑賞会・音楽鑑賞会（隔年）、球技大会
12	作家と語る会
1	書き初め展
2	マラソン・縄跳び大会、6年卒業旅行
3	卒業式、5年関西旅行

入試データ　　下記の資料は**2025年度用（2024年秋実施予定）**です

募集要項

募集人員	男女計80名
学校（入試）説明会	6月29日
願書配付期間	Ｗｅｂ公開のみ
出願期間	Ｗｅｂ出願：8月26日（9時）～30日（15時） 書類提出：9月2日（消印有効）　簡易書留で郵送 ※ＨＰの指示に従ってＷｅｂ出願後に書類提出
提出書類	・入学志願票 ・入学考査面接資料 ・受験票 ※受験票は考査日に持参
受験票交付	自宅やコンビニエンスストアなどで各自印刷
受験番号付番	考査料支払順　　月齢考慮　　あり（補欠繰り上げ時）
考査日	考査：10月22日 面接：9月24日から実施
選抜方法^{注1}	ペーパーテスト、個別テスト、集団テスト、運動テスト、親子面接
考査料	25,000円（クレジットカード、コンビニまたはペイジー決済）
合格発表	10月22日（20時）～23日（15時）　Ｗｅｂ発表
倍率（前年度）	約4.0倍
入学手続	10月23日　13～16時
編入学制度	欠員が生じた場合のみ試験を実施（名簿登録制）
復学制度	休学1年以内に限る
公開行事	個別相談会：4月29日　校舎施設見学：5月11日 校内見学：7月9～12日　文化祭：10月5・6日
備考	――――

セキュリティ

警備員常駐／防犯カメラ設置／登下校確認システム／携帯電話所持可／授業中門施錠／インターホン設置／保護者名札着用／避難・防災訓練実施／看護師常駐／緊急通報・安否確認システム／緊急地震速報装置／災害用品備蓄／ＡＥＤ設置

学費

…… 入学手続時納付金 ………
入学金　　　　　　　　300,000円

………… 年間納付金 …………
施設拡充費（1年次のみ）300,000円
授業料、教育管理費・月額
　　　　　　　　　　　　61,500円
旅行積立金・年額　　　　60,000円
学年教材費・年額　　　　60,000円
父母と教師の会会費・年額
　　　　　　　　　　　　20,000円
児童費・年額　　　　　　 3,000円
※上記金額は諸事情等で変更の場合あり

制服

昼食

お弁当（週5回）

進学情報

[中学校への進学状況]
男子：筑波大駒場、開成、麻布、駒場東邦、聖光、栄光、慶應普通部など
女子：【神奈川学園】、桜蔭、豊島岡、女子学院、フェリス、洗足など
[高等学校への進学状況]【神奈川学園】約95％が内部進学
[大学への進学状況]
慶應、早稲田、上智、国際基督教、東京理科、立教、明治、青山学院など

[系列校]
神奈川学園中学校・高等学校

※上記募集要項は小学校公表データです（注1：選抜方法については伸芽会教育研究所調査によるデータです）。詳細は小学校ＨＰまたはお電話でご確認ください

神奈川　私立　共学　せ　精華小学校

考査ガイド

考査日程	1日
受験番号付番	願書受付順
選抜方法	受付後、子どもはビブスをつける。10〜20人単位で教室に向かい、ペーパーテスト、個別テスト、集団テスト、運動テストを行う
考査内容	ペーパーテスト、個別テスト、集団テスト、運動テスト、親子面接
所要時間	2時間30分〜3時間

過去の出題例

ペーパーテスト

①推理・思考

・上の積み木を、下の積み木の穴の中に通します。上の積み木の向きをどのように変えても通せないものはどれですか。下の四角から選んで○をつけましょう。

②巧緻性

プリントにかかれた三角形よりもやや小さい直角二等辺三角形のシールのシートが配られる。

・三角のシールを、プリントの三角の中に向きを合わせて貼りましょう。ただし、三角の線にくっついたり、三角からはみ出したりしないようにしてください。

個別テスト

言語・常識（想像力）

絵を見ながら音声で流れるお話を聞いて、質問に答える。

集団テスト

集団ゲーム（ピンポン球運び）

お玉やスプーンなど、ピンポン球を運ぶ道具をチームで決める。箱から道具を取ってピンポン球をすくい、コーンを回って戻る。次の人も同様にピンポン球を運ぶ。

運動テスト

お手玉投げ上げ

好きなほうの手でお手玉を投げ上げ、手を1回たたいてから投げ上げた手と反対の手でキャッチする。

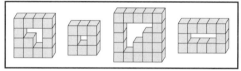

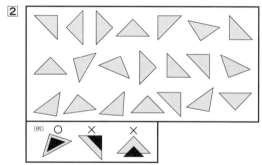

ここがポイント

ペーパーテストでは、推理・思考や観察力のほか、絵画での創造画や条件画などが頻出課題です。個別テストの言語の課題では豊かな表現力が求められ、登場人物の気持ちになってお話しできるかを見られます。集団テストの集団ゲームではお友達とのかかわり方、運動テストでは運動技術だけでなく、リズム感やバランス感覚などを見ているようです。

出題傾向

	ペーパーテスト										個別テスト												集団テスト									運動	面接
	数量	観察力	言語	推理・思考	構成力	記憶	常識	位置・置換	模写	巧緻性	絵画・表現	系列完成	話	数量	観察力	言語	推理・思考	構成力	記憶	常識	位置・置換	巧緻性	絵画・表現	系列完成	制作	行動観察	観察力	言語	常識	巧緻性	絵画・表現	制作	行動観察	課題・自由遊び	運動・ゲーム	生活習慣	運動	面接
2024年		○	○	○									○			○				○							○								○		○	○
2023年		○		○						○	○					○				○															○		○	○
2022年				○				○	○		○					○				○															○		○	○
2021年		○	○	○							○					○				○															○		○	○
2020年	○			○	○						○																								○		○	○

面接ガイド

親子面接 考査日前の指定日時に受験番号順に面接が行われる
所要時間 10〜15分

＜面接資料／アンケート＞
出願時にアンケートを提出する

過去の質問例

本人への質問

・お名前、幼稚園（保育園）の名前を教えてください。
・幼稚園（保育園）では何をして遊びますか。お外では何をしますか、お部屋では何をしますか。
・仲のよいお友達の名前を教えてください。
・お友達に意地悪をされて、「やめて」と言ってもやめてくれないときはどうしますか。
・この小学校の名前は何といいますか。
・今日はここまでどうやって来ましたか。乗り物に乗りましたか。窓からは何が見えましたか。
・朝、起きてからここに来るまでに何をしましたか。
・お家では誰と何をして遊びますか。
・お父さんやお母さんに絵本を読んでもらっていますか。好きな絵本は何ですか。どんなところが好きですか。

父親への質問

・志望理由をお話しください。
・本校に期待することは何ですか。
・本校にいらっしゃったことはありますか。
・本校の児童についてどのように感じましたか。
・ご家庭の教育方針をお聞かせください。
・子育てで気をつけていることは何ですか。
・最近、どのようなことでお子さんをほめましたか。
・お子さんにこれだけは伝えたいと思うことは何ですか。
・進学や就職などお子さんの岐路において、父親としてどのようにかかわりたいと思いますか。
・通学経路と所要時間を教えてください。

母親への質問

・子育てで大切にしていることは何ですか。

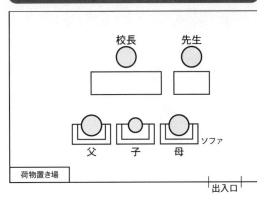

面接の配置図

・お子さんが困ったことに直面したときや悩みを抱えたとき、母親としてどう接していこうと思いますか。
・お子さんにはどのような大人になってほしいですか。
・この一年で、お子さんが最も成長したと感じたことは何ですか。
・子育てにおいて、お子さんの行動で手を貸さずに見守っていることは何ですか。
・子育てに関して、ご夫婦で意見が一致しない場合はどうしますか。

※出願時に提出するアンケートには、以下のような項目がある。
①参加した公開行事等
②志望理由
③子どもの将来について期待すること
④受験準備として行ったこと

Inside voice

・面接時のいすは一人掛けのソファーで、キャスターがついていて動くため、子どもは座りにくそうでした。どのようなタイプのいすでも慣れておく必要があると感じました。
・考査の控え室は教室で、2回ほど子どもへのトイレ案内があり、先生が誘導してくださいました。子どもが考査に向かうと、親は体育館に移動しました。電子機器の使用も外出も可能で、Free Wi-Fiを使うこともできました。
・考査時はビブスを着用しました。わが家は必要ありませんでしたが、小柄なお子さんには安全ピンで留めている方もいらっしゃいました。不安な方は持参しておくとよいと思います。

聖セシリア小学校

http://www.st-cecilia-e.ed.jp/　E-mail info@st-cecilia-e.ed.jp

［所在地］　〒242-0006　神奈川県大和市南林間3-10-1
　　　　　　TEL 046-275-3055　FAX 046-278-3356

［アクセス］
●小田急江ノ島線【南林間】より徒歩7分
●東急田園都市線・小田急江ノ島線【中央林間】より徒歩12分

小学校情報

［校　長］服部 啓明
［児童数］141名（男子28名、女子113名）

沿　革　昭和4年、大和学園女学校創立。昭和5年、大和学園高等女学校に改称。昭和7年、同小学校、昭和10年、同喜多見幼稚園、昭和22年、同中学校開設。昭和23年、同高等女学校を同女子高等学校に改称。昭和28年、同幼稚園を開設。昭和55年、校称を「聖セシリア」に改める。令和6年、学園創立95周年を迎える。

教育方針　カトリック精神に基づき、また学園のモットーである『信じ　希望し　愛深く』を心の糧として、知育・徳育・体育のバランスのとれた総合教育を目指す。「神を識り、人を愛し、奉仕する心をもって、広く社会に貢献できる、知性を持った人間の育成」が建学の精神であり、社会的使命であるとする。子どもたちの純真で素直な心や、温かく思いやりのある心を大切にし、日々の教育の場や宗教活動などにおける出会いを通して、「愛」の心を育む。

特　色　「表現」「体験」「個を生かす」ことを大切にしている。すべての教科において表現の学びを実践。合唱、共同作業などの授業に加え、3年生から演劇の授業を行い、台本から演出、小道具制作などに取り組む。日々の教育の中で「直接体験」を重視し、授業内での実験や観察、校外での見学や体験学習を幅広く実施。少人数制と専科制を取り入れて、専門的かつきめ細かな指導を行う。そのほか、専任のネイティブ教員による英語耳を育てる英語の授業、体力増進のために年間を通じて行う水泳の授業など、特色ある授業を展開。放課後は「セシリア ジュニア アカデミー」を開講し、一人ひとりの興味・関心に合わせた学びの場を整えている。

◆クラブ活動　4年生以上。サッカー、卓球、バドミントン、バスケットボール、英語、科学、手芸、将棋、美術など
◆英語教育　全学年、週2時間。ネイティブ教員が「聞く」「話す」に重点を置いた授業を行う。4年生は英語演劇に取り組む。放課後に英会話教室や英検対策講座も実施
◆放課後活動　「セシリア ジュニア アカデミー」として21講座開講。バレエ、英会話、吹奏楽、造形、英語検定、算数検定、日本語検定、社会科入試対策などがある
◆校外学習　郵便局、各種工場、農園などでの見学や体験学習、英語研修などを実施。宿泊行事として森の学校、山の学校、雪の学校、平和学習などを行う

年間行事予定	
月	行　事　名（抜粋）
4	入学式、遠足、復活祭ミサ
5	マリア祭、セシリアフェスティバル
6	――――
7	2～4年宿泊行事、1年夏の集い
8	夏休み
9	――――
10	校外学習、運動会
11	聖セシリアの日
12	クリスマス会
1	新年ミサ、5年宿泊行事
2	学習発表会
3	6年修学旅行、卒業式

入試データ　下記の資料は**2024年度用（2023年秋〜2024年冬実施済み）**です

募集要項　※下記は前年度のデータです

募集人員	A日程・B日程：男女計30名（内部進学者含む） C日程・D日程：各男女計5名
学校（入試）説明会	5月13日／9月9日／12月16日（個別相談あり）
願書配付期間	5月13日〜　平日9〜16時（休校日、土：休み）
出願期間	A・B：9月19日〜10月6日 C：11月1〜13日　D：1月11〜22日 ※HPの指示に従ってWeb出願
提出書類	・受験票 ※考査日に持参
受験票交付	自宅やコンビニエンスストアなどで各自印刷
受験番号付番	願書受付順　　月齢考慮　　あり
考査日	A：考査…10月17日　面接…10月13日か考査当日に実施 B：考査…10月18日　面接…10月13日か考査当日に実施 C：考査・面接…11月18日　D：考査・面接…1月27日
選抜方法注1	ペーパーテスト、行動観察テスト、本人面接、親子面接
考査料	20,000円（クレジットカード、コンビニまたはペイジー決済）
合格発表	A：10月18日　B：10月19日 C：11月18日　D：1月27日　Web発表
倍率	非公表
入学手続	A：10月19日　B：10月20日　C：11月19日　D：1月28日
編入学制度	1〜5年生で欠員が生じた場合のみ試験を実施／帰国生はp.403〜参照
復学制度	あり
公開行事	オープンスクール：6月10日／10月28日　入試体験会：7月1日 学校見学会：7月10・11日／11月7日／1月16日／2月9日 クリスマス会：12月16日　学習発表会：2月17日
備考	自家用車での送迎可

セキュリティ

警備員常駐／防犯カメラ設置／交通指導員配置／登下校確認システム／防犯ブザー携帯／携帯電話所持／保護者名札着用／避難・防災訓練実施／緊急通報・安否確認システム／緊急地震速報装置／災害用品備蓄／AED設置

学費

…… 入学手続時納付金 ……
入学金　　　　　　　　　200,000円

……… 年間納付金 ………
授業料・月額	30,000円
施設設備費・月額	12,000円
教材費・月額	6,000円
保健費・月額	500円
積立金、父母会会費・月額	13,500円
光熱費・年額	15,000円
愛校寄付金1口	200,000円

（1口以上、任意）
※上記金額は諸事情等で変更の場合あり

制服

昼食

お弁当（週5回）…お弁当注文システムあり

進学情報

[中学校への進学状況]
男子：聖光、栄光、慶應（普通部、湘南藤沢）、浅野、桐光学園など
女子：【聖セシリア女子】約89％が内部進学。桜蔭、雙葉、フェリスなど
[高等学校への進学状況]【聖セシリア女子】全員が内部進学
[大学への進学状況]
横浜国立、東京都立、東京藝術、慶應、早稲田、上智、東京理科、立教など

[系列校]
聖セシリア女子中学校・高等学校、
聖セシリア幼稚園・喜多見幼稚園

※上記募集要項は小学校公表データです（注1：選抜方法については伸芽会教育研究所調査によるデータです）。詳細は小学校HPまたはお電話でご確認ください

清泉小学校

http://www.seisen-e.ac.jp/

［アクセス］
●JR横須賀線・江ノ島電鉄線【鎌倉】より徒歩20分／京浜急行バス【岐れ道】下車

［所在地］　〒248-0005　神奈川県鎌倉市雪ノ下3-11-45
　　　　　　TEL 0467-25-1100　FAX 0467-24-2697

小学校情報

［校　長］　有阪 奈保子
［児童数］　494名（男子84名、女子410名）

沿　革　昭和9年、聖心侍女修道会会員が来日。昭和10年、東京に清泉寮を創設。戦火による焼失後、昭和22年、横須賀に清泉女学院小学校と同中学校を開校。昭和23年、同高等学校開校、昭和25年、清泉女子大学開学。昭和28年、鎌倉清泉女学院小学校開校。昭和38年、清泉女学院小学校と鎌倉清泉女学院小学校が合併し、昭和44年、清泉小学校に改称。令和4年、小学校創立75周年を迎えた。

教育方針　『神のみ前に　清く　正しく　愛深く』を掲げ、永遠の真理であり愛の源である神を敬い、キリストの生き方に基づいて、神から愛された者としてお互いに愛し合うことを目指す。キリストが教えた永遠の価値基準を学び、その価値観に基づいて自ら行動できるように励まし、愛と自由の精神を培い、神との出会いを目指す全人間教育を行う。勉学の厳しさに打ち勝ち、能力を十分に伸ばすことに意欲を持ち、仲間とともに学び成長する喜びを感じる豊かな心を育て、人に流されず正しいことを実行する子どもを育てる。

特　色　「基礎学力の徹底」「個と集団のかかわりを学ぶ」「人間としての生き方の土台づくり」を3つの柱として、宗教教育、基礎学習、三浦自然教室、総合学習の4つの教育を重視。週1時間の宗教の授業や宗教行事を実施し、一人ひとりがかけがえのない存在であることを子どもたちに伝えている。広大な自然をそのまま生かした三浦自然教室での活動では、体験学習の充実を図るとともに、集団生活を学ぶことにより豊かな人間性を育む。また、基礎学習や総合学習を通して、社会や世界とつながっていく力を培う。

◆**クラブ活動**　5年生以上。美術、点字、理科、プログラミング、音楽、バドミントン、スペイン語、球技など
◆**委員会活動**　4年生以上。学級、保健、ボランティア、体育、図書、史跡、宗教、整美、自然教室がある
◆**英語教育**　1・2年生は週2時間、3年生は週3時間、4〜6年生は週4時間。カトリック小学校向けの教科書を使用。春休みに5・6年生の希望者を対象に、オーストラリアホームステイ語学研修を実施
◆**校外学習**　田畑や果樹園などがある三浦の自然教室で、年十数回活動を行う。3年生は鎌倉の歴史を1年かけて学ぶ「鎌倉調べ」、5年生は長野県で「山の学校」がある

年間行事予定	
月	行　事　名（抜粋）
4	入学式、1年生歓迎会
5	マリア様の集い、三浦自然教室合宿、若葉の集い
6	6年修学旅行、三浦自然教室合宿、聖心のミサ
7	───
8	夏休み
9	バザー、5年山の学校
10	秋の集い、三浦自然教室合宿
11	三浦自然教室合宿
12	クリスマスの集い
1	もちつき
2	1〜3年学習発表会
3	卒業感謝ミサ、6年生を送る会、卒業式

School Information

※濃い色で示したアイコンはこの小学校に該当するものです。アフタースクールの詳細はp.397〜参照

アイコン：始業／制服／3学期制／土曜登校／毎年クラス替／お弁当／アレルギー対応／ICT教育／英語コマ数2／通学時間制限／アフタースクール／幼稚園／中学・高校／大学／カトリック

入試データ

下記の資料は**2024年度用（2023年秋実施済み）**です

募集要項　※下記は前年度のデータです

募集人員	A日程：男女計90名 B日程、C日程：各男女計10名　D日程：男女計4名
学校(入試)説明会	学校説明会：5月13日／6月26日 入試説明会：8月26日（体験会あり）
願書配付期間	Ｗｅｂ公開のみ
出願期間	A・B：9月1〜22日　C：9月1日〜10月20日 D：10月24日〜11月24日　※ＨＰの指示に従ってＷｅｂ出願
提出書類	・受験票　※考査日に持参
受験票交付	自宅やコンビニエンスストアなどで各自印刷
受験番号付番	願書受付順　／月齢考慮　なし
考査日	考査：A…10月17日　B…10月18日　C…10月21日　D…11月25日 面接：A・B…9月中旬〜10月上旬の土日祝に実施 　　　C・D…考査当日に実施
選抜方法^{注1}	ペーパーテスト、個別テスト、集団テスト、親子面接
考査料	25,000円（クレジットカード、コンビニまたはペイジー決済）
合格発表	いずれも考査当日　Ｗｅｂ発表
倍率	約1.2倍
入学手続	A：10月19日　B：10月20日　C：10月24日　D：11月28日
編入学制度	あり（要問い合わせ）／帰国生はp.403〜参照
復学制度	――――
公開行事	少人数授業見学会：4月下旬〜6月、11月の指定日 自然教室見学会：5・7・8・11月の指定日 マリア様の集い：5月31日 せんせいといっしょ：6月10日／7月15日
備考	A・B日程は併願不可。そのほかの日程は併願可 スクールバスあり

セキュリティ

警備員常駐／防犯カメラ設置／交通指導員配置／登下校確認システム／防犯ブザー携帯（希望者）／携帯電話所持可（届出制）／インターホン設置／保護者名札着用／避難・防災訓練実施／緊急通報・安否確認システム／災害用品備蓄／ＡＥＤ設置

学費

…… 入学手続時納付金 ………

入学金	300,000円
施設設備資金	200,000円

………… 年間納付金 …………

教育費・月額	34,000円
維持費・月額	13,000円
泉会会費・月額	2,000円

※入学辞退者には施設設備資金を返還
※寄付金（任意）、スクールバス代、教材費、宿泊体験学習費など別途納付
※上記金額は諸事情等で変更の場合あり

制服

昼食

お弁当（週5回）…おにぎりの注文可。週2回、お弁当の注文可

進学情報

[中学校への進学状況]
男子：栄光、浅野、中央大附属横浜、逗子開成、公文国際など
女子：【清泉女学院】約86％が内部進学。桜蔭、横浜共立など
[高等学校への進学状況]【清泉女学院】ほぼ全員が内部進学
[大学への進学状況]【清泉女子】、一橋、東京外国語、横浜国立、横浜市立、慶應、早稲田、上智、立教、明治、青山学院、中央、法政、学習院など

[系列校]
清泉女子大学・大学院、清泉女学院大学・大学院・短期大学、清泉女学院中学高等学校、長野清泉女学院中学・高等学校、清泉インターナショナル学園

神奈川／私立／共学／せ／清泉小学校

※上記募集要項は小学校公表データです（注1：選抜方法については伸芽会教育研究所調査によるデータです）。詳細は小学校ＨＰまたはお電話でご確認ください

聖マリア小学校

http://seimaria-es.jp

[アクセス]
- ●JR横須賀線【逗子】より徒歩10分
- ●京急逗子線【逗子・葉山】より徒歩8分

[所在地] 〒249-0006 神奈川県逗子市逗子6-8-47
TEL 046-871-3209 FAX 046-871-8642

小学校情報

[校 長] 中田 康裕
[児童数] 132名（男子77名、女子55名）

沿 革 昭和26年、逗子教会に赴任したジョン・カリネン神父が「戦争で荒廃した日本で、将来を担う子どもたちによりよい教育を」と、聖マリア小学校を開校。1学年1学級、小学校単独校として創立。昭和49年、現在の校舎が完成。平成10年、南校舎を取得し、教育環境の充実を図る。平成24年、本校舎の内装を全面改修し、快適な学校生活を実現。令和8年、小学校創立75周年を迎える。

教育方針 カトリック精神に基づき、一人ひとりが神に愛され、人に愛されていることに気づき、祈りと行動を通して人を愛する人間に育つことを目指す。1学年1学級の小規模校である利点を生かし、きめ細かい学習指導を行っている。「わかった」「できた」という喜びの中で基礎学力を身につけ、発達段階にふさわしい発展的な学習へと深めていく。

特 色 全学年で複数担任制、3年生以上は教科担任制を導入して教育活動を行う。総合学習では児童が自分たちでテーマを決め、計画して活動を進める。結果より過程を大切にした豊かな活動の中で、自分を高めていく経験を重ねる。また、1人1台タブレット端末を活用し、ICT教育にも力を入れている。生活面では全学年を縦割り班に編成し、掃除、花の栽培、造形活動などに取り組み、お互いの成長を図る。学芸会、クリスマス会などの学校行事を通して、新しいことへの挑戦や協力する喜びを体験する。放課後は校内でアフタースクールを実施し、5・6年生の希望者には中学進学に備えて週3日、「特習」という学習時間も設けている。

◆**特別活動** 3年生以上の希望者は合唱隊に入隊。練習は週1回。学校行事のほか、各音楽会にも参加

◆**英語教育** 全学年、週2時間。専任教員が授業を行う

◆**授業の特色** 毎朝10分、漢字と計算のテストを行う。週3時間を「総合」に充て、児童が話し合って決めたテーマを一年を通して学級全体で取り組む

◆**生活実践活動** 全学年を縦割り班に編成し、毎日の掃除のほか、遠足や運動会などさまざまな行事で活動

◆**校外学習** 2・3年生は1泊2日、4・5年生は2泊3日の宿泊学習を行う。6年生は日光への修学旅行がある

年間行事予定

月	行 事 名（抜粋）
4	入学式
5	マラソン大会、全校遠足、運動会
6	――――
7	6年修学旅行
8	夏休み
9	夏休み作品展、神私小音楽会
10	2・3年合宿、音楽会
11	マラソン大会、4・5年合宿
12	クリスマス会
1	書き初め展
2	カトリック小音楽会（合唱隊）、学芸会
3	卒業式

入試データ

下記の資料は**2025年度用**（**2024年秋実施予定**）です

募集要項

募集人員	男女計36名
学校（入試）説明会	5月10日／6月14日／8月31日　10時〜 7月6日　10時〜（公開授業あり）
願書配付期間	5月13日〜
出願期間	9月2〜7日　8時30分〜16時（7日：〜12時）　窓口受付
提出書類	・入学願書 ・本人写真
受験票交付	願書受付時に手渡し
受験番号付番	願書受付順　　月齢考慮　あり
考査日	考査：10月23日 面接：9月9日〜10月19日のうち1日（日時は願書受付時に通知）
選抜方法^{注1}	ペーパーテスト、運動テスト、行動観察、親子面接
考査料	20,000円（出願時に窓口で提出）
合格発表	10月23日発送　速達で通知
倍率（前年度）	非公表
入学手続	10月24日　8時30分〜11時
編入学制度	随時試験を実施／帰国生はp.403〜参照
復学制度	なし
公開行事	──────
備考	学校見学は随時（要申込） 月1回、行事などで土曜登校あり

選抜方法^{注1}

学費

……… 入学手続時納付金 ………

入学金	200,000円
施設費	200,000円
寄付金1口	50,000円
（2口以上、任意）	

………… 年間納付金 …………

授業料・月額	30,000円
施設費・月額	7,500円
冷暖房費・月額	1,000円
安全対策費・月額	400円
ICT機器等維持費・月額	3,000円
クラス費・月額	2,500円
保護者会会費など・月額	1,200円

※クラス費は学年により異なる
※上記金額は諸事情等で変更の場合あり

制服

セキュリティ

防犯カメラ設置／登下校確認システム／防犯ブザー携帯／携帯電話所持可／授業中門施錠／保護者入構証／避難・防災訓練実施／緊急通報・安否確認システム／緊急地震速報装置／災害用品備蓄／AED設置

昼食

お弁当（週5回）

進学情報

[中学校への進学状況]

男子：麻布、栄光、慶應湘南藤沢、浅野、サレジオ学院、芝、暁星、鎌倉学園、山手学院、逗子開成、公文国際など

女子：桜蔭、豊島岡、雙葉、フェリス、慶應湘南藤沢、横浜SFH附属など

[高等学校への進学状況] ──────

[大学への進学状況] ──────

[系列校]

聖マリア幼稚園など

※上記募集要項は小学校公表データです（注1：選抜方法については伸芽会教育研究所調査によるデータです）。詳細は小学校HPまたはお電話でご確認ください

聖ヨゼフ学園小学校

http://www.st-joseph.ac.jp/

[アクセス]
- ●JR京浜東北線【鶴見】より徒歩15分
- ●JR【鶴見】、JRほか【新横浜】、東急東横線【菊名】【綱島】などより臨港バス【二本木】下車

[所在地]　〒230-0016　神奈川県横浜市鶴見区東寺尾北台11-1
TEL 045-581-8808　FAX 045-584-0831

▓ 小学校情報

[校　長]　鈴木 玲子
[児童数]　388名（男子182名、女子206名）

沿　革　ニューヨークに本部を置くカトリックの男子修道会アトンメントのフランシスコ会が、勝野巌神父を初代校長として昭和28年に鶴見聖ヨゼフ小学校を設立。昭和31年、聖ヨゼフ学園小学校と改称。翌年、聖ヨゼフ学園中学校（女子校）開設。昭和35年、聖ヨゼフ学園高等学校（女子校）を開設。令和2年、中学校、令和5年、高等学校が共学となり、男女とも小・中・高一貫となった。

教育方針　本学園は、普遍的な価値判断ができる人を育てる教育を目指し、『信　望　愛』を建学の精神と定める。この建学の精神を校訓とし、「進んで学び働く子」「仲良く力を合わせる子」「ねばり強くがんばる子」を教育目標として掲げている。また、課題や問題を見つけ、自分自身で考え、それを解決していく力を身につけることは、これからの社会に生きる児童にとってとても大切なことであると考え、重点目標として「生活力（生活習慣・社会性）を身に付け、自分で考え、行動ができる児童の育成」を定めている。

特　色　異なる文化に対する理解と尊重の気持ちを持ち、平和でよりよい世界の実現に貢献できる児童を育む。そのためには探究心に富み、思いやりの心を持つことが大切であるとし、キリスト教的価値観を要として生涯にわたって積極的に学び続け、自分と違う考え方をする人たちも理解できるように働きかけている。主体的によりよい学びをし、ユニバーサルな思考を自ら持てる児童へと導くために、国際バカロレア教育を推進。平成30年1月には、日本の小学校で初めて国際バカロレアPYP校に認定された。

◆**クラブ活動**　4年生以上。学期ごとに集中して実施。任意参加の同好会活動は、サッカー、軟式野球、バレーボール、音楽など

◆**探究の時間**　国際バカロレアの教育を具体的に実現するために、教科を融合した探究型概念学習を行っている

◆**英語教育**　全学年、週2時間。聞く、話す、読む、書く、考えるという言語活動を通して、基礎的な言語感覚を養う

◆**体験学習**　「探究」の時間では、ごみ焼却場や水産試験場の見学などを行う。宿泊体験学習は、1年生は1泊2日、2年生は2泊3日で山中湖、3・4年生は2泊3日で富士山麓、5年生は3泊4日でツインリンクもてぎ、6年生は3泊4日で南房総へ

年間行事予定

月	行　事　名（抜粋）
4	入学式、1学期みことばの祭儀
5	児童総会
6	運動会、3年体験学習
7	2・6年体験学習
8	夏休み
9	2学期みことばの祭儀、1年体験学習
10	4・5年体験学習
11	音楽会
12	クリスマスの集い
1	創立記念みことばの祭儀
2	児童総会、エキシビション
3	卒業感謝みことばの祭儀、卒業式

入試データ

下記の資料は**2024年度用（2023年秋〜2024年冬実施済み）**です

募集要項　※下記は前年度のデータです

募集人員	A日程：男女計70名　B日程、C日程：各男女若干名
学校(入試)説明会	学校説明会：6月17日（授業見学あり） 　　　　　　　9月2日（体験授業あり） 夕暮れ説明会：7月12日／9月13日 B日程説明会：10月27日　C日程説明会：1月12日
願書配付期間	募集要項配付：6月17日〜
出願期間	A：9月1〜23日　B：10月27日〜11月16日　C：1月10〜18日 ※HPの指示に従ってWeb出願
提出書類	・受験票 ※考査日に持参
受験票交付	自宅やコンビニエンスストアなどで各自印刷
受験番号付番	願書受付順　　月齢考慮　　なし
考査日	考査：A…10月17日（午前または午後） 　　　B…11月18日（午前のみ）　C…1月20日（午前のみ） 面接：A…10月7・14日のうち1日 　　　B・C…考査当日に実施
選抜方法^{注1}	個別テスト、行動観察、親子面接
考査料	20,000円（クレジットカード、コンビニまたはペイジー決済）
合格発表	いずれも考査当日　Web発表
倍率	非公表
入学手続	A：10月18日締切　B：11月19日締切　C：1月21日締切
編入学制度	1〜4年生で欠員が生じた場合のみ試験を実施（登録制）／帰国生はp.403〜参照
復学制度	なし
公開行事	——
備考	——

学費

<pre>
……… 入学手続時納付金 ………
入学金　　　　　　　　200,000円

………… 年間納付金 …………
施設設備資金（初年度のみ）
　　　　　　　　　　　140,000円
授業料・月額　　　　　 32,000円
教育振興費・月額　　　 15,000円
施設設備維持費・月額　 10,000円
IB（国際バカロレア）教育費・月額
　　　　　　　　　　　 20,000円
</pre>

※教材費、宿泊体験学習費など別途納付
※上記金額は諸事情等で変更の場合あり

制服

セキュリティ

警備員常駐／防犯カメラ設置／交通指導員配置／登下校確認システム／防犯ブザー携帯／携帯電話所持可／授業中門施錠／インターホン設置／保護者入校証／赤外線センサー設置／避難・防災訓練／緊急通報・安否確認システム／緊急地震速報装置／災害用品備蓄／AED設置

昼食

お弁当（週5回）…パン（週4回）、飲み物の校内販売あり

進学情報

[中学校への進学状況]
【聖ヨゼフ学園】原則として内部進学
[高等学校への進学状況]
【聖ヨゼフ学園】原則として内部進学
[大学への進学状況]
早稲田、上智、立教、明治、法政、成城、日本、東洋、専修、日本女子など

[系列校]
聖ヨゼフ学園中学・高等学校、聖クララ幼稚園

神奈川

私立　共学

せ

聖ヨゼフ学園小学校

※上記募集要項は小学校公表データです（注1：選抜方法については伸芽会教育研究所調査によるデータです）。詳細は小学校HPまたはお電話でご確認ください

洗足学園小学校

http://www.senzoku.ed.jp/　E-mail syo-jimu@senzoku.ac.jp

[所在地]　〒213-8580　神奈川県川崎市高津区久本2-3-1

[アクセス]
● JR南武線【武蔵溝ノ口】より徒歩8分
● 東急田園都市線・大井町線【溝の口】より徒歩8分

小学校情報

[校　長] 田中 友樹
[児童数] 男女計451名

沿　革　大正13年、平塚村（現・東京都品川区）に平塚裁縫女学校設立。大正15年、碑衾村（現・東京都目黒区）洗足に移り、洗足高等女学校となる。昭和21年、川崎市高津区久本に移転。昭和22年、洗足学園女子中学校、昭和23年、洗足学園幼稚園、昭和24年、洗足学園小学校設立。令和6年、小学校創立75周年を迎える。

教育方針　学校教育目標は、①何事も自分で考えて、行動のできる子、②大きな夢を持ち、ねばり強く頑張る子、③人のためになることを、進んでできる子。謙虚にして慈愛に満ちた心を持ち、社会に奉仕貢献できる人材の育成を行う。物事の本質を見抜いて問題を解決に導く高い知性、大きな志に挑戦する強い意志、他者への思いやりの心を備えた、真の「社会のリーダー」を育成するために、その人材に必要とされる資質の礎を築くことを使命としている。

特　色　国語、社会、算数、理科に多くの時間を充て、基本から高度な内容まで幅広く指導する。オリジナルテキストを使用し、専科制や複数担当者制を導入。基礎となる漢字力、計算力を重視し、漢字能力検定受検や独自の筆算能力検定制度を実施。ＩＣＴ教育にも力を入れ、1人1台のタブレット端末を文房具のように活用しながら、主体的かつ協働的な学習を進める。ほぼ全員が国立・私立中学への進学を希望するため、受験を意識した授業で高い学力の育成に努めるとともに、3年生から模擬テストを行うなど進学指導・支援が充実。学内に希望者によるオーケストラがあり、協調性を高め達成感を味わわせている。

◆**クラブ活動**　4年生以上。日本の遊び、器楽、絵画、家庭、科学、ＩＣＴ、球技、ミニサッカー、陸上、ミニバスケット、ダンスなど13のクラブがある
◆**委員会活動**　5年生以上。ボランティア、クリーンアップ、広報、集会、図書、放送、飼育、保健、代表の9つの委員会がある
◆**英語教育**　3・4年生は週1時間、5・6年生は週2時間。1クラスを約20名ずつの2つのグループに分け、ネイティブと日本人教員の2名で指導。「聞く」「話す」を重視した授業を実施
◆**読書指導**　朝の20分間の読書タイムと、週1回読書の指導を行う。読んだ本は「読破ノート」に読書記録を残す習慣をつけさせる

年間行事予定	
月	行　事　名（抜粋）
4	入学式
5	学芸会、たてわり遠足
6	牧師講話
7	3～6年移動教室、1・2年夏の学校
8	夏休み
9	運動会
10	理科校外実習、社会科見学
11	たてわりスポーツ大会
12	
1	6年生激励会、天体観測
2	6年修学旅行、縄跳び大会
3	6年生を送る会、卒業式

入試データ

下記の資料は**2024年度用（2023年秋実施済み）**です

募集要項 ※下記は前年度のデータです

募集人員	男女計約50名
学校(入試)説明会	学校説明会：5月14日 入試説明会：8月27日
願書配付期間	Ｗｅｂ公開のみ
出願期間	9月6日（9時）～11日（15時） ※ＨＰの指示に従ってＷｅｂ出願
提出書類	・受験票 ※受験票は考査日に持参
受験票交付	自宅やコンビニエンスストアなどで各自印刷
受験番号付番	非公表　月齢考慮　非公表
考査日	第一次：10月17日～19日のうち1日 第二次：男子…10月21日　女子…10月22日（第一次合格者が対象）
選抜方法 注1	第一次：ペーパーテスト、行動観察1、運動テスト 第二次：行動観察2
考査料	28,000円（クレジットカード、コンビニまたはペイジー決済）
合格発表	第一次：10月19日　18時　Ｗｅｂ発表 第二次：10月24日　9時　Ｗｅｂ発表
倍率	約6.3倍
入学手続	10月24・25日　9～15時
編入学制度	新2～5年生で欠員が生じた場合のみ試験を実施／帰国生はp.403～参照
復学制度	5年生までに限る
公開行事	公開授業：6月8日　個別相談会：6月24日 運動会：9月23日
備考	通学時間制限：所要時間60分以内

セキュリティ

警備員常駐／防犯カメラ設置／交通指導員配置／登下校確認システム／携帯電話所持可／保護者証／避難・防災訓練実施／看護師常駐／緊急通報・安否確認システム／緊急地震速報装置／災害用品備蓄／ＡＥＤ設置

学費

········ 入学手続時納付金 ········

入学金	400,000円
施設費	240,000円

········· 年間納付金 ·········

授業料・年額	660,000円
洗足会会費・年額	12,000円
積立金・年額	84,000円
教育振興資金1口	10,000円
（1口以上、任意）	
制服など物品費（男子）約150,000円	
制服など物品費（女子）約160,000円	

※2年次以降も施設費を納付
※上記金額は諸事情等で変更の場合あり

制服

昼食

お弁当（週5回）

進学情報

[中学校への進学状況]
男子：筑波大駒場、開成、麻布、駒場東邦、聖光、慶應普通部、海城など
女子：【洗足学園】、筑波大附属、桜蔭、女子学院、雙葉、慶應中等部など
[高等学校への進学状況] 【洗足学園】ほぼ全員が内部進学
[大学への進学状況] 東京、京都、東京工業、一橋、東京外国語、筑波、千葉、お茶の水、横浜国立、東京藝術、北海道、東北、東京医科歯科、慶應など

[系列校]
洗足学園音楽大学・大学院、洗足学園中学高等学校、洗足こども短期大学、洗足学園大学附属幼稚園

※上記募集要項は小学校公表データです（注1：選抜方法については伸芽会教育研究所調査によるデータです）。詳細は小学校ＨＰまたはお電話でご確認ください

神奈川　私立　共学　せ　洗足学園小学校

考査ガイド

考査日程	1日（第一次合格者は2日）
受験番号付番	非公表
選抜方法	第一次：生年月日順（4～6月、7～10月、11～3月）に分かれて考査が行われる。男子、女子の順にペーパーテスト、集団テスト、運動テストを行う
	第二次：第一次合格者を対象に、男子、女子の順に集団テストを行う
考査内容	ペーパーテスト、集団テスト、運動テスト
所要時間	第一次：約2時間　第二次：約1時間30分

過去の出題例

ペーパーテスト

1 言　語
・名前の最後の音が「ラ」のものに○、「カ」のものに△をつけましょう。

2 常識（季節）
・左の二重四角のものと同じ季節のものを、それぞれ右から選んで○をつけましょう。

3 数量（マジックボックス）
・一番上の四角がお約束です。太陽や月の箱を通ると丸の数が変わります。下の空いている四角の中では、丸はいくつになりますか。その数だけ○をかきましょう。

集団テスト

■行動観察（ジャンケンゲーム）
2チームに分かれてジャンケンゲームをする。

運動テスト

■模倣体操
お手本の映像を見ながら、音楽に合わせてジャンプする。

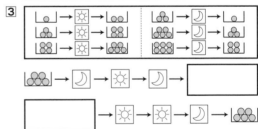

ここがポイント

話の記憶以外の問題はテスターが読み上げます。推理・思考の領域からは難問も出されるので、相当レベルの事前準備が必要です。この学校では学力、行動観察、運動機能を合わせた総合的評価での判定を考えており、ペーパーテストができていても、行動観察などで大きく減点されると合格は難しいでしょう。2024年度は面接が行われませんでした。

出題傾向

	ペーパーテスト											個別テスト												集団テスト									運動	面接
	話	数量	観察力	言語	推理・思考	構成力	記憶	常識	位置・置換	模写	巧緻性	絵画・表現	系列完成	話	数量	観察力	言語	推理・思考	構成力	記憶	常識	位置・置換	巧緻性	絵画・表現	系列完成	制作	行動観察	話	観察力	言語	常識	巧緻性	絵画・表現	制作	行動観察	課題・自由遊び	運動・ゲーム	生活習慣		
2024年		○		○	○		○	○		○																			○	○		○			○		○		○	
2023年		○		○	○		○						○																○	○		○			○		○		○	○
2022年	○	○		○	○		○																						○	○		○			○		○		○	○
2021年	○	○		○	○		○	○																					○	○		○			○		○		○	○
2020年		○		○	○		○						○																○	○		○			○		○		○	○

2024年度　洗足学園小学校 第1学年　入学試験受験票

受験番号	

フリガナ		性別	※本人画像
志願者氏名		女子	

					対象となる試験
一次試験	2023年10月17日(火)【1日目】	第2部【女子】	11:30開始(11:00 ～ 11:20受付)		
	2023年10月18日(水)【2日目】	第2部【女子】	11:30開始(11:00 ～ 11:20受付)		
	2023年10月19日(木)【3日目】	第2部【女子】	11:30開始(11:00 ～ 11:20受付)		

※出願サイトからダウンロードする

※出願時に、以下のような項目に入力する。
①ご自身の学生時代の様子を踏まえて、育っていってほしい理想の子ども像（400字以内）
②そのほか、試験に際して学校に伝えたいことなど（100字以内）
③備考（30字以内）

※第二次試験当日に記入するアンケートには、以下のような項目がある（①～⑨は選択式）。
①父母の勤務日
②父母の来校回数
③本校を知ったきっかけ
④本校の受験を決めた時期
⑤小学校受験の準備期間
⑥父母の受験経験
⑦家庭と本校の教育方針で一致するもの３つ
⑧１週間に読み聞かせる本の冊数
⑨緊急時に対応してもらえる人
⑩子どもが最近、関心を持っていること
⑪子どもの習い事
⑫子どもの好きな本
⑬子どもが友達とよくする遊び
⑭併願校について
⑮そのほか、学校に伝えておきたいこと

Inside voice

・2024年度入試はこれまで行われていた親子面接がなくなりました。面接で伝えられない分、Ｗｅｂ出願の際に入力する項目に、志望理由や家庭の教育方針、子どもの様子などを盛り込むよう苦心しました。
・第一次、第二次試験とも受付後のトイレが混んでいましたので、駅などで済ませたほうがよいかもしれません。控え室では、携帯電話やタブレット端末などの通信機器類は使用禁止でした。
・第二次試験当日は子どもの考査中、保護者はアンケートに記入しました。鉛筆と消しゴムを持参するよう、事前に指示がありました。所要時間は約25分で、内容は2023年度入試のときとほぼ同じでした。

捜真小学校

http://www.soshin.ac.jp/primary/

[所在地] 〒221-8720　神奈川県横浜市神奈川区中丸8
TEL 045-491-4227　FAX 045-491-4228

[アクセス]
●東急東横線【反町】よりバス【捜真学院前】下車
●横浜市営地下鉄ブルーライン【三ツ沢下町】より
徒歩15分

小学校情報

[校 長]　内藤 伸人
[児童数]　344名（男子122名、女子222名）

沿　革　明治19年、プロテスタントのバプテスト派宣教師ブラウン夫人が横浜山手で女子のための塾を開設。明治20年、英和女学校を設立。明治24年、捜真女学校に改称。明治32年、初等科を閉鎖。明治43年、現在地に移転。昭和32年、男女共学の捜真小学校として再開。昭和63年、法人名を捜真学院と改称。令和3年、学院創立135周年を迎え、令和4年、小学校再開65周年を迎えた。

教育方針　「捜真」という名前に表されているように、イエス・キリストにおいて示される神の「真理を捜し求める」ことに教育のねらいがある。自己の能力を伸ばし、自分を愛するように隣人を愛し、感謝をもって奉仕できる人格を育成することを大きな目標としている。創立以来「愛の心の教育」に重点を置き、教職員は子どもたちの心を受け入れ、その個性を大切にしながら目標に向けて指導する。また、小学校だけで終わる教育ではなく、生涯にわたって学び続けていくという長い目をもっての指導を心掛けている。

特　色　子どもの個性を発見し、生かす教育を目指す。子どもたちの特性が十分あらわれるよう1クラス30名、1学年2クラスの少人数制を採用。クラス担任と専科教員の指導をバランスよく組み合わせ、細部まで行き届いた教育を行う。学年末には全学年で学力診断検査を行い、学習の定着度を確認。英語は1年生からネイティブ教員の授業で本物の発音にふれ、5・6年生では日本人の専任教師による読む・書く・話す技能を重視した授業も実施。また、1人1台のタブレット端末を使ったプログラミング教育にも力を入れる。

◆**クラブ活動**　4年生以上、週1時間。半年単位で行う。パソコン、演劇、クラフト、一輪車、バスケットボールなど。有志による特別クラブは、プライマリーバンド、聖歌隊、美術があり、3年間継続して取り組む
◆**委員会活動**　4年生以上。委員会活動を「地の塩会」といい、学級、奉仕、図書、放送、飼育、保健の6つがある
◆**英語教育**　1～4年生は週1時間、5・6年生は週2時間
◆**行事の特色**　自然教室は縦割り班で3日間過ごす。「横浜大空襲を覚えて」では、5月29日の横浜大空襲について学び平和を祈る。また、落語や狂言などの鑑賞会、産婦人科医や宇宙飛行士らを招いた特別授業も実施

年間行事予定

月	行　事　名（抜粋）
4	入学式、1～5年遠足、6年卒業記念旅行
5	横浜大空襲を覚えて
6	4～6年自然教室、演劇鑑賞会・音楽鑑賞会
7	4～6年水泳大会、1～3年自然教室
8	夏休み
9	――
10	スポーツに親しむ会、学習発表会
11	感謝祭礼拝
12	クリスマス礼拝・ページェント
1	カンヴァース記念礼拝
2	特別クラブの発表会
3	地の塩会送別会、卒業式

入試データ

下記の資料は**2024年度用（2023年秋実施済み）**です

募集要項　※下記は前年度のデータです

募集人員	A日程・第1回：男女計40名　A日程・第2回：男女計10名 B日程：男女計10名
学校（入試）説明会	6月8日／9月7日
願書配付期間	募集要項配付：2月25日～
出願期間	Ｗｅｂ出願：A…8月5日～9月13日 　　　　　　B…①9月4～29日　②10月1～20日 書類提出：A…9月19日　B…①10月6日　②10月20日 いずれも郵送（必着） （Bの②はＷｅｂ出願日により持参の場合あり） ※ＨＰの指示に従ってＷｅｂ出願後に書類提出
提出書類	・志願票　・調査書　・受験票　※受験票は考査日に持参
受験票交付	自宅やコンビニエンスストアなどで各自印刷
受験番号付番	出願順　｜　月齢考慮　あり
考査日	考査：A・第1回…10月17日　A・第2回…10月18日 　　　B：10月21日 面接：A…考査日前に実施　B…考査日前または考査当日に実施
選抜方法^{注1}	ペーパーテスト、行動観察、親子面接
考査料	20,000円（クレジットカード、コンビニまたはペイジー決済）
合格発表	いずれも考査当日　Ｗｅｂ発表
倍率	約2.8倍
入学手続	A・第1回：10月19日締切　A・第2回：10月20日締切　B：10月23日締切
編入学制度	1～5年生で欠員が生じた場合のみ試験を実施（登録制）／帰国生はp.403～参照
復学制度	あり
公開行事	学校見学会：7月29日
備考	C日程入試あり（募集：若干名　考査日：11月18日） 複数回出願の場合、2回目以降は考査料15,000円

学　費

……… 入学手続時納付金 ………

入学金	250,000円

………… 年間納付金 …………

施設費（初年度のみ）	150,000円
授業料・月額	37,500円
施設維持費・月額	11,000円
教育充実費・月額	5,000円
学級教材費・月額	1,700円
ＰＴＡ会費・月額	1,100円
旅行費積立金、同窓会費積立金・月額	3,200円
お弁当給食費・月額	1,200円
学年積立費・年額	7,000円

※2年次より施設拡充費50,000円（年額）を納付
※上記金額は諸事情等で変更の場合あり

制　服

セキュリティ

警備員常駐／防犯カメラ設置／交通指導員配置／登下校確認システム／携帯電話所持可／授業中門施錠／インターホン設置／保護者ＩＤカード／避難・防災訓練実施／緊急通報・安否確認システム／緊急地震速報装置／災害用品備蓄／ＡＥＤ設置

昼　食

お弁当給食（週1回）、お弁当（週4回）

進学情報

[中学校への進学状況]
男子：浅野、サレジオ学院、鎌倉学園、青山学院横浜英和など
女子：【捜真女学校】約80%が内部進学
[高等学校への進学状況]【捜真女学校】全員が内部進学
[大学への進学状況]
東京工業、東京都立、横浜市立、東京藝術、慶應、上智、国際基督教など

[系列校]
捜真女学校中学部・高等学部

※上記募集要項は小学校公表データです（注1：選抜方法については伸芽会教育研究所調査によるデータです）。詳細は小学校ＨＰまたはお電話でご確認ください

神奈川　私立　共学　そ　捜真小学校

桐蔭学園小学校

http://toin.ac.jp/ele/　E-mail ele_koho@toin.ac.jp

[アクセス]
- ●東急田園都市線【あざみ野】【市が尾】【青葉台】、小田急線【柿生】【新百合ヶ丘】よりバス
- ●【江田】【柿生】よりスクールバス

[所在地]　〒225-8502　神奈川県横浜市青葉区鉄町1614
TEL 045-972-2221　FAX 045-971-1490

小学校情報

[校 長] 森 朋子
[児童数] 男女計580名

沿 革　昭和39年、学校法人桐蔭学園設立、桐蔭学園高等学校（男子校）開設。昭和41年、中学校（男子校）、昭和42年、小学校、昭和44年、幼稚園開設。昭和56年、女子部（中・高）、昭和63年、桐蔭横浜大学（工学部）を開設し、本格的な総合学園として確立。平成13年、中等教育学校（男子校）開設。大学では平成5年、法学部、平成17年、医用工学部、平成20年、スポーツ健康政策学部を開設。平成26年、学園創立50周年を機に、教育改革をスタート。平成30年、高等学校が共学化。平成31年、中学校（男子部・女子部）と中等教育学校を中等教育学校に一本化し、男女共学となった。

教育方針　校訓に「すべてのことに『まこと』をつくそう」「最後までやり抜く『強い意志』を養おう」を掲げ、教育ビジョンとして「自ら考え　判断し　行動できる子どもたち」の育成を目指す。

特 色　「アクティブラーニング型授業」「探究」「キャリア教育」の3つの柱を軸とした教育を実践し、現代社会を生き抜くための基礎力を育てる。自ら考え、行動し、仲間に支えられ、失敗をも経験しながら目標に向かって前進する──このような経験を積み重ねることで子どもたちは「生き抜く力」を身につけていくと考え、「子どもの学び中心主義」を推し進める。小学校の6年間で育成すべき資質・能力として、「思考力」「創造力」「チャレンジ力」「メタ認知力」「思いやり」「エージェンシー」の6つをキーコンピテンシーとして定め、児童一人ひとりの豊かな資質・能力をさらに伸ばし、生かしていくことを目標としている。

◆**クラブ活動**　4年生以上、週1回。謎解き、ダンス、野球、サッカーなど14の正課クラブのほか、ソーラン、鼓笛隊、合唱団などの課外クラブがある

◆**委員会活動**　5年生以上。体育交流、マナーサポート、IT広報など10の委員会

◆**授業の特色**　低学年は学級担任中心の学習指導と教科担任による実技科目、3年生からは完全な教科担任制で専門性の高い授業を展開。アクティブラーニング型授業を中心とした主体的・対話的な学習活動を行う

◆**校外学習**　春は遠足、秋は見学中心の校外学習、5年生は農業体験などの宿泊行事、6年生は京都・奈良方面で歴史や文化にふれる修学旅行などを実施

年間行事予定

月	行 事 名（抜粋）
4	入学式、交通安全教室、避難訓練、2年遠足
5	スポーツフェスタ、1年遠足、5年田植え
6	避難訓練、3・5年遠足、芸術鑑賞
7	1年野外活動、3・4年宿泊行事
8	
9	防災下校訓練、運動会
10	5年宿泊行事、5年稲刈り、避難訓練、2年野外活動
11	6年修学旅行、芸術鑑賞
12	桐蔭まつり
1	書き初め会、芸術鑑賞
2	避難訓練、4年宿泊行事、6年ポスターセッション
3	卒業式

School Information

※濃い色で示したアイコンはこの小学校に該当するものです。アフタースクールの詳細はp.397～参照

入試データ
下記の資料は**2024年度用（2023年秋実施済み）**です

募集要項　※下記は前年度のデータです

募集人員	A（一般入試）：男女各約30名、計約60名 B（アドベンチャー入試）：男女計約10名
学校（入試）説明会	Ｗｅｂ説明会：5月15日 学校説明会：6月17日（校内見学あり） 入試説明会：9月7日（個別相談会あり）
願書配付期間	Ｗｅｂ公開のみ
出願期間	Ｗｅｂ出願：A…9月11～24日　B…9月11～10月9日 書類提出：A…9月25日　B…10月10日　簡易書留で郵送（消印有効） ※ＨＰの指示に従ってＷｅｂ出願後に書類提出
提出書類	・入学願書　・受験票　・保護者面接受付票（一般入試のみ） ※受験票、保護者面接受付票は考査日に持参
受験票交付	自宅やコンビニエンスストアなどで各自印刷
受験番号付番	出願順　　月齢考慮　　なし
考査日	A：考査…10月18日（男子）／10月19日（女子） 　　　面接…保護者面接は考査日前、本人面接は考査当日に実施 B：考査・面接…11月1日
選抜方法	A：知能テスト、総合観察テスト、本人面接、保護者面接 B：総合観察テスト、保護者面接
考査料	25,000円（クレジットカード決済）
合格発表	A：10月21・22日　B：11月2・3日　Ｗｅｂ発表
倍率	A男子：約8.9倍　A女子：約6.1倍　B：約3.2倍
入学手続	A：10月26日締切　B：11月9日締切
編入学制度	要問い合わせ／帰国生はp.403～参照
復学制度	再転入時に試験を実施
公開行事	公開授業：6月1・2日　オープンスクール：7月15日
備考	──────

セキュリティ

警備員／防犯カメラ／交通指導員／登下校確認システム／GPS端末所持可／防犯ブザー（任意）／携帯電話所持可／授業中門施錠／インターホン／保護者IDカード／避難・防災訓練／看護師／緊急通報システム／災害用品／AED／防犯グッズ（催涙スプレー、さすまた）

学費

…… 入学手続時納付金 ………

入学金	310,000円

………… 年間納付金 …………

施設設備費	298,000円
授業料・月額	51,000円
教育活動費・月額	7,600円
給食費・月額	8,800円
スクールバス代・月額	5,200円
空調費・年額	17,200円
保護者会入会金	10,000円
保護者会会費・年額	18,000円
教育振興寄付金1口	100,000円
（4口以上、任意）	

※2年次以降の施設設備費は86,000円（年額）
※上記金額は諸事情等で変更の場合あり

制服

昼食

給食（週4回）、お弁当（週1回、水曜日）

進学情報

［中学校への進学状況］
【桐蔭学園中等教育】男女とも約90％が内部進学
［高等学校への進学状況］
【桐蔭学園中等教育】一貫校であるため、原則として進級
［大学への進学状況］
東京、東京工業、一橋、東京外国語、筑波、千葉、東京都立、横浜国立など

［系列校］
桐蔭横浜大学・大学院、桐蔭学園高等学校・中等教育学校・幼稚園

※上記募集要項は小学校公表データです。詳細は小学校ＨＰまたはお電話でご確認ください

神奈川　私立　共学　と　桐蔭学園小学校

桐光学園小学校

https://www.tokoes.ed.jp　E-mail info@tokoes.ed.jp

[アクセス]
●小田急多摩線【栗平】より徒歩15分

[所在地]　〒215-8556　神奈川県川崎市麻生区栗木3-13-1
　　　　　TEL 044-986-5155　FAX 044-986-5184

小学校情報

[校　長]　斎藤 滋
[児童数]　424名（男子237名、女子187名）

沿　革　昭和40年、川崎みどり幼稚園（現・みどり幼稚園）を創設。昭和47年、学校法人桐光学園が認可され、同年、寺尾みどり幼稚園を開設。昭和53年、桐光学園高等学校、昭和57年、桐光学園中学校開設。平成3年、中学校・高等学校に女子部を開設。平成8年、桐光学園小学校を開校。令和4年、学園創立50周年を迎えた。

教育方針　『意志─強い意志を持ち、何事も最後までやりとげよう』『表現─自分の思いを伝え、他者との関わりを深めよう』『感謝─家族や友だちを大切にし、感謝する心を持とう』を校訓とする。子どもが安心して生活できる学校、自分のありのままを表現できる学校、集団生活を通して自分を見つめ鍛えることができる学校を目指す。子どものすべてを受け入れることを教育の出発点と考え、「きめ細かい指導」「子どもの自主性の尊重」を心掛ける。学力の基礎・基本の定着を図り、子どもの意欲に応え、ふれ合いの時間を多く持ち、保護者との協力を推進しながら、教育活動を行う。

特　色　子どもの好奇心や学ぶ心を大切にしたカリキュラムを組み、いくつかの教科では専科制をとっている。全児童が取り組む農園活動では、季節を体いっぱいに感じるとともに、自然の恵みに感謝する心、農作物という小さな命を大切にする心を育てる。2年生以上はタブレット端末を活用し、6年生ではパワーポイントで研究発表を行うなど、コンピュータ学習にも力を入れている。土曜日には、1〜3年生は参加自由の特別活動、4〜6年生は原則全員参加の講習を実施し、学びの楽しさを実感できる体験・学習を行う。

◆**クラブ活動**　4年生以上。サッカー、野球、テニス、卓球、ハンドボール、ダンス、音楽、英語、家庭科、工作・絵画など
◆**委員会活動**　5年生以上。「委員会バザー」では各委員会の活動内容を下級生に紹介する
◆**英語教育**　1〜4年生は週1時間、5・6年生は週2時間。専科教員が担当する
◆**特別活動**　スクールカウンセラーの授業や、弁理士による知的財産の特別授業がある
◆**校外学習**　1年生は春と秋の散策、2年生は商店街、3年生は柿農園やごみ処理場、4年生は浄水場や消防署など、5年生は自動車工場など、6年生は国会議事堂や生田緑地などを訪問。宿泊行事には3・4年生の自然教室、5・6年生のスキー教室がある

年間行事予定	
月	行　事　名（抜粋）
4	入学式、対面式
5	球技大会、遠足
6	──
7	収穫祭
8	夏休み
9	神奈川県私立小学校音楽会（合唱部）
10	運動会、3・4年自然教室
11	芸術鑑賞会、音楽集会
12	もちつき会
1	作品展
2	5・6年スキー教室、発表会
3	6年生を送る会、卒業式

School Information

※濃い色で示したアイコンはこの小学校に該当するものです

入試データ

下記の資料は**2024年度用（2023年秋実施済み）**です

募集要項 ※下記は前年度のデータです

募集人員	男女各36名、計72名（内部進学者含む）
学校（入試）説明会	4月15日／9月2日（校舎見学あり）
願書配付期間	Ｗｅｂ公開のみ
出願期間	Ｗｅｂ出願：9月4日（9時）～30日（16時） 書類提出：10月5日（必着）簡易書留で郵送 ※ＨＰの指示に従ってＷｅｂ出願後に書類提出
提出書類	・調査用紙 ・写真票 ・受験票 ※受験票は考査日に持参
受験票交付	自宅やコンビニエンスストアなどで各自印刷
受験番号付番	願書受付順　月齢考慮　あり
考査日	考査：10月17日
選抜方法注1	ペーパーテスト、集団テスト
考査料	20,000円（クレジットカード、コンビニまたはペイジー決済）
合格発表	10月17日（18時）～18日（18時）Ｗｅｂ発表
倍率	約2.1倍
入学手続	10月18日　18時締切
編入学制度	1～3年生で欠員が生じた場合のみ試験を実施（登録制）／帰国生はp.403～参照
復学制度	6年生スタート時までに限る
公開行事	オープンスクール：5月13日／6月3日 公開授業：6月14日 作品展：1月13日
備考	スクールバスあり 新入生登校日：11月18日／3月9日

学費

……… 入学手続時納付金 ………

入学金	230,000円
父母会入会金	10,000円
施設拡充寄付金1口	100,000円
（1口以上、任意）	

………… 年間納付金 …………

施設費（初年度のみ）	280,000円
授業料・月額	46,500円
父母会会費・月額	1,500円
スクールバス代・月額	2,000円
（1～3年生の利用者のみ）	

※学習活動費、物品費など別途納付
※上記金額は諸事情等で変更の場合あり

制服

セキュリティ

警備員常駐／防犯カメラ設置／交通指導員配置／登下校確認システム／防犯ブザー携帯／携帯電話所持可／授業中門施錠／インターホン設置／保護者名札着用／避難・防災訓練実施／緊急地震速報装置／学校110番／災害用品備蓄／ＡＥＤ設置

昼食

お弁当（週5回）…希望者はお弁当の注文可

進学情報

[中学校への進学状況]
【桐光学園】ほぼ全員が内部進学
[高等学校への進学状況]
【桐光学園】ほぼ全員が内部進学
[大学への進学状況]
東京工業、一橋、東京外国語、筑波、埼玉、千葉、慶應、早稲田、上智　など

[系列校]
桐光学園中学校・高等学校、桐光学園みどり幼稚園、寺尾みどり幼稚園

※上記募集要項は小学校公表データです（注1：選抜方法については伸芽会教育研究所調査によるデータです）。詳細は小学校ＨＰまたはお電話でご確認ください

神奈川　私立　共学　と　桐光学園小学校

日本大学藤沢小学校

http://fujisawa.es.nihon-u.ac.jp

［アクセス］
●小田急江ノ島線【六会日大前】より徒歩15分

［所在地］　〒252-0885　神奈川県藤沢市亀井野1866
　　　　　TEL 0466-81-7111　FAX 0466-84-3292

小学校情報

［校　長］　加藤　隆樹
［児童数］　246名（男子155名、女子91名）

沿　革　昭和24年、日本大学の付属高等学校の一つとして日本大学農林高等学校創設。昭和25年、日本大学藤沢高等学校に校名組織変更。平成21年、中学校を開設し、日本大学藤沢高等学校・中学校に改称。平成26年3月31日、日本大学藤沢小学校設置認可。平成27年4月1日、日本大学湘南キャンパスに開校した。

教育方針　知的好奇心を持って自ら課題に取り組み、新しい道を切り開くことを礎に、「自主性と創造性」を教育理念とする。この理念には小学校で自主性と創造性の芽を育み、中学、高校、大学で成長させ開花させてほしいという願いが込められている。自主性と創造性の芽を育むために、心身の健康、基本的な知識の獲得を基盤に、幅広く豊かな体験を通した学びを重視。「読む・書く・計算する力」「考える・伝える力」「あいさつができる」「明るく元気である」「自分のことは自分でできる」「ほかの人を思いやることができる」などの基本的な力を大切に、特色ある教育を実践する。

特　色　日本大学生物資源科学部に隣接、各種教育施設が設置され、質・量ともに充実した教育環境を形成している。学習指導においては、基礎学力の定着を目標とし、児童に考える力をつけさせ受け身の意識を持たせないように、また知識の詰め込みにならないように心掛ける。「生活」や「総合学習」では、知的好奇心を養い、将来の夢につながる機会となることを目的として、昆虫、植物、海洋生物、動物に関する大学教員による特別授業と体験学習を取り入れるなど、発展的な学習に力を入れる。

◆**授業の特色**　15分間の朝学習で、国語や算数を中心に基礎学力を身につける
◆**英語教育**　1・2年生は週5日、クラスを2つに分け、外国人講師による20分のオールイングリッシュ授業を実施。3年生以上はネイティブの教員と日本人教員が指導
◆**ICT教育**　1・2年生は文章や表を作成するなど、パソコン操作に慣れることを中心に取り組む。3～6年生はパソコンを各教科で使用。4年生からはタブレット端末を使用し、児童同士の双方向型学習を行う
◆**遊学タイム**　16時までグラウンド、体育館、図書室、特別教室を開放し、囲碁、将棋、スポーツ、パソコン、学習サポートなどを行っている

年間行事予定	
月	行　事　名（抜粋）
4	入学式、春の遠足
5	運動会
6	3年防災宿泊訓練
7	3～5年林間学校
8	夏休み
9	秋の遠足
10	
11	文化祭
12	3～5年スキー教室（希望者）
1	書き初め会
2	芸術鑑賞、持久走大会、6年修学旅行
3	卒業式

入試データ　下記の資料は**2025年度用（2024年秋実施予定）**です

募集要項

募集人員	第1回：男女計50名　第2回：男女計22名
学校（入試）説明会	5月11日／6月16日／7月6日／8月25日／9月7日 （校舎見学、個別相談、募集要項配付あり）
願書配付期間	募集要項配付：5月11日〜 　　　小学校受付または高等学校校門守衛所所にて
出願期間	9月1日（10時）〜20日（16時） ※ＨＰの指示に従ってＷｅｂ出願
提出書類	・受験票 ※考査日に持参
受験票交付	自宅やコンビニエンスストアなどで各自印刷
受験番号付番	生年月日順　｜　月齢考慮　｜　あり
考査日	考査：第1回…10月22日　第2回…10月24日 面接：10月17〜20日のうち1日
選抜方法^{注1}	ペーパーテスト、行動観察、親子面接
考査料	20,000円（クレジットカード、コンビニまたはペイジー決済）
合格発表	第1回：10月23日　第2回：10月25日 9時〜　Ｗｅｂ発表
倍率（前年度）	約1.2倍
入学手続	第1回：10月23日　9〜16時 第2回：10月25日　9〜16時
編入学制度	1〜4年生で試験を実施／帰国生はp.403〜参照
復学制度	あり
公開行事	オープンスクール：4月27日／7月29日 授業公開：6月28日／9月7日 文化祭：11月9日
備考	──────

セキュリティ

警備員常駐／防犯カメラ設置／登下校確認システム／携帯電話所持可／インターホン設置／保護者入構証／避難・防災訓練実施／緊急通報・安否確認システム／緊急地震速報装置／災害用品備蓄／ＡＥＤ設置

学費

………… 入学手続時納付金 …………
入学金　　　　　　　　　300,000円

………… 年間納付金 …………
授業料・年額　　　　　　600,000円
施設設備資金・年額　　　180,000円
※校外学習費、教材費、後援会入会金、後援会会費など別途納付
※上記金額は諸事情等で変更の場合あり

制服

昼食

お弁当（週5回）…希望者はお弁当の注文可

進学情報

[中学校への進学状況]
【日大藤沢】約65％が内部進学。聖光、栄光、フェリス、慶應湘南藤沢など
[高等学校への進学状況]
【日大藤沢】全員が内部進学
[大学への進学状況]
【日本】、東京、筑波、千葉、東京都立、横浜国立、慶應、早稲田など

[系列校]
日本大学・大学院・短期大学部、日本大学藤沢高等学校・中学校、日本大学第一中学校・高等学校、千葉日本大学第一中学校・高等学校、千葉日本大学第一小学校など

神奈川　私立　共学　に　日本大学藤沢小学校

※上記募集要項は小学校公表データです（注1：選抜方法については伸芽会教育研究所調査によるデータです）。詳細は小学校ＨＰまたはお電話でご確認ください

森村学園初等部

https://www.morimura.ed.jp　E-mail shotobu@morimura.ed.jp

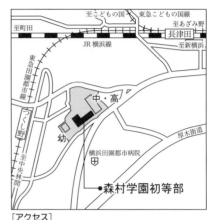

[アクセス]
●東急田園都市線【つくし野】より徒歩5分

[所在地]　〒226-0026　神奈川県横浜市緑区長津田町2695
　　　　　TEL 045-984-2509　FAX 045-984-6996

小学校情報

[校　長]　田川 信之
[児童数]　701名（男子344名、女子357名）

沿　革　明治43年、私立南高輪幼稚園、私立南高輪尋常小学校開校。昭和16年、森村初等学校と改称、森村高等女学校発足、財団法人森村学園設立。昭和23年、森村学園幼稚園、初等科、中等科、高等科に改称。昭和25年、中・高等科に男子部発足。昭和26年、学校法人森村学園となる。昭和53年、幼稚部、初等部、中等部、高等部、専攻科に改組。令和7年、学園創立115周年を迎える。

教育方針　『正直・親切・勤勉』を校訓として、基礎学力の充実とともに高度な応用力をつけ、また、人としての温もりや誠実さ、社会で役立とうとする意欲を育む。教育目標として、①美しいものを愛し、自然を大切にする子に育てよう、②困難を乗り越える強い心を持つ子に育てよう、③友達と仲よくでき、思いやりのある子に育てよう、④善悪のけじめをつけ、進んで善い行いをする子に育てよう、⑤基礎学力をしっかりと身につけ、向上心を持つ子に育てよう、⑥体を鍛え、自分自身を大切にする子に育てよう、を掲げる。

特　色　「言語技術教育」「英語教育」「ICT教育」を教育の柱として一貫教育を行う。言語技術教育では、1年生から"ことば"を体系的に学ぶプログラムを導入。また、多くの教科に専科制を採用。1・2年生は担任補助制度を設け、全授業2名の教員でより丁寧な指導を行う。算数は3年生でチームティーチング（1クラス教員2名）、4年生以上は1クラスを2分割して、一人ひとりの理解を深める。令和元年度より5・6年生の希望者を対象に、オーストラリアでの夏期短期語学研修を実施している。

◆**クラブ活動**　5年生以上、週1時間。サッカー、野球、卓球、硬式テニス、バドミントン、水泳、理科実験、絵画陶芸、演劇など
◆**委員会活動**　5年生以上。登下校、集会、放送、飼育など12の委員会
◆**英語教育**　1・2年生は週1時間、3年生以上は週2時間。英国人講師によるオリジナルカリキュラムの授業を実施。4～6年生はクラスを2つに分け、少人数制の授業を行う
◆**ICT教育**　専任教員による授業を実施。メディアルームがあるほか、各クラスに電子黒板を設置。1人1台タブレット端末を使用
◆**校外学習**　3～6年生は林間学校を行う（高尾・富士見・戸隠・志賀にて）。5・6年生は富士見高原と蔵王でスキー学校がある

年間行事予定

月	行　事　名（抜粋）
4	入学式
5	運動会、遠足
6	4～6年中高体験デー
7	4～6年林間学校、夏休み学習会
8	夏休み、オーストラリア語学研修（希望者）
9	PTAバザー
10	――――
11	3年林間学校、音楽会
12	展覧会、冬休み学習会
1	5年スキー学校
2	6年スキー学校
3	学芸会、卒業式

入試データ

下記の資料は**2025年度用（2024年秋実施予定）**です

募集要項

募集人員	男女計約80名
学校（入試）説明会	4月27日／8月31日
願書配付期間	※Ｗｅｂ出願となるため、詳細はＨＰを確認
出願期間	※Ｗｅｂ出願となるため、詳細はＨＰを確認
提出書類	※Ｗｅｂ出願となるため、詳細はＨＰを確認
受験票交付	※Ｗｅｂ出願となるため、詳細はＨＰを確認
受験番号付番	生年月日順　　月齢考慮　あり
考査日	考査：男子…10月27日　女子…10月26日 面接：9月28日・10月5・12日のうち1日
選抜方法^{注1}	ペーパーテスト、集団テスト、保護者面接
考査料	25,000円（Ｗｅｂ出願となるため、決済方法はＨＰを確認）
合格発表	10月28日　Ｗｅｂ発表
倍率（前年度）	男子約4.3倍　女子約3.7倍
入学手続	10月31日　16時締切
編入学制度	欠員が生じた場合のみ試験を実施／帰国生はp.403〜参照
復学制度	6年生の1学期までに限る
公開行事	運動会：5月18日　授業公開：6月4・6日 展覧会：11月30日・12月1日　学芸会：3月2日
備考	――――

セキュリティ

警備員常駐／防犯カメラ／交通指導員配置／登下校確認システム（希望者）／防犯ブザー携帯（希望者）／携帯電話所持可／インターホン／保護者ＩＤカード／赤外線センサー／避難・防災訓練実施／緊急通報・安否確認システム／災害用品備蓄／ＡＥＤ／全教室ＩＰＳ電話

学費

……… 入学手続時納付金 ………

入学金	250,000円
施設整備資金	125,000円

………… 年間納付金 …………

授業料・年額	600,000円
給食費・年額	124,800円
教育環境維持費・年額	120,000円
ＰＴＡ会費・年額	10,000円
教材費など・年額	32,000円
寄付金1口	50,000円
（4口以上、任意）	

※制服代など別途納付
※上記金額は諸事情等で変更の場合あり

制服

昼食

給食（週5回）

進学情報

[中学校への進学状況]
【森村学園】約80％が内部進学。筑波大駒場、聖光、浅野、学習院、立教女学院、ラ・サールなど
[高等学校への進学状況]【森村学園】ほぼ全員が内部進学
[大学への進学状況] 東京、京都、お茶の水、東京都立、横浜市立、東京医科歯科、東京農工、電気通信、慶應、早稲田、上智、国際基督教など

[系列校]
森村学園中等部・高等部、森村学園幼稚園

神奈川　私立　共学　も　森村学園初等部

※上記募集要項は小学校公表データです（注1：選抜方法については伸芽会教育研究所調査によるデータです）。詳細は小学校ＨＰまたはお電話でご確認ください

考査ガイド

考査日程	1日
受験番号付番	生年月日順
選抜方法	1日目が女子、2日目が男子の順に行われる。番号札を左肩に留め、25〜30人のグループに分かれて先生の誘導で教室に向かい、ペーパーテスト、集団テストを行う
考査内容	ペーパーテスト、集団テスト、保護者面接
所要時間	約2時間

過去の出題例

ペーパーテスト

1 数　量

・内側の四角にリンゴはいくつありますか。その数だけ、ウサギの横に○をかきましょう。

・内側の四角の外にパイナップルはいくつありますか。その数だけ、パンダの横に○をかきましょう。

・内側の四角にイチゴはいくつありますか。その数だけ、コアラの横に○をかきましょう。

・内側の四角の中と外では、イチゴの数はいくつ違いますか。違う数だけ、クマの横に○をかきましょう。

2 推理・思考

・星かハートの印が1つの面にかいてある四角い積み木があります。この積み木をマス目に沿って矢印のほうに倒しながら動かすと、丸がかいてあるマス目に星やハートの印がつきます。このまま動かしたとき、星やハートの印がつくマス目全部に○をかきましょう。

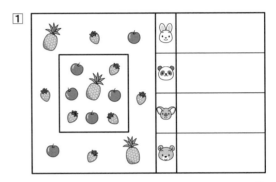

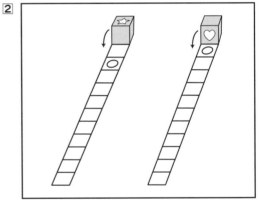

集団テスト

行動観察・制作 ※5人のグループに分かれて行う

用意されたものを使ってお店で売るものを作り、お店屋さん役とお客さん役を決めて、お店屋さんごっこを行う。

ここがポイント

ペーパーテストでは話の記憶、数量、推理・思考の問題がよく出され、集団テストでははさみやのりを使う制作の課題が毎年出されています。絵画や制作は共同で取り組むことも多く、作った作品のよし悪しではなく、取り組む姿勢や意欲、社会性、協調性、自己表現力などをトータルで見ているようです。

出題傾向

	ペーパーテスト													個別テスト														集団テスト											運動	面接
	話	数量	観察力	言語	推理・思考	構成力	記憶	常識	位置・置換	巧緻性	模写	絵画・表現	系列完成	話	数量	観察力	言語	推理・思考	構成力	記憶	常識	位置・置換	巧緻性	絵画・表現	系列完成	制作	行動観察	話	観察力	言語	常識	巧緻性	絵画・表現	制作	行動観察	課題・自由遊び	運動・ゲーム	生活習慣	運動	面接
2024年	○				○	○																							○	○		○	○	○	○					○
2023年	○	○	○		○							○																	○	○	○	○	○	○	○	○				○
2022年	○	○	○		○																								○			○	○	○	○	○				○
2021年					○																								○				○	○	○					○
2020年	○	○	○		○			○					○																○			○	○	○	○		○		○	○

面接ガイド

保護者面接	考査日前の指定日時に面接が行われる
所要時間	10～15分

＜面接資料／アンケート＞

出願時に保護者面談資料（面接資料）と、面接当日にアンケートに記入して提出する

過去の質問例

父親への質問

・お仕事の内容を教えてください。
・志望理由をお聞かせください。
・本校を知ったきっかけを教えてください。
・学校説明会に参加したときの印象をお聞かせください。
・本校でお子さんにはどのように成長してほしいですか。
・普段、お子さんとどのようにかかわっていますか。
・最近、どのようなことでお子さんをほめたり、しかったりしましたか。
・奥さまの子育てでよいと思うところはどこですか。
・奥さまのどのようなところをお子さんに受け継いでほしいですか。
・学校でお子さんがお友達にいじわるをされたと言ってきたら、どのように対処しますか。

母親への質問

・本校に期待することは何ですか。
・今日は、お子さんはどのように過ごしていますか。
・幼稚園（保育園）でのお子さんの様子はいかがですか。
・お子さんの長所と短所を教えてください。
・お子さんのどのようなところを伸ばしていきたいですか。そのために、どのような働きかけをしていますか。
・お子さんとごきょうだいの関係はいかがですか。
・子育てで大切にしていることは何ですか。
・ご主人の子育てでよいと思うところはどこですか。
・ご主人のどのようなところをお子さんに受け継いでほしいですか。
・今年の夏の一番の思い出は何ですか。
・（共働きの場合）学校でのけがや病気など緊急時にお迎えは可能ですか。サポートしてくれる人はいますか。

面接の配置図

```
          先生 ○      ○ 先生
         ┌──────────────┐
         │              │

         ┌──────────────┐
         父 ○    ○ 母
        荷物置き場
                        出入口
```

※出願時に提出する面接資料には、以下のような記入項目がある。
①家庭状況（氏名、年齢など。父母、本人を含む）
②志望動機
③志望者側から学園に伝えたいことや質問
※面接当日に記入するアンケートには、以下のような項目がある（①～③は選択式）。
①入学後、子どもが楽しみにしていること
②入学後、子どもが不安に思っていること
③子どもが一人でできること
④子どもに読み聞かせてよかったと思う本の題名3点
④の内容は面接日によって異なり、ほかに「幼稚園（保育園）生活で子どもが成長したと感じること3点」「子どもが年長になってから家族で体験し、印象に残っていること3点」がある。

Inside voice

・面接では、答えに対して深掘りされるため、簡潔に話せるエピソードをいくつか用意しておくとよいと思いました。また、直前のアンケートで記入した内容についても、より詳しい具体例を求められました。
・わが家の質問内容は、想定していた志望理由や教育方針については聞かれず、家庭に関することが中心でした。願書だけではわからない家族の様子や子どもとのかかわり方を知りたいという学校の思いを感じました。
・考査の控え室は体育館でした。暖房は効いていましたが、換気のため扉が全開になっていて足元が冷えました。ひざ掛けを持参しておいてよかったです。

横須賀学院小学校

https://pr.yokosukagakuin.ac.jp

[アクセス]
- 京急本線【横須賀中央】より徒歩10分
- JR横須賀線【横須賀】よりバス【大滝町】下車 徒歩7分

[所在地]　〒238-8511　神奈川県横須賀市稲岡町82
TEL 046-825-1920　FAX 046-825-1925

小学校情報

[校　長]　小出 啓介
[児童数]　159名（男子69名、女子90名）

沿　革　昭和22年、青山学院横須賀分校専門部を開設し、昭和23年、青山学院第二高等部が開校。昭和25年4月、青山学院をうけて横須賀学院が創立し、横須賀学院中学校・高等学校が開校。同年9月、横須賀学院小学校が開校。令和7年、創立75周年を迎える。

教育方針　『敬神・愛人』を建学の精神として掲げ、宗教教育を大きな土台とした考えで教育活動を行い、互いに愛し合い尊重し合う人間関係を育成する。「心に愛を育み、愛を実践する子どもの育成」を教育方針とし、「誠実・努力・奉仕」を生活目標とする。友達のよいところがわかる子ども、自分のよいところを表現できる子ども、ねばり強く励む子ども、すべてのことに感謝できる子ども、喜んでお手伝いができる子どもになるように努力し、目的意識と責任感、使命感が持てる人間になることを目指して育成する。

特　色　創立以来、男女共学、小・中・高12年一貫教育のキリスト教学校として歩んでいる。一貫教育の特長を生かし、子どもの成長過程に合った4・4・2・2制のカリキュラムを実施。1〜4年生では、担任との生活時間を大切にするとともに、教科担任制も取り入れ、主体的に思考する力と確かな学力の定着を図る。5・6年生は完全専科制で授業を行い、より深い学びを実現。中学校と連携を取りながらスムーズな進学を目指す。また、現代社会であふれる情報を正しく扱うために、知識を教え込むのではなく"実体験"を重視。子どもたちがさまざまな体験を積み重ね、正しい知識を身につけ生かせるように、実体験を通した学びを実践している。

◆**英語教育**　全学年、週3時間。1・2年生は週1時間の授業のほか、25分の授業を週4回行い、毎日英語にふれる。低学年からフォニックスを取り入れ、基礎学習を開始。中学年になると国際プロジェクトに取り組み、高学年では自らプロジェクトを立案し、他教科の学習を生かして英語で考えを発信する

◆**ICT教育**　全児童が個人所有のタブレット端末を持参し、学習ツールとして活用

◆**体験学習**　本物にふれる学習を重視し、校外学習や講師を招いての授業を実施。全学年で行う宿泊行事は、グループでの活動や生活を基本としながら、その地ならではの文化・生活体験ができるよう、学年によっては民泊も取り入れている

年間行事予定	
月	行　事　名（抜粋）
4	入学式、遠足
5	母の日礼拝、運動会
6	花の日礼拝、特別礼拝
7	——
8	——
9	5年自然学校、6年修学旅行、楠木祭
10	1〜3年自然学校
11	収穫感謝礼拝、クリスマスツリー点灯式
12	クリスマス礼拝、メサイア、クリスマス・ページェント
1	4年自然学校
2	書道展、音楽発表会
3	6年生を送る会、卒業式、卒業を祝う会

入試データ

下記の資料は**2025年度用（2024年秋実施予定）**です

募集要項

募集人員	A入試：男女計50名　B入試：男女計15名　C入試：男女若干名
学校（入試）説明会	学校説明会：5月18日／8月31日 ナイト説明会：6・7月の指定日
願書配付期間	募集要項配付：5月1日～
出願期間	A・B：9月1日（0時）～22日（23時59分） C：10月23日（17時）～30日（16時） ※HPの指示に従ってWeb出願
提出書類	・受験票 ※考査日に持参
受験票交付	自宅やコンビニエンスストアなどで各自印刷
受験番号付番	願書受付順　　　月齢考慮　　　なし
考査日	考査：A…10月22日　B…10月23日　C…11月2日 面接：親子面接は考査日前、本人面接は考査当日に実施
選抜方法^{注1}	ペーパーテスト、集団テスト、運動テスト、本人面接、親子面接
考査料	20,000円（クレジットカード、コンビニまたはペイジー決済）
合格発表	A：10月22日　B：10月23日　C：11月2日　Web発表
倍率（前年度）	男子約1.25倍　女子約1.3倍
入学手続	A・B：10月25日締切　C：11月6日締切
編入学制度	1～5年生で欠員が生じた場合のみ試験を実施／帰国生はp.403～参照
復学制度	なし
公開行事	運動会：5月25日　授業体験会：6月1日 入試体験会：7月6日　楠木祭（文化祭）：9月21日
備考	土曜登校は第2・4土曜日　スクールバスあり

セキュリティ

警備員常駐／防犯カメラ設置／交通指導員配置／登下校確認システム／防犯ブザー携帯／携帯電話所持可／インターホン設置／保護者入構証／赤外線センサー設置／避難・防災訓練実施／緊急通報・安否確認システム／緊急地震速報装置／学校110番／災害用品備蓄／AED設置

学費

……… 入学手続時納付金 ………

入学金	230,000円
施設費	200,000円

………… 年間納付金 …………

授業料・年額	456,000円
諸費、維持費・年額	168,000円
積立金（預かり金）・月額	約10,000円
体育着代、上履き代など	約55,000円
制服代（男子）	約43,000円
制服代（女子）	約54,000円

※教材費、給食代、牛乳代、スクールバス代など別途納付
※上記金額は諸事情等で変更の場合あり

制服

昼食

給食（週5回）

進学情報

[中学校への進学状況]【横須賀学院】男子は約71％、女子は約90％が内部進学。聖光、横浜共立、東海大付属相模、獨協、北嶺など

[高等学校への進学状況]

【横須賀学院】原則として内部進学

[大学への進学状況]

横浜市立、国際基督教、東京理科、青山学院、日本、東洋など

[系列校]

横須賀学院中学高等学校（中高6ヶ年一貫コース）、横須賀学院高等学校

神奈川　私立　共学　よ　横須賀学院小学校

横浜三育小学校

https://www.yokohama-san-iku.ed.jp　E-mail nyushi@yokohama-san-iku.ed.jp

●横浜三育小学校

［アクセス］

●東急田園都市線【青葉台】、相鉄本線【三ツ境】、JR横浜線【十日市場】、JR根岸線【桜木町】よりスクールバス

［所在地］　〒241-0802　神奈川県横浜市旭区上川井町1985
TEL 045-921-0447　FAX 045-922-2504

小学校情報

［校　長］野口 秀昭
［児童数］61名（男子37名、女子24名）

沿　革　明治31年、アメリカに本部を置くセブンスデー・アドベンチスト教会の宣教師・グレンジャー博士により、東京・芝に芝和英聖書学校を開設。大正8年、キリスト教精神に基づく一貫教育の必要性に着目し、東京・天沼に小学部、中学部、高等部開校。昭和32年、亀甲山三育小学校設立、平成4年、横浜三育小学校と改称、平成10年、現在地へ移転。令和4年、小学校創立65周年を迎えた。

教育方針　すべての児童が神の子どもであるとの児童観に基づき、神と人とを愛する人格の完成を目指すとともに、徳・知・体の調和のある発達を図り、世界に貢献する人物を育成するための教育を行う。「思いやりのある子」「自分の力で考える子」「進んで働く子」「最後までやり抜く子」「礼儀正しい子」を育てることを目標とし、キリスト教による心の育成を行ないながら、知的好奇心を引き出し、考えさせる指導を通して、自己発展させられる本物の知恵を培う。子どもたちがお互いの価値と違いを認め合う中で、それぞれの個性や能力を素直に伸ばしていくことに注力する。

特　色　人格形成の初期にあたる小学生の時期に貴重な個性を埋没させないよう、1学年1クラス、定員20名の少人数教育を行う。教師は子どもとのコミュニケーションを大切にし、一人ひとりに目を行き届かせながら、よい部分をより多く引き出し、個性を伸ばしていく。長きにわたり取り組んでいる英語教育では、1年生からネイティブ教員による英会話の授業と公文教材を用いた文法・発音中心の授業を展開し、自然に英語力が身につくよう指導する。

◆**英語教育**　全学年、週2回。45分授業を2つに分け、英会話の授業と公文教材を使った授業を少人数で実施している

◆**授業の特色**　自己表現力を育てるため、スピーチや作文発表、合唱などの機会を多く設ける。卒業前には祈祷週などで、1人10分程度のお話を担当

◆**特別活動**　宗教学習の一環として、週3時間聖書の時間を設け、土曜日には教会プログラムに参加する。学期ごとの祈祷週、クリスマス会などさまざまな行事を開催。奉仕活動なども行う

◆**健康教育**　ランニングやクラブ活動など。水泳教室は全学年で実施。月1回、近隣のスイミングプールで行う

年間行事予定

月	行　事　名（抜粋）
4	入学式、ピクニック
5	運動会
6	春の宗教週間、修学旅行
7	系列中学校見学会
8	夏休み
9	夏休み作品発表会、宿泊学習
10	系列中学校見学会、バザー、秋の宗教週間
11	避難訓練
12	クリスマス会
1	芸術鑑賞会
2	学習発表会、スケート教室、駅伝大会
3	卒業祈祷週、卒業式

入試データ

下記の資料は**2025年度用（2024年秋実施予定）**です

募集要項

募集人員	第1期：男女計20名（内部進学者含む） 第2期：男女若干名
学校（入試）説明会	6月19日／9月10日
願書配付期間	8月28日〜
出願期間	A（第1期）：10月1〜24日 B（第2期）：10月28日〜11月14日 平日9〜17時（金：〜15時。土：休み）　窓口受付
提出書類	・入学願書 ・合格通知用封筒（切手を貼付）
受験票交付	願書受付時に手渡し
受験番号付番	願書受付順　　月齢考慮　あり
考査日	考査・面接：A…10月27日 　　　　　　B…11月17日
選抜方法[注1]	ペーパーテスト、集団テスト、運動テスト、親子面接
考査料	15,000円（出願時に窓口で提出）
合格発表	A：10月29日　B：11月19日　郵送で通知
倍率（前年度）	非公表
入学手続	A：10月31日　B：11月21日
編入学制度	1〜5年生で欠員が生じた場合のみ試験を実施／帰国生はp.403〜参照
復学制度	要相談
公開行事	プリプライマリークラス：5月15日／6月5・26日／9月18日／ 10月2日
備考	――――

セキュリティ

防犯カメラ設置／防犯ブザー携帯／携帯電話所持可／授業中門施錠／インターホン設置／保護者名札着用／避難・防災訓練実施／災害用品備蓄／AED設置

学費

……… 入学手続時納付金 ………

入学金	60,000円
施設拡充費	60,000円
寄付金1口	30,000円
（5口以上、任意）	

………… 年間納付金 …………

授業料・月額	27,000円
学校維持費・月額	7,200円
冷房費（5〜7月、9・10月）・月額	600円
教育充実費・月額	4,000円

※教材費、保護者会会費、旅行積立金など別途納付
※教育充実費は在学中のきょうだい2人目から免除
※上記金額は諸事情等で変更の場合あり

制服

昼食

お弁当（週5回）

進学情報

[中学校への進学状況]【三育学院中等教育、広島三育学院、沖縄三育】、公文国際、桐光、鎌倉女学院、田園調布学園、湘南学園、横浜女学院など
[高等学校への進学状況]
【三育学院中等教育、広島三育学院】ほぼ全員が内部進学
[大学への進学状況]【三育学院】、広島、慶應、国際基督教、青山学院、日本、東京女子、玉川、聖マリアンナ医科、Southern Adventist Universityなど

[系列校]
三育学院大学・大学院、広島三育学院高等学校・中学校・小学校・大和小学校・幼稚園、三育学院中等教育学校、沖縄三育中学校、東京三育小学校、横浜三育幼稚園など

※上記募集要項は小学校公表データです（注1：選抜方法については伸芽会教育研究所調査によるデータです）。詳細は小学校HPまたはお電話でご確認ください

神奈川　私立　共学　よ　横浜三育小学校

横浜雙葉小学校

https://www.y-futaba-e.ed.jp　E-mail futaba@y-futaba-e.ed.jp

[アクセス]
- ●みなとみらい線【元町・中華街】より徒歩15分
- ●JR根岸線【山手】より徒歩15分
- ●バス【上野町】【妙香寺前】【元町公園前】下車徒歩5分

[所在地]　〒231-8562　神奈川県横浜市中区山手町226
TEL 045-641-1628　FAX 045-664-2410

小学校情報

[校 長]　池田 純一郎
[児童数]　女子491名

沿 革　明治33年、フランスの修道会「幼きイエス会」の会員であるマザー・マチルドによって、横浜山手に横浜紅蘭女学校が創立された。大正3年、横浜紅蘭女学校付属初等科開設。昭和33年、横浜雙葉小学校と改称。令和6年、小学校創立110周年を迎える。

教育方針　『徳においては純真に　義務においては堅実に』の校訓のもと、自分に素直に生き、人のために努力を惜しまない心を育てている。キリスト教の精神に基づいた宗教教育を大きな柱とし、行事や授業、日常生活の中で、一人ひとりに与えられた才能を引き出し、伸ばすことを目指す。教育目標として、①神に生かされていることに気づく、②神が望むような人間になる、すなわち「自分の素質を生かして自分を表現する」「ともに学び考え相互に生かし合う」「自由に決断し自分の責任を引き受ける」ことを育む、③将来は地球社会の一員として助け合ってともに生きる、を定めている。

特 色　伝統を重んじ、時代のニーズに応えながら、一人ひとりの存在を大切にする教育を実践。①週5日制：ゆとりある学校生活と充実した教育の実現を目指す。②専科制、チームティーチング：多くの教科で取り入れ、個人の可能性を引き出せるよう指導。③宗教：授業や帰りの祈り、ミサなどを通し、感謝の心や生命を大切にする心を育む。④自然体験：米作り、林間学校、沖縄修学旅行などにより、自然の恵みや豊かさを学ぶ。⑤情報教育：図書館蔵書3万冊やパソコンでのインターネット利用などで、自ら学習する姿勢を育てるほか、教員とICT専門員とのチーム体制で授業を進める。

◆クラブ活動　5年生以上、週1時間。バスケットボール、球技、体育、家庭、アート、パソコン、音楽、イラスト、写真、手話など

◆英語教育　1～4年生は週1時間、5・6年生は週2時間。ネイティブ講師と日本人講師が発音や英会話を教える

◆授業の特色　図書教育としてストーリーテリングや読書の指導を行う

◆校外学習　1・2年生は遠足を行う。校外に瀬上自然教室が設けられ、2年生はその中の田んぼで田植えや稲刈りを体験。3年生以上は夏期学校、林間学校を行う。自然の豊かさや仲間との交流、地域の人々とのふれ合いを体験。6年生の沖縄修学旅行では歴史や文化を学び、戦争の傷あとから平和を考える

年間行事予定	
月	行 事 名(抜粋)
4	入学式、緊急時引き取り訓練
5	学園の日ミサ
6	運動会
7	3年夏期学校、4・5年林間学校
8	夏休み
9	
10	
11	学芸会、体力測定
12	クリスマスバザー、クリスマスミサ
1	展覧会
2	6年修学旅行
3	卒業ミサ、卒業式

School Information

※濃い色で示したアイコンはこの小学校に該当するものです

入試データ

下記の資料は**2024年度用（2023年秋実施済み）**です

募集要項　※下記は前年度のデータです

募集人員	女子約80名
学校（入試）説明会	——
願書配付期間	Ｗｅｂ公開のみ
出願期間	Ｗｅｂ出願：８月１日（10時）〜３日（15時） 書類提出：８月22日（必着）　簡易書留で郵送 ※ＨＰの指示に従ってＷｅｂ出願後に書類提出
提出書類	・入学願書 ・志望理由書 ・受験票 ※受験票は考査日に持参
受験票交付	自宅やコンビニエンスストアなどで各自印刷
受験番号付番	願書受付順　／　月齢考慮
考査日	考査：10月17日 面接：９月に実施（日時はメールで通知）
選抜方法^{注1}	ペーパーテスト、集団テスト、運動テスト、親子面接
考査料	25,000円（クレジットカード、コンビニまたはペイジー決済）
合格発表	10月19日　Ｗｅｂ発表
倍率	約4.3倍
入学手続	10月23日　15時締切
編入学制度	新３年生で欠員が生じた場合のみ２月に試験を実施／帰国生はp.403〜参照
復学制度	６年生まで可能
公開行事	校内見学会：５月16・23日 オープンスクール：６月10日
備考	通学時間制限：所要時間60分程度 スクールバスあり　キリスト教系学童にスクールバス送迎あり

学費

……… 入学手続時納付金 ………
入学金　300,000円
施設設備資金　250,000円

……… 年間納付金 ………
授業料・月額　45,000円
そのほかの校納金・月額　29,000円
児童経費・月額　9,240円
※入学辞退者には施設設備資金を返還
※後援会会費、学用品準備金など別途納付
※上記金額は諸事情等で変更の場合あり

制服

セキュリティ

警備員常駐／防犯カメラ設置／交通指導員配置／登下校確認システム／防犯ブザー携帯／携帯電話所持可／授業中門施錠／インターホン設置／保護者名札着用／避難・防災訓練実施／緊急通報・安否確認システム／緊急地震速報装置／災害用品備蓄／ＡＥＤ設置

昼食

お弁当（週５回）

進学情報

[中学校への進学状況]
【横浜雙葉】ほぼ全員が内部進学
[高等学校への進学状況]
【横浜雙葉】ほぼ全員が内部進学
[大学への進学状況]
東京、一橋、東京外国語、埼玉、千葉、慶應、早稲田、上智、国際基督教など

[系列校]
横浜雙葉中学高等学校

※上記募集要項は小学校公表データです（注１：選抜方法については伸芽会教育研究所調査によるデータです）。詳細は小学校ＨＰまたはお電話でご確認ください

神奈川　私立　女子　よ　横浜雙葉小学校

273

考査ガイド

考査日程	1日
受験番号付番	願書受付順
選抜方法	約40人が1グループとなり、ペーパーテスト、集団テスト、運動テストを行う
考査内容	ペーパーテスト、集団テスト、運動テスト、親子面接
所要時間	約2時間30分

過去の出題例

ペーパーテスト

①構　成
・左のお手本の形をつなげてできる形を、右から選んで
○をつけましょう。向きは変えてもよいですが、裏返
したり重ねたりしてはいけません。

②言　語
・左の絵の名前の最後の音をつなげるとできるものを右
側から選び、点と点を線で結びましょう。

③推理・思考（ひも）
・両端を引っ張ると結び目ができるものに○をつけまし
ょう。

集団テスト

■数量・巧緻性
テスターの指示通りに、女の子が描かれた台紙にシール
を貼ったり、クーピーペンで色を塗ったりする。

運動テスト

■模倣体操
フープの中に立ち、前屈と後屈、伸脚、ジャンプなどを
テスターのお手本と同じように行う。

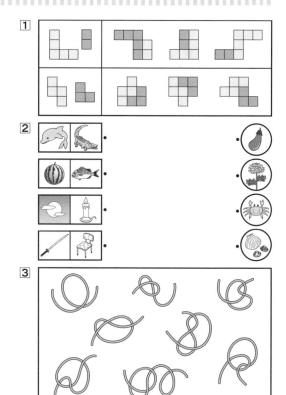

ここがポイント

考査は例年お弁当を食べる課題も含め6時間におよんでいましたが、2021年度以降はお弁当はなく、考査時間も短縮されました。ペーパーテストで毎年出題される言語では、語彙や表現力を見る問題も多く出されるので、家庭内での会話では正しい言葉遣いや言い回しをするように気をつけましょう。頻出課題の数量でも話を聞く力が必要になります。

出題傾向

	ペーパーテスト											個別テスト													集団テスト									運動	面接
	話	数量	観察力	言語	推理・思考	構成力	記憶	常識	位置・置換	模写	巧緻性	絵画・表現	系列完成	話	数量	観察力	言語	推理・思考	構成力	記憶	常識	位置・置換	巧緻性	絵画・表現	系列完成	制作	行動観察	話	推理・思考	記憶	常識	巧緻性	絵画・表現	制作	行動観察	課題・自由遊び	運動・ゲーム	生活習慣	運動	面接
2024年	○	○	○	○		○			○																			○				○							○	○
2023年	○	○	○	○	○	○		○																								○							○	○
2022年	○	○	○	○	○	○					○																									○	○		○	○
2021年	○	○	○	○	○						○		○																					○					○	○
2020年	○	○	○	○	○	○					○																									○	○	○	○	○

面接ガイド

親子面接	考査日前の指定日時に面接が行われる
所要時間	10～15分

＜面接資料／アンケート＞

出願時に志望理由書（面接資料）を提出する

過去の質問例

本人への質問

・お名前を教えてください。何歳ですか。
・幼稚園（保育園）の名前とクラス名を教えてください。
・幼稚園（保育園）ではお友達と何をして遊びますか。
・お父さんとお母さんのどんなところが好きですか。
・お家ではお父さん、お母さんと何をして遊びますか。
・お手伝いをしていますか。どんなお手伝いですか。
・お母さんの作るお料理で何が好きですか。
・どんなときに、お父さんやお母さんに「ありがとう」と言われますか。
・夏休みにしたことで楽しかったことは何ですか。
・魔法を使えたら何をしたいですか。
・今、頑張っていることは何ですか。
・小学校に入ったら何をしたいですか。

父親への質問

・志望動機をお聞かせください。
・本校の印象をお聞かせください。
・本校の教育方針の中で、どのような点がお子さんと合っていると思いますか。
・子どもにとって父親の役割は何だと思いますか。
・子育てにおいてご夫婦で協力していることは何ですか。
・ご自身がご両親から受け継いだことで、お子さんに伝えたいものは何ですか。

母親への質問

・女子校についてどのようにお考えですか。
・子育てで大切にしていることは何ですか。
・子育てをしていてうれしかったことは何ですか。
・お子さんに言われて印象に残っている言葉は何ですか。

面接の配置図

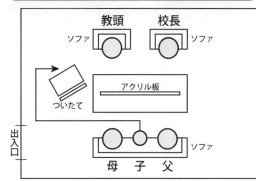

※両親の質問の後、子どもは席を移動して親子ゲームを行う。ゲーム後にいすから立ち、先生のほうを向いて質問に答える

・どのようなときにお子さんの成長を感じますか。
・どのような母親でありたいと思いますか。

【面接中に親子で行う課題】
□親子ゲーム
　親子でついたてを挟んで座る。親に恐竜型と人型の積み木が4種類ずつ渡される。子どもが机の上の写真から選んだ積み木の説明をし、親は推測して選ぶ（子どもに質問してもよい）。選んだら子どもと答え合わせをする。親に恐竜型2個と人型2個、1枚の板を積み上げた写真が用意される。親は写真を見ながら説明し、子どもがその通りに積み上げる。出来上がったら答え合わせをする。
※出願時に提出する面接資料には、以下のような記入項目がある。
①志望理由　②家族構成

Inside voice

・面接での親子ゲームは、親と子どものコミュニケーションはもちろん、子どもが机を移動するときの様子や立った後のいすの戻し方なども見られていると感じました。所作についても練習したほうがよいと思います。
・わが家は学校見学会に母親しか参加することができませんでしたが、父親に来校時の印象をどのように聞いているか質問され、焦りました。面接前に改めて情報や感想を共有しておくべきだったと反省しました。
・考査の控え室はホールでした。暖房はついていましたが肌寒く、ひざ掛けなどがあるとよいと思います。ほとんどの方が読書をされており、中にはノートパソコンで仕事をしている方もいらっしゃいました。

神奈川　私立　女子　よ　横浜雙葉小学校

『福翁自伝』を読み解く②

『福翁自伝』を読み解いて入試に生かすには、福澤諭吉や慶應義塾の精神を知る必要があります。『福翁自伝』の基礎知識と慶應義塾の精神を表すキーワードを覚えておきましょう。

✳ 『福翁自伝』の基礎知識

　福澤諭吉は、江戸時代後期の天保5年、豊前中津奥平藩の士族の家に生まれ、明治34年までの66年間（満年齢）、明治維新を中心とする激動の時代を生きました。『福翁自伝』は、明治30年の秋ごろから約1年をかけて口述筆記の形で書かれた自伝です。明治32年6月に時事新報社から初版が発行されてから今日まで、多数の出版社から発行されており、判型や解説などそれぞれ特長があるので、比較して読みやすいものを選ぶとよいでしょう。

✳ キーワード① 「独立自尊」

　慶應義塾の基本精神は「独立自尊」です。明治33年に慶應義塾の「修身要領」に記され、建学の精神の象徴となりました。『福翁自伝』の中でも、「本藩に対して功名心なし」「空威張りの群れに入るべからず（役人になると空威張りの醜態を犯してしまうので仕官しない）」などと述べているように、藩や政府におもねることなく、進取果敢に生きた福澤諭吉自身を表す言葉とも言えます。また諭吉は、国民一人ひとりの独立があってこそ、国家の独立があるという考えも持っていました。現代は国家の独立という視点はありませんが、慶應義塾幼稚舎では、世界の共存共栄には「共生他尊」に裏づけられた「独立自尊」の精神が大きな力を持つ、とするなど、グローバル社会に生きる人材に欠かせない資質と見なしています。

✳ キーワード② 「実学」

　福澤諭吉が「独立自尊」の基本としたのが「実学」の精神です。この「実学」は、人文・社会・自然科学を含めた実証科学（サイエンス）を意味します。福澤諭吉は「いかに学ぶか」を重視し、実学を通じて一人ひとりが精神的に独立した人間になるこ

とを教育の目標としました。諭吉自身の学びについては、『福翁自伝』の修業時代の話からうかがうことができます。

✳ キーワード③ 「気品の泉源」

　福澤諭吉の教育方針では「気品の泉源」も重要なキーワードです。福澤諭吉は「慶應義塾の目的」と呼ばれる一文に「慶應義塾は単に一所の学塾として自から甘んずるを得ず。其目的は我日本国中に於ける気品の泉源、智徳の模範たらんことを期し、之を実際にしては居家、処世、立国の本旨を明にして、之を口に言ふのみにあらず、躬行実践、以て全社会の先導者たらんことを欲するものなり」と記しました。慶應義塾に学ぶ者は常に「気品の泉源、智徳の模範」となり、ゆくゆくは「全社会の先導者」となるよう努めなければならない、という内容です。
　『福翁自伝』の結びに挙げた3つの目標の一つには「全国男女の気品を次第次第に高尚に導いて、真実文明の名に恥ずかしくないようにすること」とあり、気品も生涯の主題であったことが読み取れます。

慶應義塾横浜初等部の保護者作文について

　慶應義塾横浜初等部の2024年度入試の願書には、『福翁百話』を読み、どこに最も共感したのか、その理由と、それを入学以降どのように生かしたいかを具体的に書く、という欄がありました。この場合も慶應義塾幼稚舎同様、福澤諭吉の思想を読み取り、よく理解したうえで、共感した点や家庭の教育方針との共通点などを、自分たちの言葉で表現する必要があります。単なる感想文にとどまらないよう注意し、具体的なエピソードや子育て観なども盛り込みながら、展開やまとめ方に独自性が出るようにしましょう。また、志望理由と重複しないよう気をつけましょう。

参考資料：『福翁自伝』（慶應義塾大学出版会／2001年1月10日発行版／福澤諭吉著・富田正文校注）　慶應義塾ホームページ（http://www.keio.ac.jp/）
『福翁百話』（慶應義塾大学出版会／2020年9月30日発行版／福澤諭吉著・服部禮次郎編）

埼玉県・千葉県・茨城県 私立小学校入試情報ガイド

青山学院大学系属 浦和ルーテル学院小学校
開智小学校（総合部）
開智所沢小学校（仮称）
さとえ学園小学校
西武学園文理小学校
星野学園小学校
暁星国際小学校
国府台女子学院小学部
昭和学院小学校
聖徳大学附属小学校
千葉日本大学第一小学校
成田高等学校付属小学校
日出学園小学校
江戸川学園取手小学校
開智望小学校

※掲載の入試情報は、2025年度用（2024年秋実施予定）ですが、一部、2024年度用（2023年夏〜2024年冬実施済み）のものがあります。新しい情報を記載していますが、行事や考査関連の日程が変更になる可能性もあります。最新の情報は直接学校窓口にお問い合わせいただくか、各学校のホームページなどでご確認ください。考査ガイドの出題例は、伸芽会発行の『有名小学校入試問題集』などからの抜粋や、類似問題を作成して掲載しています。

青山学院大学系属 浦和ルーテル学院小学校

https://www.uls.ed.jp/　E-mail info@uls.ed.jp

[所在地]　〒336-0974　埼玉県さいたま市緑区大崎3642
　　　　　TEL 048-711-8221　FAX 048-812-0012

[アクセス]
●JR京浜東北線【北浦和】、JR武蔵野線ほか【東川口】、東武スカイツリーライン【北越谷】、埼玉高速鉄道【浦和美園】よりスクールバス

小学校情報

[校　長]　福島 宏政
[児童数]　446名（男子174名、女子272名）

沿　革　昭和28年、聖望学園小学校として設立。昭和38年に中学校、昭和45年に高等学校を設置し、小・中・高一貫教育を確立。昭和49年、名称を浦和ルーテル学院に変更。平成27年、広い敷地と最新施設で教育の一層の充実を図り、浦和美園に新校舎を竣工、移転。平成31年4月より青山学院大学系属校としてスタート。基準を満たせば募集枠の範囲内で青山学院大学に進学可能となった。

教育方針　子どもは誰でもかけがえのない才能や個性（神様からの大切な「ギフト」）を与えられているという考えのもと、「ギフト教育」を行う。学問、スポーツ、芸術など、一人ひとりの「才能＝ギフト」を見出し、大きく育て、世界に貢献していく人間を育む。ギフトを生かして周りの人々を幸せにし、自らも幸せな人生を歩むことがギフト教育の目標であり、本学院の願いとしている。

特　色　4つの特色ある教育でギフト教育を実現。①少人数教育：1クラス25名で一人ひとりの個性と長所を的確にとらえ、きめ細かい指導で才能を大きく育てる。②小・中・高一貫教育：効果的なカリキュラムで学力と心をしっかりと育てる。③英語・国際教育：1年生から授業を行い、本物の英語力と国際人としての素養を身につける。留学生とも盛んに交流。④キリスト教教育：感謝と思いやりに満ちた豊かな心を養い、神様を信頼して困難を乗り越えるたくましい人間性を育てる。夏・冬の山の上学校、4泳法のマスターを目標とする水泳授業、老人福祉施設や特別支援学校との交流などを通し、心・体・知のバランスのとれた全人格教育を行う。

◆**部活動**　3年生以上。運動系ではミニバスケット、サッカー、野球など6つあり、他校との試合も行う。文化系ではバレエ、合唱、書道など7つあり、スクールフェアなどで発表する。奉仕活動の一つとして、ハンドベルで演奏奉仕も行う

◆**英語教育**　全学年で実施。独自のカリキュラムにより、外国人教師と日本人教師のチームティーチングで指導にあたる

◆**水泳教室**　全学年で実施。25mの温水プールで、一年を通して専門コーチによる水泳授業を行う

◆**校外学習**　全学年で実施する。福島県にある「山の上学校」において、夏は登山、キャンプ、自然観察、冬はスキー教室を開催

年間行事予定

月	行 事 名（抜粋）
4	入学式、イースター礼拝
5	体育祭、ペンテコステ礼拝
6	1・6年遠足
7	山の上学校
8	──
9	──
10	宗教改革記念礼拝、スクールフェア（文化祭）
11	オープンクラス（公開授業）、芸術鑑賞会（隔年）
12	クリスマス礼拝
1	書き初め大会
2	山の上学校
3	コメンスメント（卒業式）

入試データ

下記の資料は**2024年度用（2023年夏〜秋実施済み）**です

募集要項　※ !2025 は次年度のデータです

募集人員	男女計75名
学校(入試)説明会	Ｗｅｂ説明会：4月15日 学校説明会：5月19日／6月1・21日（授業公開あり） 7月14日（校内見学あり）
願書配付期間	募集要項配付：5月19日〜
出願期間	!2025 Ｗｅｂ出願：8月1日（10時）〜20日（12時） 書類提出：8月20日（消印有効）簡易書留で郵送 ※ＨＰの指示に従ってＷｅｂ出願後に書類提出
提出書類	・入学願書 ・受験票 ※受験票は考査日に持参
受験票交付	自宅やコンビニエンスストアなどで各自印刷
受験番号付番	順不同　　月齢考慮　あり
考査日	!2025 考査：9月26日と、9月27・28日のうち1日 面接：8月26・27・30・31日のうち1日
選抜方法	!2025 知力テスト、巧緻性テスト、グループ活動テスト、授業形式テスト、運動能力テスト、親子面接
考査料	25,000円（クレジットカード、コンビニまたはペイジー決済）
合格発表	9月26日　12時〜　Ｗｅｂ発表
倍率	約2.0倍
入学手続	10月4日締切　※併願の場合は延納手続可
編入学制度	欠員が生じた学年で試験を実施／帰国生はp.403〜参照
復学制度	要相談
公開行事	——
備考	——

学　費

……… 入学手続時納付金 ………

入学金	300,000円
授業料など納付金	73,800円

………… 年間納付金 …………

授業料・月額	38,000円
施設維持費・月額	15,000円
納付金など・月額	5,800円
諸費徴収預かり金・月額	13,000円
山の上学校活動費・月額	2,000円
校舎移転新築事業寄付金1口	
（2口以上、任意）	100,000円
学校債1口	100,000円
（1口以上、任意）	

※制服代、学用品代など別途納付
※上記金額は諸事情等で変更の場合あり

制　服

セキュリティ

警備員常駐／防犯カメラ設置／交通指導員配置／登下校確認システム／防犯ブザー携帯／携帯電話所持可／保護者名札着用／避難・防災訓練実施／緊急地震速報装置／災害用品備蓄／ＡＥＤ設置／低学年の下校班編成／教員が駅ホームまで見送り

昼　食

お弁当（週5回）…昼食注文システムあり

進学情報

［中学校への進学状況］
【浦和ルーテル学院】約80％が内部進学
［高等学校への進学状況］
【浦和ルーテル学院】約90％が内部進学
［大学への進学状況］
早稲田、東京理科、立教、明治、青山学院、法政、東京女子、東京工科など

［系列校］
浦和ルーテル学院中学校・高等学校

埼玉

私立　共学

う

青山学院大学系属　**浦和ルーテル学院小学校**

※上記募集要項は小学校公表データです。詳細は小学校ＨＰまたはお電話でご確認ください

開智小学校（総合部）

https://sougoubu.kaichigakuen.ed.jp　E-mail sougoubu@s.kaichigakuen.ed.jp

［所在地］　〒339-0004　埼玉県さいたま市岩槻区徳力186
　　　　　TEL 048-793-0080　FAX 048-793-0081

［アクセス］
●東武野田線【東岩槻】より徒歩15分
●東武野田線【東岩槻】、埼玉高速鉄道ほか【東川口】
【浦和美園】、JR【さいたま新都心】よりスクールバス

小学校情報

［校　長］　西田 義貴
［児童数］　820名（男子429名、女子391名）※小1～中2

沿　革　昭和58年、埼玉第一高等学校開校、三友学園（現・開智学園）設立。平成9年、開智中学校開校。平成11年、埼玉第一高等学校を開智高等学校に改称。平成16年、小学校（総合部）を開校。令和5年、学園創立40周年を迎えた。

教育方針　「豊富な知識や柔軟な思考力・判断力を持ち、さまざまな組織や専門分野のリーダーとなれる知識人で、社会に貢献し、公正さ、人間味あふれる心を持っている人」を目指す人間像とし、国際社会に貢献できる、心豊かで創造力・自己発信能力を持ったリーダーを育てる。自分の得意分野や独自性を見つけて伸ばすこと、「成功・幸せ」とは何かを見つけ、その「夢」に向かって努力すること、それが他者や社会に対して意義や価値のあることを認識し、社会貢献できる人になることを教育目標とする。

特　色　小・中・高12年一貫教育の「4・4・4制」を実施。小学1～4年生の「プライマリー」では、授業を生活型・能力開発型とし、さまざまな体験を通して知的好奇心を育む。小学5年生～中学2年生の「セカンダリー」では、教科とフィールドワークに重点を置いた探究型の学習を進める。中学3年生からは開智学園中高一貫部に合流し、専門性を深め、大学進学準備の学習を徹底する。1～4年生と5～8年生ではそれぞれ4つの学年で構成された異学年齢学級（Team）で過ごし、思いやりやリーダーシップを身につける。学年別の授業は習熟度別で行うほか、自分で学習をプログラムする「パーソナル」の時間を小学1年生から実施。

◆**英語教育**　1～4年生は週5時間、5・6年生は週6時間。4年生までネイティブ教員による授業でコミュニケーションを中心に英語に親しみ、5年生以上からの英文法や英作文などは日本人教員、英会話はネイティブ教員による授業で英語を身につける

◆**授業の特色**　1～4年生、5～8年生で異学年齢学級（Team）を編成し、学校生活や行事などをこのTeamで行う。主要教科の授業は学年別の少人数クラスで行う

◆**校外学習**　エクスカーション（遠足）を年2回、春と秋に実施。宿泊行事では、1年生が1泊2日、2年生からは2泊3日で毎年さまざまな場所に出かけ、探究フィールドワークを実施している

年間行事予定	
月	行　事　名（抜粋）
4	入学式、1年生を迎える会
5	エクスカーション（自然）、球技大会
6	5年フィールドワーク
7	プール開き、3年野外活動
8	夏休み、7年フィールドワーク
9	探究発表会、6年フィールドワーク
10	1・4年フィールドワーク、運動会
11	エクスカーション（芸術・科学）、8年フィールドワーク
12	――――
1	2年ウィンタースクール
2	開智発表会
3	8年修了式、4年生を送る会

入試データ　下記の資料は**2024年度用（2023年秋実施済み）**です

募集要項　※下記は前年度のデータです

募集人員	男女計120名（第1回、第2回合わせて）
学校（入試）説明会	7月22日（入試トライアルあり）
願書配付期間	Ｗｅｂ公開のみ
出願期間	A（第1回・第一志望）：7月28日～9月10日 B（第1回・併願）：7月28日～9月15日 C（第2回）：9月26日～10月27日 ※ＨＰの指示に従ってＷｅｂ出願
提出書類	・受験票 ・受験生面接シート　・保護者面接シート ※すべて考査日に持参
受験票交付	自宅やコンビニエンスストアなどで各自印刷
受験番号付番	願書受付順　／　月齢考慮　あり
考査日	考査：A・B…9月23日　C…11月3日 面接：A…9月9・16日のうち1日（自己発信あり） 　　　　B・C…考査当日に実施
選抜方法 注1	ペーパーテスト、集団テスト、運動テスト、本人面接、保護者面接、自己発信（A・Cのみ）
考査料	30,000円（クレジットカード、コンビニまたはペイジー決済）
合格発表	A・B：9月26日　C：11月7日　Ｗｅｂ発表
倍率	A・B：約1.8倍　C：約1.9倍
入学手続	A・B：9月26～29日　C：11月7～10日 ※Bは延納手続可
編入学制度	新2～6年生で試験を実施／帰国生はp.403～参照
復学制度	あり（試験を実施）
公開行事	体験楽習：5月13日
備考	土曜登校は、1～4年生は隔週、5～8年生は毎週授業あり

学費

…… 入学手続時納付金 ………

入学金	250,000円
授業料	200,000円

……… 年間納付金 ………

授業料・年額	480,000円
教育充実費・年額	128,000円
児童会会費など・年額	30,000円
ＩＣＴ機器代・年額	44,000円
積立金・年額	120,000円
保護者会後援費・年額	20,000円
寄付金1口	50,000円
（4口以上、任意）	
制服代（男子）	約160,000円
制服代（女子）	約179,000円

※授業料の一部（200,000円）を入学手続時に納付
※上記金額は諸事情等で変更の場合あり

制服

セキュリティ

警備員常駐／防犯カメラ設置／交通指導員配置／登下校確認システム／携帯電話所持可／保護者入構証・名札／避難・防災訓練実施／緊急通報・安否確認システム／緊急地震速報装置／災害用品備蓄／ＡＥＤ設置

昼食

給食かお弁当（持参）の選択制（週5回）

進学情報

[中学校への進学状況]
【開智学園】約90％が内部進学。開成、桜蔭など
[高等学校への進学状況]
【開智学園】ほぼ全員が内部進学
[大学への進学状況]
東京、京都、東京工業、一橋、東京外国語、筑波、大阪、慶應、早稲田など

[系列校]
開智学園中高一貫部、開智学園高等部、開智未来中学・高等学校、開智日本橋学園中学・高等学校、開智望中等教育学校・小学校、開智所沢中等教育学校・小学校（仮称）など

※上記募集要項は小学校公表データです（注1：選抜方法については伸芽会教育研究所調査によるデータです）。詳細は小学校ＨＰまたはお電話でご確認ください

埼玉　私立　共学　か　開智小学校（総合部）

開智所沢小学校 〔仮称〕 (2024年4月開校予定)

https://tokorozawa.kaichigakuen.ed.jp　E-mail tokorozawa@kaichigakuen.ed.jp

[所在地]　〒359-0027　埼玉県所沢市大字松郷169
　　　　　TEL 04-2951-8088　FAX 04-2951-8098

[アクセス]
●JR武蔵野線【東所沢】より徒歩12分
●西武池袋線ほか【所沢】、JR武蔵野線【東所沢】
よりスクールバス

小学校情報

[校　長]　片岡 哲郎
[児童数]　男女計約324名（新1～5年生）予定

沿　革　昭和58年、埼玉第一高等学校開校、三友学園（現・開智学園）設立。平成9年、開智中学校開校。平成11年、埼玉第一高等学校を開智高等学校に改称。平成16年、開智小学校（総合部）、平成27年、開智望小学校、令和2年、開智望中等教育学校開校。令和6年、開智所沢小学校、開智所沢中等教育学校を開校。

教育方針　「平和で豊かな世界の実現のために貢献する創造力・発信力・コミュニケーション力を持ったリーダー・スペシャリストの育成」を教育理念に掲げる。子どもたちに身につけてほしい資質、スキルを「好奇心」「脳の機能」「思考」「自学」「コミュニケーション」「メタ認知」の6つに集約し、学習活動、行事、学校生活を通して、「得意を伸ばし挑戦する」「志を高く学ぶ」「人のために行動する」という教育目標の実現に取り組む。

特　色　小学1～5年生は生活型・能力開発型の5年間、小学6年～中等4年生は探究型・総合型の5年間、中等5～6年生は専門型の2年間と位置づけ、開智所沢中等教育学校とともに12年一貫教育を行う。1クラス30名の少人数制を取り、30名編成の異学年学級を併用。国際バカロレアのプログラムを取り入れ、教科横断型のカリキュラムを編成し、探究の授業を週5時間実施。調査・観察、疑問の発見、仮説、検証、考察・発表、行動という探究サイクルにより創造力、思考力、発信力を伸ばす。一年を通して農業体験を行うなどプロジェクト学習やフィールドワークと連携を図りながら、教科の枠にとらわれずダイナミックに学習を進めていく。

◆英語教育　1年生から週5時間。基礎から応用までバランスよく学ぶ。また、既習歴がある児童のために英語探究クラスを設け、「探究」の授業も英語で行うなど、週10時間の英語活動を実施。高学年の希望者を対象にサマーキャンプ（海外語学研修）も行う
◆ICT教育　全教室にプロジェクターを設置。全学年、1人1台のタブレット端末を授業などで活用。プログラミング教育も実施
◆異学年活動　1～5年生各6名程度の異学年児童で「ホーム」を編成。朝の会、朝の読書、昼食、清掃、帰りの会、行事などさまざまな活動に取り組むことで、低学年は生活の基盤を学び、中学年は自覚を育て、高学年はリーダーシップを発揮していく

年間行事予定	
月	行　事　名（抜粋）
4	入学式
5	運動会
6	3・6年フィールドワーク
7	4・5年夏期講習
8	サマーキャンプ（希望者）
9	個人探究発表会
10	1・4・5年フィールドワーク
11	秋のエクスカーション
12	開智所沢発表会
1	2年フィールドワーク
2	プレゼンテーションウィーク
3	春のエクスカーション、修了式

入試データ

下記の資料は**2024年度用**（**2023年秋実施済み**）です

募集要項 ※!2025は次年度のデータです

募集人員	男女計100名（第1回、第2回合わせて）
学校（入試）説明会	!2025　4月27日／5月18日／7月6日／8月24日
願書配付期間	Ｗｅｂ公開のみ
出願期間	A（第1回・第一志望）：7月28日〜9月10日 B（第1回・併願）：7月28日〜9月15日 C（第2回・第一志望）：9月26日〜11月7日 ※ＨＰの指示に従ってＷｅｂ出願
提出書類	・受験票 ・受験生面接シート　・保護者面接シート ※すべて考査日に持参
受験票交付	自宅やコンビニエンスストアなどで各自印刷
受験番号付番	願書受付順　　月齢考慮　　あり
考査日	考査：A・B…9月23日　C…11月11日 面接：A…9月10・18日のうち1日（自己発信あり） 　　　B・C…考査当日に実施
選抜方法注1	ペーパーA、ペーパーB、作業、行動観察、運動、本人面接、保護者面接、自己発信（A・Cのみ）
考査料	30,000円（クレジットカード、コンビニまたはペイジー決済）
合格発表	A・B：9月26日　C：11月14日　Ｗｅｂ発表
倍率	約1.6倍
入学手続	A・B：9月26〜29日　C：11月14〜17日 ※Bは延納手続可
編入学制度	新2〜5年生で試験を実施
復学制度	あり
公開行事	——
備考	原則、土曜登校は隔週

学費

```
……… 入学手続時納付金 ………
入学金　　　　　　　　　250,000円
授業料　　　　　　　　　200,000円

………… 年間納付金 …………
授業料・年額　　　　　　480,000円
教育充実費・年額　　　　128,000円
児童会会費・年額　　　　　6,000円
保護者会会費・年額　　　　6,000円
開智学園後援会会費・年額
　　　　　　　　　　　　 20,000円
開智所沢後援会会費・年額
　　　　　　　　　　　　 20,000円
積立金・年額　　　　　　120,000円
```
※授業料の一部（200,000円）を入学手続時に納付
※上記金額は諸事情等で変更の場合あり

制服

セキュリティ

防犯カメラ設置／交通指導員配置／登下校確認システム／携帯電話所持可／授業中門施錠／インターホン設置／保護者入構証／赤外線センサー設置／避難・防災訓練実施／看護師常駐／災害用品備蓄／ＡＥＤ設置

昼食

給食かお弁当（持参）の選択制（週5回）

進学情報

[中学校への進学状況]
【開智所沢中等教育】原則として内部進学
[高等学校への進学状況]
【開智所沢中等教育】原則として内部進学
[大学への進学状況]
——

[系列校]
開智所沢中等教育学校（仮称）、開智学園中高一貫部、開智中学校（総合部）、開智小学校（総合部）、開智学園高等部、開智未来中学・高等学校、開智望中等教育学校・小学校など

※上記募集要項は小学校公表データです（注1：選抜方法については伸芽会教育研究所調査によるデータです）。詳細は小学校ＨＰまたはお電話でご確認ください

さとえ学園小学校

http://www.satoe.ed.jp　E-mail infom@satoe.ed.jp

［アクセス］
- ●JR宇都宮線【東大宮】より徒歩15分
- ●JR各線【土呂】【宮原】【日進】、東武野田線【大宮公園】よりスクールバス

［所在地］　〒331-0802　埼玉県さいたま市北区本郷町1813
TEL 048-662-4651　FAX 048-662-4762

小学校情報

［校　長］　小野田 正範
［児童数］　490名（男子248名、女子242名）

沿　革　昭和34年、埼玉自動車整備技術学校を開校。昭和46年、学校法人佐藤栄学園認可、学校法人埼玉自動車整備技術学校となる。昭和47年、埼玉栄高等学校、昭和53年、埼玉栄東高等学校、昭和57年、花咲徳栄高等学校、平成8年、平成国際大学を設立。平成15年、さとえ学園小学校を開校した。

教育方針　建学の精神に『人間是宝』（人間は誰もが素晴らしい資質を持った宝の原石である）を掲げる。21世紀の平和で豊かな世界を切り拓くのは子どもたちであるとし、一人ひとりに内在する「豊かな個性」や「無限の可能性」を磨き、育てることこそ教育の役割にほかならないと考える。将来、日本の、そして世界のリーダーを目指す子どもたちの「学びの礎」「豊かな心」を培うことを目指し、集団と個とのかかわりの中で「自ら考え」「自ら判断し」「自ら意思決定をし」「意欲的、積極的に行動する」子どもたちを、6年間の系統的な学びの中で教職員が一丸となって育て上げていく。

特　色　多様な施設を生かした体験型教育と、正課授業との連動を重視した放課後教育（複合型教育）により、「学ぶ楽しさを知る」ことができる学校。英語は全学年で実施し、算数は4年生から習熟度別に展開。1人1台タブレット端末を持ち、個々の能力を丁寧に開花させる教育を実践し、思考力の養成に力を入れる。複合型教育では、5教科の内容をより深める学習系プログラムと、水泳や空手、バレエ、バイオリンなどの情操系プログラムのほか、右脳の開発に力を入れたそろばんや速読も導入している。

◆**課外活動**　3年生以上。ブラスバンド、合唱、管弦楽団、生物がある

◆**英語教育**　1・2年生は週3時間、3～6年生は週2時間。少人数のクラスを編成し、外国人教師と日本人教師が指導。コミュニケーションに重きを置き、授業は英語で行う

◆**ICT教育**　低学年でコンピュータに慣れ親しみ、中学年で理解し、高学年でアプリ制作やロボット制作などを実践

◆**授業の特色**　施設内の水族館、キッズファーム、プラネタリウムなどで体験学習を行う。4年生から年5回、国語、社会、算数、理科の「さとえチャレンジテスト」がある

◆**校外学習**　宿泊学習は、3・4年生は軽井沢、5年生は京都、6年生は沖縄へ

年間行事予定

月	行　事　名（抜粋）
4	入学式、こいのぼり祭り、6年修学旅行
5	スポーツテスト、遠足
6	5年研修旅行
7	七夕祭り、3・4年校外学習
8	夏休み
9	―
10	運動会、ハロウィンパーティー
11	マラソン大会
12	音楽祭、クリスマス会
1	新春を祝う会
2	節分会
3	ひな祭り、6年生を送る会、卒業式

入試データ

下記の資料は**2024年度用（2023年秋実施済み）**です

募集要項 ※ !2025 は次年度のデータです

募集人員	男女計72名
学校（入試）説明会	!2025 学校説明会：5月25日 入試説明会：7月7日
願書配付期間	!2025 募集要項配付：7月7日〜
出願期間	Ｗｅｂ出願：8月23日〜9月1日 書類提出：8月28日〜9月1日（必着）　簡易書留速達で郵送 ※ＨＰの指示に従ってＷｅｂ出願後に書類提出
提出書類	・入学志願書、受験票 ・出願時添付書類 ・受験票返信用宛名用紙（切手を貼付） ・入試結果通知用宛名用紙（切手を貼付）
受験票交付	速達で郵送
受験番号付番	男女別、月齢順　／　月齢考慮　あり
考査日	考査：男子…10月1日　女子…10月2日 面接：9月15・16日のうち1日
選抜方法[注1]	ペーパーテスト、個別テスト、集団テスト、運動テスト、親子面接
考査料	30,000円（クレジットカード、コンビニまたはペイジー決済）
合格発表	10月4日　Ｗｅｂ発表および速達で通知
倍率	約4.0倍
入学手続	10月11日（消印有効）　簡易書留で郵送
編入学制度	7・1月に試験を実施／帰国生はp.403〜参照
復学制度	あり
公開行事	!2025 オープンスクール：6月26日
備考	――――

学費

――――― 入学手続時納付金 ―――――
入学金　　　　　　　　　　　250,000円

――――― 年間納付金 ―――――
授業料・年額　　　　　　　　480,000円
施設設備拡充費・年額　　　　180,000円
諸費・年額　　　　　　　　　150,000円
保護者会会費・年額　　　　　 12,000円
児童会会費・年額　　　　　　 10,000円
後援会会費・年額　　　　　　 5,000円
寄付金1口　　　　　　　　　 50,000円
（2口以上、任意）

※制服代、給食費、スクールバス代（利用者のみ）など別途納付
※上記金額は諸事情等で変更の場合あり

制服

セキュリティ

警備員常駐／防犯カメラ設置／交通指導員配置／登下校確認システム／防犯ブザー携帯／携帯電話所持可／授業中門施錠／保護者名札着用／赤外線センサー設置／避難・防災訓練実施／緊急通報・安否確認システム／緊急地震速報装置／災害用品備蓄／ＡＥＤ設置

昼食

給食（週5回）

進学情報

[中学校への進学状況]【栄東、埼玉栄】約50％が系列校に進学。開成、麻布、武蔵、桜蔭、豊島岡、女子学院、雙葉、浦和明の星など
[高等学校への進学状況]
【栄東、埼玉栄】全員が内部進学
[大学への進学状況]
東京、京都、東京工業、一橋、東京外国語、筑波、慶應、早稲田、上智など

[系列校]
平成国際大学・大学院、栄東高等学校・中学校、埼玉栄高等学校・中学校、花咲徳栄高等学校、栄北高等学校など

※上記募集要項は小学校公表データです（注1：選抜方法については伸芽会教育研究所調査によるデータです）。詳細は小学校ＨＰまたはお電話でご確認ください

埼玉　私立　共学　さ　さとえ学園小学校

BUNRI'S 西武学園文理小学校

https://www.seibubunri-es.ed.jp/

[所在地]　〒350-1332　埼玉県狭山市下奥富600
　　　　　TEL 04-2900-1800　FAX 04-2968-0030

［アクセス］
●西武新宿線【新狭山】より徒歩10分
●JR川越線・東武東上線【川越】、西武池袋線【稲荷山公園】、JR八高線・西武池袋線【東飯能】よりスクールバス

小学校情報

[校　長]　古橋 敏志
[児童数]　男女計333名

沿　革　昭和41年、埼玉県所沢市に西武栄養料理学院創立。昭和50年、学校法人西武学園設立認可。昭和56年、学校法人名を文理佐藤学園と改称、西武学園文理高等学校を開設。昭和63年、文理情報短期大学開設。平成5年、西武学園文理中学校開設。平成11年、文理情報短期大学を改組転換し、西武文理大学開設。平成16年、西武学園文理小学校を狭山市に開校。

教育方針　学園の教育方針「すべてに誠をつくし最後までやり抜く強い意志を養う」を基盤に、「『高き志』をもったグローバルな『トップエリート』を育てる」を教育目標とする。小・中・高の12年一貫教育により、「心を育てる」「知性を育てる」「国際性を育てる」を重点目標として教育を行う。自ら学び、自ら考え、自らつくり出し、自ら表現できる力を育て、高校卒業時には日本の難関大学をはじめ、ハーバード大学やケンブリッジ大学のような世界のトップエリートが学ぶ大学への進学者輩出に向けて努力を傾注する。

特　色　英語教育の一環として、校内に8名の外国人英語講師が常駐し、登校から下校まで子どもたちが常に英語を使える環境を用意。英語学習については、英語の授業のほかに音楽、図工、体育、情報でも英語を導入し、一週間に約10時間の授業で英語に触れることができる。また、5年生はイギリス短期留学、6年生はアメリカ研修を実施することで、子どもたちは他国の児童とともに生活しながら英語を学ぶ。異文化を体験・吸収し、国際人としての素養と英語力に磨きをかけ、「世界のトップエリート」への道を歩んでいく。

◆**クラブ活動**　5年生以上。ロボット・プログラミング、バスケットボール、ソフトボール、バレーボール、サッカー、金管バンドなど。1〜4年生で行う特別活動「CA（Creative Activity）」は、ハンドベル、和太鼓、絵画、English、ヴィオリラ、Strategy game、リズムダンス、茶道、鉄道模型、将棋など
◆**英語教育**　3年生まで週2時間、4年生から週3時間。文理イマージョン授業もある
◆**授業の特色**　3年生で和食の作法、4年生で洋食のマナー教室を行う。家庭科の授業には茶道を取り入れ、日本の伝統文化を学ぶ
◆**校外学習**　5・6年生の海外研修のほか、1年生は学内、2年生は富士山麓、3年生は日光、4年生は北海道で宿泊研修を行う

年間行事予定

月	行　事　名（抜粋）
4	入学式
5	田植え、春季校外学習
6	運動会、4年宿泊研修
7	1〜3年宿泊研修、5年英語短期留学
8	夏休み、2・3年イングリッシュキャンプ
9	文理祭、収穫祭・奉納祭
10	秋季校外学習、ハロウィンパーティー
11	6年米国研修、5年東京大学研修
12	おもちつき大会、スクールコンサート
1	かるた大会、3〜6年書き初め大会、芸術鑑賞会
2	4〜6年スキースクール、3年和食作法教室
3	CA発表会、卒業研究発表会、卒業式

入試データ

下記の資料は**2024年度用（2023年秋実施済み）**です

募集要項　※下記は前年度のデータです

募集人員	男女計96名（第1〜3回合わせて）
学校（入試）説明会	学校説明会：4月23日／5月24日／6月16日／7月2日 Bunri Walk Day：5月20・27日／7月16日／8月6・27日
願書配付期間	Ｗｅｂ公開のみ
出願期間	A（第1回）：8月18日（13時）〜28日（13時） B（第2回）：9月28日（13時）〜10月4日（13時） C（第3回）：11月9日（13時）〜17日（13時） ※ＨＰの指示に従ってＷｅｂ出願
提出書類	・受験票 ・写真票 ※すべて考査日に持参
受験票交付	自宅やコンビニエンスストアなどで各自印刷
受験番号付番	願書受付順　　月齢考慮　　あり
考査日	A：考査…9月15〜17日のうち1日　面接…9月2〜4日のうち1日 B：考査…10月21・22日のうち1日　面接…10月14・15日のうち1日 C：考査・面接…11月18日
選抜方法	ペーパーテスト、運動テスト、制作テスト、行動観察、親子面接
考査料	20,000円（クレジットカード、コンビニまたはペイジー決済）
合格発表	A：9月19日　B：10月23日　C：11月20日　Ｗｅｂ発表
倍率	男子約1.3倍　女子約1.1倍
入学手続	A：9月28日締切　B：10月31日締切　C：12月4日締切 ※A・Bは延納手続可
編入学制度	欠員が生じた場合のみ試験を実施／帰国生はp.403〜参照
復学制度	再入学試験により決定
公開行事	文理祭：9月9・10日
備考	スクールバスあり

学費

……… 入学手続時納付金 ………
入学金	250,000円

………… 年間納付金 …………
授業料・年額	450,000円
施設設備費・年額	150,000円
海外研修積立金・年額	50,000円
教材費（タブレット端末利用料含む）・年額	79,700円
水泳実習費など・年額	21,800円
給食費・年額	127,800円
特別教養費・年額	5,000円
教育振興資金・年額	30,000円

※その他会費、制服代など別途納付
※上記金額は諸事情等で変更の場合あり

制服

4〜6年生は高学年用制服となる

セキュリティ

防犯カメラ設置／交通指導員配置／登下校確認システム／携帯電話所持可／授業中門施錠／インターホン設置／保護者入構証・名札着用／避難・防災訓練実施／緊急通報・安否確認システム／災害用品備蓄／ＡＥＤ設置／防災ガイド配付

昼食

給食（週5回）…アレルギー除去食または代替食の提供可

進学情報

[中学校への進学状況]
【西武学園文理】原則として内部進学
[高等学校への進学状況]
【西武学園文理】原則として内部進学
[大学への進学状況]
東京、東京学芸、電気通信、東京農工、防衛、慶應、早稲田、国公私立医歯薬獣医系大学など

[系列校]
西武文理大学、西武学園文理中学・高等学校など

考査ガイド

考査日程	1日
受験番号付番	願書受付順
選抜方法	男女混合のグループで、ペーパーテスト、集団テスト、運動テストを行う
考査内容	ペーパーテスト、集団テスト、運動テスト、親子面接
所要時間	約2時間30分

過去の出題例

ペーパーテスト

1 数　量

・サイコロ1のところです。四角の中で、一番数が多いものに○をつけましょう。

・サイコロ2のところです。プリンとアメはいくつ違いますか。違う数だけ○をかきましょう。

・サイコロ3のところです。アメとケーキとジュースを1つずつセットにして配ると、何人に配ることができますか。その数だけ○をかきましょう。

・サイコロ4のところです。四角の中で合わせると10になるのは何と何ですか。2つ選んで○をつけましょう。

2 言　語

・ラクダから始めて、できるだけ長くしりとりでつながるように絵を線でつなぎましょう。

集団テスト

■絵画（課題画）・巧緻性

指示通りに絵を描いたり、台紙をはさみで切ったりする。

運動テスト

■模倣体操

テスターのお手本を見ながら、ラジオ体操をする。

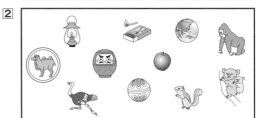

ここがポイント

ペーパーテスト、集団テスト、運動テストが行われますが、ペーパーテストの出題範囲は幅広く、話の記憶や言語、推理・思考など項目数も多くなっています。難易度の高いものも含まれるので、なるべく多くの問題に接しておきましょう。集団テスト、運動テストでは、集団で活動する際のルールを守り、長時間の考査に対応できる体力も必要です。

出題傾向

	ペーパーテスト													個別テスト														集団テスト											運動	面接
	話	数量	観察力	言語	推理・思考	構成力	記憶	常識	位置・置換	模写	巧緻性	絵画・表現	系列完成	話	数量	観察力	言語	推理・思考	構成力	記憶	常識	位置・置換	巧緻性	絵画・表現	系列完成	制作	行動観察	話	観察力	言語	常識	巧緻性	絵画・表現	制作	行動観察	課題・自由遊び	運動・ゲーム	生活習慣		
2024年	○		○	○	○					○	○		○																○				○		○				○	○
2023年	○	○		○	○		○	○	○																				○			○			○				○	○
2022年	○	○		○	○			○					○																○			○			○				○	○
2021年	○	○		○	○			○																					○			○			○				○	○
2020年	○	○		○	○	○		○																					○			○			○				○	○

面接ガイド

親子面接 考査日前の指定日時に面接が行われる
所要時間 10〜15分

＜面接資料／アンケート＞
Ｗｅｂ出願時に面接資料アンケートを入力する

過去の質問例

本人への質問

・お名前とお誕生日を教えてください。
・お家の住所、電話番号を教えてください。
・幼稚園（保育園）の名前とクラス名、担任の先生の名前を教えてください。どんな先生ですか。
・仲のよいお友達の名前を3人教えてください。
・幼稚園（保育園）ではお友達と何をして遊びますか。
・幼稚園（保育園）は給食ですか、お弁当ですか。
・好きな食べ物と嫌いな食べ物を教えてください。
・給食で嫌いな食べ物が出てきたらどうしますか。
・お家ではどんなお手伝いをしていますか。
・お休みの日はお父さんと何をして遊びますか。
・将来は何になりたいですか。それはどうしてですか。
・この学校の名前を知っていますか。
・この学校に来たことはありますか。どう思いましたか。
・この学校に入学したら何を頑張りたいですか。

父親への質問

・志望理由を教えてください。
・お仕事の内容やご家族の紹介も含めて、自己紹介をしてください。
・併願校はありますか。どちらの学校ですか。
・休日はお子さんとどのように過ごしていますか。
・受験のために幼児教室に通っていますか。お子さんは幼児教室でどのように成長しましたか。
・お子さんにはどのような大人になってほしいですか。

母親への質問

・学校説明会に参加したときの印象を教えてください。
・お子さんの幼稚園（保育園）を選んだ理由は何ですか。

面接の配置図

・子育てで大切にしていることは何ですか。
・お子さんの長所と短所を教えてください。
・どのようなときにお子さんの成長を感じますか。
・（共働きの場合）緊急時のお迎えなどに対応できますか。
・考査当日に、利き腕や視力、聴力など、配慮が必要な点はありますか。

> ※出願時に入力する面接資料アンケートには、以下のような項目がある（①〜③は各120〜240文字程度）。
> ①出願理由3点（優先順位の高い順に入力）
> ②家庭での教育で特に留意している点
> ③子どもの長所と短所
> ④学校を知ったきっかけ（選択式）
> ⑤学校に期待すること（選択式）
> ⑥通学時間

Inside voice

・面接の受付には外国人の先生もいらっしゃり、英語で話しかけられました。あいさつをはじめ、名前を聞かれたり、待機場所を指示されたりと簡単なものでしたが、親子とも英語に慣れておいたほうがよいと思います。
・面接では先生が優しい口調でゆっくりと質問してくださり、子どもも緊張することなく答えることができました。唯一学校の名前を答えることができず、事前にしっかり伝えておくべきだったと反省しました。
・考査日の保護者のつき添いは2名まで可能で、考査中は1名が残っていればもう1名は外出することができました。控え室にはウオーターサーバーが用意されており、皆さん利用していました。

星野学園小学校

https://www.hoshinogakuen.ed.jp/hes/

[アクセス]
●JR川越線・東武東上線【川越】、西武新宿線【本川越】、西武池袋線【入間市】、JR高崎線【宮原】よりスクールバス

[所在地] 〒350-0826　埼玉県川越市上寺山216-1
TEL 049-227-5588　FAX 049-227-1888

小学校情報

[校 長] 星野 誠
[児童数] 男女計421名

沿 革　明治30年、川越市に星野塾を設置する。昭和8年、星野裁縫女学校設置認可、昭和28年、学校法人星野学園認可。昭和39年、星野女子高等学校、昭和46年、同校付属ほし幼稚園、昭和59年、川越東高等学校、平成12年、星野学園中学校認可。平成15年、星野女子高等学校が星野高等学校に改称。平成19年、星野学園小学校開校。平成21年、ほし幼稚園が星野学園幼稚園に改称。

教育方針　リベラルアーツ（古くから欧米で理想的とされてきた自由で、柔軟で、自立した人間を育てる教養教育）の考え方に基づき、与えられた知識だけでなく自発的に深く考えることができ、かつ、自らの個性や可能性を見いだし、相手を受け入れ、思いやりを持った「将来のリーダーとなりうる人」を育てることを目指す。①情操教育—ゆたかな「こころ」と「からだ」を、②学力養成教育—進んで学ぶ楽しさを、③英語教育—世界で活躍できる子どもたちに、の3つの柱で「個人」の可能性を大きく伸ばす。

特 色　小・中・高12年の一貫教育。習慣の確立（小学1・2年生）、意欲向上（小学3・4年生）、土台の完成（小学5・6年生）、基礎の定着（中学1・2年生）、応用力の育成（中学3年生・高校1年生）、実践力の修養（高校2・3年生）の6ステップで構成。基礎力・読解力×思考力・創造力重視の国語。計算力・思考力・応用力重視の算数。コミュニケーション・国際理解・実践力重視の英語。多彩な行事にチャレンジすることで養われる自立と協調性。また、最新の施設と環境が意欲ある子どもを育てる。

◆**英語教育**　◎コミュニケーション…「話す、聞く、読む、書く」技能をバランスよく養い、英語をコミュニケーションの手段として自在に操ることができるようにする　◎国際理解…異文化体験を積極的に行い、ほかの国の文化を学習して、日本との違いや共通点を発見する　◎実践力…ニュージーランドでの修学旅行（5年生）では、学んだ英語を生かして現地の人と交流する

◆**校外学習**　自然観察、社会科見学のほか、田植えや稲刈りなどの農場体験、スキー教室を行う。宿泊学習は、1年生は校内、2・3年生は富士河口湖、4年生は京都・奈良、5年生はニュージーランドへの修学旅行、6年生は広島・神戸へ

年間行事予定	
月	行　事　名（抜粋）
4	入学式、対面式、6年広島・神戸宿泊学習
5	春の遠足、田植え
6	いもの苗植え、授業参観、2・3年夏の学校
7	水泳大会、1年夏の学校、芸術鑑賞会
8	夏休み、5年修学旅行（ニュージーランド）
9	星華祭、稲刈り、4年京都・奈良宿泊学習
10	体育祭、秋の遠足
11	合唱祭、授業参観、マラソン大会、いも掘り
12	―
1	お正月会、社会科見学
2	冬の学校（スキー教室）、ドッジボール大会
3	6年生を送る会、修了式、卒業式

入試データ

下記の資料は**2024年度用（2023年秋実施済み）**です

募集要項 ※下記は前年度のデータです

募集人員	男女計80名（第1～3回合わせて）
学校（入試）説明会	学校説明会：5月14日 入試説明会：5月20・28日／6月25日／7月29日／8月27日
願書配付期間	募集要項配付：5月14日～
出願期間	A（第1回・単願）：8月17～30日 B（第1回・一般）：8月17～30日／9月5日（面接希望日による） C（第2回・一般）：9月7～19日 D（第3回・一般）：9月21日～10月11日 ※HPの指示に従ってWeb出願後に書類提出 （Web出願期間最終日の翌日必着）
提出書類	・入学志願書　・志望理由書 ・受験票　※受験票は考査日に持参
受験票交付	自宅やコンビニエンスストアなどで各自印刷
受験番号付番	願書受付順　月齢考慮　あり
考査日	考査：A・B…9月15日　C…10月4日　D…10月21日 面接：A…9月3日　B…9月3・9・10日のうち1日 C…9月23日　D…10月15日
選抜方法	ペーパー・制作・行動観察・運動テスト、親子面接
考査料	25,000円（クレジットカード、コンビニまたはペイジー決済）
合格発表	A・C・D：考査当日　B：考査翌日　Web発表
倍率	非公表
入学手続	A：9月19日　B～D：11月6日
編入学制度	欠員が生じた場合のみ試験を実施／帰国生はp.403～参照
復学制度	なし
公開行事	オープンスクール：6月11日／7月22日　公開授業：7月8日
備考	単願入試希望者は個別相談（5～8月）参加が必須

学費

……… 入学手続時納付金 ………	
入学金	250,000円
施設費	150,000円

……… 年間納付金 ………	
授業料・月額	30,000円
施設維持費・月額	10,000円
図書費・月額	500円
冷暖房費・年額	5,000円
教材・行事費など・年額	120,000円
給食費・月額	10,340円
PTA入会金	3,000円
ICカード使用料・年額	3,960円

※入学金減免制度あり
※2年次以降は修学旅行積立金9,500円（月額）を納付
※ICT教育費として4年次56,000円、5・6年次50,000円（いずれも年額）を教材費に追加
※上記金額は諸事情等で変更の場合あり

制服

セキュリティ

警備員常駐／防犯カメラ設置／交通指導員配置／登下校確認システム／防犯ブザー携帯／携帯電話所持可／授業中門施錠／インターホン設置／保護者入構証／避難・防災訓練実施／緊急通報・安否確認システム／災害用品備蓄／AED設置／大型発電機設置

昼食

給食（週5回）

進学情報

[中学校への進学状況]
【星野学園】原則として内部進学
[高等学校への進学状況]
【星野（共学部）】原則として内部進学
[大学への進学状況] 一橋、東京外国語、筑波、埼玉、千葉、東京都立、横浜国立、東京学芸、東京医科歯科、慶應、早稲田、上智、東京理科など

[系列校]
星野高等学校（共学部・女子部）、星野学園中学校・幼稚園、川越東高等学校

埼玉　私立　共学　**ほ**　星野学園小学校

※上記募集要項は小学校公表データです。詳細は小学校HPまたはお電話でご確認ください

暁星国際小学校

http://www.gis.ac.jp　E-mail elementary@gis.ac.jp

[アクセス]
●JR【木更津】【川崎】【桜木町】【千葉】【新浦安】【海浜幕張】【蘇我】【品川】よりスクールバス

［所在地］　〒292-8565　千葉県木更津市矢那1083
　　　　　　TEL 0438-52-3851　FAX 0438-52-3856

■ 小学校情報

［校　長］　田川　清
［児童数］　288名（男子137名、女子151名）

沿　革　昭和44年、暁星君津幼稚園開園。昭和54年、帰国子女受け入れA群Ⅰ類校として暁星国際高等学校を木更津市に開校。昭和56年、暁星国際中学校開校。平成7年、暁星国際小学校開校。

教育方針　カトリック精神の「信・望・愛」に基づく教育を実践。国際的感覚に優れ、新時代に対応し、諸機能の調和がとれた健全な社会人の育成を目標に、小・中・高12年間の一貫教育を行う。「人間はすべて神の子どもである」という考えのもと、あらゆる人種、国籍の児童を受け入れ、12年間の教育を通じて、「世の光としてグローバルに社会に奉仕できる人材、人に喜びを与える人間の育成」という建学者の理念の実践に努めている。そのため、建学者のモットーである「Plus Haut！（より高く）」という言葉を胸に、常に高みを目指すことを大切にしている。

特　色　レギュラーコースとインターナショナルコースを設置。インターナショナルコースでは、バイリンガル教育を実践し、大部分の教科および生活全般を英語で行う。レギュラーコースでは、授業は日本語で行い、毎日1時間の英語と週3時間のフランス語の授業を展開している。両コースとも週6日制、36時間の授業を行い、学力の向上と定着を図る。同キャンパス内に中・高校舎があり、中・高の特進コースやインターナショナルコースと連携をとりながら、高校卒業時の大学進学を目指した教育を実施。また、カトリック学校として、日々の祈りや宗教・道徳の授業、各種宗教プログラムを設け、宗教的情操や道徳的判断力を育む。

◆**クラブ活動**　4年生以上、隔週。サッカー、ホッケー、バスケットボール、縄跳び、音楽、ボードゲーム、イラスト、DIYなど
◆**委員会活動**　5・6年生、月2回。図書、広報・宗教、美化、給食、保健がある
◆**外国語教育**　英語は全学年週6時間、フランス語は全学年週3時間。ともにネイティブの教員による授業。英語は第二母国語のレベルを目指す。フランス語は発音、日常会話を楽しみながら学び、フランス語検定3級レベルまで学習する
◆**ICT教育**　3年生から隔週1時間、パソコンを使用してプログラミングなどを学ぶ
◆**校外学習**　春の全校遠足と秋の学年別校外学習がある

	年間行事予定	
月	行　事　名（抜粋）	
4	入学式、全校遠足、1年生を迎える会、復活の集い	
5	聖母祭、スポーツテスト、5年林間学校	
6	——	
7	水泳指導	
8	——	
9	——	
10	運動会、ハロウィーン、6年修学旅行	
11	校外学習、死者の日の集い	
12	クリスマスミサ、マラソン大会	
1	——	
2	学力テスト、音楽発表会、理科学習発表会	
3	6年生を送る会、卒業式、英語劇発表会	

入試データ

下記の資料は**2024年度用（2023年秋実施済み）**です

募集要項 ※下記は前年度のデータです

募集人員	第1回：男女計50名　第2回：男女若干名
学校(入試)説明会	学校説明会：5月13日／9月9日（授業見学あり） Ｗｅｂ説明会：6月24日
願書配付期間	5月1日～
出願期間	A（第1回）：10月2～7日 B（第2回）：10月23～28日 特定記録郵便で郵送（必着）
提出書類	・入学願書、受験票　・家庭調査書 ・住所ラベルシール2枚 ・入学検定料領収書
受験票交付	特定記録郵便で郵送
受験番号付番	願書受付順　　月齢考慮　なし
考査日	考査・面接：A…10月14日 　　　　　　B…11月4日
選抜方法^{注1}	ペーパーテスト、個別テスト、集団行動観察、運動テスト、本人面接、保護者面接
考査料	20,000円
合格発表	A：10月18日　B：11月8日　速達で通知
倍率	約1.3～1.5倍（コースによる）
入学手続	A：10月19～28日　B：11月9～18日
編入学制度	1年生の2学期から6年生の2学期までに限る（年3回実施）／帰国生はp.403～参照
復学制度	話し合いにより決定
公開行事	授業見学会：7月1日
備考	卒業生子女特別推薦入試、系列幼稚園特別推薦入試あり 授業見学、入試相談は応相談

セキュリティ

防犯カメラ設置／携帯電話所持可／避難・防災訓練実施／学校110番／災害用品備蓄／ＡＥＤ設置／教職員校内外巡回／来校者記帳対応／緊急時一斉メール配信／スクールバス乗降確認アプリ導入

学費

……… 入学手続時納付金 ………

入学金	200,000円
施設設備費	100,000円

………… 年間納付金 …………

授業料・月額	25,000円
施設維持費・月額	10,000円
給食費・月額	10,000円
後援会会費・月額	3,000円
児童会会費・月額	500円

※スクールバス維持費、児童諸費など別途納付
※上記金額は諸事情等で変更の場合あり

制服

昼食

給食（週6回）

進学情報

[中学校への進学状況]
【暁星国際】男子は約64％、女子は約42％が内部進学
[高等学校への進学状況]
【暁星国際】約80％が内部進学
[大学への進学状況]
東京、慶應、早稲田、上智、東京理科、立教、中央、法政、学習院など

[系列校]
暁星国際中学校・高等学校、暁星国際学園新浦安幼稚園、暁星君津幼稚園、暁星国際流山小学校・幼稚園

千葉　私立　共学　き　暁星国際小学校

※上記募集要項は小学校公表データです（注1：選抜方法については伸芽会教育研究所調査によるデータです）。詳細は小学校ＨＰまたはお電話でご確認ください

国府台女子学院小学部

https://www.konodai-gs.ac.jp/　E-mail k-shougakubu@konodai-gs.ac.jp

[アクセス]
●京成本線【市川真間】より徒歩8分
●JR総武線【市川】より徒歩15分

[所在地]　〒272-8567　千葉県市川市菅野3-24-1
TEL 047-322-5644　FAX 047-322-5655

■ 小学校情報

[副学院長]　望戸 千恵美
[児童数]　女子336名

沿革　大正15年、国府台高等女学校設立認可。昭和22年、国府台学院女子中学校・女子高等学校へ改称。昭和26年、私立学校法により、学校法人平田学園設立、校名を国府台女子学院と改称。昭和35年、国府台女子学院小学部開設。昭和59年、高等部英語科・生活教養科開設。平成24年、小学部新校舎竣工。

教育方針　情操教育の根幹に仏教教育を据え、智慧と慈悲、教養のバランスのとれた健全な人格を育てる『人づくりの教育』を基本理念としている。①敬虔―常にわが身をふり返る素直な心を養う、②勤労―実践を通じて生きる智慧を身につける、③高雅―心身を整え気高い品性を身につける、を三大目標とし、子ども一人ひとりが生き生きと活動する中で「豊かな心と確かな学力」の基礎づくりを目指す。考える力の基礎となる教養の習得も重視し、一貫校の利点を生かして着実に学力を伸長させる学習を徹底する。

特色　基礎・基本をしっかり身につけることを大切にし、わかりやすい授業、一人ひとりの能力や特性を引き出せる授業に取り組んでいる。特に国語と算数は、家庭学習を定着させることで基礎学力の習熟を図る。また、理科、英語、音楽、図工、体育などの科目は専任教師が担当し、質の高い授業を目指している。社会科見学や校外学習、茶道や芸術鑑賞、宿泊学習といった体験学習も重視。"合掌礼拝"で始まり"合掌礼拝"で終わる一日の生活、年間の仏教行事、仏教の授業を通して「み仏の教え」にふれ、感謝と思いやりの心を育てている。

◆**クラブ活動**　4年生以上。コンピュータ、民舞、イラスト、科学、運動競技、リズムなど。また、希望者は合唱部と陸上部に参加し、合唱コンクールや陸上大会に向けて活動

◆**英語教育**　全学年、週1時間は少人数制でネイティブ講師による英会話中心の授業を行う。4年生からはさらに週1時間、日本人講師が読み・書きの基本を指導する

◆**縦割り活動**　図画・工作、秋祭り集会、秋の校外学習などで、児童が学年を超えて主体的に協力する場を多く設け、社会性を育む

◆**校外学習**　春と秋の遠足、高原学校、スキー学校など。沖縄修学旅行では、琉球文化にふれ、元ひめゆり学徒の体験談を聞いたりガマ（壕）の見学をしたりして平和学習を行う

年間行事予定

月	行　事　名（抜粋）
4	入学式、花祭り、6年修学旅行、校外学習
5	創立記念式、母への感謝式
6	運動会、スポーツテスト
7	七夕祭り、4年高原学校、水泳教室
8	夏休み、校内英語留学
9	夏休み作品展、学院祭
10	校外学習
11	秋祭り集会、芸術鑑賞会、寒天鍛錬
12	5年スキー学校
1	書き初め大会、私立小造形展
2	―
3	ひな祭り、6年生を送る会、卒業式、校内英語留学

入試データ

下記の資料は**2025年度用（2024年秋実施予定）**です

募集要項

募集人員	女子80名（第1回、第2回合わせて）
学校（入試）説明会	5月11日／7月6日／9月14日　10時〜（要申込）
願書配付期間	募集要項配付：5月上旬〜
出願期間	A（第1回）：10月1日（9時）〜15日（15時） B（第2回）：11月1日（9時）〜11日（15時） ※HPの指示に従ってWeb出願
提出書類	・受験票 ・受験票（学校控） ・入学志願者健康診断書 ・面接資料 ※すべて考査日に持参
受験票交付	自宅やコンビニエンスストアなどで各自印刷
受験番号付番	出願順　　月齢考慮　なし
考査日	A：考査…10月26日　面接…10月27日 B：考査・面接…11月17日
選抜方法注1	ペーパーテスト、行動観察、親子面接
考査料	22,000円（クレジットカード、コンビニまたはペイジー決済）
合格発表	A：10月28日　B：11月17日　Web発表
倍率（前年度）	約1.3倍
入学手続	指定日
編入学制度	新2〜5年生で欠員が生じた学年のみ2月に転入試験を実施／帰国生はp.403〜参照
復学制度	6年生の卒業まで可能
公開行事	学校見学会：5月15日／6月19・26日／7月3日／9月4日 運動会：6月8日　学院祭：9月21・22日
備考	土曜登校は隔週

セキュリティ

警備員常駐／防犯カメラ設置／交通指導員配置／登下校確認システム／防犯ブザー携帯／携帯電話所持可／授業中門施錠／インターホン設置／保護者入校証／避難・防災訓練実施／緊急通報・安否確認システム／緊急地震速報装置／学校110番／災害用品備蓄／AED設置

学費

………　入学手続時納付金　………

入学金	100,000円
施設費	50,000円
博栄会など入会金	36,500円

…………　年間納付金　…………

授業料・月額	30,000円
施設設備費・月額	11,500円
博栄会など会費・月額	3,900円

※上記金額は諸事情等で変更の場合あり

制服

昼食

お弁当（週5回）…希望者はお弁当の注文可

進学情報

［中学校への進学状況］
【国府台女子学院】約86%が内部進学
［高等学校への進学状況］
【国府台女子学院】約96%が内部進学
［大学への進学状況］ 東京、筑波、埼玉、千葉、慶應、早稲田、上智、東京理科、立教、明治、青山学院、中央、法政、学習院、成蹊、成城など

［系列校］
国府台女子学院高等部・中学部

千葉　私立　女子　こ　国府台女子学院小学部

考査ガイド

考査日程	2日
受験番号付番	出願順
選抜方法	1日目：9時と11時の開始時間に分かれて考査が行われる。子どもは受験番号のかかれたゼッケンをつけ、約7人単位でペーパーテスト、集団テストを行う 2日目：考査日の翌日の指定時間に親子面接を行う
考査内容	ペーパーテスト、集団テスト、親子面接
所要時間	1日目：約1時間30分　2日目：10〜15分

過去の出題例

ペーパーテスト

①数量（対応）

・左端にケーキがあり、そのすぐ隣にはお皿と箱があります。お皿にはケーキを1つのせ、箱にはケーキを2つ入れるお約束です。では、左端のケーキをお約束通りに移したとき、残るケーキの数はいくつですか。その数だけ、右のマス目に○をかきましょう。

②言　語

・左のものの名前を、右の絵の名前の最後の音を使って作ります。使う絵を選んで○をつけましょう。

③推理・思考

・左端のいろいろな印がこのまま真っすぐ下まで落ちると、どのようになりますか。正しいものを右から選んで○をつけましょう。

集団テスト

■集団ゲーム（足ジャンケン）

チーム対抗で行う。フープに体を通し、腰のところで持ったまま、相手チームの人と足ジャンケンをする。

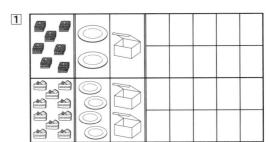

ここがポイント

自分のことは自分でできる、あいさつができるなど、年齢相応の生活習慣を身につけることが第一です。ペーパーテストでは記憶、数量が多く出題されるので、しっかりと物を見る力を養うことが必要です。ペーパーテストは他校と比べてスピードを求められるので、素早く答えることにも慣れておきましょう。

出題傾向

	ペーパーテスト													個別テスト														集団テスト											運動	面接
	話	数量	観察力	言語	推理・思考	構成力	記憶	常識	位置・置換	巧緻性	模写	絵画・表現	系列完成	話	数量	観察力	言語	推理・思考	構成力	記憶	常識	位置・置換	巧緻性	絵画・表現	系列完成	制作	行動観察	話	観察力	言語	常識	巧緻性	絵画・表現	制作	行動観察	課題・自由遊び	運動・ゲーム	生活習慣	運動	面接
2024年	○	○		○	○		○	○	○				○																						○		○		○	○
2023年	○	○		○	○		○						○																						○		○		○	○
2022年	○	○		○	○		○						○																								○			○
2021年	○	○		○	○		○						○																											○
2020年	○	○		○	○		○						○																								○			○

面接ガイド

親子面接 考査2日目の指定時間に面接が行われる
所要時間 10～15分

＜面接資料／アンケート＞
考査日に面接資料を提出する

過去の質問例

本人への質問

・お名前、幼稚園（保育園）の名前を教えてください。
・幼稚園（保育園）では何をして遊びますか。
・仲よしのお友達の名前を教えてください。
・お父さんとはいつも何をして遊びますか。
・きょうだいとは何をして遊びますか。
・（上のきょうだいがいる場合）どんなお姉さん（お兄さん）ですか。
・お家ではどんなお手伝いをしていますか。お手伝いをすると、お父さんやお母さんに何と言われますか。
・お母さんの作るお料理で好きなものは何ですか。
・習い事はしていますか。楽しいですか。
・本を読みますか。最近、読んだのはどんな本ですか。
・大きくなったら何になりたいですか。それはどうしてですか。

父親への質問

・志望理由を教えてください。
・本校とご家庭の教育方針が一致する点はどこですか。
・お子さんの長所を教えてください。
・最近、お子さんのことで感動したことは何ですか。
・父親の役割についてどのようにお考えですか。
・奥さまの子育てについて素晴らしいと思うことを教えてください。
・（きょうだいが在校生の場合）上のお子さんは本校に通ってどのように変わりましたか。

母親への質問

・本校の印象をお聞かせください。
・女子校の教育をどのようにお考えですか。

面接の配置図

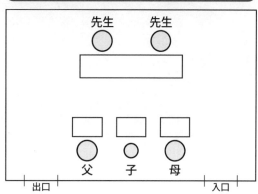

・ご主人は子育てにどのようにかかわっていますか。
・ご主人に対して感謝していることを教えてください。
・お子さんが夢中になっていることは何ですか。
・お子さんの成長を感じるのはどのようなときですか。
・お子さんとご自身が似ていると思う点はどこですか。
・お子さんが甘えてきたらどのように対応しますか。
・（共働きの場合）急なお迎えなどに対応できますか。

※考査日に提出する面接資料には、以下のような記入項目がある。
①受験番号、氏名
②志望した動機・理由
③受験者の性格・行動の傾向について
④子育てにおいて、家庭で一番大切にしてきたことと、その結果をどのように見ているか
⑤本校を知ったきっかけ（選択式）

Inside voice

・受付から考査の誘導まで1時間近く待ちました。わが家は折り紙しか持参せず子どもが飽きてしまったので、何種類か用意すべきでした。考査は楽しかったようで、子どもは笑顔で戻ってきました。
・考査時につけるゼッケンのひもが肩からずり落ちそうだったので、持参した安全ピンで留めました。同じようにしているご家庭も多かったです。心配な方は用意しておくとよいと思います。
・面接では先生が優しい口調で質問してくださり、終始和やかな雰囲気でした。子どもへの質問では、答えから発展するものもありました。親への質問は、面接資料に書いた内容に関するものが多かったです。

昭和学院小学校

http://www.showagakuin.jp

[アクセス]
- JR【本八幡】【市川】【市川大野】、京成本線【京成八幡】などより京成バス【昭和学院】下車
- 【本八幡】【東松戸】【市川】よりスクールバス

[所在地] 〒272-0823　千葉県市川市東菅野2-17-1
TEL 047-300-5844　FAX 047-300-5845

小学校情報

[校　長] 山本 良和
[児童数] 570名（男子274名、女子296名）

沿革　昭和15年、昭和女子商業学校開校。昭和22年、昭和学院中学校、翌年、同高等学校、昭和25年、同小学校開校、同短期大学開学。昭和26年、学校法人昭和学院設立認可。昭和42年、昭和学院幼稚園開園。昭和58年、同秀英高等学校、昭和60年、同秀英高等学校附属中学校開校。平成8年、昭和学院秀英高等学校附属中学校を昭和学院秀英中学校に改称。令和3年、小学校に新校舎増築。令和7年、学院創立85周年を迎える。

教育方針　建学の精神『明敏謙譲』と教育目標『高い学力とやさしい心を育てる「知・徳・体」の全人教育』のもと、自分で考えて行動し伝える力や、変化に耐えうるたくましく柔軟な心身を育てる。学校は学び合う場で、人は人から多くのことを学ぶという考えから、友達や先生とのかかわり合いを大切にしている。個性を生かしつつ協調・協働を図る体験をさせ、社会で活躍できる素地を養う。

特色　学習活動は、「自分の考えを構成し、伝える力を育む言葉の教育」「合理的、論理的に考えを進める能力を鍛える教育」を軸にしている。言葉の力を伸ばすために、100冊読書（1・2年生）、視写、新聞記事の要約、日記などに取り組む。1～3年生は生活・学習習慣の獲得や基礎学力の徹底を図る。理科、英語、音楽、図工、体育は専科教員が指導。4年生からは国語、算数も専科制になり学力向上を目指す。4～6年生の算数は2名の教員できめ細かな指導を行う。学校生活では、全校児童を縦割りのグループに分けた「生活団」で活動する機会を多く設ける。

◆**クラブ活動**　4年生以上、週1時間。テニス、サッカー、バスケットボール、ダンス、卓球、習字、ブラス・アンサンブルなど

◆**英語教育**　全学年、週3時間。ネイティブ教員による、少人数で英語のみの授業を実施

◆**授業の特色**　1時間目の前に15分間の「朝の学習」で英語や読書に取り組み、表現する力を育む。4～6年生は週3回、自由参加形式の放課後学習会を実施

◆**校外学習**　宿泊学習は2年生から実施。千葉・館山で2年生はキャンプ、4年生は自然教室、3年生は学校内で宿泊避難訓練、5年生は尾瀬で林間学校、6年生は富士五湖でイングリッシュキャンプを行う。希望者を対象に夏の学校がある

年間行事予定

月	行　事　名（抜粋）
4	入学式、1年生を迎える会
5	校外学習、運動会
6	2年なかよしキャンプ、3年宿泊避難訓練、4年自然教室
7	5年林間学校、6年イングリッシュキャンプ、夏の学校（希望者）
8	オーストラリア国際交流プログラム（希望者）
9	夏季作品展、バザー
10	学芸発表会、ハロウィンパーティー
11	読書月間、芸術鑑賞会、昭和オリンピック
12	校内ジャマイカ大会
1	校内百人一首大会、校内席書会
2	5年スキー教室、英語スピーチコンテスト
3	6年生を送る会、卒業式

入試データ

下記の資料は**2025年度用（2024年秋実施予定）**です

募集要項

募集人員	推薦：男女計約70名（内部進学者含む）　一般：男女計約35名
学校（入試）説明会	学校説明会：5月18日／6月12日 ナイト学校説明会：7月12日 入試説明会：9月7日
願書配付期間	5月18日～
出願期間	Ｗｅｂ出願：推薦…9月21～29日 　　　　　一般…10月12～20日 書類提出：推薦…9月21～30日　一般…10月12～22日 　　　　　書留で郵送（必着） ※ＨＰの指示に従ってＷｅｂ出願後に書類提出
提出書類	・入学願書、調査書　・受験票　・入学志願者健康診断書 ・返信用封筒（切手を貼付）　・推薦書（推薦のみ）
受験票交付	書留で郵送
受験番号付番	願書受付順　｜　月齢考慮　｜　あり
考査日	推薦：考査…10月16日　面接…10月8～11日のうち1日 一般：考査…11月5日　面接…10月30日～11月1日のうち1日
選抜方法注1	ペーパーテスト、個別テスト、集団テスト、運動テスト、親子面接
考査料	22,000円（クレジットカード、コンビニまたはペイジー決済）
合格発表	推薦：10月18日　一般：11月7日　郵送で通知
倍率（前年度）	約1.53倍
入学手続	推薦：10月19日　一般：11月8日
編入学制度	欠員が生じた学年のみ試験を実施／帰国生はp.403～参照
復学制度	5年生までに限る
公開行事	運動会：5月25日　体験教室：6月29日 学芸発表会：10月5日
備考	推薦入試の受験資格は①第一志望で合格後は必ず入学②園長か塾長の推薦

セキュリティ

警備員常駐／防犯カメラ設置／交通指導員配置／登下校確認システム／携帯電話所持可／授業中門施錠／インターホン設置／保護者入構証／避難・防災訓練実施／緊急通報・安否確認システム／災害用品備蓄／ＡＥＤ設置

学費

……… 入学手続時納付金 ………
入学金　　　　　　　160,000円
入学時施設費　　　　160,000円・

………… 年間納付金 …………
授業料・月額　　　　　　31,000円
施設費・月額　　　　　　17,000円
教育諸費・月額　　　　　5,930円
奨学会（ＰＴＡ）会費・月額　1,000円
※上記金額は諸事情等で変更の場合あり

制服

昼食

給食（週2回）、お弁当（週3回）
…希望者はお弁当の注文可

進学情報

[中学校への進学状況]【昭和学院、昭和学院秀英】男子は約40％、女子は約56％が内部進学。桜蔭、渋谷幕張、早稲田、海城、学習院、市川など
[高等学校への進学状況]
【昭和学院、昭和学院秀英】ほぼ全員が内部進学
[大学への進学状況] 東京、東京工業、一橋、東京外国語、筑波、埼玉、千葉、お茶の水、東京都立、横浜国立、慶應、早稲田、上智、東京理科など

[系列校]
昭和学院短期大学、昭和学院秀英中学校・高等学校、昭和学院中学校・高等学校、昭和学院幼稚園

千葉

私立　共学　し　昭和学院小学校

■ 考査ガイド

考査日程	1日
受験番号付番	願書受付順
選抜方法	受付後、子どもはビブスをつけ、約10人単位で先生に誘導されて教室に向かい、ペーパーテスト、個別テスト、集団テスト、運動テストを行う
考査内容	ペーパーテスト、個別テスト、集団テスト、運動テスト、親子面接
所要時間	約3時間

||| 過去の出題例

ペーパーテスト

1 常識（季節）

・今の季節は秋です。四角の中の絵を、これから行う順
番に並べます。一番初めの絵に赤のクーピーペンで、
最後の絵に青のクーピーペンで○をつけましょう。

2 推理・思考（四方図）

・組み立てたブロックを上から見ると、どのように見え
ますか。下から選んで○をつけましょう。

個別テスト

3 お話作り

・4枚の絵を好きな順番に並べてお話を作りましょう。

集団テスト

制　作

台紙や折り紙、はさみなどが用意されている。モニター
に作り方が一度だけ映され、指示通りに制作する。

運動テスト

模倣体操・リズム

テスターの動きのまねをして踊る。

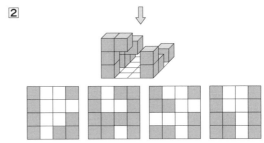

● ここがポイント

ペーパーテストは、話の記憶、数量、推理・思考、構成力など出題項目が多岐にわたるので準備が不可欠です。個別テ
ストでは、バスの中や駅のホームの絵を見せられ、いけないことをしている人についてお話をするという常識の課題が
よく出されますから、日ごろから公共の場でのマナーについてお子さんに教えておきましょう。

||| 出題傾向

	ペーパーテスト												個別テスト												集団テスト										運動	面
	話	数量	観察力	言語	推理・思考	構成力	記憶	常識	位置・置換	模写	巧緻性	絵画・表現	系列完成	話	数量	観察力	言語	推理・思考	構成力	記憶	常識	位置・置換	巧緻性	絵画・表現	系列完成	制作	行動観察	観察力	言語	常識	巧緻性	絵画・表現	制作	行動観察	課題・自由遊び	運動・ゲーム	生活習慣	動	接
2024年	○	○	○		○	○		○						○			○	○			○							○			○		○	○				○	○
2023年	○	○			○	○		○					○	○			○				○							○					○					○	○
2022年	○	○			○	○		○						○			○				○							○										○	○
2021年	○	○			○			○						○			○				○							○										○	○
2020年	○	○			○	○								○	○		○				○							○	○										○

面接ガイド

親子面接 考査日前の指定日時に面接が行われる
所要時間 約15分

＜面接資料／アンケート＞
出願時に調査書（面接資料）を提出する

過去の質問例

本人への質問

・お名前、お誕生日、幼稚園（保育園）名、クラス名、担任の先生の名前を教えてください。
・住所、電話番号を教えてください。
・何人家族ですか。家族全員の名前を教えてください。
・幼稚園（保育園）で仲よしのお友達の名前を教えてください。お友達とは何をして遊びますか。
・この小学校の名前を教えてください。
・今日の朝（昼）ごはんは何を食べましたか。
・今日はどうやってここに来ましたか。
・電車やバスの中で気をつけることは何ですか。
・お休みの日にお父さんと何をして遊びますか。
・お母さんの作るお料理で好きなものは何ですか。
・お父さんとお母さんのすてきなところはどこですか。
・お手伝いはしていますか。どんなお手伝いですか。
・好きな絵本は何ですか。それはどうしてですか。
・将来、何になりたいですか。それはなぜですか。

父親への質問

・志望理由を教えてください。
・お仕事についてお聞かせください。
・学校行事には参加されましたか。
・併願校はありますか。
・お子さんの長所と短所を教えてください。
・休日はお子さんとどのように過ごしていますか。
・学校で子ども同士のトラブルが起こったら、どのように対処しますか。

母親への質問

・私立の小学校を志望する理由をお聞かせください。

面接の配置図

```
              先生
               ○
        ┌─────────────┐
        └─────────────┘
                                    荷物置き場
           ○   ○   ○
           母   子   父

                        出入口
```

・本校を知ったきっかけを教えてください。
・本校に期待することは何ですか。
・本校には何回来ましたか。印象を教えてください。
・ご家族の約束事はありますか。
・最近、どのようなことでお子さんをほめたり、しかったりしましたか。
・お子さんは本を読むのが好きですか。どのような本が好きですか。
・お仕事をしていますか。どのような勤務形態ですか。
・小学校入学後に不安なことはありますか。

※出願時に提出する面接資料には、以下のような記入項目があり、家族写真を貼付する。
①お子さんの優れている点をお書きください
②ご家庭の教育方針や気をつけているしつけについてお書きください

Inside voice

・面接は、子ども→父親→母親→父親→子どものようにランダムでしたので、最後まで気を抜かないよう注意しました。わが家は両親とも子ども同士のトラブルについて質問され、親の対応を重視していると感じました。
・面接では、最初に名前を答えたときに先生がほめてくださったおかげで、息子は最後まで大きな声で話すことができました。先生は終始、子どもが安心できるように優しく話しかけてくださり、ありがたかったです。
・考査の控え室は体育館で、子どもの考査中は外出可でした。半数以上の方が外出されましたが、考査日は比較的暖かく、体育館でも寒くなかったため、読書をしながら待機しました。

聖徳大学附属小学校

https://seitoku-primary.ed.jp　E-mail shogaku@wa.seitoku.ac.jp

［所在地］　〒270-2223　千葉県松戸市秋山600
　　　　　TEL 047-392-3111　FAX 047-391-4519

［アクセス］
●北総線【秋山】より徒歩10分
●JR【市川】、JRほか【松戸】、京成本線【市川真間】、北総線【北国分】などより学園直通バス

小学校情報

［校　長］　三須 吉隆
［児童数］　433名（男子230名、女子203名）

沿　革　昭和8年、東京市大森区に聖徳家政学院、新井宿幼稚園を創立。昭和19年、聖徳学園保姆養成所を設立。昭和22年、学制改革で聖徳学園高等保育学校と改称した。昭和40年、聖徳学園短期大学、昭和58年、附属中学校・高等学校、昭和61年、附属小学校を開校。平成2年、聖徳大学開学、聖徳大学附属小学校に改称。令和3年、小学校創立35周年を迎え、令和5年、学園創立90周年を迎えた。

教育方針　「和」の精神を建学の理念とし、「思いやる心」「未来に生きる学力」「響き合う心」を目指して、知・徳・体のバランスのとれた子どもを育てる。1～3年生は人生の導入部の完成期として学習や生活の基盤形成を大切にし、4年生からは中学受験も想定した先取り・発展学習を行い進学をサポートする。5年生はシンガポール修学旅行を実施し、国際的視野を備えて最終学年を迎える。このような6年間で人間的成長を促し、人格形成につなげる。

特　色　社会の変化にしなやかに対応できる子どもの育成を目指し、「問題解決学習」「グローバル教育」「聖徳オリジナルカリキュラム」を3本柱に据え、「生涯学び続けるチカラ」を育む教育を実施。授業は、問い（Question）、見通し（Outlook）、活動（Action）、ふり返り（Reflection）から成るQOARサイクルで行い、問題解決力を養う。英語の授業を中心に、1年生から「使える英語」に親しみ、5年生の海外修学旅行に備える。オリジナルカリキュラムとして小笠原流礼法の授業をはじめ、学年縦割りの「明和班」活動、親子音楽鑑賞会などを行い、豊かな心を育んでいる。

◆**クラブ活動**　4年生以上、隔週1時間。運動系3、文化系5のクラブがある
◆**英語教育**　全学年、週2時間。外国人講師と日本人教師がチームティーチングによる指導を行う。1・2年生は英語に親しみ、3～5年生は海外修学旅行に向け会話力を強化。6年生は中学進学に備える
◆**授業の特色**　朝読書、漢検・数検などで基礎力を定着。4年生の3学期から国語と算数ではコース別授業を週1回実施。1年生から隔週1回2時間、毛筆書写の授業がある
◆**校外学習**　全学年、隣接した「聖徳の子農園」で、年間を通した農業体験を行う。また、長野県佐久市の聖徳学園セミナーハウスにて全学年で宿泊学習を実施

年間行事予定	
月	行　事　名（抜粋）
4	明和班顔合わせ集会、聖徳の歴史を知る週間
5	こいのぼり集会、運動会
6	望月校外学習
7	七夕まつり、水泳教室
8	夏休み
9	勉強合宿、校内オリエンテーリング大会
10	親子音楽鑑賞会、聖徳祭舞台発表
11	一輪車大会、感謝の集会
12	行く年を送る集会、親子音楽鑑賞会
1	書き初め展、吹奏楽の夕べ、漢検
2	豆まき集会、聖徳展示発表
3	卒業生を送る集会、シンガポール修学旅行

入試データ

下記の資料は**2024年度用（2023年秋〜2024年冬実施済み）**です

募集要項 ※下記は前年度のデータです

募集人員	男女計105名（専願、Ⅰ〜Ⅳ期合わせて。内部進学者含む）
学校（入試）説明会	学校説明会：5月20日／6月17日 入試説明会：8月26日／9月9日／10月28日
願書配付期間	募集要項配付：7月22日〜
出願期間	専願・Ⅰ期：9月1日〜10月4日　Ⅱ期：10月10日〜11月8日 Ⅲ期：11月14〜29日　Ⅳ期：12月5日〜1月10日 ※ＨＰの指示に従ってＷｅｂ出願
提出書類	・受験票 ・写真票 ・健康診断書　・推薦書（任意） ※すべて考査日に持参
受験票交付	自宅やコンビニエンスストアなどで各自印刷
受験番号付番	考査料支払順　　月齢考慮　　なし
考査日	考査・面接：専願・Ⅰ期…10月7日　Ⅱ期…11月11日 Ⅲ期…12月2日　Ⅳ期…1月13日
選抜方法	ペーパーテスト、運動能力検査、集団遊び、本人面接、保護者面接
考査料	20,000円（クレジットカード、コンビニまたはペイジー決済）
合格発表	専願・Ⅰ期：10月10日　Ⅱ期：11月13日 Ⅲ期：12月4日　Ⅳ期：1月15日　Ｗｅｂ発表
倍率	約1.03倍
入学手続	専願・Ⅰ期：10月12・13日　Ⅱ期：11月16・17日 Ⅲ期：12月7・8日　Ⅳ期：1月20日
編入学制度	1〜4年生で試験を実施（要問い合わせ）／帰国生はp.403〜参照
復学制度	なし
公開行事	オープンスクール：7月22日／8月19日
備考	専願は合格後、入学を確約できる人を対象とした入学試験

セキュリティ

警備員常駐／登下校確認システム／携帯電話所持可／授業中門施錠／インターホン設置／保護者入校証／赤外線センサー設置／避難・防災訓練実施／緊急時メール一斉送信／学校110番／災害用品備蓄／ＡＥＤ設置／防犯教室実施

学費

```
……… 入学手続時納付金 ………
入学金              230,000円
施設設備費          120,000円

……… 年間納付金 …………
授業料・月額         27,500円
設備維持費・月額     15,500円
保健費、空調費など・月額  8,500円
教育行事・教材費・年額  32,000円
校外学習費・年額（1年生）43,000円
児童総合補償保険料・年額 1,500円
児童会入会金          1,000円
児童会会費・年額      3,600円
教育後援会入会金     10,000円
教育後援会会費・年額  20,000円
```
※児童安全対策費、制服代など別途納付
※兄弟姉妹が学園に在学の場合、授業料減免の優遇制度あり
※上記金額は諸事情等で変更の場合あり

制服

5・6年生は高学年用制服となる

昼食

給食（週6回）…毎日、全校児童が「食堂（じきどう）」に集まり、明和班ごとに食事

進学情報

[中学校への進学状況]
【光英VERITAS】、麻布、女子学院、浦和明の星、渋谷幕張、早稲田、白百合、市川、東邦大東邦、専修大松戸、法政大、江戸川学園取手など
[高等学校への進学状況]【光英VERITAS】ほぼ全員が内部進学
[大学への進学状況]【聖徳、聖徳短期】、東京、東京藝術、上智、国際基督教、東京理科、立教、明治、青山学院、法政など

[系列校]
聖徳大学・大学院・短期大学部、光英VERITAS中学校・高等学校、聖徳大学附属取手聖徳女子高等学校、聖徳大学附属幼稚園、聖徳大学三田幼稚園など

千葉

私立　共学　せ　聖徳大学附属小学校

※上記募集要項は小学校公表データです。詳細は小学校ＨＰまたはお電話でご確認ください

千葉日本大学第一小学校

http://www.nichidai-sho.ed.jp

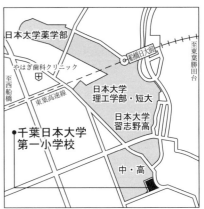

[所在地]　〒274-0063　千葉県船橋市習志野台8-34-2
TEL 047-463-6621　FAX 047-461-3488

[アクセス]
●東葉高速線【船橋日大前】より徒歩15分
●新京成線・東葉高速線【北習志野】、JR総武線
【津田沼】よりスクールバス

小学校情報

[校　長]　寺山 光雄
[児童数]　420名（男子241名、女子179名）

沿　革　大正2年、日本大学最初の付属校として、日本大学中学校の名称で東京・神田三崎町に創立。大正13年、両国に移転。昭和25年、日本大学第一高等学校・中学校と改称。昭和43年、兄弟校として千葉県船橋市に千葉日本大学第一高等学校、昭和45年、同中学校、昭和61年、日本第一学園小学校開校。平成8年、千葉日本大学第一小学校と改称し、現在に至る。

教育方針　『真（まっすぐに）・健（すこやかに）・和（なごやかに）』を校訓とし、①時代に即した教育の実践、②国際人としてのしつけ、道徳の充実、③自然と親しみ体力の増進、を教育方針とする。教育環境の整備にも力を入れ、教育課程の編成に創意・工夫を加えるとともに、特色ある教育活動の展開に努める。学校の主役である子どもが輝くことができるよう、子どものよさや可能性を見つけ伸ばすことを使命と考える。学ぶことが大好きな子ども、明るく元気な子ども、思いやりや協調性のある子どもを育てることに力を注ぐ。

特　色　校訓の『真・健・和』に基づき教育活動を展開。「真」にあたる学力は、音楽、英語、図工、理科を専科制とし、漢字書き取りや計算大会、算数検定、文章検定などにも取り組み、基礎力と応用力の向上に努める。「健」は運動会や学級対抗リレー大会、縄跳び大会などで、「和」は校外学習など豊富な体験活動で育む。日本大学と連携し、人力飛行機制作や薬草園の見学、歯磨き指導なども実施。また全学年で縦割りの「さくら班」をつくり、登下校、集会、読み聞かせなどさまざまな活動を行っている。

◆**クラブ活動**　4年生以上。サッカー、バドミントン、音楽、図工、手話など
◆**英語教育**　1・2年生は週2回（1回20分）、3・4年生は週2時間、5・6年生は週3時間。外国人教員と日本人教員による授業を行う。スピーチコンテストや、5年生では英語劇の発表もある。卒業までに英検5級合格を目指し、希望者には対策授業も実施
◆**ICT教育**　デジタル教科書を導入し、1人1台のタブレット端末を授業で活用する
◆**校外学習**　宿泊学習として3〜5年生は自然教室を実施。5年生の「雪国での生活」では新潟の農家にホームステイをする。6年生の修学旅行では長崎・福岡で歴史学習や英会話の実践を行う

年間行事予定	
月	行　事　名（抜粋）
4	入学式、さくら祭り集会
5	運動会
6	6年修学旅行、さくら音楽集会
7	漢字・計算大会、七夕集会
8	夏休み
9	夏休み作品展、4年自然教室
10	1・2年校外学習、3年自然教室、リレー大会
11	学芸発表会
12	お楽しみ集会、漢字・計算大会
1	造形展、漢字・英語検定、縄跳び大会
2	5年自然教室、6年社会科見学、数学検定
3	漢字・計算大会、卒業式

入試データ

下記の資料は**2025年度用（2024年秋実施予定）**です

募集要項

募集人員	男女計70名（Ⅰ期、Ⅱ期合わせて）
学校（入試）説明会	4月20日／7月20日／9月7日
願書配付期間	募集要項配付：4月20日〜
出願期間	※Ｗｅｂ出願となるため、詳細はＨＰを確認
提出書類	・面接資料 ・入学志願者健康診断書 ・受験票 ※受験票は考査日に持参
受験票交付	自宅やコンビニエンスストアなどで各自印刷
受験番号付番	願書受付順／月齢考慮　なし
考査日	Ⅰ期：考査…10月11日　面接…10月10日 Ⅱ期：考査・面接…10月30日
選抜方法^{注1}	ペーパーテスト、行動観察、運動テスト、親子面接
考査料	20,000円（クレジットカード、コンビニまたはペイジー決済）
合格発表	Ⅰ期：10月11日　Ⅱ期：10月30日　Ｗｅｂ発表
倍率（前年度）	非公表
入学手続	Ⅰ期：10月11〜16日　Ⅱ期：10月30日〜11月1日
編入学制度	1〜5年生で欠員が生じた場合のみ試験を実施／帰国生はp.403〜参照
復学制度	あり（国内および海外に転居した場合）
公開行事	運動会：5月中旬　授業見学会：6月14日
備考	土曜登校は第1・3・5土曜日

学費

………… 入学手続時納付金 …………
入学金	200,000円
施設費	100,000円

………… 年間納付金 …………
授業料・月額	25,000円
教育充実費・月額	10,000円
施設設備費・月額	11,500円
入学記念図書費（入学年次）	10,000円
児童会入会金	2,000円
児童会会費・年額	7,200円
父母の会入会金	5,000円
父母の会会費・年額	19,200円

※児童会・父母の会入会金は初年度のみ
※上記金額は諸事情等で変更の場合あり

制服

セキュリティ

警備員常駐／防犯カメラ設置／交通指導員配置／登下校確認システム／携帯電話所持可／授業中門施錠／インターホン設置／保護者名札着用／避難訓練実施／緊急通報・安否確認システム／学校110番／災害用品備蓄／ＡＥＤ設置／救命処置の職員研修実施

昼食

ランチサービス（週2回）、お弁当（週3回）…牛乳あり。年間を通して使用できる温蔵庫を設置

進学情報

[中学校への進学状況]【日大第一、千葉日大第一】男子は約64％、女子は約79％が内部進学。桜蔭、慶應中等部、早稲田、市川、昭和学院秀英、東邦大東邦など
[高等学校への進学状況]
【日大第一、千葉日大第一】約90％が内部進学
[大学への進学状況]
【日本】約60％が内部進学。東京工業、筑波、千葉、神戸、慶應、早稲田など

[系列校]
日本大学・大学院・短期大学部、千葉日本大学第一中学校・高等学校、日本大学第一中学校・高等学校など

※上記募集要項は小学校公表データです（注1：選抜方法については伸芽会教育研究所調査によるデータです）。詳細は小学校ＨＰまたはお電話でご確認ください

考査ガイド

考査日程	1日
受験番号付番	願書受付順
選抜方法	20〜25人単位でペーパーテスト、集団テスト、運動テストを行う
考査内容	ペーパーテスト、集団テスト、運動テスト、親子面接
所要時間	約2時間30分

過去の出題例

ペーパーテスト

1 数 量

・左と右のイチゴを同じ数にするには、多いほうから少ないほうへいくつあげるとよいですか。その数だけ、右端の四角に○をかきましょう。

2 推理・思考（比較）

・それぞれの段ごとに、色のついたところが一番広い形を選んで○をつけましょう。

3 常 識

・磁石にくっつくものはどれですか。4つ選んで○をつけましょう。

集団テスト

言語・発表力

・グループごとに自己紹介（名前、好きな遊び、知っているスポーツなど）をする。
・グループごとにしりとりをする。

運動テスト

片足バランス

フープの中で片足バランスをする。

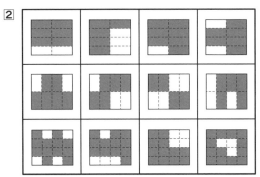

ここがポイント

ペーパーテストの準備は不可欠です。理解を深めながら幅広い課題をこなし、考える力を養いましょう。集団テストでは発表力を見る課題があるので、日ごろから自分のことや経験したことを言葉にする習慣をつけましょう。指示を聞くことや話す態度、言葉を身につけるには、親が子どもと向き合って話を聞くことが大切です。

出題傾向

	ペーパーテスト													個別テスト															集団テスト											運動	面接
	話	数量	観察力	言語	推理・思考	構成力	記憶	常識	位置・置換	模写	巧緻性	制作	系列完成	話	数量	観察力	言語	推理・思考	構成力	記憶	常識	位置・置換	巧緻性	絵画・表現	系列完成	制作	行動観察	話	観察力	言語	常識	巧緻性	絵画・表現	制作	行動観察	課題・自由遊び	運動・ゲーム	生活習慣		
2024年		○	○					○				○																	○	○									○	○
2023年		○	○		○			○				○																	○										○	○
2022年		○	○					○	○																				○										○	○
2021年		○	○										○																○										○	○
2020年		○	○		○																								○										○	○

面接ガイド

親子面接　考査日前の指定日時に面接が行われる
所要時間　約10分

＜面接資料／アンケート＞
出願時に面接資料を提出する

過去の質問例

本人への質問

・お名前を教えてください。
・幼稚園（保育園）の名前を教えてください。
・この小学校の名前は何ですか。
・幼稚園（保育園）では何をして遊ぶのが好きですか。
・仲よしのお友達の名前を教えてください。
・お友達と遊ぶときは、自分から声をかけますか。それとも、声をかけられるほうですか。
・お友達のよいところを教えてください。
・お手伝いをしていますか。どんなお手伝いですか。
・どんなときにお父さんやお母さんにほめられますか。また、どんなときにしかられますか。
・朝は一人で起きられますか。
・朝は自分で支度ができますか。
・電車に乗って一人で学校に通えますか。

父親への質問

・志望理由をお聞かせください。
・ご家庭の教育方針をお話しください。
・子育てで大切にしていることは何ですか。
・休日はお子さんとどのように過ごしていますか。
・学校生活での大切なマナーについて、今、お子さんとお話ししてください。
・小学校に入ってどのように過ごしてほしいか、今、お子さんとお話ししてください。
・お父さまから見て、お子さんと奥さまの関係性はいかがですか。

母親への質問

・お子さんのしつけで気をつけていることは何ですか。

面接の配置図

・休日はご家族でどのように過ごしていますか。
・受験のためにどのような準備をしましたか。
・（共働きの場合）どのようにしてお子さんとの時間をつくっていますか。
・お子さんとごきょうだいのエピソードをお聞かせください。
・お子さんが今、一番好きな習い事は何ですか。
・お母さまから見て、お子さんとご主人の関係性はいかがですか。

※出願時に提出する面接資料には、以下のような記入項目がある。家族写真を貼付する。
①本校志願の動機または理由
②特別に習っていること
③通学経路および所要時間
④家族構成（同居人も記入）

Inside voice

・面接では、毎年学校名を聞かれるというので、事前に覚えさせました。学校名を答えた後は、先生が「長い名前なのにしっかり言えましたね」とほめてくださり、雰囲気もいっそう和んだような気がします。
・例年とは異なり、子どもへ話しかける質問が、母親ではなく父親を指定されたので焦りました。子どもの表情や返事の仕方、父親の普段の接し方などを見られていると感じました。
・考査当日、わが家はJR津田沼駅から路線バスを使いました。時間によっては渋滞してしまうため、バスを利用し遅れて到着したご家族がいました。なるべく早めのバスに乗ったほうが安心だと思います。

成田高等学校付属小学校

https://www.narita.ac.jp/ps/　E-mail narifu.s@educet01.plala.or.jp

[所在地]　〒286-0024　千葉県成田市田町10
　　　　　TEL 0476-23-1628　FAX 0476-23-2089

[アクセス]
●JR成田線【成田】、京成本線【京成成田】より徒歩15分
●千葉交通バス【成田山門前】下車徒歩3分

小学校情報

[校　長]　鈴木 隆英
[児童数]　212名（男子112名、女子100名）

沿　革　明治20年、成田山山主・三池照鳳大僧正が成田英漢義塾を創立。明治31年、同山主・石川照勤大僧正が英漢義塾を閉塾し、旧制成田中学校を設置。明治41年、成田山女学校を創立、明治44年に成田高等女学校とする。昭和23年、中学校と女学校を統合し、成田高等学校を設置。昭和42年、付属中学校、昭和48年、付属小学校を開校。令和4年、小学校創立50周年を迎えた。

教育方針　成田山新勝寺の宗教的使命の達成と、地方文化の向上という理念に基づき教育。小学校から高等学校までの一貫教育を重視しつつ、広く優秀な児童生徒を募集し、文武両道に励むことを通じて、社会に貢献する人材を育てる。建学の理念と教育方針を達成するため、「挨拶する」「正装する」「勉強する」「運動する」「掃除する」の5つを努力目標として設定し、各学年で即応・徹底。豊かな心を育み、知・徳・体のバランスのとれた児童の育成を目指す。

特　色　授業時数は文部科学省の標準授業時数を上回り、国語、算数を中心にゆとりを持って授業を進めている。一人ひとりにより多くの職員がかかわれるよう、各学年の発達段階に合わせて学級担任制と教科担任制を併用。ICTを活用して学習の充実を図り、定期的に情報交換しながらきめ細かな指導を心掛ける。基礎学力を定着させるため、漢字と計算は「小テスト」を行い、4年生以上の算数では習熟度別に2クラスに分けて指導。高校・付属中学校と連携し、高学年では発展的な学習を取り入れて応用力の向上に努める。宗教講話会を年6回実施し、心の教育にも力を入れている。

◆**部活動**　4年生以上、週1回。フラッグフットボール、剣道、音楽、茶道
◆**英語教育**　1～4年生は週2時間、5・6年生は週3時間。外国人と日本人の専門講師2名が指導を行う
◆**特別活動**　全学年で茶道体験を行う。茶道にふれることで礼儀作法を身につけ、思いやりの心を育てる。また、道徳の授業の一環として、成田山新勝寺より講師を招き、宗教講話の時間を設ける。9月には本山本堂にて護摩焚き修行に参加。11月には成田山公園内で清掃奉仕を実施する
◆**校外学習**　4年生は1泊2日の宿泊学習、5年生は2泊3日の林間教室、6年生は2泊3日の修学旅行（北海道）とスキー教室

年間行事予定

月	行　事　名（抜粋）
4	入学式、宗教講話会（花祭り）
5	5・6年小学校陸上競技大会、運動会
6	6年修学旅行、茶道体験、宗教講話会
7	5年林間教室、4年宿泊学習、宗教講話会
8	夏休み
9	葉牡丹祭
10	学習バス旅行、茶道体験、宗教講話会（大護摩修行）
11	宗教講話会（清掃奉仕）、親子学習会
12	強健マラソン記録会・納会
1	募金活動、卒業生と6年生の交流会
2	6年スキー教室、宗教講話会
3	6年生を送る会、卒業式

入試データ

下記の資料は**2024年度用（2023年秋実施済み）**です

募集要項 ※下記は前年度のデータです

募集人員	男女計35名
学校（入試）説明会	学校説明会：5月13日／6月24日／7月15日
願書配付期間	募集要項配付：4月1日〜（郵送可）
出願期間	9月15日（10時）〜21日（15時） ※ＨＰの指示に従ってＷｅｂ出願
提出書類	・受験票 ・写真票 ※すべて考査日に持参
受験票交付	自宅やコンビニエンスストアなどで各自印刷
受験番号付番	願書受付順　　月齢考慮　あり
考査日	考査：10月12日 面接：9月27・28日のうち1日
選抜方法注1	ペーパーテスト、生活テスト、運動テスト、行動観察、保護者面接
考査料	20,000円（クレジットカード、コンビニまたはペイジー決済）
合格発表	10月13日　10時〜　Ｗｅｂ発表
倍率	約1.2倍
入学手続	10月13・14日
編入学制度	欠員が生じた場合のみ試験を実施／帰国生はp.403〜参照
復学制度	あり
公開行事	運動会：5月27日
備考	土曜登校は第2・4土曜日 2025年度よりアフタースクールを実施予定

学費

········ 入学手続時納付金 ········
入学金　　　　　　　　　　120,000円
施設維持費　　　　　　　　100,000円

·········· 年間納付金 ··········
授業料・月額　　　　　　　28,000円
施設維持費・月額　　　　　　7,000円
図書費・月額　　　　　　　　　200円
冷暖房費・月額　　　　　　　　200円
学級費・月額　　　　　　　　　200円
父母の会会費・月額　　　　　1,000円
特別納入費・月額　　　　　　4,000円
※上記金額は諸事情等で変更の場合あり

制 服

セキュリティ

防犯カメラ設置／登下校確認システム／防犯ブザー携帯／携帯電話所持可（ＧＰＳ機能のみ使用可）／授業中門施錠／インターホン設置／赤外線センサー設置／避難・防災訓練実施／緊急通報・安否確認システム／学校110番／災害用品備蓄／ＡＥＤ設置

昼 食

お弁当（週5回）

進学情報

[中学校への進学状況]
【成田高等学校付属】ほぼ全員が内部進学
[高等学校への進学状況]
【成田】ほぼ全員が内部進学
[大学への進学状況]
東京、東京外国語、筑波、埼玉、千葉、東京都立、慶應、早稲田、上智など

[系列校]
成田高等学校・付属中学校

千葉

私立　共学　な　成田高等学校付属小学校

※上記募集要項は小学校公表データです（注1：選抜方法については伸芽会教育研究所調査によるデータです）。詳細は小学校ＨＰまたはお電話でご確認ください

日出学園小学校

https://elementary.hinode.ed.jp　E-mail web@hinode.ed.jp

[アクセス]
- ●京成本線【菅野】より徒歩5分
- ●JR総武線【市川】よりバス【日出学園】下車

[所在地]　〒272-0824　千葉県市川市菅野3-23-1
　　　　　TEL 047-322-3660　FAX 047-322-3651

小学校情報

[校　長]　荻原　巌
[児童数]　612名（男子318名、女子294名）

沿　革　昭和9年、日出学園幼稚園、日出学園小学校を創設。昭和16年、財団法人日出学園となる。昭和22年、日出学園中学校開校。昭和25年、日出学園高等学校開校。昭和26年、学校法人日出学園と改称。平成20年、小・中・高の新校舎が完成し、移転。平成21年、幼稚園が新園舎へ移転。令和6年、創立90周年を迎える。

教育方針　6年間を通して『なおく・あかるく・むつまじく』の校訓のもと、生きる力を培う人間教育を実践する。「なおく」とは、正しいこと正しくないこと、よいこと悪いことが判断できること、「あかるく」とは、笑顔を絶やさず感動を体験しながら、一生懸命取り組むこと、「むつまじく」とは、自分の意見を述べるとともに他人の話をしっかりと聞けることと定め、健康で潤いのある人間性や想像力を養い、基礎学力の定着を図る。道徳教育、総合学習、校外学習などを通じて自主性、向上心、想像力、好奇心を育み、心身ともにバランスのとれた児童の育成を目指す。

特　色　国語や道徳教育を重視するとともに、体育、音楽、図工などでは専科制による質の高い授業を展開する。情報教育、日出学園幼稚園・中学・高校との異年齢交流、外国人教員や中学校の英語教員との英会話や手話学習も取り入れ、対話力の育成やコミュニケーション力の習得に注力している。蔵書数5万冊を超える図書館を利用して読解力を養成し、独自の「ひのでタイム」（総合的な学習の時間）においては多彩な校外学習を実施。ユニセフや赤い羽根の募金活動など、社会貢献活動にも取り組んでいる。

◆**クラブ活動**　4年生以上、週1時間。バスケットボール、剣道、テニスなど運動系9、英語、合唱、理科、茶道、吹奏楽、将棋など文化系12のクラブがある

◆**英語教育**　1・2年生は週1回、3・4年生は週2回、5・6年生は週3回。1〜4年生はクラスを半分に分け、少人数で授業を展開。5・6年生はAI教材を活用した授業を行う

◆**ICT教育**　3年生以上、週1時間。専科教員による「情報」の授業を行うほか、通常の授業でもタブレット端末を使い、発表や意見の対比をしながら学習の効果を上げている

◆**校外学習**　多様な社会科見学のほか、自然教室や林間学校など最大22泊の宿泊学習で心身を鍛え、協調性を身につける

年間行事予定

月	行　事　名（抜粋）
4	入学式、きょうだい遠足、授業参観
5	4〜6年自然教室
6	運動会
7	3・4年林間学校
8	5・6年臨海学校、イングリッシュキャンプ
9	5・6年水泳大会、夏休み作品展
10	日出祭、校外学習、スポーツ大会
11	創記念日、幼稚園との昼食会、授業参観
12	芸術鑑賞会
1	書き初め展、授業参観
2	オーストラリアの姉妹校との交流授業
3	謝恩会、卒業式、4・5年スキー教室

入試データ

下記の資料は**2025年度用（2024年秋実施予定）**です

募集要項

募集人員	男女計102名（第一志望、一般合わせて。内部進学者含む）
学校（入試）説明会	学校説明会：4月13日／6月6日／9月7日 お父さんのための説明会：5月22・23日
願書配付期間	Ｗｅｂ公開のみ
出願期間	A（第一志望）：10月1日（0時）～10日（12時） B（第1回・一般）：10月1日（0時）～22日（12時） C（第2回・一般）：10月1日（0時）～11月14日（12時） ※ＨＰの指示に従ってＷｅｂ出願
提出書類	・受験票 ・健康診断書 ・第一志望確約書（第一志望のみ） ※すべて考査日に持参
受験票交付	自宅やコンビニエンスストアなどで各自印刷
受験番号付番	願書受付順　月齢考慮　あり
考査日	考査・面接：A…10月16日　B…10月24日　C…11月16日
選抜方法^{注1}	ペーパーテスト、集団テスト、本人面接、保護者面接
考査料	22,000円（クレジットカード、コンビニまたはペイジー決済）
合格発表	A：10月17日　B：10月25日　C：11月18日　12時～　Ｗｅｂ発表
倍率（前年度）	約1.8倍
入学手続	A：10月21日　B：11月9日　C：11月20日　23時59分締切
編入学制度	1～5年生で欠員が生じた場合のみ各学期末に試験を実施／帰国生はp.403～参照
復学制度	6年生まで可能
公開行事	運動会：6月1日　授業体験会：6月22日 親子体験会：8月24日　日出祭：10月5・6日
備考	土曜登校は月2回程度

学費

……… 入学手続時納付金 ………
入学金	150,000円
施設設備費	200,000円
振興会入会金	30,000円
同窓会入会金	10,000円
寄付金1口	100,000円
（2口以上、任意）	

………… 年間納付金 …………
授業料・年額	303,600円
教育充実費・年額	180,000円
学習諸費など・年額	31,800円
預かり金・年額	63,970円

※制服などの物品費を別途納付
※上記金額は諸事情等で変更の場合あり

制服

セキュリティ

警備員常駐／防犯カメラ設置／登下校確認システム／携帯電話所持可／授業中門施錠／インターホン設置／保護者入校証／赤外線センサー設置／避難・防災訓練実施／看護師常駐／緊急通報・安否確認システム／緊急地震速報装置／学校110番／災害用品備蓄／ＡＥＤ設置

昼食

お弁当（週5回）…お弁当注文システムあり

進学情報

［中学校への進学状況］【日出学園】男子は約40％、女子は約68％が内部進学。
開成、早稲田、市川、東邦大東邦、江戸川女子など
［高等学校への進学状況］
【日出学園】男子は約97％、女子は約85％が内部進学
［大学への進学状況］
筑波、千葉、早稲田、上智、東京理科、立教、明治、青山学院、中央など

［系列校］
日出学園中学校・高等学校、日出学園幼稚園

千葉

私立

共学

ひ

日出学園小学校

※上記募集要項は小学校公表データです（注1：選抜方法については伸芽会教育研究所調査によるデータです）。詳細は小学校ＨＰまたはお電話でご確認ください

江戸川学園取手小学校

https://www.edotori.ed.jp/　E-mail info@edotori.ed.jp

[アクセス]
●JR常磐線・関東鉄道常総線【取手】、つくばエクスプレス・関東鉄道常総線【守谷】よりスクールバス

[所在地]　〒302-0032　茨城県取手市野々井1567-3
TEL 0297-71-3353　FAX 0297-71-3354

小学校情報

[校　長]　鈴木 克巳
[児童数]　564名（男子242名、女子322名）

沿　革　昭和6年、城東高等家政女学校（現・江戸川女子中学校・高等学校）開校。昭和19年、財団法人江戸川女子商業学校設立。昭和26年、学校法人江戸川学園に組織変更。昭和53年、江戸川学園取手高等学校、昭和62年、江戸川学園取手中学校を開校し、中・高一貫教育を開始。平成2年、江戸川大学開学。平成5年、高等学校に医科コースを設置。平成26年、江戸川学園取手小学校を開校。

教育方針　『誠実』『謙虚』『努力』を校訓に掲げ、『心豊かなリーダーの育成』を教育理念として、国際社会に貢献できる有為な人材の育成を目指す。個性を尊重し、一人ひとりの可能性を伸ばすとともに、人間教育に重きを置き、他者を思いやる豊かな心を育てることを教育実践とする。小・中・高の一貫教育を通して学校生活における基本的な生活習慣を確立させ、「規律ある進学校」として「心力」「学力」「体力」のバランスのとれた三位一体の教育を行う。

特　色　基礎学力の定着と応用力、思考力を高めるカリキュラムを編成。全教科の基礎、思考力の源となる「読書指導」や「漢字力養成」に注力し、英語においては1年生からネイティブ教師と日本人教師による実践的な授業を開始する。実験や観察、体験学習などを重視した理科教育や、図画工作や陶芸、書道、音楽、演劇などの芸術分野を充実させ、豊かな観察力や考察力、感受性や創造性を育んでいく。また、基礎体力の向上を目指した学校行事やクラブ活動を実施。特別活動を通して、異学年との積極的な交流を行い、コミュニケーション能力やリーダーシップを育成する。

◆**英語教育**　全学年。英語を第二の母語とし、実践的な英語力を培う。「聞く・話す・読む・書く」の4技能をバランスよく強化。国際交流、オーストラリア語学研修なども実施
◆**ＩＣＴ教育**　全学年でコンピュータによる情報処理教育を行い、技能の習得と情報リテラシーの獲得を図る。1年生から1人1台タブレット端末を所有し、授業などで活用
◆**キャリア教育**　工場や公共施設の見学など、発達段階に応じたキャリア教育を実施。将来の夢の実現に向けて「夢ボード」を作り、子どもたちに明確なビジョンを描かせる
◆**リーダーシップ教育**　オープンスクールではＩＣＴ機器を使って校内を案内、紫峰祭ではプログラム内容を主体的に企画・運営する

年間行事予定

月	行　事　名（抜粋）
4	入学式、2年田植え
5	運動会、スポーツテスト
6	中間テスト、プール学習、5年宿泊学習
7	七夕集会、語学研修（希望者）、サマースクール（希望者）
8	ブリティッシュヒルズ親子英語合宿（希望者）
9	期末テスト、2年稲刈り、1年校外学習、終業式
10	始業式、4年宿泊学習、6年修学旅行
11	創立記念日、紫峰祭（文化祭）、チャレンジランニング大会
12	中間テスト、2・6年音楽発表会、クリスマス集会
1	芸術鑑賞会
2	期末テスト、4年音楽発表会
3	卒業式

始業／制服／2学期制／土曜登校／毎年クラス替／給食／アレルギー対応／ICT教育／英語コマ数／通学時間制限／アフタースクール／幼稚園／中学・高校／大学

入試データ

下記の資料は **2024年度用**（**2023年秋実施済み**）です

募集要項 ※ !2025 は次年度のデータです

募集人員	第1回：男女計75名　第2回：男女計15名
学校（入試）説明会	!2025 Ｗｅｂ説明会：5月11日／8月3日 学校説明会：5月25日（1日体験入学あり）
願書配付期間	Ｗｅｂ公開のみ
出願期間	Ｗｅｂ出願：Ａ（第1回）…9月1〜12日 　　　　　　Ｂ（第2回）…9月1〜12日、11月1〜7日 書類提出：Ａ…9月12日　Ｂ…9月12日、11月7日 　　　　　簡易書留で郵送（消印有効） ※ＨＰの指示に従ってＷｅｂ出願後に書類提出
提出書類	・志願理由書　・入学志願者健康診断書 ・受験票（学校控）　・受験票 ※受験票は考査日に持参
受験票交付	自宅やコンビニエンスストアなどで各自印刷
受験番号付番	願書受付順　　月齢考慮　　なし
考査日	!2025 Ａ：考査…9月28日　面接…9月21・24日のうち1日 　　　　Ｂ：考査…11月16日　面接…11月11日
選抜方法[注1]	ペーパーテスト、行動観察、運動テスト、親子面接
考査料	25,000円（クレジットカード、コンビニまたはペイジー決済）
合格発表	Ａ：10月3日　Ｂ：11月21日　10時〜　Ｗｅｂ発表
倍率	約2.0倍
入学手続	Ａ：10月3・4日　Ｂ：11月21・22日
編入学制度	1〜4年生で欠員が生じた場合のみ試験を実施／帰国生はp.403〜参照
復学制度	あり
公開行事	!2025 授業見学会：6月10〜14日 オープンスクール：7月6日
備考	土曜登校は隔週

セキュリティ

警備員常駐／防犯カメラ設置／登下校確認システム／携帯電話所持可／授業中門施錠／インターホン設置／保護者入構証／避難・防災訓練実施／緊急通報・安否確認システム／災害用品備蓄／ＡＥＤ設置

学費

……… 入学手続時納付金 ………
入学金　　　　　　　　200,000円
施設・設備費　　　　　150,000円

………… 年間納付金 …………
授業料・月額　　　　　33,000円
維持費・月額　　　　　18,000円
後援会会費など・月額　　1,000円
※教材費、給食費、アフタースクール代など別途納付
※上記金額は諸事情等で変更の場合あり

制服

昼食

給食（週5回）

進学情報

［中学校への進学状況］
【江戸川学園取手】原則として全員が内部進学
［高等学校への進学状況］
【江戸川学園取手】原則として全員が内部進学
［大学への進学状況］
東京、京都、東京工業、筑波、埼玉、千葉、横浜国立、慶應、早稲田、上智など

［系列校］
江戸川大学、江戸川学園取手中・高等学校、江戸川女子中学校・高等学校など

茨城　私立　共学　え　江戸川学園取手小学校

※上記募集要項は小学校公表データです（注1：選抜方法については伸芽会教育研究所調査によるデータです）。詳細は小学校ＨＰまたはお電話でご確認ください

考査ガイド

考査日程	1日
受験番号付番	願書受付順
選抜方法	約20人単位でペーパーテスト、集団テスト、運動テストを行う
考査内容	ペーパーテスト、集団テスト、運動テスト、親子面接
所要時間	約2時間30分

過去の出題例

ペーパーテスト

1 置　換

・サクランボは×、野球帽は○、Tシャツは△、カキは
□に置き換えて、絵の下のマス目にかきましょう。

2 常　識

・1段目です。あおぐものに○をつけましょう。
・2段目です。卵で産まれるものに○をつけましょう。

3 推理・思考（四方図）

・机の上にあるクマのぬいぐるみを、キツネ、ウサギ、
タヌキ、ゾウが見ています。それぞれの動物たちから
は、どのように見えますか。右から選んで、それぞれ
の動物の上にかいてある印をつけましょう。

集団テスト

巧緻性

台紙のカニの爪の絵にクレヨンで色を塗ってはさみで切
り取り、カニが描かれた台紙に液体のりで貼る。

運動テスト

模倣体操

テスターのまねをしながら、ひざの屈伸や首回しを行う。

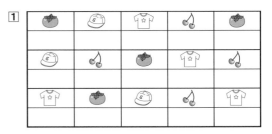

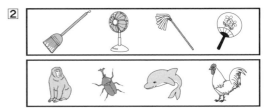

ここがポイント

ペーパーテストでは数量、常識、推理・思考、話の記憶など、幅広い範囲からの出題となるため、基礎をしっかりと身
につけることが大切です。集団テストや運動テストでは、指示に対して的確に行動できるかどうかがポイントとなりま
すので、集中して聞く姿勢とともに、どんな約束で行われるかルールについての意識を高めておくことが必要です。

出題傾向

	ペーパーテスト												個別テスト												集団テスト									運動	面
	話	数量	観察力	言語	推理・思考	構成力	記憶	常識	位置・置換	模写	巧緻性	絵画・表現	系列完成	話	数量	観察力	言語	推理・思考	構成力	記憶	常識	位置・置換	巧緻性	絵画・表現	系列完成	制作	生活習慣	話	観察力	言語	常識	巧緻性	絵画・表現	制作	行動観察	課題・自由遊び	運動・ゲーム	生活習慣	動	接
2024年	○		○	○	○		○	○	○	○																			○										○	○
2023年	○	○		○	○		○	○																					○		○								○	○
2022年	○	○		○	○	○		○	○	○	○																		○										○	○
2021年	○	○		○	○		○	○	○																				○										○	○
2019年	○	○		○	○		○	○	○	○																		○						○			○		○	○

面接ガイド

親子面接 考査日前の指定日時に面接が行われる
所要時間 約15分

<面接資料／アンケート>

出願時に志願理由書（面接資料）を提出する

過去の質問例

本人への質問

・お名前、幼稚園（保育園）の名前を教えてください。
・幼稚園（保育園）のクラスの名前と担任の先生の名前を教えてください。
・幼稚園（保育園）に仲よしのお友達は何人いますか。
・仲よしのお友達の名前を2人教えてください。
・幼稚園（保育園）ではお友達と何をして遊びますか。
・幼稚園（保育園）は給食ですか、お弁当ですか。
・好きな食べ物と嫌いな食べ物を教えてください。
・小学校の給食で嫌いなものが出たらどうしますか。
・お家でお手伝いはしていますか。どんなことですか。
・お父さんとお母さんのどんなところが好きですか。
・どんなときにお父さんやお母さんにしかられますか。そのときはどうしますか。
・好きな絵本は何ですか。それはどんなお話ですか。
・好きなテレビ番組は何ですか。なぜ好きですか。
・この学校に入ったら何をしたいですか。それはどうしてですか。
・大きくなったら何になりたいですか。それはどうしてですか。

父親への質問

・志望理由をお聞かせください。
・学校説明会には何回いらっしゃいましたか。そのときの印象をお聞かせください。
・本校は12年の一貫校で、途中での外部受験を認めていませんが、ご了承いただいていますか。
・本校には10の特色がありますが、特に興味を持たれたものは何ですか。
・お子さんにどのような大人になってほしいですか。

面接の配置図

```
        先生      先生
        ◯        ◯
    ┌─────────────────┐
    └─────────────────┘

     ◯     ◯     ◯
     父     子     母

    ┌──────────┐
    │ 荷物置き場 │
    └──────────┘
                    ├出入口
```

母親への質問

・12年の一貫校の魅力についてお聞かせください。
・お子さんはどのような性格ですか。
・子育てで気をつけていることは何ですか。
・お子さんに毎日させているお手伝いは何ですか。
・休日はご家族でどのように過ごしていますか。
・お子さんには既往症や食物アレルギーなど、健康上の留意点はありますか。
・通学方法を教えてください。

※出願時に提出する面接資料には、以下のような記入項目がある。
①本校志願の理由
②ご家庭の教育方針
③入学志願者の長所・短所

Inside voice

・面接での親への質問は、わが家は父親と母親のどちらが答えてもよい形でしたが、どちらが答えるか指示されるご家庭もあったようです。どのような形式でも対応できるよう、準備をしておくとよいと思います。
・考査の控え室である体育館の女子トイレは受付前から行列ができ、かなり混雑していました。先生方がタイミングを見て別のトイレを案内されていたようですが、駅などで済ませておいたほうがよいと思いました。
・考査の待機中は、携帯電話などの電子機器は電源を切るよう言われました。多くのご家庭が自家用車で来校していましたが、車に戻ることは禁止で、体育館から移動しないよう注意がありました。

開智望小学校

https://nozomi.kaichigakuen.ed.jp/

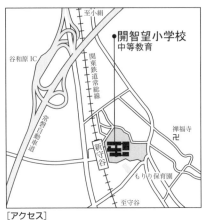

[アクセス]
●関東鉄道常総線【新守谷】より徒歩1分

[所在地] 〒300-2435　茨城県つくばみらい市筒戸字諏訪3400
TEL 0297-38-6000　FAX 0297-38-6300

小学校情報

[校　長]　青木 徹
[児童数]　604名（男子297名、女子307名）

沿　革　昭和58年、埼玉第一高等学校開校。平成9年、開智中学校開校。平成11年、埼玉第一高等学校を開智高等学校に改称。平成16年、開智小学校（総合部）開校。平成23年、開智未来中学・高等学校開校。平成27年、開智望小学校を開校し、平成30年3月、同校は国際バカロレアPYP認定校となる。令和2年、同敷地内に開智望中等教育学校を開校し、12年一貫校となった。

教育方針　世界中の人々や文化を理解・尊敬し、平和で豊かな国際社会の実現に貢献する人材の育成を目指す。国際バカロレアのプログラムを取り入れ、教科の枠を超えた探究の授業を週6時間行う。学習指導要領に基づく教科の授業でも、探究型の学びをベースにした習得型・反復型の学びを展開。「得意を伸ばし、志を高く学び、人のために学び行動する」という教育目標を掲げ、子どもたち一人ひとりの育ちと主体的な学びに細やかに対応する。

特　色　国際バカロレアの特色である教科横断型の学びを取り入れ、確かな基礎学力と柔軟な思考力を育成。教師の目が届く1クラス24名程度の少人数制をとり、一人ひとりの個性や能力に合わせたきめ細かな指導を行う。子どもたちが自ら疑問や問題を見出し、思考し、仲間と討論しながら解決する主体的で協働的な学びを通して、探究力、発信力、コミュニケーション能力を培う。すべての教室にプロジェクターを設置し、令和4年度から全学年でタブレット端末を活用するなど、ICT環境も整備。開智望中等教育学校と接続し、12年一貫教育で系統的に学びを深める。

◆英語教育　1学年に1名の外国人教師やバイリンガル教師を配置し、1年生から週5時間の英語活動を行う。また、既習歴がある児童の英語力を維持するため英語探究クラスを設け、「探究」の授業も英語で行うなど、週10時間の英語活動を実施。年2回のTOEFL Primaryをはじめ、TOEFL Juniorも受験できる。オンラインの読書教材を導入し、学校や家庭で楽しく学べる環境を整えている

◆異学年活動　1～5年生各4、5名の異学年児童で「ホーム」を編成し、朝の読書や学級の時間、昼食、掃除をはじめ、体育や道徳、運動会や望発表会などに取り組む。最上級生はリーダーとしての資質を、ほかの学年は役割を分担することで社会性を身につける

年間行事予定	
月	行　事　名（抜粋）
4	入学式
5	運動会
6	授業参観
7	校外学習
8	海外サマーキャンプ（希望者）
9	探究発表会
10	1～5年フィールドワーク
11	秋の遠足
12	望発表会
1	授業参観
2	プレゼンテーションウィーク
3	エキシビション、春の遠足、修了式

始業／制服／3学期制／土曜登校／クラス替／両方あり／アレルギー対応／ICT教育／英語コマ数5／通学時間制限／アフタースクール／幼稚園／中等教育／大学

入試データ

下記の資料は**2024年度用（2023年秋実施済み）**です

募集要項 ※ !2025 は次年度のデータです

募集人員	男女計110名（第1〜3回合わせて）
学校（入試）説明会	!2025 4月20日／7月6日／8月25日
願書配付期間	Web公開のみ
出願期間	A（第1回・第一志望）：7月10日〜9月15日 B（第1回・併願）：7月10日〜9月22日 C（第2回・第一志望）・D（第2回・併願）：10月4〜18日 E（第3回・第一志望）：10月25日〜11月16日 ※HPの指示に従ってWeb出願
提出書類	・受験票 ・写真票 ※すべて考査日に持参
受験票交付	自宅やコンビニエンスストアなどで各自印刷
受験番号付番	願書受付順　月齢考慮　あり
考査日	考査：A・B…9月30日　C・D…10月21日　E…11月18日 面接：A…9月16・19日のうち1日（自己発信あり） 　　　B〜E…考査当日に実施
選抜方法	A・C：Ⅰ型かⅡ型を選択　B・D：Ⅰ型　E：Ⅱ型 Ⅰ型：ペーパーA、作業、行動観察、運動、本人面接、保護者面接 　　　※A・CはペーパーB、自己発信あり Ⅱ型：探究活動、本人面接、保護者面接
考査料	30,000円（クレジットカード、コンビニまたはペイジー決済）
合格発表	A・B：10月3日　C・D：10月24日　E：11月21日　Web発表
倍率	約1.46倍
入学手続	A・B：10月3〜6日　C・D：10月24〜27日　E：11月21〜24日
編入学制度	あり（要問い合わせ）／帰国生はp.403〜参照
復学制度	あり
公開行事	!2025 授業体験会：6月22日
備考	原則、土曜登校は隔週

セキュリティ

防犯カメラ設置／登下校確認システム／防犯ブザー携帯／携帯電話所持可／授業中門施錠／インターホン設置／保護者入構証／避難・防災訓練実施／緊急地震速報装置／災害用品備蓄／AED設置

学費

```
……… 入学手続時納付金 ………
入学金              250,000円
授業料              200,000円


………… 年間納付金 …………
授業料・年額        480,000円
教育充実費・年額    128,000円
諸会費・年額         52,000円
積立金・年額        120,000円
```
※授業料の一部（200,000円）を入学手続時に納付
※上記金額は諸事情等で変更の場合あり

制服

昼食

給食かお弁当（持参）の選択制（週5回）

進学情報

[中学校への進学状況]
【開智望中等教育】男子は約71％、女子は約94％が内部進学
[高等学校への進学状況]
【開智望中等教育】原則として全員が内部進学
[大学への進学状況]

[系列校]
開智望中等教育学校、開智学園中高一貫部、開智中学校（総合部）、開智小学校（総合部）、開智学園高等部、開智未来中学・高等学校、開智所沢中等教育学校・小学校（仮称）など

茨城　私立　共学　か　開智望小学校

※上記募集要項は小学校公表データです。詳細は小学校HPまたはお電話でご確認ください

美文字で願書に差をつける

入学願書は、志願者の第一印象を決定づける重要な書類です。文字にもこだわり、差がつく願書を作成しましょう。書家で美文字セミナーを各地で展開されている中山佳子先生に、願書のための美文字についてうかがいました。

入学願書は見た目の印象が大事

小学校の入学願書は、内容が充実してさえいればよいわけではありません。実際は、見た目の印象もとても大事です。人が何かを伝え合うときは、見た目の影響力が非常に強いと言われています。

入試の面接にあたり、小学校の先生方は事前に願書を読み質問項目などを考えます。保護者との面接で学校側が注目するのは、学校の理念に沿って子どもを育てていくよきパートナーとなりうるかどうかです。願書はそれを判断する一つの手掛かり。手書きの文字には魂が伝わるような、活字にはない力があります。美しい文字の願書であれば第一印象もよいでしょう。文字が美しければ、教養のある親という印象を持ってもらうことができます。一生懸命丁寧に書いた文字からは、熱意や誠意が伝わります。願書が印象に残れば名前も覚えてもらいやすいという、アドバンテージを得ることもできます。

お手本を「なぞらない」練習が効果的

では、どうすれば美しい文字を書けるようになるのでしょうか。お手本をなぞる練習法もありますが、美しい文字を効率よく書けるようになりたいと思うなら、なぞらずに練習することをお勧めします。なぜなら、なぞり書きは頭を使わなくてもできるからです。なぞり書きの後、自分で書こうと思っても、美文字のポイントが頭に入っていないのでうまくいきません。

お手本と自分の字を比べ、違うところをマークしながら練習するのが一番効果的です。「ここはもっと低い位置から入って45度くらいの角度をつけて書くのだな」などと確認しながら文字にマークをつけていくと、頭の中にしっかりインプットされます。比較しチェックして、改善行動をとる。それを2、3回行えば、お手本と同じような文字が短時間で書けるようになります。

筆記用具や文字の大きさにも注意

願書を書く筆記用具は万年筆が理想的ですが、水性のボールペンやサインペンでもよいでしょう。こすると消えるタイプのペンは、年数が経つと文字が消えてしまうので願書には不向きです。インクの色は黒が基本です。ペンは紙質によって書きにくかったりにじんだりすることがあるので、願書の紙質と相性がよいものを選びましょう。文字の太さや大きさの違いも印象に影響します。一般的には、太く大きめの文字は自信があるように感じられ、細く小さめの文字は謙虚なイメージがあります。自分たちが学校に伝えたいことを表現できる文字を考えてみましょう。

ペンの持ち方と書き方のコツ

ペンははしと同じような持ち方で、紙に対する角度は60度くらいにします。ペンの可動域が狭い持ち方をしていると、思うような文字が書きにくくなります。文字は楷書が基本です。「止め」「折れ」「払い」「はね」を意識して正しく書きましょう。横画は少し右上がりにして、文字と文字の間や上下の間隔、余白も意識してください。

書き方のポイント

止め、折れ、払い、はねは正しく、横画は少し右上がりに
1…止め
2…折れ
3…左払い
4…右払い
5…はね

ペンは親指、人差し指、中指で持ち、柔軟に動かせるようにする

薬指と小指は伸ばさず、軽く曲げるようにする

中山佳子先生プロフィール
一般社団法人書道能力開発協会 理事長。書家。株式会社フィールドデザイン代表取締役。著書に『子どもの美文字 ひらがな練習帳』など

首都圏 国立大学附属小学校
都立中等教育学校附属小学校入試情報ガイド

＊

お茶の水女子大学附属小学校
筑波大学附属小学校
東京学芸大学附属大泉小学校
東京学芸大学附属小金井小学校
東京学芸大学附属世田谷小学校
東京学芸大学附属竹早小学校
横浜国立大学教育学部附属鎌倉小学校
横浜国立大学教育学部附属横浜小学校
埼玉大学教育学部附属小学校
千葉大学教育学部附属小学校
立川国際中等教育学校附属小学校

※ 掲載の入試情報は、2024年度用（2023年秋〜冬実施済み）です。
　最新の情報は直接学校窓口にお問い合わせいただくか、各学校
　のホームページなどでご確認ください。考査ガイドの出題例は、
　伸芽会発行の『有名小学校入試問題集』などからの抜粋や、類
　似問題を作成して掲載しています。

お茶の水女子大学附属小学校

http://www.fz.ocha.ac.jp/fs/

［所在地］ 〒112-8610　東京都文京区大塚2-1-1
TEL 03-5978-5873　FAX 03-5978-5872

［アクセス］
●東京メトロ丸ノ内線【茗荷谷】より徒歩7分
●東京メトロ有楽町線【護国寺】より徒歩10分

小学校情報

［校　長］　小松 祐子
［児童数］　627名

沿　革　明治11年、東京女子師範学校附属練習小学校として開校。明治41年、東京女子高等師範学校附属小学校と改称。昭和24年、お茶の水女子大学の新設に伴い、お茶の水女子大学・東京女子高等師範学校附属小学校と改称。昭和27年、お茶の水女子大学文教育学部附属小学校、昭和55年、お茶の水女子大学附属小学校と改称。令和5年、小学校創立145周年を迎えた。

教育方針　教育目標に『自主協同』を掲げ、「自分で考えて正しく判断し、進んで行動する子を育成する」「自然と人間を大切にし、情操の豊かな子を育成する」「健康で、気力体力が充実し、意志の強い子を育成する」を具体的なめあてとする。140年以上におよぶ歴史と伝統を受け継ぐとともに、最先端の教育実践の開発を目指す。

特　色　大学附設の教育機関として、大学と協力し小学校教育の理論および実際に関する実践的研究を行い、日本の小学校教育の進歩・向上に貢献する使命を持つ。小学校学習指導要領の内容をさらに充実させた独自のカリキュラムを編成し、長期研修生、教育実習やインターンシップの学生の受け入れを実施。年間を通して、他校の教員が参観に来校したり大学の研究の場となったりするほか、保護者にも研究の調査協力をお願いすることがある。また、教育実践研究校として研究紀要や研究図書の発行なども行う。令和元年度より文部科学省の研究開発学校の指定を受け、新領域「てつがく創造活動」を創設。メタ認知スキルや社会情意的スキルを育成する教育課程の研究開発に取り組んでいる。

◆**英語教育**　3年生以上。外国人講師と一緒に英語に慣れ親しみ、創造的な活動を通してさまざまな国の言葉や文化も学ぶ

◆**授業の特色**　1年生は11月まで幼稚園との接続期カリキュラムで学習。ノーチャイム制、複数の学年担任が学習指導と生活指導にかかわる協力学年担任制のほか、3年生以上は教科担任制を採用。「てつがく創造活動」の時間では、子どもが自ら学びを構想し、主体的に進めていくことを重視する

◆**ICT教育**　1・2年生はタブレット端末、3年生以上はノートPCを授業で活用

◆**校外学習**　宿泊行事として3年生は学校宿泊、4年生は埼玉県小川町、5年生は長野県茅野市、6年生は裏磐梯で林間学校を実施

年間行事予定	
月	行 事 名（抜粋）
4	入学式、新入生を迎える会、校外学習
5	3・4年さつまいも植え、運動会
6	校外学習、1・6年じゃがいも掘り
7	―
8	夏休み、4〜6年林間学校
9	校外学習
10	3・4年さつまいも掘り
11	音楽会
12	―
1	―
2	―
3	5年じゃがいも植え、校外学習、卒業式

School Information

※濃い色で示したアイコンはこの小学校に該当するものです

始業／制服／3学期制／土曜登校／クラス替／給食／アレルギー対応／ICT教育／英語コマ数／通学時間制限／アフタースクール／幼稚園／中学・高校／大学

入試データ

下記の資料は**2024年度用（2023年秋〜冬実施済み）**です

募集要項 ※下記は前年度のデータです

募集人員	男女各25名程度、計50名程度
学校（入試）説明会	9月30日
願書配付期間	Ｗｅｂ公開：10月1〜15日（要申込）
出願期間	10月21〜31日 ※ＨＰの指示に従ってＷｅｂ出願
提出書類	第一次　・第一次検定受検票 第二次　・第二次・第三次検定受検票 　　　　・住民票の写し　・検定払込完了証 ※住民票以外は考査日に持参
受験票交付	自宅やコンビニエンスストアなどで各自印刷
受験番号付番	願書受付順　　月齢考慮　あり
選抜方法^{注1}	第一次：抽選　第二次：個別・集団・運動テスト、保護者面接 第三次：抽選
考査の流れ	第一次選考（抽選）：11月18日　9時〜（男子）／10時30分〜（女子）▶第一次選考発表：同日　12時30分〜（Ｗｅｂ発表）▶第二次選考受付（持参）：12月4日▶第二次選考（個別・集団・運動テスト、保護者面接）：A…12月5日／B…6日／C…7日　9時〜▶第二次選考発表：12月8日　7〜8時（Ｗｅｂ発表）▶第三次選考（抽選）：同日　10時〜 ※生年月日順にA〜Cの3グループに分け、選考を行う
考査料	第一次：1,100円　第二次：2,200円 （いずれもクレジットカード、コンビニまたはペイジー決済）
合格発表	12月8日　第三次選考（抽選）後決定
倍率	――――
入学手続	指定日
編入学制度	なし。附属間交流は実施／帰国生はp.403〜参照
復学制度	5年生までに限る
出願資格	通学区域制限あり（東京23区内に保護者と同居）
備考	入学候補児童保護者説明会：12月21日　9時〜

学費

```
……… 入学手続時納付金 ………
教材費・年額                    17,000円
教室費（初年度のみ）             5,000円
空調費・年額                     1,600円
祝菓子、非常食費・年額           1,800円
給食費および給食諸経費・年額  約90,000円
かがみ会（PTA）入会金（初年度のみ） 5,000円
かがみ会会費・年額               6,000円
茗鏡会（同窓会）入会金（初年度のみ）40,000円
教育活動支援費・年額            16,000円

……… 年間納付金 ………
教育後援会入会金（初年度のみ）  50,000円
教育後援会会費（6年分を一括）  120,000円
寄付金（教育充実費）1口        10,000円
（1口以上、任意）
※上記金額は諸事情等で変更の場合あり
```

制服

セキュリティ

警備員常駐／防犯カメラ設置／交通指導員配置／ＧＰＳ機能付き防犯ブザー携帯（任意）／保護者入構証／避難・防災訓練実施／緊急メールシステム／災害用品備蓄／ＡＥＤ設置

昼食

給食（週5回）

進学情報

[中学校への進学状況]
【お茶の水女子大附属】約60％が内部進学
[高等学校への進学状況]
男子：筑波大附属など　女子：【お茶の水女子大附属】約71％が内部進学
[大学への進学状況]
【お茶の水女子】特別選抜制度あり。東京、東京工業、一橋、慶應、早稲田など

[系列校]
お茶の水女子大学・大学院、お茶の水女子大学附属高等学校・附属中学校・附属幼稚園

考査ガイド

考査日程	抽選を含めて３日
受験番号付番	第一次検定：願書受付順　第二次検定：抽選順

選抜方法　第一次検定：男女とも生年月日順にＡ（４～７月）、Ｂ（８～１１月）、Ｃ（１２～３月）の３グループに分かれ、それぞれ抽選をして、各グループ約60人を選出する。４月１日生まれはＣグループに入る。抽選通過者には第二次検定受検手続き時にアンケート（テーマ作文）が配付され、その場で記入して提出する

【抽選方法】講堂にて校長による公開抽選を実施（抽選への立会希望は第一次検定出願時に行う）。抽選後、２けたの合格番号をＷｅｂにて発表。その番号が第一次検定の受付番号の下２けたと一致していれば合格となる

第二次検定：第一次合格者を対象に個別テスト、集団テスト、運動テストを行う。Ａ、Ｂ、Ｃのグループ別に、子どもがゼッケンの入っている封筒を引いて受検番号が決まる。子どもの考査中に保護者面接が行われる

第三次検定：第二次合格者を対象に抽選を行う

【抽選方法】男女別に、抽選者数に１枚加えた札が入った箱から受付順に１人ずつ札を引く。最後に校長が引いた番号の次番から合格者（入学候補者）となる

考査内容	個別テスト、集団テスト、運動テスト、保護者面接
所要時間	第二次検定：２時間～２時間30分

過去の出題例

個別テスト

1 推理・思考・数量

丸いピザが描かれている台紙、段ボール紙製のピザカッター、スタンプ台が用意されている。

・ピザを５人で仲よく分けます。ピザカッターにインクをつけて、同じ大きさに分ける線を引きましょう。

集団テスト

■ 制作（羽のある生き物作り）

紙コップ、ストロー、折り紙、羽の台紙などを使って、この世界にいないような羽のある生き物を作る。

運動テスト

■ 懸　垂

床に足がつかないように腕を曲げて鉄棒につかまり、できるだけ長くぶらさがる。

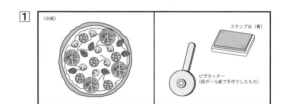

ここがポイント

集団テストでは例年、社会性、協調性を見られる課題が多く、初めてのお友達とも仲よく遊べるようにすることが必要です。個別テストでは、テスターとの口頭試問やいくつかの課題が出されます。言葉遣いやスムーズな受け答えをしっかりと見られるので、十分な会話力をつけておきましょう。

出題傾向

	ペーパーテスト													個別テスト														集団テスト											運	面
	話	数量	観察力	言語	推理・思考	構成力	記憶	常識	位置・置換	模写	巧緻性	絵画・表現	系列完成	話	数量	観察力	言語	推理・思考	構成力	記憶	常識	位置・置換	巧緻性	絵画・表現	系列完成	制作	行動観察	話	観察力	言語	常識	巧緻性	絵画・表現	制作	行動観察	課題・自由遊び	運動・ゲーム	生活習慣	運動	接
2024年																○	○			○		○												○	○				○	○
2023年																○	○	○		○	○													○	○		○			○
2022年																○	○			○	○											○		○	○					○
2021年																○						○													○				○	○
2020年															○	○	○	○																	○					○

面接ガイド

保護者面接 第二次検定中、受検番号順に面接が行われる
所要時間 5〜10分

＜面接資料／アンケート＞

第一次検定通過者を対象に配付されるアンケートに記入して提出する

過去の質問例

保護者への質問

・お子さんの名前、生年月日、住所を教えてください。
・幼稚園（保育園）の送迎はどなたがしていますか。
・幼稚園（保育園）でお子さんはどのような様子ですか。
・本校に期待することは何ですか。
・子育てで大切にしていることを教えてください。
・ご家庭の教育方針と相反することは何だと思いますか。
・ご家庭で大切にしているルールは何ですか。
・お子さんの長所と短所を教えてください。
・上のお子さんと違う学校を選んだのはどうしてですか。
・お子さんの好きな遊びは何ですか。
・一人っ子のお子さんへの対応で、気をつけていることはありますか。
・お子さんのご家庭での役割についてお話しください。
・お子さんはどのような本が好きですか。
・最近、お子さんをほめたり、しかったりしましたか。そのときのお子さんの様子をお聞かせください。
・お子さんがお友達と一緒にふざけて、アリを踏みつぶしていました。どのように対応しますか。
・お子さんが親の価値観と異なることを主張してきたら、どのように対応しますか。
・スマートフォンやタブレット端末などの使用について、どのようにお考えですか。
・ご家族で一緒にどのような遊びや会話をしますか。
・最近、家族で大笑いをしたエピソードをお聞かせください。
・最近、お子さんが失敗したエピソードをお聞かせください。
・通学経路と通学時間を教えてください。
・お子さん1人での電車通学に不安はありませんか。

面接の配置図

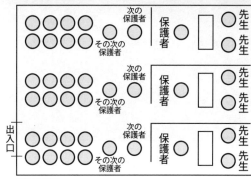

※3列で並ぶ

・お子さんがお友達を傷つけてしまったとき、優しく諭しますか、厳しくしかりますか。
・お子さんが小学校に進学するにあたり、気をつけていることはありますか。
・低学年のうちは送迎や学校行事で来校する機会が多いですが、どのようにお考えですか。
・共働きのようですが、緊急時にお子さんをすぐ迎えに来られますか。
・共働きのようですが、ＰＴＡ活動の参加についてどのようにお考えですか。
（そのほかアンケートに記入したことから質問される）

※第一次検定通過者を対象にしたアンケートは以下のようなテーマで記入する。所要時間は約30分。
・あなたにとって「幸せ」とはどのようなものですか（約300字）

Inside voice

・個別テストは会場の外にあるいすに座って待ち、名前を呼ばれたら1人ずつ入室し考査を受けました。考査後は全員が終わるまで待機室で静かに絵本を読むなどの約束があり、守れるかもポイントだったようです。
・すべての検定日に加え、第二次検定受検手続き日も小学校敷地内では電子機器の使用が禁止でした。普段、携帯電話で時間を確認している方は、腕時計の持参をお勧めします。
・面接は答えを受けて発展していく形式で、アンケートに記入した内容からも掘り下げた質問がありました。どのように聞かれても対応できるよう、家庭の教育方針や自身の考えをまとめておく必要があると思います。

筑波大学附属小学校

http://www.elementary-s.tsukuba.ac.jp/

[アクセス]
- ●東京メトロ丸ノ内線【茗荷谷】より徒歩8分
- ●東京メトロ有楽町線【護国寺】より徒歩15分

[所在地]　〒112-0012　東京都文京区大塚3-29-1
　　　　　TEL 03-3946-1392　FAX 03-3946-5746

小学校情報

[校　長]　佐々木 昭弘
[児童数]　男女計756名

沿　革　明治6年、東京師範学校の附属小学校として設立。明治19年、東京師範学校を高等師範学校、明治21年、附属小学校を附属学校と改称。明治35年、東京高等師範学校附属小学校、昭和16年、東京高等師範学校附属国民学校、昭和24年、東京教育大学附属小学校、昭和53年、筑波大学附属小学校とそれぞれ改称。令和5年、小学校創立150周年を迎えた。

教育方針　「人間としての自覚を深めていく子ども」「文化を継承し創造し開発する子ども」「国民としての自覚をもつ子ども」「健康で活動力のある子ども」を教育目標に掲げる。全人教育を目指し、教科を発展的に学ぶ態度を育成するとともに、運動や体験的な活動を重視し、知・徳・体の統合的な教育を推進する。

特　色　大学の附属小学校として、初等普通教育に関する実験・実証的な研究を使命とする。教科担任制を採用しており、教員それぞれが専門性を生かし、楽しみながら力のつく授業を提供。昭和46年から総合活動の時間を設けるなど、自ら課題を見つけ、考え行動し、問題解決を図る主体的・創造的な活動にも力を入れる。また、STEM教育やプログラミング教育を推進し、教科横断的なカリキュラムの開発に取り組んでいる。筑波大学附属学校群11校が参加する「三浦海岸共同生活」も行われており、代表児童が参加する。教育実践や研究の成果は6月と2月に行われる学習公開・研究発表会で披露。国際教育拠点校でもあり、海外からの視察者の受け入れや海外での教育支援なども行っている。

◆**国際交流**　中・高学年を中心に、筑波大学の留学生と交流会を実施。クラスごと4人グループに1人の留学生を迎え、英語で自己紹介を行い互いの文化について学ぶなど交流を図る。サンフランシスコやハワイの学校で留学体験ができる日米児童交流会もある

◆**校外学習**　3～6年生は、清里高原の若桐寮を利用し、3泊4日の清里合宿を行う。6年生での八ヶ岳登山を目指し、3年生から計画的に準備する。5年生はスキーを体験する「雪の生活」、6年生は富浦海岸での遠泳合宿と京都・奈良への修学旅行を実施

◆**体験学習**　西東京市にある保谷田園教場でさつまいもやじゃがいもの栽培、ぶどう狩りなどを通して勤労生産の意義と喜びを学ぶ

月	行　事　名（抜粋）
4	入学式、春の遠足
5	1年生を迎える子ども会、4年清里合宿
6	3年清里合宿
7	水泳学校、6年富浦遠泳合宿
8	夏休み、水泳学校
9	6年清里合宿
10	運動会、5年清里合宿
11	若桐祭、秋の遠足
12	――――
1	創記記念式典、5年雪の生活
2	6年修学旅行
3	卒業生を送る子ども会、卒業証書授与式

年間行事予定

始業　 制服　 2学期制　 土曜登校　 4年クラス替　 給食　 アレルギー対応　 ICT教育　 英語コマ数　 通学時間制限　 アフタースクール　 幼稚園　 中学・高校　大学

入試データ　下記の資料は**2024年度用（2023年秋〜冬実施済み）**です

募集要項　※下記は前年度のデータです

募集人員	男女各約64名、計約128名
学校（入試）説明会	なし
願書配付期間	Ｗｅｂ公開：10月10〜20日（要申込）
出願期間	10月16日（6時）〜20日（23時59分） ※ＨＰの指示に従ってＷｅｂ出願
提出書類	第一次　・第一次選考受験票 第二次　・入学志願票　・本校志願理由書　・検査カード 　　　　・住民票の写し　・第二次選考受験票 ※受験票は考査日に持参
受験票交付	自宅やコンビニエンスストアなどで各自印刷
受験番号付番	願書受付順　　　月齢考慮　　あり
選抜方法 注1	第一次：抽選　第二次：ペーパー・集団・運動テスト　第三次：抽選
考査の流れ	第一次選考（抽選）：11月11日　9時〜（女子）／11時〜（男子）▶第一次選考発表：同日　16時〜（Ｗｅｂ発表）▶第二次選考出願（簡易書留で郵送）：11月17〜21日（必着）▶第二次選考（ペーパー・集団・運動テスト）：12月15〜17日のうち1日▶第二次選考発表：12月18日　15時〜（Ｗｅｂ発表）▶第三次選考（抽選）：12月19日
考査料	第一次：1,100円　第二次：2,200円 （いずれもクレジットカードまたはコンビニ決済）
合格発表	12月20日　14〜15時　掲示発表
倍率	男子約28.9倍　女子約25.2倍
入学手続	1月26日
編入学制度	なし。附属間交流は実施
復学制度	所定の事由を満たした場合のみ可能。4年生の修了時までに限る
出願資格	通学区域制限あり（指定通学区域内に保護者と同居）
備考	生まれ月別に3グループに分け、選考を行う

セキュリティ

警備員常駐／防犯カメラ設置／防犯ブザー携帯／携帯電話所持可（届出制）／保護者入構証／避難・防災訓練実施／災害用品備蓄／ＡＥＤ設置

学費

…… 入学手続時納付金 ……
若桐会入会金	83,000円
後援会入会金	100,000円
若桐寮助成金など	43,700円

……… 年間納付金 ………
給食費・年額	58,000円
学友会会費・年額	7,000円
学級費・年額	14,000円
若桐会会費・年額	22,500円
災害対策備蓄費・年額	2,000円
後援会会費・年額	20,000円
後援会設備費・年額	30,000円
水泳学校参加費・年額	7,000円

※上記金額は諸事情等で変更の場合あり

制服

昼食

給食（週5回）…校内の給食室で調理された給食を提供

進学情報

［中学校への進学状況］
【筑波大附属】約63％が内部進学
［高等学校への進学状況］
【筑波大附属】約80％が内部進学
［大学への進学状況］
内部進学制度なし。東京、京都、東京工業、一橋、筑波、慶應、早稲田など

［系列校］
筑波大学・大学院、筑波大学附属高等学校・中学校、附属駒場高等学校・中学校、附属坂戸高等学校など

※上記募集要項は小学校公表データです（注1：選抜方法については伸芽会教育研究所調査によるデータです）。詳細は小学校ＨＰまたはお電話でご確認ください

東京　国立　共学　つ　筑波大学附属小学校

考査ガイド

考査日程	抽選を含めて3日
受験番号付番	願書受付順

選抜方法 第一次選考：男女とも生年月日順にA（4〜7月）、B（8〜11月）、C（12〜3月）の3グループに分け、それぞれの代表者が立ち会って抽選を行い、男子約780人、女子約810人を選出する。4月1日生まれはCグループに入る

【抽選方法】A〜Cグループの代表者が立ち会い、校長による公開抽選を実施。抽選後、2けたの数字をWebにて発表。その番号が受付番号の下2けたと一致していれば合格となる

第二次選考：考査は1日で、第一次合格者を対象に約30人単位でペーパーテスト、集団テスト、運動テストを行い、男女各約90人を選出する。男女、グループによって問題は異なる。保護者は待機中に学校紹介の映像を視聴、校長の講話を聞き、作文を書く

第三次選考：第二次合格者を対象に抽選を行う

【抽選方法】男女とも人数分より1つ多い玉を抽選器に入れる。保護者が1人ずつ抽選器を回し、出た番号が自分の抽選番号となる。最後に学校長が残りの1つを出し、その番号の次番から男女各64人が合格となる

考査内容	ペーパーテスト、集団テスト、運動テスト
所要時間	第二次選考：約2時間

過去の出題例

ペーパーテスト

①推理・思考（四方図）

・左端に、積み木を積んで横から見た様子が描いてあります。この積み木を上から見ると、どのように見えますか。正しいものを右から選んで○をつけましょう。

集団テスト

言　語 ※5人単位で呼ばれ、1人ずつ質問に答える

・今日は誰とどうやってここに来ましたか。
・好きな色は何色ですか。なぜその色が好きなのですか。
・動物園と水族館ではどちらが好きですか。なぜ好きなのですか。

運動テスト

■クマ歩き・スキップ

U字型の白線に沿って1人ずつクマ歩きをする。終わったら自分の元の位置までスキップをして戻る。

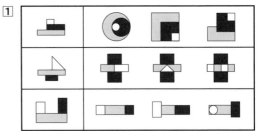

ここがポイント

ペーパーテストでは話の記憶、推理・思考などの項目がよく出題され、時間内に確実に解答することが要求されます。運動テストではクマ歩き、集団テストでは言語や巧緻性が毎年出題されています。運動練習のほかに、普段からはさみやのり、ひも、おはしなどを使い、手先の巧緻性を高めておきましょう。

出題傾向

	ペーパーテスト											個別テスト													集団テスト									運動	面接
	話	数量	観察力	言語	推理・思考	構成力	記憶	常識	位置・置換	模写	巧緻性	絵画・表現	系列完成	話	数量	観察力	言語	推理・思考	構成力	記憶	常識	位置・置換	巧緻性	絵画・表現	系列完成	制作	行動観察	話	観察力	言語	常識	巧緻性	絵画・表現	制作	行動観察	課題・自由遊び	運動・ゲーム	生活習慣	運動	面接
2024年	○				○																									○		○	○	○	○					○
2023年	○		○		○																									○		○	○	○	○					○
2022年	○				○	○																								○		○	○	○	○					○
2021年	○	○			○	○																								○		○	○	○	○					○
2020年	○				○	○							○																	○		○	○	○	○					○

第二次選考願書

令和6年度 **入学志願票**

第二次受付番号
記入しないこと

男 女

第一次受付番号

筑波大学附属小学校

志願者
ふりがな / 名前
現住所 〒 ※
通学順路及び所要時間 (合計 分)
保育歴 幼稚園などの所在地
生年月日 平成 年 月 日

保護者
ふりがな / 名前 印
志願者との続柄 ( )
現住所 〒 ※
(同居の場合は○○方を明記すること)
電話番号 自宅 携帯 番

家族
名前	続柄	年令	志願者との居住関係(○で囲む)	自宅から最寄駅、または停留所(都電・バスを含む)までの順路略図を描く。徒歩通学の場合は、自宅から学校までの順路略図を描く。
	本人			
	父		同居 別居	
	母		同居 別居	
			同居 別居	
			同居 別居	
			同居 別居	
			同居 別居	

注意 1. 記載事項は、令和5年10月16日現在で書くこと。黒インクまたは、黒ボールペンで記入すること(消せるボールペン等の筆記用具は不可)。
2. 志願者と保護者の現住所が異なる場合は、その理由を※欄に記入すること。
3. 家族の続柄は、志願者本人をもとにして書くこと。
4. 男女の別について右上の該当する箇所を男子は青、女子は赤でぬってください。

志願者のふりがなの初めから2文字を書く

志願理由書

第一次受付番号
第二次受付番号
記入しないこと

志願者氏名

本校を志願した理由をお書きください。

※第二次選考中に保護者は作文を書く。テーマはその場で与えられる。制限時間は25分。
〈各グループ共通〉
「子どもの学びと保護者のサポート」
・6年間の学校生活で、子どもがどのように成長するイメージを持っているか、学校にどのような教育を期待するか、視聴した動画と校長の話に関連づけ、

次の点を踏まえて具体的に書く
①授業を含む日常生活での学び
②学校行事での学び
③①、②に対する保護者のサポート
ほかに、「本校ではPTA役員を全員やることになるが、そのことについての是非とその理由」を書く。

Inside voice

・第二次選考の控え室は講堂でした。暖房が効いていたのでさほど寒くは感じませんでしたが、不安な方はひざ掛けを持参するなど、防寒対策をしておくとよいと思います。
・控え室は、母子分離ができていないお子さんがいてざわついており、私立の小学校の試験会場とは違う雰囲気だと感じました。息子が落ち着いて過ごせるよう、声掛けに気を配りました。
・第二次選考の保護者作文では、一般論ではなく当事者として具体的に書くよう指示されました。作文用紙はA4判、記入欄は13行でしたので、伝えたい内容をまとめながら、小さめの字で書くよう心掛けました。

東京学芸大学附属大泉小学校

http://www.es.oizumi.u-gakugei.ac.jp　E-mail kikunoko@u-gakugei.ac.jp

[所在地]　〒178-0063　東京都練馬区東大泉5-22-1
TEL 03-5905-0200　FAX 03-5905-0209

[アクセス]
●西武池袋線【大泉学園】より徒歩8分
●JR中央線ほか【吉祥寺】などより西武バス・関東バス【学芸大附属前】下車

小学校情報

[校　長]　杉森 伸吉
[児童数]　571名（男子282名、女子289名）

沿　革　明治6年、東京府小学教則講習所を設立。昭和13年、東京府大泉師範学校付属小学校として開校。昭和16年、東京府大泉師範学校附属国民学校、昭和22年、東京第三師範学校附属小学校、昭和26年、東京学芸大学附属大泉小学校と改称。昭和44年、海外帰国児童教育学級を開設。令和5年、創立85周年を迎えた。

教育方針　教育目標として「自ら学び、自ら考え、ねばり強く取り組む子ども」「支え合い、共に生きる子ども」「たくましく、清く広い心の子ども」「希望をもち、世界に伸びる子ども」を育てることを掲げる。東京学芸大学の附属学校として、①「グローバル社会に生きる力をはぐくむ」というテーマのもと、国際バカロレアの理念を取り入れた教育実践研究を行う、②東京学芸大学の学生の教育実習を行い、教師の資質と技術を養成する、③体験を重視したさまざまな行事を通して、知力・体力・豊かな心を育む公教育を行う、④地域の学校と連携して教育・研究を推し進めるという使命を有する。

特　色　令和4年、国立大学附属小学校としては全国初の国際バカロレアPYP認定校となり、全学年で週5、6時間を「探究」の時間に設定。PYPの探究プログラム（教科の枠を超えた探究的な学び）を展開し、学習指導要領と融合した教育課程を実践しながら研究開発を進める。全学年縦割りで構成された生活団があり（各団約30名、全24団）、菊作り、野菜作り、運動会、全校遠足など多くの学校行事に取り組む。海外生活経験児童向けの国際学級として3～6年生に「ゆり組」を併設し、一般学級児童との交流活動も行う。

◆**英語教育**　1～4年生は週1時間、5・6年生は週2時間。「聞く」「話す」という音声活動を十分に経験できるよう指導する
◆**ICT教育**　タブレット端末を授業でも活用。プログラミング教育も行う
◆**授業の特色**　25分間の「はげみ学習」を実施。漢字や計算の基礎的技能を習得するとともに、自己学習能力を育成する
◆**校外学習**　1～3年生は遠足、4年生以上は宿泊を伴う移動教室を実施。4年生は2泊3日で千葉県南房総の富浦寮へ。自分でテーマを決め、海辺でフィールドワークを行う。5年生は2泊3日で箱根、6年生は3泊4日で日光へ。5・6年生は遠泳を行い、強い心と泳力を養う3泊4日の臨海学校もある

年間行事予定	
月	行　事　名（抜粋）
4	入学式、和楽会
5	1～3年遠足、4～6年移動教室
6	
7	5・6年富浦臨海学校
8	夏休み、水泳学習
9	運動会
10	全校遠足
11	きくまつり
12	きくの子展覧会
1	書き初め
2	おわかれ音楽会
3	6年生を送る会、卒業式

入試データ

下記の資料は**2024年度用（2023年秋実施済み）**です

募集要項　※下記は前年度のデータです

募集人員	男女各45名、計90名（海外生活経験児童を含む）
学校（入試）説明会	Ｗｅｂ説明会：9月1～15日（要申込）
願書配付期間	Ｗｅｂ公開：9月8日～10月6日（要申込）
出願期間	9月15日～10月6日 ※ＨＰの指示に従ってＷｅｂ出願
提出書類	第一次　・受付票 第二次　・受付票　・入学願書 　　　　・住民票の写し
受験票交付	第一次：自宅やコンビニエンスストアなどで各自印刷 第二次：願書受付時に手渡し
受験番号付番	願書受付順　　月齢考慮　　────
選抜方法 注1	第一次：抽選 第二次：ペーパー・個別・集団テスト、本人面接
考査の流れ	第一次選考（抽選）：10月13日　16時～（男子）／17時～（女子） ▶第一次選考発表：同日　19時～（Ｗｅｂ発表および校内掲示）▶ 入学願書受付（持参）：11月3・6日（男子）／11月4・6日（女子）　9～12時・13～16時▶第二次選考日程公示：11月22～30日 （ＨＰおよび校内掲示）▶第二次選考（ペーパー・個別・集団テスト、本人面接）：11月29・30日
考査料	第一次：1,100円　第二次：2,200円 （いずれも決済方法はＨＰを確認）
合格発表	12月2～4日　Ｗｅｂ発表
倍率	男子約14.7倍　女子約15.1倍
入学手続	指定日
編入学制度	なし。附属間交流は実施／帰国生はp.403～参照
復学制度	退学後2年以内で5年生までに限る
出願資格	通学時間制限：所要時間40分以内
備考	合格者保護者会：12月4日

セキュリティ

警備員常駐／防犯カメラ設置／防犯ブザー携帯／ＧＰＳ端末所持可／避難訓練実施／ＡＥＤ設置

学費

```
………… 年間納付金 …………
菊泉会入会金              250,000円
菊泉会会費・年額           50,000円
学年教材費・年額           35,000円
ＰＴＡ入会金              10,000円
ＰＴＡ会費・月額              350円
給食費・月額              4,850円
積立金（4年生以上）・月額
                   6,000円～8,000円
```
※2年次以降の学年教材費は約15,000円（年額）
※上記金額は諸事情等で変更の場合あり

制　服

昼　食

給食（週4回）、お弁当（週1回、水曜日）

進学情報

［中学校への進学状況］
【国際中等教育】約45名が内部進学
【小金井、世田谷、竹早】約36名が内部進学
[高等学校への進学状況]【国際中等教育、附属】内部進学制度あり
[大学への進学状況]
内部進学制度なし。東京、京都、東京工業、一橋、筑波、東京学芸、慶應など

［系列校］
東京学芸大学・大学院、東京学芸大学附属国際中等教育学校、附属高等学校、附属小金井中学校、附属世田谷中学校、附属竹早中学校など

※上記募集要項は小学校公表データです（注1：選抜方法については伸芽会教育研究所調査によるデータです）。詳細は小学校ＨＰまたはお電話でご確認ください

東京　国立　共学　と　東京学芸大学附属大泉小学校

■ 考査ガイド

考査日程	抽選を含めて3日

受験番号付番 願書受付順

選抜方法 第一次選考：男女別の抽選により志願者を選出する

【抽選方法】 0〜9の数字が書かれた10枚のカードから、校長が何枚か引く。引いたカードの数字をWebにて発表。その番号が受付番号の下1けたと一致すると第一次選考合格となる

第二次選考：第一次合格者を対象に2日間行う。1日目に20〜25人単位でペーパーテスト、集団テスト、2日目に3人1組のグループで個別テストと本人面接を行う

考査内容 ペーパーテスト、個別テスト、集団テスト、本人面接

所要時間 第二次選考　1日目：1時間〜1時間30分　2日目：約10分

■ 過去の出題例

ペーパーテスト

1 言語（しりとり）

・四角の中の絵をしりとりでできるだけ長くつないだとき、1つだけつながらないものに〇をつけましょう。

2 数量（対応）

・3人の子どもたちの今日のおやつはクッキーです。1人のお皿にはもうクッキーがのっています。ほかの2人にも同じ数だけ右のクッキーを配ると、何枚残りますか。残る数だけ、右のクッキーに〇をつけましょう。

3 推理・思考（四方図）

・左端のウサギを反対側から見ると、どのように見えますか。右から選んで〇をつけましょう。

集団テスト

■ 行動観察（玉入れゲーム）

2チーム対抗で行う。ピンポン球を持って線に立ち、一斉に投げて床にワンバウンドさせカゴに入れる。

個別テスト

■ 言語

キツツキ、鉄棒、傘、カキ、柵、扇風機、臼ときねなどが描かれた絵カードを見せられ、示されたものの名称を答える。

1

2

3

ここがポイント

ペーパーテストは日常生活の中でどのような経験をしているかを問う常識問題が多く、該当する答えが1つとは限らないこと、はっきりした正解がないことなどが特徴です。話の記憶の問題は毎年出題されているので、集中して人の話を聞く習慣をつけておくことが大切です。

■ 出題傾向

	ペーパーテスト											個別テスト												集団テスト											運動	面接
	話	数量	観察力	言語	推理・思考	構成力	記憶	常識	位置・置換	模写	巧緻性	生活習慣	系列完成	話	数量	観察力	言語	推理・思考	構成力	記憶	常識	位置・置換	巧緻性	絵画・表現	行動観察	制作	生活習慣	話	観察力	言語	常識	巧緻性	絵画・表現	制作	行動観察	課題・自由遊び	運動・ゲーム	生活習慣	運動	面接
2024年	○				○			○	○								○			○															○		○			○
2023年	○	○		○	○			○									○																		○		○			○
2022年	○	○						○									○																		○		○			○
2021年	○				○			○									○																				○			○
2020年	○	○			○			○									○					○			○										○		○			○

面接ガイド

本人面接　個別テストの後、１人ずつ口頭試問が行われる
所要時間　約10分

過去の質問例

本人への質問

・お名前、お誕生日、年齢を教えてください。
・幼稚園（保育園）のクラスの名前を教えてください。
・担任の先生の名前を教えてください。
・幼稚園（保育園）で何をして遊びますか。お友達で遊ばない子がいたら何と言いますか。
・どんなときに幼稚園（保育園）の先生にほめられますか。また、どんなときにしかられますか。
・どんなときにお友達に「ごめんなさい」と言いますか。
・お友達に「ごめんね」と言われたことはありますか。それはどんなときですか。
・今日は誰とどうやって学校に来ましたか。
・お誕生日プレゼントは何がほしいですか。
・お誕生日にどんなお料理を作ってもらいたいですか。
・普段、お父さんやお母さんと何をして遊びますか。
・どんなときにお父さんやお母さんにほめられますか。またはしかられますか。
・お家でお手伝いはしますか。どんなことをしますか。
・お父さんやお母さんが毎日していることで、えらいなと思うことは何ですか。
・どんなときにお家の人に「ありがとう」と言いますか。
・自分の優しいと思うところはどこですか。
・お友達に何をされたら嫌ですか。
・どんな本が好きですか。どんなときに読んでもらいたいですか。
・生き物や花を育てていますか。何を育てていますか。お世話をするときに気をつけていることは何ですか。
・好きなおもちゃは何ですか。
・きょうだいはいますか。けんかはしますか。
・昨日、誰とお風呂に入りましたか。お風呂ではどんなお話をしていますか。
・昨日の夕ごはんは誰と食べましたか。

面接の配置図

```
        先生
        ◯
    ┌────────┐
    │        │
    └────────┘
        ◯
        子

                    ├出入口┤
```

・今日の朝（昼）ごはんは何を食べましたか。
・好きな食べ物は何ですか。嫌いな食べ物は何ですか。
・お母さんが作るお料理の中で、一番好きなものは何ですか。それはどうしてですか。
・お家の人と一緒にすることで一番好きなことは何ですか。それはどうしてですか。
・お友達と２人で積み木をして遊んでいると、別のお友達から「シャボン玉をしよう」と誘われました。あなたならどうしますか。
・砂場で砂山を作っているとき、お友達のシャベルが壊れてしまいました。あなたならどうしますか。
・砂場で遊んでいるとき、あなたが持っているじょうろの水がお友達にかかってしまいました。あなたならどうしますか。
・お母さんとデパートに電車で行くとき、あなたは駅のホームでどんなことを守りますか。
・大きくなったら何になりたいですか。
・小学校に入学したらどんなことをしてみたいですか。
・宝物はありますか。一番大切なものは何ですか。

Inside voice

・考査１日目は受付後、子どもはすぐに在校生に誘導され、親と離れます。心配な方は学校へ着く前にトイレや水分補給などを済ませておくとよいと思います。
・考査２日目は、体育館での待機時間に６年生がクイズや劇で楽しませてくれ、子どもたちは大喜びでした。誘導係も６年生で頑張っている姿がほほ笑ましく、温かい気持ちになりました。
・１日目の考査中は、保護者は外出してもよいとのことでしたので、喫茶店で過ごしました。校庭で待機する方も多かったですが、約１時間半、寒い中で立ちっぱなしとなるため、防寒対策は必要だと思います。

東京学芸大学附属小金井小学校

http://www.u-gakugei.ac.jp/~kanesyo/　E-mail kanesyo@u-gakugei.ac.jp

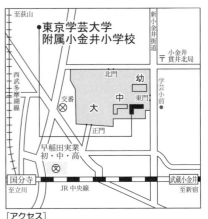

[アクセス]
●JR中央線【武蔵小金井】より徒歩15分／京王バス【学芸小前】下車

[所在地]　〒184-8501　東京都小金井市貫井北町4-1-1
TEL 042-329-7823　FAX 042-329-7826

小学校情報

[校 長]　小森 伸一
[児童数]　618名（男子312名、女子306名）

沿 革　明治44年、東京府豊島師範学校附属小学校として開校。昭和20年、東京第二師範学校女子部附属国民学校（附属追分小学校）が開校。昭和34年、小金井の地に2校の附属小学校を移転統合。昭和36年、附属追分小学校閉校に伴い、東京学芸大学学芸学部附属小金井小学校として正式に発足。平成16年、東京学芸大学附属小金井小学校と改称。令和6年、創立115周年を迎える。

教育方針　「明るく思いやりのある子」「強くたくましい子」「深く考える子」を育てることを教育目標として児童の教育にあたる。また、東京学芸大学と連携して実証的研究や実践的研究に取り組むことにより、「協働して課題を解決する力」「多様性を尊重する力」「自己を振り返り、自己を実現する力」「新しい社会を創造する力」を持った次世代の子どもを育成する教育を推進する。

特 色　東京学芸大学の附属学校として、教育実習、教育実践研究、普通初等教育の3つを使命とする。2月と9〜10月に教育実習が行われるほか、学校インターンシップ、授業ボランティアなどで多くの学生が来校。また、児童一人ひとりが生き生きと学び合う授業づくりを目指して授業研究に取り組み、その成果を研究発表会などで公開する。大自然での宿泊生活も基幹の教育活動の一つ。千葉県勝浦市「至楽荘」、長野県茅野市「一宇荘」の2つの荘を活用した3年生以上の宿泊学習は、80年以上の歴史と伝統がある。至楽荘で3年生は磯の生物の観察や海の自然や文化の学習を、5・6年生は遠泳などを行う。4〜6年生は一宇荘で山の生活を体験する。

◆**クラブ活動**　4年生以上。陸上、バスケットボール、サッカー、科学、囲碁・将棋など
◆**英語教育**　3年生以上。専科教員と担任とのチームティーチングによる授業を行う
◆**ＩＣＴ教育**　電子黒板、無線ＬＡＮを設置し、1人1台のタブレット端末を活用。全学年でデジタル教科書を導入し、プログラミング教育も行う
◆**行事の特色**　一宇荘では登山、食事作り、調べ学習などに取り組み、学習の成果を学校でまとめる。なでしこ運動会は4色対抗で実施。競技の準備や運営も子どもたちが手掛け、朝学習の時間に応援歌や振りつけを練習。音楽会、展覧会、研究発表会はそれぞれ3年に1度、ローテーションしながら開催

年間行事予定	
月	行 事 名（抜粋）
4	入学式、1年生を迎える会
5	5年一宇荘生活、1・2年遠足
6	4年一宇荘生活、3年至楽荘生活
7	5・6年至楽荘生活
8	夏休み
9	1・2年遠足、6年一宇荘生活
10	なでしこ運動会
11	1・2年秋祭り、なでしこ展覧会
12	3〜6年社会科見学
1	————
2	高学年スポーツ大会
3	6年生を送る会、卒業式

入試データ

下記の資料は**2024年度用（2023年秋〜冬実施済み）**です

募集要項 ※下記は前年度のデータです

募集人員	男女計105名（応募者数の多いほうが53名、少ないほうが52名）
学校（入試）説明会	Ｗｅｂ説明会：9月9〜15日（要申込）
願書配付期間	Ｗｅｂ公開：9月9〜24日（要申込）
出願期間	Ｗｅｂ出願：9月19日（0時）〜29日（23時59分） 書類提出：9月19日〜10月2日（消印有効）簡易書留で郵送 ※ＨＰの指示に従ってＷｅｂ出願後に書類提出
提出書類	・調査票 ・住民票の写し ※調査票は考査日に持参
受験票交付	自宅やコンビニエンスストアなどで各自印刷
受験番号付番	願書受付順　｜　月齢考慮
選抜方法 注1	第一次：ペーパー・個別・集団・運動テスト 第二次：抽選
考査の流れ	第一次選考（ペーパー・個別・集団・運動テスト）：11月29・30日 ▶第一次選考発表：12月2日　8〜13時（校内掲示）▶第二次選考（抽選）：同日　10時〜
考査料	3,300円（クレジットカード、コンビニまたはペイジー決済）
合格発表	12月2日　第二次選考（抽選）後決定
倍率	男子約9.4倍　女子約9.8倍
入学手続	12月11・12日
編入学制度	なし。附属間交流は実施
復学制度	――――
出願資格	通学区域制限あり（指定通学区域内に保護者と同居）
備考	――――

学費

………… 年間納付金 …………	
保護者と教師の会入会金	2,000円
なでしこ育成会入会金	300,000円
豊島修練会入会金	40,000円
保護者と教師の会会費・年額	3,600円
なでしこ育成会会費・年額	30,000円
豊島修練会会費・年額	15,000円
学級費・年額	9,600円
1年生一括購入費・年額	25,000円
給食費・年額	59,400円
制服代など（男子）	約83,000円
制服代など（女子）	約87,000円

※タブレット端末購入費を別途納付
※上記金額は諸事情等で変更の場合あり

セキュリティ

警備員常駐／防犯カメラ設置／授業中門施錠／保護者入校証／避難訓練実施／ＡＥＤ設置

制　服

昼　食

給食（週5回）

進学情報

[中学校への進学状況]
【東京学芸大附属小金井】約71％が内部進学
[高等学校への進学状況]
【東京学芸大附属】約38％が内部進学
[大学への進学状況]
内部進学制度なし。東京、京都、東京工業、一橋、筑波、東京学芸、慶應など

[系列校]
東京学芸大学・大学院、東京学芸大学附属高等学校・附属小金井中学校・附属幼稚園小金井園舎、附属国際中等教育学校、附属世田谷中学校、附属竹早中学校など

※上記募集要項は小学校公表データです（注1：選抜方法については伸芽会教育研究所調査によるデータです）。詳細は小学校ＨＰまたはお電話でご確認ください

東京

国立　共学　と　東京学芸大学附属小金井小学校

考査ガイド

考査日程	抽選を含めて3日
受験番号付番	願書受付順
選抜方法	第一次選考：男女別の受検番号順（男子は1001番～、女子は3001番～）の時間指定で行われる。受付後、子どもは調査票を首から下げ、指定の控え室で待機する。在校生の誘導で、受検番号順に男女混合の約20人単位で教室に向かい、1日目にペーパーテストと集団テスト、2日目に集団テスト、運動テスト、個別テストを行い、合格候補者を選出する
	第二次選考：第一次合格者を対象に抽選を行う（附属幼稚園からの合格者は抽選を免除）【抽選方法】合格候補者数に1枚加えたカードが入った箱から受検番号順に1人ずつ順番にカードを引く。最後に残ったカードの番号の次番から合格となる
考査内容	ペーパーテスト、個別テスト、集団テスト、運動テスト
所要時間	第一次選考　1日目：40分～1時間　2日目：40分～1時間

過去の出題例

ペーパーテスト

①推理・思考（展開図）

・左の形を組み立ててサイコロにすると、どのようになりますか。合うものを右から選んで○をつけましょう。

②常識（交通道徳）

・電車がホームに着いたときの様子です。この中で、よくないことをしている人に○をつけましょう。

集団テスト

巧緻性

お手本の映像と同じように、ハンカチを折ってひもを巻き、チョウ結びをする。

運動テスト

模倣体操

テスターの指示通りに、ひざの屈伸や伸脚などをする。

個別テスト

言語

1人ずつテスターに呼ばれ、立ったまま質問に答える。

・好きな場所はどこですか。それはどんな場所ですか。

・好きな本は何ですか。どんな本か教えてください。

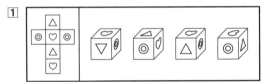

ここがポイント

ペーパーテストでは、話の記憶、数量、常識、推理・思考などが出題され、幅広い対応が求められます。集団テストでは、テスターがお手本を示して作り方を説明する映像を見た後、同じように作る巧緻性の課題も出されるので、集中して指示を聞き、短時間でもスムーズに作業ができるようにしましょう。

出題傾向

	ペーパーテスト													個別テスト														集団テスト											運動	面接
	話	数量	観察力	言語	推理・思考	構成力	記憶	常識	位置・置換	模写	巧緻性	絵画・表現	系列完成	話	数量	観察力	言語	推理・思考	構成力	記憶	常識	位置・置換	巧緻性	絵画・表現	生活習慣	制作	行動観察	話	観察力	言語	常識	巧緻性	絵画・表現	制作	行動観察	課題・自由遊び	運動・ゲーム	生活習慣	運動	面接
2024年	○	○			○	○	○	○									○								○				○			○		○			○		○	○
2023年	○	○			○	○	○	○									○												○			○			○				○	○
2022年	○	○			○												○												○			○					○		○	○
2021年	○	○			○												○												○			○							○	○
2020年	○	○			○												○												○			○					○		○	○

（別表）令和6年度の通学区域

　ここに示した通学区域は、お子さんの安全な通学を考慮して、本校が指定するものです。**東京都内の通学時間が40分以内の地域を一部含む町全体を通学区域と指定しています。**したがって、通学区域と指定されていても、通学時間が40分を大きく超える地域もあります。長時間の通学は低学年児童にとっては体力面で大きな負担です。通学での安全確保は、基本的にはご家庭の責任となります。たとえ通学区域内であっても、お子さんにとって毎日無理なく安全な通学ができるか否かを十分考慮の上、出願するようにしてください。なお、来年度以降の通学区域は、交通機関の状況等により変更になる場合もあります。

◆全域通学を認める市や区

【市部】						
昭島市	国立市	小金井市	国分寺市	小平市	立川市	調布市
西東京市	東久留米市	東村山市	日野市	府中市	三鷹市	武蔵野市

【区部】	
杉並区	中野区

◆記載の町名のみ通学を認める市や区

稲城市	大丸	押立	向陽台	東長沼	矢野口		
清瀬市	梅園	竹丘	野塩	松山	元町		
八王子市	旭町	東町	石川町	上野町	打越町	追分町	大横町	大和田町
	小門町	片倉町	北野台	北野町	絹ヶ丘	椚田町	小比企町	小宮町
	子安町	散田町	新町	千人町	台町	高尾町	高倉町	田町
	寺町	天神町	廿里町	中町	並木町	西浅川町	西片倉
	狭間町	八幡町	初沢町	東浅川町	兵衛	日吉町	平岡町	富士見町
	本郷町	本町	三崎町	緑町	南新町	南町	みなみ野	明神町
	めじろ台	元本郷町	元横山町	八木町	山田町	八日町	横山町	万町
東大和市	上北台	狭山	桜が丘	清水	立野	多摩湖	南街	向原
福生市	牛浜	熊川	志茂	東町	本町		
世田谷区	赤堤	大原	上北沢	上祖師谷	北烏山	北沢	給田	桜上水
	代沢	代田	八幡山	羽根木	松原	南烏山	
練馬区	上石神井	上石神井南町	石神井台	関町北	関町東	関町南	立野町
新宿区	上落合	北新宿	西新宿	百人町			

Inside voice

・考査当日は、受付時間までは外で、誘導が始まるまでは体育館でグループごとに列に並んで立ったまま待機となるため、子どもが飽きないよう工夫が必要だと思います。わが家は山手線ゲームやしりとりなどをして待ちました。
・考査の控え室には、携帯電話の使用禁止、外出禁止、子どもが戻ったら調査票に受付印と調査印が押されているか確認する、帰路は順路に従うこと、などの注意が掲示されていました。見落とさないよう要注意です。
・考査当日の案内や点呼、誘導係などは在校生でした。考査後の保護者への引き渡しも在校生が行い、先生方によるチェックはなく、児童を信頼して任せている学校の方針が表れている気がしました。

東京学芸大学附属世田谷小学校

http://www.setagaya-es.u-gakugei.ac.jp

[アクセス]
●東急東横線ほか【自由ガ丘】、JR山手線ほか【目黒】よりバス【東深沢小学校】下車
●JRほか【渋谷】などよりバス【深沢不動前】下車

[所在地]　〒158-0081　東京都世田谷区深沢4-10-1
TEL 03-5706-2131　FAX 03-5706-2144

小学校情報

[校　長]　及川 研
[児童数]　男女計611名

沿　革　明治9年、東京府小学師範学校附属小学校として永田町に開校。明治41年、東京府青山師範学校附属小学校、昭和16年、東京府青山師範学校附属国民学校と改称。昭和30年、現住所の新校舎に一部移転。昭和47年、東京学芸大学教育学部附属世田谷小学校、平成16年、東京学芸大学附属世田谷小学校と改称。令和8年、創立150周年を迎える。

教育方針　「一人一人の児童が、その個性を伸ばして最高の自己実現を期し、民主社会の進展に寄与する有意な国民となるよう指導する」ことを教育目標としている。また、学校教育目標を「子どもが、人やもの、こととの豊かなかかわりを通して、自律性と共存性を高め、相互啓発的な生き方を追究していけるようにする」とし、この目標を子どもたちとも共有できるように「思いゆたかに　考えふかく　ともに生きる子」と平易な言葉で表現している。

特　色　一般の小学校と同様の初等普通教育を行うほか、教員養成を目的とする大学の附属学校として、教育の理論と実際に関する研究・実証および学生の教育実習の指導にあたる使命を持つ。令和4年度より、1～6年生の縦割りの生活集団で活動する「Home」、児童一人ひとりが学びのビジョンを持ち、自分の興味・関心に沿った探究を行う「Laboratory」、教科の背景になっている文化や科学に触れながら学習を進める「Class」の3領域で教育課程を編成。子どもの学びの観点を育みながらも、学び方を選択する自由を持ち、探究と創造の過程を通して学びを深める教育を実践する。

◆**英語教育**　低学年では英語に慣れ親しみ、中・高学年では担任と専科教員による授業で「聞く・話す・読む・書く」の4技能を学ぶ

◆**授業の特色**　国語、算数など8教科の時間割に沿った学習は3年生から実施。令和元年度より「学びを自分でデザインする子」の育成をテーマに、個別の探究と、教科・学年を超えた協働的探究の双方から学びを深める

◆**生活実践活動**　学級活動、児童会活動、クラブ活動、学校行事と生活指導を統合し、子どもが生活を「つくる」過程を重視。入学の会（入学式）では子どもたちが企画を立てる。週1回のみんなの広場（児童の朝）も、各学級からの発表や提案、代表委員会からの連絡など主体的に集会の運営を行う

年間行事予定	
月	行　事　名 (抜粋)
4	入学の会、始業の会、避難訓練
5	――――
6	――――
7	終業の会、宿泊行事
8	夏休み
9	始業の会
10	スポーツフェスティバル、遠足
11	藤の実フェスタ
12	終業の会
1	始業の会
2	学級発表会
3	卒業の会、修了の会

School Information

※濃い色で示したアイコンはこの小学校に該当するものです

入試データ

下記の資料は**2024年度用（2023年秋～冬実施済み）**です

募集要項 ※下記は前年度のデータです

募集人員	男女計105名（応募者数の多いほうが53名、少ないほうが52名）
学校（入試）説明会	Ｗｅｂ説明会：9月15～24日（要申込）
願書配付期間	9月15～27日　平日9～12時、13～16時（土：休み）
出願期間	9月20～28日（消印有効）　簡易書留で郵送
提出書類	・入学願書、受験票、入学検定料納入済票 ・住民票の写し（9月16日以降発行のもの） ・受験票返信用封筒（切手を貼付）
受験票交付	速達で郵送（10月31日までに到着するよう送付）
受験番号付番	願書受付順　　月齢考慮　　——
選抜方法 注1	第一次：ペーパー・個別・集団テスト 第二次：抽選
考査の流れ	第一次選考日程公示：11月1日　10時～（ＨＰにて。事務室受付でも配付あり）▶第一次選考（ペーパー・個別・集団テスト）：11月29日（男子）／30日（女子）▶第一次選考発表：12月2日　8時～（校内掲示）▶第二次選考（抽選）：同日　9時30分～（男子）／11時～（女子）
考査料	3,300円
合格発表	12月2日　第二次選考（抽選）後決定
倍率	男子約11.2倍　女子約10.8倍
入学手続	12月7日
編入学制度	なし。附属間交流は実施
復学制度	転出後3年以内に限る
出願資格	通学区域制限あり（世田谷区・目黒区・大田区の一部に保護者と同居）
備考	入学手続き説明会：12月5日

セキュリティ

警備員常駐／防犯カメラ設置／保護者ＩＤカード／避難・防災訓練実施

学費

‥‥‥‥ 入学手続時納付金 ‥‥‥‥
学年教材行事費・年額　40,000円
青山会（ＰＴＡ）入会金　20,000円
青山会会費・年額　35,000円
施設整備費　40,000円

‥‥‥‥ 年間納付金 ‥‥‥‥
1年次の納入総額　約260,000円
（学級費、給食費および上記の入学手続時納付金を含む）
物品費　約10,000円
※上記金額は諸事情等で変更の場合あり

制服

制服なし

昼食

給食（週4回）、お弁当（週1回、水曜日）

進学情報

［中学校への進学状況］
【東京学芸大附属世田谷】約66％が内部進学
［高等学校への進学状況］
【東京学芸大附属】約60％が内部進学
［大学への進学状況］
内部進学制度なし。東京、京都、東京工業、一橋、筑波、東京学芸、慶應など

［系列校］
東京学芸大学・大学院、東京学芸大学附属高等学校・附属世田谷中学校、附属国際中等教育学校、附属小金井中学校、附属竹早中学校など

※上記募集要項は小学校公表データです（注1：選抜方法については伸芽会教育研究所調査によるデータです）。詳細は小学校ＨＰまたはお電話でご確認ください

考査ガイド

考査日程	抽選を含めて2日
受験番号付番	願書受付順
選抜方法	第一次選考：1日目に男子、2日目に女子の考査が行われる。受付後、子どもは番号札を首から下げ、控え室で保護者とともに待機する。約15人単位で先生に誘導されて教室に向かい、ペーパーテスト、集団テスト、個別テストを行い、男子90人、女子89人を選出する。考査中に、保護者にはA4判のアンケート用紙が配付され、約20分で記入して提出する
	第二次選考：第一次合格者を対象に抽選を行う
	【抽選方法】合格者数より1枚多く札の入ったつぼの中から、保護者または子どもが番号順に引いていく。最後に残った番号の次番から男子53人、女子52人が合格者となる
考査内容	ペーパーテスト、個別テスト、集団テスト
所要時間	第一次選考：約40分

過去の出題例

ペーパーテスト

1 話の記憶・数量

「動物たちが遠足に出かけます。ネズミ君はお母さんと一緒に準備をしました。お母さんは水筒を用意してくれて、ネズミ君は虫捕り網と虫カゴを用意しました」

・雲の段です。ネズミ君の持ち物でお母さんが用意してくれたものに〇をつけましょう。

「動物たちはたくさん遊んでおなかがすいたので、お弁当を食べることにしました。ネズミ君は四角いお弁当箱に丸いおにぎりが2個とプチトマトが3個入ったお弁当を食べました」

・虹の段です。ネズミ君が食べたお弁当が正しく描いてある絵に〇をつけましょう。

集団テスト

課題遊び

カプラをなるべく長く並べて、ドミノ倒しをして遊ぶ。

個別テスト

言　語

課題遊びの間に1人ずつ呼ばれ、質問される。

・お母さんの作るお料理で一番好きなものは何ですか。

・お母さんとお部屋でする楽しいことは何ですか。

・あなたが熱を出したとき、お母さんはどうしますか。

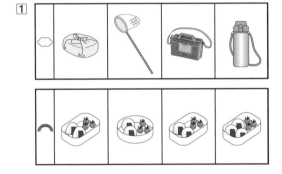

ここがポイント

ペーパーテストの内容はそれほど難しいものではありませんが、例年出される三角構成や模写の課題には対応できるようにしておきましょう。また、年齢相応の常識、判断力が身についているかどうかが問われます。個別テストでは言語や想像力を問われる課題、集団テストでは社会性を見る課題が出されています。

出題傾向

	ペーパーテスト										個別テスト												集団テスト											運動	面接
	話	数量	観察力	言語	推理・思考	構成力	記憶	常識	位置・置換	模写	巧緻性	絵画・表現	系列完成	話	数量	観察力	言語	推理・思考	構成力	記憶	常識	位置・置換	巧緻性	絵画・表現	運動・ゲーム	生活習慣	行動観察	話	観察力	言語	常識	巧緻性	絵画・表現	制作	行動観察	課題・自由遊び	運動・ゲーム	生活習慣		
2024年	○	○								○	○						○				○								○			○	○							
2023年	○	○							○								○				○								○						○	○			
2022年	○	○			○			○									○				○								○							○			
2021年	○	○							○								○				○								○							○			
2020年	○	○			○			○									○				○								○										

令和6年度入学　**入 学 願 書**

東京学芸大学附属世田谷小学校長　殿
令和5年　月　日
　　　　　　　　　　保護者氏名
下記の者の貴校第1学年入学を志願いたします

願書番号 ※	男子

（願書番号は学校が記入します）

	ふりがな 氏名①	生年月日	平成　年　月　日生
本人	現住所② 電話　（　　）	幼稚園等④	所在地 / 園名
	前住所③　　　年　月まで居住		
	保護者との関係（例 父（母）・長男）	当校への通学にかかる時間	約　分（のりかえおよび乗物等の待ち合わせ時間を含む）

	ふりがな 氏名	
保護者	現住所⑤ 電話　（　　）	入学検定料納入済票又は収納証明書貼付箇所
	前住所⑥　　　年　月まで居住	（この枠に合わせて入学検定料納入済票又は収納証明書を貼付して下さい）

記入上の注意
◎ 「熱で消えない」黒のペンまたはボールペンで、かい書で書いてください。
◎ 必要な事項は、両面とも正確に書いてください。

① 戸籍の名前を正確に書いてください。
② 願書提出時に実際に住んでいる住所を正確に書いてください。繰り上げ等の連絡はこちらの電話番号にいたします。確実に連絡を受け取れる番号をご記入ください。
③ 本人が転居を経験している場合は、すぐ前の住所を書いてください。
④ 願書提出時に実際に在園している場合のみ、書いてください。
⑤ 保護者が本人と同居している場合は、「同居」と書いてください。単身赴任などで別居している場合は、その住所を書いてください。
⑥ 転居があった場合、すぐ前の住所を書いてください。本人の出生以前の場合は必要ありません。**「裏面あり」**

家族⑦	氏　名	続柄	年令	職業または在学校名	住　所（別居している方のみ記入）
		本人			
		父			
		母			

⑧ 自宅から最寄の駅またはバス停までの略図（徒歩の場合は自宅から学校）

⑨ 健康面で留意を要する状況
・アレルギー（あり・なし）←○をつけてください。ありに○をつけた方は何のアレルギーでどんな状況ですか
・その他の留意事項（留意事項等なしの場合は必ず「なし」と書いてください。）

⑩ 備考
留意事項等なしの場合は必ず「なし」と書いてください。

記入上の注意
⑦ 続柄は、本人から見て「祖父・兄・妹」などと書いてください。住所は、別居している方のみ書いてください。
⑧ 自宅からの略図は、初めての人がたどり着けるように書いてください（コピー貼付不可）。
⑨ 学校生活を送る上で留意を要する身体状況。健康面の状況等。（アレルギーも含む）
⑩ 次のような内容があるときは、必ず書いてください。
　・両親とも職業を持つ場合や、留守がちの時、帰宅後の本人の面倒を誰がみるか。
　・家族で別居の場合、その事情。
　・その他、つけ加えた方がよいと思われること。

※考査当日に記入するアンケートには、以下のような項目がある（①〜③は選択式）。所要時間は説明を含め約20分。
・願書番号
・受験児童氏名
・記入者氏名
・受験児童との関係
①お子さんはどのように遊ぶタイプですか
②小学校生活でどのように学んでほしいと思いますか
③お子さんのことで不安や悩みがあるときは、誰に相談しますか
④受験者が通っている幼稚園（保育園）はいかがですか。ほかに通っている施設などがありましたら、感想を含めてお書きください
⑤小学生は6年間で目覚ましい発達があり、親が手を焼くこともしばしばです。ご家庭ではどのように支えていこうとお考えですか
⑥小学校の教師に期待すること、求めること、身につけておいてほしいスキルはありますか。自由に書いてください

Inside voice

・考査当日の注意事項に、マスクを着用している場合は、本人確認のために調査中（考査中）にマスクの着脱を行うので一人で着脱できるようにしておくこと、とありました。普段は親が手伝っていたので練習させました。
・2024年度入試のアンケートは、記述が必要な項目を含め、2023年度とほぼ同じ内容でした。ただし、項目は年によって変わることもあるため、日ごろから問題意識を持ち、考えをまとめておくなど準備は必要だと思います。
・考査当日は子どもには着慣れた普段着を着用させるよう案内がありましたが、ほとんどのお子さんはポロシャツとベスト、紺の半ズボン、キュロットスカートなど受験向けの服装でした。

東京学芸大学附属竹早小学校

https://www2.u-gakugei.ac.jp/~takesyo/

[アクセス]
- ●東京メトロ丸ノ内線【茗荷谷】より徒歩12分
- ●東京メトロ南北線・丸ノ内線【後楽園】より徒歩15分

[所在地]　〒112-0002　東京都文京区小石川4-2-1
　　　　　TEL 03-3816-8943〜4　FAX 03-3816-8945

小学校情報

[校　長]　鎌田　正裕
[児童数]　男女計409名

沿　革　明治33年に開設された東京府女子師範学校の附属小学校として、東京府師範学校附属小学校の児童および校舎を引き継ぐ。昭和18年、東京第一師範学校女子部附属国民学校、昭和22年、東京第一師範学校女子部附属小学校、昭和41年、東京学芸大学教育学部附属竹早小学校と改称し、平成16年に東京学芸大学附属竹早小学校となる。令和7年11月、創立125周年を迎える。

教育方針　創立当初から『誠』の1字を校訓に掲げ、時世の推移や思想の変遷にもかかわらず、星霜百年にわたって『誠』の精神を貫いて教育にあたっている。『誠』の精神の教育を具体的なものとするため、「自ら学び　ともに手をとり合い　生活を切り拓く子」の育成を教育目標とする。また、①明るく元気に取り組む子、②よく考え工夫して学ぶ子、③いつくしみ合い仲よく助け合う子、④よい生き方を求め続ける子、を目標の児童像とする。

特　色　隣接する竹早園舎、中学校とともに、幼・小・中連携教育研究に取り組む。令和5年度からは「未来を切り拓く子どもの主体性が活きる学び」をテーマに、教育実践・研究を行う。「竹早の教育」が目指すのは、知・徳・体の調和がとれた子どもの育成。「はじめに子どもありき」を基本姿勢とし、子どもの願いや思いの実現を尊重して達成感を味わわせ、自己肯定感を育む。そして、それが結果的に他者を受け入れる態度につながると考える。時間割は活動に合わせて子どもたちと相談し作成。通知表は自己評価スタイルで、本人が自らの活動を評価し、教師と保護者がコメントを加える。

◆**授業の特色**　低学年、特に1年生では体験的な学習に注力。5年生以上は月1回程度、子どもたちが個人やグループでやりたいことに取り組む110分間の「たけのこタイム」を実施。3年生から始まる外国語教育（英語）では、担任と外国人講師がチームティーチングで指導する。また、東京学芸大学の留学生との交流会なども行い、国際理解を深める

◆**校外学習**　日光林間学園では、5月に4年生、10月に5年生、2月に6年生がそれぞれ2泊3日、夏には3〜6年生が縦割りグループで3泊4日の宿泊学習を行い、季節に応じたプログラムに取り組む。6学年12名で構成される縦割りグループでは、春は遠足、秋はゲーム集会を実施

年間行事予定	
月	行　事　名（抜粋）
4	入学式、1年生を迎える会
5	4年春の日光林間学園、縦割り遠足
6	竹の子祭
7	3〜6年夏の日光林間学園、夏休み水泳教室
8	夏休み水泳教室
9	──
10	5年秋の日光林間学園
11	開校記念日、竹早祭、縦割りゲーム集会
12	生命の日
1	不審者侵入時模擬訓練
2	6年冬の日光林間学園
3	6年生を送る会、卒業式

入試データ

下記の資料は**2024年度用（2023年秋～冬実施済み）**です

募集要項 ※下記は前年度のデータです

募集人員	男女各20名程度、計40名程度
学校（入試）説明会	Ｗｅｂ説明会：8月21日～
願書配付期間	Ｗｅｂ公開：9月15～29日（要申込）
出願期間	9月25日（0時）～29日（23時59分） ※ＨＰの指示に従ってＷｅｂ出願
提出書類	第一次　・入学志願受付票 第二次　・調査票　・住民票の写し 　　　　・志願者入構票　・保護者入構票 ※入学志願受付票、志願者入構票、保護者入構票は考査日に持参
受験票交付	自宅やコンビニエンスストアなどで各自印刷
受験番号付番	願書受付順　　月齢考慮
選抜方法^{注1}	第一次：抽選　第二次：集団テスト、親子面接、親子課題 第三次：抽選
考査の流れ	第一次選考（抽選）：10月21日　9時～（男子）／10時30分～（女子）▶第一次選考発表：同日　10時30分～（男子）／12時～（女子）（Ｗｅｂ発表）▶第二次選考出願：Ｗｅｂ出願…10月21日～11月1日、書類提出…10月30日～11月2日（郵送・消印有効）▶第二次選考（集団テスト、親子面接、親子課題）：11月29日（男子）／30日（女子）▶第二次選考発表：12月1日▶第三次選考（抽選）：12月2日
考査料	第一次：1,100円　第二次：2,200円 （いずれも決済方法はＨＰを確認）
合格発表	12月2日　第三次選考（抽選）後決定
倍率	———
入学手続	指定日
編入学制度	なし。附属間交流は実施
復学制度	転出後2年以内で2～5年生に限る
出願資格	通学区域制限あり（東京23区内に保護者と同居）
備考	保護者会：12月13日

学　費

········ 入学手続時納付金 ········
竹園会（ＰＴＡ）入会金　　30,000円
学級預かり金　　　　　　　20,000円
········ 年間納付金 ·········
竹園会会費・年額　　　　　24,000円
学級預かり金・年額（2年次以降）
　　　　　　　　　　　　約25,000円
給食費・年額（1年生）　　58,000円
エマージェンシーコール利用料・年額
　　　　　　　　　　　　　5,280円
教育支援金1口　　　　　　50,000円
（3口以上、任意）
空調施設維持費1口　　　　20,000円
（2口以上、任意）
制服代（男子）　　　　　約54,000円
制服代（女子）　　　　　約66,000円
※林間学園費用積立金など別途納付
※上記金額は諸事情等で変更の場合あり

制　服

セキュリティ

警備員常駐／防犯カメラ設置／避難・防災訓練実施／学校110番／災害用品備蓄／ＡＥＤ設置／緊急時一斉連絡システム

昼　食

給食（週4回）、お弁当（週1回）

進学情報

［中学校への進学状況］
【東京学芸大附属竹早】約78％が内部進学
［高等学校への進学状況］
【東京学芸大附属】約40％が内部進学
［大学への進学状況］
内部進学制度なし。東京、京都、東京工業、一橋、筑波、東京学芸、慶應など

［系列校］
東京学芸大学・大学院、東京学芸大学附属高等学校・附属竹早中学校・附属幼稚園竹早園舎、附属国際中等教育学校、附属小金井中学校、附属世田谷中学校など

※上記募集要項は小学校公表データです（注1：選抜方法については伸芽会教育研究所調査によるデータです）。詳細は小学校ＨＰまたはお電話でご確認ください

考査ガイド

考査日程	抽選を含めて3日
受験番号付番	願書受付順

選抜方法 第一次選考：男女別に抽選を行い、男女約270人ずつを選出する

【抽選方法】男女とも受付番号1〜10番が抽選の立ち会いに指定される（任意）。抽選後、2けたの合格番号をWebにて発表。その番号が第一次選考の受付番号の下2けたと一致していれば合格となる。抽選通過者は指定期間内にWeb出願し、調査票、住民票を郵送する

第二次選考：第一次合格者を対象に、男女別、番号順に指定日時で行われる。子どもは上履きに履き替え、左胸に安全ピンで「志願者入構票」を留めて、在校生の誘導で教室に向かう。約20人単位で集団テスト、親子面接、親子課題を行う

第三次選考：第二次合格者を対象に抽選を行う

【抽選方法】男女別に、第二次合格者より1枚多い番号札を入れたつぼから、保護者が1枚ずつ引いていく。最後に残った番号札の次番から男女各20人が合格者となる

考査内容	集団テスト、親子面接、親子課題
所要時間	第二次選考：15〜20分

過去の出題例

集団テスト

① 行動観察 ※約5人のグループで協力して行う

・スポンジタワー作り…机の上に用意されたいろいろな形のスポンジを高く積んでいく。

・動物園作り…机の上の積み木を使って自由に動物園を作る。

親子課題

② お話作り

子どもの机の上に絵カードが並べてある。子どもが先に4枚選び、お話を作ってテスターにお話しする。その後、保護者が移動し、残りの絵カードを使って子どもが作ったお話の続きを親子で作る。お話の順番に絵カードを一列に並べてすべて裏返し、養生テープで貼ってつなぐ。

ここがポイント

考査にペーパーテストはなく、運動器具や遊具を使って自由に遊ぶ様子を見る行動観察と、個別の親子課題が行われています。親子のよいかかわり方を自然に見せられるか、また、集団の中でのびのびと遊べる子どもらしい積極性が発揮できるかが大事です。集団遊びでは、ルールを守って行動できるかもポイントです。

出題傾向

	ペーパーテスト										個別テスト												集団テスト											運動	面接
	話	数量	観察力	言語	推理・思考	構成力	記憶	常識	位置・置換	模写	巧緻性	絵画・表現	系列完成	話	数量	観察力	言語	推理・思考	構成力	記憶	常識	位置・置換	巧緻性	絵画・表現	系列完成	制作	行動観察	話	観察力	言語	常識	巧緻性	絵画・表現	制作	行動観察	課題・自由遊び	運動・ゲーム	生活習慣	運動	面接
2024年																																			○	○				○
2023年																																			○	○				○
2022年																																			○	○				○
2021年																																			○	○				○
2020年																																			○	○				○

面接ガイド

親子面接　第二次選考の集団テストが終わった後、親と子に分かれて面接が行われ、その後、親子課題が行われる。
当日、アンケートの記入がある

所要時間　5〜10分

＜面接資料／アンケート＞

面接当日にB5判のアンケート（質問票）に記入し提出する

過去の質問例

本人への質問

・お名前を教えてください。
・幼稚園（保育園）の名前を教えてください。
・今日は誰とどうやってここまで来ましたか。
・お家でお父さんやお母さんと何をして遊びますか。
・好きな遊びは何ですか。
・お手伝いはしますか。どんなお手伝いですか。
・バスや電車ではどんなことに気をつけますか。

保護者への質問

（アンケートに記入したことから質問される）

・お子さんの行動で感動したとき、どのような声掛けを
　しましたか。
・お子さんが憧れているものについて、なぜ憧れている
　のか、具体的なエピソードを交えてお話しください。
　また、親としてどのようにお考えですか。
・お子さんが将来なりたいものについて、それを実現す
　るために、どのようなことをしていますか。
・お子さんの行動で驚かされたとき、どのような声掛け
　をしましたか。

> ※面接当日に配付されるアンケート用紙には、以下
> 　のような記入項目がある。それぞれ具体的なエピ
> 　ソードを3つ記入する。所要時間は約20分。
> ・最近、子どもの行動で感動したこと
> ・子どもが憧れているものや将来なりたいと思って
> 　いるもの（人や職業など）
> ・最近、子どもの行動で驚かされたこと

面接の配置図

第二次調査票

Inside voice

・考査当日は、受付時間まで待合室を利用できましたが、気づかずに学校の外で待機しました。校門から思ったよ
　りも距離があり、時間ギリギリになってしまいました。周りの状況をよく見て、早めに入ればよかったです。
・面接での保護者への質問は当日記入したアンケートの内容に関するのみで時間も短く、伝えたかったことを話せ
　ませんでした。答えに絡めてコンパクトにうまく伝えられるよう工夫が必要でした。
・2024年度入試の親子課題は、用意されたものを使って「ごっこ遊び」をするというものでした。「一緒に遊んで
　ください」と言われたのみで、具体的な指示はなかったため、子どもの自主性が出せるように意識しました。

横浜国立大学教育学部附属鎌倉小学校

http://www.kamakurasho.ynu.ac.jp

[所在地] 〒248-0005　神奈川県鎌倉市雪ノ下3-5-10
TEL 0467-22-0647　FAX 0467-22-0244

[アクセス]
●JR横須賀線・江ノ島電鉄線【鎌倉】より徒歩15分／京浜急行バス【大学前】下車徒歩1分

小学校情報

[校　長] 青木　弘
[児童数] 男女計620名

沿　革　横浜師範学校（後の神奈川県師範学校）の附属小学校として開校し、明治25年、横浜から鎌倉へ移転。昭和24年、神奈川師範学校が横浜国立大学の学芸学部として包括され、昭和26年、横浜国立大学学芸学部附属鎌倉小学校と改称。昭和41年、横浜国立大学教育学部附属鎌倉小学校、平成9年、横浜国立大学教育人間科学部附属鎌倉小学校と改称を重ね、平成29年、再び横浜国立大学教育学部附属鎌倉小学校となった。

教育方針　「自立に向けてたくましく生きる～夢ふくらませ、心あたたかく、力あわせる～」を学校教育目標に掲げる。自ら問いを見出し試行錯誤するなど、プロセスを楽しみながらねばり強く解決を目指そうとする力、他者の考えや意図を受け止めて再度考え、自らの学びにつなげて世界を広げようとする力、自らの学びを自覚し、新たな学習や生活につなげようとする力の育成を目指す。

特　色　教育基本法と学校教育法に基づき、初等普通教育を行うほか、横浜国立大学教育学部ならびに大学院教育学研究科と連携し、教育の理論と実践に関する研究および実証を行う。横浜国立大学教育学部の附属校として教育実習を実施。県内外の学校や教育機関に対して研究成果を発表し、教育現場に貢献するという使命を持っている。学校のビジョン「自立に向かう子」を基に、授業デザイン研究を展開。子どもたちが計画し実行する行事や宿泊学習、「お弁当の日」、6年生が中心となって進める「にこにこ班活動」など、主体性を重視したダイナミックな教育活動を行う。

◆**クラブ活動**　4年生以上、週1時間。サッカー、野球、演劇、クッキング、吹奏楽など
◆**英語教育**　全学年で実施。日本人のＡＬＴが指導を行う
◆**授業の特色**　ノーチャイム制を採用。図工、音楽、理科、体育などは特別担任が指導
◆**行事の特色**　運動会、鎌小LIVE!（学習発表会）、鎌倉芸術館での音楽会など、子どもたちが自主的に話し合い、計画を立てる。月1回の「お弁当の日」は、時間、場所、目的を考え、お弁当を持ってさまざまな活動をする。また、附属横浜小学校との交歓会も実施
◆**宿泊学習**　全学年で実施。1・2年生は校内、3年生は真鶴、4年生は相模原、5・6年生はみなかみへ

年間行事予定	
月	行　事　名（抜粋）
4	入学式、避難訓練
5	避難訓練、運動会
6	水泳指導
7	──
8	夏休み
9	避難訓練
10	──
11	避難訓練
12	音楽会
1	──
2	校外班下校指導、鎌小LIVE!
3	6年ありがとう集会、卒業式

入試データ

下記の資料は**2024年度用（2023年秋実施済み）**です

募集要項　※下記は前年度のデータです

募集人員	男子53名、女子52名、計105名
学校（入試）説明会	９月６日
願書配付期間	Ｗｅｂ公開のみ
出願期間	Ｗｅｂ出願：９月７日（９時）〜20日（17時） 書類提出：９月27日（必着）　レターパックプラスで郵送 ※ＨＰの指示に従ってＷｅｂ出願後に書類提出
提出書類	・入学志願票 ・受検票 ※受検票は考査日に持参
受験票交付	自宅やコンビニエンスストアなどで各自印刷
受験番号付番	願書受付順　｜　月齢考慮　｜　──────
選抜方法 注1	第一次：個別・運動テスト 第二次：抽選
考査の流れ	Ｗｅｂ入学選考事前説明会：10月24〜31日▶第一次選考（個別・運動テスト）：11月７・８日▶第一次選考発表：11月22日９時〜（Ｗｅｂ発表）▶第二次選考（抽選）：11月25日
考査料	3,300円（クレジットカード、コンビニまたはペイジー決済）
合格発表	11月25日　第二次選考（抽選）後決定
倍率	──────
入学手続	指定日
編入学制度	なし。附属間交流は実施
復学制度	──────
出願資格	通学区域制限あり（指定通学区域内に保護者と同居）
備考	──────

セキュリティ

警備員常駐／防犯カメラ設置／防犯ブザー携帯／携帯電話所持可（許可制）／保護者入校証／避難・防災訓練実施／緊急通報・安否確認システム／ＡＥＤ設置

学費

………… 入学手続時納付金 …………
附属鎌倉小学校振興会入会金
60,000円

………… 年間納付金 …………
ＰＴＡ会費など・月額　約12,000円
（学級費、給食費、振興会会費などを含む）
※上記金額は諸事情等で変更の場合あり

制服

制服なし
制帽あり

昼食

給食（週５回）…月１回、お弁当の日あり

進学情報

［中学校への進学状況］
【横浜国立大附属鎌倉】約80％が内部進学
［高等学校への進学状況］
東京学芸大附属、慶應、県立横浜翠嵐、県立湘南など
［大学への進学状況］
──────

［系列校］
横浜国立大学・大学院、横浜国立大学教育学部附属鎌倉中学校、附属横浜中学校・小学校など

※上記募集要項は小学校公表データです（注１：選抜方法については伸芽会教育研究所調査によるデータです）。詳細は小学校ＨＰまたはお電話でご確認ください

神奈川　国立　共学　よ　横浜国立大学教育学部附属鎌倉小学校

考査ガイド

考査日程 抽選を含めて3日
受験番号付番 願書受付順
選抜方法 第一次選考：1日目に運動テスト、2日目に個別テストを行う
第二次選考：第一次合格者を対象に抽選を行う
【抽選方法】男女別に番号札入りの封筒を引く。受検者数より1枚多く番号札入りの封筒が箱に入っており、最後に1枚残った番号札の次番から男子52人、女子53人が合格となる
考査内容 個別テスト、運動テスト
所要時間 第一次選考　1日目：1時間30分～3時間　2日目：約1時間（待ち時間を含む）

過去の出題例

運動テスト

敏捷性
テスターが揺らしている棒にぶつからないように進む。

個別テスト

1 話の記憶・常識 ※紙芝居中にテスターが質問する

「ウシのおばあさんが、ミカンを買いに出かけます。果物屋さんまではバスに乗っていきます」

A「バス停に着くと危ないことをしている子がいます。その子たちに注意をしているとバスがやって来たので、おばあさんはすぐに乗り込みました。ところが、いつもと違うバスに乗ってしまったようです。慌てて次のバス停で降り、乗り換えました」

・危ないことをしているのはどの動物ですか。指でさしてお話ししてください。

B「バスを降りると果物屋さんの看板がすぐに見えました。おばあさんは果物屋さんで、ミカンを3個買いました。帰りは間違えないように気をつけたので、いつものバスに乗ることができました」

・おばあさんは何を何個買いましたか。

ここがポイント

2日間にわたる考査での運動テストは、ケンパーや平均台渡りなど基本的な身体能力や持久力を見られます。テスターの指示をよく聞いて機敏に行動することが必要です。個別テストは、紙芝居を見ながら、内容について1人ずつ質問に答える課題などがありますので、相手に正対し、きちんと解答できる姿勢を養っておきましょう。

出題傾向

	ペーパーテスト													個別テスト														集団テスト											運動	面接
	話	数量	観察力	言語	推理・思考	構成力	記憶	常識	位置・置換	模写	巧緻性	絵画・表現	系列完成	話	数量	観察力	言語	推理・思考	構成力	記憶	常識	位置・置換	巧緻性	絵画・表現	系列完成	制作	行動観察	話	観察力	言語	常識	巧緻性	絵画・表現	制作	行動観察	課題・自由遊び	運動・ゲーム	生活習慣	運動	面接
2024年														○		○	○				○																		○	
2023年														○		○	○				○																		○	
2022年														○		○	○				○																		○	
2021年														○		○	○				○																		○	
2020年														○		○	○				○																		○	

※考査ガイドの抽選方法は2020年度入試用の情報です

令和6年度 通学区域一覧

（令和5年8月1日現在の住居表示による）

鎌倉市 全域

逗子市 全域

横浜市栄区 全域

横浜市戸塚区

下倉田町　　上倉田町　　吉田町　　矢部町　　鳥が丘　　戸塚町　　汲沢1〜2丁目

小雀町　　舞岡町　　南舞岡1〜4丁目　　影取町4

横浜市金沢区

六浦町　　六浦1〜5丁目　　六浦東1〜3丁目　　六浦南1〜5丁目　　瀬戸

朝比奈町　柳町　　大道1〜2丁目　　高舟台1〜2丁目　　東朝比奈1〜3丁目

藤沢市

朝日町　　藤沢1〜1199番地　　鵠沼　　南藤沢　　鵠沼東　　鵠沼松が岡1〜2丁目

鵠沼桜が岡1丁目　　鵠沼藤が谷1〜4丁目　　鵠沼花沢町　　鵠沼橘1〜2丁目

鵠沼石上1〜3丁目　　大鋸　　大鋸1〜3丁目　　弥勒寺　　弥勒寺1〜4丁目

宮前　　小塚　　高谷　　渡内　　渡内1〜5丁目　　並木台1〜2丁目　　柄沢

柄沢1〜2丁目　　村岡東1〜4丁目　　川名　　川名1〜2丁目　　藤が岡1〜3丁目

片瀬　片瀬1〜5丁目　　片瀬海岸1〜3丁目　　片瀬山1〜5丁目　　片瀬目白山

横須賀市

船越町1〜8丁目　　港が丘1〜2丁目　　田浦港町　　田浦町1〜6丁目

長浦町1・2・5丁目

葉山町

堀内　　長柄

神奈川　国立　共学　よ　横浜国立大学教育学部附属鎌倉小学校

Inside voice

・2024年度入試では、これまで学校で行われていた「入学選考事前説明会」は動画配信でした。配信期間は1週間ほどですので、見逃さないよう要注意です。

・考査当日は天気がよくて気温が高く、子どもには半袖を着せるなど、服装にも注意が必要でした。考査中の控え室である体育館も暑いくらいで、扇風機が回っていました。

・考査の前、校門付近や控え室で泣いている子や騒いでいる子が何人かいました。私立小学校とは違い、受験慣れしていないお子さんが多い印象で、息子がつられてしまわないように注意が必要でした。

横浜国立大学教育学部附属横浜小学校

https://yokosyo.ynu.ac.jp

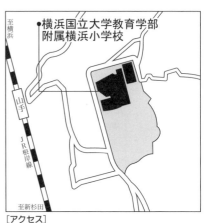

●横浜国立大学教育学部
附属横浜小学校

[アクセス]
●JR根岸線【山手】より徒歩7分

[所在地] 〒231-0845 神奈川県横浜市中区立野64
TEL 045-622-8321　FAX 045-622-3617

小学校情報

[校　長] 小松 典子
[児童数] 男女計631名

沿　革　明治43年、神奈川県女子師範附属小学校として開校。昭和24年、学制改革により横浜国立大学学芸学部附属横浜小学校に改称。昭和41年、横浜国立大学教育学部附属横浜小学校、平成9年、横浜国立大学教育人間科学部附属横浜小学校と改称を重ね、平成29年、再び横浜国立大学教育学部附属横浜小学校となった。

教育方針　①創造の精神を持つ、主体性のある子：自分を高めようとする子、②民主的精神を持つ、社会性のある子：よりよい社会をつくる子、③人間尊重の精神を持つ、人間味のある子：広く豊かな心を持つ子、④生命尊重の精神を持つ、健康な子：強くたくましい子、の4つを学校教育目標とする。子どもが学習対象に対して明確な意思を持って進むべき方向を決め、他者との関係を深めながら、より新しい、より高い価値を生み出せる力を育成する。

特　色　①教育基本法ならびに、学校教育法に基づいて初等普通教育を行う、②教育の理論と実践に関する研究ならびに、その検証を行う、③本学学生の教育実習を行い、教師としての資質と技術を養成する、の3つを大きな使命としている。日々の教育活動は、「共に学びをつくりあげようとする子どもをはぐくむ学校」を目指して展開。学年ごとに象徴や目標となる愛称を決め、常に意識して過ごす。校内行事は運動会が特徴的で、5・6年生を中心に計画・運営。競技や演技には学年愛称が反映され、応援も盛大に行われる。教育実習は各クラスに3、4名の実習生が4週間配属。3年生以上では帰国生の受け入れも行う（令和6年度は6年生のみ）。

◆クラブ活動　4年生以上、週1時間。サッカー、バスケットボール、科学、料理など

◆授業の特色　子どもの活動に合わせて時間割を柔軟に編成している。さらに終日ノーチャイムにすることで、自分で時間を確認して行動させ、自主性を養う。また、1学年を3、4名の教員で受け持ち、各教員の特長を生かした教科分担方式やチームティーチング方式など、学級担任だけでなく学年で協力しながら指導にあたっている

◆校外学習　3年生以上は2泊3日の宿泊体験学習「山荘学習」を実施。自然の中で共同生活をし、さまざまな活動を行う。6年生の修学旅行は2泊3日で飛騨高山へ。5・6年生は附属鎌倉小学校との交歓会を行う

年間行事予定	
月	行　事　名（抜粋）
4	入学式、1年生を迎える会
5	運動会
6	―――
7	4・6年山荘学習
8	夏休み
9	3・5年山荘学習
10	1年遠足、6年修学旅行
11	2年遠足、4年中区児童音楽会
12	YES学園フェスタ
1	5年中区小学校球技大会
2	ありがとう6年生の会、校内造形展
3	卒業を祝う会、お別れ式・卒業式

入試データ

下記の資料は**2024年度用（2023年秋実施済み）**です

募集要項 ※下記は前年度のデータです

募集人員	男女各50名、計100名
学校（入試）説明会	Ｗｅｂ説明会：9月19・20日 （要申込。19日は受付にて願書配付あり）
願書配付期間	9月20～29日　平日9～12時、13～16時（土・休み）　※要申込
出願期間	出願応募（事前抽選用）：9月20日（9時）～10月3日（17時） 本出願：10月16日（9時）～23日（17時） 書類提出：10月23日（消印有効）　書留速達で郵送 ※ＨＰの指示に従ってＷｅｂ応募、Ｗｅｂ出願後に書類提出
提出書類	・志願票、受検票　・住民票の写し（9月19日以降発行のもの） ※受検票は考査日に持参
受験票交付	自宅やコンビニエンスストアなどで各自印刷
受験番号付番	願書受付順　　月齢考慮　　──
選抜方法 注1	第一次：ペーパー・集団テスト　第二次：抽選
考査の流れ	事前抽選有無の公示（志願者が男女各250名程度を超えた場合のみ行う）：10月5日▶事前抽選（公開）：10月10日▶第一次選考（ペーパー・集団テスト）：11月8・9日▶第一次選考発表：11月20日17～19時（Ｗｅｂ発表および校内掲示）▶第二次選考（抽選）：11月22日　9時30分～（女子）／13時～（男子）
考査料	3,300円
合格発表	11月22日　第二次選考（抽選）後決定
倍率	──
入学手続	指定日
編入学制度	なし。附属間交流は実施／帰国生はp.403～参照
復学制度	退学後3年以内で6年生の7月までに限る
出願資格	通学区域制限あり（横浜市の指定通学区域内に保護者と同居）
備考	入学許可証交付式：11月29日　14時30分～

学費

……… 入学手続時納付金 ………
PTA入会金　　　　　　　　10,000円
若梅後援会入会金　　　　185,000円

………… 年間納付金 …………
諸費（給食費含む）・月額　11,500円
※上記金額は諸事情等で変更の場合あり

制服

セキュリティ

警備員常駐／防犯カメラ設置／交通指導員配置／防犯ブザー携帯／携帯電話所持可（届出制）／授業中門施錠／避難・防災訓練実施／ＡＥＤ設置

昼食

給食（週5回）

進学情報

［中学校への進学状況］
【横浜国立大附属横浜】約50%が内部進学
[高等学校への進学状況]
【県立光陵】、東京学芸大附属、慶應、早大本庄、県立横浜翠嵐、県立湘南など
［大学への進学状況］
内部進学制度なし。東京、京都、東京工業、東京外国語、慶應、早稲田など

［系列校］
横浜国立大学・大学院、横浜国立大学教育学部附属横浜中学校、附属鎌倉中学校・小学校、県立光陵高等学校など

※上記募集要項は小学校公表データです（注1：選抜方法については伸芽会教育研究所調査によるデータです）。詳細は小学校ＨＰまたはお電話でご確認ください

考査ガイド

考査日程	抽選を含めて3日
受験番号付番	願書受付順

選抜方法 第一次選考：考査は2日間で、1日目に約20人単位でペーパーテスト、集団テスト、2日目に約25人単位で集団テストを行う

第二次選考：第一次合格者を対象に抽選を行う

【抽選方法】男女別々の時間に集合する。第一次合格者から欠席者を除いた数より1枚多く番号札の入った封筒が置いてあり、受検番号順に1枚ずつ引いていく。最後に1枚残った番号札の次番から男子50人、女子50人が合格となる

考査内容	ペーパーテスト、集団テスト
所要時間	第一次選考　1日目：約2時間　2日目：約3時間30分（待ち時間を含む）

過去の出題例

ペーパーテスト

1 数量（対応）

・1本の虫捕り網でトンボを1匹捕まえることができます。ただし、穴が開いている虫捕り網では捕まえられません。4つの四角のうち、虫捕り網でトンボを全部捕まえることができるものに○をつけましょう。

2 常　識

・野菜や果物を切ったときの切り口の様子がそれぞれの下にあります。正しいものを選んで○をつけましょう。

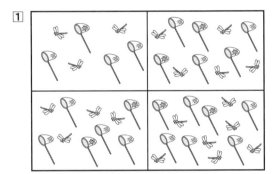

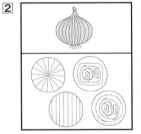
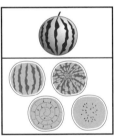

集団テスト

言　語　※3、4人のグループで行う

・あなたの大切なものは何ですか。
・「ああ、よかったな」と思うことはどんなことですか。

巧緻性

色鉛筆で塗り絵をする。

ここがポイント

ペーパーテストでは話の記憶、数量、推理・思考、構成がよく出題されています。テレビモニターで出題されるので、この形式に慣れておきましょう。集団テストの行動観察などでは、在校生とのかかわりもありますので、さまざまな人からの指示を理解し、けじめをつけて楽しく参加できるかがポイントとなります。

出題傾向

	ペーパーテスト													個別テスト														集団テスト											運動	面接
	話	数量	観察力	言語	推理・思考	構成力	記憶	常識	位置・置換	模写	巧緻性	絵画・表現	系列完成	話	数量	観察力	言語	推理・思考	構成力	記憶	常識	位置・置換	巧緻性	絵画・表現	系列完成	制作	行動観察	話	観察力	言語	常識	巧緻性	絵画・表現	制作	行動観察	課題・自由遊び	運動・ゲーム	生活習慣	運動	面接
2023年		○	○			○		○																					○	○		○								
2022年		○	○		○	○		○																					○	○		○								
2021年	○									○																			○			○								
2020年	○	○	○																										○	○										
2019年		○	○					○										○											○	○										

※考査ガイドの抽選方法は2023年度入試用の情報です

令和6年度　第1学年入学選考調査
横浜国立大学教育学部附属横浜小学校
志願票貼付用紙

志願票をここに貼ってくださ〔い〕

志願者の性格と本校を志願した理由

通学方法及び時間

自宅から学校までの経路（p3　通学方法及び時間の記入例　を参照し、順を追って詳しく記入すること。）

乗車時間及び徒歩時間	
乗　換　時　間	
合　計　時　間	

最寄りの駅またはバス停から自宅までの詳細図

記入上の注意
・目標になるものをいれて詳しく書き、通る道を朱書きでなぞる。
・徒歩通学の場合は自宅から学校までの道順を詳しく書く。

	氏　名	年令	志願者との続柄	志願者との居住関係（○で囲む）
家			本　人	
				同居　・　別居
				同居　・　別居
				同居　・　別居
族				同居　・　別居
				同居　・　別居
				同居　・　別居

以上の通り、相違ありません。
貴校の学校説明会資料・要項の内容に従って入学を志願いたします。

令和5年　　月　　日

保護者氏名　　　　　　　　　㊞

Inside voice

・出願を希望する場合は、事前にＷｅｂから出願応募をする必要があります。男女各250人を超える応募があると事前抽選が行われますが、2024年度入試は男女とも抽選なしでした。
・第一次選考では受付後、体育館で子どもと一緒に待機し、子どもが誘導された後はホールに移動しました。どちらの場所も寒く、持参したひざ掛けや使い捨てカイロが役に立ちました。
・考査当日、子どもが構内で転び、ひざをすりむいてしまいました。ばんそうこうを持っていなかったため受付でご相談したところ、別室で手当てしてくださいました。ばんそうこうを持参すればよかったです。

埼玉大学教育学部附属小学校

http://www.fusho.saitama-u.ac.jp/　E-mail fushomaster@gr.saitama-u.ac.jp

［アクセス］
- ●JR京浜東北線【北浦和】より徒歩15分
- ●JR高崎・宇都宮線ほか【浦和】より徒歩20分
- ●JR埼京線【南与野】【中浦和】より徒歩25分

［所在地］　〒330-0061　埼玉県さいたま市浦和区常盤6-9-44
TEL 048-833-6291　FAX 048-833-0968

小学校情報

［校　長］　石上 城行
［児童数］　622名（男子312名、女子310名）

沿 革　明治7年、埼玉県師範学校内に附属小学校を開設。昭和22年、埼玉師範学校女子部附属国民学校と合併し、男女共学の埼玉師範学校附属小学校となる。昭和24年、埼玉大学の設置に伴い埼玉大学附属小学校となり、昭和26年、埼玉大学教育学部附属小学校となる。令和6年、小学校創立150周年を迎える。

教育方針　教育目標を「勤労をいとわない自主的精神の旺盛な、人間性豊かなよき社会人を育成する」とする。さらに重点目標として、「かしこく、あかるく、なかよく、たくましく」の4点を据え、これからの世界を主体的、創造的に生きていく児童を育てるべく、日々の教育活動を推進。児童一人ひとりを見つめ、寄り添いながら、それぞれの個性を伸ばす教育を実践し、児童が自らの学びや生活を創造していく学校づくりを進めている。

特 色　一般の公立小学校と同様、初等普通教育を行うとともに、大学教育学部の附属学校であるために①教育実習学校としての性格、②研究・実験学校としての性格、③地域の学校教育へ協力する性格を持つ。教育実習生の直接指導、教育研究のための学習指導法の実験や調査研究、地域学校の研究や現職教育への協力、研究主題に基づいた研究業績や結果の発表、定期的な研究協議会の開催を実施。教育研究の必要上、学習指導法の実験や調査研究を進めるために保護者に協力を要請することがある。また、諸課題に対して、小学校の主体性を大切にしつつ、家庭や地域社会との連携を図りながら、解決に向けた取り組みを行う。

- ◆**クラブ活動**　4年生以上、週1時間
- ◆**委員会活動**　5年生以上。原則は月1時間の活動を行う。運動、栽培、飼育、新聞、図書、放送、健康安全、地球保護など
- ◆**英語教育**　3・4年生は週1時間、5・6年生は週2時間。基本的な表現を学び、言語や文化についての体験的理解を深める
- ◆**授業の特色**　3年生から実施される総合的な学習の時間「おおとり」では、各学年で年間のテーマを掲げ、探究学習と協同学習を進める。「健康教育」の時間では、自他の健康課題を解決できることを目指した授業を行う
- ◆**異学年活動**　1〜6年生で「なかよし班」を編成。縦割り集団で清掃、給食、遠足などに取り組み、協調性を身につける

年間行事予定	
月	行 事 名（抜粋）
4	入学式、野外造形会、1年生を迎える会、春の展覧会
5	遠足
6	開校記念日
7	5年臨海学校、4年林間学校
8	夏休み
9	水泳大会、フォークダンス集会、運動会
10	徒歩遠足、芸術鑑賞会
11	──
12	6年冬季林間学校
1	冬の展覧会、長なわ大会
2	音楽会
3	6年生を送る会、卒業証書授与式

入試データ　下記の資料は**2024年度用（2023年秋実施済み）**です

募集要項　※下記は前年度のデータです

募集人員	男女各35名程度、計70名程度
学校(入試)説明会	10月24日　13時30分～16時30分（保護者のみ）
願書配付期間	10月2日～11月1日　平日9～12時、13～16時 （11月1日：～12時。土：休み）
出願期間	10月31日・11月1日　9時30分～12時、13時30分～15時30分 窓口受付
提出書類	・入学志願票　・願書受付票　・写真票 ・住民票の写し（10月1日以降発行のもの。通学区域外に在住の者は、入学までに通学区域内に転居することを証明するもの） ・収納証明書貼付用紙
受験票交付	願書受付時に手渡し
受験番号付番	抽選順　　　　　　月齢考慮　　　　　　───
選抜方法注1	第一次：ペーパー・集団・運動テスト 第二次：集団テスト、親子面接　第三次：抽選
考査の流れ	入学検査日程説明会：11月8日　10～12時▶第一次選考（ペーパー・集団・運動テスト）：11月21日▶第一次選考発表：11月22日（校内掲示）▶第二次選考（集団テスト、親子面接）：11月23日▶第二次選考発表：11月24日（校内掲示）▶第三次選考（抽選）：同日
考査料	3,300円
合格発表	11月24日　第三次選考（抽選）後決定
倍率	男子約2.5倍　女子約2.5倍
入学手続	指定日
編入学制度	なし。附属間交流は実施
復学制度	───
出願資格	通学区域制限あり（指定通学区域内に保護者と同居）
備考	公開行事：春の展覧会…4月29日　学校公開…6月13日／7月31日

セキュリティ

警備員常駐／防犯カメラ設置／登下校確認システム／防犯ブザー携帯／授業中門施錠／保護者入校証／避難・防災訓練実施／緊急通報システム／緊急地震速報装置／学校110番／AED設置

学費

……… 入学手続時納付金 ………

入学時教材費	32,000円
後援会会費・年額	2,000円
奨学寄附金1口	10,000円
（1口以上、任意）	

……… 年間納付金 ………

ＰＴＡ会費・月額	210円
給食費・月額	4,450円
教材費・月額（1年生）	2,500円
積立金・月額（1年生）	2,000円

※教材費、積立金は学年により異なる
※上記金額は諸事情等で変更の場合あり

制服

制服なし

昼食

給食（週5回）

進学情報

[中学校への進学状況]
【埼玉大附属】希望者は全員内部進学可能。他中学校受験者はその資格を失う
[高等学校への進学状況]
非公表
[大学への進学状況]
───

[系列校]
埼玉大学・大学院、埼玉大学教育学部附属中学校・附属幼稚園など

※上記募集要項は小学校公表データです（注1：選抜方法については伸芽会教育研究所調査によるデータです）。詳細は小学校ＨＰまたはお電話でご確認ください

考査ガイド

考査日程	抽選を含めて3日
受験番号付番	抽選順
選抜方法	第一次検査：受付時（女子、男子の順番）に抽選を行い、受検番号と考査の順番を決定する。先生の誘導で教室に向かい、約15人単位でペーパーテスト、集団テスト、運動テストを行い、男子69人、女子71人を選出する
	第二次検査：受付時（男子、女子の順番）に抽選を行い、受検番号と面接の順番を決定する。第一次合格者を対象に、集団テストと親子面接を行い、男子47人、女子48人を選出する
	第三次検査：第二次合格者を対象に抽選を行う
	【抽選方法】男女別に各人数より1枚多く番号札の入った箱から、受検番号順に1枚ずつ引いていく。最後に1枚残った番号札の次番から合格となる
考査内容	ペーパーテスト、集団テスト、運動テスト、親子面接
所要時間	第一次検査：約4時間30分（考査は約2時間30分） 第二次検査：約4時間（待ち時間を含む）

過去の出題例

ペーパーテスト

１ 推理・思考（絵の順番）

・それぞれの段の絵を順番に並べたとき、2番目と4番目になる絵に○をつけましょう。

集団テスト

２ 観察力・巧緻性

お手本、貼りつけ用の台紙、正方形の折り紙（赤、青）、丸いシール（黄色）が用意されている。左のお手本と同じになるように、折り紙を折って台紙の枠にピッタリ入るように置き、シールで貼る。

運動テスト

■ 連続運動

ジグザグに張られた高さ約30cmのゴム段を両足跳びで進む→ろくぼくに登り箱にタッチして降りる、など。

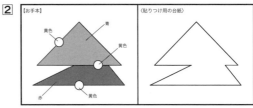

ここがポイント

第一次のペーパーテストでは、数量、推理・思考、巧緻性などの基本的な課題に、例題を行ってから取り組みます。集団テストではゲームなどを通して約束への意識やお友達とのかかわり方を見られます。親子面接では子ども、保護者ともに自分の判断や考え方を問われる質問がなされます。過去の質問内容などにはあらかじめ目を通しておきましょう。

出題傾向

	ペーパーテスト												個別テスト												集団テスト										運動	面接
	話	数量	観察力	言語	推理・思考	構成力	記憶	常識	位置・置換	模写	巧緻性	絵画・表現	系列完成	話	数量	観察力	言語	推理・思考	構成力	記憶	常識	位置・置換	巧緻性	絵画表現	系列完成	制作	行動観察	話	観察力	言語	常識	巧緻性	絵画・表現	制作	行動観察	課題・自由遊び	運動・ゲーム	生活習慣	
2024年		○			○	○				○	○																		○			○			○				○	○
2023年					○				○		○																		○			○			○				○	○
2022年		○			○					○	○																		○			○			○				○	○
2021年					○					○	○																		○			○			○				○	○
2020年					○	○																							○			○			○				○	○

親子面接	第二次検査で面接が行われる
所要時間	8～10分

過去の質問例

本人への質問

- お名前を教えてください。
- 隣に座っている人は誰ですか。
- お家からこの学校まで誰とどうやって来ましたか。
- 朝ごはんをしっかり食べるとどんなよいことがありますか。できるだけたくさん教えてください。
- お掃除をすると、どんなよいことがありますか。2つお話ししてください。
- 幼稚園（保育園）で仲よしのお友達の名前を1人教えてください。
- お友達と2人で遊ぶとき、2人のやりたいことが違ったらどうしますか。
- お友達をつくるために大事なことは何だと思いますか。できるだけたくさん教えてください。
- お友達があなたにぶつかってきたので転んでしまいました。そんなときはどうしますか。
- お家の人とするあいさつを、できるだけたくさん教えてください。
- スーパーマーケットでお買い物をするとき、周りの人に迷惑をかけないために気をつけることは何ですか。
- 最近、お家でしたことで楽しかったのはどんなことですか。お父さん（お母さん）と50秒間相談して教えてください。

保護者への質問

- 本校の重点目標である「たくましく」について、ご家庭の教育方針と関連づけて50秒でお話しください。
- 子育てをするにあたり、誰とどのように協力しますか。
- 学校と保護者が連携をとるうえで、保護者として大切なことを3つ挙げてください。その中の1つについて、ご家庭の教育方針と絡めて具体的に50秒でお話しください。

面接の配置図

※子どもは名前を聞かれた後、検査カードを提出するよう指示される。スタンプを押されたら席に戻る

- 本校にはさまざまな教職員がいます。教員以外の職員を、できるだけ多く挙げてください。また、彼らに感謝の気持ちを伝えるには、どうしたらよいと思いますか。50秒でお話しください。
- 先生から「お子さんがお友達にけがをさせた」と連絡がありました。子どもに聞くと「やっていない」と言って、それ以上は話してくれません。どのように対応するか、50秒でお話しください。
- 学校でお子さんが靴を隠されて先生に相談したところ、先生の指導でその日は返してもらうことができましたが、後日また隠されてしまいました。お子さんにはどのように話しますか。50秒でお話しください。
- お友達とのかかわりについて大事だと考えることを3つお答えください。その中で最も重要だと思うことについて、お子さんへの指導を含めながら40秒程度でお話しください。
- 子どもにスマートフォンなど電子機器を使わせることについて、どのようにお考えですか。

Inside voice

- 第一次検査では受付から誘導まで約2時間待ちました。わが家は持参したお弁当を食べ、塗り絵、工作、折り紙、読書などをしていました。子どもが飽きたり疲れたりしないよう、工夫することが大切だと思います。
- 控え室には机、大人用のいす、子ども用のいすが1セットで用意されており、好きなところに座ってよいとのことでした。いすが硬くて冷たいので、心配な方は座布団を用意するとよいかもしれません。
- 面接では、40～50秒間で質問に答えるものが多く、面接官の先生はストップウオッチで時間を計っていました。時間内に簡潔に答えることが求められていると感じました。

千葉大学教育学部附属小学校

http://www.el.chiba-u.jp　E-mail chibahuzoku133@yahoo.co.jp

［アクセス］
●JR総武線【西千葉】より徒歩15分
●京成千葉線【みどり台】より徒歩15分

［所在地］　〒263-8522　千葉県千葉市稲毛区弥生町1-33
　　　　　　TEL 043-290-2462　FAX 043-290-2461

小学校情報

［校　長］　鈴木　隆司
［児童数］　男女計640名

[沿　革]　明治5年、印旛官員「共立学舎」として発足。明治7年、千葉師範学校となり、明治10年、千葉女子師範学校を設置。昭和22年、千葉師範学校男子部附属小学校、女子部附属小学校、昭和26年、千葉大学教育学部附属第一小学校、第二小学校と改称し、昭和41年、統合により千葉大学教育学部附属小学校となる。昭和48年、特殊学級が分離独立し、附属養護学校（現・附属特別支援学校）となる。令和4年、小学校創立150周年を迎えた。

[教育方針]　「学び合い、喜び・感動のある学校を創造し、確かな学力と心豊かに生きる力を育てよう」を教育目標に、「自主」「協働」「創造」をその理念に掲げる。求める子ども像は「自ら進んで、学び合うことのできる子ども」「夢をひろげ、喜び・感動をもてる子ども」。子どもたちの学習意欲を引き出し高める授業、学び合いのある授業の実現に努め、教科学習や学校行事などを通して、自分たちの伝統と文化を創造するという意識や意欲、より高い協働性への追求心を育てる指導を進める。

[特　色]　公立小学校と同様、初等普通教育を行うほか、大学の附属小学校として①教育理論の実証的研究、②教育実習生に対する指導、③地域の教育力向上への協力・貢献、の使命も持つ。1・2年生は「自主」、3・4年生は「協働」、5・6年生は「創造」を重点目標に設定。それに基づき発達に応じた具体的な目標を定め、一人ひとりが実現を目指す。帰国児童学級も設置し、日本の初等普通教育への適応指導と海外で獲得した特性の伸長、研究を行っている。

◆クラブ活動　児童が発起人となってクラブを立ち上げ、計画を立てて活動に取り組む
◆授業の特色　1クラス28名の少人数制を取り、15分を1モジュールとしてフレキシブルにカリキュラムを編成。自分で時間を管理できることを目指し、ノーチャイム制を採用
◆ICT教育　タブレット端末を導入し、プログラミングなどの授業を行う。また、各教室にプロジェクターを設置し、授業で活用
◆異学年活動　1～6年生で縦割りの小グループを編成。昼休みや1年生歓迎集会、文化祭での交流、清掃などの活動を行う
◆安全対策　通学地域ごとに「通学グループ」を編成。年数回、通学グループ集会を実施し、登下校の安全やマナーの指導などを行う

年間行事予定	
月	行　事　名（抜粋）
4	入学式、1年生歓迎集会
5	―
6	水泳学習
7	幼小七夕集会
8	夏休み
9	4・5年宿泊学習、6年修学旅行、低学年遠足
10	運動会
11	芸術鑑賞会
12	文化祭
1	―
2	6年生を送る会
3	卒業式

入試データ

下記の資料は**2024年度用（2023年秋実施済み）**です

募集要項 ※下記は前年度のデータです

募集人員	男女各15名程度、計30名程度
学校（入試）説明会	10月24日　10時30分〜　大講義室にて（保護者1名のみ。募集要項を持参すること）
願書配付期間	10月18日〜11月14日平日10〜12時、13〜15時（10月23日、土：休み）
出願期間	11月13・14日　9時30分〜12時、13時〜15時30分 窓口受付
提出書類	・入学願書 ・入学検定料振込証明（大学提出用） ・住民票の写し（9月1日以降発行のもの）
受験票交付	願書受付時に手渡し
受験番号付番	抽選順　　月齢考慮　　——
選抜方法注1	ペーパー・集団テスト
考査の流れ	選考（ペーパー・集団テスト）：11月30日　8時30分〜
考査料	3,300円
合格発表	12月4日　9〜13時　掲示およびWeb発表
倍率	男子約4.6倍　女子約5.9倍
入学手続	指定日
編入学制度	なし。附属間交流は実施／帰国生はp.403〜参照
復学制度	5年生までに限る
出願資格	通学区域制限あり（指定通学区域内に保護者と同居）
備考	入学予定児童保護者会：第1回…12月7日 第2回…3月1日

セキュリティ

警備員常駐／防犯カメラ設置／授業中門施錠／避難・防災訓練実施／子ども安全連絡網システム／AED設置

学費

········ 年間納付金 ········
PTA会費・年額	6,000円
給食費・年額	67,200円
給食備品費・年額	1,500円
学級費・年額	9,600円
諸費（災害共済給付掛金、子ども安全連絡網システム登録など）・年額	6,000円

※後援会会費を別途納付
※上記金額は諸事情等で変更の場合あり

制服

制服なし

昼食

給食（週4回）、お弁当（週1回、水曜日）

進学情報

[中学校への進学状況]
【千葉大附属】希望者は全員内部進学可能
[高等学校への進学状況]
筑波大附属、開成、渋谷幕張、市川、東邦大東邦、昭和学院秀英など
[大学への進学状況]
——

[系列校]
千葉大学・大学院、千葉大学教育学部附属中学校・附属幼稚園など

千葉　国立　共学　ち　千葉大学教育学部附属小学校

※上記募集要項は小学校公表データです（注1：選抜方法については伸芽会教育研究所調査によるデータです）。詳細は小学校HPまたはお電話でご確認ください

考査ガイド

考査日程	1日
受験番号付番	抽選順
選抜方法	受付時に受検番号の抽選をして、指定された席で待機する。子どもは左胸と背中に番号シールをつけ、男女別に10〜12人単位で先生に誘導されて、教室に向かう。ペーパーテスト、集団テストを行い、男女約15人ずつを選出する。附属幼稚園からの志願者は考査を免除され、希望者は全員進学できる
考査内容	ペーパーテスト、集団テスト
所要時間	約3時間30分

過去の出題例

ペーパーテスト

1 常 識

・乗り物の絵の下の四角に○をかきましょう。

2 数 量

・左端の四角と同じ数の四角を、右から選んで○をつけましょう。

3 推理・思考（迷路）

・ウサギがクマのところまで歩いて行きます。周りの線にぶつからないように、道に線を引きましょう。

集団テスト

行動観察 ※3、4人のグループに分かれて行う

グループごとに積み木が用意される。グループで協力し、積み木でお城を作る。

運動テスト

指示行動

赤信号と青信号の札で合図が出たら、決められた動き（その場でスキップ、手をたたくなど）をする。

ここがポイント

ペーパーテストには例題があり、立ったままで行われます。推理・思考の問題はユニークなものが多く、よく考えて解くことを要求され、常識問題では、日常生活でどんなことに関心を持っているかを見られる問題もあります。集団テストではお絵描きやDVDを鑑賞するなどの行動観察が行われます。2024年度は運動テストが実施されませんでした。

出題傾向

	ペーパーテスト											個別テスト												集団テスト									運動	面接
	話	数量	観察力	言語	推理・思考	構成力	記憶	常識	位置・置換	模写	巧緻性	絵画・表現	系列完成	話	数量	観察力	言語	推理・思考	構成力	記憶	常識	位置・置換	巧緻性	絵画・表現	系列完成	制作	行動観察	話	観察力	言語	常識	巧緻性	絵画・表現	制作	行動観察	課題・自由遊び	運動・ゲーム	生活習慣		
2024年		○	○		○			○																											○			○		
2023年	○	○			○			○																									○		○					○
2022年	○	○			○			○																									○		○					○
2021年	○	○			○			○																									○	○	○	○				○
2020年	○	○			○			○																									○	○	○	○				○

入 学 願 書

令和5年 11月　　日

	写 真
	（３５㎜×４５㎜）
	３ヶ月以内に撮影した選考票と同一の写真（無背景、カラー、脱帽、上半身）をのりで貼り付けます

千葉大学教育学部附属小学校長　様

下記の者の第1学年の入学を希望します。

児童	ふりがな		性 別	生年月日	平成　　年　　月　　日生
	氏 名			保護者との続柄	（　　　　　）
	住 所	〒　　　　千葉市			
保護者	ふりがな			職 業	
	氏 名		印		
	住 所	〒　　　　千葉市			

通学方法と時間	住 所 付 近 略 図
自宅	
学校	○黒のペンで記入してください。 ○自宅から最寄駅又は停留所までの経路を朱書きしてください。 ○徒歩通学の場合は，自宅から大学の門までの経路を朱書きしてください。

時間	徒歩　　　　分 バス　　　　分 電車　　　　分 ――――――― 計　　　　分	又は在籍保幼育稚園園	名 称	
			住 所	
			電話番号	
電話連絡	自宅電話番号	公学立区小（公学立校小名学）校	千葉市立　　　　　小学校	
	緊急連絡先			

※右欄は記入しないでください	受付番号	男女	扱 者	選考番号

※　裏面に，振込依頼書の貼付用（大学提出用）部分を必ず貼り付けてください。

千葉　国立　共学　ち　千葉大学教育学部附属小学校

Inside voice

・考査当日は受付後、親子とも体育館へ向かい、指定された席で待機します。受検番号によっては長時間待つことになるので、子どもが飽きないよう、折り紙や絵本、迷路やパズルの本、おやつなどを持参しました。

・考査へ出発する10分前に受検番号が呼ばれ、親はつき添わず、子どもだけでトイレに行くようアナウンスがありました。先生方がトイレへの行き方をチェックされているように感じました。

・子どもが考査に誘導された後、親はそのまま体育館で待機しました。場所によってはとても寒く、持参したひざ掛けや使い捨てカイロが大変役に立ちました。

立川国際中等教育学校附属小学校
https://tachikawa-e.metro.ed.jp

※イラストはイメージです

[アクセス]
●JR中央線・南武線【立川】、多摩都市モノレール【立川北】より立川バス12分【立川国際中等教育学校】下車

[所在地] 〒190-0012　東京都立川市曙町3-13-15
　　　　　TEL 042-526-7075　FAX 042-527-1829

小学校情報

[校　長]　市村 裕子
[児童数]　210名（男子105名、女子105名）※開校3年目のため1～3学年のみ

沿　革　平成20年、東京都立北多摩高等学校を母体校として、都立立川国際中等教育学校開校（北多摩高等学校は平成25年、閉校）。公立では全国初となる小・中・高一貫教育校として、令和4年、都立立川国際中等教育学校附属小学校開校。

教育方針　「次代を担う児童・生徒一人一人の資質や能力を最大限に伸長させるとともに豊かな国際感覚を養い、世界で活躍し貢献できる人間を育成する」という教育理念に基づき、小・中・高一貫教育のグランドデザイン（教育の全体構想）を設計。卒業20年後のあるべき姿を念頭に、高い言語能力を活用して世界のさまざまな人々と協働するとともに、論理的な思考力を用いて諸課題を解決し、さまざまな分野で活躍する人材を育てていく。

特　色　小学校段階での取り組みとして、「探究的な学び」「語学力とそれを支える言語能力」「学びを実践する学校行事」を重視。各教科での探究的な学びに加え、1・2年生の生活科から始まり、総合的な学習の時間、総合的な探究の時間を通じて、探究プログラムを実施する。英語は、内容と言語を統合させたCLIL的な学習ができるよう他教科と連携。また、大学などと連携し、多言語教育を展開する。「グローバルマインドセット・カリキュラム」として、探究的な学び、英語教育、多言語教育の3つを相互に関連づけ、グローバル人材としての素地を育成。行事は、授業で学んだことを実践したり、成果を発表したりする場であり、自立に向けて体験する場として設定している。

◆**外国語教育**　英語は全学年、週4時間。うち1時間は「Eタイム」として朝15分×週3回実施。また、月1～2時間程度、韓国語、中国語、ドイツ語、スペイン語、フランス語、アラビア語の6言語を中心に、教科に関連したテーマで言語や文化に出合う

◆**ICT教育**　1年生からプログラミング教育を実施。ICTを活用しながら、算数、理科、総合的な学習の時間を中心に全教科でプログラミング的思考力の育成を図る

◆**行事の特色**　2年生は東京都教育委員会が開設した外国文化が体験できる研修施設を訪問、3年生は西多摩地域、4年生は島しょ部、5年生は国内の異文化体験施設で宿泊体験を実施。6年生は海外姉妹校訪問を行う

年間行事予定	
月	行　事　名（抜粋）
4	入学式、対面式
5	
6	体育祭
7	海外姉妹校訪問（6年次）
8	
9	文化祭
10	芸術理解教室
11	
12	
1	スピーチコンテスト
2	合唱祭
3	立志式（6年次）

入試データ

下記の資料は**2024年度用（2023年秋〜冬実施済み）**です

募集要項 ※下記は前年度のデータです

募集人員	一般枠：男女各29名、計58名 海外帰国・在京外国人枠：男女各6名、計12名 ※海外帰国・在京外国人枠はp.403〜参照
学校（入試）説明会	4月22日／5月13日／6月10日／8月26日／9月10日
願書配付期間	募集要項配付：9月17・18日（集中対応期間。9月19日以降も配付）
出願期間	Ｗｅｂ出願：10月2〜24日 書類提出：10月17〜24日（必着）　特定記録郵便で郵送 ※ＨＰの指示に従ってＷｅｂ出願後に書類提出
提出書類	・住民票記載事項証明書（9月1日以降発行のもの。通学区域でない者は応募資格審査関係書類） ・受検票 ※受検票は考査日に持参
受験票交付	第一次選考後、自宅やコンビニエンスストアなどで各自印刷
受験番号付番	―　　　月齢考慮　　　―
選抜方法	第一次：抽選　第二次：筆記、集団活動、運動遊び、インタビュー 第三次：抽選
考査の流れ	第一次選考（抽選）：11月13日　14時〜▶第一次選考発表：11月15日（Ｗｅｂ発表）▶第二次選考（筆記、集団活動、運動遊び、インタビュー）：11月25・26日▶第二次選考発表：12月2日　9時〜（Ｗｅｂ発表）▶第三次選考（抽選）：同日　11時〜
考査料	2,200円
合格発表	12月2日　第三次選考（抽選）後決定
倍率	男子約23.8倍　女子約23.3倍
入学手続	12月2・4日
編入学制度	なし
復学制度	あり
出願資格	通学区域制限あり（指定通学区域内に保護者と同居）
備考	公開行事：文化祭（紫翠祭）…9月9・10日 土曜登校は月2回程度

学　費

………… 年間納付金 …………
宿泊行事費（6年間）	約350,000円
教材費（6年間）	約200,000円
給食費（6年間）	約400,000円

※制服代、校外学習費、アルバム代など別途納付
※上記金額は諸事情等で変更の場合あり

制　服

セキュリティ

防犯カメラ設置／交通指導員配置／防犯ブザー携帯（ＧＰＳ機能は任意）／授業中門施錠／インターホン設置／保護者入校証／避難・防災訓練実施／学校110番／災害用品備蓄／ＡＥＤ設置／緊急メールシステム／連絡網システム

昼　食

給食（週5回）

進学情報

［中学校への進学状況］
【立川国際中等教育】原則として内部進学
［高等学校への進学状況］
【立川国際中等教育】原則として内部進学
［大学への進学状況］
東京、京都、東京工業、一橋、東京外国語、筑波、慶應、早稲田、上智など

［系列校］
立川国際中等教育学校

※上記募集要項は小学校公表データです。詳細は小学校ＨＰまたはお電話でご確認ください

考査ガイド

考査日程	抽選を含めて4日
受験番号付番	——
選抜方法	第一次選考：男女別に抽選を行い、男女各200人を選出する
	第二次選考：第一次合格者を対象に、男女別に2日間考査を行う。約20人単位で1日目にペーパーテスト、個別テスト、運動テスト、2日目に集団テストを行う
	第三次選考：第二次合格者を対象に抽選を行い、男女各29人が合格者となる
考査内容	ペーパーテスト、個別テスト、集団テスト、運動テスト
所要時間	第二次選考　1日目：約1時間30分　2日目：約30分

過去の出題例

ペーパーテスト

1 言語（しりとり）

・太い線の四角の中の生き物から始めてしりとりでつないだとき、使わない絵を選んで○をつけましょう。

2 推理・思考

・左の四角の中に模様のついたタオルがあります。このタオルをたたむと、矢印の下のようになりました。見えていない反対側は、どのようになりますか。右から選んで、すぐ下の四角に○をかきましょう。

個別テスト

言　語　※いすに座って質問に答える

・お部屋の中と外ではどちらで遊ぶのが好きですか。
・そこでどのように遊びますか。

運動テスト

連続運動

お手玉2個を少し離れた床に置いてあるフープに投げ入れる→マットの上で立ち幅跳びをする、など。

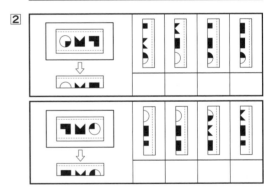

ここがポイント

ペーパーテストの出題数は多くはありませんが、話をきちんと聞き取る力、基本的な数の操作、生活に根ざした常識や物の名称などの知識を身につけ、確実に解答できることが大切です。個別テストの言語では、正解のない質問をされるため、自分でしっかりと考え、自信を持って話す力を養っておきましょう。2024年度は集団テストが行われました。

出題傾向

	ペーパーテスト													個別テスト													集団テスト											運動	面接
	話	数量	観察力	言語	推理・思考	構成力	記憶	常識	位置・置換	模写	巧緻性	絵画・表現	系列完成	話	数量	観察力	言語	推理・思考	構成力	記憶	常識	位置・置換	巧緻性	絵画・表現	生活習慣	制作	行動観察	話	観察力	言語	常識	巧緻性	絵画・表現	制作	行動観察	課題・自由遊び	運動・ゲーム	生活習慣		
2024年	○	○		○	○							○					○												○	○									○	
2023年	○	○		○				○				○					○																						○	
2022年	○	○			○							○					○																						○	
2021年																																								
2020年																																								

東京都立小学校の通学区域

この表は、令和6年度東京都立小学校の通学区域を記載している。

学　　校	東京都立立川国際中等教育学校附属小学校
通学区域	【区部】 新宿区　　　世田谷区　　渋谷区　　　中野区 杉並区　　　練馬区 【市町村部】 八王子市　　立川市　　　武蔵野市　　三鷹市 青梅市　　　府中市　　　昭島市　　　調布市 町田市　　　小金井市　　小平市　　　日野市 東村山市　　国分寺市　　国立市　　　福生市 狛江市　　　東大和市　　清瀬市　　　東久留米市 武蔵村山市　多摩市　　　稲城市　　　羽村市 あきる野市　西東京市　　瑞穂町　　　日の出町

住民票記載事項証明書

①住所			②世帯主 氏　名	
③氏　　　名	④生年月日	⑤住所を定めた 年　月　日	⑥世帯主との 続柄	⑦性別	⑧国籍・地域

※都立小学校
使用欄
嫡・在・他

【都立小学校使用欄】
＊外国籍を有する志願者のうち、在日期間の確認が必要な志願者の上陸許可年月日を記入する（志願者のみの確認でよい）。
＊上陸許可年月日を確認した書類の種類（旅券、在留カード、その他）について、「原・在・他」のいずれかを〇で囲む。

上記の事項は住民票に記載があることを証明する。

　　　　　　　　　　　　年　　　　月　　　　日

　　　　　　　　区市町長氏名

公印

（注意）　1　証明を要する者について、住民票に記載されているとおり、枠内に記入し、令和5年9月1日以降に証明を受けること。
　　　　　2　区市町所定の様式も使用できる。ただし、上記①から⑧までに該当する項目が含まれていること。
　　　　　3　志願者が外国籍の場合は、⑧の国籍・地域についても証明を受けること（志願者以外については証明の必要はない）。
　　　　　　なお、住民票に通称名が記載されている場合は、「氏名」欄に括弧書きで通称名の証明を受けること。

Inside voice

・考査1日目は立川駅からバスに乗りましたが、道路が混雑していたため、2日目は乗らずに歩きました。気分が上がるよう、子どもと楽しく話しながら歩いたので、遠いとは感じませんでした。
・考査当日は受付後、子どもはカードホルダーに入った受検票を首から下げ、それぞれの検査会場で検印を押してもらうシステムでした。帰るときに、検印があるかどうか確認するよう案内がありました。
・考査のつき添いは保護者1人との指示がありました。考査中の控え室は体育館で、指定されたパイプいすに座り、読書をしながら待機しました。飲み物の持参は可、携帯電話は使用不可でした。

2025学校別過去入試問題集

✏️ 年度別入試問題分析【傾向と対策】　✏️ 学校別入試シミュレーション問題　✏️ 解答例集付き

伸芽会の有名小学校合格シリーズ

Shinga-kai

カラーページ増殖中！

※2023年秋実施の入試問題を含む

ミシン目入り

解答例集付き

過去5〜15年間分
全44冊53校掲載

定価3410円〜3520円
（本体3100円〜3200円＋税10%）

全国の書店・伸芽会出版販売部にお問い合わせください。

 伸芽会　出版販売部 **03-6908-0959** （10:00〜18:00 月〜金）

〒171-0031 東京都豊島区目白 3-4-11-4F　https://www.shingakai.co.jp

2024年1月より
順次発売中！

© '06 studio zucca

大阪府・京都府・兵庫県 私立小学校入試情報ガイド

関西大学初等部
同志社小学校
洛南高等学校附属小学校
立命館小学校
関西学院初等部

※ 掲載の入試情報は、2025年度用（2024年夏〜2025年冬実施予定）ですが、一部、2024年度用（2023年夏〜秋実施済み）のものがあります。新しい情報を掲載していますが、行事や考査関連の日程が変更になる可能性もあります。最新の情報は直接学校窓口にお問い合わせいただくか、各学校のホームページなどでご確認ください。

関西大学初等部

http://www.kansai-u.ac.jp/elementary/

[所在地]　〒569-1098　大阪府高槻市白梅町7-1
　　　　　TEL 072-684-4312　FAX 072-684-4317

[アクセス]
●JR京都線【高槻】より徒歩7分
●阪急京都線【高槻市】より徒歩10分

小学校情報

[校　長]　長戸 基
[児童数]　367名（男子143名、女子224名）

沿　革　明治19年に設立された関西初の法律学校である関西法律学校が前身。大正11年、千里山に学舎を新設、旧制関西大学が認可され、昭和23年に4学部を持つ新制大学に改組される。現在は13学部15研究科を擁する総合大学となり、平成22年4月から初等部・中等部・高等部の一貫教育を開始した。大学の社会安全学部・大学院社会安全研究科とともに高槻ミューズキャンパスに立地。

教育方針　中・高等部とともに関西大学の教育理念である『学の実化（じつげ）』を基盤とし、同一キャンパスで一貫教育を実践。12年間を通し「確かな学力」「健やかな体」「国際理解力」「情感豊かな心」を養い、「高い人間力」を備えた人材を育成することを目標としている。初等部では『考動―学びを深め 志高く―』を校訓に、「考える子」「感性豊かな子」「挑戦する子」を目指す児童像に定め、一貫教育の土台形成に努める。

特　色　教育活動は思考力育成が柱。「考え方を考える」独自の教育法「ミューズ学習」を導入し、どの教科でも役立つ6つの思考スキルを習得・活用できるよう、体系的なカリキュラムを編成している。また、STEAM教育の視点を取り入れた授業を行い、問いを見つける視点を広げ、教科横断的な学びへとつなげている。この学びの過程で、子どもたちは批判的思考力や、論理的思考力を発揮していく。さらに、さまざまな国との交流を通して学ぶ国際理解教育、3つの図書館を活用し、学びの基礎となる学校図書館教育などにも取り組んでいる。

◆**英語教育**　12年間の「英語考動力」カリキュラムのもと1年生より開始。1・2年生は毎日15分間のモジュール学習で英語に親しみ、3・4年生は週3時間、5・6年生は週4時間の授業を行う

◆**ICT教育**　校内に無線LANを完備。全学年、1人1台タブレット端末を所有し、授業や家庭学習に利用している

◆**授業の特色**　生活・総合学習の時間を中心に国際理解教育を実施。2〜6年生は対象国について調べ、韓国や台湾などの小学校との交流も行う。図書館は調べ学習に役立つ本がそろう「はてな館」と読み物が多い「わくわく館」、デジタル図書が楽しめる「デジタル館」があり、目的に応じて使い分けができる

年間行事予定

月	行　事　名（抜粋）
4	入学式、始業式
5	1〜5年生春の校外学習、3年宿泊体験学習
6	初等部創立記念日
7	5年宿泊体験学習
8	夏休み
9	2年宿泊体験学習
10	後期始業式、運動会
11	大学創立記念日、FUN RUN
12	文化祭、冬休み
1	初中対抗百人一首大会、4年スキー体験学習
2	研究発表会、6年修学旅行
3	卒業式、修了式、春休み

School Information

※濃い色で示したアイコンはこの小学校に該当するものです

入試データ

下記の資料は**2025年度用（2024年夏〜2025年冬実施予定）**です

募集要項

募集人員	A日程：男女計60名（内部進学者含む）　B日程：男女若干名
学校（入試）説明会	学校説明会：5月19日　9時30分〜11時（個別相談あり） 入試説明会：7月7日　9時30分〜11時
願書配付期間	Ｗｅｂ公開のみ
出願期間	A：7月10日〜8月20日 B：12月2日〜1月13日 ※ＨＰの指示に従ってＷｅｂ出願
提出書類	・受験票 ※考査日に持参
受験票交付	自宅やコンビニエンスストアで各自印刷
受験番号付番	——　　月齢考慮　あり
考査日	A：考査…9月13日　面接…8月25日〜9月7日のうち1日 B：考査…1月25日　面接…1月18日〜21日のうち1日
選抜方法注1	ペーパーテスト、行動観察、親子面接
考査料	20,000円（クレジットカード、コンビニまたはペイジー決済）
合格発表	A：9月17日発送　B：1月27日発送　郵送で通知
倍率（前年度）	非公表
入学手続	A：9月18〜25日　B：1月28〜30日
編入学制度	欠員が生じた場合のみ試験を実施
復学制度	——
公開行事	体験授業：5月26日 オープンスクール：6月8日
備考	通学時間制限：所要時間60分程度 土曜登校は3年生以上（第2・4土曜日）

セキュリティ

警備員常駐／防犯カメラ／交通指導員配置／登下校確認システム／防犯ブザー携帯／携帯電話所持可／授業中門施錠／インターホン／保護者ＩＤカード／避難・防災訓練実施／看護師常駐／緊急通報・安否確認システム／緊急地震速報装置／学校110番／災害用品備蓄／ＡＥＤ

学費

・・・・・ 入学手続時納付金 ・・・・・
入学金　　300,000円

・・・・・ 年間納付金 ・・・・・
授業料・年額　　800,000円
施設費・年額　　200,000円
※教材費、給食費、制服代、教育後援会会費、積立金など諸費を別途納付
※上記金額は諸事情等で変更の場合あり

制服

昼食

給食（週5回）

進学情報

[中学校への進学状況]
【関西大学】条件を満たせば進学可能
[高等学校への進学状況]
【関西大学】条件を満たせば進学可能
[大学への進学状況]
【関西】条件を満たせば進学可能

[系列校]
関西大学・大学院、関西大学高等部・中等部・幼稚園、関西大学第一高等学校・中学校、関西大学北陽高等学校・中学校

大阪　私立　共学　か　関西大学初等部

※上記募集要項は小学校公表データです（注1：選抜方法については伸芽会教育研究所調査によるデータです）。詳細は小学校ＨＰまたはお電話でご確認ください

同志社小学校

http://www.doshisha-ele.ed.jp/　E-mail office@mail.doshisha-ele.ed.jp

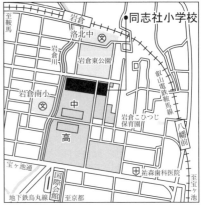

[アクセス]
- ●地下鉄烏丸線【国際会館】より徒歩10分
- ●叡山電鉄鞍馬線【岩倉】より徒歩５分

[所在地]　〒606-0001　京都府京都市左京区岩倉大鷺町89-1
　　　　　TEL 075-706-7786　FAX 075-712-2312

小学校情報

[校　長]　横井 和彦
[児童数]　535名（男子236名、女子299名）

沿　革　明治８年、新島襄により同志社英学校開校。明治10年、同志社女学校開校。明治21年、「同志社大学設立の旨意」発表。大正９年、同志社大学開学。昭和18年、同志社中学校開校。昭和26年、同志社香里中学校・高等学校開校。昭和55年、同志社国際高等学校開校。昭和63年、同志社国際中学校開校。平成18年、同志社小学校開校。令和７年、学校法人同志社創立150周年を迎える。

教育方針　「良心の全身に充満したる丈夫（ますらお）の起り来らん事を」という新島精神を継承する、知育に偏ることのない徳育、すなわち「良心教育」をバックボーンとし、『キリスト教主義』『自由主義』『国際主義』を基本理念とする。それらに基づき「良心の涵養」「自治自立精神の形成」「国際人の育成」を教育理念とし、国際舞台で活躍できる人材の育成を目指す。

特　色　「読む力」「書く力」「計算する力」といった基礎学力の養成にとどまらず、なぜその解答が出るのかという思考の道筋を大事にする教育を行っている。そのため、授業においては教師主導ではなく、子ども同士が主体的に学び合うことを大切にするほか、総合的な学習、縦割り活動などを総称する「道草」の時間も設けている。子どもたちは探究活動や直接体験、創造的な活動などを通し、主体的に学ぶ態度と力を身につける。体育は「知・徳・体」の調和を目指し、多角的な指導を行っている。また、国際的な視野を育てるため、１年生より英語の授業を週３時間実施。ネイティブ教員と英語科の日本人専科教員によるチームティーチングを行っている。

◆クラブ活動　５年生以上。年間約30時間の活動時間を設定し、11のクラブ活動の中で自主性と社会性を育む

◆英語教育　少人数のグループで、週３時間の授業を行う。さまざまな国籍を持つ７名の教員が、異文化理解も視野に入れた多彩な双方向教育活動を実施

◆特別活動　清掃、給食、仲よし遠足、スポーツフェスティバルなど学校生活のなかでさまざまな活動を行っている。それらを異年齢の縦割りグループで行う「ワイルドローバー活動」がある

◆校外学習　４・５年の宿泊体験学習、６年の修学旅行、校祖・新島襄の墓参、仲よし遠足などがある

年間行事予定	
月	行　事　名（抜粋）
4	入学式、入学おめでとうの会、仲よし遠足
5	花の日礼拝、土曜参観
6	６年修学旅行
7	大掃除、水泳教室
8	
9	授業参観・懇談会
10	スポーツフェスティバル、４・５年宿泊体験学習
11	創立記念礼拝、点灯式
12	クリスマス礼拝・祝会
1	６年ポスターセッション、創立者永眠記念礼拝
2	授業参観・懇談会
3	ワイルドローバー解団式、卒業式、修了式

School Information

※濃い色で示したアイコンはこの小学校に該当するものです

入試データ

下記の資料は**2024年度用（2023年夏実施済み）**です

募集要項 ※下記は前年度のデータです

募集人員	男女計約60名
学校（入試）説明会	5月19・24・29日（学校案内あり）
願書配付期間	Ｗｅｂ公開のみ
出願期間	7月11～18日 ※ＨＰの指示に従ってＷｅｂ出願
提出書類	・入学考査受験票 ・入学考査写真票 ※すべて考査日に持参
受験票交付	郵送
受験番号付番	―――　月齢考慮　あり
考査日	考査：8月29日 面接：8月21～25日のうち1日
選抜方法^{注1}	ペーパーテスト、集団テスト、運動テスト、親子面接
考査料	20,000円（クレジットカード、コンビニまたはペイジー決済）
合格発表	8月30日　Ｗｅｂ発表および簡易書留速達で通知
倍率	非公表
入学手続	9月5日締切
編入学制度	欠員が生じた場合のみ試験を実施
復学制度	ケースにより可能。応相談
公開行事	―――
備考	―――

学費

········ 入学手続時納付金 ········

入学金	250,000円

········· 年間納付金 ·········

授業料・年額	800,000円
教育充実費・年額	150,000円
給食費・年額	124,100円
教材費・年額	39,000円
安全費・年額	7,743円
修学旅行等積立金・年額	50,000円
保護者後援会会費・年額	12,000円

※制定品代など別途納付
※寄付金（任意）あり
※上記金額は諸事情等で変更の場合あり

制服

制服なし

セキュリティ

警備員／防犯カメラ／交通指導員／登下校確認システム／防犯ブザー携帯／携帯電話所持可／授業中門施錠／インターホン／保護者入構証／赤外線センサー／避難・防災訓練／看護師／緊急通報・安否確認システム／緊急地震速報装置／学校110番／災害用品備蓄／ＡＥＤ

昼食

給食（週5回）

進学情報

[中学校への進学状況]
【同志社、同志社女子、同志社香里、同志社国際】希望に基づいて推薦
[高等学校への進学状況]
【同志社、同志社女子、同志社香里、同志社国際】へ内部進学
[大学への進学状況]【同志社、同志社女子】【京都、大阪、神戸、北海道、名古屋、京都府立医科、滋賀医科、慶應、早稲田など

[系列校]
同志社大学・高等学校・中学校・幼稚園、同志社女子大学・高等学校・中学校、同志社香里高等学校・中学校、同志社国際高等学校・中学校、同志社国際学院初等部・国際部など

※上記募集要項は小学校公表データです（注1：選抜方法については伸芽会教育研究所調査によるデータです）。詳細は小学校ＨＰまたはお電話でご確認ください

洛南高等学校附属小学校

https://www.rakunan-h.ed.jp/

[アクセス]
- ●JR東海道本線【桂川】より徒歩10分
- ●阪急京都線【洛西口】、JR東海道本線【向日町】より徒歩15分

[所在地] 〒617-0002 京都府向日市寺戸町寺田54
TEL 075-924-6511 FAX 075-924-6509

小学校情報

[校 長] 安塲 光弘
[児童数] 男女計523名

沿 革 創立の起源は約1200年前、日本文化の父といわれる空海弘法大師が庶民のための教育の場として創設した日本最初の私立学校「綜藝種智院（しゅげいしゅちいん）」にまでさかのぼる。歴史の中で受け継がれてきた大師の建学の精神に基づいて、昭和37年、新たに洛南高等学校として発足。さらに教育の一層の充実強化を願って、昭和60年、附属中学校を開校。平成18年、男女共学校に移行。平成26年、洛南高等学校附属小学校を創設。

教育方針 空海弘法大師が開学の辞で述べた建学の趣意『物の興廃は必ず人に由る 人の昇沈は定めて道に在り』に基づき、知育（小・中・高12年一貫教育で高い知性を獲得）、徳育（礼儀と自立心を備えた人間を育む）、体育（生きていく基本となる体力を育成）、共同（行事を通して他人の立場を理解）、自省（教師・親の成長が子どもの成長に）という教育方針を掲げて「洛南教育」を行う。自分で伸びる力を育むため、「規律正しく」「清潔につとめ」「情操豊かに」「勉学にはげむ」の４つを実践項目としている。

特 色 仏法を学び、日本の伝統・文化を大切にし、礼儀作法を身につける情操教育。「読み・書き・そろばん」を基本とした教科学習。健康な体と健全な精神を育成する体育的行事。この「心・学・身」の３つを柱として総合的に学ぶカリキュラムを特色とする。洛南高・附属中の教員が小学校でも教鞭をとり、大学入試までを見据えた授業を展開。豊かな経験を基に築き上げた方法論で、小学生に身につけてほしい内容をじっくりと指導する。

◆**クラブ活動** ４年生以上。サッカー、バドミントン、卓球、陸上、かるたなど
◆**英語教育** １・２・５・６年生は週２時間、３・４年生は週１時間。英語科教師とＡＬＴのチームティーチングで授業を行う
◆**授業の特色** 御影供や花まつりなどの宗教行事を行うとともに、専科教員が全学年の道徳の時間を担当し、仏教的情操を育む。毎日、朝と昼の授業前に「空の時間」「海の時間」を設定。道徳、国語・算数・英語のモジュール学習を行い、集中力を高める
◆**校外学習** 葵祭見学、空海降誕会、祇園祭見学、涅槃会、善通寺合宿、高野山合宿など、多彩な行事を通して仏教の教えにふれる。また６月には、校外のプールで水泳学習を実施

年間行事予定	
月	行 事 名（抜粋）
4	入学式、御影供、春の遠足、善通寺合宿
5	御影供、葵祭見学、花まつり
6	水泳学習、空海降誕会、御影供、授業参観
7	七夕、祇園祭見学、宿泊学習、東寺合宿、高野山合宿
8	夏期学習会
9	運動会、御影供
10	学習発表会、時代祭見学、御影供
11	祖父母参観日、御影供、修学旅行
12	成道会
1	新春の催し、御影供
2	持久走記録会、涅槃会、御影供
3	修了式、卒業式

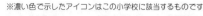

入試データ

下記の資料は**2024年度用（2023年夏〜秋実施済み）**です

募集要項 ※下記は前年度のデータです

募集人員	男女計90名
学校（入試）説明会	6月17日（学校見学会あり）
願書配付期間	募集要項配付：4月中旬〜
出願期間	7月12日（9時）〜19日（23時59分） ※ＨＰの指示に従ってＷｅｂ出願
提出書類	・受験票 ・保護者用受験票 ※すべて考査日に持参
受験票交付	自宅やコンビニエンスストアなどで各自印刷
受験番号付番	——　　月齢考慮　あり
考査日	考査：9月9日 面接：8月26・27日のうち1日
選抜方法	ペーパーテスト、運動実技テスト、行動観察、保護者面接・作文、提出書類などによる総合判定
考査料	20,000円（クレジットカード、コンビニまたはペイジー決済）
合格発表	9月12日　15時〜　Ｗｅｂ発表
倍率	非公表
入学手続	9月12・13日
編入学制度	要問い合わせ
復学制度	要問い合わせ
公開行事	——
備考	——

学　費

……… 入学手続時納付金 ………
入学金　　　　　　　150,000円

……… 年間納付金 ………
授業料・年額　　　　792,000円
教育費・年額　　　　180,000円
空調費・年額　　　　　5,000円
制服等制定学用品代　約100,000円
※上記金額は諸事情等で変更の場合あり

制　服

セキュリティ

警備員常駐／防犯カメラ／交通指導員配置／登下校確認システム／防犯ブザー携帯／携帯電話所持可／授業中門施錠／インターホン／保護者入構証／赤外線センサー設置／避難・防災訓練実施／緊急通報・安否確認システム／緊急地震速報装置／災害用品備蓄／ＡＥＤ設置

昼　食

お弁当（週5回）…希望者はお弁当の注文可

進学情報

［中学校への進学状況］
【洛南高附属】原則として全員が内部進学
［高等学校への進学状況］
【洛南】原則として全員が内部進学
［大学への進学状況］
東京、京都、大阪、神戸、一橋、筑波、同志社、立命館、関西学院、関西など

［系列校］
洛南高等学校・附属中学校

※上記募集要項は小学校公表データです。詳細は小学校ＨＰまたはお電話でご確認ください

R 立命館小学校

RITSUMEIKAN
http://www.ritsumei.ac.jp/primary/

[アクセス]
- 地下鉄烏丸線【北大路】より徒歩３分
- 京阪本線【三条】より市バス【北大路バスターミナル】下車徒歩３分

[所在地] 〒603-8141 京都府京都市北区小山西上総町22
TEL 075-496-7777 FAX 075-496-7770

小学校情報

[校 長] 堀江 未来
[児童数] 711名（男子335名、女子376名）

沿 革 明治２年創立の私塾・立命館の意志を継ぎ、明治33年、京都法政学校創立。明治37年、京都法政大学に改称。翌年、清和普通学校（現・立命館中学校・高等学校）開校。大正２年、財団法人立命館設立、学園名称を立命館で統一。昭和26年、学校法人に組織変更。平成12年、立命館アジア太平洋大学開学。平成18年、「自由にして清新」な学園創造を掲げた大学創設者、中川小十郎の100年越しの夢を叶えるべく、立命館小学校が開校。小・中・高12年間の一貫教育が始まる。

教育方針 建学の志『培根達支』のもと、教育の４つの柱を掲げる。受験勉強にさえぎられず、本質的な学びを積み重ねる「①確かな学力を育てる教育」を、異文化理解と英語コミュニケーション能力を獲得するために「②真の国際人を育てる教育」を、本物にふれ表現活動に取り組み「③豊かな感性を育む教育」を、人としての生き方・在り方を学ぶ「立命科」の授業や縦割りのハウス活動などを通し「④高い倫理観と自立心を養う教育」を実践。人間形成の基盤をなす初等教育から世界に通用する教育を行う。

特 色 12年間の一貫教育を３つのステージに分けた「4・4・4制」を展開。児童一人ひとりを大切にして無限の可能性を引き出し、レベルの高い教育を目指す。オープンスペース型の教室、250名収容のアクトシアター、校舎内に組み込まれている体育館、多種の遊具を設置する広々とした人工芝グラウンドなど、学校施設も充実。ＩＣＴ教育にも先進的に取り組んでいる。

◆**英語教育** １・２年生は週２時間、３〜６年生は週３時間。オールイングリッシュのチームティーチングで伝え合える力を育てる。立命館アジア太平洋大学や海外姉妹校との連携による国際交流のほか、希望者を対象に海外語学研修、ターム留学なども実施

◆**ＩＣＴ教育** Microsoft Showcase School に認定。１〜４年生のロボティクス科ではロボットを動かすプログラミングを中心にＳＴＥＡＭ学習を実施。５・６年生のＩＣＴ科ではMinecraftを用いた授業などを行う。１年生から１人１台タブレットＰＣを所有

◆**特別活動** 全校児童を縦割りの６グループに分けた「ハウス」で、清掃や遊び、遠足、運動会などの活動を行う

年間行事予定	
月	行 事 名（抜粋）
4	入学式、ハウス歓迎会
5	ハウス遠足
6	5・6年宿泊体験学習
7	
8	ワールドウィーク
9	
10	スポーツフェスティバル
11	Rits秋フェス
12	
1	ハウス百人一首大会
2	
3	立志式、卒業式

入試データ

下記の資料は**2024年度用（2023年夏〜秋実施済み）**です

募集要項 ※下記は前年度のデータです

募集人員	プライマリー入試A：男女計約120名 プライマリー入試B：男女若干名
学校(入試)説明会	学校説明会：5月27日（体験授業あり） 入試説明会：7月8日（体験授業あり）
願書配付期間	Web公開のみ
出願期間	A：7月14日（9時）〜24日（17時） B：9月21日（9時）〜25日（17時） ※HPの指示に従ってWeb出願
提出書類	・受験票 ※考査日に持参
受験票交付	自宅やコンビニエンスストアなどで各自印刷
受験番号付番	———　月齢考慮　あり
考査日	A：考査…9月3日　面接…8月18〜20・22日のうち1日 B：考査・面接…10月7日
選抜方法[注1]	ペーパーテスト、集団テスト、親子面接
考査料	20,000円（クレジットカード、コンビニまたはペイジー決済）
合格発表	A：9月5日　B：10月10日　Web発表
倍率	非公表
入学手続	A：9月5〜8日　B：10月10〜13日
編入学制度	欠員が生じた学年のみ7・2月に試験を実施／帰国生も同様
復学制度	要問い合わせ
公開行事	学校探検（学校スタンプラリー）：4月22日 放課後校舎見学：6月6・13・15・20・22日
備考	———

学 費

········ 入学手続時納付金 ········
入学金　　　　　　　　　300,000円

········ 年間納付金 ··········
授業料・年額　　　　　　800,000円
教育充実費・年額　　　　200,000円
※給食費、制服代、積立金、PC代、諸会費など別途納付
※上記金額は諸事情等で変更の場合あり

制 服

男女ともズボン、スカート、キュロットの選択可

セキュリティ

警備員常駐／防犯カメラ／交通指導員配置／登下校確認システム／GPS端末所持可／携帯電話所持可／授業中門施錠／インターホン／保護者入構証／赤外線センサー／避難・防災訓練実施／看護師常駐／緊急通報・安否確認システム／緊急地震速報装置／災害用品備蓄／AED

昼 食

給食（週5回）…年10回程度、お弁当の日あり

進学情報

[中学校への進学状況]
【立命館】推薦基準を満たせば内部進学可能
[高等学校への進学状況]
【立命館】推薦基準を満たせば内部進学可能
[大学への進学状況]
【立命館、立命館アジア太平洋】推薦基準を満たせば内部進学可能

[系列校]
立命館大学・大学院、立命館アジア太平洋大学・大学院、立命館中学校・高等学校、立命館宇治中学校・高等学校、立命館慶祥中学校・高等学校、立命館守山中学校・高等学校

京都

私立

共学

り

立命館小学校

※上記募集要項は小学校公表データです（注1：選抜方法については伸芽会教育研究所調査によるデータです）。詳細は小学校HPまたはお電話でご確認ください

関西学院初等部
かんせい

https://es.kwansei.ac.jp　E-mail shotoubu@kwansei.ac.jp

[所在地]　〒665-0844　兵庫県宝塚市武庫川町6-27
　　　　　TEL 0797-81-5500　FAX 0797-81-5010

[アクセス]
●JR宝塚線・阪急今津線ほか【宝塚】より徒歩15分／バス5分
●阪急今津線【宝塚南口】より徒歩10分

小学校情報

[校　長]　福万 広信
[児童数]　539名（男子246名、女子293名）

沿　革　明治22年、伝道者の育成とキリスト教主義に基づく青少年教育を目指して、アメリカ・南メソジスト監督教会の宣教師であるウォルター・ラッセル・ランバスにより関西学院創立。以来、スクールモットーである『Mastery for Service（社会と人のために、自らを鍛える）』の実現のための教育に注力。平成20年、初等部を開校。学院の教育理念と精神を受け継ぎながら、中学部、高等部、大学につながる16年一貫教育の基礎を担う。

教育方針　『Mastery for Service』を体現する世界市民を育て、世界に送り出していくことを学院の使命とする。「幼子はたくましく育ち、知恵に満ち、神の恵みに包まれていた」（ルカによる福音書2章40節）という聖書の言葉を大切にし、この言葉から導き出される「高い倫理と自立の精神を備えた子ども（意志）」「論理的に考え確かな学力を習得する子ども（知性）」「感性豊かで国際性を備えた子ども（情操）」の姿を、目指す児童像としている。

特　色　キリスト教主義に基づく全人教育を展開。初等部では、①聖書・礼拝（礼拝や聖書の時間を通じて人を思いやる気持ち、小さなことに感謝できる心を育む）、②国際理解（英語力を高め、コミュニケーションを楽しみながら、異なる価値観の獲得を目指す）、③全員参加・理解（みんなで主体的に問題解決を図りながら、確かな学力の獲得を目指す）、④本物（文化、スポーツ、芸術、自然にふれる機会を通じて、豊かな感性を育む）、を「4つの柱」とし、教育活動に取り組む。

◆**聖書・礼拝**　全学年、週1時間の聖書の授業、毎朝の礼拝「こころの時間」、ボランティア活動を通じて心の豊かさを育成する

◆**国際理解**　「英語の時間」として1・2年生は毎日20分間、3～6年生は週4時間、英語を学習する。6年生でのカナダ・コミュニケーション・ツアー、関西学院大学留学生との交流や英検受験を通じて学びを生かす

◆**全員参加・理解**　「全員でわかる、全員で助け合う授業」の展開、ICT教育、補習授業、外部テスト受験など

◆**本物**　関西学院大学の学生がスポーツ指導をする「KGSO」、文化芸術教室、宝塚歌劇鑑賞、自然体験キャンプ、社会見学、ロボット活用体験などを実施

年間行事予定

月	行　事　名（抜粋）
4	入学式
5	春の遠足、6年修学旅行
6	5年平和を学ぶ旅、1・2年キャンプ
7	3・4年キャンプ
8	——
9	——
10	音楽祭、秋の遠足
11	体育祭
12	クリスマス礼拝
1	マラソン大会、作品展
2	——
3	卒業式

入試データ
下記の資料は**2024年度用（2023年夏〜秋実施済み）**です

募集要項　※ !2025 は次年度のデータです

募集人員	A入試：男女計約80名　B入試：男女計約10名
学校（入試）説明会	!2025 学校説明会：4月13日　入試説明会：6月22日
願書配付期間	Ｗｅｂ公開のみ
出願期間	A：7月10〜18日　B：9月14〜25日　※ＨＰの指示に従ってＷｅｂ出願
提出書類	・受験票　※考査日に持参
受験票交付	自宅やコンビニエンスストアなどで各自印刷
受験番号付番	——　月齢考慮　総合的に判断
考査日	A：考査…9月11日　面接…8月23〜25日、9月10日のうち1日　B：考査…10月14日　面接…10月10〜13日のうち1日
選抜方法注1	A：ペーパーテスト、集団テスト、親子面接　B：個別テスト、集団テスト、親子面接
考査料	20,000円（クレジットカード、コンビニまたはペイジー決済）
合格発表	A：9月12日　B：10月16日　Ｗｅｂ発表
倍率	非公表
入学手続	入学手続Ⅰ：A…9月15日締切　B…10月20日締切　入学手続Ⅱ：A…10月2日締切　B…10月20日締切
編入学制度	欠員が生じた場合のみ試験を実施／帰国生も同様
復学制度	応相談
公開行事	!2025 オープン授業：5月11日
備考	——

学費

…… 入学手続時納付金 ……

入学金　　　　　　　　200,000円

……… 年間納付金 ………

授業料・年額　　　　1,035,000円

※教材・学年宿泊行事等前納金、図書購入費、修学旅行費積立金、ＰＴＡ会費、後援会会費等で218,000円程度納付
※制服・体操服などの制定品を別途購入
※上記金額は諸事情等で変更の場合あり

制服

セキュリティ

警備員／防犯カメラ／交通指導員／登下校確認システム／防犯ブザー携帯／携帯電話所持可／授業中門施錠／インターホン／保護者入構証／赤外線センサー／避難・防災訓練／看護師／緊急通報・安否確認システム／緊急地震速報装置／学校110番／災害用品備蓄／ＡＥＤ設置

昼食

お弁当（週5回）…希望者はサンドイッチ、日替わり弁当の注文可

進学情報

［中学校への進学状況］
【関西学院、関西学院千里国際】90％以上が内部進学
［高等学校への進学状況］
【関西学院、関西学院千里国際】条件を満たせば内部進学可能
［大学への進学状況］
【関西学院】条件を満たせば内部進学可能

［系列校］
関西学院大学・大学院、聖和短期大学、関西学院高等部・中学部、関西学院千里国際高等部・中等部、関西学院幼稚園、関西学院大阪インターナショナルスクール

※上記募集要項は小学校公表データです（注1：選抜方法については伸芽会教育研究所調査によるデータです）。詳細は小学校ＨＰまたはお電話でご確認ください

好評発売中！

小学校受験を目指す
ご家庭必携！

改訂版 私立・国立
小学校入試類似問題集

私立・国立小学校の入試に合格するためには、学校ごとの出題傾向を知り、対策を立てることが大切です。この『私立・国立 小学校入試類似問題集』は、私立・国立小学校に合格された多くの方々から伸芽会に寄せられた情報を基に問題を作成し、項目別に分類してまとめています。問題ごとに難易度や所要時間の目安も示してありますので、志望校の出題傾向に合わせてご活用ください。

受験準備が初期の方はこう使う！

実際の入試問題になれることに主眼を置き、時間を制限せずにじっくり取り組みましょう。

受験準備が進んでいる方はこう使う！

項目別の実力テストとしてご使用ください。徐々にスピードを上げて、最終的には所要時間内に解き終われるようにしましょう。

定価1210円（本体1100円＋税10%）　80ページ／Ａ４判／2023年1月以降順次刊行

全国の書店・伸芽会出版販売部にお問い合わせください。

お問合せ　伸芽会出版販売部　TEL03-6908-0959（月～金10:00～18:00）

実況！特別講演会
2024 学校説明会ダイジェスト

<特別講演会>
学習院初等科
聖心女子学院初等科
東京女学館小学校
立教小学校
日本女子大学附属豊明小学校
暁星小学校
成蹊小学校
早稲田実業学校初等部

<2024学校説明会ダイジェスト>
慶應義塾幼稚舎
雙葉小学校
東京学芸大学附属竹早小学校

※学校説明会は2024年度入試用の情報（2023年実施）です

実況！特別講演会

学習院／聖心

令和5年2月21日〜4月30日に「名門私立小学校 入試対策説明会Ⅰ」と題し、第一部で伸芽会教育研究所による講演「『私学教育』という選択と志望校選び」、第二部で伸芽会教務本部による講演「志望校の選び方」、第三部で学習院初等科の大澤隆之科長（役職は配信当時）の講演、第四部で聖心女子学院初等科の大山江理子校長の講演を動画配信しました。その第三部と第四部の模様をお伝えします。

学習院初等科

大澤隆之科長
※役職は配信当時

国民の模範となる人材の育成から「自重互敬」の精神を育てる教育へ

学習院は、江戸時代の弘化4（1847）年に公家のために国学と儒学を教える学問所として京都に開講したところからその歴史が始まりました。桜の徽章は国学を完成させた本居宣長の歌「敷島の大和心を人問はゞ朝日に匂ふ山桜花」が、学習院という名前は『論語』の「学びて時に之を習ふ　亦悦ばしからずや」がもとになっています。

明治時代になると、世の中の大きな変化に対応するために新時代のリーダーを育てる必要が出てきました。明治天皇により、皇族と華族は国民の模範となる子弟を育て、勤勉、実学精神を学び、海外留学や女子教育に力を入れるよう勅諭が出され、これを受け明治10年に華族学校が開校。校名を天皇より「学習院」と賜り、今の学習院となりました。イギリスのパブリックスクールを模範として構想され、「ノブレス・オブリージュ」（騎士道の精神）が今も生きています。

明治時代から大切にしている「質実剛健」と

戦後に打ち出した「自重互敬」は、現在も受け継がれている精神です。質実剛健とは華美にならず精神的な強さを求め、鍛錬して自分を律すること。黒いランドセルなどの制定品や冬の早朝マラソンはその現れです。自重互敬とは自分を大切にし、お互いに尊敬し合うこと。自分が正しいと思ったらきちんと言い、違う考えも受け入れ広い視野を持つことを目指します。

「自重互敬」の精神とは「正直と思いやり」

「自重互敬」のことを、子どもたちには「正直と思いやり」と教えています。正直とは、他人に対してはうそをつかない、ごまかさないこと。自分に対しては良心に従い、最後まで頑張ることとしています。正直の反対はずるいで、その間には要領がいいということがありますが、人の心が傷つくような要領のよさはずるいに入ると指導しています。思いやりとは、お互いに相手の立場や考えを大切にすること。自分の主張だけを通そうとするのではなく、他の人の違う意見も謙虚に受け止め、ときには自分の考えを勇気をもって変えることも必要であると、道徳教育を行っています。

教科担任制と専科制を採用本質を見抜く力を身につける

初等科では教科担任制を採っており、1〜4年生では図工や体育など、5、6年生になると、すべての授業を専科教員が行います。専門

的知識のある教員であれば、子どもの疑問や意見に対して、教科のさらに先の学習につながる広く深い指導が可能になります。「真実を見分け、自分の考えを持つ子ども」の育成を教育目標としている本校では、知識獲得の方法に特徴があります。まず子どもたちはよく観察して、自分なりに疑問を持ちます。見方や考え方を働かせてじっくり考え、自分の意見を持つと、お友達とそれを交換し合います。異なる考えも謙虚に聞き、自分の考えを深めていきます。いろいろな可能性を考慮しながら、自分で考えをまとめていくことが、本質を見抜く力につながります。いたずらに暗記や練習、先取り学習はせず、じっくり考えさせるという教育方針を貫き、「本物を知り、本質を見抜く力」を学習の基礎基本としています。

🌸 国際化についての考え方と
体験を重視する校外学習

国際化については、英語を使えるようになるより先に、話すべき内容が心の中にあること、相手に対する友好的な気持ちがあることが大切と考えます。異文化を理解するだけでなく、自分自身や日本という国をよく理解することにより国際的視野が育つという観点から、1、2年生ではまず日本語で考え、思ったり感じたり、人の考えを聞いたりする姿勢を作ります。そして3年生以降の英語教育や海外交流へとつなげていきます。校外学習では沼津の学習院游泳場で距離泳を、長野県湯の丸高原では雪の学校としてスキーやかまくら造りを行います。心身ともに鍛えながら、豊かな感受性を育みます。

授業内容の一例

講演では実例をもとに授業を再現

Q&Aコーナー

Q：貴校が大事にされている「自重互敬」、正直や思いやりを身につけるため、家庭ではどのように工夫できるでしょうか。
A：正直は教えやすいと思いますが、思いやりは伝わりにくいかもしれません。いろいろな体験をすること、体験できない場合は実際の場面や裏側を見せてあげることが大事だと思います。また大人が先回りをしてつらい思いをさせないようにしがちですが、失敗や残念に思うような経験もさせる。お子さんが心の痛みを味わったとき、しっかりそこに向き合うという体験を積むとよいでしょう。

Q：伝統と歴史がある貴校で、変えないもの、新しい取り組みを教えてください。
A：本質だと思われる考え方は、みんなが賛同して伝統となります。質実剛健はそのようにして続いています。しかし時代に合わないと思うものは、勇気を持って変えていくべきです。たとえば英語教育は実は明治時代から大事にしており、コミュニケーションツールの獲得になるものですが、実際のコミュニケーションは心と心で行うものです。国際交流をするとき、自分はどんな考え方をする人か、日本人とはどんな考え方をするのか、何を、どんな文化を大切にしているのか。そのようなことを確認していくという意味で、これまでの英語教育とは違っていく可能性があります。しかしそのような刷新が大切だと思っています。

Q：入学を希望されるご家庭へのメッセージをお願いいたします。
A：学習院という学校は、幼稚園や初等科から大学までつながっています。途中から外に出られた方も行事などを手伝ってくださったり、いろいろな場面で戻ってきてくださいます。みんながファミリーである、そのような学校です。どうぞ、ぜひその仲間に入っていただきたく思います。

聖心女子学院
初等科

大山江理子校長

子どもは自分なりに世界を理解
大人は安心できる場を守り共感

2023年でコロナ禍も4年目になろうとしています。私たちは感染対策に引き続き慎重でありながら行事を再開し、児童や生徒は活気を持って学校生活を送っています。

お子さんと接していると、面白い発言があることに気づくことはありませんか。小さい子どもは言葉の取り違い、独特の表現をすることがよくあります。小学生になり読み書きを正式に学ぶ前に、子どもは生活の中で言葉を学んでいます。周りの人が話すのを聞き、まねをしながら言葉の決まりを自分で見つけます。間違いを指摘されるとその決まりを自分で修正していきますが、子どもが自分で決まりを獲得していくことが重要です。子どもは自分なりの理解の仕方で学び、その筋道の立て方は大人と異なります。不思議や物語性に満ちていますが、それは子どもが自分なりに理解している真実なのです。大人の理屈を押しつけても、子どもには受け止めることができないでしょう。

ご両親は絵本の世界を心に持つようにして、子どもたちに共感してあげてください。私たち大人は絵本の中の世界なら、現実と違っても受け入れられます。絵本の世界こそ、子どもの理解できる世界なのです。また読み聞かせは、子どもにとって楽しいものにしてください。そこで安心を経験した子どもたちは、現実の世界で不安になったり恐ろしいことに出遭ったりしても、絵本の中で安心を確認することができるようになるからです。自分で文字を読めるようになると、子どもは絵本の世界から物語の世界に入っていきます。理解にもしっかり筋道が立ち、いわゆる空想の世界から卒業していきます。物語の世界でも、安心を確保できた状態で

いろいろな経験をするのはやはり楽しく、自分の現実を超えた大きな学びとなります。

115年におよぶ女子教育の確かさで
新しい時代に向けた教育力を磨く

聖心女子学院ではキリスト教の価値観に基づき、女子のための12年間一貫教育を行っています。子どもたちは一人ひとりがかけがえのない存在であるという教育理念のもと、それぞれが自分らしさを築いていきます。女子だからと縛られない、男子と比較されない、自分らしさを追求して個性が生かせる場所でもあります。力仕事もリーダーシップの役割も、やってみたいことに誰もがチャレンジすることができます。上級生になると、何でもやりこなしていくことに誇りを持っています。仲間とともにやればできる、工夫すれば道が開かれるという経験を積むことが、子どもたちの経験の幅を広げ、人間としての底力となっていきます。

令和2年には、中・高等科でジェンダーについて講演会で学ぶ機会を設けました。社会的、生物学的側面からジェンダーをとらえ、社会の中で女子として生きることの意味を考えました。生徒たちは女子であることにとらわれなくてよいのだという学びと一層自由な発想力を得て、そのことが進路選択にもよく表れています。

4-4-4制を採用し、発達段階に
合わせてきめ細やかに対応

聖心女子学院では女子の発達段階に合わせて、12年間を4年ごとの3つのステージに区切る4-4-4制を取り入れています。5年生になると思春期の複雑な年頃になり、知的にも情緒的にも発達の段階が異なるからです。ファーストステージの1～4年生では1クラス32名とし、基礎基本を丁寧に身につけてのびのびと楽しい学校生活を送ります。セカンドステージの5～8年生では5年生女子という発達段階の区切りをとらえて新しい段階に進みます。1クラス30名編成とした少人数学級により、これまで以上に丁寧に子どもたちとかかわり能力を伸ばします。初等科と中等科で異学年集団を形成し、同じ校舎で生活して合同で行事を行う

子どもの育ちの不思議

絵本や物語で安心を確かめて

現実を越える学び

大人は子どもの育ちの不思議に寄り添い見守る

こともあります。サードステージの9〜12年生は質を高める時期ともいえます。自分の課題にじっくり向き合い、社会とのつながりの中で自分の生き方を考え、初等科から段階的に取り組んできた探究的学習も深めます。探究的学習では自ら課題に向かい解決方法を探す、これからの世界を生きるために必要な能力を身につけます。探究ウイークとして10年生が昨年夏、大学などで研究者となっている卒業生の話を聞いたことは、大変大きな刺激となりました。

姉妹校のネットワークを生かして
グローバルマインドを育てる

今日、世界の平和は残念ながら脅かされ、生徒たちもこの変化を真剣に受け止めています。ウクライナ支援のための募金活動を始め、様々な試みを行っています。本学院では世界の一員として行動する感覚を、世界に広がる姉妹校ネットワークを生かして現実的に育てます。令和5年は短期留学を再開させ、アメリカやメキシコ、アイルランド、台湾との交流や1年間留学の拡大、カンボジアでの体験学習も実施する予定です。模擬国連の日本代表としても派遣されることになっており、生徒たちの世界に向かう高い意欲を感じています。

宗教教育を通しては、目に見えないものに対する感性を育て、宗教について自分で判断できる力をつけます。人生の基盤を作る時期に、人間にとってなくてはならないものをしっかり捉える教育を私たちは行いたいと思っています。学校を選ばれるときもお子さんの心に目を向け、どのようなところが伸びていってほしいのか、よく考えていただきたいと思います。

Q&Aコーナー

Q：初等科での学習について、工夫されている点、聖心らしい点を教えてください。
A：授業はとても活発で、教え込むというよりも自分たちで考え方を出し合い、話し合って作っていくことが多いです。わからないことは恥ずかしくないということをとても大切にしています。宿題はありますし、1年生のうちから毎日ご家庭で少しずつ勉強する時間を持っていただくよう心掛けています。自分で勉強することを決めて取り組む自主学習も行っています。テストに気を遣いすぎるより、日々の学びで着実に知識を自分のものにしていくこと、一つのことを最後まできちんと行うことが大事と考えています。

Q：初等科から高等科までの子どもたちのどのようなところに、聖心の魅力が強く感じられますか。
A：一人ひとりが、自分のやりたいことをはっきりつかんでいくということだと思います。夢は成長するという話をよくします。一つのことを一生懸命にやっていると、もっと先が見えてきて、違う道に行くこともある。自分でつかんだことだからこそ、いい意味で前向きに選び直しができるとも思います。

Q：受験前に保護者の方が大切にすべきポイントを教えてください。
A：受験には結果が伴いますから、大人としてはどうしてもよい結果を求めて焦ってしまうことがあります。お子さんの方も、ご両親を喜ばせたい気持ちでいっぱいだと思います。そのとき、お子さんがどう感じているか、どんな気持ちでいるかということに、耳を傾け、目をかけていただくことが大事かと思います。そういう姿勢を持ってくだされば、お子さんはのびのびできるのではないかと感じます。お子さんご本人がよい経験をしたと思えるような、そういうプロセスであれば良いなと考えています。

381

東京女学館／立教

令和5年5月16日〜7月31日に「名門私立小学校入試対策説明会Ⅱ」の動画を配信。第一部、第二部では、伸芽会教育研究所による講演「志望校・志望園の決定と願書対策」「春から夏にかけての過ごし方」、第三部では東京女学館小学校の盛永裕一校長の講演、第四部では立教小学校の田代正行校長による講演を実施。講演の最後には、伸芽会教師よりインタビューを行いました。第三部、第四部のダイジェストをお届けします。

東京女学館
小学校

盛永裕一校長

問題解決力を身につけ
子ども同士で高め合う

本日は、子どもとともに私たち大人も成長していこうという願いから、「子どもとともに」というテーマでお話しいたします。

まず、本校の2年生の授業での様子をご紹介します。算数の授業で、足し算の筆算をしました。一通り勉強した後、今度は筆算の式で空いているところに入る数を考えました。いろいろ試行錯誤して初めて答えが1つではないことに気がつくと、子どもたちは答えを一生懸命考え始めました。ここで大切なことは、解決の方法を始めから教えず、まずは自分で考えさせる、自分で問題を解決させることです。やがて子どもたちは社会に出て、答えのない難しい問題に立ち向かうことになります。その解決に堂々と向き合える、そんな子どもを育てていきたいと思っています。

先ほどの筆算の問題では、子育てのヒントが1つ見つかりました。自分の力で問題解決をさせるということです。いつもこちらから指示をしたり、すぐにヒントを出したりしていたら、子どもは親の顔色を見て指示を待つようになってしまいます。もう1つ、別のヒントも見つかりました。人とのかかわりの中で子どもは育つということです。小学校の授業では知識を詰め込むのではなく、自分の力で考え問題を解決する力をつけることが大切です。しかし、自分だけの力でできることには限界があります。だからこそ、お友達と話し合ったり、認め合ったり、励まし合ったりしながら、互いに高めていくことが必要です。これが、相互啓発です。本校の授業では問題解決と相互啓発を重視し、学習指導要領で求められる主体的、対話的で深い学びの実現を目指しています。

大人は子どもを見つめ心に寄り添い
ほめて育てることが大切

私の経験から話しますと、小さい子どもは自分のことをうまく表現できません。痛いと思っても、そのようにはなかなか言えないのです。もし心に傷を負って、そのことを表現できない子どもがいたら、大人はどこかで手助けをしなければなりません。子どもを見つめ、心に寄り添うことが大事になってきます。

ほめることも大事です。ほめられると、子どもは自己肯定感の高まりを感じるからです。それがほかの子にもよい連鎖をして伝わり、行動や考え方にも影響します。親は子どもの足りないところを見つけて注意したくなるものですが、それでは自己肯定感はなかなか育ちません。ぜひほめて育ててください。

教育の2本の柱を通して
子どもの自立を後ろから支える

本校の教育についてお話しします。本校の教育目標は、高い品性を備え、人と社会に貢献する女性の育成です。これは建学の精神を継承し時代に対応しながら常に発展的に展開し、現在はインクルーシブ・リーダーシップの教育を念

子育てのヒント

1　自分の力で問題解決させる
2　人とのかかわりの中で育つ
3　子どもの心に寄り添う
4　ほめて育てる

授業の例や子どもの視点から導かれた子育てのヒント

頭に置いています。教育の2本の柱は、「3つの特色ある教育活動」、「基礎・基本の定着を目指した授業の充実」です。3つの特色ある教育活動は、すずかけ、つばさ、とびらという名称で展開されています。すずかけは、日本の伝統文化を学ぶ活動です。日本人女性として高い品性を身につけることを目的とし、自分のことや自分の国のことを理解します。つばさは、情報教育と体験学習から構成されています。情報教育ではプログラミング、タブレットの使用や情報リテラシーなどを学びます。体験学習は生活科でのアサガオ育成や商店街での店員体験に始まり、館山や日光での校外学習などがあります。体験こそ何事にも代えがたい貴重なものとしています。とびらは、国際理解の活動です。英語の授業を1、2年生は週1時間、3、4年生は週2時間、少人数で展開していますが、語学力だけでなく国際性を養うため、異文化交流として2泊3日のイングリッシュキャンプ、英語研修などの体験学習、年2回のブリティッシュスクールとの交流などを行っています。

　基礎・基本の定着を目指した授業の充実としては、冒頭でご紹介した問題解決型の学習と相互啓発があります。本校ではこれらの学習活動をより充実させるために、令和6年度入学生から1学級36人を定員とします。

　教えるという視点だけでは、子どもは自立しません。子どもとともに考え、私たち大人も成長する、そんな視点が子どもを育てます。将来お子さんが一人で歩いて行く準備をこの時期からさせてあげ、後ろから支えてあげる。本校がそのお手伝いをさせていただければ、こんなうれしいことはございません。

Q&Aコーナー

Q：東京女学館小学校の校長先生に就任されてから1年が経ちます。お感じになる貴校のよさを教えてください。
A：本校のよいところを3点あげると、1つ目はまず子どもたちがすばらしいということです。立派に挨拶できますし、いくつか授業をしましたが本当に楽しい授業ができました。2つ目は、教員もすばらしいことです。子どもたちのために本当に力を尽くして授業をつくったり、すずかけの取り組みをしたりして、子どもとともに教員もあるということを強く感じます。3つ目は、特色ある教育活動が非常に組織立って行われていることです。プログラムに基づいて、それぞれの役割を先生方がしっかり担っています。

Q：貴校の入試は、ＡＯ入試と一般入試があること、一般入試の考査で親子活動があることが大きな特徴であると感じます。それぞれの入試では、どのような観点でご家庭やお子さんをご覧になりますか。
A：子どもの健やかな成長は、親だけ、学校だけ、友達同士だけでは望めません。ご家庭と学校が同じ目線で教育できるかどうかという視点が、入試に反映されています。ご家庭でどのようにお子さんに教育されているか、それが本校の目指す教育と合致しているかどうかを見ています。

Q：本日のご講演では、たくさん子育てのヒントをいただきました。受験を希望される保護者の方々へ、大切にするべきポイントやメッセージをお願いいたします。
A：本校の受験をお考えいただけることは、大変ありがたいことだと思います。本校の教育に合わせるということではなく、ご家庭ごとのお考えや立場のもと、一生懸命お子さんにされている教育を、より深く充実したものにしていただくことが一番なのではないかと考えています。

立教小学校

田代正行校長

男子の特性と発達段階に合わせて
のびのびと教育

立教小学校は、日本に3校しかない男子のみの小学校です。単純なところがあり、まとまりがなく、ふざけやすく小競り合いも多い男子児童たちですが、時折キラリとした感性のきらめきを見せてくれることがあります。

女性と男性とでは脳の成長のスピードに違いがあり、11歳くらいでは約1年半の差があるそうです。実感としてはもう少しあるように感じますが、これが18歳の時点では男女差がなくなってくるとのこと。そのような意味では本学院で小学校から別学で学び、大学で共学となるのは理にかなっているのかもしれません。別学の場合、教科に対する固定観念がありません。女子で理系が得意、男子で合唱が好き、というお子さんがたくさん出てきます。本校でも子どもたちはのびのびと自分の趣味に励んでいますので、長所と言えるかもしれません。

トラブルは可視化し社会性を育てる
しつけの面でご家庭の協力が必要

学校生活の中では、担任の教師はトラブルが起こらないようにするというより、当事者同士が社会性を身につけ、お互い認め合って高め合っていけるように子どもたちをサポートします。トラブルを正面から受け止め、見える化し、大人がほどよく関与します。大人とは担任、副担任、専科、縦割りの行事、またクラブ担当、通学時の路線別担当などの教師に加え、大学生のアシスタント、警備員、事務職員、校務員のみなさんで、本当によく子どもたちのことを見てくれ、情報共有しています。見える化のためにトラブルは表立って見えますが、男子の特性を踏まえてぜひ安心して担任や学校にお任せいただきたいと思います。学校は心地よいサービスを提供する機関ではありません。社会性のトレーニングの場、教育の場です。周囲に迷惑をかけない、人の痛みに共感できるような人間に育てるため、しつけの面でも協力していただけるご家庭を望みます。

非認知能力は一層重要に
学校と家庭の両方で伸ばしていく

本校では、コロナ禍で対面授業ができなかった期間を通して見えてきたことがあります。なるべく早くたくさんの正解を出すという従来の学力観はもう古いのではないか、ということです。テストの点などで測ることができる能力を認知能力と呼びます。これはオンライン授業でもどうにか高めていくことができることが、経験上わかってきました。一方で、創意工夫や粘り強さ、共感したり思いやったりする力、意欲やコミュニケーション力といった、測ることができない能力のことを、一般的に非認知能力と呼んでいるようです。コロナ禍のために縮小せざるを得なかったキャンプなどの学校行事、縦割りの教育、毎日書く日記が、この非認知能力を高めるためにどれほど役に立っていたかということがわかりました。

日記を毎日書くことにより、粘り強さ、創意工夫する力が身につきます。教師とのやり取りで情緒が安定し、もちろん文字力や文章力も育ちます。縦割りの教育は異学年の交流であり、まさに身近な異文化体験です。低学年と接するとき、思いやりや共感する力が育ちます。下級生にとっては上級生に対する尊敬や信頼が生ま

日記の実例や具体的なお話を交えてご説明

れ、上級生にとっては下級生から頼られることで自己肯定感が育ちます。これまで行ってきた教育活動が、このような重要な働きをしていたことに、改めて気づかされています。

　今後も授業や学校生活、行事の中で、子どもたちの自尊感情や自己肯定感が増すような仕掛けを意識的に作っていくことが重要だと本校は考えています。先行き不透明な世の中ですから、全体を俯瞰する力を育て、直観力や五感を磨くことに力を入れていく必要があります。

　これまでもご家庭での絵本の読み聞かせなどをお願いしてきました。お子さんの好きなお話を何度も読むのもよいですし、とにかく話しかけることが大切です。親子関係、情緒の発達に必ずつながっていきます。会話の豊かなご家庭のお子さんは、感性が豊かで情緒も安定していて、日記も充実している傾向があります。話の展開を推論する力、登場人物の感情を理解する共感力など、まさに非認知能力を伸ばすものですから、豊かな会話と読み聞かせは大切です。

子どもは大人の背中を見て育つ
互いに学び合い支え合える学校に

　マサチューセッツ工科大学では 2018 年に、幼児は大人を見ることによって忍耐の価値を学ぶことができるという実験の結果を発表しました。それによると、子どもは大人が一所懸命奮闘している姿を見ると、自分も物事に一所懸命に取り組むようになるのだそうです。子どもは親の背中を見て育つと言いますが、親にとっては責任重大で難しいことです。大人も子どもも失敗しますし、弱音も吐きます。失敗しながらでも戻れる場所がある学校、学び合い、支え合って成長していけるような学校でありたいと思います。

　本校では4月から教育相談のお電話を受けています。アレルギーや国籍などご相談をお受けしていますが、相談をしなければ合格できないということは一切ありません。ぜひ学校説明会にご参加いただき、子どもたちの授業の様子をご覧ください。男子校のありのままの姿を見ていただき、受験をご希望になるかご判断いただければと思います。

Q&Aコーナー

Q：立教小学校では、入学試験で子どもたちのどのようなところを重点的に見ていらっしゃいますか。

A：本校では、入試を授業のように教えよう、できて楽しかったという問題にしようと考えています。授業のように、子どもの様子を見てヒントも出しながら、順番に問題を進めていきます。ですから、よくお話を聞いて最後まで粘り強く頑張ってほしいと思います。行動観察では全体をよく見ていますから、緊張感を持って動けるかは大切です。面談では、保護者の方々の本気度を見ています。また質問に対するお返事の中で、ご家庭で保護者の方とお子さんがどのようにやり取りをしているかが垣間見えます。

Q：教育相談について、具体的に教えてください。

A：お子さんにアトピーがある、偏食の傾向が大変強い、国籍の問題があるなど、とても心配されているようなことがあれば伺っています。そのほかにも、心配されていることがある方からお手紙をいただくこともあります。いただいたお手紙は確実に読んでおりますので、教育相談と同じとお考えください。学校説明会でもリアクションペーパーを書いていただく機会が3回ほどありますので、こちらでもお気持ちは十分に届きます。

Q：入学を希望されるご家庭に向けて、メッセージをお願いいたします。

A：近年は、ご家庭でご父母が同質化してきているという状況にあるようで、男の子たちの父親を超えていこう、自立していこうという動きが弱まっているという分析があります。そのぶん学校で自立を教えるような厳しい状況を作るなら、ご家庭は安心できる港であってほしいです。男子校としての立ち位置を保護者のみなさんと一緒に考える、そのような学校とご理解ください。

豊明／暁星

令和5年6月13日から8月31日まで『名門私立小学校・幼稚園合同　入試対策説明会』を動画配信し、第一部にて伸芽会教育研究所による講演「一貫校のメリット」を、第二部、第三部で一貫校の先生方による講演をお送りしました。その中から、第二部の日本女子大学附属豊明小学校の川合洋子校長と、第三部の暁星小学校の吉川直剛校長の講演内容、伸芽会教師からのインタビューの内容をお伝えします。

日本女子大学附属
豊明小学校

川合洋子校長

❋ 信念徹底、自発創生、共同奉仕を
　理念として子どもたちを育てる

　日本女子大学附属豊明小学校は、日本女子大学の前身である日本女子大学校を創立した成瀬仁蔵によって1906年に創立され、2023年で118年目を迎えました。成瀬が掲げた三綱領、「信念徹底」「自発創生」「共同奉仕」を理念とし、社会で活躍するたくさんの女性を送り出してきました。自らの印象を得て新たな問いから学ぶ「印象」、学びを知恵に位置付ける「構成」、伝えて共有する「発表」を意識し、「実物教育」「自学自動」を軸に子どもたちを育てています。

❋ 表現力を磨きながら
　レジリエンスを身につける

　教育活動の特色として表現活動があり、日記や展示などの表現活動を通してそれぞれが個性を発揮します。展示は学年全員が対象です。子どもたちは互いを尊重し合い、認め合い、お友達のよいところを取り入れながら表現を磨いていきます。異学年や多文化との交流も特色の一つです。1～6年生までのグループ活動、オーストラリアでのホームステイや大学の留学生との交流を行っています。教員は学年団を組織しており、学年ごとに10人前後の教科教員が一

人ひとりの児童を多角的に見て、よいところを伸ばします。本校には成績表がありません。子どもたちの頑張りは数字で表せるものではありません。各学期末にはご家庭と学校が面談し、相談しながら児童を導きます。近年はICT研究を進め、2年生から1台ずつタブレット端末を使用し、自学自動にふさわしい活用法をとっています。英語教育にも力を入れ、授業時間を少し増やしています。大学との連携でカリキュラムを作成し、シャワーを浴びるように英語にふれ、学べるよう工夫しています。

　これらの特色を生かし、児童が上級生や下級生、先生方、お友達とのかかわりの中で自分をみつめて思考し、判断して自信を持ち行動できるように育てます。困難の中でも次の道を探れる回復力やしなやかに立ち直る粘り強さ、つまりレジリエンスを持てるよう、日ごろから言葉をかけています。

❋ 一貫教育を通して実物教育を実践
　科学的思考も育む

　本校ではSTEAM教育を、児童の疑問から課題を追究する、複数の教科に総合的にまたがる、操作などの活動に発展する学びとして行っています。これはまさに「実物教育」や「自学自動」の実践です。この実践のため、愛情豊かに育てられている子、基本的な生活習慣が身についている子、集団性や社会性が年齢相応に育っている子、いきいきと意欲のある子を求めます。

　一貫教育を通して科学的思考の育成に力を入れており、校外学習での実物教育や科学的思考を育むための栽培や飼育、観察や実験もしています。探究活動や教科横断的な活動も行っており、5年生では稲作農家の方にお話を聞き、提

一貫教育

一貫教育：発信力・言語能力・表現力を育てる

幼稚園	・話す聞く、ことばの理解 ・感性、心を育てる ・活動、劇	中学校	・スピーチ、ディベート ・発表授業、掲示物 ・年間研究 ・ライティングリテラシー
小学校	・作品、掲示物 ・発表、スピーチ ・日記、作文 ・劇活動	高等学校	・自治活動の討論・発表 ・演習型授業 ・創作活動 ・記述式答案作成

幼稚園からの一貫教育は深度を増して展開していく

供いただいたお米を給食で味わいました。田植えや稲刈りも体験し、家庭科の授業で炊いて食べることでも学びを深めます。生活科の時間に集めた石を何かの形に見立てて図工の時間に制作したり、算数の授業で直方体を勉強した後、はがき100枚が入る直方体を考えてレターラックを作ったりします。1〜6年生の発達段階を考えた作文カリキュラムで、考えや意見をしっかり表現できるようにもしています。

中学校と連携しより学びを深める
教育を支えてくださるご家庭に感謝

一貫教育の中で発信力、言語能力、表現力を育てるにあたり、附属中学校とのつながりも大切にしています。6年生の国語の授業では鳥獣戯画の一場面をもとにせりふやお話を考えます。中学生になるとさらに発展し、高村光太郎の詩について鑑賞文を書くとともに絵を描きます。考察や内省を深め、表現力を高めます。

ツールという側面での英語教育として、オーストラリアの姉妹校と交流のほか、ニュージーランドと協定を結び、協力して教育します。2024年度からはサマースクールを行い、楽しい国際体験を目指します。ICTも重要なツールです。3年生ではキーボードでのローマ字入力、2年生からプログラミングを発達段階に合わせて行います。

本校の子どもたちは、自分の気持ちを見つめ、素直に表現し、誠実にじっくり楽しんで取り組むことができます。そのご家庭は、子ども同士がかかわりの中で学び、成長することを温かく見守ってくださいます。本校の教育に協力してくださることに、深く感謝しています。

Q&Aコーナー

Q：日本女子大学の創立からわずか6年で幼稚園から大学まで整えられたことに、創立者である成瀬先生の女子教育への強い思いを感じます。社会に貢献できる女性の育成は、まさに今の時代が目指していることです。貴校の思いをお聞かせください。

A：性別のフィルターを持たずにお互いを尊重できる、そのような環境で6年間を過ごし、人間力を高め、自治の力を小学生なりに発揮できています。特にリーダー的役割を担う際、性別を意識せずに力を発揮できるのはとても素晴らしいことだと思っています。

Q：近年は共働き世帯が専業主婦世帯のおよそ2倍にもなっているとのデータがあります。貴校では、そのような情勢にどのように対応されていますか。

A：社会情勢も後押しし、本校でも共働きのご家庭は増えています。学童保育としてJWUほうめいこどもクラブが同じ敷地にあり、教職員とスタッフが連携して運営し、ご家庭をサポートしています。子育ての時期は二度と戻りませんから、お子さんにしっかり向き合う時間を大事にしていただきながら、ご家庭と学校で歩調を合わせてお子さんを育てていきたいと思っています。

Q：貴校の入試では、楽しかったという感想をお持ちのお子さんが多いです。先生方が大切にしていらっしゃることを教えてください。

A：それを聞き大変うれしく思います。大切にしているのはまさにそこで、お子さんが十分に力を発揮できるよう、優しく温かい雰囲気の中で臨ませたいと考えています。考査ではお子さんのよいところ、生活経験の豊富さ、思いやりの気持ちが育っているか、行動観察ではその場で考えて行動できるかを見ています。本校に共感いただいたうえで、お考えをしっかりお持ちのご家庭と縁を結びたいと望んでいます。

暁星小学校

吉川直剛校長

マリア会によるカトリックの学校 男子のみの14年間一貫教育

2023年になりコロナ禍が比較的落ち着いてきまして、徐々にいろいろなことができるようになりました。この5月にはイースターデーのミサや合宿なども行うことができ、やっと日常に近づいてきたと思っております。

暁星小学校について、4点を挙げてご紹介します。1点目、マリア会という男子修道会を設立母体とするカトリックの学校です。2点目、全国で3校しかない、男子校です。3点目、本校は千代田区富士見にあります。最寄り駅は九段下駅と飯田橋駅で合わせて8路線があり、通学経路はさまざまです。4点目、幼・小・中・高の一貫教育を行っています。幼稚園からですと14年間にわたる一貫教育は、大きな特徴といえます。

設立母体であるマリア会は、1817年にシャミナード神父によってフランスのボルドーに創立されました。日本におけるマリア会の学校は、当初女子修道会によって設立されましたが、男子教育の必要性から1888年にマリア会会員が派遣され、本校を築地に開校しています。

キリスト教の理念に基づき 家庭的な校風の中で育てる

建学の精神は、キリスト教の理念に基づく教育により人格の完成を目指すとともに、社会の福祉に努める人間を育成することです。旧約聖書には、私たちは神様から「よし」とされている、認められた存在なのだと記されています。神様はいつどこでも誰にでも、惜しみなく恵みをくださいます。その自覚を持ち、神様によしとされた存在である一人ひとりを大切にするという教育を行うことが、キリスト教学校の使命

です。本校の校訓に、「神を愛し人を愛する」という言葉があります。神様に対して畏敬の念を持ち自分や他者を大切にすることが、人を愛するということにつながるのだということを、教育の根っことして伝えていきます。

教育方針には、全人教育と個性尊重、宗教教育、人格教育、正義と平和の教育、家庭的な校風という5つがあり、これはマリアニストファミリーが掲げている教育の5つの柱に基づいて作られています。知識に偏らず心身ともに健やかな成長をとげてもらいたい、神様に対しての畏敬の念や目に見えないものを認識するという力を持ち、大人になったときにどう生き行動すべきかをしっかり考えられる人間になってほしいと考えています。その根底にあるのが、家庭的な校風です。すべての教育活動の基本には家庭的な精神があるべきとして、家庭的だからこそ甘やかさずに厳しい面もある、そのような体験を積み重ねてほしいと思います。

入学直後の1年生には 6年生が朝の支度の面倒をみる

朝は登校すると着替えなどの支度があります。入学後の1年生には6年生がついてお手伝いしたり、指導したりします。朝は8時5分から朝礼やコンタクトと呼んでいるホームルームを行います。現在は3時間目からの時間を5分遅らせ、手洗いなど感染症対策をしっかりする時間を取っています。昼食は12時15分からで、お弁当を持参していただきますが注文もできます。低学年のうちは5時間目、3年生以上になると6時間目の授業が入り始め、それが終

家庭的な校風の中、キリスト教の理念に基づき男子教育を行う

2022年度「できることを広げて」

特徴である多くの合宿活動を再開できるよう段階的に進めている

わる14時50分以降は放課後に遊べる時間があり、全体で15時45分で下校完了となります。月・水・金曜日にある朝礼では校内発表を行い、子どもたちが作文を読んだりします。火曜日は朝読書、木曜日は暁星タイムと呼ぶ総合学習の時間としています。

工夫を重ねながら段階的に　学校生活を戻していく

合宿活動もかなり元に戻せるようになってきました。全部で32泊33日というような、予定通りの日数はまだできていませんが、今のところ3泊4日の中でそれぞれ実施しています。6年生は3学期に修学旅行で長崎県を訪問し、合宿生活の締めくくりとして、また平和学習と宗教教育のまとめとして、原爆資料館や外海地区のキリシタンゆかりの地などを巡ります。

合宿以外の学校行事も、以前のように行えるようになってきました。イースターデーミサは全校でできるようになりましたし、聖母月ミサも全校で取り組めるように考えています。参観日に行っていた引き取り訓練は、今は健康診断の日に実施しています。

コロナ禍のときの学習の取り組みがきっかけになり、2021年度より3年生以上の児童に、2022年度は2年生にもiPadを配付しました。子どもたちも活用に慣れ、そういう意味では授業風景の印象が変わったように感じます。少しでも日常を取り戻せるように工夫して進めてきましたが、まだ段階的な取り組みも多く、那須合宿も泊数を徐々に増やし今に至っています。2023年度も、より日常に戻してできることをさらに広げていきます。

Q&Aコーナー

Q：集団の中での指示を自分のこととして捉えることは大事だと思いますが、考査でのポイントになりますか。
A：このコロナ禍では、集団行動がかなり制限されたのですが、それが再開できるようになって初めて、できなかったことに気づかされました。集団行動できちんと指示が聞ける、自分のこととして理解し、どうするべきか考えて動けるということは大切です。入試でも見させていただきますが、小学校教育の中で段階的に取り組むべきことでもあります。

Q：ペーパーテストは最難関とも言われているために、スピード重視で準備されるご家庭もあるようです。実際のテストではどのような点をご覧になりますか。
A：本校では、聞かれたことに対してきちんと考えて答えられるお子さんを求めています。ペーパーテストでは一つの発問に複数の問題を解く形の問題がいくつかあります。5問全部答えなさい、というようなものですが、進むにつれて難易度が上がるように問題を作成しています。すぐに答えられる、少し考える、じっくり考えるというように、段階的に答えが導き出されるようにしていますので、スピードだけにこだわって焦らせるというより、じっくり考える時間も大切にしていただきたいと思っています。

Q：受験を考えるご家庭に、メッセージをお願いいたします。
A：本校は男子教育に携わって135年の歴史を持っています。男の子を育てるということでは、専門的にしっかり取り組んでいるという自負もございます。鍛えることを大切にしていますが、それは家庭的な雰囲気に根づいたものでもあります。6年間、あるいは12年間をそのような一貫教育の中で取り組んでいる学校です。ご理解のうえ、ぜひ私どもの学校を選んでいただけたらと思います。

成蹊小学校

令和5年7月4日〜9月30日に「名門私立小学校入試対策説明会Ⅲ」の動画を配信しました。第一部、第二部にて伸芽会教育研究所による講演「伸芽会式 面接対策」「合格のために」、「夏から入試直前期までの過ごし方」、第三部では成蹊小学校の跡部清校長の講演をお送りしました。第三部の跡部校長の講演内容および、伸芽会教師によるインタビューの模様をお伝えします。

成蹊小学校

跡部 清校長

❋ 徳を積み、主張せずとも多くの人が 自然に集まるような人間を育てる

　本校の名前である「成蹊」は、中国の歴史書『史記』にある「桃李ものいはざれども下おのづから蹊を成す」に由来します。この校名をご覧になると、本校の教育方針が伝わるのではないかと思います。本校は人格教育を大事にしています。学園創立者の中村春二は「一身の栄のみを念ぜず、常に世の為、人の為に思いを致すべし」という言葉を残しました。これを実践するため、教育理念として「個性の尊重」「品性の陶冶」「勤労の実践」「師弟の心の共鳴」「自奮自発の精神の涵養」の5つを柱としています。創立して百年を超える学校ですが、今も十分通じる大変普遍的な理念と感じています。現在、第三次中期重点目標が2023年度から始まりました。幅の広い深い学びと、困難を乗り越えながら心身を鍛える経験を積むことで、豊かな感性やたくましい実践力を育んでいきます。

❋ たくましい実践力を育むために 心を育てることを重視

　ＡＩが活用されさらに進化する時代では、基礎力、生涯学習力、対応力、表現力、思考力、判断力、そこにコミュニケーション力も加え、さらに自分だけでなく周りの人を巻き込みなが

ら問題を解決していく行動力が求められるのではないでしょうか。それらを年齢に応じて求めていくのが成蹊学園です。小学校では一番大切な部分となる基礎力を、学びを通じて育みます。仲間を巻き込みながら問題を解決していくたくましい実践力を身につけるには、人の痛みがわかるような豊かな感性がなければなりません。そのため本校では、心を育てる教育を非常に大事にしています。

　具体的な方法として、創立者の中村春二は凝念という独自の精神集中法を編み出し、これを最も大事な活動と考えていたようです。子どもたちはとても気が散りやすく、その中で学びを深めるためにはまず環境を整える必要があります。少しの間目を閉じて精神を集中させることで、物事に集中したり、その集中力を持続させたりします。そして心を落ち着けることによって平常心を保ったり、気持ちを切り替えたりと、たくさんの効果があります。

　「師弟の心の共鳴」が最もわかりやすい形になっているのが、日記の指導です。1〜6年生が担任の教師と交換日記のように続けます。教師は赤ペンを入れるとき、それぞれの子どもの気持ちをくみ取り、あるいは寄り添い、励まします。子どもと教師の心のつながりが、指導の中に表れていると思っています。

❋ 独自の教科で学びを深め 豊富な体験学習で心身を鍛える

　本校の英語の授業は6年間を通してネイティブスピーカーを中心に行います。日本人教員や同じ敷地内にいる大学生にも参加してもらい、卒業時にはかなりの力がついてきます。独自の教科には、本校創立当初から実施してきた園芸

講演ではさまざまな実例とともにご紹介

という授業を前身とする、「こみち科」があります。自然に親しみ作物を栽培、収穫、調理することで好奇心を育てます。食育につなげたり、完成品からその始まりの材料へ戻り、材料を作る労働力のことも考えたりします。ＩＣＴを活用した学習なども行い、プログラミングやプレゼンテーションなどを学びます。もう一つの独自教科、「桃李科」では、「平和・環境・共生」という今の時代に必要な領域を扱います。

授業は専科制を取り入れ、英語、体育、美術、音楽、読書は１年生から、段階的に教科を増やして５、６年生では全教科を専科として行います。１年生と６年生がペアになるというペア学年の制度では、６年生は１年間、ペアを組んだ１年生をサポートします。そこでは生徒たちの面倒見のよい姿が垣間見られます。本校では、体験型の学習や活動が豊富です。夏の学校では山登りや遠泳などを通して、少しの負荷を乗り越える経験を大切にしています。高校生や大学生との一貫連携教育も行い、いろいろな連携の形を模索しています。安全面やアレルギーへの対策、防災関係など、安心して学校生活を送れるような仕組みにも力を入れています。

建学の精神をよく理解し　本校と同じ方向を見るご家庭を希望

入学試験は、本校のことを一番わかっていただける受験生へのメッセージだと考えます。失敗をくり返しながらも、楽しんで挑戦できるお子さんを望みます。学校が求める幅の広い人格や、豊かな感性を育むため、建学の精神をよく理解し学校と同じ方向を向いて教育ができるご家庭に、本校をお勧めします。

Ｑ＆Ａコーナー

Ｑ：貴校の教育方針であるたくましい実践力を育成するため、先生方が学校生活で大切にされていることを教えてください。
Ａ：大きな負荷だと子どもたちが最初からやる気を失ってしまいます。少しだけ頑張ってみる、やり方を変えて工夫してみる。それでうまくできるくらいの負荷を設定しています。学校生活の中ではそのような負荷をいろいろと準備し、日々乗り越えながら成長することを目指しています。

Ｑ：貴校に通われているお子さんに対して、どのような印象をお持ちですか。
Ａ：１点目は、面倒見がよいということです。ペア学年の活動で先日遠足に行った際は、６年生に４つのミッションが課せられました。安全に注意する、１年生を楽しませる、責任を持つ、音を上げないの４つです。これらのミッションに挑み、最後にその日の様子を伝えながら１年生をその保護者に引き渡すところまで行います。途中で大変そうなところもありながら、最後には１年生と和やかな雰囲気で手をつないで戻ってきましたので、とても面倒見のよい子どもたちだと思いました。２点目はとても元気なこと。子どもたちは遊ぶのが大好きで、学校に来るのが大好きで、開門前には行列ができているほどです。３点目は修正しながら前進できる子が多いということです。高負荷を乗り越えるときは失敗することもありますが、工夫して知恵を出しながら進められています。

Ｑ：入試でのポイントやこだわっている点がありましたら、教えてください。
Ａ：入学したらどんな生活になるのかということをわかってもらうための入試です。子どもたちには、もっとしたかったな、楽しかったなと思いながら帰ってもらえたら、本校の学校生活が伝わったということだと考えています。それがこだわりです。

早稲田実業学校初等部

令和5年9月7日から11月30日まで『名門私立・国立小学校合格ガイダンス』を動画配信し、第一部、第二部では伸芽会教育研究所による講演「正しい幼児教育による合格までの道筋」「家庭教育の大切さ・しつけ・自立について」を、第三部では早稲田実業学校初等部の星直樹校長先生による講演、第四部で伸芽会教育研究所による講演「最新の教育事情」をお送りしました。その第三部の様子をお伝えします。

早稲田実業学校
初等部

星直樹校長

早稲田大学の系属校として
大隈重信公により設立

　早稲田実業学校は早稲田大学の系属校であり、小学校から大学までの一貫教育を行う学校です。1901年、大隈重信公により早稲田実業中学が早稲田鶴巻町に開校されて早稲田実業学校の歴史が始まりました。実業という言葉には、知識だけでなく生活に根差して考えることにより人生の出発点を見いだすという思いが込められています。創立100周年を迎えた2001年に国分寺の地に移転し、翌2002年に男女共学化とともに初等部を開校しました。

内面の充実を求めながら
他人や自分、物事を大切にする

　校是は「去華就実」、校訓は「三敬主義」です。「去華就実」とは表面的な華やかさを取り去り、実質を求め内面を大切にすること。本校の基礎を築いた天野為之先生が唱えた「三敬主義」とは他を敬い、己を敬い、事物を敬うということ。今年度の入学式では、新入生に3つの約束を話しました。1つ目は、相手の気持ちをよく考え、相手を敬う気持ちを持つこと。2つ目は、元気よく挨拶や返事をすること。これは自分の存在を示し、自分を信じて大切にする心構えを表します。3つ目は、後片づけをするこ

と。次に使う人を思いやること、道具や事物の大事さ、人とのつながりを学びます。この3つの約束は「三敬主義」の具現化であり、学校のいろいろな場面で指導していきます。

　初等部には5つの教育方針があります。①男女共学により両性の相互理解に基づく人間性豊かな児童を育成する。②一人ひとりの児童を尊重し、それぞれが持っている個性の芽を伸ばす。③身体を鍛え、豊かな心を養い、確かな学力を身につける。④自ら学び、自ら考え、自ら創り出し、自ら 表現する力を育てる。⑤国際社会に生きる人間としての資質・能力の基礎をつくる。校是、校訓を理念とし、この5つの目標に向かって本校の教育内容は展開されています。法人は別ですが、一定の進学基準を設けて多くが早稲田大学に進学しています。

教育活動は体験的な学びが中心
授業以外にも多彩なプログラム

　本校では英語の授業を1〜4年生は週1時間、5、6年生は週2時間、日本人専科またはネイティブの外国人教師により行います。低学年では楽しく体験的に、中学年では大学の外国人留学生の協力のもとで学びます。高学年では外資系の会社を訪問するなど、英語の必要性を感じながら学習します。希望者に行う国際交流プログラムがあり、2024年度から再開する予定で準備を進めています。個性を大事に伸ばせるよう、音楽や体育、美術などで豊かな情操を培うようにもしています。運動会など競い合う場も随時設け、日々体を動かして健全な体を養います。4年生から参加するクラブ活動では、自分のやりたいことを異学年と取り組み、かかわりや創意工夫を学びます。高等部3年生との

教科学習でも体験的な学びを重視して感覚を養う

交流もし、中、高等部への期待を持ちます。自然と触れ合う活動も大切にしています。昭和記念公園や高尾山、鎌倉などでの遠足のほか、3年生以降は宿泊体験学習を行います。3年生は高尾の森、4年生は水を学ぶ秩父いこいの村、5年生は農業体験などをする志賀高原、6年生は滋賀と京都を巡り、歴史学習で学んだことを実際の建造物に触れ、感じることにより考えを深めます。

　学習面では言葉、数や形、自然の中での活動、さまざまな表現活動を通して、基本的な知識や技能とともに学び方や人とのかかわり方を体験的に身につけます。言語学習の中心となる国語の授業では、文字指導や漢字学習をじっくり行い、物語で登場人物やその情景を豊かにイメージする力を養います。算数の授業では、体を使って数を数えたり量を測ったりして数量や図形の概念を感覚的、体験的に獲得します。低学年で行う自然発見という授業では、自分が見つけた自然物を前に語り、質問に自信を持って答え発言する喜びを実感します。

入試では年齢相応の生活習慣や前向きにかかわる素直さなどを見る

　入学試験で受験生に望むのは、基本的な生活習慣やしつけが学齢相応に身についていること、思いやりや親しみを持ってお友達やほかの人とかかわれること、一つひとつ丁寧に取り組んだり物事の順序をよく考えながら大切に考えられること、感性豊かに身の回りの事物や出来事に興味・関心を持って楽しめることです。家族やお友達、身の回りの環境と前向きにかかわろうとする素直さを期待しています。

Q＆Aコーナー

Q：早稲田実業学校初等部の6年間の体験を通して、子どもたちはどのように成長していますか。

A：本校では時間割を柔軟に使っています。低学年では90分授業で日々の関心や興味に合わせて授業や活動を組み立てます。中学年では発言しながらお友達の話も聞き、自分の考えを組み立てる姿が多く見られます。高学年では45分の専科の授業が増え、自分の勉強の仕方や自分なりの課題を見つける場が多くなります。そのような過程を経て、6年生では自分の学び方と考え方をきちんと持っている子どもが多いように思います。

Q：貴校では始業式の翌日から一人で通学しますが、今の1年生の様子はいかがですか。

A：今の時点では1年生もだいぶ慣れてきました。保護者の方は大変な不安があると思いますが、実際には途中の駅で先輩と出会いますし、国分寺駅からは補助員もいますので、安心していただけます。公共の場での振る舞いや駅や歩道を走ることの危険性などをその場で伝えていくことで、少しずつ落ち着いて登校できるようになっています。

Q：実物から五感を使って学び、お互いに伝え合う「自然発見」の授業は特徴的です。どのような学びであるか教えてください。

A：自然発見の授業は3つの目的があります。話したり聞いたりする国語の側面、自然に対する理解を深める側面、実物を見つける中での社会の側面です。発表だけで終わるのでなく、興味を持って子どもが集まりかかわりが広がる中で、話す順序や内容を考えてお互いに質問ができるようになっていきます。お友達の反応を感じて、伝える喜びや聞く喜びも生まれます。それが伝わって自然な形で保護者の方のかかわりも生まれ、一緒にクラスや学年の子どもたちを育てていく機会になっています。

そこが知りたい、この学校

慶應義塾幼稚舎

慶應義塾幼稚舎の学校説明会は、7月1〜7日に動画配信されました。動画は慶應義塾幼稚舎長のあいさつ、幼稚舎の歴史や1年の流れ、授業やクラブ活動などの様子、児童の健康や安全を守る取り組みなどがスライド形式で写真を交えて紹介されました。

福澤諭吉の教えを身に行う学校

慶應義塾は、安政5年に福澤諭吉が築地に蘭学塾を開いたことを創始としています。慶應4年に時の年号を取って慶應義塾という名称となった後、明治7年より、慶應義塾で高等教育を受けることを目的として、現在の小学校から中学校にかけての課程を「和田塾」で教え、明治31年の学制大改革によってこれを「慶應義塾小学科幼稚舎」と名称変更するとともに、初等教育から大学に至る教育体制を整えました。当時の三田から昭和12年に渋谷区恵比寿に移転し、今日に至っています。教育理念は、校歌にも歌われております通り「福澤諭吉のみさとしを身に行う」こと、「『独立自尊』の教えを実践できる人材を育成する」ことにあります。

6年間同じクラスで学ぶ

幼稚舎では男子24名、女子12名の合計36名で1クラスを構成しています。「6年間担任持ち上がり制」を採用しているため、6年間クラス替えはありません。担任は6年間を通じて児童一人ひとりの成長や発育を見守り、細やかに対応します。一方、理科や音楽、などでは高い専門性と知見を持つ専科教員が担当する「教科別専科制」を採用しています。この2つの体制を教育の両輪として、児童たちに学びや発育の機会を提供できるよう、日々工夫と努力を重ねています。「まず獣身を成して、而してのちに人心を養う」という福澤の言葉を大切にしており、体育は盛んと言えるでしょう。英語の授業はネイティブの先生が多く、低学年は2分割、高学年は3分割して少人数で、独自の教材などを使用して行います。情報教育にも力を入れ、一人1台のタブレットを活用しています。

多様な活動や体験

幼稚舎には、運動部は器械体操部やクライミング部などの16部、文化部は演劇部やサブカルチャークラブなどの13部のクラブ活動があります。学校のために活動する児童活動には、放送委員会など13種類の活動があります。国際交流は豊富に行い、教育の特色ともいえるでしょう。4月には6年生の希望者がイギリスでホームステイ、夏休みには4〜6年生の希望者がニューヨーク郊外でサマーキャンプ、このほか6年生の希望者がイギリスでのサマースクールに参加します。春休みには新5年生の希望者がハワイでホームステイを行います。交流した他国の子どもたちが来日する機会や、このほかいろいろな活動や体験を用意しています。

安全対策と150周年に向けて

児童の健康や安全、そのほかの取り組みには、毎日小児科医が常駐している衛生室があります。給食での食物アレルギーへの対応は、多くの人で連携して情報共有しています。警備員が24時間常駐しているほか、安全対策や防災、不審者に備えて訓練を行っています。令和6年に迎える創立150周年を新たな幼稚舎教育の転機と捉え、全体的な環境整備やカリキュラムの再検討、ICT教育へのさらなる対応と拡充、少人数教育や教科ごとの適正規模教育の実施など、新たな学びの手立てを加えていきます。

そこが知りたい、この学校

雙葉小学校

雙葉小学校の学校説明会は、7月21・23日に行われ、24〜30日には動画配信もされました。学校の沿革、教育活動について、学校生活のお話のほか、入学試験とよくある質問、防犯・防災の対応などについてもお話がありました。

✳ 女子修道会によるカトリックの学校

本校は、17世紀にフランスにおいてニコラ・バレ神父が女子修道会を創設し、小さな学校を開いたところから始まりました。幼きイエス会という修道会を設立母体としていますが、2022年はこの修道会のシスターが来日して150年目を迎えた記念すべき年でした。本校では「徳においては純真に　義務においては堅実に」という校訓のもと、カトリックの価値観に基づき、祈る心のある子ども、思いやりのある子ども、実行力のある子どもを育てることを教育目標としています。

✳ 100年以上続く英語教育

1日の生活は朝の会のお祈りで始まり、給食の前後、帰りの会にもお祈りをしています。授業は国語、算数、生活科は担任が、理科、社会、音楽、図工、体育、英語、家庭科、宗教は教科担当の専門の教員が指導します。担任のほかにも学年担当の教員が複数いて、きめ細やかな指導ができるようにしています。どの教科も基礎・基本をしっかり習得することを第一に、コツコツ積み上げることを大切にしています。宗教の授業は、道徳科に代えて宗教科の教員が行い、一人ひとりが愛されている者として周りの人を大切にできるように、心の教育に力を入れています。本校は昔から英語の授業を大切にしており、単に一つの言語を学ぶにとどまらず、将来一人の女性として国際社会の一員として活躍できる子女を育てる教育を行ってきました。1年生ではクラスを2つに分け、英語を母国語とする教員と日本人の教員がそれぞれ週に1時間ずつ授業を行っています。

✳ あおい会の伝統を受け継ぐ

1年生は週4日、5時間目までの授業のほか、週1時間の英語の課外活動があります。本校はもともと雙葉会というお稽古から始まっており、その伝統が今でも受け継がれて、あおい会の英語のお稽古を1コマ、教室で受けていただくことになっています。あおい会にはこのほか、フランス語、習字、絵画、ピアノ、バイオリンなどがあり、学校帰りに隣の建物で自由に受けることができます。給食は栄養士が考えるバランスのよい献立で提供しますが、除去食などアレルギーへの特別な対応はしていません。アレルギーがある場合は届け出をしていただき、学校とご家庭とで相談しながら対応します。

✳ 入試や入学後の注意点

出願は、まず出願登録をしていただき、その後願書と参考票をダウンロードし印刷していただきます。どちらも郵送で受付いたします。本校はカトリックの精神に基づき教育を行いますが、ご家庭や本人の宗教は試験に影響いたしません。関係者に卒業生がいても優遇されることはなく、どなたも区別なく対応いたします。雙葉学園では、保護者の方お一人は必ず本人と同居していることが入学の条件です。また小学校は通学時間を徒歩も含めて60分としていますから、入学後もこれ以上かかるところへの転居はなさらないようお願いいたします。復学制度に対応するため、編入試験は行いません。

そこが知りたい、この学校

東京学芸大学附属竹早小学校

東京学芸大学附属竹早小学校の学校説明会は、8月21日から動画配信されました。動画では、学校の性格と任務、教育活動、施設についてのお話があり、安全対策についての取り組みや志望するご家庭への注意事項について説明されました。

教育研究と教員養成の場

東京学芸大学の附属学校である本校には独自の大きな使命があります。それは、大学と協力して先導的、開発的な教育研究を行うこと、学生に教育実習の場を提供することの2つです。学校現場では、幼・小・中と進む段階で、新しい環境にうまく適応できない児童や生徒が増えているようです。隣接する附属幼稚園竹早園舎、附属竹早中学校との連携研究は、これを解消するための学校のあり方を追究しています。年間を通して2ヵ月ほどある教育実習期間中は多くの学生が配属され、子どもへのマイナスの影響も考えておく必要があります。附属学校に課せられた先進的な教育学校としての使命、教育実習校としての使命を積極的に果たすために、保護者の皆様のご理解とご協力は必要不可欠です。

知・徳・体のバランスを重視する

本校は1クラスの定員35名、1学年2クラスによる編成の全校児童数420名の、比較的小さな規模の学校です。知・徳・体の調和のとれた子どもの育成を重視しており、過度に点数などにとらわれたり、競争をあおったりするような教育を否定しています。いわゆる有名中学校への進学を目的とした進学校ではありません。「はじめに子どもありき」として、子ども自身の思いや願いの実現が尊重され、課題を自分事として主体的に追求していく過程で、より達成感を味わい、自己に対する肯定感を育てていく教育を大切にしています。

同学年と異学年での活動

本校では異年齢集団の生活を大切にしており、1～6年生までが1つのグループになって1年間助け合って生活します。これにより児童は、同年齢で組織される学級と、縦割り班の2つのグループに所属することになります。体育祭として行う竹の子祭では、1～3年生、4～6年生で2日間に分かれて学年で演技を披露したり、縦割り班で勝敗を競い合ったりしています。7月に3～6年生が奥日光で行う林間学校でも、学年ごとに登山やハイキングに挑戦したり、縦割り班でミニハイクを楽しんだりして3泊4日を過ごします。

志望する場合の注意点

本校を志望の際は、本校が教育研究校、実習校であることを正しくご理解ください。保護者の方に誤解があったり、学校の思いとは異なった期待を持たれますと、子どもへの悪影響および学校運営に支障をきたすことがあります。十分ご理解のうえ志願を検討ください。子どもによっては遠距離通学、大きな繁華街を通っての通学が深刻なストレスになることがあります。遠い学校に通うことのストレスを、子どもの立場で慎重に考えてください。入学後はゴールデンウイークごろまで保護者に送迎をお願いし、子どもによってはその後も付き添いが必要となる場合がありますのでご注意ください。通学区域を23区と定め、入学志願受付票提出の時点で区域内に保護者の方と同居している必要があり、受験のための寄留は一切認めません。

アフタースクール情報

✳ 放課後の預かり実施校 ✳

※掲載の情報は、放課後や長期休暇中の児童預かりを実施している首都圏のおもな小学校です。学校がアフタースクールと位置づけし、学校の施設で実施されている有料の学童保育（預かり）、講座などを掲載しています。諸事情で内容が変更される場合があります。詳しくは学校窓口やホームページなどでご確認ください。

※🏫は学童（預かり）、⚙はおけいこです。

川村小学校
アフタースクール・セミナー（A・S）／預かり

- ● 対象　全学年
- ● 日時　月〜金　〜16:30
- ● 料金　A・S　月約6,000円　預かり　無料
- ● 特色　A・Sでは図画工作、体操、水泳、英語、華道、茶道を開講し、専門講師が指導する。並行して、自由遊びや学習サポートなどの預かりを実施。希望に応じて下校時間を選択できる。4年生以上を対象に週2回、算数セミナーも実施する（無料）
  ※提携民間学童あり（最長〜22時）

国立音楽大学附属小学校
くにおんアカデミー ジュニアミュージック・アトリエ

- ● 対象　全学年
- ● 日時　火〜金　〜17:35
  同じ楽器を週2回まで受講可能
- ● 料金　コース・回数により異なる
- ● 特色　ピアノ、ヴァイオリン、フルート、クラリネット、打楽器、ソルフェージュの講座を実施。一人ひとりのニーズに合わせ、学校内のレッスン室で専門講師のレッスンを受けることができる。すべてのレッスン室にグランドピアノを備える

国立学園小学校
放課後 Lab.／放課後プラス

- ● 対象　放課後 Lab.　1〜3年生
  放課後プラス　4〜6年生
- ● 日時　放課後 Lab.　月〜金　〜18:30
  放課後プラス　学年により異なる
- ● 料金　放課後 Lab.　月9,020円〜
  スポット可
  放課後プラス　月16,000円〜
- ● 特色　「放課後 Lab.」は学童保育のほか、希望者に学習プログラムを実施。「放課後プラス」は授業の復習や問題演習、受験対策などを行う

啓明学園初等学校
放課後プログラム

- ● 対象　全学年
- ● 日時　月・火・木・金
- ● 料金　算数、国語　各講座年63,250円
  英会話　年94,820円
  サッカー、ダンス　各講座年67,100円
- ● 特色　「算数」「国語」「英会話」「サッカー」「ダンス」の5講座を開講。算数はオリジナルテキストを使い、基礎学力の定着と計算力の向上を図る。英会話は外国人講師が担当し、英語が自然と身につくよう指導する

晃華学園小学校
Adele Club

- ● 対象　全学年
- ● 日時　月〜金　〜18:00（延長〜18:30）
  長期休暇中は8:30〜
- ● 料金　月17,600円〜　スポット可
  習い事教室　月5,500円〜
- ● 特色　家庭的な温かさを大切にした安心・安全の預かり。学習サポートや理科実験、アートなど多彩なプログラムを実施。biima sports、そろばん、サッカー、硬筆習字、ダンス、プログラミングなどの習い事教室あり

品川翔英小学校
小野の子クラブ

- ● 対象　全学年
- ● 日時　月〜金　〜19:00
  長期休暇中、行事代休日は8:00〜
- ● 料金　レギュラーコース　月32,000円〜
  スポット、パック利用可
- ● 特色　預かり、遊びや運動などのプログラム、プリント演習などの学習プログラムを実施。また、課外教室として「翔英ゼミ（国語・算数・英語）」、英会話、ロボット、サイエンスゲーツ、ピアノ、絵画、水泳、体操などがある

自由学園初等部
JIYU アフタースクール

- ● 対象　全学年
- ● 日時　月〜金　〜18:00（延長〜19:00）
  4月1日から利用可。お盆、年末年始休
- ● 料金　学童保育　月24,500円〜
  スポット可
  おけいこ　月2,000円〜
  プログラム　1回500円〜
- ● 特色　学童保育、おけいこ（英語、そろばん、ピアノ、サッカー、バスケットボールなど）、プログラム（衣・食・住、自然・科学など）を実施

淑徳小学校
淑徳アルファ

- ● 対象　全学年
- ● 日時　1〜3年生　月〜金　〜17:30
  長期休暇中は9:00〜16:30
  4〜6年生　コースにより異なる
- ● 料金　1年生　1学期95,000円〜
  4〜6年生
  イングリッシュ、プログラミング各コース
  年約120,000円
- ● 特色　1〜3年生は宿題や遊び、講座、4〜6年生は週1回、イングリッシュ、プログラミングの各コースを実施

聖徳学園小学校
ＴＫＣ聖徳学園小学校アフタースクール

- ● 対象　全学年
- ● 日時　月〜金　〜18:00（延長〜19:00）
  長期休暇中、行事代休日は9:00〜
  （延長8:00〜9:00、〜19:00）
- ● 料金　レギュラー会員　月13,000円〜
  スポット可
- ● 特色　自由遊びやプログラム（脳活、スポーツ、アート、サイエンス、習字、硬筆、手芸など）を実施。校内実施の課外教室（レゴ、英語、剣道、水泳）との並行利用可

昭和女子大学附属昭和小学校
昭和小学校アフタースクール

- 対象　全学年
- 日時　月～金　～19:00
  長期休暇中は8:30～
- 料金　月43,000円～（週5日の場合）
  スポット可
- 特色　学内の体育館や特別教室などを利用。遊びや学習、生活指導を行い、児童の健全な育成を図る。季節に応じたイベントや、大学の協力のもと多様なプログラムを実施。オプションで習い事の受講も可能

菅生学園初等学校
すがめきS

- 対象　全学年
- 日時　月～金　～19:00
  土　12:30～　長期休暇中は8:30～
- 料金　月20,000円～　スポット可
  講座　年6,000円～
- 特色　学習や自由遊びを行う。また学びの充実を図る「すがめきF」を実施。Sports、Lesson、Studyの3分野でサッカー、チアダンス、バレエ、造形・工作、パソコン、日本舞踊、レプトン（英語教室）などの講座を展開

聖学院小学校
聖学院アフタースクール

- 対象　全学年
- 日時　月～金　～18:30
  長期休暇中、行事代休日は8:20～
- 料金　預かり　1・2年生　月9,680円～
  スポット可
  定期プログラム　月5,280円～
- 特色　学童保育（学習支援、自由遊び）、プロ講師による定期プログラム（ピアノ、英語、そろばん、サッカー、チアリーディングなど）、単発のスペシャルプログラムを実施

聖心女子学院初等科
ジョアニークラブ

- 対象　全学年
- 日時　月～金　～18:30
  長期休暇中、行事代休日は8:15～
- 料金　レギュラー（毎週固定曜日利用）
  30分　400円
  スポット可
- 特色　学童保育。学習支援、自由遊びのほか、運動、プログラミング、礼法、手芸などの特別体験プログラムを実施。学校通用門または白金台駅まで随伴下校あり

星美学園小学校
星美アフタースクール

- 対象　全学年
- 日時　月～金　～18:30
  長期休暇中、行事代休日は8:00～
- 料金　預かり　1・2年生　月9,680円～
  スポット可
  定期プログラム　月4,070円～
- 特色　学童保育と英語、ピアノ、そろばん、プログラミング、茶道、体操などの定期プログラム、単発のスペシャルプログラムを実施。駅までの随伴下校あり

玉川学園
延長教育プログラム

- 対象　1～5年生
- 日時　月～金　～18:00（延長～19:00）
- 料金　要問い合わせ
- 特色　専任教員を中心としたスタッフが宿題の指導や自主学習をサポートする「SH（Study Hall）」および専門講師が指導するレゴ教育、そろばん、音楽、サッカー、水泳、バレエ、チアダンス、ゴルフ、日本舞踊などの講座を実施。SHと講座の組み合わせも可能

帝京大学小学校
帝翔塾

- 対象　全学年
- 日時　月～金　～19:00
  長期休暇中、行事代休日は8:15～
- 料金　1・2年生　月10,560円～
  スポット可
- 特色　ジオラマ作り、生き物のつかみ方、フラワーアレンジメントなどの多様な体験プログラムを実施。プログラミング、英語、ピアノ、チアリーディング、サッカー、体操などのレッスンプログラムは専門講師が指導する

東京三育小学校
サッカークラブ／ピアノレッスン

- 対象　サッカー　3～6年生
  ピアノ　全学年
- 日時　サッカー　水　16:00～17:00
  　　　　日　午前
  ピアノ　個人により異なる
- 料金　要問い合わせ
- 特色　サッカークラブは週2回、ピアノレッスンは週1回実施。ピアノレッスンは専門講師が指導する。夏休み中も受講することができ、年1回、発表会がある

東京都市大学付属小学校
アフタースクール

- 対象　預かり　1～3年生
  課外プログラム　1年生後期～5年生
- 日時　預かり　月～金　～18:00
  課外プログラム　講座により異なる
- 料金　預かり　月19,800円～
  サッカースクール　半期27,600円～
  英語教室　1回2,350円など
- 特色　預かりと課外プログラムを実施。課外プログラムはサッカースクール、ランニングスクール、英語教室、プログラミング教室、生け花教室がある

東京農業大学稲花小学校
農大稲花アフタースクール

- 対象　全学年
- 日時　月～金　～18:30（延長～19:00）
  長期休暇中、行事代休日は8:30～
- 料金　レギュラー利用　月9,680円～
  スポット可
  プログラム　月5,000円～
  単発プログラム　1回500円～
- 特色　預かりと多様な活動プログラムを実施。プログラミング、空手、そろばん、サッカー、ダンスなど、専門の講師らが指導する

東星学園小学校
とうせいキッズ

- 対象　全学年
- 日時　月～金　～18:00（延長～18:30）
  長期休暇中は7:50～
- 料金　すくすくクラブ　月20,000円～
  ぐんぐんクラブ　月14,000円～
  きらきらクラブ　年36,000円～
- 特色　すくすくクラブ（学童保育）、ぐんぐんクラブ（学習指導。4～6年生）、きらきらクラブ（英語、そろばん、習字、リトミック、算数ゼミなど）を実施

トキワ松学園小学校
トキワ松学園アフタースクール

- 対象　全学年
- 日時　月～金　～19:00
  長期休暇中、行事代休日は8:00～
- 料金　1・2年生　月10,560円～
  スポット可
- 特色　学童保育ではイベントも行い、体験を通して学ぶ喜びを味わう。またチアリーディング、書道、ピアノ、サイエンス、そろばんなどの定期プログラムのほか、多彩な特別プログラムも実施

新渡戸文化小学校 🏠⊗
新渡戸文化アフタースクール

- ● 対象　全学年
- ● 日時　月〜金　〜19:00
  長期休暇中、行事代休日は8:00〜
- ● 料金　預かりとプログラムの包括料金
  月17,050円〜　スポット可
- ● 特色　サッカー、剣道、チアリーディング、卓球、バスケットボール、ピアノ、バイオリン、プログラミングなど20種以上のプログラムを展開。SDGsなど授業と連携したソーシャルアクションの活動も充実

日本女子大学附属豊明小学校 🏠
JWUほうめいこどもクラブ

- ● 対象　おもに1〜4年生
- ● 日時　月〜金　〜18:30
  長期休暇中、行事代休日は8:30〜
- ● 料金　月10,000円〜
  スポット可
- ● 特色　学童保育。狂言と和の作法、スナッグゴルフ、工作、お話し会などのプログラムも実施。狂言は女性初の狂言師、和泉淳子氏が指導。バス停まで随伴下校あり。東急セキュリティサービス対応

文教大学付属小学校 🏠⊗
文教ファミリークラブ

- ● 対象　全学年
- ● 日時　月〜金　〜18:00（延長〜20:00）
  長期休暇中、行事代休日は8:00〜
- ● 料金　放課後コース　月7,700円〜
- ● 特色　放課後コース（1〜5年生）は宿題の管理・学習対応、スポーツ、読書などのプログラムを実施。CLILを取り入れた英会話コース（1〜3年生）、中学受験に対応した学力アップ促進コース（3〜6年生）、完全個別指導講座、体験学習もある

宝仙学園小学校 ⊗
宝仙 Nobiruba

- ● 対象　全学年
- ● 日時　月〜金
  時間は学年・コースにより異なる
- ● 料金　月4,400円〜
- ● 特色　学校の学習内容と連携した放課後学習支援プログラム。個別進度学習の「基礎学力コース」と受験に特化した授業を行う「中学受験コース」がある。ほか、タブレット端末を使う暗算教室「そろタッチ」、ロボットプログラミング教室「プログラボ」も実施

明星学園小学校 🏠
すずかけの木

- ● 対象　全学年
- ● 日時　月〜金　〜17:00
  長期休暇中、行事代休日は8:30〜
- ● 料金　通年会員月10,000円〜（学年による）
- ● 特色　保護者と教員OBが運営する学童クラブ。活動方針は「自分たちで考え、自分たちで決める」「自然に学ぶ」「友達や年の違う相手から学ぶ」「働く喜びを知る」。どのように過ごすか子どもたちが話し合って決めるなど、自主性を大切にしている

むさしの学園小学校 🏠⊗
放課後充実化プログラム

- ● 対象　全学年
- ● 日時　月〜金　〜17:30（延長〜18:30）
  長期休暇中、休校日は9:00〜
- ● 料金　月30,000円前後　スポット可
  おけいこ　月6,000円前後
- ● 特色　教員が責任者として常駐。茶道、サッカー、バレエ、個別学習などの「おけいこ」プログラムも実施。卒業生や地域の方が指導する。長期休暇中は博物館や動物園などを訪ねる特別プログラムもある

武蔵野東小学校 🏠⊗
eパル

- ● 対象　全学年
- ● 日時　月〜金　〜18:00
  長期休暇中は9:00〜17:00
- ● 料金　基本料金　1日700円
  （30分の利用ごとに100円加算）
- ● 特色　同校の教員が運営し、宿題や学習のサポート、自由遊び、おやつタイムを実施。クイズ大会などのイベントを月1回開催。英語、ピアノ、サッカーなどの課外教室との連携あり。バス停まで随伴下校あり

明星小学校 🏠
明星っ子クラブ

- ● 対象　全学年
- ● 日時　月〜金　〜18:00
  長期休暇中は8:00〜
- ● 料金　月28,000円
  スポット可
- ● 特色　学童保育。英検・漢検の学習、学習補助、書き方教室（別料金）も開催。クラブルームにはパソコンを備え、知育玩具や書籍も充実。入退室はICカードで管理し、保護者へメール配信。バス停まで随伴下校あり

和光小学校 🏠
和光学童保育クラブ

- ● 対象　全学年
- ● 日時　月〜金　〜16:50（延長〜18:30）
  土　　8:30〜14:00
  長期休暇中、行事代休日は8:30〜16:50（延長〜18:30）
- ● 料金　1・2年生　月25,000円
  3・4年生　月17,000円
  5・6年生　月12,000円
- ● 特色　自由遊びや集団遊び、季節のイベントなどを実施。経堂駅、農大前バス停まで随伴下校あり

青山学院横浜英和小学校 🏠
YMCA青山学院横浜英和小学校アフタースクール

- ● 対象　全学年
- ● 日時　月〜金　〜18:30
- ● 料金　週5コース　月31,900円など
  スポット可
- ● 特色　発達に合わせて高度な動作を習得するキッズコーディネーション、チアダンス、バスケットボール、グループワーク、平和学習、異文化理解、英語などを実施。蒔田駅までの随伴下校あり。長期休暇中は3〜5日間のデイキャンプを行う

LCA国際小学校 🏠⊗
アフタースクール

- ● 対象　全学年
- ● 日時　月〜金　〜17:25
- ● 料金　講座　月7,000円
- ● 特色　7・8時間目に実施。英語で活動する講座と日本語で活動する講座を設定。プログラミング、日本の伝統文化、和太鼓、サッカー、ゴルフ、ダンススポーツなどのほか、3〜6年生を対象とした教科別受験対策スペシャルレッスンプログラムもある。終了後スクールバスを運行

カリタス小学校 🏠
Dans la joie（ダン・ラ・ジョワ）

- ● 対象　全学年
- ● 日時　月〜金　〜19:00
  長期休暇中、行事代休日は8:00〜
- ● 料金　レギュラーコース　月35,200円〜
  スポット可
- ● 特色　学園内のジョワ専用施設で活動。家庭的な雰囲気を大切にして、専門スタッフが宿題や学習をサポート。小学校のオンライン授業にも対応。長期休暇中は実験や工作教室、クリスマスなどの特別プログラムも実施

関東学院六浦小学校
CANAAN（カナン）

- 対象　全学年
- 日時　月〜金　〜18:30（延長〜19:00）
　　　長期休暇中は8:00〜
- 料金　放課後利用　1回1,980円
　　　半日利用　1回3,080円
　　　全日利用　1回4,180円
- 特色　専属スタッフがサポートし、宿題や教室での活動、グラウンドで自由遊びなどを行う。ピアノ教室や生花などのオプションプログラムも実施。※令和6年10月より新体制に移行

相模女子大学小学部
放課後クラブ

- 対象　全学年
- 日時　月〜金　〜18:00（延長〜20:00）
　　　長期休暇中、行事代休日は9:00〜
- 料金　コースにより異なる
- 特色　放課後コース（理科実験、アート工作、Vトレ、テニス、日本文化など）、英会話コース、学力アップ促進コース、個別指導を実施。そのほか、サマーキャンプ、乗馬体験教室、クッキング教室、スキーキャンプなどの特別プログラムもあり

湘南学園小学校
湘南学園小学校アフタースクール

- 対象　全学年
- 日時　月〜金　〜18:30（延長〜19:00）
　　　長期休暇中は8:00〜
- 料金　預かり　1・2年生　月9,680円〜
　　　スポット可
　　　プログラム　月4,950〜10,890円
- 特色　預かりとサッカー、チアリーディング、料理、プログラミング、英語、書道、空手、ピアノ、バイオリンなどの定期プログラムを実施。サーフィンなどスペシャルプログラムもあり

湘南白百合学園小学校
湘南白百合学園小学校アフタースクール

- 対象　1〜3年生
- 日時　月〜金　〜19:00
　　　長期休暇中は8:00〜
- 料金　1年生　月35,200円〜
　　　スポット可（全学年）
- 特色　宿題や自主学習、自由遊びを行うほか、季節や行事にまつわる多彩なプログラムを実施。併設幼稚園にてオールイングリッシュで活動を行う英語アフタースクール（1・2年生）や提携学童もある

聖セシリア小学校
聖セシリア アフタースクール

- 対象　全学年
- 日時　月〜金　〜19:00
　　　長期休暇中、行事代休日は8:30〜
- 料金　月30,000円
　　　スポット、パック利用可
- 特色　宿題や学習サポート、自由遊び、工作などのプログラムを実施。ジュニア アカデミー（算数検定、英語検定、英会話、バレエ、ピアノ、体操、書道、造形など）との組み合わせも可能。南林間駅までの随伴下校あり

清泉小学校
フエンテ

- 対象　全学年
- 日時　月〜金　〜19:00
　　　長期休暇中、行事代休日は8:30〜
- 料金　レギュラーコース　月35,200円〜
　　　スポット利用　1日2,750円〜
　　　パックコース、長期休暇パックあり
- 特色　学習補助、読書と算数の学習プログラム、季節の工作、けん玉検定、お楽しみプログラムなどを行う。「清泉アフタースクール大船校」も実施（最長〜21時）

聖マリア小学校
TKC聖マリア小学校アフタースクール

- 対象　全学年
- 日時　月〜金　〜19:00
　　　長期休暇中は8:00〜18:30
- 料金　月13,310円〜
　　　スポット可
- 特色　学校や塾の宿題サポート、読書、プレイ☆トレジャー（運動、アート、サイエンス、体験、自主活動などのプログラム）を実施。逗子駅、京急逗子・葉山駅までの随伴下校あり。長期休暇用カリキュラムあり

聖ヨゼフ学園小学校
聖ヨゼフ学園小学校アフタースクール

- 対象　全学年
- 日時　月〜金　14:55〜15:40
　　　　　　　　15:55〜17:20
- 料金　講座　1学期約17,000〜66,000円
- 特色　華道、茶道、日本舞踊、箏・三絃、Super Math、そろばん、英検ジュニア、英検、ラテンハープ、書写、アルゴクラブ、キッズ・マネー、図画工作、テコンドー、剣道など17教室を展開。また、19時まで預かり「アフタースクールケア」を実施（月28,512円〜）

捜真小学校
捜真小学校アフタースクール

- 対象　全学年
- 日時　月〜金　〜18:30
　　　長期休暇中は8:30〜
- 料金　月17,600円〜　スポット可
　　　そろばん　月5,000円、硬筆習字
　　　月5,800円、スポーツ　月7,000円
- 特色　宿題タイム、学習教室など学習サポートのほか、スポーツ、硬筆習字、そろばんなどのプログラムも実施。長期休暇中には社会科見学、サマーキャンプなどイベントもあり

桐蔭学園小学校
桐蔭学園小学校アフタースクール

- 対象　全学年
- 日時　月〜金　〜18:30
　　　長期休暇中は8:30〜
- 料金　レギュラー利用　1・2年生
　　　月9,680円〜　スポット可
　　　習い事（定期プログラム）　月4,200円〜
- 特色　宿題サポート、放課後学習などの「まなび」、学校の施設を使った「あそび」が充実。習い事は習字、英語、バレエ、体操、アートなど10種類を実施。長期休暇中は遠足なども行う

日本大学藤沢小学校
日本大学藤沢小学校アフタースクール

- 対象　全学年
- 日時　月〜金　〜19:00
　　　長期休暇中、行事代休日は8:30〜
- 料金　レギュラーコース　月28,600円〜
　　　スポット可
- 特色　宿題演習のほか、基礎学力プリント演習、「ことばの学校（速聴読プログラム）」、プログラミングなど学習プログラムが充実。プレイワークタイムでは室内や校庭で自由に遊ぶ。さまざまな季節のイベントも実施

横須賀学院小学校
キッズスクエア

- 対象　全学年
- 日時　月〜金　〜18:30
　　　長期休暇中は8:10〜
- 料金　のびのびコース　月31,000円
　　　わくわくコース　月3,500円〜
- 特色　同学院の補助教育活動として設置。預かりの「のびのびコース」と、造形、サッカー、そろばん、書道、チアダンスなど多彩な講座がそろう「わくわくコース」（木曜日をのぞく）がある

浦和ルーテル学院小学校 😊 ⊗
ルーテルKids

- 対象　1〜3年生
- 日時　月〜金　〜19:00
　　　　長期休暇中は8:30〜
- 料金　月17,600円〜
- 特色　「宿題タイム」、自由に遊ぶ「キッズタイム」、みんなでアート、理科実験、クッキング、スポーツなどのプログラムに取り組む「アクティビティタイム」を実施。学習教室のほか、サッカー、プログラミング、そろばんなどの習い事教室もある

開智小学校（総合部） 😊 ⊗
開智アフタースクール

- 対象　小学1〜中学2年生
- 日時　月〜金　〜18:30
　　　　長期休暇中は8:30〜
- 料金　預かり　月8,470円〜　スポット可
　　　　定期プログラム　月4,800円〜
- 特色　学童では有資格者を中心とした専任指導員が宿題のサポート、自由遊びなどを行う。専門講師を招き、工作などのスペシャルプログラムも実施。また、英語、ピアノ、サッカー、書道などの定期プログラムも開講

開智所沢小学校（仮称） 😊 ⊗
えすこーと開智所沢校

- 対象　1〜5年生
- 日時　月〜金　〜18:30
　　　　長期休暇中は8:30〜
- 料金　預かり　月12,600円〜
　　　　スポット可
　　　　プログラミング　月6,900円など
- 特色　宿題や自主学習、自由遊びを行うほか、オプションで習い事を実施。理科実験、プログラミング、英語、算数パズル道場などの学習系をはじめ、スポーツ系や芸術系の教室も展開

さとえ学園小学校 😊 ⊗
アフタースクール

- 対象　全学年
- 日時　月〜金　〜19:00
　　　　長期休暇中は8:30〜
- 料金　預かり　月15,000円〜
　　　　プログラム　月7,000円〜
- 特色　宿題、読書、自由遊びなどを行う「さとえプログラム」、国語、算数、英語、科学などを発展的に学習する「学習プログラム」、造形、バイオリン、書道、空手、水泳、バレエなどの「情操教育プログラム」を実施

西武学園文理小学校 😊 ⊗
文理グローバルアカデミー

- 対象　全学年
- 日時　月〜金　〜16:30（延長〜18:00）
　　　　長期休暇中は9:00〜
- 料金　月17,000円〜
- 特色　宿題のきめ細かなフォローのほか、文章力や表現力を身につけるための日記学習、算数・国語などでは復習および発展学習を行う。また、1年生全員と2〜6年生の希望者を対象とした「英会話」は、初級・中級の2コースから1コースを選択できる

星野学園小学校 😊 ⊗
星野キッズ

- 対象　全学年
- 日時　月〜金　〜18:30
　　　　長期休暇中は8:30〜
- 料金　月18,700円〜　スポット可
　　　　ボルダリング教室　月7,700円など
- 特色　学習教室（国語、算数、英語、思考力）、読書サポート、自由遊びなどを行う。習い事教室として、プログラミング、サッカー、ボルダリング、硬筆習字、ダンスがある。下校時はスクールバスを運行

国府台女子学院小学部 😊
アフタースクール

- 対象　全学年
- 日時　月〜金　〜17:40
　　　　長期休暇中は8:30〜
- 料金　月16,000円〜
　　　　スポット可
- 特色　家庭学習のサポートをメインにした預かり。宿題のサポート、国語・算数の進級式テスト（修了証あり）、英会話教室などが中心。英会話教室以外の時間もネイティブの講師と英語を使って自然にふれ合える

昭和学院小学校 😊 ⊗
アフタースクール

- 対象　全学年
- 日時　月〜金　〜16:40
　　　　土　10:30〜14:40
- 料金　月2,000〜7,000円
- 特色　理科実験、英語ATR（基礎力）、英会話、英語REP（予習・復習）、体操、スイミング、チアダンス、絵画などの教室を開講。自由遊びタイムもあり。夏休みはサイエンススクールや「夏の学校（宿泊を伴う自然体験活動）」を実施

聖徳大学附属小学校 😊 ⊗
聖徳アフタースクール

- 対象　全学年
- 日時　月〜金　〜19:00
　　　　夏・春休みは8:00〜17:00
- 料金　週5日コース　1日2,500円など
　　　　スポット可
- 特色　毎日2コマのプログラムを開講し、その後に預かりを実施。プログラムはかけっこ、運動、バスケットボール、ゴルフ、英語、プログラミング、アクティブラーニング（物語創作や作文など）がある

千葉日本大学第一小学校 😊 ⊗
メンターガーデン

- 対象　全学年
- 日時　月〜金　〜18:30
　　　　長期休暇中は8:30〜
- 料金　預かり　月15,000円〜
　　　　習い事プログラムは内容により異なる
- 特色　自習、宿題、読書タイムなどのほか、国語と算数はテキストを使用したステップアップタイムを設け、学習習慣の定着と基礎学力の向上を図る。英会話、総合スポーツ、プログラミングなどの習い事プログラムも実施

日出学園小学校 😊 ⊗
ひのキッズ

- 対象　全学年
- 日時　月〜金　〜18:30
　　　　長期休暇中は8:30〜
- 料金　月17,600円〜
　　　　そろばん　月6,600円
　　　　英会話　月13,500円など
- 特色　宿題のサポートや工作などさまざまなプログラムを実施するほか、オンライン英会話、英会話、プログラミング、そろばん、ダンスなどの講座を開講。専門講師が指導する

江戸川学園取手小学校 😊 ⊗
アフタースクール

- 対象　全学年
- 日時　月〜金　〜18:00
- 料金　学童保育　1時間600円　スポット可
　　　　講座　月3,100〜8,200円
- 特色　学童保育と講座。学童は自習学習と読書、あいさつを重視。講座は英語、理科実験、そろばん、ダンス、体操、空手、剣道、サッカー、ピアノ、造形絵画、華道、書道など全25講座。夏休みはサマースクールと水泳、算数、国語、英語の講座を実施

※ 🏠は学童（預かり）、⊛はおけいこです

開智望小学校 のぞみクラブ　🏠⊛	東京学芸大学附属小金井小学校 Miracle Kids Gakugeidai　🏠
● 対象　1～5年生	● 対象　1～3年生
● 日時　月～金　～18：30 　　　　長期休暇中は8：30～17：30（延長 　　　　前後1時間可）	● 日時　月～金　～18：00 　　　　長期休暇中は9：00～
● 料金　学童保育　月6,400円～　スポット可 　　　　講座　1回1,500円～	● 料金　通常料金　月8,250円～ 　　　　スポット可
● 特色　学童保育と講座。講座はロボット、 　　　　アート、スポーツ、ダンス、プログ 　　　　ラミング、育脳寺子屋、書道、イン 　　　　プロ（即興演劇）、放課後サイエン 　　　　ススクールなどを実施	● 特色　放課後教育における実践研究の一環 　　　　として、大学内の「こどモードハウ 　　　　ス」で実施。自学自習や自由遊びの 　　　　ほか、大学構内という環境を生かし 　　　　てさまざまな体験活動を行う 　　　　※設置期間は令和8年3月末まで

学習指導要領の改訂で英語とプログラミングの講座が人気

　アフタースクールで習い事や塾などの講座を開講している学校では、利用者の増加やニーズの変化を反映して、年々新しい講座を増やしているところもあります。サッカーや書道、そろばん、ピアノといった定番の習い事に加え、近年はチアダンスやヒップホップダンスなどのダンス教室、理科・科学実験などのサイエンス教室を開講する学校が目立ちました。

　ここ数年、増えているのは、英語とプログラミングに関する講座です。令和2年度実施の新学習指導要領で、小学校の外国語教育とプログラミング教育が強化されたのを反映したものでしょう。英語に親しむだけでなく、ネイティブが教える英会話や英検・TOEIC対策を目的にした講座もあります。プログラミング教室では、自分でプログラミングし、ロボットを動か

す講座が人気のようです。

　小学校の学習内容に結びつく講座が受講できるのもアフタースクールの魅力です。希望する学校のアフタースクールではどのような講座が開講されているのか、説明会などで確認しておくのもよいでしょう。

帰国生の編入学情報

✳ 帰国生を受け入れる小学校 ✳

✳掲載の情報は、帰国生の募集を行っている首都圏のおもな小学校です。帰国生に対する特別な考慮はなく、一般の編入希望児童と同じ日程、同じ試験で行う学校もありますが、帰国生枠や随時募集として別日程で試験を行ったり、試験科目や内容、使用言語などにおいて特別な考慮があったりする学校もあります。出願資格なども学校によって異なりますので、早めに情報を集めるように心掛けましょう。詳しくは学校窓口やホームページなどでご確認ください。

川村小学校 〒171-0031 東京都豊島区目白2-22-3 TEL 03-3984-7707　FAX 03-3984-9132 https://www.kawamura.ac.jp/syougaku/	● 募集人員※1　全学年　女子若干名 ● 出願期間　学期中随時 ● 考査日　相談のうえ決定 ● 合格発表　書面交付 ● 選抜方法※2　算数（必修）、国語または英語（いずれかを選択）、親子面接	● 出願資格 ・該当学年相当の日本語力（日常会話）を有する児童 ・海外の小学校（現地校・インターナショナルスクール・日本人学校）に一定期間在学した児童 ※1：一般入試（p.63）で新1年生の募集あり ※2：特別考慮あり（国内生と同じ編入試験）。新1年生は行動観察、運動機能、親子面接
国立音楽大学附属小学校 〒186-0005 東京都国立市西1-15-12 TEL 042-572-3531　FAX 042-576-5730 https://www.onsho.ed.jp/	● 募集人員　1〜5年生　男女若干名 ● 出願期間　6月／1月 ● 考査日　7月／2月 ● 合格発表　郵送で通知 ● 選抜方法※1　国語、算数、音楽、作文、保護者面接	● 出願資格 ・該当学年相当の日本語力（読み書き）を有する児童 ※1：判定の際、考慮あり（国内生と同じ編入試験）。1年生は作文なし。3〜5年生で附属中音楽コース進学希望者のみ音楽実技もあり
国立学園小学校 〒186-0004 東京都国立市中2-6 TEL 042-575-0010　FAX 042-575-0321 http://www.kunigaku.ac.jp/	● 募集人員※1　1〜5年生　男女若干名 ● 出願期間　欠員時実施（年2回） ● 考査日　7月／3月 ● 合格発表　書面交付 ● 選抜方法※2　国語、算数、本人・保護者面接	● 出願資格 ・該当学年相当の日本語力（読み書き）を有する児童 ※1：一般入試（p.71）で新1年生の募集あり ※2：特別考慮なし（国内生と同じ編入試験）
国本小学校 〒157-0067 東京都世田谷区喜多見8-15-33 TEL 03-3416-4721　FAX 03-3415-1333 https://kunimoto.ac.jp/primary/	● 募集人員　1〜5年生　男女若干名 ● 出願期間※1　欠員時実施 ● 考査日　── ● 合格発表　電話で通知 ● 選抜方法※2　国語、算数、本人・保護者面接	● 出願資格 ・日本国籍を有し、該当学年相当の日本語力（読み書き）を有する児童 ・海外の小学校に1年以上学した児童 ※1：実施の有無は電話で問い合わせ ※2：特別考慮なし（国内生と同じ編入試験）
啓明学園初等学校 〒196-0002 東京都昭島市拝島町5-11-15 TEL 042-541-1003　FAX 042-542-5441 http://www.keimei.ac.jp/	● 募集人員　全学年　男女若干名 ● 出願期間　学期中随時 ● 考査日　相談のうえ決定 ● 合格発表　e-mailで通知 ● 選抜方法　国語、算数、英語、作文（日本語または英語）、本人面接（日本語または英語）、保護者面接	● 出願資格 下記のいずれかに該当する児童 ・1年以上合法的に滞在できる外国籍の児童 ・海外の学校に1年以上在学し、原則として現2年生以下の場合は帰国後1年以内、現3年生以上の場合は帰国後3年以内の児童。あるいは海外に1年以上在住し、帰国予定の児童 ・国内のインターナショナルスクールに2年以上在籍している児童 ・多言語環境にある児童
光塩女子学院初等科 〒166-0003 東京都杉並区高円寺南2-33-28 TEL 03-3315-1911　FAX 03-5377-1977 https://shotouka.koen-ejh.ed.jp/	● 募集人員※1　1〜4年生　女子若干名 ● 出願期間　欠員時実施（年2回） ● 考査日　7月／2月 ● 合格発表　電話で通知 ● 選抜方法※2　国語、算数、親子面接	● 出願資格 ・該当学年相当の日本語力（読み書き）を有する児童 ※1：一般入試（p.83）で新1年生の募集あり ※2：特別考慮あり（国内生と同じ編入試験）。4年生は理科と社会もあり
晃華学園小学校 〒182-8550 東京都調布市佐須町5-28-1 TEL 042-483-4506　FAX 042-485-9937 https://es.kokagakuen.ac.jp	● 募集人員　A：1〜4年生　男女若干名 　　　　　　B：新2〜5年生　男女若干名 ● 出願期間　欠員時実施（年2回） ● 考査日　A：7月　B：2月 ● 合格発表　Web発表 ● 選抜方法※1　国語、算数、作文、保護者面接	● 出願資格 ・該当学年相当の日本語力（読み書き）を有する児童 ・自宅より片道約60分で通学可能な児童 ※1：判定の際、考慮あり（国内生と同じ編入試験）

私立　東京

学校	募集要項	出願資格
サレジアン国際学園目黒星美小学校 〒152-0003 東京都目黒区碑文谷2-17-6 TEL 03-3711-7571　FAX 03-3711-7672 http://www.meguroseibisho.ed.jp/	● 募集人員　1～4年生　男女若干名 ● 出願期間　欠員時実施（年1回） ● 考査日　3月 ● 合格発表　電話で通知 ● 選抜方法※1　国語、算数、本人・保護者面接	● 出願資格 ・該当学年相当の日本語力（読み書き）を有する児童 ※1：特別考慮なし（国内生と同じ編入試験）
サレジオ小学校 〒187-0021 東京都小平市上水南町4-7-1 TEL 042-321-0312　FAX 042-321-0776 http://www.salesio.ac.jp	● 募集人員　1～5年生　男女若干名 ● 出願期間※1　欠員時実施（随時） ● 考査日　―――― ● 合格発表　―――― ● 選抜方法　国語、算数、本人・保護者・親子面接	● 出願資格 ・該当学年相当の日本語力（読み書き）を有する児童 ※1：編入希望者は要問い合わせ
品川翔英小学校 〒140-0015 東京都品川区西大井1-6-13 TEL 03-3774-1157　FAX 03-3774-1165 http://shinagawa-shouei.ac.jp/primaryschool/	● 募集人員　1～3年生　男女若干名 ● 出願期間※1　欠員時実施（随時） ● 考査日　―――― ● 合格発表　―――― ● 選抜方法　国語、算数、面接	● 出願資格 ・該当学年に相当する学齢の児童 ※1：編入希望者は要問い合わせ
自由学園初等部 〒203-8521 東京都東久留米市学園町1-8-15 TEL&FAX 042-422-3116 http://www.jiyu.ac.jp	● 募集人員　1～5年生　男女若干名 ● 出願期間　学期中随時 ● 考査日　相談のうえ決定 ● 合格発表　郵送で通知 ● 選抜方法　ペーパーテスト、本人・保護者面接	● 出願資格 ・該当学年相当の日本語力（読み書き）を有する児童 ・自宅より片道90分以内で通学可能な児童 ・海外の小学校（現地校・インターナショナルスクール・日本人学校）に一定期間在学し、帰国後1年以内の児童
淑徳小学校 〒174-8588 東京都板橋区前野町5-3-7 TEL 03-5392-8866　FAX 03-5392-8860 https://www.es.shukutoku.ac.jp/	● 募集人員　1～4年生　男女若干名 ● 出願期間　欠員時実施（3学期末） ● 考査日　―――― ● 合格発表　電話で通知 ● 選抜方法※1　国語、算数、親子面接	● 出願資格 ・該当学年相当の日本語力（読み書き）を有する児童 ※1：特別考慮なし（国内生と同じ編入試験）
聖徳学園小学校 〒180-8601 東京都武蔵野市境南町2-11-8 TEL 0422-31-3839　FAX 0422-31-0152 https://el.shotoku.ed.jp/	● 募集人員　1～4年生　男女若干名 ● 出願期間※1　欠員時実施（随時） ● 考査日　―――― ● 合格発表　電話で通知 ● 選抜方法※2　国語、算数、運動能力テスト、知能検査、面接	● 出願資格 ・該当学年相当の日本語力（日常会話、読み書き）を有する児童 ※1：事前に本人を含む学校見学が必要 ※2：特別考慮なし（国内生と同じ編入試験）
昭和女子大学附属昭和小学校 〒154-8533 東京都世田谷区太子堂1-7-57 TEL 03-3411-5114　FAX 03-3411-5356 http://es.swu.ac.jp	● 募集人員　1～5年生　男女若干名 ● 出願期間　欠員時実施（随時） ● 考査日※1　―――― ● 合格発表　Web発表 ● 選抜方法※2　国語、算数、運動、保護者面接	● 出願資格 ・継続して1年以上海外に在住し、帰国後1年以内の児童 ※1：帰国時期が編入試験の日程に合わない場合、要問い合わせ ※2：特別考慮なし（国内生と同じ編入試験）
白百合学園小学校 〒102-8185 東京都千代田区九段北2-4-1 TEL 03-3234-6662　FAX 03-3234-0657 http://www.shirayuri-e.ed.jp/	● 募集人員　1～4年生　女子若干名 ● 出願期間　欠員時実施 ● 考査日　―――― ● 合格発表　Web発表 ● 選抜方法※1　ペーパーテスト、親子面接	● 出願資格 ・該当学年に相当する学齢の児童 ※1：特別考慮なし（国内生と同じ編入試験）
聖学院小学校 〒114-8574 東京都北区中里3-13-1 TEL 03-3917-1555　FAX 03-3917-5560 https://primary.seigakuin.ed.jp/	● 募集人員　全学年　男女若干名 ● 出願期間※1　欠員時実施（年1回） ● 考査日※2　3月 ● 合格発表　郵送で通知 ● 選抜方法※3　国語、算数、親子面接	● 出願資格 ・該当学年相当の日本語力（日常会話）を有する児童 ※1：編入希望者は、事前に登録を行う ※2：帰国時期が編入試験の日程に合わない場合、保護者と相談のうえ、考査日等を決定 ※3：特別考慮あり（国内生と同じ編入試験）

私立　東京

成蹊小学校・国際学級 〒180-8633 東京都武蔵野市吉祥寺北町3-3-1 TEL 0422-37-3839　FAX 0422-37-3861 https://elementary.seikei.ac.jp/	● 募集人員　新4年生　男女計16名 ● 出願期間　1～2月 ● 考査日※1　2～3月 ● 合格発表　Ｗｅｂ発表 ● 選抜方法　国語、算数、能力検査、集団検査、運動能力検査、保護者面接	● 出願資格 ・該当学年に相当する学齢の児童 ・保護者の勤務に伴い海外に在住していた児童 ・海外の小学校（現地校・インターナショナルスクール・日本人学校）に一定期間在学し、帰国した児童 ※1：欠員が生じた場合、7月にも試験を実施
成城学園初等学校 〒157-8522 東京都世田谷区祖師谷3-52-38 TEL 03-3482-2106　FAX 03-3482-4300 http://www.seijogakuen.ed.jp/shoto/	● 募集人員　全学年　男女若干名 ● 出願期間　欠員時実施（年2回） ● 考査日　4月／9月 ● 合格発表　Ｗｅｂ発表 ● 選抜方法※1　国語、算数、作文、親子面接	● 出願資格 ・該当学年相当の日本語力（読み書き）を有する児童 ※1：特別考慮なし（国内生と同じ編入試験）
聖心女子学院初等科 〒108-0072 東京都港区白金4-11-1 TEL 03-3444-7671　FAX 03-3444-0094 https://www.tky-sacred-heart.ed.jp	● 募集人員　A：新2～4年生　女子若干名 　　　　　　B：新5年生　女子約24名 ● 出願期間※1　A：欠員時実施（年2回） 　　　　　　B：12月 ● 考査日　A：7月／1月 　　　　　　B：1月 ● 合格発表　A：電話で通知 　　　　　　B：Ｗｅｂ発表 ● 選抜方法※2　A：国語、算数、親子面接 　　　　　　B：国語、算数、作文、グループ面接、親子面接	● 出願資格 ・該当学年相当の日本語力（読み書き）を有する児童 ・自宅よりAは片道60分以内、Bは片道90分以内で通学可能な児童 ・Aは新1年生募集時に、保護者の転勤に伴い海外に在住していた児童 ※1：Bは事前にＷｅｂ登録を行う ※2：Bは特別考慮なし（国内生と同じ編入試験）
聖ドミニコ学園小学校 〒157-0076 東京都世田谷区岡本1-10-1 TEL 03-3700-0017　FAX 03-3707-9298 https://www.dominic.ed.jp	● 募集人員　1～4年生　男女若干名 ● 出願期間　欠員時実施（随時） ● 考査日　────── ● 合格発表　電話で通知 ● 選抜方法※1　国語、算数、作文、親子面接	● 出願資格 ・該当学年に相当する学齢の児童 ※1：特別考慮なし（国内生と同じ編入試験）
星美学園小学校 〒115-8524 東京都北区赤羽台4-2-14 TEL 03-3906-0053　FAX 03-3906-7305 https://www.el.seibi.ac.jp	● 募集人員　最新情報はHPで公開 ● 出願期間　欠員時実施（随時） ● 考査日　────── ● 合格発表　Ｗｅｂ発表 ● 選抜方法※2　国語、算数、本人・保護者面接	● 出願資格 ・該当学年相当の日本語力（日常会話）を有する児童 ※1：編入希望者は要問い合わせ ※2：特別考慮なし（国内生と同じ編入試験）
清明学園初等学校 〒145-0066 東京都大田区南雪谷3-12-26 TEL 03-3726-7138　FAX 03-3720-5589 http://www.seimei-gakuen.ed.jp	● 募集人員　全学年　男女若干名 ● 出願期間※1　欠員時実施（随時） ● 考査日　────── ● 合格発表　郵送で通知 ● 選抜方法※2　ペーパーテスト、面接	● 出願資格 ・該当学年相当の日本語力を有する児童 ※1：編入希望者は、事前に登録を行う ※2：特別考慮なし（国内生と同じ編入試験）。1年生のみ運動もあり
玉川学園 〒194-8610 東京都町田市玉川学園6-1-1 TEL 042-739-8931　FAX 042-739-8929 https://www.tamagawa.jp/academy/elementary_d/	● 募集人員　2～5年生　男女若干名 ● 出願期間　欠員時実施（年1回） ● 考査日※1　2月 ● 合格発表　e-mailで通知 ● 選抜方法※2　国語、算数、英語（EPクラスのみ）、親子面接	● 出願資格 ・該当学年に相当する学齢の児童 ・家族とともに海外に在住しており、年度内に帰国予定の児童 ※1：全学年を対象として欠員が生じた場合随時実施する「ローリング入試」もあり ※2：特別考慮なし（国内生と同じ編入試験）
帝京大学小学校 〒206-8561 東京都多摩市和田1254-6 TEL 042-357-5577　FAX 042-357-5727 https://www.teikyo-sho.ed.jp	● 募集人員　1～5年生　男女若干名 ● 出願期間　欠員時実施（随時） ● 考査日　────── ● 合格発表　電話で通知およびＷｅｂ発表 ● 選抜方法　国語、算数、親子面接	● 出願資格 ・該当学年相当の日本語力（読み書き）を有する児童

私立　東京

学校	項目	内容	出願資格
田園調布雙葉小学校 〒158-8511 東京都世田谷区玉川田園調布1-20-9 TEL 03-3721-3994、03-3722-5258 FAX 03-3721-7080 https://www.denenchofufutaba.ed.jp/elementary/index.html	● 募集人員 ● 出願期間 ● 考査日 ● 合格発表 ● 選抜方法※1	3・5年生　女子若干名 欠員時実施（随時） —— Ｗｅｂ発表 国語、算数、作文、親子面接	● 出願資格 ・該当学年相当の日本語力（読み書き）を有する児童 ・自宅より片道60分程度で通学可能な児童 ※1：特別考慮なし（国内生と同じ編入試験）
東京三育小学校 〒177-0053 東京都練馬区関町南2-8-4 TEL 03-3920-2450　FAX 03-3928-2909 https://www.tokyosaniku.ed.jp/	● 募集人員 ● 出願期間 ● 考査日 ● 合格発表 ● 選抜方法※1	1～4年生　男女若干名 欠員時実施（随時） —— —— 国語、算数、作文、本人・保護者面接	● 出願資格 ・該当学年相当の日本語力（読み書き）を有する児童 ※1：特別考慮あり（国内生と同じ編入試験）
東京都市大学付属小学校 〒157-0066 東京都世田谷区成城1-12-1 TEL 03-3417-0104　FAX 03-3417-1332 http://www.tcu-elementary.ed.jp	● 募集人員 ● 出願期間 ● 考査日 ● 合格発表 ● 選抜方法※1	A・B：2～5年生　各男女若干名 C：2～4年生　男女若干名 欠員時実施（年3回） A：7月　B：12月　C：3月 電話で通知 国語、算数、社会適応考査、運動、本人・保護者面接	● 出願資格 ・該当学年相当の日本語力（読み書き）を有する児童 ※1：特別考慮なし（国内生と同じ編入試験）
東星学園小学校 〒204-0024 東京都清瀬市梅園3-14-47 TEL 042-493-3205　FAX 042-633-9872 http://www.tosei.ed.jp	● 募集人員 ● 出願期間 ● 考査日 ● 合格発表 ● 選抜方法	1～4年生　男女若干名 各学期末 相談のうえ決定 郵送で通知 国語、算数、運動、親子面接	● 出願資格 ・該当学年に相当する学齢の児童
桐朋小学校 〒182-8510 東京都調布市若葉町1-41-1 TEL 03-3300-2111　FAX 03-3300-4377 https://www.shogakko.toho.ac.jp	● 募集人員 ● 出願期間 ● 考査日 ● 合格発表 ● 選抜方法※1	1～4年生　男女若干名 欠員時実施（年2回） 7月／2月 郵送で通知 国語、算数、作文など	● 出願資格 ・該当学年相当の日本語力（読み書き）を有する児童 ・自宅より片道60分以内で通学可能な児童 ※1：特別考慮なし（国内生と同じ編入試験）
桐朋学園小学校 〒186-0004 東京都国立市中3-1-10 TEL 042-575-2231　FAX 042-577-9805 https://www.tohogakuen-e.ed.jp	● 募集人員 ● 出願期間 ● 考査日 ● 合格発表 ● 選抜方法※1	新2～5年生　男女若干名 欠員時実施（年1回） 2～3月 郵送で通知 国語、算数、作文、面接	● 出願資格 ・該当学年相当の日本語力（読み書き）を有する児童 ・自宅より片道60分以内で通学可能な児童 ※1：特別考慮なし（国内生と同じ編入試験）
トキワ松学園小学校 〒152-0003 東京都目黒区碑文谷4-17-16 TEL 03-3713-8161　FAX 03-3713-8400 http://www.tokiwamatsu.ed.jp	● 募集人員 ● 出願期間 ● 考査日 ● 合格発表 ● 選抜方法※1	1～5年生　男女若干名 欠員時実施（年2回） 7月／2月 考査当日に通知 国語、算数、本人・保護者面接	● 出願資格 ・該当学年に相当する学齢の児童 ※1：特別考慮なし（国内生と同じ編入試験）
新渡戸文化小学校 〒164-8638 東京都中野区本町6-38-1 TEL 03-3381-0124　FAX 03-3381-0125 https://www.el.nitobebunka.ac.jp	● 募集人員※1 ● 出願期間 ● 考査日 ● 合格発表 ● 選抜方法※2	1～5年生　男女若干名 学期中随時 相談のうえ決定 電話で通知 国語、算数、本人・保護者面接	● 出願資格 ・該当学年相当の日本語力（日常会話）を有する児童 ・海外の小学校に一定期間在学した児童 ※1：一般入試（p.175）で新1年生の募集あり ※2：特別考慮あり（国内生と同じ編入試験）
日本女子大学附属豊明小学校 〒112-8681 東京都文京区目白台1-16-7 TEL 03-5981-3855　FAX 03-5981-3831 http://www.jwu.ac.jp/elm/	● 募集人員 ● 出願期間 ● 考査日 ● 合格発表 ● 選抜方法※1	1～4年生　女子若干名 欠員時実施（年1回） —— —— 国語、算数、作文、親子面接	● 出願資格 ・該当学年相当の日本語力（読み書き）を有する児童 ※1：特別考慮なし（国内生と同じ編入試験）

私立　東京

学校	募集要項	出願資格
文教大学付属小学校 〒145-0065 東京都大田区東雪谷2-3-12 TEL 03-3720-1097　FAX 03-3720-1117 https://www.bunkyo.ac.jp/ps/	● 募集人員　1〜5年生　男女若干名 ● 出願期間※1　欠員時実施（随時） ● 考査日　　── ● 合格発表　郵送で通知 ● 選抜方法※2　国語、算数、親子面接	● 出願資格 ・該当学年相当の日本語力（読み書き）を有する児童 ※1：編入希望者は、事前に登録を行う ※2：特別考慮なし（国内生と同じ編入試験）
宝仙学園小学校 〒164-8631 東京都中野区中央2-33-26 TEL 03-3365-0231 FAX 03-3365-0390 http://www.hosen.jp/	● 募集人員　1〜5年生　男女若干名 ● 出願期間　欠員時実施（年2回） ● 考査日　　6〜7月／2〜3月 ● 合格発表　郵送で通知 ● 選抜方法※1　国語、算数、音楽、体育、本人・保護者面接	● 出願資格 ・日本国籍を有し、該当学年相当の日本語力（読み書き）を有する児童 ・保護者の勤務に伴い海外に在住していた児童 ※1：特別考慮なし（国内生と同じ編入試験）
明星学園小学校 〒181-0001 東京都三鷹市井の頭5-7-7 TEL 0422-43-2197　FAX 0422-47-6905 http://www.myojogakuen.ed.jp/	● 募集人員　1〜5年生　男女若干名 ● 出願期間　欠員時実施（随時） ● 考査日　　── ● 合格発表　郵送で通知 ● 選抜方法　国語、算数、本人・保護者面接	● 出願資格 ・該当学年相当の日本語力（日常会話）を有する児童。要相談 ・保護者の勤務に伴い海外に在住し、海外の小学校（現地校・インターナショナルスクール・日本人学校）に一定期間在学した児童
むさしの学園小学校 〒183-0002 東京都府中市多磨町1-19-1 TEL 042-361-9655　FAX 042-361-7288 http://www.musashino-gakuen.com	● 募集人員　全学年　男女若干名 ● 出願期間　欠員時実施（随時） ● 考査日　　── ● 合格発表　郵送で通知 ● 選抜方法　国語、算数	● 出願資格 ・該当学年相当の日本語力（読み書き、授業についていける程度）を有する児童
武蔵野東小学校 〒180-0012 東京都武蔵野市緑町2-1-10 TEL 0422-53-6211　FAX 0422-53-9526 https://www.musashino-higashi.org/es/	● 募集人員※1　1〜4年生　男女若干名 ● 出願期間※2　欠員時実施（随時） ● 考査日　　── ● 合格発表　電話で通知 ● 選抜方法　国語、算数、運動、本人・保護者面接	● 出願資格 ・該当学年に相当する学齢の児童 ※1：小中一貫教育を希望する場合のみ、5年生途中からも対象 ※2：最終在籍校の成績表のコピーを提出
明星小学校 〒183-8531 東京都府中市栄町1-1 TEL 042-368-5119　FAX 042-364-6801 https://www.meisei.ac.jp/es/	● 募集人員　1〜5年生　男女若干名 ● 出願期間　欠員時実施（随時） ● 考査日　　相談のうえ決定 ● 合格発表　Web発表 ● 選抜方法※1　ペーパーテスト、親子面接	● 出願資格 ・該当学年相当の日本語力（読み書き）を有する児童 ・保護者の勤務に伴い海外に在住して海外の小学校に在学し、帰国後一定期間内の児童 ※1：特別考慮あり（国内生と同じ編入試験）
立教女学院小学校 〒168-8616 東京都杉並区久我山4-29-60 TEL 03-3334-5102　FAX 03-3334-5279 https://es.rikkyojogakuin.ac.jp/	● 募集人員　2〜5年生　女子若干名 ● 出願期間　欠員時実施（年2回） ● 考査日　　7月／3月 ● 合格発表※1　── ● 選抜方法※2　国語、算数、親子面接ほか	● 出願資格 ・該当学年に相当する学齢の児童 ・自宅より片道60分以内で通学可能な児童 ※1：HPで要確認 ※2：特別考慮なし（国内生と同じ編入試験）、HPで要確認
和光小学校 〒156-0053 東京都世田谷区桜2-18-18 TEL 03-3420-4353　FAX 03-3420-4354 https://wakoe.wako.ed.jp/	● 募集人員　1〜5年生　男女若干名 ● 出願期間※1　欠員時実施（随時） ● 考査日　　── ● 合格発表　郵送で通知 ● 選抜方法※2　国語、算数、作文、保護者面接	● 出願資格 ・該当学年相当の日本語力（日常会話程度、読み書きは状況により考慮あり）を有する児童 ※1：事前面談が必要 ※2：特別考慮の有無は状況を聞き判断（国内生と同じ編入試験）
青山学院横浜英和小学校 〒232-8580 神奈川県横浜市南区蒔田町124 TEL 045-731-2863　FAX 045-743-3353 https://www.yokohama-eiwa.ac.jp/shougakkou/	● 募集人員　1〜4年生　男女若干名 ● 出願期間　欠員時実施（年1回） ● 考査日　　2月 ● 合格発表　郵送で通知 ● 選抜方法※1　国語、算数、親子面接	● 出願資格 ・該当学年に相当する学齢の児童 ※1：特別考慮なし（国内生と同じ編入試験）

私立 東京　／　私立 神奈川

<table>
<tr>
<td rowspan="9">私立　神奈川</td>
</tr>
</table>

ＬＣＡ国際小学校

〒252-0132
神奈川県相模原市緑区橋本台3-7-1
TEL 042-771-6131　FAX 042-771-6132
https://elementary.lca.ed.jp

- 募集人員　1〜5年生　男女若干名
- 出願期間　欠員時実施（随時）
- 考査日　──
- 合格発表　──
- 選抜方法※1　国語、算数、英語、保護者面接

- 出願資格
- ・該当学年相当の日本語力（読み書き）、英語力を有する児童
- ※1：特別考慮なし（国内生と同じ編入試験）

鎌倉女子大学初等部

〒247-8511
神奈川県鎌倉市岩瀬1420
TEL 0467-44-2112　FAX 0467-44-2396
http://www.kamakura-u.ac.jp/elementary/

- 募集人員　1〜3年生　男女若干名
- 出願期間　欠員時実施（年1回）
- 考査日　1月
- 合格発表　Ｗｅｂ発表
- 選抜方法※1　国語、算数、行動テスト、本人・親子面接

- 出願資格
- ・該当学年相当の日本語力（読み書き）を有する児童
- ※1：特別考慮なし（国内生と同じ編入試験）

カリタス小学校

〒214-0012
神奈川県川崎市多摩区中野島4-6-1
TEL 044-922-8822　FAX 044-922-8752
http://www.caritas.or.jp/es/

- 募集人員　1〜5年生　男女若干名
- 出願期間　欠員時実施（年3回）
- 考査日　7月／12月／3月
- 合格発表　電話で通知
- 選抜方法　国語、算数、保護者面接

- 出願資格
- ・該当学年相当の日本語力を有する児童
- ・帰国後1年以内の児童
- ※1：事前に要問い合わせ

関東学院小学校

〒232-0002
神奈川県横浜市南区三春台4
TEL 045-241-2634　FAX 045-243-3545
http://es.kanto-gakuin.ac.jp/

- 募集人員　1〜4年生　男女若干名
- 出願期間　欠員時実施（年1回）
- 考査日　1月
- 合格発表　郵送で通知
- 選抜方法※2　国語、算数、本人・保護者面接

- 出願資格
- ・該当学年に相当する学齢の児童
- ※1：実施の有無はＨＰで要確認
- ※2：特別考慮なし（国内生と同じ編入試験）

関東学院六浦小学校

〒236-0037
神奈川県横浜市金沢区六浦東1-50-1
TEL 045-701-8285　FAX 045-783-5342
https://www.kgm-es.jp/

- 募集人員　Ａ：2〜5年生　男女若干名　Ｂ：1〜4年生　男女若干名
- 出願期間　欠員時実施（年2回）
- 考査日※1　Ａ：7〜8月　Ｂ：1月
- 合格発表　郵送で通知
- 選抜方法※2　国語、算数、本人・保護者面接

- 出願資格
- ・該当学年相当の日本語力（読み書き）を有する児童
- ・海外の小学校に1年以上在学し、帰国後1年以内の児童
- ※1：帰国時期が編入試験の日程に合わない場合、保護者と相談のうえ、考査日等を決定
- ※2：特別考慮なし（国内生と同じ編入試験）

相模女子大学小学部

〒252-0383
神奈川県相模原市南区文京2-1-1
TEL 042-742-1444　FAX 042-742-1429
https://www.sagami-wu.ac.jp/sho

- 募集人員　2〜5年生　男女若干名
- 出願期間　欠員時実施（各学期末）
- 考査日※1　──
- 合格発表　e-mail および電話で通知
- 選抜方法※2　国語、算数、本人・保護者面接

- 出願資格
- ・該当学年に相当する学齢の児童
- ※1：帰国時期が編入試験の日程に合わない場合、保護者と相談のうえ、考査日等を決定
- ※2：特別考慮なし（国内生と同じ編入試験）

湘南学園小学校

〒251-8505
神奈川県藤沢市鵠沼松が岡4-1-32
TEL 0466-23-6611　FAX 0466-23-6670
https://www.shogak.ac.jp

- 募集人員※1　1〜5年生　男女若干名
- 出願期間　欠員時実施（年2回）
- 考査日※2　6月／2月
- 合格発表　Ｗｅｂ発表
- 選抜方法※3　国語、算数、本人・保護者面接

- 出願資格
- ・該当学年相当の日本語力（読み書き）を有する児童
- ※1：5年生は6月までの募集
- ※2：帰国時期が編入試験の日程に合わない場合、保護者と相談のうえ、考査日等を決定
- ※3：特別考慮なし（国内生と同じ編入試験）

湘南白百合学園小学校

〒251-0035
神奈川県藤沢市片瀬海岸2-2-30
TEL 0466-22-0200
https://www.shonan-shirayuri.ac.jp/syougakkou/

- 募集人員　1〜4年生　女子若干名
- 出願期間　欠員時実施（随時）
- 考査日　──
- 合格発表　郵送で通知またはＷｅｂ発表
- 選抜方式　国語、算数、親子面接（英語、日本語）

- 出願資格
- ・該当学年相当の日本語力（読み書き）を有する児童
- ・海外の小学校（現地校・インターナショナルスクール・日本人学校）に一定期間在学し、帰国後1年以内の児童

聖セシリア小学校

〒242-0006
神奈川県大和市南林間3-10-1
TEL 046-275-3055　FAX 046-278-3356
http://www.st-cecilia-e.ed.jp/

- 募集人員　1〜4年生　男女若干名
- 出願期間　6〜7月／11月／1月
- 考査日　7月／11月／1月
- 合格発表　郵送で通知
- 選抜方法※1　ペーパーテスト、作文、本人・親子面接

- 出願資格
- ・該当学年相当の日本語力（読み書き）を有する児童
- ※1：特別考慮あり（国内生と同じ編入試験）

私立　神奈川

清泉小学校

〒248-0005
神奈川県鎌倉市雪ノ下3-11-45
TEL 0467-25-1100　FAX 0467-24-2697
http://www.seisen-e.ac.jp/

- 募集人員　新2〜5年生　男女若干名
- 出願期間　1月
- 考査日　1月
- 合格発表　Ｗｅｂ発表
- 選抜方法※1　国語、算数、作文、親子面接

- 出願資格
- ・日本国籍を有し、該当学年相当の日本語力（読み書き）を有する児童
- ・保護者の勤務に伴い海外に在住していた児童
- ・海外の小学校（現地校・インターナショナルスクール・日本人学校）に継続して1年以上在学し、帰国後1年以内の児童
- ※1：特別考慮なし（国内生と同じ編入試験）

聖マリア小学校

〒249-0006
神奈川県逗子市逗子6-8-47
TEL 046-871-3209　FAX 046-871-8642
http://seimaria-es.jp

- 募集人員※1　全学年　男女若干名
- 出願期間　学期中随時
- 考査日　相談のうえ決定
- 合格発表　考査当日に通知
- 選抜方式※2　国語、算数、面接

- 出願資格
- ・該当学年相当の日本語力（読み書き）を有する児童
- ※1：5・6年生は要相談
- ※2：特別考慮なし（国内生と同じ編入試験）

聖ヨゼフ学園小学校

〒230-0016
神奈川県横浜市鶴見区東寺尾北台11-1
TEL 045-581-8808　FAX 045-584-0831
http://www.st-joseph.ac.jp/

- 募集人員※1　1〜4年生　男女若干名
- 出願期間※2　欠員時実施（随時）
- 考査日　──
- 合格発表　──
- 選抜方法※3　国語、算数、親子面接

- 出願資格
- ・該当学年相当の日本語力（読み書き）を有する児童
- ※1：1年生は3学期からの募集
- ※2：編入希望者は、事前に登録を行う
- ※3：4年生は理科と社会もあり

洗足学園小学校

〒213-8580
神奈川県川崎市高津区久本2-3-1
e-mail: syo-jimu@senzoku.ac.jp
http://www.senzoku.ed.jp/

- 募集人員※1　新2〜5年生　男女若干名
- 出願期間　欠員時実施（年1回）
- 考査日　2〜3月
- 合格発表　電話で通知
- 選抜方法※2　国語、算数、親子面接

- 出願資格
- ・該当学年相当の日本語力（読み書き）を有し、自宅より片道60分以内で通学可能な児童
- ・海外の小学校（現地校・インターナショナルスクール・日本人学校）に一定期間在学した児童
- ※1：一般入試（p.253）で新1年生の募集あり
- ※2：特別考慮なし（国内生と同じ編入試験）

捜真小学校

〒221-8720
神奈川県横浜市神奈川区中丸8
TEL 045-491-4227　FAX 045-491-4228
http://www.soshin.ac.jp/primary/

- 募集人員　1〜5年生　男女若干名
- 出願期間※1　欠員時実施（各学期末）
- 考査日　──
- 合格発表　電話で通知
- 選抜方法※2　国語、算数、親子面接

- 出願資格
- ・該当学年に相当する学齢の児童
- ※1：編入希望者は、事前に登録を行う
- ※2：特別考慮なし（国内生と同じ編入試験）

桐蔭学園小学校

〒225-8502
神奈川県横浜市青葉区鉄町1614
TEL 045-972-2221　FAX 045-971-1490
http://toin.ac.jp/ele/

- 募集人員　1〜4年生　男女若干名
- 出願期間※1　欠員時実施（随時）
- 考査日　──
- 合格発表　電話で通知
- 選抜方法　国語、算数、本人・保護者面接

- 出願資格
- ・該当学年相当の日本語力（読み書き）を有する児童
- ※1：編入希望者は、事前にＷｅｂ登録を行う

桐光学園小学校

〒215-8556
神奈川県川崎市麻生区栗木3-13-1
TEL 044-986-5155　FAX 044-986-5184
https://www.tokoes.ed.jp

- 募集人員　1〜3年生　男女若干名
- 出願期間　欠員時実施（年1回）
- 考査日　3月
- 合格発表　Ｗｅｂ発表
- 選抜方法※1　国語、算数、作文、本人・保護者面接

- 出願資格
- ・該当学年相当の日本語力（読み書き）を有する児童
- ※1：特別考慮なし（国内生と同じ編入試験）

日本大学藤沢小学校

〒252-0885
神奈川県藤沢市亀井野1866
TEL 0466-81-7111　FAX 0466-84-3292
http://fujisawa.es.nihon-u.ac.jp

- 募集人員　1〜4年生　男女若干名
- 出願期間※1　不定期
- 考査日　──
- 合格発表　e-mailで通知
- 選抜方法※2　国語、算数、行動観察、親子面接

- 出願資格
- ・該当学年相当の基礎学力を有する児童
- ※1：編入希望者は要問い合わせ
- ※2：特別考慮なし（国内生と同じ編入試験）。3年生以上では理科と社会も行う場合あり

森村学園初等部

〒226-0026
神奈川県横浜市緑区長津田町2695
TEL 045-984-2509　FAX 045-984-6996
https://www.morimura.ed.jp

- 募集人員※1　A・B：1〜5年生　C：1〜4年生　各男女若干名
- 出願期間　欠員時実施（年3回）
- 考査日　A：6月　B：11月　C：2月
- 合格発表　未定
- 選抜方法※2　国語、算数、本人・保護者面接

- 出願資格
- ・保護者の勤務に伴い海外に在住していた児童
- ・海外の小学校に一定期間在学し、帰国後1年以内の児童
- ※1：一般入試（p.265）で新1年生の募集あり
- ※2：特別考慮あり（国内生と同じ編入試験）

私立 神奈川	**横須賀学院小学校** 〒238-8511 神奈川県横須賀市稲岡町82 TEL 046-825-1920　FAX 046-825-1925 https://pr.yokosukagakuin.ac.jp	● 募集人員※1　1〜5年生　男女若干名 ● 出願期間　欠員時実施（随時） ● 考査日 ● 合格発表　郵送で通知 ● 選抜方法※2　国語、算数、知能検査、本人・保護者面接	● 出願資格 ・該当学年相当の日本語力（読み書き）を有する児童 ・帰国直後の児童 ※1：5年生は前期末まで ※2：特別考慮なし（国内生と同じ編入試験）。5年生は理科と社会もあり
	横浜三育小学校 〒241-0802 神奈川県横浜市旭区上川井町1985 TEL 045-921-0447　FAX 045-922-2504 https://www.yokohama-san-iku.ed.jp	● 募集人員　1〜4年生　男女若干名 ● 出願期間　欠員時実施（随時） ● 考査日 ● 合格発表　郵送で通知 ● 選抜方法　国語、算数、作文、面接	● 出願資格 ・該当学年相当の日本語力を有する児童
	横浜雙葉小学校 〒231-8562 神奈川県横浜市中区山手町226 TEL 045-641-1628　FAX 045-664-2410 https://www.y-futaba-e.ed.jp	● 募集人員　新3年生　女子若干名 ● 出願期間　欠員時実施（年1回） ● 考査日　2月 ● 合格発表　Web発表 ● 選抜方法※1　国語、算数、運動、面接	● 出願資格 ・日本国籍を有し、該当学年相当の日本語力（読み書き）を有する児童 ・保護者の勤務に伴い海外に在住していた児童 ・自宅より片道60分程度で通学可能な児童 ※1：特別考慮なし（国内生と同じ編入試験）
私立 埼玉	**浦和ルーテル学院小学校** 〒336-0974 埼玉県さいたま市緑区大崎3642 TEL 048-711-8221　FAX 048-812-0012 https://www.uls.ed.jp/	● 募集人員　2〜5年生　男女若干名 ● 出願期間　欠員時実施（随時） ● 考査日　相談のうえ決定 ● 合格発表　郵送で通知 ● 選抜方法※1　国語、算数、本人・保護者面接	● 出願資格 ・該当学年相当の日本語力（読み書き）を有する児童 ・海外の小学校（現地校・インターナショナルスクール・日本人学校）に1年以上在学し、帰国後1年以内の児童 ※1：特別考慮なし（国内生と同じ編入試験）
	開智小学校（総合部） 〒339-0004 埼玉県さいたま市岩槻区徳力186 TEL 048-793-0080　FAX 048-793-0081 https://sougoubu.kaichigakuen.ed.jp	● 募集人員※1　新2〜6年生　男女若干名 ● 出願期間　10〜12月 ● 考査日※2　12月 ● 合格発表　Web発表 ● 選抜方法※3　国語、算数、本人・保護者面接	● 出願資格 ・該当学年に相当する学齢の児童 ※1：一般入試（p.281）で新1年生の募集あり ※2：新1〜6年生対象の「国際生入試」を別途実施。帰国時期が編入試験の日程に合わない場合は要問い合わせ ※3：5・6年生は英語もあり。英語圏からの帰国生は英語での口頭試問あり
	さとえ学園小学校 〒331-0802 埼玉県さいたま市北区本郷町1813 TEL 048-662-4651　FAX 048-662-4762 http://www.satoe.ed.jp	● 募集人員※1　1〜4年生　男女若干名 ● 出願期間　年2回 ● 考査日　7月／1月 ● 合格発表　郵送で通知 ● 選抜方法※2　国語、算数、作文、本人・保護者面接	● 出願資格 ・該当学年相当の日本語力（読み書き）を有する児童 ※1：4年生は7月のみ ※2：特別考慮なし（国内生と同じ編入試験）
	西武学園文理小学校 〒350-1332 埼玉県狭山市下奥富600 TEL 04-2900-1800　FAX 04-2968-0030 https://www.seibubunri-es.ed.jp/	● 募集人員　1〜5年生　男女若干名 ● 出願期間　欠員時実施（随時） ● 考査日　―― ● 合格発表　電話で通知 ● 選抜方法※1　国語、算数、英語、行動観察、親子面接	● 出願資格 ・該当学年相当の日本語力（読み書き）を有する児童 ※1：特別考慮あり（国内生と同じ編入試験）
	星野学園小学校 〒350-0826 埼玉県川越市上寺山216-1 TEL 049-227-5588　FAX 049-227-1888 https://www.hoshinogakuen.ed.jp/hes/	● 募集人員　1〜3年生　男女若干名 ● 出願期間※1　欠員時実施（随時） ● 考査日　―― ● 合格発表　電話で通知 ● 選抜方法※2　ペーパーテスト、運動能力テスト、親子面接	● 出願資格 ・自宅から通学可能な児童 ※1：事前に保護者に説明会を実施 ※2：特別考慮なし（国内生と同じ編入試験）。ペーパーテストの科目は学年により異なる

	学校	募集要項	出願資格
	暁星国際小学校 〒292-8565 千葉県木更津市矢那1083 TEL 0438-52-3851　FAX 0438-52-3856 http://www.gis.ac.jp	● 募集人員※1　全学年　男女若干名 ● 出願期間　欠員時実施（随時） ● 考査日　　── ● 合格発表　郵送で通知 ● 選抜方法※2　国語、算数、作文、本人・保護者面接	● 出願資格 ・海外の小学校（現地校・インターナショナルスクール・日本人学校）に1年以上在学した児童 ※1：一般入試（p.293）で新1年生の募集あり ※2：インターナショナルコースは国語以外を英語で実施
	国府台女子学院小学部 〒272-8567 千葉県市川市菅野3-24-1 TEL 047-322-5644　FAX 047-322-5655 https://www.konodai-gs.ac.jp/	● 募集人員※1　1～5年生　女子若干名 ● 出願期間　学期中随時 ● 考査日　　相談のうえ決定 ● 合格発表　郵送で通知 ● 選抜方法　国語、算数、親子面接	● 出願資格 ・該当学年相当の日本語力（読み書き）を有する児童 ・海外の小学校（現地校・インターナショナルスクール・日本人学校）に1年以上在学し、帰国後1年以内である児童 ※1：5年生は2学期までの募集
	昭和学院小学校 〒272-0823 千葉県市川市東菅野2-17-1 TEL 047-300-5844　FAX 047-300-5845 http://www.showagakuin.jp	● 募集人員※1　1～5年生　男女若干名 ● 出願期間　欠員時実施（随時） ● 考査日　　── ● 合格発表　郵送で通知 ● 選抜方法※2　国語、算数、本人・保護者面接	● 出願資格 ・該当学年相当の日本語力（読み書き）を有する児童 ※1：5年生は2学期まで募集 ※2：特別考慮なし（国内生と同じ編入試験）
私立　千葉	**聖徳大学附属小学校** 〒270-2223 千葉県松戸市秋山600 TEL 047-392-3111　FAX 047-391-4519 https://seitoku-primary.ed.jp	● 募集人員　1～4年生　男女若干名 ● 出願期間　相談のうえ決定 ● 考査日　　相談のうえ決定 ● 合格発表　Ｗｅｂ発表 ● 選抜方法※1　国語、算数、運動、本人・保護者面接	● 出願資格 ・該当学年相当の日本語力（読み書き）を有する児童 ※1：特別考慮なし（国内生と同じ編入試験）
	千葉日本大学第一小学校 〒274-0063 千葉県船橋市習志野台8-34-2 TEL 047-463-6621　FAX 047-461-3488 http://www.nichidai-sho.ed.jp	● 募集人員※1　1～5年生　男女若干名 ● 出願期間　欠員時実施（随時） ● 考査日　　── ● 合格発表　Ｗｅｂ発表 ● 選抜方法※2　国語、算数、運動、親子面接	● 出願資格 ・該当学年に相当する学齢の児童 ※1：5年生は1学期までの募集 ※2：特別考慮なし（国内生と同じ編入試験）。3～5年生は理科と社会もあり
	成田高等学校付属小学校 〒286-0024 千葉県成田市田町10 TEL 0476-23-1628　FAX 0476-23-2089 https://www.narita.ac.jp/ps/	● 募集人員　全学年　男女若干名 ● 出願期間　欠員時実施（年3回） ● 考査日　　7月／12月／3月 ● 合格発表　電話で通知 ● 選抜方法※1　国語、算数、本人・保護者面接	● 出願資格 ・該当学年相当の日本語力を有する児童 ※1：特別考慮なし（国内生と同じ編入試験）。5・6年生は理科と社会もあり
	日出学園小学校 〒272-0824 千葉県市川市菅野3-23-1 TEL 047-322-3660　FAX 047-322-3651 http://elementary.hinode.ed.jp	● 募集人員　1～5年生　男女若干名 ● 出願期間　欠員時実施（年3回） ● 考査日　　7月／12月／3月 ● 合格発表　電話で通知 ● 選抜方法※1　国語、算数、本人・保護者面接	● 出願資格 ・該当学年相当の日本語力（授業についていける程度）を有する児童 ※1：特別考慮なし（国内生と同じ編入試験）
私立　茨城	**江戸川学園取手小学校** 〒302-0032 茨城県取手市野々井1567-3 TEL 0297-71-3353　FAX 0297-71-3354 https://www.edotori.ed.jp/	● 募集人員　1～4年生　男女若干名 ● 出願期間　欠員時実施（年2回） ● 考査日　　7月／1月 ● 合格発表　Ｗｅｂ発表 ● 選抜方法※1　国語、算数、親子面接	● 出願資格 ・該当学年相当の日本語力（日常会話、読み書き）を有する児童 ※1：特別考慮なし（国内生と同じ編入試験）

開智望小学校 〒300-2435 茨城県つくばみらい市筒戸字諏訪3400 TEL 0297-38-6000　FAX 0297-38-6300 https://nozomi.kaichigakuen.ed.jp/	● 募集人員　全学年　男女若干名 ● 出願期間　学期中随時 ● 考査日　相談のうえ決定 ● 合格発表　e-mail または電話で通知 ● 選抜方法　ペーパーテスト、本人・保護者面接

● 出願資格
・該当学年に相当する学齢の児童

私立　茨城

お茶の水女子大学附属小学校・帰国児童教育学級　http://www.fz.ocha.ac.jp/fs/

〒112-8610 東京都文京区大塚 2-1-1
TEL 03-5978-5873（事務室）～ 4（副校長室）　FAX 03-5978-5872

● 募集人員
A（入学）：新4年生　男女計15名
B（9月編入）、C（1月編入）：4・5年生　各男女若干名
D（4月編入）：新5・6年生　男女若干名
※各学年とも定員は男女計15名（ただし、男女どちらも8名を超えないものとする）。編入試験は欠員が生じた場合のみ実施

● 出願期間　A・D：3月下旬　B：8月下旬　C：1月上旬
● 考査日　A・D：3月下旬　B：8月下旬　C：1月上旬
● 合格発表　考査当日　15時　小学校中央玄関に掲示
● 選抜方法　面接を中心とした簡単な検定（日本語および海外生活などについて）、保護者面接

● 出願資格
・日本国籍を有する児童。応募は 1 回のみ
・本人の帰国直前の海外生活が 3 年以上で、帰国後 6 ヵ月以内の児童
・4月入学・編入：10月1日～出願締切日までに帰国の児童
・9月編入：3月1日～出願締切日までに帰国の児童
・1月編入：7月1日～出願締切日までに帰国の児童
・帰国直前の 3 年以上を海外の学校に在学していた児童（日本人学校をのぞく）
・下記の通学区域内に、保護者と同居している児童
【通学区域】
東京23区、武蔵野市、西東京市、三鷹市、調布市、狛江市

東京学芸大学附属大泉小学校・国際学級　http://www.es.oizumi.u-gakugei.ac.jp

〒178-0063 東京都練馬区東大泉5-22-1
TEL 03-5905-0200　FAX 03-5905-0209

● 募集人員
A（9月編入）：1・2年生　男女若干名
　　3 ～ 6年生　男女若干名
B（1月編入）：3 ～ 5年生　男女若干名
C（4月編入）：新3 ～ 6年生　男女若干名
※各学年とも定員は男女計15名。編入試験は欠員が生じた場合のみ実施／1・2年生は一般学級に編入

● 出願期間　A：8月中旬　B：12月下旬　C：3月中旬
● 考査日　A：8月下旬　B：12月下旬　C：3月下旬
● 合格発表　考査当日　15時ごろ　小学校事務室前に掲示
● 選抜方法　国語、算数、作文（外国語と日本語）、日本語の会話力、日本の生活・文化への適応・理解力、本人・保護者面接

● 出願資格※1
・本校が定める期間内に日本に帰国・入国した児童。一時帰国・入国は不可
・本人の海外生活経験が 0 ～ 2 歳期をのぞいて合計 2 年 6 ヵ月間以上で、日本の小学校に通った経験が 1 年以内の児童
・在外期間中の在学校・言語環境が（ア）または（イ）に該当する児童（ア）現地校または海外のインターナショナルスクールに在学し、日本語以外の言語で学習していた児童　（イ）日本人学校に通学していたが、家庭でおもに使っている言語が日本語ではない児童
・徒歩または公共の交通機関を使って、片道40分以内で通学できる場所に保護者と同居している児童
・国内のインターナショナルスクールに在学し、両親または両親のどちらかが外国人で、家庭でおもに使っている言語が日本語ではない児童
※1：上から 4 つすべての要件に該当している者、または下から 2 つの要件に該当している者

国立　東京

横浜国立大学教育学部附属横浜小学校　https://yokosyo.ynu.ac.jp

〒231-0845 神奈川県横浜市中区立野64
TEL 045-622-8321　FAX 045-622-3617

● 募集人員　編入：新6年生　男女若干名
※いずれも普通学級に編入
※令和10年度まで、受け入れ人数を段階的に変更
● 出願期間　12月中旬／3月中旬
● 考査日　12月中旬／3月中旬
● 合格発表　考査翌日　保護者に電話で通知
● 選抜方法　本人に対する簡単な筆答などによる現状の調査、保護者を含む面接

● 出願資格
・保護者の勤務地の移動に伴い帰国し、保護者と同居している児童
・在外生活経験年数 2 年以上で、出願日からさかのぼって 1 年以内に帰国している児童
・神奈川県在住で、通学に要する時間が片道60分以内（山手駅から本校までの所要時間 7 分を含む）の児童

国立　神奈川

千葉大学教育学部附属小学校・帰国児童学級　http://www.el.chiba-u.jp

〒263-8522 千葉県千葉市稲毛区弥生町1-33
TEL 043-290-2462　FAX 043-290-2461

国立 千葉

● 募集人員　　A（入学）：新4年生　男女計15名
　　　　　　　　　　　　　新5・6年生　男女若干名
　　　　　　　　B（編入）：4～6年生　男女若干名
　　　　　　　　※各学年とも定員は男女計15名
● 出願期間　　A：考査当日　B：学期中随時（欠員が生じた場合）
● 考査日　　　A：3月下旬　B：――――
● 合格発表　　考査翌日（土日をのぞく）　17時までに保護者に通知
● 選抜方法　　筆記調査、本人・保護者面接

● 出願資格
・日本国籍を有し、本人の海外生活が原則として2年以上にわたる児童
・在外期間中、2年以上の期間、現地校または海外のインターナショナルスクールに在学していた児童（在外期間中、最終在学校が全日制の日本人学校であった児童は対象外）
・帰国後、ほかの学校への編入歴がなく直接入学を希望する児童
・帰国後、千葉市、習志野市、船橋市、市川市、八千代市、四街道市、佐倉市、市原市に保護者と同居または同居予定で、通学に要する時間が公共の交通機関を使い、片道60分以内の児童

立川国際中等教育学校附属小学校　https://tachikawa-e.metro.ed.jp

〒190-0012 東京都立川市曙町3-13-15
TEL 042-526-7075　FAX 042-527-1829

都立 東京

● 募集人員　　入学：新1年生　男女各6名　計12名
● 出願期間　　10月中旬
● 考査日　　　10月下旬～11月上旬
● 合格発表　　第3次（抽選）後　直接本人に通知
● 選抜方法　　抽選、口頭による質問（一部、道具などを適切に使用する力をみる）、運動遊びなどを適切に組み合わせたもの

● 出願資格
・日本国籍を有し、（ア）または（イ）に該当し、かつ（ウ）または（エ）に該当する児童
　（ア）保護者に伴い連続して1年以上海外に在住し、保護者が父母の場合は同居していない父または母の在住が海外または通学区域内である児童（イ）保護者に伴い連続して1年以上海外に在住し、入学日現在当該海外在住期間終了後1年以内で、保護者が父母の場合は同居していない父または母の在住が海外または通学区域内である児童（ウ）保護者と同居し、出願時に通学区域内に住所を有し、入学後も引き続き通学区域内からの通学が確実な児童（エ）応募資格の審査を受け、承認を得た児童

・外国籍を有し、（ア）に該当し、かつ（イ）または（ウ）に該当する児童
　（ア）連続して1年以上海外に在住し、入国後の在日期間が入学日現在に1年以内の児童（イ）保護者と同居し、出願時に通学区域内に住所を有し、入学後も引き続き通学区域内からの通学が確実な児童（ウ）応募資格の審査を受け、承認を得た児童
・下記の通学区域内に、保護者と同居している児童
【通学区域】
新宿区、世田谷区、渋谷区、中野区、杉並区、練馬区、八王子市、立川市、武蔵野市、三鷹市、青梅市、府中市、昭島市、調布市、町田市、小金井市、小平市、日野市、東村山市、国分寺市、国立市、福生市、狛江市、東大和市、清瀬市、東久留米市、武蔵村山市、多摩市、稲城市、羽村市、あきる野市、西東京市、瑞穂町、日の出町

※帰・入国日が入学日現在から1年と約1ヵ月前となる3月1日以降の場合は、それぞれ入学日現在当該海外在住期間終了後または入国後の在日期間を入学日現在1年以内とみなす
※災害に伴う被災者の場合はこのほかに応募資格あり

2023 学校別進学情報・主要大学合格者数一覧

《私立》

小学校名	幼稚園名	幼稚園から小学校への内部進学率	小学校から中学校への内部進学率	その他主な中学校	中学校名	高校名	中学校から高校への内部進学率	その他主な高校	高校から大学への内部進学率
青山学院初等部	青山学院幼稚園	ほぼ全員	推薦制度あり		青山学院中等部	青山学院高等部	ほぼ全員		約85%
学習院初等科	学習院幼稚園	ほぼ全員	女子：全員 男子：約90%		☆学習院中等科	☆学習院高等科	ほぼ全員		約50%
					★学習院女子中・高等科		ほぼ全員		約55%
★川村小学校	川村幼稚園	約90%	約70%	学大世田谷・女子学院・慶應中・青山学院	★川村中学校・高等学校		約80%	お茶の水女子大附属・慶應義塾女子・早稲田佐賀	約10%
国立音楽大学附属小学校	国立音楽大学附属幼稚園	約20%	約50%		国立音楽大学附属中学校	国立音楽大学附属高等学校	約82%		音楽科：約70%
慶應義塾幼稚舎	——	——	ほぼ全員 3校から選択可能		慶應義塾中等部 / ☆慶應義塾普通部 / 慶應義塾湘南藤沢中等部	☆慶應義塾高等学校 / ☆慶應義塾志木高等学校 / 慶應義塾湘南藤沢高等部 / ★慶應義塾女子高等学校	各校合計でほぼ全員（進学先は選択可能、ニューヨークにも系列校あり、再修制度あり）	※湘南藤沢は一貫校のため、中から高へ進学	ほぼ全員
淑徳小学校	淑徳幼稚園 / 淑徳与野幼稚園	内部進学あり	女子：約38% 男子：約37%	学大竹早・女子学院・浦和明の星・渋谷幕張・早稲田・早大学院・海城・巣鴨・学習院・学習院女子・栄東・城北埼玉	淑徳中学校 / 淑徳巣鴨中学校 / ★淑徳与野中学校	淑徳高等学校 / 淑徳巣鴨高等学校 / ★淑徳与野高等学校	ほぼ全員		ほぼ外部へ
昭和女子大学附属昭和小学校	昭和女子大学附属昭和こども園	約33%	女子：約75% 男子：外部へ	開成・芝・世田谷学園・ラ・サール	★昭和女子大学附属昭和中学校	★昭和女子大学附属昭和高等学校	原則全員		約65%
★白百合学園小学校	★白百合学園幼稚園	ほぼ全員	ほぼ全員		★白百合学園中学高等学校		ほぼ全員		ほぼ外部へ
菅生学園初等学校	多摩学院幼稚園	女子：約29% 男子：約13%	女子：約50% 男子：約66%	武蔵高附・立川国際中等・女子美大附	東海大学菅生高等学校中等部	東海大学菅生高等学校	約62%	明大中野八王子・日大第三・都立西・都立国分寺	約35%
聖学院小学校	聖学院幼稚園 / 聖学院みどり幼稚園	約70% / 内部進学あり	女子：約53% 男子：約35%	武蔵・慶應普・本郷・城北・中大附・学習院女子・高輪・國學院久我山	☆聖学院中学校・高等学校 / ★女子聖学院中学校・高等学校		ほぼ全員		ほぼ外部へ
成蹊小学校	——	——	女子：約91% 男子：約86%		成蹊中学・高等学校		約92%		約31%
成城学園初等学校	成城幼稚園	女子：約95% 男子：全員	女子：約94% 男子：約93%	麻布・雙葉・慶應中・白百合	成城学園中学校高等学校		ほぼ全員		約64%
★聖心女子学院初等科	——	——	ほぼ全員		★聖心女子学院中等科	★聖心女子学院高等科	約90%		約27%
星美学園小学校	星美学園幼稚園	希望者は試験を受ける	女子：約44% 男子：約42%	開成・麻布・桜蔭・雙葉・早稲田・巣鴨・城北	サレジアン国際学園中学校高等学校		ほぼ全員		ほぼ外部へ
玉川学園	玉川学園幼稚部	ほぼ全員	約90%	慶應中等部・都市大付属	玉川学園中学部	玉川学園高等部	約91%	慶應女子・法政大二	約26%
帝京大学小学校	帝京幼稚園 / 帝京大学幼稚園	内部進学あり / 内部進学あり	女子：約38% 男子：約48%	渋谷幕張・海城・明大明治・都市大等々力・法政大・國學院久我山・獨協大・佼成学園・十文字・聖徳学園・洗足・日本女大附・東海大付相模・相洋	帝京中学校・高等学校 / 帝京大学中学校・高等学校 / 帝京八王子中学校・高等学校		ほぼ全員		約30%（系列校合計）/ ほぼ外部へ / 約50%
東京三育小学校	横浜三育幼稚園	内部進学あり	女子：約27% 男子：約27%	駒場東邦・浦和明の星・青山学院・三田国際・高輪・成城	三育学院中等教育学校 / 広島三育学院／沖縄三育中学校	広島三育学院高等学校	ほぼ全員		ほぼ外部へ
東京都市大学付属小学校	東京都市大学二子幼稚園	約17%	女子：約18% 男子：約25%（付属、等々力合計）	筑駒・筑附・開成・駒場東邦・桜蔭・女子学院・早稲田・海城	☆東京都市大学付属中学校・高等学校 / 東京都市大学等々力中学校・高等学校		ほぼ全員		ほぼ外部へ
東京農業大学稲花小学校	——	——	内部進学あり		東京農業大学第一高等学校・中等部		内部進学あり		内部進学あり
桐朋小学校	桐朋幼稚園	ほぼ全員	ほぼ全員		☆桐朋中学校・高等学校		☆ほぼ全員		☆ほぼ外部へ
桐朋学園小学校			女子：約80% 男子：ほぼ全員		★桐朋女子中学校・高等学校		★ほぼ全員		★ほぼ外部へ
★東洋英和女学院小学部	東洋英和幼稚園	女子：全員 男子：外部へ	約96%		★東洋英和女学院中学部・高等部		ほぼ全員		約3%
トキワ松学園小学校	——	——	女子：約40% 男子：外部へ	筑附・駒場東邦・慶應湘南藤沢・早稲田・渋教渋谷	★トキワ松学園中学校高等学校		原則全員		ほぼ外部へ

左側縦見出し：大学あり—東京

414

大学名	大学院	東京大	京都大	東京工業大	一橋大	東京外語大	筑波大	埼玉大	千葉大	お茶の水大	東京都立大	横浜国立大	横浜市立大	東京学芸大	慶應義塾大	早稲田大	上智大	国際基督教大	東京理科大	立教大	明治大	青山学院大	中央大	法政大	学習院大	成蹊大	成城大	日本大	東洋大	駒澤大	専修大	東京女子大	日本女子大	系列主要大学（左記主要大学のぞく）
青山学院大学	○	2			2									2	27	21	23		13	15	10	354	6											
学習院大学	○				1									2	10	12	7	2	7	8	13		7	7	116	2		7						
★学習院女子大学	○	1	1		1								1	1	31	27	37	2	5	12	17	14	8	4	91	1		9		2	2	1		4
★川村学園女子大学	○																1			1		1							1	3	1			
国立音楽大学	○																				2	2	10	2	2			5	2	4	2	2	3	3
慶應義塾大学	○														711																			
															234																			
															231																			
															188																			
淑徳大学	○	1	1	1					1	5	5	3	3	1	2	9	26	32	5	47	53	55	22	36	72	12	15	18	53	83	16	23	6	4
淑徳大学短期大学部									1	3	5	5	2	6		1	2	5	47	60	42	133	76	31	33	54	29	7	15	38	29	47	122	35
★昭和女子大学	○				1	1					1		1	1	3	3	17	2	16	10	23	12	7	6	11	2	9	4	5	1	1	1	2	96
★白百合女子大学	○	6	1		3	2	1		3				1		41	56	58	2	16	37	22	22	11	10	8	4	1	8	1	2	1	2	9	5
東海大学	○													1							5	3		1	1			1	4					11
聖学院大学	○				1	1									3	7	5		4	7	9	1	7	6				24	40	2	16			128
													1		2	1		2		5	3	1	6	5								7	4	3
成蹊大学	○	3	1	1	1	1			2				1		26	21	26	6	11	26	29	12	20			108								
成城大学	○												1		10	7	19	1	21	10	11	14	11	7			152							
★聖心女子大学	○	3	1										1		22	15	23	7	3	4	2	4	1	2	4	1		2	2					17
星美学園短期大学					1											1				9		9	10	6	2			2	4	2	1	3	2	1
玉川大学	○				1						2		1		9	4	8	1	5	15	11	10	6	2	4	3	1		3					56	*2
帝京大学	○															2	4		3	6	5	4	5					31	31	8	1			72
帝京平成大学	○			3	2	1			1	1	13		2	29	38	42	1	42	34	71	38	47	47	11	9	38	15	11	16	10	12			
帝京科学大学	○																					1						1		4				67
三育学院大学	○																																	
東京都市大学	○	7		8	8	2			1		2	4	1		54	59	32		76	25	93	21	39	31	2	3	3	26	6	11	6			17
			2	3	5	2	1	1	1		6	8	6	1	13	34	33	2	71	51	126	62	103	92	24	15	4	46	16	25	24	7	21	24
東京農業大学	○	3	1	1	1				2	1			6	1	21	42	18	1	26	48	100	1	51	63	5	23	21	72	39	13	17	5		75
桐朋学園大学	○	7	2	3	7	1	7		1				1		43	52	30	2	45	26	73	34	47	32	8	6	3	25	10	2	8			1
桐朋学園芸術短期大学													1		4	8	19		4	19	14	9	32	8			3					11	11	1
★東洋英和女学院大学	○	1		1		2	1		2	1			1		24	24	20	1	16	35	27	28	17	13	9	4	12	19	8	3	3	26	27	14
横浜美術大学	×														6		2		2	1	3	2		2				4		2			2	7

※大学合格者数一覧については、学校公表分と伸芽会教育研究所調査を併せたデータです。表以外の大学合格者もいます。また、空欄になっていても０でない場合があります。

	小学校名	幼稚園名	幼稚園から小学校への内部進学率	小学校から中学校への内部進学率	その他主な中学校	中学校名	高校名	中学校から高校への内部進学率	その他主な高校	高校から大学への内部進学率
大学あり―東京	新渡戸文化小学校	新渡戸文化子ども園	約32%	約18%	学習院女子・法政大・成城・日大二・日大一・大妻中野・法政大第二・立教新座	新渡戸文化中学校	新渡戸文化高等学校	約65%		ほぼ外部へ
	★日本女子大学附属豊明小学校	日本女子大学附属豊明幼稚園	女子：約95%　男子：外部へ	約90%		★日本女子大学附属中学校	★日本女子大学附属高等学校	約95%		約80%
	文教大学付属小学校	文教大学付属幼稚園	約19%	女子：約29%　男子：約26%	麻布・桜蔭・女子学院・海城・攻玉社・本郷	文教大学付属中学校	文教大学付属高等学校	約94%		約10%
	宝仙学園小学校	宝仙学園幼稚園	約30%	多くが外部へ	麻布・駒場東邦・武蔵・桜蔭・早稲田・渋教渋谷・芝・吉祥・大妻・山脇・富士見	宝仙学園中学・高等学校共学部理数インター		約98%		外部へ
	明星小学校	明星幼稚園	約38%	約70%		明星中学校・高等学校		原則全員		約40%
	☆立教小学校	――	――	約92%		☆立教池袋中学校・高等学校		約93%		約89%
						☆立教新座中学校・高等学校		約89%		約82%
	★立教女学院小学校	――	――	原則全員		★立教女学院中学校・高等学校		原則全員		約66%
	和光小学校	和光幼稚園	女子：約52%　男子：約57%	女子：約63%　男子：約55%		和光中学校	和光高等学校	約82%		約5%
		和光鶴川幼稚園	内部進学あり							
	早稲田実業学校初等部	――	――	ほぼ全員		早稲田実業学校中等部	早稲田実業学校高等部	ほぼ全員		ほぼ全員
大学あり―神奈川・埼玉	鎌倉女子大学初等部	鎌倉女子大学幼稚部	約40%	女子：約30%　男子：外部へ	栄光・フェリス・浅野・山手学院・公文国際	★鎌倉女子大学中等部	★鎌倉女子大学高等部	約90%		約26%
	関東学院小学校	関東学院のびのびのば園	内部進学あり	女子：約70%　男子：約60%	駒場東邦・栄光・フェリス・浅野・横浜雙葉	関東学院中学校高等学校		約95%		ほぼ外部へ
	関東学院六浦小学校	関東学院六浦こども園	内部進学あり	女子：約83%　男子：約79%	サレジオ・横浜共立・逗子開成・湘南白百合・日大藤沢	関東学院六浦中学校・高等学校		ほぼ全員		ほぼ外部へ
	慶應義塾横浜初等部	――	――	推薦による進学制度あり		慶應義塾湘南藤沢中等部	慶應義塾湘南藤沢高等部	ほぼ全員		ほぼ全員
	相模女子大学小学部	認定こども園相模女子大学幼稚部	女子：約30%　男子：約34%	女子：約59%　男子：外部へ		★相模女子大学中学部	★相模女子大学高等部	ほぼ全員		約23%
	★湘南白百合学園小学校	湘南白百合学園幼稚園	女子：全員　男子：外部へ	約90%		★湘南白百合学園中学・高等学校		ほぼ全員		ほぼ外部へ
	清泉小学校	――	――	女子：約86%　男子：外部へ	栄光・桜蔭・横浜共立・逗子開成	★清泉女学院中学高等学校		ほぼ全員		約15%
	洗足学園小学校	洗足学園大学附属幼稚園	女子：約52%　男子：約38%	女子：約21%　男子：外部へ	筑附・桜蔭・女子学院・雙葉・慶應中	★洗足学園中学高等学校		ほぼ全員		外部へ
	桐蔭学園小学校	桐蔭学園幼稚園	女子：全員　男子：約94%	約90%		桐蔭学園中等教育学校		原則全員		ほぼ外部へ
	日本大学藤沢小学校	――	――	約65%	聖光・フェリス・慶應湘南藤沢・函館ラサール	日本大学藤沢中学校	日本大学藤沢高等学校	全員		約50%
	横浜三育小学校	横浜三育幼稚園	内部進学あり	女子：約33%　男子：約50%	公文国際・桐光・田園調布学園・サレジアン国際世田谷	三育学院中等教育学校		ほぼ全員		ほぼ外部へ
						広島三育学院／沖縄三育学院中学校	広島三育学院高等学校			
	開智小学校（総合部）	――	――	約90%	開成・桜蔭	開智中学校（総合部）	※中学3年から一貫部へ合流	ほぼ全員		外部へ
						開智学園中高一貫部		ほぼ全員		
	開智所沢小学校	――	――	全員（予定）		開智所沢中等教育学校		全員（予定）		外部へ
	さとえ学園小学校	――	――	約50%		栄東中学校	栄東高等学校	全員		ほぼ外部へ
						埼玉栄中学校	埼玉栄高等学校	全員		ほぼ外部へ

大学名	大学院	東京大	京都大	東京工業大	一橋大	東京外語大	筑波大	埼玉大	千葉大	お茶の水大	東京都立大	横浜国立大	横浜市立大	東京学芸大	慶應義塾大	早稲田大	上智大	国際基督教大	東京理科大	立教大	明治大	青山学院大	中央大	法政大	学習院大	成蹊大	成城大	日本大	東洋大	駒澤大	専修大	東京女子大	日本女子大	系列大学（左記主要大学のぞく）
新渡戸文化短期大学																																		
★日本女子大学	○					1				1	1	1		1	19	14	21	1	4	17	12	12	14	7	2	2	1	3	1	1	4		277	*2
文教大学	○											1			1	2				2	8	11	9	13	1	4	7	28	23	30	22	1	2	13
こども教育宝仙大学	×	1	1	1		1			2		2			4	7	13	27	2	12	24	33	11	20	35	7	14	10	49	19	18	10	7	8	
明星大学	○				2		1		1		1				2	4	17	7		11	15	18	5	39	35	7		2	40	37	22	22	4	3	87 *2
立教大学	○											1			5	3		1	2	127	3		1		1									
		2		2	1							1			12	5	5	1	22	259	9	1	3	5				1	1					
立教大学	○				1						1		1		23	13	13	1	8	129	10	3	1	1	1				2	4			2	3	*2
和光大学	○										1				2		4			4	3	1	7	5				6		2	3			13 *2
早稲田大学	○	2	1												3	377		1																
★鎌倉女子大学／★鎌倉女子大学短期大学部	○											1				1		1		1	1		1	1				4	3	1			2	33
関東学院大学	○											1	1	2	8	4	4	1	20	24	18	23	17	15	8	5	20	37	8	1	9	1		28
		1											1		3	2	1		4	5	2	7	2	4	1	3	1	7	4		5	1	1	32
慶應義塾大学	○														232																			
★相模女子大学／★相模女子大学短期大学部	○								1		1			1	1			1	1	2	3	8		1	7	6	4	6	2	5	5	12	65	
★白百合女子大学	○	1	1				1		2	1	2	2		3	27	18	23	1	7	42	19	25	23	20	10	6	15	18	4	7	3	4	9	12 *2
★清泉女子大学／★清泉女学院大学／★清泉女学院短期大学	○				1	1							1	2	10	7	24		17	17	13	13	12	12	2	9	5	7	2	5	8	20	31	
洗足学園音楽大学／洗足こども短期大学	○	19	1	2	5	4	6		2	3		16	4	2	99	122	107	7	46	72	137	62	49	54	7	3	21	17	9	7	12	12	11	1
桐蔭横浜大学	○	5		3	3		1			1	4		1	30	27	26	2	32	20	55	34	33	30	4	3	3	27	6	8	9				
日本大学	○	1				1			1		3	3	4	1	4	15	11	13	16	35	30	24	47	291	16	7								
三育学院大学	○																																	
開智国際大学	×	6		4	2		4	2	5		4		1	27	48	21		75	46	67	28	32	39	10							9	23		
開智国際大学	×																																	
平成国際大学	○	13	3	2	1	2	11	24	8	5	7	6	1	3	77	143	29	266	61	116	36	55	94	35									
							1		5	1		3	1		1	5	3		14	16	18	8	10	19	5	10	5	94	66	16	27			

※大学合格者数一覧については、学校公表分と伸芽会教育研究所調査を併せたデータです。表以外の大学合格者もいます。また、空欄になっていても0でない場合があります。

	小学校名	幼稚園名	幼稚園から小学校への内部進学率	小学校から中学校への内部進学率	その他主な中学校	中学校名	高校名	中学校から高校への内部進学率	その他主な高校	高校から大学への内部進学率
大学あり—埼玉・千葉・茨城	西武学園文理小学校	—	—	原則全員		西武学園文理中学・高等学校		原則全員	—	外部へ
	昭和学院小学校	昭和学院幼稚園	女子：56% 男子：48%	女子：約56% 男子：約40%	桜蔭・渋谷幕張・早稲田・海城・学習院・九段中等・市川・東邦大東邦・千葉	昭和学院中学校・高等学校		ほぼ全員		ほぼ外部へ
						昭和学院秀英中学校・高等学校		ほぼ全員		ほぼ外部へ
	聖徳大学附属小学校	聖徳大学附属幼稚園 聖徳大学附属第二幼稚園	約8%	女子：約20% 男子：約4%		光英VERITAS中学校・高等学校		ほぼ全員		非公表
						★聖徳大学附属取手聖徳女子中学校・高等学校		ほぼ全員		約20%
	千葉日本大学第一小学校			女子：約79% 男子：約64%	桜蔭・慶應中・早稲田・昭和秀英・市川・東邦・明大中野・大妻	千葉日本大学第一中学校・高等学校		約90%		約60%
						日本大学第一中学校・高等学校		約90%		約70%
	江戸川学園取手小学校			原則全員		江戸川学園取手中・高等学校		原則全員		外部へ
	開智望小学校			女子：約94% 男子：約71%	開智	開智望中等教育学校		約88%	常総学院・土浦日大	—
大学なし—東京	☆暁星小学校	暁星幼稚園	男子：全員 女子：外部へ	非公表		☆暁星中学・高等学校		ほぼ全員		—
	国立学園小学校	国立学園附属かたばみ幼稚園	約77%							—
	国本小学校	国本幼稚園	約22%	女子：ほぼ外部へ 男子：外部へ	筑駒・学大世田谷・開成・駒場東邦・フェリス・浦和明の星・渋谷幕張・早稲田・渋教渋谷・巣鴨	★国本女子中学校	★国本女子高等学校	ほぼ全員		—
	啓明学園初等学校	啓明学園幼稚園	女子：約50% 男子：ほぼ外部へ	女子：約92% 男子：約83%		啓明学園中学校高等学校		約95%		—
	★光塩女子学院初等科	光塩女子学院幼稚園 光塩女子学院日野幼稚園	女子：40〜60% 男子：外部へ 内部進学あり	約87%		★光塩女子学院中等科	★光塩女子学院高等科	ほぼ全員		—
	晃華学園小学校	晃華学園マリアの園幼稚園 晃華学園暁星幼稚園	推薦制度あり	女子：約70% 男子：外部へ	桜蔭・雙葉・桐朋・吉祥・成蹊	★晃華学園中学校高等学校		ほぼ全員		—
	サレジアン国際目黒星美小学校	—	—	非公表		サレジアン国際学園世田谷中学高等学校		非公表		—
	サレジオ小学校	—	—	女子：外部へ 男子：約50%		☆サレジオ中学校	—	—	明大中野・錦城・駿台・多摩大学目黒・東亜	
	品川翔英小学校	品川翔英幼稚園	約5%	女子：約31% 男子：約10%	麻布・桜蔭・共立女子・浅野	品川翔英中学校	品川翔英高等学校	約90%		
	自由学園初等部	自由学園幼児生活団幼稚園	約44%	約38%		☆自由学園男子部中等科	☆自由学園男子部高等科	ほぼ全員		約23%
						★自由学園女子部中等科	★自由学園女子部高等科	約90%		
	聖徳学園小学校	聖徳幼稚園	内部進学あり	約10%	筑駒・学大小金井・開成・麻布・武蔵・桜蔭	聖徳学園中学・高等学校		ほぼ全員		
	聖ドミニコ学園小学校	聖ドミニコ学園幼稚園	女子：約68% 男子：約25%	女子：約78% 男子：外部へ		★聖ドミニコ学園中学高等学校		約77%		
	清明学園初等学校	清明幼稚園	内部進学あり	非公表		清明学園中学校				
	★田園調布雙葉小学校	★田園調布雙葉小学校附属幼稚園	原則全員	ほぼ全員		★田園調布雙葉中学高等学校		ほぼ全員		
	★東京女学館小学校			約92%		★東京女学館中学校・高等学校		約93%		
	東星学園小学校	東星学園幼稚園	女子：約33% 男子：約17%	女子：約69% 男子：約44%	中大附・大妻・明治学院	東星学園中学校	東星学園高等学校	約96%		
	★雙葉小学校	雙葉小学校附属幼稚園	女子：ほぼ全員 男子：外部へ	ほぼ全員		★雙葉中学校・高等学校		ほぼ全員		
	明星学園小学校			約93%		明星学園中学校	明星学園高等学校	約88%		
	むさしの学園小学校	ひまわり幼稚園	女子：約11% 男子：約10%							
	武蔵野東小学校	武蔵野東第一幼稚園 武蔵野東第二幼稚園	約15%	女子：約50% 男子：約30%	筑駒・渋教渋谷・学習院女子・武蔵・三鷹中等	武蔵野東中学校			筑駒・お茶の水・慶應女子・早大学院・都立西・都立国立・都立立川・都立日比谷	—
大学なし—神奈川	青山学院横浜英和小学校	横浜英和幼稚園	約50%	女子：約85% 男子：約77%		青山学院横浜英和中学高等学校		ほぼ全員		—
	LCA国際小学校	LCA国際プリスクール	非公表	女子：約90% 男子：約71%						—

大学名	大学院	東京大	京都大	東京工業大	一橋大	東京外語大	筑波大	埼玉大	千葉大	お茶の水大	東京都立大	横浜国立大	横浜市立大	東京学芸大	慶應義塾大	早稲田大	上智大	国際基督教大	東京理科大	立教大	明治大	青山学院大	中央大	法政大	学習院大	成蹊大	成城大	日本大	東洋大	駒澤大	専修大	東京女子大	日本女子大	系列大学（左記主要大学のぞく）	備考
西武文理大学	×	1					1	1		2				3	2	13	10		12	25	18	9	18	29	14	10		26	6			7	5		
昭和学院短期大学							1		3						1	3	1		1	9	3	3	4	19	1	3	5	40	33	11	35	1			
昭和学院短期大学		6		5	3	1	3		18	3		1			33	47	33	1	84	71	85	21	36	40	11							9	18		
★聖徳大学	○	1															1	1	1	2	2		1					3	1			4	2	24	
★聖徳大学 短期大学部																	1					1						1	1	1			1	16	
日本大学	○			1			1		2						2	7	8		17	21	25	7	22	25	9	2	8	424	18	9	9	7	5		*2
日本大学短期大学部															2	2			7	3	5	2	10	8	7	2	5	310	12						
江戸川大学	×	4		2	1	2	8		8			2		1	30	27	16		82	45	55	20	22	57	16	11	8					14	18		
開智国際大学	×																																		
—		4	2	2	2		3								36	36	24		20	11	34	6	12	10	2	2	3	16		1	2				
—																																			
—																																			
—																																			
—																		5		1	1							3	5	1	1				
—				1											11	13	1		15	13	17	4	14	14	8	3	2	11	5			12	13		
—		2			1	1					2	1		2	9	26	14	2	8	33	24	20	17	12	3							15	14		
—															1	2	6			1	1							9			2				
—																																			
—																		4	1	2	2	5	3	2		1	3	11	3	0	5			1	
自由学園最高学部（4年制）	×																	1	1	2		1	3	7				5	4	6	3	1	1		
自由学園最高学部（2年制）				1	1	1	1	2		1	1			1	5	3		13	16	9	6	16	15	8	6	8	23	9	5	7		4			
—															1		2						7	1	6	2	7	2							
—		2					1								17	3	6	1	3	9	2	1	2	1	4										
—		1				3							1		31	20	28	1	14	45	39	22	20	34	19	8	24	27	16	7	5	23	31		
—																	3						1						1						
—		12	1	1	1	1	2		1	3			1		44	52	37	2	18	18	28	13	18	18	7	1	2	5	7	1	2	10	5		
—							1					1			1	2	3	3	3	2	2	2	3	19	3	3					2	4			
—																																			
—																																			
—							1								3	4	6	2	2	9	92	5	3		1	1		1	1		4	3		*2
—																																			

※大学合格者数一覧については、学校公表分と伸芽会教育研究所調査を併せたデータです。表以外の大学合格者もいます。また、空欄になっていても0でない場合があります。

	小学校名	幼稚園名	幼稚園から小学校への内部進学率	小学校から中学校への内部進学率	その他主な中学校	中学校名	高校名	中学校から高校への内部進学率	その他主な高校	高校から大学への内部進学率
大学なし—神奈川	カリタス小学校	カリタス幼稚園	希望者全員	女子：約70% 男子：外部へ		★カリタス女子中学高等学校		ほぼ全員		―
	湘南学園小学校	湘南学園幼稚園	約50%	約80%		湘南学園中学校高等学校		約95%		―
	精華小学校	―	―	女子：内部進学あり 男子：外部へ		★神奈川学園中学校・高等学校		約95%		―
	聖セシリア小学校	聖セシリア幼稚園	女子：約33% 男子：約20%	女子：約89% 男子：外部へ	桜蔭・雙葉	★聖セシリア女子中学校・高等学校		全員		外部へ
		聖セシリア喜多見幼稚園	非公表							
	聖マリア小学校	聖マリア幼稚園	内部進学あり	―						
	聖ヨゼフ学園小学校	―	―	原則全員	駒場東邦・聖光・慶應普通部・早稲田実業	聖ヨゼフ学園中学校・高等学校		原則全員		
	捜真小学校	―	―	女子：約80% 男子：外部へ	浅野・サレジオ・鎌倉学園・桐蔭中等	★捜真女学校中学部・高等学部		全員		
	桐光学園小学校	桐光学園みどり幼稚園	内部進学あり	ほぼ全員		☆桐光学園中学校・高等学校（男子）		ほぼ全員		
		寺尾みどり幼稚園	内部進学あり			★桐光学園中学校・高等学校（女子）		ほぼ全員		
	森村学園初等部	森村学園幼稚園	女子：約92% 男子：約95%	女子：約85% 男子：約71%	筑駒・聖光・浅野・学習院・立女・ラサール	森村学園中等部・高等部		ほぼ全員		
	横須賀学院小学校	―	―	女子：約91% 男子：約71%	聖光・横浜共立・東海大相模・獨協・北嶺	横須賀学院中学高等学校		原則全員		
	★横浜雙葉小学校	―	―	ほぼ全員		★横浜雙葉中学高等学校		ほぼ全員		
大学なし—埼玉・千葉	浦和ルーテル学院小学校	―	―	約80%		浦和ルーテル学院中学校・高等学校		約90%		
	星野学園小学校	星野学園幼稚園	内部進学あり	内部進学あり		星野学園中学校	星野高等学校（共学部）	内部進学あり		
	暁星国際小学校	暁星国際学園新浦安／暁星君津／暁星国際流山幼稚園	推薦制度なし	女子：約42% 男子：約64%		暁星国際中学校・高等学校		約80%		
	★国府台女子学院小学部	―	―	約86%		★国府台女子学院中学部	★国府台女子学院高等部	約96%		
	成田高等学校付属小学校	―	―	ほぼ全員		成田高等学校付属中学校	成田高等学校	ほぼ全員		
	日出学園小学校	日出学園幼稚園	女子：約67% 男子：約83%	女子：約68% 男子：約41%	開成・早稲田・市川・東邦大東邦・江戸川女子	日出学園中学校・高等学校		約92%		―

《国立》

小学校名	幼稚園名	幼稚園から小学校への内部進学率	小学校から中学校への内部進学率	その他主な中学校	中学校名	高校名	中学校から高校への内部進学率	その他主な高校	高校から大学への内部進学率
お茶の水女子大学附属小学校	お茶の水女子大学附属幼稚園	内部進学あり	60%		お茶の水女子大学附属中学校	★お茶の水女子大学附属高等学校	女子：約73% 男子：外部へ		特別選抜制度あり
筑波大学附属小学校	―		約63%		筑波大学附属中学校	筑波大学附属高等学校	約80%		内部進学制度なし
東京学芸大学附属大泉小学校	―	―	約50%		東京学芸大学附属国際中等教育学校		内部進学あり		内部進学制度なし
			約40%		東京学芸大学附属小金井・世田谷・竹早中学校		内部進学制度あり		
東京学芸大学附属小金井小学校	東京学芸大学附属幼稚園小金井園舎	内部進学制度なし	約71%		東京学芸大学附属小金井中学校	東京学芸大学附属高等学校	約38%		内部進学制度なし
東京学芸大学附属世田谷小学校	―		約66%		東京学芸大学附属世田谷中学校		約60%		
東京学芸大学附属竹早小学校	東京学芸大学附属幼稚園竹早園舎	内部進学あり	約78%		東京学芸大学附属竹早中学校		約40%		
横浜国立大学教育学部附属鎌倉小学校	―		約80%		横浜国立大学教育学部附属鎌倉中学校	―	―	慶應・桐蔭・鎌倉学園・県立湘南・県立横浜翠嵐	内部進学制度なし
横浜国立大学教育学部附属横浜小学校	―		約50%		横浜国立大学教育学部附属横浜中学校	県立光陵高等学校	連携校への進学あり	学芸大附属・慶應・早大本庄・国際基督教	内部進学制度なし
埼玉大学教育学部附属小学校	埼玉大学教育学部附属幼稚園	非公表	希望者全員		埼玉大学教育学部附属中学校	―	―		―
千葉大学教育学部附属小学校	千葉大学教育学部附属幼稚園	内部進学あり	希望者全員		千葉大学教育学部附属中学校	―	―		―
立川国際中等教育学校附属小学校	―		原則全員		立川国際中等教育学校		原則全員		

大学名	大学院	東京大	京都大	東京工業大	一橋大	東京外語大	筑波大	埼玉大	千葉大	お茶の水大	東京都立大	横浜国立大	横浜市立大	東京学芸大	慶應義塾大	早稲田大	上智大	国際基督教大	東京理科大	立教大	明治大	青山学院大	中央大	法政大	学習院大	成蹊大	成城大	日本大	東洋大	駒澤大	専修大	東京女子大	日本女子大	系列大学（左記主要大学のぞく）	備考
—		1	1				1			1	1			1	1	15	23	27	1	7	19	29	13	18	13	3		7	16	23	10	9	5	9	*2
—						2							2	1	5	12	4		1	15	12	10	5	9	4	3	6	19	6	8	8	1	5		
—															2	2	8	1	4	16	6	9	9	25	7	2	8	6	18	11	11	7	8		
—															1	3	7				4	6		1			2	1	5			2	1		
—																2	4			3	5		1				2	8	1	1			2		*2
—				1		2					4				6	1	1		7	8	4	4	3			2	5	1				5	9		*2
—				1	2				4	1		12	9	3	41	38	37	1	53	27	90	53	59	36	5	12		42	10	8	22				
—				2	2				2	1	2	5	5	3	12	16	14		4	16	32	25	28	27	7	12	2	24	18	4	8	6	5		
—			1	2						1				1	3	4	5	5		5	7	5	1	3	4			1				1	2		
—									1	2	6	1			5	11	3	1	10	26	46	42	12	34	15	15	11	56	34	21	52	2	5		
—			1		2	2	3		3	1	4	5		1	27	36	37	2	28	38	41	33	23	16	9	1	8	7	1	6	4	12	21		
—			1													5	7		2	7	3	15	2	2				1	2	3		2	2		
—		1	1	3	9	2	1			3	3		5	6	14	11			22	39	37	13	28	44	23	24	18	65	103			19	43		
—			1												3	5	5		2	2	5	6	7	2	2			12	2	1	2				
—								1	1					4	4	21	13		13	38	30	13	9	15	22	6	11	25	35	6	11	37	31		
—				2	2		9		1						6	12	8		18	19	20	14	17	9	8			89	51	16	12	11	8		
—					1	4									2	7	7		12	10	4	7	19	11	4	6	31	23	10	8	1	3			
★お茶の水女子大学	○	1		3	3	5	4	1	3	13	2	1			12	26	17		28	16	29	5	30	19	3	2	1	6	2			1	2	3	
筑波大学	○	22	5	3	6		7							1	60	83	44		49										2						
—		3	1	5	3	2		1	1						5	30	41	30	6	7	24	28	16	16	8	4	3	4	5	1	2	2	2		
東京学芸大学	○	7	7	7	6	2	4		5	2	1	9	2	7	62	78	46		36	27	50	17	35	21	4	5	3	15	5	4	5	4	3		
横浜国立大学	○							1	1	2	6	18	13	2	11	29	18		21	23	57	38	60	61	19	15	19	57	42	23	23	5	2		
埼玉大学	○																																		
千葉大学	○																																		
—		3	2	1	1	2	3	2	1	1	4	2			7	13	38	33	1	30	40	51	27	41	41	3	6	4	18	14	3	6	9	4	

※大学合格者数一覧については、学校公表分と伸芽会教育研究所調査を併せたデータです。表以外の大学合格者もいます。また、空欄になっていても 0 でない場合があります。

2025年度入試用　首都圏
私立・国立　小学校合格マニュアル

2024年 4 月10日　発行

監修	伸芽会教育研究所
発行	株式会社伸芽会
	〒171-0031
	東京都豊島区目白3-4-11-4F
	販売　TEL（03）6908-0959
	編集　TEL（03）6908-1559
	URL　https://www.shingakai.co.jp
表紙・本文イラスト	コバヤシ・カズエ
DTP	株式会社トッパングラフィックコミュニケーションズ
企画・編集	伸芽会出版部編集室

定価3520円（本体3200円＋税10%）

印刷・製本	TOPPAN株式会社

本書に関するご意見をお寄せください。

■伸芽会 読者アンケートサイト
https://questant.jp/q/Y9K1MFOH